Kevin B. MacDonald

DIE KULTUR DER KRITIK

Juden und die radikale Kritik
der Kultur der Nichtjuden

*Eine evolutionäre Analyse der jüdischen Beteiligung
an den politischen und intellektuellen Bewegungen
des 20. Jahrhunderts*

Kevin B. MacDonald

Kevin MacDonald ist ein US-amerikanischer Professor für Psychologie an der *California State University* und führender Vertreter der sogenannten evolutionären Psychologie.

DIE KULTUR DER KRITIK
Die Juden und die radikale Kritik an der Kultur der Nichtjuden

The Culture of Critique: An Evolutionary Analysis of
Jewish Involvement in Twentieth-Century Intellectual
and Political Movements (1998), aus dem
Amerikanischen übersetzt von Omnia Veritas Ltd

Veröffentlicht von Omnia Veritas Limited

www.omnia-veritas.com

Omnia Veritas Limited - Kevin B. MacDonald - 2022

Alle Rechte vorbehalten. Kein Teil dieser Publikation darf ohne vorherige Genehmigung des Herausgebers in irgendeiner Form vervielfältigt werden. Das Gesetz über geistiges Eigentum verbietet Kopien oder Vervielfältigungen, die für eine kollektive Nutzung bestimmt sind. Jede vollständige oder teilweise Darstellung oder Vervielfältigung durch ein beliebiges Verfahren ohne die Zustimmung des Herausgebers, des Autors oder ihrer Rechtsnachfolger ist rechtswidrig und stellt eine Fälschung dar, die nach den Artikeln des Gesetzes über geistiges Eigentum bestraft wird.

Kapitel I

Einführung und Theorie

> 1500 Jahre lang hat die jüdische Gesellschaft vor allem daran gearbeitet, Intellektuelle hervorzubringen. Sie war in der Lage, sie zu unterstützen; reiche Kaufleute konnten die Töchter von Gelehrten heiraten. Plötzlich, um die Jahrhundertwende 1800, begann diese gewaltige, althergebrachte Intellektuellenfabrik, ihre Absatzmärkte zu diversifizieren. Anstatt ihre gesamte Produktion in das geschlossene Milieu der rabbinischen Studien einzuspeisen, wurde ein Teil davon, der seitdem stetig gewachsen ist, in die säkulare Welt umgeleitet. Dieses Ereignis ist in der Weltgeschichte von größter Bedeutung.
>
> (*A History of the Jews*, Paul Johnson 1988, 340-341)

Ein wichtiges Thema von *Separation and Its Discontents* (*SAID*) war die Manipulation von Ideologie zur Rationalisierung bestimmter Formen des Judentums, zur Interpretation der Geschichte und zur Bekämpfung des Antisemitismus. Das vorliegende Buch stellt in vielerlei Hinsicht eine Vertiefung dieser Themen dar.

Die in diesem Buch behandelten intellektuellen Bewegungen und politischen Aktivitäten fanden jedoch in der Regel in der gesamten intellektuellen und politischen Welt statt und hatten nicht die oben erwähnte Rationalisierung bestimmter Formen des Judentums zum Ziel. Sie sind vielmehr umfassender als Versuche der Kulturkritik zu sehen und in einigen Fällen als Mittel, die Kultur der Gesellschaft im Allgemeinen so zu beeinflussen, dass sie den jüdischen Interessen besser entspricht.

Es geht hier nicht darum, über eine allgemeine jüdische

"Verschwörung" zu spekulieren, deren Ziel es ist, die Kultur der Nichtjuden zu zerstören, wie es in den berühmten *Protokollen der Weisen von Zion angedeutet wird*. Seit der Aufklärung war das Judentum weder einheitlich noch homogen; seit dieser Zeit gab es innerhalb der jüdischen Gemeinschaft zahlreiche Streitpunkte darüber, wie sie sich als Volk schützen und ihre Interessen durchsetzen können.

Die Bewegungen, die in diesem Buch behandelt werden (Boasianische Anthropologie, politischer Radikalismus, Psychoanalyse, Frankfurter Schule und New Yorker Intellektuelle), wurden nur von wenigen Menschen umarmt, deren Ansichten die jüdische Gemeinschaft nicht kannte oder nicht verstand. Die hier vertretene These besteht darin, dass diese intellektuellen Bewegungen von Juden dominiert wurden, dass das Denken der meisten Menschen, die an diesen Bewegungen teilnahmen, von einem starken jüdischen Identitätsgefühl geprägt war und dass dieselben Personen durch ihr Engagement im Interesse der jüdischen Gemeinschaft handelten.

Es gibt also keinen Hinweis darauf, dass das Judentum eine einheitliche Bewegung ist oder dass alle sozialen Schichten der jüdischen Gemeinschaft in diese Bewegungen involviert waren. Juden können ein wichtiger oder sogar notwendiger Bestandteil radikaler politischer oder sozialwissenschaftlicher Bewegungen sein, und ihr Judentum kann mit diesen Bewegungen in hohem Maße kompatibel sein oder sogar ihre Entwicklung fördern, ohne dass die Mehrheit der Juden daran beteiligt ist.

Folglich ist die Frage nach den Auswirkungen des jüdischen Einflusses auf die Kultur der Nichtjuden unabhängig von der Frage, welcher Anteil der jüdischen Gemeinschaft in Bewegungen involviert war, die auf die Zerstörung der Kultur der Nichtjuden abzielten. Diese Unterscheidung ist wichtig, weil Antisemiten einerseits oft implizit oder explizit davon ausgegangen sind, dass die jüdische Beteiligung an radikalen politischen Bewegungen Teil einer viel größeren jüdischen Verschwörung ist, in die auch reiche jüdische Kapitalisten sowie Juden an der Spitze der verschiedenen Medien, der akademischen Welt und so vieler anderer Bereiche des öffentlichen Lebens verwickelt sind, und andererseits die jüdische Beteiligung an radikalen politischen Bewegungen oft als Teil einer viel größeren jüdischen Verschwörung angesehen wird, in die auch reiche jüdische Kapitalisten sowie Juden an der Spitze der verschiedenen Medien, der akademischen Welt und so vieler anderer Bereiche des öffentlichen Lebens verwickelt sind.

Andererseits haben Juden, die versucht haben, den Antisemitismus zu entschärfen, der aus ihrer Vorrangstellung in verschiedenen radikalen politischen Bewegungen resultierte, oft argumentiert, dass nur ein kleiner Teil der jüdischen Gemeinschaft daran beteiligt war und dass auch Nichtjuden daran teilgenommen haben. So bestand beispielsweise die typische Antwort des *American Jewish Committee* (im Folgenden *AJCommittee*) in den 1930er und 1940er Jahren auf die Frage nach der jüdischen Vorrangstellung in radikalen politischen Bewegungen darin, zu betonen, dass die große Mehrheit der Juden keine Radikalen waren. Dennoch machte sich das *AJCommittee im* selben Zeitraum daran, den Radikalismus innerhalb der jüdischen Gemeinschaft selbst zu bekämpfen (u. a. Cohen 1972).

Das *AJCommittee* erkannte implizit an, dass die Behauptung, dass nur eine Minderheit der jüdischen Gemeinschaft radikal ist, zwar der Wahrheit entspricht, aber irrelevant ist für die Frage (1) der jüdischen Identität, die mit radikalen politischen Bewegungen in hohem Maße vereinbar sein oder sogar deren Entwicklung fördern kann, (2) der Tatsache, dass Juden ein wichtiges Element darstellen, (3) die Auswirkungen der jüdischen Vorrangstellung in radikalen Bewegungen (oder anderen jüdischen intellektuellen Bewegungen, die in diesem Buch behandelt werden) auf die nichtjüdische Gesellschaft, die als Folge des Judentums als evolutionäre kollektive Strategie gesehen werden können.

Ebenso bedeutet die Tatsache, dass die meisten Juden vor 1930 keine Zionisten waren, zumindest nicht offen, wahrscheinlich nicht, dass die jüdische Identität nichts mit dem Zionismus zu tun hatte, oder dass Juden keinen erheblichen Einfluss auf den Zionismus ausübten, oder dass der Zionismus keine Auswirkungen auf die Gesellschaften der Nichtjuden hatte, oder dass einige Nichtjuden nicht zu glühenden Verfechtern der zionistischen Sache wurden.

Der politische Radikalismus war für die Juden in der Welt nach der Aufklärung eine von mehreren Optionen, was nicht bedeutet, dass das Judentum in der Welt nach der Aufklärung eine homogene und einheitliche Gruppe darstellt. Dass Juden stärker als Nichtjuden zum politischen Radikalismus neigten und in einigen radikalen politischen Bewegungen einen großen Einfluss ausübten, sind somit Tatsachen, die für das vorliegende Buch von großer Relevanz sind.

Dass einige Nichtjuden an diesen Bewegungen beteiligt waren, ist ebenfalls nicht überraschend. Auf theoretischer Ebene stützt sich mein Denken erneut auf eine evolutionäre Interpretation der Theorie der sozialen Identität (siehe *SAID*, Kap. 1). Nichtjuden können von politischen und intellektuellen Bewegungen versucht sein, die von Juden vor allem aus denselben Gründen befürwortet werden, d. h. aus Gründen der sozialen Identifikation und des Wettbewerbs zwischen den Gruppen.

Afroamerikanische Intellektuelle fühlten sich beispielsweise häufig von linksintellektuellen Bewegungen und der Betonung von Umweltfaktoren zur Erklärung der beobachteten IQ-Unterschiede zwischen den verschiedenen Rassengruppen angezogen, zumindest teilweise aufgrund ihrer Wahrnehmung der Feindseligkeit der Weißen gegenüber ihnen und der zugrunde liegenden Implikation genetischer Minderwertigkeit.

In ähnlicher Weise vertrete ich die Auffassung, dass der Antisemitismus eine treibende Kraft für viele jüdische Intellektuelle darstellte. Es sei auch daran erinnert, dass das Selbstwertgefühl als treibende Kraft eine der Grundlagen der Theorie der sozialen Identität darstellt.

Menschen, die sich aus irgendeinem Grund von einem bestimmten soziopolitischen System unterdrückt fühlen, wenden sich Bewegungen zu, die dieses System kritisieren, anderen die Schuld für ihre eigenen Probleme geben und in der Regel die positive Wahrnehmung von sich selbst und ihrer Gruppe sowie die negative Wahrnehmung von Menschen, die nicht zu ihrer Gruppe gehören, rechtfertigen.

Die jüdische Identität und der Kampf gegen den Antisemitismus sind integraler Bestandteil jeder der intellektuellen und politischen Bewegungen, mit denen ich mich im Rahmen dieses Buches befasse.

Wenn die Juden die intellektuelle Hegemonie erlangt haben, sollte es nicht verwundern, dass jüdische Intellektuelle als sozial dominante und angesehene Gruppe und als eine Einheit, die wertvolle Ressourcen birgt, eine gewisse Anziehungskraft auf Nichtjuden ausüben werden.

Eine solche Perspektive passt gut zu einer evolutionären Perspektive der Gruppendynamik : Nichtjuden, die die höchsten intellektuellen Hierarchieebenen anstreben, würden demnach von den Eigenschaften der Personen in den höchsten Hierarchieebenen angezogen, insbesondere wenn sie diese Hierarchie als durchlässig betrachten.

Der Gentil William Barrett, Herausgeber der *Partisan Review, berichtete* schon früh in seiner Karriere von seiner "Bewunderung" für die *New York Intellectuals* (eine Gruppe, die überwiegend aus jüdischen Intellektuellen bestand, die in Kapitel 6 vorgestellt und diskutiert wurde). "Ich sah in ihnen ein Prestige, das zugleich seltsam und geheimnisvoll war" (Cooney 1986, 227). Die *Partisan Review* war eine führende Zeitung dieser einflussreichen intellektuellen Bewegung und hatte einen entscheidenden Einfluss auf Erfolg oder Misserfolg in der literarischen Welt. Leslie Fiedler (1948, 872, 873), selbst ein Mitglied der *New York Intellectuals*, stellte eine ganze Generation amerikanisch-jüdischer Schriftsteller (zu denen u. a. Delmore Schwartz, Alfred Kazin, Karl Shapiro, Isaac Rosenfeld, Paul Goodman, Saul Bellow und H. J. Kaplan) als "repräsentativ für die zweite, meist städtische Generation von Juden". Die Arbeiten dieser Schriftsteller wurden regelmäßig in der *Partisan Review* veröffentlicht, und Fiedler erwähnte, dass "der aus der Provinz nach New York geholte Schriftsteller sich wie ein Hinterwäldler fühlt und so gut es geht versucht, den Normen seiner neuen Umgebung zu entsprechen; und die Quasi-Parodie auf das Judentum, die der freundliche Schriftsteller in New York vollbringt, ist ein seltsames und zugleich entscheidendes Zeugnis unserer Zeit".

Fast die Hälfte der von Kaduschin (1974, 23) durchgeführten Stichprobe angesehener Intellektueller aus der Zeit nach dem Zweiten Weltkrieg bestand aus Juden. Die Stichprobe setzte sich aus denjenigen zusammen, die am häufigsten zu den wichtigsten Zeitungen beigetragen hatten und darüber hinaus von anderen Intellektuellen als mit am einflussreichsten eingestuft worden waren. Über 40% der Juden in dieser Stichprobe wurden mindestens sechsmal [Anm.: von mindestens sechs verschiedenen Personen] als die einflussreichsten bezeichnet, im Vergleich zu nur 15% der Nichtjuden in derselben Stichprobe (S. 32). Es ist daher nicht überraschend, dass Joseph Epstein (1997) der Ansicht ist, dass es in den 1950er und frühen 1960er Jahren in der intellektuellen Gemeinschaft allgemein eine "Ehre" war, Jude zu sein. Nichtjüdische Intellektuelle "nahmen ihre Stammbäume unter die Lupe, in der Hoffnung, dort jüdische Vorfahren zu finden" (Epstein 1997, 7).

Bereits 1968 schrieb Walter Kerr: "Was seit dem Zweiten Weltkrieg geschehen ist, ist, dass das amerikanische Bewusstsein teilweise jüdisch geworden ist, vielleicht sogar in gleichem Maße wie alles andere... Der intellektuelle Geist Amerikas ist bis zu einem gewissen Grad dazu übergegangen, jüdisch zu denken. Es wurde ihm beigebracht und er war bereit dazu. Nach den Künstlern und Romanautoren kamen die jüdischen Kritiker, Politiker und Theologen. Kritiker, Politiker und Theologen sind aufgrund ihres Berufes Anführer; sie konstruieren Wege, [die Dinge] wahrzunehmen."

Nach meiner persönlichen Erfahrung ist dieser Ehrenstatus jüdischer Intellektueller unter meinen Kollegen Konsens und wird beispielsweise in Hollingers jüngster Arbeit (1996, 4) über die "Transformation der ethnisch-religiösen Demografie der amerikanischen akademischen Welt durch die Juden" in der Zeit von den 1930er bis zu den 1960er Jahren erwähnt.

Schließlich ist es wichtig zu betonen, dass Nichtjuden oft aktiv von den in diesem Buch diskutierten Bewegungen angeworben wurden und Posten bekamen, die ihnen ein hohes Maß an Sichtbarkeit verschafften, um den Anschein einer jüdischen Kontrolle über diese Bewegungen zu mildern oder den Eindruck zu vermeiden, dass diese Bewegungen in erster Linie Instrumente jüdischer Interessen sind.

Aus Sicht der Theorie der sozialen Identität zielt eine solche Strategie darauf ab, dass Nichtjuden intellektuelle und politische Bewegungen als für Nichtjuden zugänglich und, was mehr ist, als mit ihren Interessen übereinstimmend wahrnehmen. Wie in *SAID* (Kapitel 5, 6) beschrieben, wurden die Rhetorik des Universalismus und die Rekrutierung von Nichtjuden als Verfechter jüdischer Interessen immer wieder im Kampf gegen den Antisemitismus eingesetzt, und zwar sowohl in der modernen Welt als auch in früheren Zeiten.

Man sollte auch bedenken, dass die Wirksamkeit und die historische

Bedeutung der jüdischen Beteiligung an den in diesem Buch untersuchten Bewegungen zweifellos weit überproportional zur Anzahl der tatsächlich beteiligten Juden ist. Obwohl Juden beispielsweise in bestimmten spezifischen Perioden der Geschichte möglicherweise nur eine kleine Minderheit innerhalb radikaler politischer oder intellektueller Bewegungen darstellten, konnten sie auch eine notwendige Bedingung für die Effektivität und historische Bedeutung dieser Bewegungen sein. Die Juden, die radikal wurden, verdankten dies ihrem hohen IQ, ihrem Ehrgeiz, ihrer Belastbarkeit, ihrer Arbeitsethik und ihrer Fähigkeit, Gruppen zu organisieren und in Gruppen eingebunden zu sein, die sowohl zusammenhielten als auch hochgradig [in ihrem Tätigkeitsbereich] engagiert waren (siehe *PTSDA*, Kapitel 7). Wie Lindemann (1997, 429) in Bezug auf die bolschewistischen Juden betont: "Sich auf Juden in Bezug auf ihre Anzahl oder ihren Anteil in einer Gruppe zu beziehen, führt dazu, dass bestimmte Faktoren, die zwar nicht greifbar, aber dennoch wichtig sind, verwischt werden: die sehr großen rednerischen Fähigkeiten der bolschewistischen Juden, ihre Energie und ihre Überzeugungskraft." Juden sind in Bezug auf diese Eigenschaften oft weit überdurchschnittlich, und diese Eigenschaften waren für das Judentum im Laufe der Geschichte im Rahmen einer evolutionären Gruppenstrategie von großer Bedeutung.

Als Sorin (1985, 121-122) über die radikalen amerikanischen Juden schrieb, bemerkte er ihren Arbeitseifer und ihr Engagement, ihren Wunsch, Geschichte zu schreiben, und ihr Streben, weltweit mächtiger zu werden, sich selbst zu vermarkten und öffentliche Zustimmung zu erhalten - allesamt Eigenschaften, die den sozialen Aufstieg begünstigen. Diese Aktivisten wurden dadurch mächtiger und effektiver als die verschiedenen nichtjüdischen Gruppen, die sich in ähnlicher Weise "proletarisiert" hatten. "Ein jüdisches Proletariat, das sich der Interessen seiner sozialen Klasse und seiner kulturellen Identität bewusst war, entwickelte sich allmählich, und mit ihm entwickelten sich auch der Aktivismus und die Organisation" (Sorin 1985, 35).

Sorin (1985, 28) erkennt die Behauptung an, dass die Hälfte der Revolutionäre in Russland 1903 Juden waren, und betont, dass die Militanz der jüdischen Arbeiterklasse, ausgedrückt in der Anzahl der Streiks und der verlorenen Arbeitszeit, dreimal so groß war wie die jeder anderen Gruppe der europäischen Arbeiterklasse zwischen 1895 und 1904 (S. 35). Innerhalb der linken Kreise wurden die Juden als Avantgarde dieser Bewegung angesehen. Als sich diese ansonsten einflussreiche Gruppe von Juden radikalisierte, hatte dies, wenig überraschend, erhebliche Auswirkungen in Europa und Nordamerika. Diese Juden waren nicht nur radikal, sondern bildeten auch eine Gruppe talentierter, intelligenter und ihrer Sache verpflichteter Menschen. In ähnlicher Weise betont Hollinger (1996, 19), dass die Juden in der Zeit des Niedergangs der einst dominierenden protestantischen Kultur in den USA aufgrund ihres Reichtums, ihres sozialen Status und ihrer Fähigkeiten in der intellektuellen Arena ihren Einfluss stärker ausüben konnten als die Katholiken.

Es ist daher wichtig zu betonen, dass die Juden, die diese Bewegungen gründeten und dominierten und die auch in diesem Buch erwähnt werden, sich durch Intelligenz, Widerstandsfähigkeit und die Fähigkeit auszeichneten, sich in Gruppen zu integrieren, die sowohl kohäsiv und kooperativ als auch in hohem Maße der Sache verpflichtet waren, für die sie sich einsetzten.

Diese Gruppen können somit als säkularisierte Versionen der verschiedenen jüdischen Bewegungen betrachtet werden, die es früher gab, und zwar nicht nur aufgrund des hohen Anteils an Mitgliedern, die sich zu einer jüdischen Identität bekennen, sondern auch, weil die evolutionäre Strategie dieser Gruppen die wichtigsten Merkmale des Judentums beibehalten hat. Diese Merkmale waren es auch, die es diesen Gruppen ermöglichten, bei der Erreichung ihrer Ziele höchst effektiv zu sein.

Die hier vorgestellten Fallstudien deuten im Großen und Ganzen darauf hin, dass sehr disziplinierte und kooperative Gruppen eher individualistische Strategien übertreffen können. Tatsächlich ist ein wichtiges Thema der folgenden Kapitel, dass jüdische Intellektuelle Gruppen aufgebaut haben, deren Einfluss größtenteils auf die Solidarität und den Zusammenhalt zurückzuführen ist, die in ihnen herrschen. Die intellektuelle Tätigkeit unterscheidet sich nicht von anderen Arten menschlicher Anstrengungen; kohäsive Gruppen dominieren hier über individualistische Strategien. Diese grundlegende Tatsache hat im Laufe der Geschichte eine führende Rolle für den Erfolg des Judentums gespielt, und zwar sowohl bei Geschäftsbeziehungen und der Errichtung von Handelsmonopolen als auch bei den intellektuellen und politischen Bewegungen, die Gegenstand dieses Buches[1] sind.

Ein weiteres Hauptthema dieses Buches ist, dass jüdische Intellektuelle intellektuelle Bewegungen ins Leben gerufen haben, die die Institutionen der Gesellschaften der Nichtjuden radikal kritisierten. Umgekehrt haben nichtjüdisch geführte Gesellschaften oft Ideologien hervorgebracht, deren Ziel es war, die Institutionen einer bestimmten Gesellschaft in einer bestimmten Zeit rational zu rechtfertigen. Dies scheint bei den großen Weltreligionen und in jüngerer Zeit bei Ideologien wie dem Kommunismus, dem Faschismus und der liberalen Demokratie der Fall gewesen zu sein. Da das Judentum die Strategie einer Minderheitsgruppe [Anm.: Minderheit insbesondere innerhalb von Gesellschaften, die demografisch von Nichtjuden dominiert werden] mit eigener Weltanschauung vertritt, neigte diese dazu, Ideologien zu umarmen, deren Wahrnehmung der Ideologien und Institutionen der Wirtsgesellschaft negativ ist.

Dieser Sachverhalt ergibt sich direkt aus der Theorie der sozialen Identität. Die negative Wahrnehmung der Nichtjuden, die in den jüdischen religiösen Schriften sichtbar wird, ist bemerkenswert. Das Reinheitsgesetz betrachtet die Nichtjuden und ihr Land als inhärent unrein. Dies wird in den Schriften von Maimonides deutlich, wo heidnische Frauen der Prostitution verdächtigt und heidnischen Männern ein Hang zur Sodomie nachgesagt wird[2].

Die Juden sehen sich als Nachkommen Jakobs, der in der Genesis als glatthäutiger, zarter und kontemplativer Mensch dargestellt wird. Die Nichtjuden werden durch Esau verkörpert, der sowohl der Zwillingsbruder als auch das Gegenstück zu Jakob ist - zottelig, vulgär und brutal. Während Esau das Leben eines Jägers und Kriegers führt, wird Jakob von Intelligenz und List angetrieben und ist der Herr über

---

[1] Siehe insbesondere *PTSDA*, Kap. 5.
[2] The Code of Maimonides, Book V: The Book of Holiness, XXII, 142.

Esau, dem Gott befohlen hat, Jakob zu dienen. Lindemann[3] zeigt, dass diese Stereotypen auch von Juden in der modernen Welt weitergetragen werden.

Das Judentum kann dazu führen, dass es als subversiv angesehen wird, wenn Juden versuchen, Nichtjuden eine negative Wahrnehmung ihrer eigenen Kultur beizubringen. Die Verbindung des Judentums mit subversiven Ideologien ist relativ alt. Nachdem Lewis (1984, 104) die Verbindung zwischen Juden und subversiven Ideen in muslimischen Ländern festgestellt hat, betont er, dass das Thema der jüdischen Subversion auch "in anderen Zeiten und an anderen Orten vorkommt." Johnson[4] stellt fest, dass ab dem Mittelalter konvertierte Juden [Anm.: die dem Judentum freiwillig oder gezwungenermaßen abgeschworen hatten], insbesondere diejenigen, die zwangskonvertiert waren, "eine kritische, fordernde und störende Fraktion innerhalb der Intelligenzia [...] [darstellten] [was] die Behauptung unterstützt, dass Juden intellektuell subversiv waren."

Der Titel eines kürzlich erschienenen Buches über die jüdische Kunst im *Mittelalter bringt* diese Aussage gut zum Ausdruck: *Dreams of Subversion in Medival Jewish Art and Literature*[5] [Anm. d. Ü.: Der Titel dieses Buches kann ins Deutsche wie folgt übersetzt werden: Träume von Subversion in der mittelalterlichen jüdischen Kunst und Literatur]. Eine von Epsteins Bemerkungen zu diesem Thema lautet: "Man kann die Wut spüren, die in den Juden des späten Mittelalters steckte, als sie zur Ausrottung des Christentums aufriefen"[6].

Von der Antike bis zum Mittelalter blieben die negativen Wahrnehmungen der Institutionen der Nichtjuden weitgehend innerhalb der jüdischen Gemeinschaft bestehen. Jahrhundert durch die Zwangskonvertierungen in Spanien in den Kreisen der angesehensten Intellektuellen und in den Massenmedien auftauchten.

---

[3] Lindemann 1997, 5.
[4] Johnson 1988, 214-215.
[5] M.M. Epstein 1997.
[6] M.M. Epstein 1997, 115.

Diese Wahrnehmungen kritisierten die Institutionen der nichtjüdischen Gesellschaften entweder radikal oder führten zur Entwicklung intellektueller Strukturen, die den jüdischen Charakter [Anm.: der verschiedenen politischen und intellektuellen Bewegungen] vor dem Hintergrund der Säkularisierung des intellektuellen Umfelds rechtfertigen.

Faur[7] zeigt, dass Conversos [Anm. d. Ü.: Juden, die in Spanien und Portugal, insbesondere im 15. und 16. Jahrhundert, freiwillig oder gezwungenermaßen zum Christentum konvertierten] in den Gruppen humanistischer Denker, die sich gegen die korporatistische Natur der spanischen Gesellschaft wandten, in der das Christentum eine führende Rolle spielte, stark überrepräsentiert waren. Faur[8] analysiert den roten Faden, der sich durch die Arbeit dieser Denker zog, und stellt fest: "Obwohl die Strategien variierten - von der Produktion hoch entwickelter literarischer Werke bis hin zum Verfassen akademischer oder philosophischer Artikel - war das Ziel immer dasselbe: Ideen und Methoden zu präsentieren, die die von den 'alten Christen' getragenen Werte und Institutionen verdrängen würden [...].Wie dringend es war, die Werte und Institutionen des christlichen Spaniens zu ersetzen, wurde noch deutlicher, als die Altchristen 1449 in Toldeo das erste Massaker an den Conversos verübten. "

In ähnlicher Weise betont Castro[9], dass Schriften, die "heftige Sozialkritik" und "antisozialen Groll" in sich tragen, insbesondere Sozialsatiren, von converso-Autoren im 15.

Ein gutes Beispiel für diese Tendenz ist das Werk *La Celestina* (die Erstausgabe erschien 1499) von Fernando de Rojas, der es "mit der ganzen Angst, dem ganzen Pessimismus und dem ganzen Nihilismus eines converso schrieb, der die Religion seiner Vorfahren verloren hatte und gleichzeitig unfähig war, sich das Christentum anzueignen und sich darin zu integrieren". Rojas unterzog die kastilische Gesellschaft seiner

---

[7] Faur 1992, 31ff.
[8] Faur 1992, 31.
[9] Castro 1954, 557-558.

Zeit "einer scharfen Analyse und zerstörte mit einem Geist, der als "zerstörerisch" bezeichnet wurde, alle traditionellen Werte und mentalen Vorstellungen des sowohl neuen als auch intoleranten Systems. Angefangen bei der Literatur, über die Religion, bis hin zu allen "Werten" des Kastensystems - Ehre, Mut, Liebe - wird alles auf perverse Weise pulverisiert"[10].

Diese Verbindung von Juden mit subversiven Ideologien setzte sich während und nach der Aufklärung fort, da Juden in der Lage waren, sich an der öffentlichen intellektuellen Debatte in Westeuropa zu beteiligen. Als Paul Johnson[11] über Baruch Spinoza schrieb, bezeichnete er ihn als "das erste große Beispiel für die reine Zerstörungskraft des jüdischen Rationalismus, wenn dieser nicht mehr auf die traditionelle [Anm.: jüdische] Gemeinschaft beschränkt ist." In ähnlicher Weise ist Heinrich Heine "sowohl der Prototyp als auch der Archetyp eines neuen Akteurs in der europäischen Literaturwelt: der radikale jüdische Literat, der seine Fähigkeiten, seinen Ruf und seine Popularität zu nutzen weiß, um das intellektuelle Vertrauen der etablierten Ordnung zu untergraben"[12].

Diese "reine Zerstörungskraft" der jüdischen Intelligenz war ein wichtiger Aspekt der Zeit vor dem Nationalsozialismus in Deutschland. Wie in *SAID* [13] beschrieben, war eines der Hauptmerkmale des Antisemitismus unter Sozialkonservativen und Rassenantisemiten in Deutschland zwischen 1870 und 1933 ihr Glaube an eine führende Rolle der Juden bei der Entwicklung subversiver Ideen für die traditionellen deutschen Ideologien und Überzeugungen.

In den 1920er Jahren waren Juden unter den Verlegern und Schriftstellern in Deutschland stark überrepräsentiert, und "eine der allgemeinen Ursachen für den Anstieg des Antisemitismus [Anm.: in dieser Zeit] war die starke Neigung dissidenter Juden, nationale Institutionen und Bräuche anzugreifen, und zwar sowohl in

---

[10] Rodríguez-Puértolas 1976, 127.
[11] Johnson 1988, 291-292.
[12] Johnson 1988, 345.
[13] *SAID*, Kap. 2,5.

sozialistischen als auch in nicht-sozialistischen Schriften"[14]. Diese "Mediengewalt", die von jüdischen Schriftstellern wie Kurt Tucholsky - der "sein subversives Herz auf der Zunge trug"[15] - gegen die deutsche Kultur gerichtet war, wurde von der antisemitischen[16] Presse ausführlich wiedergegeben.

Juden waren in der Weimarer Republik nicht nur unter Journalisten, Intellektuellen und anderen "Kulturproduzenten" überrepräsentiert, sie schufen diese Bewegungen im Wesentlichen selbst. "Sie griffen alles, was mit der deutschen Gesellschaft in Verbindung stand, heftig an. Sie verachteten die Armee, die Justiz und die Mittelschicht im Allgemeinen"[17]. Massing[18] hebt hervor, wie der Antisemit Adolf Stoecker die "mangelnde Wertschätzung der christlichen und konservativen Welt", die die Juden an den Tag legten, wahrgenommen hatte.

Der Antisemitismus unter Universitätsprofessoren zur Zeit der Weimarer Republik wurde insbesondere von der Vorstellung genährt, dass "der Jude die kritische oder 'negative' Seite des modernen Denkens repräsentiert, die Analyse und Skepsis, die dazu beiträgt, die moralischen Gewissheiten, den patriotischen Eifer und den sozialen Zusammenhalt moderner Staaten zu zerstören"[19].

Die nationalsozialistische Propaganda dieser Zeit spiegelte diese Wahrnehmung wider und behauptete, dass die Juden versuchten, den sozialen Zusammenhalt der nichtjüdischen Gesellschaften zu untergraben, während sie selbst in einer stark kohäsiven Gruppe eingebunden blieben - eine Doppelmoral, nach der die Grundlage des sozialen Zusammenhalts innerhalb der Nichtjuden stark kritisiert wurde, während gleichzeitig "die Juden ihren eigenen internationalen

---

[14] Gordon 1984, 51.
[15] Pulzer 1979, 97.
[16] Johnson 1988, 476-477.
[17] Rothman und Lichter 1982, 85.
[18] Massing 1949, 84.
[19] Ringer 1983, 7.

Zusammenhalt, ihre Blutsbande und ihre geistige Einheit pflegten"[20].

Dieser Analysewinkel ermöglicht es, eines der Hauptziele der jüdischen intellektuellen Bemühungen zu erfassen, nämlich die Dekonstruktion nichtjüdischer Kohäsionsstrategien, während die eigenen weiterentwickelt und genutzt werden. Diese Frage wird im Übrigen auch in der Diskussion über die jüdische Beteiligung an radikalen politischen Bewegungen und der Frankfurter Schule in den Kapiteln 3 und 5 aufgeworfen.

Dieses Phänomen war nicht spezifisch für Deutschland. Gilson[21], der über seine jüdischen Lehrer ganz zu Beginn des 20. Jahrhunderts in Frankreich diskutierte, sagte:

> Die Doktrinen dieser Universitätsprofessoren waren in Wirklichkeit recht unterschiedlich. Selbst die persönliche Philosophie von Levy-Bruhl unterschied sich etwas von der Durkheims, während Frederic Rauh ganz eigene Ideen hatte. [...] Das einzige gemeinsame Element all dieser Doktrinen ist negativ, aber dennoch real und wichtig. Man könnte dieses gemeinsame Element als eine radikale Opposition gegen alles darstellen, was gesellschaftlich als Zwang wahrgenommen wird, von dem man sich befreien muss. Spinoza und Brunschvieg haben diese Befreiung durch Metaphysik erreicht, während Bergson sie durch Intuition erreicht hat.

Auch in den USA, England und Frankreich standen Juden seit Mitte der 1960er Jahre an vorderster Front der Oppositionskultur, insbesondere als Verfechter der Oppositionskultur in den Medien und in der akademischen[22] Welt.

Stein[23] zeigt, dass ihre Stichprobe, die überwiegend aus Schriftstellern und Fernsehproduzenten der 1970er Jahre bestand, sehr feindselig gegenüber dem war, was sie als eine von den Nichtjuden dominierte kulturelle Kaste empfanden, obwohl ihre schärfste Kritik

---

[20] Aschheim 1985, 239.
[21] Gilson 1962, 31-32.
[22] Ginsberg 1993, 125ff und Rothman und Isenberg 1974a, 66-67.
[23] Stein 1979, 28; Siehe auch Lichter et al. 1994 und Powers et al. 1996.

nicht in offiziellen Interviews, sondern eher in informellen Gesprächen geäußert wurde.

Die im Fernsehen gezeigten Darstellungen der Führungsfiguren der Elite der Nichtjuden aus der Geschäftswelt und dem Militär waren meist sehr negativ. Zum Beispiel: "Die Vorstellung der Schriftsteller vom Militär war die von Männern, die vollkommen haarlos, blond und ausschließlich von WASP-Abstammung waren [Anm.: WASP steht für White Anglo-Saxon Protestant - diese Gruppe hat traditionell einen großen Teil der weißen Amerikaner repräsentiert]. In den Köpfen einiger der von mir befragten Personen waren diese blonden Offiziere immer nur einen Schritt davon entfernt, in den Nationalsozialismus abzugleiten. Sie wurden als Angehörige einer arischen Führungsschicht betrachtet, die potenziell repressive Maßnahmen gegen Individuen anderer ethnischer Herkunft ergreifen könnte oder solche Maßnahmen auch tatsächlich ergriff"[24].

Tatsächlich sehen Glazer und Moynihan[25] die Entstehung der Oppositionskultur in den USA als Triumph des New Yorker jüdischen politisch-kulturellen Standpunkts. Einige jüdische Schriftsteller und bildende Künstler (u. a. E. L. Doctorow, Norman Mailer, Joseph Heller, Frederick Wiseman und Norman Lear) waren unverhältnismäßig stark an verschiedenen Versuchen beteiligt, die amerikanische Gesellschaft als eine "kranke"[26] Gesellschaft darzustellen.

Eine der klassischen Methoden der kulturellen Subversion "beinhaltet einen Angriff auf tatsächliche Ungleichheiten und Irrationalitäten. Da alle Gesellschaften aus solchen bestehen, wird es immer eine Fülle von potenziellen Zielen geben. Allerdings richtet sich der Angriff in der Regel nicht speziell gegen die Ungleichheiten und Irrationalitäten selbst. Diese Ungleichheiten und Irrationalitäten werden instrumentalisiert, um ein wichtigeres Ziel zu erreichen: die Schwächung

---

[24] Stein 1979, 55-56.
[25] Glazer 1963 und Moynihan 1970.
[26] Rothman und Lichter 1982, 120.

der Gesellschaftsordnung selbst"[27].

In diesem Buch habe ich mich auf die jüdische Beteiligung an Bewegungen konzentriert, die sich gegen evolutionäre, biologische und genetische Entdeckungen in den Sozialwissenschaften, radikale politische Ideologien, die Psychoanalyse, die Frankfurter Schule und die *New Yorker Intellektuellen wandten.*

Diese Bewegungen sind insofern nicht spezifisch jüdisch, als sie nicht darauf abzielen, bestimmte spezifische Elemente des Judentums wie kulturellen und genetischen Separatismus zu rechtfertigen. Eines ihrer Hauptmerkmale ist jedoch, dass Juden in diesen Bewegungen stark überrepräsentiert waren, dass die Mehrheit dieser Individuen durch ein starkes jüdisches Identitätsgefühl gekennzeichnet war und dass sie alle eine negative Einstellung gegenüber der Kultur der Nichtjuden hatten.

Die vorliegende Diskussion spiegelt somit Sorkins[28] Beschreibung der deutsch-jüdischen Intellektuellen des 19. Jahrhunderts wider, der sie als Bestandteile einer "unsichtbaren Gemeinschaft akkulturierender deutscher Juden, die bestimmte distinkte Kulturen innerhalb der Mehrheitskultur fortführten."

Der jüdische kulturelle Beitrag zur Kultur der Nichtjuden im weitesten Sinne wurde also auf eine sehr partikularistische Art und Weise geleistet, durch die das Judentum dieser Gemeinschaft ein wichtiges Element darstellte, während es gleichzeitig "unsichtbar" blieb. Selbst Berthold Auerbach (geb. 1812), ein berühmter Vertreter der assimilierten jüdischen Intellektuellen, "manipulierte einige Elemente der Mehrheitskultur auf eine spezifisch deutsch-jüdische Weise"[29]. Auerbach wurde zum Vorbild für säkularisierte jüdische Intellektuelle, die assimilierte Juden waren, die dem Judentum nicht abgeschworen hatten. Die meisten von ihnen verkehrten nur mit Menschen aus dieser Gemeinschaft [Anm.: andere jüdische Intellektuelle] und betrachteten ihren Beitrag zur deutschen Kultur als eine spezifische, säkulare Form

---

[27] Rothman und Lichter 1982, 120.
[28] Sorkin 1985, 102.
[29] Sorkin 1985, 107.

des Judentums - die "unsichtbare Gemeinschaft" von Intellektuellen, die stark an ihrer jüdischen Identität festhielten.

Diese Manipulation der Kultur zum Nutzen bestimmter Gruppen war ein Hauptthema der antisemitischen Literatur. So wurde Heinrich Heines Kritik an der deutschen Kultur [Anm.: von antisemitischen Autoren] als ein Werkzeug gesehen, das seine Gruppe [Anm.: Heines Gruppe - sein Kreis jüdischer Intellektueller] bei ihrem Streben nach Macht auf Kosten des sozialen Zusammenhalts der Nichtjuden [30] einsetzte.

Es ist wichtig zu betonen, dass in vielen der Bewegungen, die in den folgenden Kapiteln behandelt werden, die Initiatoren dieser Bewegungen versucht haben, ihren Diskurs mit einem wissenschaftlichen Anstrich zu versehen, da Wissenschaft in der modernen Zeit als Garant für Wahrheit und intellektuelles Ansehen galt. White[31] weist in Bezug auf die Boasian School of Anthropology darauf hin, dass die Aura der Wissenschaft trügerisch ist: "Sie sorgen dafür, dass ihre Prämissen und Ziele scheinbar von der Wissenschaft bestimmt wurden, und dass alle an diesen wissenschaftlichen Ursprung glauben. In Wahrheit ist dies absolut nicht der Fall... Sie sind offensichtlich aufrichtig. Ihre Aufrichtigkeit und die Loyalität, die sie ihrer Gruppe gegenüber an den Tag legen, sind jedoch so beschaffen, dass sie überreden und folglich täuschen können."

Diese Bemerkung ist ein gutes Beispiel für die von Robert Thriver (1985) entwickelte evolutionäre Theorie der Verblendung: Die besten Verblender sind diejenigen, die sich selbst getäuscht haben. Zeitweise wird die Täuschung bewusst. Charles Liebman [32] erwähnt seine unbewusste Akzeptanz universalistischer Ideologien (Behaviorismus und Liberalismus) als Sozialwissenschaftler und legt nahe, dass er selbst verblendet ist, was die Wirkung der jüdischen Identität in seinen Überzeugungen betrifft: "Als Behaviorist (und Liberaler) kann ich sagen, dass ich bei der Anwendung meiner akademischen Methodik relativ

---

[30] Mosse 1970, 52.
[31] White 1966, 2.
[32] Liebman 1973, 213.

unbewusst war, aber ich glaube, dass es so sein musste. Andernfalls würde ich daran arbeiten, diesen Universalismus, den ich umarmt habe, zu dekonstruieren".

Konzeptualisierung der radikalen jüdischen Kritik an der nichtjüdischen Gesellschaft

In den vorangegangenen Abschnitten wurde die allgemeine Tendenz jüdischer Intellektueller aufgezeigt, sich in verschiedenen Phasen der Geschichte an der Sozialkritik zu beteiligen, und ich habe eine Analyse dieser Tendenz aus der Perspektive der Theorie der sozialen Identität geliefert. Formal gibt es zwei verschiedene Arten von Erklärungen für die jüdische Neigung, Ideologien und politische Bewegungen zu fördern, die darauf abzielen, die soziale Ordnung der Nichtjuden zu untergraben.

Erstens können solche Ideologien und Bewegungen darauf abzielen, Juden wirtschaftlich oder sozial zu begünstigen. Offensichtlich war eines der Hauptthemen des nachaufklärerischen Judentums der schnelle [Anm.: soziale] Aufstieg der Juden und die Versuche der nichtjüdischen Machthaber, ihren Zugang zu Macht und [Anm.: höherem] gesellschaftlichen Status zu beschränken. Angesichts dieser offensichtlichen Tatsache fühlen sich Juden aus praktischen Gründen, die mit ihren eigenen wirtschaftlichen und politischen Interessen zusammenhängen, natürlich zu Bewegungen hingezogen, die sich kritisch mit den nichtjüdischen Machtstrukturen auseinandersetzen und vielleicht sogar den vollständigen Umsturz dieser Strukturen befürworten.

So befürwortete die russische Zarenmacht eine Politik der Härte gegenüber den Juden, weil sie befürchtete, von diesen im Rahmen einer liberalen[33] Wirtschaft überholt zu werden. Diese Härte des zaristischen Regimes gegenüber den Juden erwies sich als ein starker Faktor für die Vereinigung der Juden in der ganzen Welt, und es ist nicht unvernünftig, die Hypothese aufzustellen, dass die jüdische Beteiligung an den radikalen Bewegungen in Russland durch das Interesse der Juden am

---

[33] Lindemann 1991; *SAID*, Kap. 2.

Sturz des zaristischen Regimes motiviert war. Tatsächlich betont Arthur Liebman[34], dass der jüdische politische Radikalismus im Russischen Reich als Ergebnis der wirtschaftlichen Beschränkungen gesehen werden muss, die den Juden vor dem Hintergrund von Armut und einer Bevölkerungsexplosion innerhalb der jüdischen Gemeinschaft selbst auferlegt wurden. In ähnlicher Weise zielte die sozialistische Bewegung der jüdischen Arbeiter in den 1930er Jahren in den USA auf die Verbesserung der Arbeitsbedingungen ihrer überwiegend jüdischen[35] Mitglieder ab.

Ein weiteres wichtiges Ziel der jüdischen politischen und intellektuellen Bewegungen war die Bekämpfung des Antisemitismus. So war beispielsweise das Interesse der Juden am Sozialismus in vielen Ländern während der 1930er Jahre zum Teil auf die Opposition der Kommunisten [Anm.: zumindest auf doktrinärer Ebene] gegen Faschismus und Antisemitismus[36] zurückzuführen. Die allgemeine Verbindung, die zwischen Antisemitismus und politischem Konservatismus hergestellt wird, wurde oft mit dem starken Engagement von Juden auf der Linken erklärt, was auch die linken Tendenzen vieler wohlhabender[37] Juden einschließt. Der Kampf gegen den Antisemitismus wurde auch zu einem der Hauptziele radikaler Juden in den USA, nachdem ein großer Teil der jüdischen Gemeinschaft sozial aufgestiegen und Teil der Mittelschicht[38] geworden war. Da der zunehmende Antisemitismus den sozialen Aufstieg der Juden in den 1930er Jahren behinderte, wurde das Interesse der Juden an der Linken umso größer[39].

Kapitel 2 des vorliegenden Buches zeigt deutlich, dass der Kulturdeterminismus der Boas'schen Schule der Anthropologie es ermöglichte, den Antisemitismus zu bekämpfen, indem man das rassistische Denken und die eugenischen Programme, die mehrheitlich

---

[34] Liebman 1979, 29ff.
[35] Liebman 1979, 267.
[36] Lipset 1988, 383; Marcus 1983.
[37] Lipset 1988, 375ff.
[38] Levin 1977, 211.
[39] Liebman 1979, 420ff, 507.

von Nichtjuden vertreten wurden, bekämpfte. Die Psychoanalyse (Kapitel 4) und die Frankfurter Schule (Kapitel 5) haben ebenfalls stark zur Entwicklung und Verbreitung von Theorien des Antisemitismus beigetragen, die diesen auf irrationale Projektionen der Nichtjuden zurückführen. Die von der Frankfurter Schule vertretene Theorie war auch dazu angetan, die Gruppenzugehörigkeiten der Nichtjuden als pathologisch, genauer gesagt als Symptome psychiatrischer Störungen zu bezeichnen, während sie über dieselben Gruppenzugehörigkeiten, die innerhalb der jüdischen Gemeinschaft existierten, schwieg.

Darüber hinaus könnte die jüdische Beteiligung an der Sozialkritik durch Prozesse beeinflusst worden sein, die mit der sozialen Identität zusammenhängen, und zwar unabhängig von praktischeren Zielen wie dem Kampf gegen den Antisemitismus. Die Forschung zu Prozessen im Zusammenhang mit sozialer Identität hat eine Tendenz zur Differenzierung zwischen Normen, die außerhalb einer sozialen Gruppe liegen, und Ansichten, die spezifisch für diese soziale Gruppe charakteristisch sind, aufgezeigt[40]. Im Fall des Kontakts zwischen Juden und Nichtjuden würden die externen Normen durch die innerhalb der Gesellschaft der Nichtjuden bestehenden Konsense repräsentiert. In einem solchen Szenario wäre zu erwarten, dass Individuen, die sich als Juden identifizieren, eine negative Wahrnehmung der Umwelt außerhalb der jüdischen Gemeinschaft entwickeln, die hauptsächlich durch die Machtstruktur und die Sozialstruktur der Nichtjuden repräsentiert wird.

Man könnte erwarten, dass das Bild, das sich die jüdische Gemeinschaft von der nichtjüdischen Gesellschaft macht, sowohl negativ als auch von einer Tendenz zur Übertreibung der negativen Aspekte dieser Gesellschaft und ihrer Sozialstruktur geprägt ist. Aus Sicht der sozialen Identität sollte sich die jüdische Tendenz, die soziale Ordnung zu untergraben, daher nicht auf Ideologien und soziale Programme beschränken, die mit den wirtschaftlichen und sozialen Interessen der jüdischen Gemeinschaft übereinstimmen, sondern auch eine allgemeine negative Kritik und Abwertung der nichtjüdischen Kultur mit sich

---

[40] Hogg und Abrams 1988.

bringen - "die reine zerstörerische Kraft des jüdischen Rationalismus, wenn er nicht mehr nur auf die traditionelle [Anm.: jüdische] Gemeinschaft beschränkt ist"[41].

Eine Analyse unter dem Gesichtspunkt der sozialen Identität sagt auch voraus, dass solche negativen Wahrnehmungen umso wahrscheinlicher sind, je mehr Antisemitismus in der Machtstruktur der Nichtjuden vorkommt, sei er nun real oder nur wahrgenommen. Eine der elementaren Schlussfolgerungen der [Anm.: Theorie der] sozialen Identität ist, dass Gruppen versuchen werden, die negativen sozialen Kategorisierungen, die ihnen von einer anderen Gruppe [42] auferlegt werden, zu unterwandern.

Die Prozesse im Zusammenhang mit der sozialen Identität würden dann durch den Eindruck der Juden verstärkt, dass die nichtjüdische Kultur ihnen feindlich gesinnt ist und dass sie oft von Nichtjuden verfolgt wurden. So berichtet Feldman[43] von starken Korrelationen zwischen der Intensivierung des jüdischen Identitätsgefühls und der Ablehnung der nichtjüdischen Kultur als Folge des Antisemitismus von den Anfängen des Judentums in der Alten Welt bis heute. In *Lord George Bentnick: A Political Biography*[44] sagte der Rassentheoretiker Benjamin Disraeli, der trotz seiner christlichen Taufe stark an seiner jüdischen Identität festhielt, dass "die Verfolgung [...], obwohl ungerecht, die Judenfeindschaft der Neuzeit auf die Quasi-Rechtfertigung ihrer böswilligen Rache reduziert haben könnte. Sie sind den Menschen gegenüber so abscheulich und feindselig geworden, dass sie die Misshandlungen verdienen, die ihnen derzeit von den Gesellschaften, in denen sie leben und in die sie sich praktisch nicht einmischen können, zugefügt werden." Dies führt laut Disraeli dazu, dass die Juden die nichtjüdische Gesellschaft extrem negativ wahrnehmen und die soziale Ordnung dieser Gesellschaft umstürzen wollen:

Doch die bestehende Gesellschaft entschied sich für die Verfolgung

---

[41] Johnson 1988, 291-292.
[42] Hogg und Abrams 1988.
[43] Feldman 1993, 43.
[44] Disraeli 1852, 489.

dieser Rasse, die eigentlich ein wichtiger Verbündeter für sie sein sollte, und was waren die Folgen?

Diese können in der letzten Manifestation des destruktiven Prinzips in Europa gefunden werden. Es kommt zu einem Aufstand gegen Traditionen und Aristokratie, gegen Religion und [Privat-]Eigentum. [...] Gottesmänner arbeiten mit Atheisten zusammen, listige und gierige Kapitalisten verbünden sich mit Kommunisten; die auserwählte Rasse reicht den unteren sozialen Klassen Europas die Hand! Und das alles nur, weil sie das undankbare Christentum vernichten wollen, das ihnen alles bis hin zu seinem Namen verdankt und dessen Tyrannei[45] sie nicht länger ertragen können.

In der Tat nahm Theodor Herzl in den 1890er Jahren den Sozialismus an, da dies eine Antwort auf den weiterhin grassierenden Antisemitismus darstellte; dabei ging es ihm weniger um die Übereinstimmung mit seinen politischen und wirtschaftlichen Interessen als vielmehr um den Wunsch, die antisemitische Machtstruktur der Nichtjuden zu zerstören: "Die Juden, die bisher aus der Gesellschaft verbannt waren, werden der Feind der Gesellschaft werden. Ach, ihre bürgerliche Ehre ist nicht geschützt, es ist erlaubt, sie zu beleidigen, herablassend mit ihnen umzugehen und sie gelegentlich zu plündern und zu schlagen - was würde sie dann davon abhalten, in die Anarchie zu stürzen?". Die Juden "haben keine Bindung mehr an den Staat. Sie würden sich den revolutionären Parteien anschließen und deren Waffen zahlreicher und gefährlicher machen. Sie wollen die Juden auf die Seite des Pöbels stellen - umso besser, sie werden selbst zum Volk gehen. Hütet euch, sie haben ihre Grenze erreicht; geht nicht zu weit"[46].

In ähnlicher Weise beschreibt Sammons[47] die Grundlagen der gegenseitigen Anziehung zwischen Heinrich Heine und Karl Marx, indem er feststellt, "dass sie keine Reformer, sondern eher Hasser waren, und das stellte sicherlich ihre wichtigste gemeinsame Eigenschaft dar."

---

[45] Disraeli 1852, 498-499.
[46] Kornberg 1993, 122.
[47] Sammons 1979, 263.

Die Hypothese, die mit der Theorie der sozialen Identität übereinstimmt, lautet, dass die grundlegende Motivation der an der Sozialkritik beteiligten jüdischen Intellektuellen einfach ihr Hass auf die Machtstruktur der Nichtjuden ist, die sie als antisemitisch empfinden. Diese Antipathie gegenüber der nichtjüdischen Welt wird auch in dem Kommentar des New Yorker Soziologen und Intellektuellen Michael Walzer[48] über die "Pathologien im Leben der Juden" angesprochen, insbesondere über "ihr Gefühl, dass 'der ganze Planet gegen uns' ist, die daraus resultierende Angst, die Ressentiments und den Hass der Nichtjuden und die geheimen Träume von Rache und Sieg." Solche "geheimen Träume von Rache und Sieg" sind eines der Themen, die in Kapitel 3 dieses Buches, das sich mit radikalen jüdischen Persönlichkeiten befasst, sowie in Kapitel 4, das sich mit Freud und der Psychoanalyse befasst, behandelt werden.

In der Tat scheint dieser intensive Hass auf diejenigen, die sie als ihre Feinde ansehen, ein wichtiges psychologisches Merkmal der Juden zu sein. Es muss betont werden, dass Schatz[49] feststellte, dass, während alle polnischen Kommunisten in der Zwischenkriegszeit ihre Feinde hassten, jüdische Kommunisten einerseits mehr Feinde hatten [Anm.: mehr Menschen oder Gruppen von Menschen, die sie als solche wahrnahmen] und andererseits einen tieferen Hass auf diese Feinde empfanden.

Wie in Kapitel 3 ausführlicher besprochen, waren diese kommunistischen Gruppen tatsächlich sehr kohäsiv und darüber hinaus in ihrer Struktur und psychologischen Ausrichtung den traditionellen jüdischen Gruppen sehr ähnlich. Die Vorstellung, dass jüdische Kommunisten mehr Hass auf ihre Feinde empfinden, steht völlig im Einklang mit den in Kapitel 8 von *PTSDA* und in Kapitel 1 von *SAID* dargestellten Vorstellungen, was darauf hindeutet, dass Juden als Träger hypertropher sozialer Identitätssysteme und einer starken Prädisposition für kollektivistische Gesellschaftsstrukturen gesehen werden können.

---

[48] Walzer 1994, 6-7.
[49] Schatz 1991, 113.

Die stärkere Intensität gegenüber Gruppen, die nicht zum Judentum gehören, und gegenüber denjenigen, die sie als ihre Feinde wahrnehmen, könnte nur eine affektive Manifestation dieser Tendenzen sein. Das Gefühlsleben der Juden ist sowohl durch positive soziale Interaktionen mit anderen Mitgliedern der eigenen Gruppe - ob tatsächlich oder wahrgenommen - als auch durch ausgeprägte Feindseligkeit gegenüber Mitgliedern anderer Gruppen - ob tatsächlich oder wahrgenommen - gekennzeichnet.

Die Theorie der sozialen Identität erlaubt auch die Vorhersage, dass die jüdische intellektuelle Aktivität der Entwicklung von Ideologien gewidmet sein wird, die eine ihnen eigene soziale Identität im Kontext der Opposition zu den von den Antisemiten definierten sozialen Kategorien hervorheben. Dieses Thema wurde im Laufe der Geschichte häufig verwendet, um das Judentum auf religiöser [50] Ebene zu verherrlichen, aber auch säkularisierte jüdische Autoren haben es aufgegriffen. Castro (1954, 558) beschreibt die Versuche neuchristlicher Intellektueller, "die hebräische Linie zu verteidigen", gegen antisemitische Beleidigungen zur Zeit der Inquisition. Bischof *Converso* von Burgos hatte gesagt: "Glauben Sie nicht, dass Sie mich beleidigen können, wenn Sie meine Vorfahren als Juden bezeichnen. Es ist offensichtlich, dass sie es sind, und ich bin stolz darauf; denn wenn Alter gleichbedeutend mit Adel ist, wer sonst kann dann so weit in die Vergangenheit zurückgehen?". Der Jude, der von den Makkabäern und Leviten abstammt, ist "von Geburt an edel". Castro[51] betont, dass eines der in der neuchristlichen Literatur dieser Zeit wiedergefundenen Themen die "Wertschätzung für den Menschen, der den unteren sozialen Klassen angehört und an den Rand gedrängt wird" war. Die [Anm.: soziale] Kategorie, der sich die Juden zugehörig fühlen, wird in einer entschieden positiven Weise dargestellt.

Interessanterweise wertete die humanistische Ideologie der *Conversos* den individuellen Verdienst auf, im Gegensatz zur

---

[50] *PTSDA*, Kap. 7.
[51] Castro 1954, 559.

korporatistischen Natur der christlichen Gesellschaft der Nichtjuden[52]. Die Bedeutung des Konflikts zwischen Juden und Nichtjuden zu dieser Zeit widerspiegelnd, betrachteten die Christen das individuelle Verdienst als eine Form des Abirrens von der Religion (z.B. von der Gruppenidentität) und nicht von der individuellen Leistung: "Im 16. Jahrhundert wurde das Ungleichgewicht der Werteskala weiter verstärkt, was das Konzept einführte, dass es wichtiger war, festzustellen, wer die Person war, als ihre Fähigkeit zu arbeiten und zu denken zu bewerten"[53]. Die von den *Conversos* geförderte Ideologie, die den individuellen Verdienst als Basis darstellt, auf der alle anderen Werte beruhen, kann daher als Waffe im Kampf gegen die Kategorien der sozialen Identität gesehen werden, innerhalb derer sie sich abgewertet fühlen.

Die Kehrseite der Medaille ist, dass Juden oft schlecht auf Darstellungen ihrer selbst reagiert haben, die zwar von jüdischen Autoren stammten, ihnen aber negative oder sozial missbilligte Eigenschaften zuschrieben. So wurde beispielsweise Philip Roth von jüdischen Einzelpersonen und Organisationen weitgehend dafür kritisiert, dass er Juden auf diese Weise darstellte oder dies zumindest in den USA tat, wo seine Schriften für Antisemiten [54] zugänglich waren. Während der offensichtlichste Grund für die Formulierung dieser Kritik darin besteht, dass solche Darstellungen den Antisemitismus schüren könnten, deutet Roth[55] auch an, dass "was am meisten weh tut [Anm.: bei diesen negativen Darstellungen] [...] ihre direkte Wirkung auf einige Juden ist. "Sie haben die Gefühle vieler Menschen verletzt, indem sie Dinge enthüllt haben, für die sie sich schämen"". Die Kritik an Roth impliziert, dass die Gruppe [Anm.: der Juden] positiv dargestellt werden muss; in der Tat hat die jüdische Literatur die Juden[56] in den meisten Fällen positiv dargestellt. Dieselben Kritikpunkte spiegeln auch die Analyse der Selbstverblendung der Juden wider, die in Kapitel 8 von *SAID* vorgestellt wird. Die Scham [Anm.: die Juden empfinden], die sich aus der Tatsache

---

[52] Faur 1992, 35.
[53] Castro 1971, 581; kursiv gedruckte Wörter im Text.
[54] Roth 1963.
[55] Roth 1963, 452.
[56] Alter 1965, 72.

ergibt, dass viele Menschen sich der Handlungen und Verhaltensweisen der Juden bewusst sind, ist nur halb bewusst, und jede Verletzung dieser Blindheit ist notwendigerweise mit einem ernsthaften psychologischen Konflikt verbunden.

Die Bedeutung sozialer Identitätsprozesse in der jüdischen intellektuellen Tätigkeit wurde bereits früher von Thorstein Veblen (1934) hervorgehoben. Veblen betonte die Vorrangstellung jüdischer Akademiker und Wissenschaftler in Europa und wies auf ihre Neigung zur Bilderstürmerei hin. Er stellte fest, dass die Aufklärung den jüdischen Intellektuellen zwar die Fähigkeit genommen habe, sich ohne Ärger zu ihrer religiösen Identität zu bekennen, dass sie aber nicht von vornherein die intellektuellen Strukturen der nichtjüdischen Gesellschaft kritiklos akzeptierten. Veblen legt nahe, dass die Juden, indem sie den Weg der Bilderstürmerei beschreiten, in Wirklichkeit das soziale Kategorisierungssystem der nichtjüdischen Gesellschaft kritisieren - ein Kategorisierungssystem, in dem sich der Nichtjude wohlfühlt, nicht aber der Jude. Der Jude "trägt nicht [...] das nichtjüdische Erbe konventioneller Vorurteile, die aufgrund der Trägheit langjähriger Gewohnheiten bewahrt wurden und die einerseits dazu beitragen, den Nichtjuden als konservativ und selbstgefällig erscheinen zu lassen, und andererseits dazu führen, dass die intellektuelle Sicht des Nichtjuden getrübt wird, und ihn letztendlich intellektuell geisteskrank machen[57].

Tatsächlich waren sich jüdische Sozialwissenschaftler zumindest zeitweise dieser Zusammenhänge bewusst: Peter Gay [58] zitiert die folgende Passage aus einem Brief, der von Sigmund Freud verfasst wurde, dessen Abneigung gegen die westliche Kultur in Kapitel 4 dieses Buches beschrieben wird:

> "Weil ich Jude war, fand ich mich immun gegen viele Vorurteile, die geeignet waren, andere [Anm.: Nichtjuden] in der Anwendung ihres Intellekts zu beschränken, und als Jude war ich darauf vorbereitet, auf der Seite der Opposition zu stehen und nicht die Zustimmung des 'Mehrheitsblocks' zu genießen". In einem späteren Brief sagte Freud, dass

---

[57] Veblen 1934, 229.
[58] Gay 1987, 137.

die Akzeptanz der Psychoanalyse "eine gewisse Vorbereitung darauf erfordert, allein gegen alle zu sein - eine Situation, mit der niemand besser vertraut ist als ein Jude"[59].

Es handelt sich dabei um eine Art Entfremdung von der Gastgebergesellschaft. Der jüdische Intellektuelle, so der New Yorker Intellektuelle und politische Radikale Irving Howe, neigt dazu, "sich von der [Gast-]Gesellschaft entfremdet zu fühlen; fast wie ein unveräußerliches Recht einen kritischen Standpunkt gegenüber den Doxas einzunehmen und zu glauben, dass er keinen Platz in dieser Welt hat"[60].

Von Solomon Maimon bis Normon Podhoretz, von Rachel Varnhagen bis Cynthia Ozick, von Marx und Lassalle bis Erving Goffman und Harold Garfinkel, von Herzl und Freud bis Harold Laski und Lionel Trilling, von Moses Mendelssohn bis J. Robert Oppenheimer und Ayn Rand, Gertrude Stein und Reich I und II (Wilhelm und Charles), gibt es eine dominante Struktur in Verbindung mit einer gemeinsamen Sackgasse und einem gemeinsamen Schicksal, die sich dem Bewusstsein und dem Verhalten des jüdischen Intellektuellen im Galut [Exil] aufzwingt: mit dem Beginn der jüdischen Emanzipation, als die Ghettomauern einstürzten und die Schtetlach [jüdische Kleinstädte] zu verschwinden begannen, betrat die Judenheit - wie ein verblüffter Anthropologe - eine fremde Welt, um dort ein fremdes Volk zu entdecken, das eine fremde Halacha [Kodex] befolgte. Sie beobachten diese Welt mit Bestürzung, mit Erstaunen, mit Wut und mit strafender Objektivität. Dieses Erstaunen, dieser Zorn und diese rachsüchtige Objektivität des [Anm.: Randständigen] sind allesamt Rückfälle; sie sind bis in unsere Zeit vorgedrungen, weil die jüdische Emanzipation bis zum heutigen Tag andauert. [61]

Obwohl die aus den Prozessen der sozialen Identität resultierende intellektuelle Kritik nicht notwendigerweise darauf abzielt, irgendein konkretes Ziel des Judentums zu erreichen, stimmen diese Elemente der

---

[59] Gay 1987, 146.
[60] Howe 1978, 106.
[61] Cuddihy 1974, 68.

Theorie stark mit der Vorstellung überein, dass jüdische intellektuelle Aktivitäten darauf abzielen könnten, die Prozesse der sozialen Kategorisierung in einer Weise zu beeinflussen, die den Juden zugute kommt. In den folgenden Kapiteln werden die Elemente vorgestellt, auf die sich die Vorstellung stützt, dass jüdische intellektuelle Bewegungen universalistische Ideologien gefördert haben, die für die gesamte Gesellschaft bestimmt waren und für die die Bedeutung der Dichotomie Jude-Nichtjude heruntergespielt wurde und keine theoretische Bedeutung hat.

So entstehen zum Beispiel soziale Konflikte aus marxistischer Sicht nur aus wirtschaftlichen Konflikten zwischen verschiedenen sozialen Klassen, innerhalb derer der Wettbewerb um Ressourcen zwischen verschiedenen ethnischen Gruppen ignoriert wird. Die Forschung zur sozialen Identität sagt voraus, dass die Akzeptanz [Anm.: durch die Gesellschaft] einer solchen Theorie den Antisemitismus reduzieren würde, da die Dichotomie Jude-Gentil in der universalistischen Ideologie nicht von höchster Bedeutung ist.

Schließlich gibt es gute Gründe für die Annahme, dass die Ansichten von Minderheiten wahrscheinlich einen großen Einfluss auf das Verhalten der Mehrheit[62] ausüben. Die Forschung zur sozialen Identität deutet darauf hin, dass die Ansichten einer bestimmten Minderheit, *insbesondere* wenn sie eine hohe interne Konstanz aufweisen, einen Einfluss haben können:

> [...] weil sie die Möglichkeit einer Alternative zum bisher als selbstverständlich vorausgesetzten und nicht hinterfragten Konsensstandpunkt der Mehrheit entstehen lässt. Plötzlich können die Menschen Risse in der Fassade des Mehrheitskonsenses erkennen. Neue Probleme und Fragen tauchen auf, die Aufmerksamkeit erfordern. Der *Status quo* wird nicht mehr passiv hingenommen, als wäre er etwas Unveränderliches, Stabiles und der einzige und legitime Schiedsrichter über die Natur der Dinge. Die Menschen haben die Möglichkeit, unter anderem ihre Überzeugungen, Ansichten und

---

[62] Pérez und Mugny 1990.

Bräuche zu ändern. Und wohin wenden sie sich? Einer der möglichen Wege ist die aktive Minderheit. Per Definition und intrinsisch bietet diese eine konzeptionell kohärente und elegant einfache Lösung für die Probleme, die aufgrund ihrer Aktivität [Anm.: der Minderheit] nun das kollektive Bewusstsein vergiften. In der Sprache der "Ideologie" [...] haben aktive Minderheiten das Ziel, die herrschende Ideologie durch eine andere, neue zu ersetzen. [63]

Eine wesentliche Komponente des Einflusses von Minderheitengruppen ist die intellektuelle [64] Beständigkeit, und ein wichtiges Thema im Folgenden wird sein, dass die von Juden dominierten intellektuellen Bewegungen ein hohes Maß an Kohäsion aufwiesen und oft durch ein ausgeprägtes dichotomisches Denken gekennzeichnet waren, das einerseits die eigene Gruppe und andererseits die anderen gegenüberstellte - ein historisches Merkmal des Judentums. Da diese Bewegungen jedoch dazu bestimmt waren, von Nichtjuden umarmt zu werden, war es notwendig, dass die Bedeutung der jüdischen Gruppenidentität oder der jüdischen Gruppeninteressen in den Augen der Aktivisten minimiert wurde.

Ein solches Ergebnis stimmt auch mit der Theorie der sozialen Identität überein; Der Grad, in dem Individuen beeinflusst werden können, hängt von ihrer Bereitschaft ab, die soziale Kategorie zu akzeptieren, aus der die abweichende Meinung stammt. Da Juden versuchen, die Gesellschaft, in der sie leben [Anm.: die Gesellschaft der Nichtjuden], zu beeinflussen, können diese nur dann öffentlich zu ihrer jüdischen Identität stehen und ihre Interessen offen vertreten, wenn es diesen Bewegungen nicht gelingt, die Personen zu beeinflussen, die sie ins Visier genommen haben. Folglich wurde die jüdische Beteiligung innerhalb dieser Bewegungen oft bewusst verschleiert, und die intellektuellen Strukturen selbst wurden unter Verwendung universalistischer Begriffe formuliert, um die Bedeutung der Dichotomie Jude-Nichtjude zu minimieren.

Da die Bereitschaft eines Individuums, einen Einfluss zu

---

[63] Hogg und Abrams 1988, 181.
[64] Moscovici 1976.

akzeptieren, von seiner Bereitschaft abhängt, sich mit den Attributen einer bestimmten Gruppe zu identifizieren, wurden die Bewegungen nicht nur universalistisch und nicht in Begriffen, die einen jüdischen Partikularismus ausdrücken, konzeptualisiert, sondern auch so dargestellt, als würden sie die höchsten Standards in Sachen Moral und Ethik anwenden. Wie Cuddihy[65] betont, gelangten jüdische Intellektuelle zu der Überzeugung, dass das Judentum mit einer "Mission in der westlichen Welt" ausgestattet worden sei, derzufolge die westliche Zivilisation mit einer spezifisch jüdischen Form der Moral konfrontiert werden würde. Diese Bewegungen sind wichtige und konkrete Beispiele für die alte, aber immer wiederkehrende Tendenz der Juden, sich als "Licht für die Völker" zu betrachten, wie in *SAID* (Kapitel 7) gezeigt wird.

Diese Rhetorik der moralischen Verurteilung anderer Gruppen stellt somit eine jahrhundertealte Version der zentralen Idee dar, die von jüdischen Intellektuellen nach der Aufklärung vertreten wurde, nämlich dass das Judentum eine moralische Richtschnur für den Rest der Menschheit darstellt. Um ihren Einfluss zu etablieren, waren sie jedoch gezwungen, die Bedeutung der jüdischen Identität und der jüdischen Interessen herunterzuspielen - zwei Elemente, die im Mittelpunkt dieser Bewegungen stehen.

Der hohe Grad an Gruppenzusammenhalt, der für die in diesem Buch untersuchten Bewegungen charakteristisch ist, ging mit der Entwicklung von Theorien einher, die nicht nur eine hohe intellektuelle Konstanz aufwiesen, sondern auch - wie im Fall der Psychoanalyse und der radikalen politischen Theorie - die Form hermeneutischer Systeme annehmen konnten, die jedes Ereignis im Lichte ihrer Interpretationsmuster erklären konnten. Und obwohl sich diese Bewegungen auf die Wissenschaft beriefen, brachen sie unweigerlich mit ihren Grundprinzipien, da sie eine Form der individuellen Suche in der Welt der Realität darstellten (siehe Kapitel 6).

Auch wenn der Grad des Einflusses, den diese intellektuellen und politischen Bewegungen auf die nichtjüdische Gesellschaft hatten, nicht

---

[65] Cuddihy 1974, 66n.

mit Sicherheit bestimmt werden kann, sind die in den folgenden Kapiteln dargelegten Elemente stark mit der Vorstellung vereinbar, dass die von Juden dominierten intellektuellen Bewegungen eine notwendige Voraussetzung für den Triumph der intellektuellen Linken in den westlichen Gesellschaften gegen Ende des 20. Jahrhunderts waren.

Kein Mensch, der sich den evolutionären Thesen angeschlossen hat, sollte sich darüber wundern, dass die Theorie, die allem bisher Diskutierten zugrunde liegt, impliziert, dass bei jeder Art von geistiger Aktivität ein ethnischer Krieg die Grundlage sein kann, so wie es auch keinen Grund gibt, sich darüber zu wundern, dass politische und religiöse Ideologien in der Regel die Interessen ihrer Schöpfer widerspiegeln. Die Idee, an der Evolutionisten wirklich zweifeln sollten, ist die, dass es überhaupt möglich ist, menschliches Verhalten mithilfe der Sozialwissenschaften uneigennützig zu erklären.

Dies impliziert nicht, dass alle Sozialwissenschaftler, die stark an ihrer jüdischen Identität festhielten, an den in den folgenden Kapiteln untersuchten Bewegungen beteiligt waren. Die einzige Implikation ist, dass die jüdische Identität und das, was als jüdische Interessen wahrgenommen wurde, eine starke Triebkraft für die Anführer dieser Bewegungen sowie für viele ihrer Aktivisten darstellte. Diese Wissenschaftsaktivisten hatten eine starke jüdische Identität. Sie waren besonders besorgt über den Antisemitismus und entwickelten bewusst Theorien, die zeigen sollten, dass jüdische Handlungen nichts mit Antisemitismus zu tun haben und dass gleichzeitig (im Fall der Psychoanalyse und der Frankfurter Schule) der Ethnozentrismus der Nichtjuden sowie ihre Beteiligung an kohäsiven antisemitischen Bewegungen Symptome einer Psychopathologie waren.

Gemeinsam haben diese Bewegungen die moralischen, politischen, kulturellen und wirtschaftlichen Grundlagen der westlichen Gesellschaft in Frage gestellt. Es wird deutlich werden, dass diese Bewegungen bestimmten jüdischen Interessen mit einer gewissen Effizienz gedient haben. Es wird jedoch auch deutlich werden, dass diese Bewegungen häufig mit den kulturellen und letztlich genetischen Interessen großer Teile der nichtjüdischen Völker europäischer Abstammung in den westlichen Gesellschaften des späten zwanzigsten Jahrhunderts kollidierten.

Kapitel II

Die Boasian School of Anthropology und der Niedergang des Darwinismus in den Sozialwissenschaften

> "Wenn wir Margaret Meads Buch *Coming of Age in Samoa* als Utopie und nicht als Ethnografie betrachten würden, dann könnten wir es besser verstehen und uns so viele unnötige Debatten ersparen."
>
> (Robin Fox 1989, 3)

Viele Autoren haben sich zu den "radikalen Veränderungen" geäußert, die sich in Bezug auf die Ziele und Methoden der Sozialwissenschaften durch den Eintritt der Juden in diese Disziplinen[66] ergeben haben.

Degler stellt fest[67], dass der Terrainverlust des Darwinismus als grundlegendes Paradigma der Sozialwissenschaften eher auf ideologische Veränderungen als auf das Aufkommen neuer empirischer Daten zurückzuführen ist. Er weist auch darauf hin, dass jüdische Intellektuelle wesentlich zum Niedergang des Darwinismus und anderer biologischer Analysewinkel in den amerikanischen Sozialwissenschaften seit den 1930er Jahren beigetragen haben (S. 200).

Die Ablehnung des Darwinismus durch jüdische Intellektuelle ist

---

[66] Liebman 1973, 213; siehe auch Degler 1991; Hollinger 1996; Horowitz 1993, 75; Rothman & Lichter 1982

[67] Degler 1991, 188ff

seit langem bekannt[68]. In der Soziologie führte das Aufkommen jüdischer Intellektueller in der Zeit vor dem Zweiten Weltkrieg zu einem[69] "Grad der Politisierung, der den Gründervätern dieser Disziplin völlig fremd war. Dabei geht es nicht nur darum, dass die Namen Charles Darwin und Herbert Spencer durch die von Marx, Weber und Durkheim ersetzt wurden, sondern auch darum, dass die Sicht auf die Vereinigten Staaten als Konsensexperiment einer Darstellung des Landes als einer Reihe von miteinander in Konflikt stehenden Definitionen gewichen ist"[70].

In der unmittelbaren Nachkriegszeit gab es im Bereich der Soziologie "so viele Juden, dass Witze darüber in Umlauf kamen: So wurde erzählt, dass Synagogen nicht mehr notwendig seien, da der Minjan [d.h. die Mindestanzahl von Juden, die für einen Gemeindegottesdienst erforderlich ist] in den Soziologieabteilungen gefunden werden könne; es wurde auch erzählt, dass eine Soziologie des jüdischen Lebens ebenfalls nicht notwendig sei, da beide [Anm.: die Soziologie des jüdischen Lebens und die Soziologie überhaupt] zu Synonymen geworden seien"[71].

In der Tat ähnelt der ethnische Konflikt innerhalb der amerikanischen Soziologie in vielen Punkten dem ethnischen Konflikt im Umfeld der amerikanischen Anthropologie, der ebenfalls Gegenstand dieses Kapitels ist. In letzterem Fall bestand der Konflikt zwischen linksgerichteten jüdischen Wissenschaftlern und einer alten protestantischen Garde, die schließlich in den Schatten[72] gestellt wurde:

> Die amerikanische Soziologie kämpfte mit Widerstand von Seiten der Forscher und allgemein derjenigen, die den Sozialwissenschaften einen "unzureichenden Mathematisierungsgrad" [Anm.: im Vergleich zu den "strengeren" Wissenschaften Mathematik und Physik] vorwerfen, da diese stärker in die Dilemmas der Gesellschaft involviert sind. In diesem Kampf standen die Protestanten des Mittleren Westens, die eine positivistische

---

[68] Lenz 1931, 674
[69] Siehe die Kommentare von John Maynard Smit in Lewin [1992, 43].
[70] Horowitz 1993, 75
[71] Horowitz 1993, 77
[72] Sennet 1995, 43

Wissenschaft vertraten, oft im Konflikt mit den Juden der Ostküste, die ihrerseits gegen ihr eigenes marxistisches Engagement ankämpften; herausragende Wissenschaftler wie Paul Lazarsfeld von der Columbia University kämpften gegen die Selbstgefälligkeit ihrer einheimischen Kollegen.

In diesem Kapitel liegt der Schwerpunkt auf dem ethnopolitischen Programm von Franz Boas, doch sollte auch die Arbeit des französisch-jüdischen strukturalistischen Anthropologen Claude Lévi-Strauss hervorgehoben werden, da er von denselben Motiven getrieben zu sein scheint, obwohl die französische strukturalistische Bewegung in ihrer Gesamtheit nicht als eine jüdische intellektuelle Bewegung betrachtet werden kann.

Lévi-Strauss und Boas arbeiteten in erheblichem Maße zusammen, wobei ersterer den Einfluss des letzteren[73] anerkannte. Lévi-Strauss war seinerseits in Frankreich sehr einflussreich, da Dosse ihn [74] als "gemeinsamen Vater" von Michel Foucault, Louis Althusser, Roland Barthes und Jacques Lacan bezeichnete. Er legte großen Wert auf seine jüdische Identität und war stark mit dem Thema Antisemitismus[75] befasst. Als Antwort auf Behauptungen, er sei "der Archetyp des jüdischen Intellektuellen", erwiderte Lévi-Strauss, [76]dass :

> Bestimmte mentale Einstellungen sind bei Juden wahrscheinlich häufiger anzutreffen als bei anderen Gruppen [...] Einstellungen, die aus einem tiefen Gefühl der Zugehörigkeit zu einer nationalen Gemeinschaft resultieren, wobei man sich bewusst ist, dass es innerhalb dieser Gemeinschaft Menschen gibt - deren Zahl allerdings abnimmt -, die einen ablehnen. Dies trägt zu einer gewissen Sensibilität bei [Anm.: bei Mitgliedern der jüdischen Gemeinschaft], ebenso wie das irrationale Gefühl, dass man unter allen Umständen etwas mehr tun muss als andere, um potenzielle Kritik [Anm.: an der eigenen Person oder der eigenen Gruppe] zu entschärfen.

---

[73] Dosse 1997 I, 15, 16
[74] Dosse 1997 I, xxi
[75] Cuddihy 1974, 151ff
[76] Lévi-Strauss und Eribon 1991, 155-156

Wie viele der jüdischen Intellektuellen, die in diesem Buch behandelt werden, zielte Lévi-Strauss mit seinen Schriften darauf ab, kulturelle Unterschiede zu betonen und den westlichen Universalismus zu untergraben.

Wie Boas widerlegte auch Lévi-Strauss die biologischen und evolutionären Theorien. Stattdessen vertrat er die Ansicht, dass Kulturen, ebenso wie Sprachen, eine zufällige Ansammlung von Symbolen ohne jegliche natürliche Verbindung zu ihren Bezugspersonen sind. Lévi-Strauss lehnte die westliche Modernisierungstheorie ab und befürwortete stattdessen die Idee, dass es keine Gesellschaften gibt, die anderen überlegen sind.

Die Rolle des Anthropologen bestand darin, innerhalb der westlichen Gesellschaften "natürlich subversiv oder ein entschiedener Gegner des Traditionalismus"[77] zu sein, während er gleichzeitig die nicht-westlichen[78] Gesellschaften respektierte oder sogar romantisierte. Der westliche Universalismus und die mit den Menschenrechten verbundenen Ideen wurden als Deckmäntelchen gesehen [79], um Ethnozentrismus, Kolonialismus und Völkermord zu verschleiern:

> Die wichtigsten Arbeiten von Lévi-Strauss wurden alle in der Zeit des Zerfalls des französischen Kolonialreichs veröffentlicht und trugen wesentlich dazu bei, die Wahrnehmung anderer Intellektueller in dieser Zeit zu prägen. Seine eleganten Schriften hatten eine solche Wirkung auf seine Leser, dass diese sich auf subtile Weise dafür schämten, Europäer zu sein. [...] Er beschwor die Schönheit, die Würde und den unwiderruflich geheimnisvollen Charakter der Kulturen der Dritten Welt, die nichts anderes taten, als zu versuchen, ihren unverwechselbaren Charakter zu bewahren. [...] Seine Schriften haben in der neuen Linken schnell Zweifel gesät. [...], dass die Ideen, die Europa zu verteidigen behauptete - Vernunft, Wissenschaft, Fortschritt, liberale Demokratie - spezifisch europäische kulturelle Waffen waren, die eingesetzt wurden, um Nichteuropäern ihre Andersartigkeit zu rauben.

---

[77] Cuddihy 1974, 155
[78] Dosse 1997 II, 30
[79] Lilla 1998, 37

Degler hebt[80] die Rolle von Franz Boas bei der anti-darwinistischen Transformation der amerikanischen Sozialwissenschaften hervor:

"Der Einfluss von Boas auf amerikanische Sozialwissenschaftler in Bezug auf Rassenfragen kann kaum überbewertet werden."

Boas engagierte sich in der

"Er kämpfte ein Leben lang gegen die Vorstellung, dass die Rasse eine der Hauptursachen für die Unterschiede in den geistigen und sozialen Fähigkeiten der verschiedenen Menschengruppen sei. Er führte diesen Kampf durch seine unaufhörliche und unerbittliche Beschwörung des Begriffs der Kultur zu Ende".

"Boas entwickelte in den USA mit fast verblüffender Leichtigkeit das Konzept der Kultur, das wie ein starkes Lösungsmittel die Rassenfragen aus der sozialwissenschaftlichen Literatur auslöschen sollte[81]."

Boas gelangte nicht durch einen objektiven[82] wissenschaftlichen Ansatz zur Behandlung eines kontroversen Themas zu diesen Schlussfolgerungen [...] Zweifellos hatte er ein großes Interesse daran, Argumente und andere Elemente zu sammeln, die eine Ideologie - den Rassismus - widerlegen konnten, die er aus der Sicht des Einzelnen als belastend und daher für die Gesellschaft als nicht wünschenswert ansah [...] es besteht ein anhaltendes Interesse daran, seine sozialen Werte innerhalb des Berufsstandes und in der Öffentlichkeit zu fördern.

Wie Frank[83] betont: "Die Vorherrschaft jüdischer Intellektueller in den frühen Jahren der boasianischen Anthropologie sowie die jüdische Identität der Anthropologen der nachfolgenden Generationen wurden in den offiziellen Darstellungen dieser Disziplin heruntergespielt."

Die jüdische Identität und die Verfolgung der wahrgenommenen jüdischen Interessen, insbesondere durch die Förderung einer Ideologie, die den kulturellen Pluralismus als Modell für die westlichen Gesellschaften propagiert, bildeten das "unsichtbare Subjekt" der

---

[80] Degler 1991, 61
[81] Degler 1991, 71
[82] Degler 1991, 82-83
[83] Frank 1997, 731

amerikanischen Anthropologie - unsichtbar aufgrund der Verschleierung der ethnischen Identität und Interessen ihrer Förderer durch die Verwendung eines wissenschaftlich klingenden Diskurses, dem zufolge diese Identität und Interessen illegitim seien.

Boas wird als Angehöriger einer "jüdisch-liberalen" Familie angesehen, in der der Einfluss der revolutionären Ideale von 1848 bewahrt wurde. Er hat eine "linksliberale Positionierung entwickelt, die [...] sowohl wissenschaftlich als auch politisch[84] ist.

Boas nahm ein Mitglied seiner ethnischen[85] Gruppe zur Frau und beschäftigte sich schon in jungen Jahren stark mit Antisemitismus[86]. Alfred Kroeber berichtete von [87] einer Geschichte, in der "[Boas] vertraulich, aber nicht mit Sicherheit, enthüllt haben soll,[...] dass er, nachdem er Zeuge antisemitischer Beleidigungen in einem öffentlichen Café geworden war, den Urheber der Beleidigungen vor die Tür gesetzt hatte, woraufhin er zu einem Duell aufgefordert wurde. Am nächsten Morgen entschuldigte sich sein Gegner bei ihm; Boas bestand jedoch darauf, dass das Duell stattfand. Unabhängig davon, ob sie apokryph ist oder nicht, stimmt diese Geschichte absolut mit der Art und Weise überein, wie er in den Vereinigten Staaten wahrgenommen wird".

In einem aufschlussreichen Kommentar zu Boas' Bindung an seine jüdische Identität sowie zu seiner Sicht auf Nichtjuden sagte[88] Boas auf eine Frage, in der er nach den Gründen für seine beruflichen Beziehungen zu Antisemiten wie Charles Davenport gefragt wurde: "Wenn wir Juden nur mit Nichtjuden zusammenarbeiten sollten, die frei von antisemitischen Gefühlen sind, mit wem könnten wir dann wirklich zusammenarbeiten?".

Darüber hinaus war Boas, wie es in der jüdischen Gemeinschaft in vielen Perioden der Geschichte der Fall war, zutiefst von der

---

[84] Stocking 1968, 149
[85] Frank 1997, 733
[86] Weiß 1966, 16
[87] Kroeber 1943, 8
[88] Sorin 1997, 632n9

nichtjüdischen Kultur entfremdet und stand ihr besonders feindlich gegenüber, wobei diese Feindseligkeit und Entfremdung insbesondere das kulturelle Ideal der preußischen[89] Aristokratie betraf„[90].

Als Margaret Mead Boas überreden wollte, sie ihre Forschungen auf den Südlichen Inseln fortsetzen zu lassen, "hatte sie einen sicheren Weg gefunden, ihn umzustimmen". "Ich wusste, dass es eine Sache gab, die Boas noch wichtiger war als die Richtung, in die die anthropologische Forschung ging. Diese Sache war, dass er sich [Anm.: um der ideologischen Kohärenz willen] wie ein liberaler, demokratischer und moderner Mann verhalten musste und nicht wie ein preußischer Aristokrat." Das Manöver funktionierte, weil es ihm half, seine wahren persönlichen Werte zu entdecken"[91].

Daraus schließe ich, dass Boas stark an seiner jüdischen Identität festhielt und sich große Sorgen um den Antisemitismus machte. Auf der Grundlage der folgenden Ausführungen ist es angemessen anzunehmen, dass seine Sorge um den Antisemitismus die Entwicklung der amerikanischen Anthropologie stark beeinflusst hat.

In der Tat ist es schwer, nicht zu schlussfolgern, dass der ethnische Konflikt eine führende Rolle bei der Entwicklung der amerikanischen Anthropologie spielte. Boas' Ansichten standen im Konflikt mit der damals vorherrschenden Vorstellung, dass sich Kulturen in einer Reihe von Entwicklungsstufen, namentlich Wildheit, Barbarei und Zivilisation, entwickelt haben. Diese Stufen wurden mit Rassenunterschieden in Verbindung gebracht, und die moderne europäische Kultur (und hauptsächlich, wie ich vermute, die verhasste preußische Aristokratie) befand sich auf der höchsten Stufe dieser Skala.

Wolf stellt [92]den Angriff der Boasianer als eine Infragestellung "des moralischen und politischen Monopols einer Elite von Nichtjuden dar, die ihre Herrschaft mit der Behauptung rechtfertigte, ihre Überlegenheit

---

[89] Degler 1991, 200
[90] Stocking 1968, 150
[91] Degler 1991, 73
[92] Wolf 1990, 168)

stelle den Höhepunkt des evolutionären Prozesses dar." Boas' Theorien zielten auch darauf ab, den Rassentheorien von Houston Stewart Chamberlain [93] und amerikanischen Eugenikern wie Madison Grant entgegenzuwirken, dessen Buch *The Passing of the Great Race* die Forschungen von Boas über die Auswirkungen von Umweltfaktoren auf die Schädelgröße stark[94] kritisierte. So kam es zu dem Ergebnis, dass "in ihrer Botschaft und ihren Zielen [die Boas'sche Anthropologie] eine offen antirassistische Wissenschaft war"[95].

[Madison] Grant beschrieb jüdische Einwanderer als skrupellose Egoisten, während die nordischen Amerikaner rassischen Selbstmord begingen, indem sie die Vertreibung aus ihrem eigenen Land[96] tolerierten. Grant war auch der Ansicht, dass die Juden sich mobilisierten, um jegliche Forschung über Rassen zu diskreditieren:

> In den USA ist es praktisch unmöglich, in Zeitungen etwas über bestimmte Religionen und Rassen zu veröffentlichen, die, wenn sie explizit genannt werden, buchstäblich hysterisch werden... Im Ausland ist die Lage ähnlich schlecht, und laut einem der bekanntesten französischen Anthropologen wurden anthropologische Messungen und die Sammlung von Daten über die Rekruten [Anm. d. Übersetzers: die Rekruten des 1: der Armee] in Frankreich zu Beginn des Großen Krieges aufgrund des Einflusses der Juden verhindert wurden, die darauf abzielten, jede Form der Rassendifferenzierung in Frankreich97 zu beseitigen.

Eine der Methoden der Boasianischen Schule bestand darin, Zweifel an allgemeinen Theorien der menschlichen Evolution zu wecken, wie z. B. an solchen, die Entwicklungssequenzen implizieren, indem sie die große Vielfalt und chaotische Komplexität des menschlichen Verhaltens sowie den Relativismus der Kriterien für die kulturelle Bewertung betonten. Die Boasianer argumentierten, dass allgemeine Evolutionstheorien auf einer sehr detaillierten Untersuchung der kulturellen Vielfalt beruhen müssten, doch in Wirklichkeit konnte in dem

---

[93] *SAID*, Kap. 5
[94] Grant 1921, 17
[95] Frank 1997, 741
[96] Grant 1921, 16, 91.
[97] Grant 1921, xxxi-xxxii.

halben Jahrhundert, nachdem dieser Beruf zum dominierenden[98] Beruf wurde, keine allgemeine Theorie aus den Ergebnissen dieser Forschung abgeleitet werden.

Aufgrund ihrer Ablehnung der wissenschaftlichen Operationen der Verallgemeinerung und Klassifizierung ist die Boas'sche Anthropologie daher eher eine Anti-Theorie als eine Theorie der menschlichen[99] Kultur. Boas war auch gegen die Forschung im Bereich der Humangenetik - was Derek Freeman[100] als seine "obskurantistische Abneigung gegen die Genetik" bezeichnet.

Boas und seine Anhänger waren damit beschäftigt, ein ideologisches Programm in der Welt der amerikanischen [101][102] Anthropologie aufzustellen. [103] Boas und seine Mitarbeiter hatten einen Sinn für Gruppenidentität, widmeten sich einer gemeinsamen Sicht der Dinge und einem Programm, das als Werkzeug zur Beherrschung der institutionellen Struktur der Anthropologie[104] fungierte.

Sie bildeten eher eine zusammengeschweißte Gruppe mit einem klaren politischen und intellektuellen Programm als eine Ansammlung von Individualisten, die uneigennützig nach der Wahrheit suchten. Die Niederlage der Darwinisten" erfolgte nicht ohne eine starke Ermahnung aller Söhne durch ihre Mütter, die die "Rechte" unterstützten. Sie geschah auch nicht ohne einen starken Druck, der sowohl auf treue Freunde als auch auf "schwächere Genossen" ausgeübt wurde - oftmals allein durch die Kraft von Boas' Persönlichkeit herbeigeführt"[105].

Ab 1915 kontrollierten die Boasianer die *American Anthropological Association* und stellten zwei Drittel ihrer Exekutive[106]. 1919 konnte

---

[98] Stocking 1968, 210.
[99] White 1966, 15.
[100] Freeman 1991, 198.
[101] Degler 1991.
[102] Torrey 1992.
[103] Freeman 1991.
[104] Stocking 1968, 279-280.
[105] Stocking 1968, 286.
[106] Stocking 1968, 285.

Boas behaupten, dass "der Großteil der gegenwärtig in den USA durchgeführten anthropologischen Arbeit" von seinen Studenten an der Columbia[107] University geleistet wurde. Ab 1926 wurden alle wichtigen anthropologischen Abteilungen von Boas' Studenten geleitet, von denen die meisten Juden waren. Sein Schützling Melville Herskovits[108] betonte, dass die vier Jahrzehnte, in denen Boas an der Columbia University tätig war, die Kontinuität seiner Lehre sicherstellten und so die Ausbildung und Entwicklung von Studenten ermöglichten, die schließlich den Großteil des harten Kerns der amerikanischen Anthropologen ausmachten und schließlich die meisten der wichtigsten anthropologischen Abteilungen in den USA leiteten. Diese wiederum bildeten dann ihrerseits Studenten aus, die ... die Tradition fortsetzten, nach der ihre Lehrer selbst ausgebildet worden waren.

Laut Leslie White[109] waren die einflussreichsten Schüler von Boas Ruth Benedict, Alexander Goldenweiser, Melville Herskovits, Alfred Kroeber, Robert Lowie, Margaret Mead, Paul Radin, Edward Sapir und Leslie Spier. Die Einzelpersonen, die diese "kleine, zusammengeschweißte Gruppe von Akademikern [...] vereint unter dem Banner ihres Meisters" bildeten,[110] waren mit Ausnahme von Kroeber, Benedict und Mead allesamt Juden. Frank[111] erwähnt auch einige andere namhafte Boas-Schüler der ersten Generation (Alexander Lesser, Ruth Bunzel, Gene [Regina] Weltfish, Esther Schiff Goldfrank und Ruth Landes).

Sapirs Familie war vor den Pogromen in Russland ins Exil nach New York geflohen, während seine Muttersprache Jiddisch war. Obwohl er nicht religiös war, interessierte er sich früh in seiner Karriere zunehmend für Themen, die Juden betrafen, und engagierte sich später im jüdischen Aktivismus, insbesondere durch den Aufbau eines Bildungszentrums für

---

[107] Stocking 1968, 296.
[108] Herskovits 1953, 23.
[109] White 1966, 26.
[110] White 1966, 26.
[111] Frank 1997, 732.

Judentum in Litauen¹¹². Ruth Landes' Herkunft ermöglicht es auch, die ethnische Dimension der Boasian-Bewegung zu beleuchten. Ihre Familie war bekanntermaßen in die linke Subkultur Brooklyns involviert, und sie wurde Boas von Alexander Goldenweiser vorgestellt, der sowohl ein enger Freund ihres Vaters als auch einer der wichtigsten Schüler von Boas war.

Im Gegensatz zur ideologischen und politischen Natur der Beweggründe von Boas waren Kroebers Umweltaktivismus und seine Verteidigung des Kulturbegriffs "völlig theoretisch und professionell"¹¹³. Weder seine privaten noch seine öffentlichen Schriften enthalten viele Anspielungen auf Fragen von öffentlichem Interesse, die Schwarze oder generell die Rassenfrage in den USA betreffen, im Vergleich zu Boas' professionellen Schriften und Veröffentlichungen, in denen diese Anspielungen so häufig und offensichtlich sind. Kroeber lehnte ebenso wie Boas die Verwendung von Rasse als analytische Kategorie ab, gelangte jedoch eher durch Theorie als durch Ideologie zu diesem Schluss. Kroeber argumentierte, dass "unsere Aufgabe darin besteht, die Anthropologie zu fördern, anstatt Kämpfe im Namen der Toleranz in anderen Bereichen zu führen"¹¹⁴.

Ashley Montagu war ebenfalls ein Schüler von Boas mit großem¹¹⁵ Einfluss. Montagu, der bei seiner Geburt Israel Ehrenberg hieß, war ein bemerkenswerter Kämpfer im Krieg gegen die Vorstellung, dass die Unterschiede in den intellektuellen Fähigkeiten der Menschen unter anderem rassischer Natur seien. Er war sich auch seiner jüdischen Identität stark bewusst und behauptete einmal, dass "wenn man als Jude aufgewachsen ist, weiß man, dass alle Nicht-Juden Antisemiten sind. [...] Ich glaube, das ist eine gute Arbeitshypothese"¹¹⁶. Montagu behauptete, dass Rasse ein soziales Konstrukt ist, dass Menschen von Natur aus kooperativ (aber nicht von Natur aus aggressiv) sind und dass es eine

---

[112] Frank 1997, 735.
[113] Degler 1991, 90.
[114] Stocking 1968, 286.
[115] Shipman 1994, 159ff.
[116] Shipman 1994, 166.

universelle Brüderlichkeit unter den Menschen gibt - eine höchst problematische Vorstellung für viele zu Beginn des Zweiten Weltkriegs.

Erwähnenswert ist auch der Name Otto Klineberg, Professor für Psychologie an der Columbia University. Klineberg war "unermüdlich" und "einfallsreich" in seiner Argumentation gegen die bloße Existenz von Rassenunterschieden innerhalb der Menschheit. Während seiner Zeit an der Columbia University wurde er von Boas beeinflusst und widmete ihm sein 1935 erschienenes Buch *Race Differences*. Klineberg "machte es sich zur Aufgabe, für die Psychologie das zu tun, was sein Freund und Kollege an der Columbia University [Boas] für die Anthropologie getan hatte: seine Disziplin von allen rassischen Erklärungen für die sozialen Unterschiede innerhalb der Menschheit zu säubern"[117].

In diesem Zusammenhang ist es daher interessant, darauf hinzuweisen, dass die Mitglieder der Boasianischen Schule, die den größten öffentlichen Bekanntheitsgrad erlangten, zwei Nichtjuden waren, nämlich Benedict und Mead. Wie in anderen großen Epochen der Geschichte (siehe Kapitel 3 und 4 dieses Buches und Kapitel 6 von *SAID*) wurden die Nichtjuden zu den Sprechern und damit zu den sichtbarsten Mitgliedern einer von Juden dominierten Bewegung. Denn genau wie Freud rekrutierte auch Boas Nichtjuden für seine Bewegung, da er besorgt war, dass "das Judentum dieser Bewegung ihre Wissenschaft in den Augen der Öffentlichkeit parteiisch machen und damit gefährden würde"[118].

Boas betrachtete Margaret Meads Studie über die Adoleszenz in Samoa unter dem Gesichtspunkt, wie nützlich sie für die damalige Debatte über Angeborenes und Erlerntes war[119]. Die Ergebnisse dieser Forschung wurden in *Coming of Age in Samoa* veröffentlicht - ein Buch, das die amerikanische Anthropologie revolutionierte, indem es sie in die Richtung des radikalen Umweltalismus zog. Sein Erfolg ist vor allem darauf zurückzuführen, dass es von Boas' Studenten in den

---

[117] Degler 1991, 179.
[118] Efron 1994, 180.
[119] Freeman 1983, 60-61, 75.

anthropologischen Abteilungen renommierter amerikanischer [120] Universitäten beworben wurde. Jahrhunderts war es unter den gebildeteren Amerikanern gang und gäbe, die beobachteten Unterschiede innerhalb der Menschheit mit kulturellen Begriffen zu erklären und zu sagen, dass "die moderne Wissenschaft gezeigt hat, dass alle menschlichen Rassen gleich sind"[121].

Boas zitierte nur sehr selten die Arbeiten von Leuten, die nicht zu seiner Gruppe gehörten, außer wenn es darum ging, sie zu verunglimpfen, während er die Arbeiten von Leuten aus seiner Gruppe förderte und unermüdlich zitierte, wie es bei den Arbeiten von Mead und Benedict der Fall war. Die Boasianische Schule der Anthropologie ähnelt daher in vielerlei Hinsicht einem Mikrokosmos, der dem Judentum ähnelt, insbesondere weil sie eine hochgradig kollektivistische evolutionäre Gruppenstrategie darstellt, die durch ein starkes Festhalten an der Gruppenidentität, Ausschlusspolitik und einen starken Zusammenhalt bei der Verfolgung gemeinsamer Interessen innerhalb der Gruppe gekennzeichnet ist.

Die boasianische Anthropologie, zumindest zu Boas' Lebzeiten, ähnelte dem traditionellen Judentum auch auf andere Weise: Sie war in hohem Maße autoritär und duldete keinen Dissens. Wie im Fall von Freud (siehe Kapitel 4 dieses Buches für weitere Einzelheiten) war Boas eine patriarchalische Figur, die diejenigen, die ihre Ansichten teilten, stark unterstützte, während sie diejenigen, die sie ablehnten, ausschloss: Alfred Kroeber sah Boas als "echten Patriarchen", der "als mächtige Vaterfigur fungierte, die diejenigen, mit denen er sich identifizierte, in dem Maße unterstützte, wie er eine gewisse Gegenseitigkeit wahrnahm, während er anderen gegenüber völlig gleichgültig oder sogar feindselig war, wenn der Kontext es erforderte"[122]. "Boas hat alle Merkmale eines Gurus, eines charismatischen Lehrers, der verehrt wird, und eines Meisters, der von seinen Anhängern "buchstäblich verherrlicht" wird, deren "ständige

---

[120] Freeman 1991.
[121] Stocking 1968, 306.
[122] Stocking 1968, 305-306.

Loyalität er sich gesichert hat"[123].

Wie im Falle Freuds wurde praktisch alles, was Boas tat, in den Augen seiner Schüler als von höchster Bedeutung angesehen und ließ ihn seinen Platz unter den größten Intellektuellen aller Zeiten verdienen. Wie Freud duldete auch Boas keine theoretischen oder ideologischen Differenzen zwischen ihm und seinen Schülern. Wer nicht mit dem Anführer übereinstimmte oder in persönliche Konflikte mit ihm verwickelt war, wie Clark Wissler und Ralph Linton, wurde schlicht und einfach aus der Bewegung ausgeschlossen. White[124] sieht im Ausschluss von Wissler und Linton den Beigeschmack eines ethnischen Konflikts, da beide Nichtjuden waren. White[125] deutet auch an, dass der Status von George A. als Nichtjude. Dorsey nicht unbeteiligt daran war, dass er trotz seiner Bemühungen, sich in die Boas-Gruppe zu integrieren, aus dieser ausgeschlossen wurde. Kroeber[126] beschreibt die Art und Weise, wie George A. Dorsey, "ein netter Amerikaner mit einem Doktortitel der Harvard-Universität, bei dem Versuch, in diese erlesene Gruppe aufgenommen zu werden, scheiterte". Ein Aspekt dieses autoritären Charakters lässt sich anhand von Boas' Beteiligung an der vollständigen Unterdrückung der Evolutionstheorie in der Anthropologie[127] erkennen.

Boas war der Inbegriff eines skeptischen Menschen und ein starker Verfechter der methodischen Strenge in Bezug auf die Theorien der kulturellen Evolution und den Einfluss der Genetik auf die Unterschiede zwischen verschiedenen Individuen; dennoch "ruhte die Beweislast nur sehr wenig auf seinen eigenen Schultern"[128].

Obwohl Boas (ähnlich wie Freud; siehe Kapitel 4) seine Vermutungen auf sehr dogmatische Weise formuliert, sind seine "historischen Rekonstruktionen unbegründete Schlussfolgerungen, Annahmen und Behauptungen, die von einfach möglich bis

---

[123] White 1966, 25-26.
[124] White 1966, 26-27.
[125] White 1966, 26-27.
[126] Kroeber 1956, 26.
[127] Freeman 1990, 197.
[128] White 1966, 12.

offensichtlich absurd reichen. Praktisch keine davon ist überprüfbar"[129].

Als ewiger Feind von Verallgemeinerung und theoretischer Konstruktion akzeptierte Boas dennoch vorbehaltlos die "absolute Verallgemeinerung, zu der Margaret Mead nach einer einige Monate dauernden Untersuchung des Verhaltens von Jugendlichen in Samoa gelangt war", obwohl Meads Ergebnisse sich stark von dem unterschieden, was bis dahin in diesem Bereich[130] veröffentlicht worden war. Darüber hinaus erlaubte Boas Ruth Benedict ohne die geringste Kritik, ihre eigenen Daten über die Kwakiutl[131] zu fälschen.

Das ganze Unternehmen kann somit als eine stark autoritäre politische Bewegung mit einem charismatischen Anführer an der Spitze betrachtet werden. Die Ergebnisse waren durchschlagend: "Der Berufsstand als Ganzes wurde in einer einzigen nationalen Organisation von akademischen Anthropologen vereint. Diese teilten ein gemeinsames Verständnis davon, was die historisch bedingte Vielfalt menschlicher Kulturen für die Erforschung des menschlichen Verhaltens bedeutete[132]. Die Erforschung von Rassenunterschieden wurde eingestellt, und Theoretiker des Rassismus und der Eugenik wie Madison Grant und Charles Davenport wurden vollständig aus dem Fachgebiet ausgeschlossen.

Ab Mitte der 1930er Jahre hatte Boas' Ansicht von der kulturellen Determination des menschlichen Verhaltens einen starken Einfluss auf Sozialwissenschaftler im Allgemeinen[133] gewonnen. Die Anhänger von Boas konnten auch zu den einflussreichsten akademischen Förderern der Psychoanalyse [134] gezählt werden. Marvin Harris betont, dass die Psychoanalyse von der Boas'schen Schule übernommen wurde, weil sie als Werkzeug für die Kritik der euro-amerikanischen Kultur verwendet werden konnte, und in der Tat stellt die Psychoanalyse, wie wir in den

---

[129] White 1966, 13.
[130] Freeman 1983, 291.
[131] Torrey 1992, 83.
[132] Stocking 1968, 296.
[133] Stocking 1968, 300.
[134] Harris 1968, 43.

folgenden Kapiteln sehen werden, ein ideales Vehikel für die Kulturkritik dar. Einmal in den Händen der boasianischen Schule, wurde die Psychoanalyse vollständig von allen Verbindungen gesäubert, die sie mit evolutionären Theorien haben könnte, und sie konnte sich viel besser mit der Bedeutung kultureller[135] Variablen arrangieren.

Auch die Kulturkritik stellte einen wichtigen Aspekt der Boasianischen Schule dar. Stocking zeigt, dass mehrere einflussreiche Boasianer, darunter Robert Lowie und Edward Sapir, an der Kulturkritik der 1920er Jahre beteiligt waren, die die Wahrnehmung Amerikas als zu homogen, heuchlerisch sowie emotional und ästhetisch unterdrückend (vor allem in Bezug auf die Sexualität) betonte.

Eines der Hauptziele dieses Programms war die Schaffung von Ethnografien idyllischer Kulturen, die frei von allen missliebigen Aspekten der westlichen Kultur sind. Unter diesen Boasianern nahm die Kulturkritik die Form einer Ideologie des "romantischen Primitivismus" an, in der bestimmte nicht-westliche Kulturen zum Vorbild für die westlichen Gesellschaften erhoben wurden.

Kulturkritik war das zentrale Thema in zwei der wichtigsten boasianischen Ethnographien, nämlich M. Meads *Moeurs et Sexualité en Océanie* und R. Benedicts *Samples of Civilizations*. Diese Arbeiten sind nicht nur fehlerhaft, sondern stellen auch viele der Probleme, die mit einer Analyse des menschlichen Verhaltens aus einer evolutionären Perspektive verbunden sind, ungenau dar.

Ruth Benedicts Zuni wurden zum Beispiel als frei von Kriegen und Mord dargestellt und waren mit der Anhäufung von Reichtum beschäftigt. Kinder wurden nicht diszipliniert. Sexuelle Beziehungen waren unverbindlich, Jungfräulichkeit, gegenseitige Zugehörigkeit und Vaterschaft wurden ignoriert. Die heutigen westlichen Gesellschaften sind natürlich das Gegenteil dieser idyllischen Paradiese, und Benedict schlägt vor, dass wir solche Kulturen studieren, um "die vorherrschenden

---

[135] Harris 1968, 433.

Aspekte unserer eigenen Zivilisation zu beurteilen"[136].

In ähnlicher Weise ignoriert Margaret Meads Darstellung der Samoaner alles, was der von ihr vertretenen[137] These entgegensteht. Die negativ wahrgenommenen Verhaltensweisen von Meads Samoanern, darunter Vergewaltigung und die Betonung der Jungfräulichkeit, werden dort dem westlichen[138] Einfluss zugeschrieben.

Diese beiden ethnografischen Erzählungen waren Zielscheibe verheerender Kritik. Die zeitliche Entwicklung dieser Gesellschaften entspricht eher den evolutionären Theorien als den Darstellungen dieser Gesellschaften durch Benedict und Mead[139]. In der Kontroverse um Meads Werk haben einige seiner Verteidiger auf die möglichen negativen politischen Implikationen der Entmythologisierung seines Werkes[140] hingewiesen. Wie dem auch sei, die von diesen Forschungsarbeiten aufgeworfenen Fragen sind nach wie vor politisch aufgeladen.

Tatsächlich war eine der Folgen des Triumphs der Boasianer, dass es praktisch keine Forschung zum Thema Krieg und Gewalt in den von Anthropologen[141] untersuchten Völkern gab. Der Krieg und die Krieger wurden ignoriert und die Kulturen wurden als Mythenmacher und Geschenkegeber betrachtet. Orans zeigt, dass Mead in seiner Erzählung über die Samoaner Fälle von Vergewaltigung, Gewalt, Revolution und Wettbewerb systematisch ignorierte. In den 1950er Jahren wurden nur fünf Artikel über die Anthropologie des Krieges veröffentlicht.

Als Harry Turney-High 1949 sein Buch *Primitive Warfare* veröffentlichte, in dem er die Universalität des Krieges und seine häufigen Erscheinungsformen der Wildheit untersuchte, wurde er bezeichnenderweise von der Anthropologie völlig ignoriert - ein weiteres Beispiel für die Ausgrenzungstaktik der Boasianer gegen

---

[136] Benedict 1934, 249
[137] Orans 1996, 155.
[138] Stocking 1989, 245.
[139] Caton 1990; Freeman 1983; Orans 1996; Stocking 1989.
[140] Cato 1990, 226-227.
[141] Keegan 1993, 90-94.

Andersdenkende, die auch für die anderen hier untersuchten intellektuellen Bewegungen charakteristisch ist. Turney-Highs Fülle an Daten über nicht-westliche Völker kollidierte mit dem Bild von ihnen, das von einem stark politisierten Berufsstand gefördert wurde, dessen Mitglieder bestimmte Daten schlichtweg aus dem intellektuellen Diskurs ausschlossen.

Diese Ausgrenzungen führten zu einer "befriedeten Vergangenheit" [142] und einer "selbstbeschuldigenden Haltung", wonach das Verhalten der Naturvölker getilgt wurde [Anm.: von allem, was bei ihnen negativ wahrgenommen werden könnte], während das Verhalten der europäischen Völker nicht nur als besonders böse dargestellt wurde, sondern auch als verantwortlich für die Kriege, in die die Naturvölker verwickelt sind. Nach dieser Ansicht verhindert nur die grundlegende Unzulänglichkeit der europäischen Kultur die Entstehung einer idyllischen Welt, die frei von jeglichen Konflikten zwischen den verschiedenen Gruppen in ihr ist.

Die Realität sieht natürlich ganz anders aus. Krieg war und ist ein wiederkehrendes Phänomen in primitiven Gesellschaften. Studien zeigen, dass über 90% der Gesellschaften in irgendeinen Krieg verwickelt sind, wobei eine große Mehrheit mindestens einmal im Jahr[143] in militärische Aktivitäten verwickelt ist. Sobald moderne Menschen die Bühne betreten, gibt es zudem deutliche Hinweise auf eine Zunahme der Tötungsgewalt, da die Zahl der Beerdigungen[144] ausreichend hoch ist. Aufgrund seiner Häufigkeit und seiner schwerwiegenden Folgen war der primitive Krieg tödlicher als der zivilisierte Krieg. Die meisten Menschen in primitiven und prähistorischen Gesellschaften waren "im Laufe ihres Lebens viele Male Zeuge des Krieges". [145]

Die Zeit nach dem Boas: Jüngste Beispiele für die Beeinflussung sozialwissenschaftlicher Forschung durch

---

[142] Keeley 1996, 163fq.
[143] Keeley 1996, 27-32.
[144] Keeley 1996, 37.
[145] Keeley 1996, 174.

Juden zu politischen Zwecken

Der jüdische Einfluss auf die Sozialwissenschaften setzte sich weit über die Zeit von Boas und der *American Anthropological Association hinaus* fort. Hollinger [146] stellt die "Transformation der ethnisch-religiösen Demografie der amerikanischen akademischen Welt durch die Juden" in der Zeit von den 1930er bis zu den 1960er Jahren fest, ebenso wie den jüdischen Einfluss auf die Säkularisierungstendenzen der amerikanischen Gesellschaft und die Ausbreitung eines neuen Ideals des Kosmopolitismus[147].

Ab Anfang der 1940er Jahre äußerte sich dieser Wandel in "einer säkularen, zunehmend jüdischen Intelligenz, die entschieden links steht und sich weitgehend, aber nicht ausschließlich auf Gemeinschaften stützt, die aus der Philosophie und anderen sozialwissenschaftlichen Disziplinen hervorgegangen sind".[148]

Im Jahr 1968 stellten Juden 20% der Professorenschaft an den größten amerikanischen Universitäten und fast 30% der "liberalsten" Professorenschaft. Zu dieser Zeit stellten Juden, die weniger als 3% der Bevölkerung ausmachten, 25% der sozialwissenschaftlichen Professorenschaft an den großen Universitäten und 40% der liberalen, am meisten [149] publizierenden Professorenschaft. Jüdische Akademiker waren in der Zeit von den 1930er bis zu den 1950er Jahren auch viel häufiger "progressiven" oder kommunistischen Parteien zugeneigt. Im Jahr 1948 stimmten 30% der jüdischen Fakultätsmitglieder für die Progressive Party, während nur 5% der nichtjüdischen Fakultätsmitglieder[150] für die Progressive Party stimmten.

Boas, der Sozialist war, ist ein gutes Beispiel für die linken Tendenzen unter jüdischen Sozialwissenschaftlern, und viele seiner

---

[146] Hollinger 1996, 4.
[147] Hollinger 1996, 11.
[148] Hollinger 1996, 160.
[149] Rothman und Lichter 1982, 103.
[150] Rothman und Lichter 1982, 103.

Anhänger waren politisch radikal[151]. Ähnliche Feststellungen lassen sich treffen, wenn man die psychoanalytische Bewegung und die Frankfurter Schule für sozialwissenschaftliche Forschung (siehe Kapitel 4 und 5), aber auch die in diesem Kapitel erwähnten Kritiker der Soziobiologie (Jerry Hirsch, R.C. Lewontin und Steven Rose) betrachtet. Die Anziehungskraft der Linken auf jüdische Intellektuelle ist ein allgemeines Phänomen und wurde typischerweise mit einem starken jüdischen Identitätsgefühl sowie mit einem gewissen Eifer beim Schutz jüdischer Interessen korreliert (siehe Kapitel 3).

Stephen Jay Gould und Leon Kamin sind beredte Beispiele für diese Tendenzen. Goulds[152] Ansichten über die sozialen Einflüsse auf die Evolutionstheorie werden in *SAID* (Kapitel 5) dargestellt, und Gould selbst ist ein besonders gutes Beispiel für diese Verquickung von persönlichen und ethno-politischen Interessen bei der Entwicklung der Wissenschaft. Gould war ein erbitterter Gegner des evolutionären Ansatzes bei der Erforschung des menschlichen Verhaltens und genoss darüber hinaus eine große Öffentlichkeitswirksamkeit. Wie viele andere berühmte Gegner der Soziobiologie (J. Hirsch, L. Kamin, R. C. Lewontin und S. Rose)[153] ist Gould Jude, und Michael Ruse[154] betont, dass eines der Hauptthemen in einem von Goulds Werken, *The Mismeasure of Man*, darin bestand, zu zeigen, wie der Vererbungsansatz bei der Erforschung der Intelligenz von "teutonischen Suprematisten" zu Beginn des 20. Jahrhunderts zur Diskriminierung von Juden eingesetzt wurde. Goulds Blickwinkel auf die IQ-Debatten der 1920er Jahre und ihre Verbindung zur Einwanderungsproblematik und später zum Holocaust ist darüber hinaus markant. Er zeigt, wie sehr das Talent eines Propagandisten und ethnischen Aktivisten, wenn es mit einem angesehenen Beruf, der viel Sichtbarkeit verleiht, kombiniert wird, es ermöglichen kann, den Geist der Öffentlichkeit in einem Forschungsbereich zu beeinflussen, der nicht ohne Auswirkungen auf die öffentliche Politik ist.

---

[151] Torrey 1992, 57.
[152] Gould 1992.
[153] Myers 1990.
[154] Ruse 1989, 203.

Ruse weist darauf hin, dass Goulds Buch mit Leidenschaft geschrieben wurde, während es von Psychologiehistorikern "weitgehend kritisiert" wurde, was darauf hindeutet, dass Gould seine Gefühle über Antisemitismus in seine wissenschaftlichen Schriften über die Einflüsse der Genetik auf individuelle Intelligenzunterschiede eingebaut hat.

Ruse erklärt seine Argumentation[155] folgendermaßen:

> Ich halte es nicht für völlig abwegig zu vermuten, dass Goulds leidenschaftliche Ablehnung der menschlichen Soziobiologie mit seiner Angst zusammenhängt, dass diese Disziplin für antisemitische Zwecke missbraucht werden könnte. Ich habe diese Frage einmal Gould selbst gestellt [...] Er wies die Idee nicht völlig zurück, erklärte aber dennoch, dass diese Opposition eher vom Marxismus herrührte und dass die meisten amerikanischen Marxisten zufällig aus jüdischen Familien aus Osteuropa stammten. Es ist möglich, dass eine Kombination dieser beiden Elemente das Phänomen [Anm.: das Phänomen, dass er Gefühle in seine wissenschaftlichen Schriften einfließen lässt] erklären kann.

Goulds Kommentare machen deutlich, dass die Rolle jüdischer Akademiker bei der Opposition gegen den darwinistischen Ansatz in der Erforschung des menschlichen Verhaltens oft mit einer starken Beteiligung an einer dezidiert linken politischen Agenda in Verbindung gebracht wurde. Gould selbst räumte ein, dass seine auf dem Modell des punktierten Gleichgewichts basierende Evolutionstheorie ihm als Marxisten sehr entgegenkam, da sie sporadische revolutionäre Episoden im Evolutionsprozess beinhaltete, im Gegensatz zum konservativen Modell der allmählichen und konstanten Veränderung.

Gould studierte den Marxismus "auf dem Schoß seines Vaters"[156] und deutet damit an, dass er als Teil der in Kapitel 3 vorgestellten jüdisch-marxistischen Subkultur aufwuchs. In einem kürzlich erschienenen Artikel erinnert sich Gould[157] nicht ohne Freude an den *Forward*, eine auf Jiddisch verfasste Zeitung, die sich sowohl durch politischen Radikalismus als auch durch ethnisches Bewusstsein auszeichnete (siehe

---

[155] Ruse 1989, 203.
[156] Gould 1996a, 39.
[157] Gould 1996c.

Kapitel 3), und behauptet, dass mehrere seiner Familienmitglieder diese Zeitung abonniert hatten. Wie Arthur Hertzberg[158] betont: "Die Leser des *Forward* wussten, dass der Wille der Juden, ihre ethnische Integrität zu bewahren, sehr real und darüber hinaus stark war."

Obwohl Goulds Familie nicht praktizierend war, blieb sie "der jüdischen Kultur verbunden"[159]. Eines der wichtigsten Merkmale der jüdischen Kultur ist die Wahrnehmung, dass Antisemitismus in den verschiedenen Perioden der Geschichte vorherrscht, [160] und Goulds Wahrnehmung einer konstanten Unterdrückung der Juden im Laufe der Geschichte prägt seine jüngste Kritik an *The Bell Curve*[161], in der er Herrnsteins und Murrays[162] Konzept einer sozial kohäsiven Gesellschaft, in der jeder eine wichtige Rolle zu spielen hat, ablehnt: "Sie [Herrnstein und Murray] haben die Juden in den Städten und all die zurückgelassenen Bewohner in vielen dieser idyllischen Dörfer vergessen. " Es ist klar, dass Gould den westlichen Gesellschaften vorwirft, dass sie es versäumt haben, die Juden in ihre sozialen Strukturen der hierarchischen Harmonie und des sozialen Zusammenhalts zu integrieren. In Kapitel 8 werde ich ausführlicher auf die Problematik der Unvereinbarkeit des Judentums mit der Quintessenz dieser westlichen Form der Sozialstruktur eingehen.

Kamin und Gould haben relativ ähnliche Hintergründe innerhalb der linken jüdischen Subkultur, die in Kapitel 3 näher beschrieben wird, und sie weisen wie viele amerikanische Juden eine starke persönliche Animosität gegenüber den Einwanderungsgesetzen der 1920er Jahre auf (siehe Kapitel 7).

Kamin, Sohn eines Rabbiners, der aus Polen in die USA eingewandert war, räumt ein, dass "die Erfahrung, als Jude in einer überwiegend christlichen Stadt zu leben und aufzuwachsen, ihn stark für die Fähigkeit des sozialen Umfelds sensibilisiert hat, die Persönlichkeit

---

[158] Hertzberg 1989, 211-212.
[159] Mahler 1996.
[160] *SAID*, Kapitel 6.
[161] Gould 1994b.
[162] Herrnstein und Murray 1994.

[Anm.: eines Individuums] zu formen"¹⁶³- eine Bemerkung, die auch darauf hindeutet, dass Karmin in einer Umgebung aufwuchs, in der die Menschen stark an ihrer jüdischen Identität festhielten. Während seiner Zeit an der Harvard University trat Kamin der Kommunistischen Partei bei und wurde Herausgeber der Parteizeitung in Neuengland. Nachdem er die Partei verlassen hatte, wurde er 1953 eines der Ziele der Unterausschussanhörungen von Joseph McCarthy im Senat. Kamin wurde angeklagt und später freigesprochen, wobei sich die Anklagepunkte auf seine kriminelle Missachtung des Kongresses bezogen, da er nicht auf alle Fragen des Unterausschusses geantwortet hatte. Fancher beschreibt Kamins Arbeit über den IQ als "nur wenig Anspruch auf Objektivität"¹⁶⁴ und deutet an, dass es einen Zusammenhang zwischen Kamins Hintergrund und Herkunft und seiner Ansicht über den IQ gibt: "Es besteht kein Zweifel, dass Kamin, da er wusste, dass seine eigene mitteleuropäische Familie [und, wie ich annehme, andere Juden] potenziell von den Gesetzen zur Beschränkung der Einwanderung hätte betroffen sein können, zu dem Schluss kam, dass die ebenso arrogante wie unbegründete Annahme, der IQ sei erblich, zur Einführung einer ungerechten Sozialpolitik in den 1920er Jahren beitrug"¹⁶⁵.

Kamin¹⁶⁶ und ¹⁶⁷ Gould ¹⁶⁸¹⁶⁹ standen an der Spitze der Desinformation in Bezug auf die Rolle von IQ-Tests in den Einwanderungsdebatten der 1920er Jahre. Snyderman und Herrnstein¹⁷⁰ (siehe auch Samelson¹⁷¹) zeigen, dass Kamin und Gould die Studie von H. Goddard (1917) über den IQ jüdischer Einwanderer falsch darstellten, indem sie angaben, dass "83% der Juden, 80% der Ungarn, 79% der

---

[163] Fancher 1985, 201.
[164] Fancher 1985, 212.
[165] Fancher 1985, 208.
[166] Kamin 1974a.
[167] Kamin 1974b.
[168] Gould 1981.
[169] Gould 1996a.
[170] Snyderman und Herrnstein 1983.
[171] Samelson 1982.

Italiener und 87% der Russen 'geistesschwach' waren"[172]. Wie Snyderman und Herrnstein[173] betonen, "beruhte die am häufigsten als Beweis für die angebliche nativistische Verzerrung des IQ angeführte "Tatsache" nicht auf IQ-Werten, wurde nicht einmal von ihren eigenen Erfindern als ausreichend genaue Darstellung der Einwanderer oder als zuverlässiges Maß für ererbte Fähigkeiten angesehen und verwendete einen Test, dessen Neigung, Geistesschwäche in jeder Art von erwachsener Bevölkerung zu übertreiben, damals wohlbekannt war." Goddard[174] merkt an: "Wir haben keine Daten zu diesem Thema, aber wir können indirekt sagen, dass es viel wahrscheinlicher ist, dass ihr Zustand auf die Umwelt zurückzuführen ist, in der sie gelebt haben, als auf das, was sie von ihren Eltern geerbt haben", und er zitierte seine eigene Arbeit, als er darauf hinwies, dass Einwanderer nur 4,5% der Bewohner von Einrichtungen für Geistesschwache ausmachten.

Degler[175] stellt fest, dass Gould sich auf eine "Verfolgung Goddards[176] um jeden Preis" eingelassen hatte und ihn fälschlicherweise als "Elitären und radikalen Verfechter der Vererbungsperspektive" darstellte." Gould ignorierte Goddards Zweifel und Vorbehalte sowie dessen Aussagen über die Bedeutung der Umwelt. Es besteht kein Zweifel daran, dass Gould bei diesem Projekt akademische Unehrlichkeit an den Tag legte: Degler[177] merkt an, dass Gould Goddard unmittelbar vor der folgenden Passage zitierte und ihm daher bewusst war, dass Goddard in Bezug auf seine Überzeugungen über die Ursprünge der Geistesschwäche alles andere als radikal war: "Even at the present time we are far from being able to determine the question of the nature of mind weakness. Dieses Problem ist zu komplex, als dass es einfach gelöst werden könnte". Nichtsdestotrotz entschied sich Gould bewusst dafür, diese Passage zu ignorieren. Auch in seiner Überarbeitung von *The Mismeasure of Man aus dem Jahr* 1996, auf die weiter unten näher

---

[172] Kamin 1974, 16.
[173] Snyderman und Herrnstein 1983, 987.
[174] Goddard 1917, 270.
[175] Degler 1991, 39.
[176] Degler 1991, 40.
[177] Degler 1991, 354n16.

eingegangen wird, ignorierte Gould Deglers Anmerkungen.

Darüber hinaus weisen Kamin und Gould auf einen stark übertriebenen und im Wesentlichen falschen Einfluss der allgemeinen Einstellungen der Testgemeinschaft zu Intelligenzunterschieden zwischen verschiedenen ethnischen Gruppen sowie des Stellenwerts der IQ-Bewertung in den damaligen Debatten im Kongress[178][179][180] hin - letzteres wurde durch meine eigene Lektüre der Debatten bestätigt. Tatsächlich wurde die IQ-Bewertung weder im Mehrheitsbericht des Kongresses noch im Minderheitenbericht erwähnt. (Der Minderheitenbericht wurde von den beiden jüdischen Kongressmitgliedern, den Abgeordneten Dickstein und Sabath, verfasst und unterzeichnet, die als Galionsfiguren des Kampfes gegen die Beschränkung [Anm.: der Einwanderung] gelten). Im Gegensatz zu Goulds[181] Behauptung, dass "die Kongressdebatten, die zur Verabschiedung des *Immigration Restriction Act* von 1924 führten, auf den IQ-Test der Armee fokussiert waren", stellen Snyderman und Herrnstein fest, dass der Immigration Restriction Act mit keinem Wort die Intelligenzbewertung erwähnt ; die Ergebnisse von Tests, die mit Einwanderern in Verbindung gebracht werden, in den Anhörungen nur kurz erwähnt werden, um dann im Wesentlichen ignoriert oder sogar kritisiert zu werden, und das Thema wird nur einmal auf den rund 600 Seiten der Mitschrift der Debatten angesprochen, oder, was noch wichtiger ist, die IQ-Tests werden darin umfassend kritisiert. Keiner der führenden Köpfe auf dem Gebiet der IQ-Bewertung wurde konsultiert, und ihre Arbeit wurde nicht in das Gesetzesarchiv aufgenommen[182]. Außerdem, so Samelson[183], entstand der Wunsch nach einer Beschränkung der Einwanderung schon lange vor der Existenz der IQ-Tests, und diese Beschränkung wurde von verschiedenen Gruppen, einschließlich der Arbeitergewerkschaften, aus Gründen gefördert, die

---

[178] Degler 1991, 52.
[179] Samelson 1975, 473.
[180] Snyderman und Herrnstein 1983.
[181] Gould 1981, 232.
[182] Snyderman und Herrnstein 1983, 994.
[183] Samelson 1975.

nichts mit Rasse oder Intelligenz zu tun hatten, darunter auch die Gerechtigkeit der Aufrechterhaltung des ethnischen *Status quo* in den USA (siehe Kapitel 7).

Samelson[184] beschreibt eine Reihe weiterer Bereiche, in denen Kamins intellektuelle Unredlichkeit erkennbar ist. Das beste Beispiel dafür sind seine diffamierenden Äußerungen über Goddard, Lewis M. Terman und Robert M. Yerkes, in denen diese Pioniere der Intelligenzmessung als Menschen dargestellt werden, deren Ergebnisse von ihren eigenen politischen Ansichten geprägt sind. Terman beispielsweise kam aufgrund seiner Untersuchungen zu dem Schluss, dass Asiaten den Kaukasiern nicht unterlegen waren, was er vernünftigerweise als Hinweis auf die Unzulänglichkeit des kulturellen Arguments interpretierte; diese Ergebnisse stimmen im Übrigen mit den Ergebnissen neuerer[185][186] Studien überein. Auch in Termans Studie über besonders begabte Kinder waren Juden überrepräsentiert, was in der damaligen jüdischen Presse ausführlich berichtet wurde (d.h. *The American Hebrew*, 13. Juli 1923, S. 177), und gleichzeitig mit den Ergebnissen neuerer Untersuchungen [187] übereinstimmt. Beide Schlussfolgerungen stehen im Widerspruch zur Theorie der nordischen Überlegenheit.

Kamin[188] kam auch zu dem Schluss, dass "die Verwendung der Volkszählung von 1890 nur einen Zweck hatte, der von den Befürwortern des Gesetzes anerkannt wurde. Die 'neue Einwanderung' hatte nach 1890 begonnen, und das Gesetz war darauf ausgelegt, biologisch minderwertige Wesen auszuschließen [...] d.h. Menschen aus Südosteuropa." Dies ist eine sehr tendenziöse Interpretation der Beweggründe, die die Befürworter einer Einwanderungsbeschränkung antrieben.

Wie in Kapitel 7 besprochen, wurde die Volkszählung von 1890 über

---

[184] Samelson 1975.
[185] Lynn 1987.
[186] Rushton 1995.
[187] *PTSDA*, Ch. 7.
[188] Kamin 1974a, 27.

im Ausland geborene Personen verwendet, da die Prozentsätze der ethnischen Gruppen, die 1890 im Ausland geboren wurden, ungefähr den Anteil dieser Gruppen an der Gesamtbevölkerung bei der Volkszählung von 1920 darstellten. Das Hauptargument für die Verwendung der Volkszählung von 1890 war, dass sie alle ethnischen Gruppen angemessen repräsentierte [Anm.: Hier geht es um die Verwendung von ethnischen und rassischen Daten aus der Volkszählung von 1890 in Studien zur Messung der Intelligenz anhand des IQ].

Diese falsche Darstellung der Debatten der 1920er Jahre wurde später von Gould, Kamin und anderen benutzt, um zu behaupten, dass "das Einwanderungsgesetz von 1924 offen rassistisch war"[189], dass es aufgrund der rassistischen Voreingenommenheit der Befürworter von IQ-Tests verabschiedet wurde und dass es die Hauptursache für den Tod der Juden im Holocaust war. So kam Kamin[190] zu dem Schluss, dass "das Gesetz, das seine Existenz im Wesentlichen der Wissenschaft von der Messung der Intelligenz verdankt, als Hauptfolge den Tod von Hunderttausenden von Menschen zur Folge hatte, die aufgrund der rassistischen Theorien der Nazis als unerwünscht galten. Den Opfern wurde die Einreise in die USA verweigert, weil die "Deutsche-Quote" bereits erfüllt worden war".

Kamins Darstellung der Studie zur Intelligenzmessung zu Beginn des 20. Jahrhunderts wurde von der Presse und den populärsten Zeitschriften gut aufgenommen und ausführlich rezipiert, beeinflusste aber auch Gerichtsentschidungen und akademische Veröffentlichungen. Meine eigene Einführung in Kamins Ideen erfolgte über ein bekanntes Buch über Entwicklungspsychologie, das ich auch in meinem Unterricht verwendete.

In ähnlicher Weise legt Gould nahe, dass es eine kausale Beziehung zwischen der hereditären Sichtweise auf den IQ und dem Einwanderungsgesetz von 1924 gibt, das die Einwanderung aus Ost- und Südeuropa zugunsten von Einwanderern aus Nord- und Westeuropa

---

[189] Kamin 1982, 98.
[190] Kamin 1974, 27.

einschränkte. Dieses Gesetz wurde später mit dem Holocaust in Verbindung gebracht :

> Die Quoten [...] haben die Einwanderung aus Süd- und Osteuropa stark reduziert. In den 1930er Jahren wollten jüdische Flüchtlinge auswandern, wurden aber nicht zugelassen [Anm.: in die USA]. Die gesetzlichen Quoten sowie die ständige eugenische Propaganda untersagten ihnen die Einwanderung vollständig, manchmal für mehrere Jahre, wenn die erhöhten Quoten für die nord- und westeuropäischen Länder nicht erfüllt wurden. Chase (1977) schätzte, dass die Quoten zwischen 1924 und dem Beginn des Zweiten Weltkriegs die Einwanderung von bis zu 6 Millionen Menschen aus Mittel-, Süd- und Osteuropa in die USA verhinderten (unter der Annahme, dass die Einwanderung aus diesen Ländern im gleichen Tempo wie vor 1924 fortgesetzt worden wäre). Wir wissen, was mit denjenigen geschah, die weg wollten, aber nicht wussten, wohin sie gehen sollten. Die Wege zur Zerstörung sind oft indirekt, aber Ideen können genauso dazu beitragen wie Schusswaffen und Bomben. [191][192]

Denn obwohl es keine Hinweise darauf gibt, dass IQ-Tests oder eugenische Theorien mehr als einen marginalen Einfluss auf die Ausarbeitung und Verabschiedung des Einwanderungsgesetzes von 1924 hatten, lässt sich zeigen, dass das Gesetz von den Juden als gegen sie gerichtet wahrgenommen wurde (siehe Kapitel 7). Darüber hinaus kann die Sorge um die Juden und ihren Einfluss auf die amerikanische Gesellschaft durchaus ein Motiv für einige der Nichtjuden dargestellt haben, die eine Beschränkung der Einwanderung befürworteten, darunter die Intellektuellen Madison Grant und Charles Davenport.

Aufgrund seines Wunsches, der Publicity, die *The Bell Curve*[193] genoss, entgegenzuwirken, veröffentlichte Gould *The Mismeasure of Man* 1996 erneut mit einer neuen Einleitung, in der er erklärte: "Möge man mich mit Judas Iskariot, Brutus und Cassius in die Hölle werfen, wenn ich es versäume, meine ehrlichste Studie und beste Analyse der Beweise für die empirische Realität vorzulegen" [194]. Trotz dieser

---

[191] Gould 1981, 233.
[192] Gould 1998.
[193] Gould 1996a, 31.
[194] Gould 1996a, 39.

Erklärung der akademischen Objektivität (die bewusst in einem defensiven Tonfall formuliert ist), macht sich Gould nicht die Mühe, die an ihn gerichtete Kritik zu betrachten - ein Verhalten, das man von einem Propagandisten erwarten würde, nicht aber von einem Akademiker[195]. Der Artikel von Snyderman und Herrnstein, die Arbeit von Samelson und das Buch von Degler[196] werden nicht zitiert, und Gould nimmt seine Behauptung nicht zurück, dass IQ-Tests in den 1920er Jahren eine wichtige Rolle in den Einwanderungsdebatten des Kongresses gespielt haben.

Noch krasser argumentiert Gould mit dem verblüffenden Argument, er werde weiterhin alle neueren IQ-Studien ignorieren und ihnen die "klassische" Forschung von früher vorziehen, weil die moderne[197] Forschung "vergänglich und kurzlebig" sei. Das Argument besteht im Wesentlichen darin, dass es keine Fortschritte in der IQ-Forschung gegeben hat, sondern dass vielmehr ständig dieselben schlechten Argumente wiedergekäut werden - ein Kommentar, den Gould meiner Meinung nach in keinem anderen Bereich der Wissenschaft abgegeben hätte. So verunglimpft Gould weiterhin Studien, die versuchen, einen Zusammenhang zwischen der Gehirngröße und dem IQ herzustellen, obwohl es eine Vielzahl von Studien gibt, die tendenziell auf einen solchen Zusammenhang hinweisen und sowohl vor als auch nach der Veröffentlichung seiner Ausgabe von 1981 durchgeführt wurden (siehe Inhaltsverzeichnis weiter unten).

Die Verwendung der Magnetresonanztomographie zur genaueren Messung der Gehirngröße in der modernen Forschung bestätigt somit die Entdeckungen der Pioniere des 19. Jahrhunderts auf diesem Gebiet, wie Paul Broca, Francis Galton und Samuel George Morton, die von Gould alle systematisch verunglimpft werden. Wie Rushton[198] jedoch betont, scheint die 1996er Ausgabe von Goulds Buch die Diskussion der 1981er Ausgabe über Arthur Jensens Forschungen zur Korrelation zwischen

---

[195] Rushton 1997.
[196] Degler 1991.
[197] Gould 1996a, 22.
[198] Rushton 1997.

Gehirngröße und IQ ausgelassen zu haben, da die neueren Daten nur einen schwachen Korrelationskoeffizienten aufweisen (Koeffizient nahe 0,40). Anstelle dieser Diskussion präsentiert die 1996er Ausgabe von Gould seine Zustimmung zu einer 1971 veröffentlichten Literaturübersicht, die zu dem Schluss kam, dass es keinen Zusammenhang zwischen diesen beiden Variablen gibt. Diese neue Ausgabe ignoriert also wissentlich 25 Jahre Forschung, einschließlich der Veröffentlichung von Van Valen[199], auf der die von Jensen entwickelten Ideen basieren.

In dieser Revision übergeht Gould auch eine Veröffentlichung von J.S. Michael[200], die zeigt, dass Samuel George Morton entgegen Goulds Behauptung seine Daten über Rassenunterschiede in Bezug auf die Schädelgröße weder absichtlich noch unabsichtlich manipuliert hat. Außerdem wurde Mortons Studie zwar "mit Integrität durchgeführt"[201]; , sie enthielt jedoch einen Fehler zugunsten einer nicht-kaukasischen Gruppe - einen Fehler, den Gould nicht erwähnte, während er selbst systematisch Fehler machte, während er willkürlich gewählte Verfahren zur Durchführung seiner Berechnungen verwendete. Und Gould tat dies auf eine Weise, die die Überprüfung seiner eigenen Forschungshypothese begünstigte, nämlich dass es keine Unterschiede zwischen den Rassen hinsichtlich des Schädelvolumens gibt.

Gould versäumte es außerdem, seine Kritik an H.H. Goddard zu überprüfen, in der er behauptete, dieser habe Fotografien der berühmten Kallikak-Familie so verändert, dass deren Mitglieder bedrohlich und geistig zurückgeblieben wirkten. (In seiner Studie hatte Goddard die Kallikaks, die von einer Barbesitzerin und einem ehrlichen Bürger abstammten, mit den Nachkommen desselben Mannes und seiner Frau verglichen). Eine anschließende Studie von Glenn und Ellis[202], die lange vor der überarbeiteten Ausgabe von 1996 veröffentlicht wurde, kam jedoch zu dem Schluss, dass diese Fotografien als "nett" eingestuft

---

[199] Van Valen 1974.
[200] Michaels 1988.
[201] Michaels 1988, 253.
[202] Glenn und Ellis 1988.

wurden. Um barmherzig zu sein, könnte man sagen, dass Goulds Annahmen über die bösen Absichten der IQ-Forscher auf seine übertriebene Voreingenommenheit gegenüber anderen [Anm.: denen, die nicht zu seiner ethnischen Gruppe gehören] zurückzuführen sind.

Schließlich enthält die Ausgabe von 1996 keine Widerlegung der Argumente, die gegen Goulds Behauptung vorgebracht wurden, *g* (allgemeine Intelligenz) sei nichts weiter als ein statistischer [203][204] Trick.[205] Dies ist bemerkenswert, da Gould in der Einleitung der Ausgabe von 1996 klar zugibt, dass er über kein Fachwissen in Wissenschaftsgeschichte und Psychologie verfügt, während er gleichzeitig behauptet, ein Experte für Faktorenanalyse zu sein. Die Tatsache, dass er es versäumt hat, auf seine akademische Kritik zu erwidern, ist daher ein weiteres Beispiel für seine intellektuelle Unehrlichkeit im Dienste seiner ethno-politischen Agenda. Wie aus der von Rushton[206] veröffentlichten Besprechung der Ausgabe von 1996 hervorgeht, gibt es in *The Mismeasure of Man* noch viele weitere Kommissionsfehler und Auslassungen, die alle mit heiklen politischen Fragen zusammenhängen, die die Vorstellung von rassischen und geschlechtsspezifischen Unterschieden in den kognitiven Fähigkeiten beinhalten.

Gould war auch gegen die Vorstellung, dass die Evolution den Fortschritt bringen könnte, möglicherweise weil er der Meinung war, dass solche Ideen, die von den deutschen Evolutionisten vertreten wurden, den Nationalsozialismus[207] begründeten. Wie Lewin[208] betont, räumt Gould ein, dass seine Überzeugungen unter ideologischem Einfluss stehen, bekräftigt aber seinen Glauben an die Idee, dass die Tendenz, dass die Intelligenz mit dem Schädelvolumen wächst, nur von marginaler Bedeutung sei, wenn man die Evolution als Ganzes analysiert. (Die Idee,

---

[203] Carroll 1995.
[204] Jensen und Weng 1994.
[205] Hunt 1995.
[206] Rushton 1997.
[207] Lewin 1992, 143: Anmerkungen von Robert Richard.
[208] Lewin 1992, 144.

dass eine Zunahme der Komplexität im Rahmen der Evolution wichtig ist, wird nach wie vor weitgehend unterstützt)[209][210][211][212].

Gould räumt jedoch ein, dass es ein größeres Problem gibt als die Frage, ob alle Tiergruppen diese Tendenz aufweisen. Dieser Perspektive liegt Goulds Behauptung zugrunde, dass das menschliche Bewusstsein und die menschliche Intelligenz sowie der allgemeine Trend zur Vergrößerung des Schädelvolumens im Laufe der Evolution nur zufällige Ereignisse sind und daher nicht zur natürlichen Selektion oder zur Lösung der im Laufe der Zeit [213] aufgetretenen Probleme bei der Anpassung an die angetroffene Umwelt beigetragen haben. Diese Perspektive, die sich Gould zu eigen gemacht hat, soll also die Debatte über die Frage, ob Intelligenz angeboren oder erworben ist, beflügeln.

Darüber hinaus lässt Dennetts [214] verheerende Analyse der rhetorischen [215]Elemente, die Gould im Rahmen seines Kampfes gegen den Adaptionismus einsetzt, kaum Raum für Zweifel an Goulds grundlegender intellektueller Unredlichkeit. Dennett kommt zu dem Schluss, dass Goulds Motive in keiner Weise wissenschaftlich sind, ohne jedoch eine Erklärung für den Ursprung dieser Motive zu liefern.

Gould selbst[216] berichtet von einem Vorfall, bei dem der britische Biologe Arthur Cain in Anspielung auf Goulds und Lewontins[217] anti-adaptionistische Publikation *The Spandrels of San Marco and the Panglossian paradigm: A critique of the adaptationist programme*, beschuldigte, er habe "die Regeln der Wissenschaft und des intellektuellen Anstands verletzt, indem er etwas leugnete, von dem wir sonst wussten, dass es wahr ist (den Adaptionismus), nur weil er die

---

[209] Bonner 1988.
[210] Russel 1983.
[211] Russel 1989.
[212] E.O. Wilson (Miele 1998, 83).
[213] Lewin 1992, 145-146.
[214] Dennett 1993.
[215] Dennett 1995.
[216] Gould 1993, 317.
[217] Gould und Lewontin 1979.

politischen Implikationen der Soziobiologie, die auf dem Adaptionismus beruht, nicht schätzte. "

Die Schlussfolgerung aus all dem ist, dass Gould nicht mehr zur Gruppe der "alten und universellen Gelehrten" gehört und die Ewigkeit in der Hölle verbringen wird. Es ist jedoch bekannt, dass, obwohl Gould eine starke politische Agenda hat und als Intellektueller sowohl unehrlich als auch egoistisch ist, der bekannte Evolutionsbiologe John Maynard Smith[218] feststellt, dass "er [Gould] dazu gekommen ist, als der führende Evolutionstheoretiker angesehen zu werden. Umgekehrt neigen die Evolutionsbiologen, mit denen ich gesprochen habe, dazu, ihn als eine Person wahrzunehmen, deren Denken so verwirrend ist, dass es nicht einmal der Mühe wert ist, sich damit zu beschäftigen ... das alles würde uns nicht beunruhigen, wenn es nicht um dieses falsche Bild der Evolutionstheorie ginge, das er Nicht-Biologen vermittelt."

In ähnlicher Weise bezeichnet Steven Pinker[219], ein anerkannter Linguist und eine wichtige Figur in der evolutionären Psychologie, Goulds Ideen über den Adaptionismus als "fehlgeleitet" und "schlecht informiert". Er warf Gould außerdem vor, dass er die ansonsten bekannten Arbeiten von G.C. Williams und Donald Symons nicht zitiert habe, in denen diese Autoren nicht-adaptive Argumente zur Erklärung bestimmter menschlicher Verhaltensweisen anführen, obwohl ihre Arbeiten insgesamt durch eine adaptionistische Perspektive bei der Erklärung menschlicher Verhaltensweisen geprägt sind. Auf diese Weise hat sich Gould auf unredliche Weise die Ideen anderer Autoren angeeignet und sie gleichzeitig auf unangemessene Weise verwendet, um den Adaptionismus im Allgemeinen zu diskreditieren.

In einem Artikel mit dem Titel *Homo deceptus: Never trust Stephen Jay Gould wirft der* Journalist Robert Wright[220], Autor von *The Moral Animal* (Basic Books, 1994), Gould[221] die gleichen Vorwürfe der unehrlichen Interpretation der evolutionären Psychologie der sexuellen

---

[218] Smith 1995, 46.
[219] Pinker 1997.
[220] Wright 1996.
[221] Gould 1996b.

Unterschiede vor. Wright betont, dass Gould "die Öffentlichkeit davon überzeugt hat, dass er, wenn schon kein guter Schriftsteller, so doch ein großer Evolutionstheoretiker ist. Nichtsdestotrotz gilt er innerhalb der Elite der Evolutionsbiologen als echtes Ärgernis - nicht als kleineres Ärgernis, sondern als jemand, der die Öffentlichkeit in Bezug auf das Verständnis des Darwinismus buchstäblich verwirrt hat." Es handelt sich zwar um eine falsche Darstellung des Darwinismus, aber diese hat sich dennoch als sehr nützlich für die Verteidigung seiner politischen und wohl auch ethnischen Interessen erwiesen.

Ein anderer bekannter Biologe, John Alcock [222], bietet eine gründliche und meiner Meinung nach zutreffende Analyse mehrerer Aspekte von Goulds Rhetorik: Demonstrationen von Gelehrsamkeit - fremdsprachige Sätze, poetischer Stil -, die im Hinblick auf intellektuelle Argumente irrelevant sind, aber weithin bewundert werden, und zwar sogar von seinen Kritikern ; seine Gegner mit herabsetzenden Bezeichnungen wie "Modewissenschaft", "Modepsychologie", "Papp-Darwinismus" oder "fundamentalistische Darwinisten" zu belegen (ähnlich kritisiert Pinker [223] Goulds hyperbolische Rhetorik, einschließlich seiner Beschreibung der Ideen, die der evolutionären Psychologie zugrunde liegen, als "dumm", "erbärmlich" und "unglaublich vereinfachend" sowie seine Verwendung von 25 Synonymen für das Wort "fanatisch"); Übertriebene Vereinfachung der Ideen seiner Kritiker, was zu Scheinargumenten führt, wobei eines der klassischsten Argumente darin besteht, seine Kritiker als "genetische Deterministen" zu bezeichnen; Schutz des eigenen Denkens durch illusorische Zugeständnisse an seine Gegner, wodurch eine Illusion von Integrität geschaffen wird, mit dem Ziel, die Debatte so weit wie möglich zu ersticken; Anspruch auf größere Moral; Auslassung von Ergebnissen und Daten, die der gesamten wissenschaftlichen Gemeinschaft wohlbekannt sind ; Vorschlag nicht-adaptionistischer Alternativen, ohne diese jedoch zu testen, und Auslassung wissenschaftlicher Forschungsergebnisse, die dazu tendieren, die adaptionistischen Thesen

---

[222] Alcock 1997.
[223] Pinker 1997, 55.

zu bestätigen; Behauptung der Idee, dass naheliegende Erklärungen (d. h. Erklärungen der Funktionsweise eines bestimmten Verhaltens auf neurophysiologischer Ebene) die ultimativen Erklärungen (d. h. die adaptive Funktion des Verhaltens) hinfällig machen.

Die Kommentare von Maynard Smith, Wright und Alcock machen deutlich, dass Gould trotz der weit verbreiteten Anerkennung seiner intellektuellen Unredlichkeit in der wissenschaftlichen Gemeinschaft als Sprecher seiner Denkschule in Bezug auf Fragen der Evolution und der Intelligenz eine starke Berichterstattung genoss.

Wie Alcock [224] betont, hat Gould als Professor der Harvard University, dessen Arbeiten vielfach veröffentlicht wurden, das antiadaptionistische Denken respektabel gemacht.

Er hatte Zugang zu renommierten Intellektuellenforen, darunter eine regelmäßige Kolumne in *Natural History,* und war zusammen mit Richard C. Lewontin (einem der anderen Intellektuellen-Aktivisten, deren Arbeit hier besprochen wird) häufig als Buchkritiker in der *New York Review of Books* (*NYRB*) tätig. Die *NYRB* war lange Zeit eine Hochburg der intellektuellen Linken. In Kapitel 4 gehe ich auf die Rolle der *NYRB* bei der Förderung der Psychoanalyse ein, und in Kapitel 6 wird die *NYRB* den Zeitungen der New Yorker Intellektuellen zugeordnet, einer mehrheitlich jüdischen Clique, die die intellektuelle Welt nach dem Zweiten Weltkrieg beherrschte.

Die Idee ist hier, dass Goulds auf intellektueller Unehrlichkeit basierende Karriere kein Einzelfall war, sondern vielmehr Teil einer breiteren Bewegung, die die angesehensten Intellektuellenkreise der USA und der westlichen Welt beherrschte - eine Bewegung, die hier als eine besondere Facette des Judentums konzeptualisiert wird, das selbst als evolutionäre Gruppenstrategie gesehen wird.

Persönlich erinnere ich mich deutlich daran, dass eine meiner ersten prägenden Erfahrungen im Studium der Verhaltenswissenschaften an der Universität darin bestand, dass ich der großen "Instinkt"-Debatte

---

[224] Alcock 1997.

zwischen den deutschen Ethnologen Konrad Lorenz und Iranäus Eibl-Eibesfeldt und den überwiegend jüdischen Entwicklungspsychologen (D. S. Lehrman, J. S. Rosenblatt, T. C. Schnierla, H. Moltz, G. Gottlieb, und E. Tobach).

Lorenz' Verbindungen zum Nationalsozialismus [225] stellten einen kaum verdeckten Aspekt dieser Debatte dar, und ich erinnere mich, dass ich das Gefühl hatte, eher einer Art ethnischem Krieg als einer rationalen und wissenschaftlichen Debatte beizuwohnen. Tatsächlich wurden die intensiven und unwissenschaftlichen Leidenschaften, die diese Fragen bei einigen Teilnehmern entfesselten, gegen Ende dieses außergewöhnlichen Konflikts offen zugegeben. In diesem Zusammenhang erklärte Lehman 1970:

> Ich sollte nicht auf die Elemente der Irrationalität und Emotionalität in Lorenz' Reaktion auf die Kritik hinweisen, ohne anzuerkennen, dass ich bei der Analyse meiner Kritik an seiner Theorie von 1953 feindselige Elemente darin gefunden habe, auf die mein Ziel gezwungenermaßen reagieren musste. Meine Kritiker lesen mich nicht, als handele es sich um eine wissenschaftliche Analyse, bei der sie den Beitrag einer bestimmten Perspektive bewerten, sondern eher, als handele es sich um einen Angriff auf einen theoretischen Standpunkt, wobei der Autor des Angriffs ansonsten nicht bereit ist, die positiven Beiträge dieses Standpunkts hervorzuheben.

In jüngerer Zeit, als sich die Debatte von der Opposition zur Humanethnologie entfernte und sich auf die Soziobiologie des Menschen konzentrierte, wurden mehrere dieser Entwicklungspsychologen auch zu scharfen Kritikern der Soziobiologie[226]. Damit sollen natürlich nicht die ansonsten wichtigen Beiträge dieser Entwicklungspsychologen und ihre Betonung des Einflusses der Umwelt auf die Verhaltensentwicklung geleugnet werden - eine Tradition, die in der Entwicklungspsychologie durch die Schriften zahlreicher Theoretiker, darunter Alan Fogel, Richard Lerner, Arnold Sameroff und Esther Thelen, weiterhin stark präsent ist. Darüber hinaus muss man anerkennen, dass eine Reihe von Juden einen

---

[225] Lerner 1992, 59ff.
[226] Myers 1990, 225.

wichtigen Beitrag zum evolutionären Denken im Zusammenhang mit seiner Anwendung auf den Menschen und die menschliche Verhaltensgenetik geleistet haben, darunter Daniel G. Freedman, Richard Herrnstein, Seymour Itzkoff, Irwin Silverman, Nancy Segal, Lionel Tiger und Glenn Weisfeld. Natürlich gibt es auch Nichtjuden, die das bioevolutionäre Denken stark kritisiert haben.

Dennoch deutet im weiteren Sinne alles darauf hin, dass sehr oft wichtige menschliche Interessen, die insbesondere die jüdische Identität beinhalten, die wissenschaftlichen Debatten beeinflussen. Die Idee, die ich hier vertrete, ist daher im Wesentlichen, dass eine der Folgen der Existenz des Judentums als evolutionäre Gruppenstrategie darin bestand, dass diese Debatten fehlgeleitet wurden, wodurch der Fortschritt der biologischen und sozialen Wissenschaften beeinträchtigt wurde.

Richard Lerner[227] hat mit seinem Buch *Final Solutions: Biology, Prejudice and Genocide* ist wohl das krasseste Beispiel für einen Wissenschaftler, der versucht, das bioevolutionäre Denken wegen seiner angeblichen Verbindungen zum Antisemitismus zu diskreditieren. (Barry Mehler, ein Schützling von Jerry Hirsch, stellt solche Assoziationen ebenfalls explizit her, aber sein akademisches Prestige ist weitaus geringer [Anm.: als das von Lerner] und seine Rolle beschränkt sich auf die eines Förderers dieser [Anm.: anti-evolutionären] Ideen in den linksintellektuellen[228][229] Medien. Mehler, ein Absolvent der Yeshiva University, organisierte eine Konferenz, "The Jewish Experience in America 1880 to 1975," an der Washington University in St. Louis, deren Inhalt auf eine starke Bindung an die jüdische Identität schließen lässt).

Lerner ist ein bekannter Entwicklungspsychologe, und sein Werk lässt durch seine Versuche, die Theorie in der Verhaltenswissenschaft zu beeinflussen und zu verdrehen, auf eine große persönliche Beteiligung am Kampf gegen den Antisemitismus schließen. Bevor ich auf die Verbindungen zwischen der von Lerner vertretenen Theorie und seinem

---

[227] Lerner 1992.
[228] Mehler 1984a.
[229] Mehler 1984b.

Kampf gegen den Antisemitismus eingehe, werde ich zunächst seine Theorie selbst und den verdrehten Mechanismus vorstellen, mit dessen Hilfe er versucht hat, die Anwendung des evolutionären Denkens auf die Erforschung des menschlichen Verhaltens zu diskreditieren.

Das zentrale Element dieses Programms ist Lerners Ablehnung des biologischen Determinismus zugunsten eines dynamischen und kontextualistischen Ansatzes für die menschliche Entwicklung. Lerner lehnt auch den Umweltdeterminismus ab, aber dieser letzte Aspekt wurde nicht ausführlich diskutiert, da dieser "wahrscheinlich weniger sozial verderblich"[230] ist. In diesem Zusammenhang liegt Lerner sicherlich falsch. Eine Theorie, nach der es keine menschliche Natur gibt, würde bedeuten, dass Menschen leicht darauf programmiert werden können, jede Form der Ausbeutung, einschließlich der Sklaverei, zu akzeptieren. Aus radikal-ökologischer Sicht spielt die Struktur der Gesellschaften keine Rolle, da die Menschen in der Lage sein sollten, sich jede Art von Sozialstruktur anzueignen. Frauen könnten so programmiert werden, dass sie akzeptieren, vergewaltigt zu werden, und ethnische Gruppen könnten so programmiert werden, dass sie ihre Herrschaft durch andere Gruppen akzeptieren. Die Vorstellung, dass der radikale Umweltschutz nicht sozial verderblich sei, verschweigt auch die Tatsache, dass die kommunistische Regierung der Sowjetunion Millionen ihrer eigenen Bürger ermordete und später den Weg des offiziellen Antisemitismus beschritt, während sie gleichzeitig der Ideologie des radikalen Umweltschutzes zustimmte.

Lerners dynamischer Kontextualismus erwähnt oberflächlich biologische Einflüsse, während er sie in Wirklichkeit inkonsequent und unmöglich zu analysieren macht. Diese Theorie ist fest in der oben dargestellten psychobiologischen Entwicklungstradition verankert und enthält zahlreiche Verweise auf deren Hauptautoren. Der dynamische Kontextualismus konzeptualisiert die Entwicklung als eine dialektische Interaktion zwischen Organismus und Umwelt. Die Realität biologischer Einflüsse wird anerkannt, aber sie sind nicht analysierbar, da sie als

---

[230] Lerner 1992, S.xx.

untrennbar mit den Umwelteinflüssen verbunden gesehen werden.

Die wichtigste Schlussfolgerung, die man daraus ziehen kann, ist, dass jeder Versuch, genetische Variationen als unabhängigen Einflussfaktor auf individuelle Unterschiede zu untersuchen (was nichts anderes ist als die quantitative Studie der Verhaltensgenetik), zum Scheitern gebracht wird. Viele der Gegner der Soziobiologie haben sich auch gegen die verhaltensgenetische Forschung ausgesprochen (u. a. S. J. Gould, J. Hirsch, L. Kamin, R. C. Lewontin und S. Rose). Gould[231] ist zudem ein besonders krasses Beispiel für sein völliges Unverständnis der grundlegenden Konzepte der Verhaltensgenetik.

Darüber hinaus ist es wichtig zu betonen, dass der dynamische Kontextualismus und seine Betonung der dialektischen Interaktion zwischen Organismus und Umwelt mehr als nur eine zufällige Ähnlichkeit mit dem Marxismus ist. Das Vorwort zu Lerners Buch wurde nämlich von R. C. Lewontin geschrieben, dem Harvard-Bevölkerungsbiologen, der sich in einem ernsthaften Versuch engagiert, Wissenschaft, politische Linke und Opposition gegen evolutionäre und biologische Theorien des menschlichen[232][233] Verhaltens zu verschmelzen.

Lewontin (zusammen mit Steven Rose und Leon Kamin) war der Hauptautor von *Not in Our Genes*[234] - ein Buch, das mit einem Treuebekenntnis zum Sozialismus[235] beginnt und neben einigen anderen intellektuellen Missetaten die Desinformation über die Rolle der IQ-Tests in den Einwanderungsdebatten der 1920er Jahre sowie über ihre angebliche Verbindung zum Holocaust[236] fortsetzt. Tatsächlich stellt E. O. Wilson[237], dessen Werk *The New Synthesis*[238] den Bereich der Soziobiologie einleitete, fest: "Ohne Lewontin wäre die Kontroverse um

---

[231] Gould 1998.
[232] Levins und Lewontin 1985.
[233] Wilson 1994.
[234] Lewontin, Rose und Kamin 1984.
[235] Lewontin, Rose und Kamin 1984, S. ix.
[236] Lewontin, Rose und Kamin 1984, S. 27.
[237] Wilson 1994, 344.
[238] Wilson 1975.

die [Soziobiologie] nicht so groß gewesen, genauso wie sie nicht so viel Aufmerksamkeit erregt hätte."

In seinem Vorwort zu Lerners Buch behauptet Lewontin, dass der Kontextualismus der Entwicklung "die Alternative zum biologischen und kulturellen Determinismus" darstellt. Die kontextuelle Perspektive in der Untersuchung der Entwicklung stellt den zentralen Punkt von *Final Solutions* dar, und es ist tatsächlich die Entwicklung dieser Perspektive, die die Schaffung eines gesellschaftstheoretischen Programms notwendig macht. Diese Weltanschauung wurde nie kürzer dargelegt als in Marx[239]' Dritter Feuerbach-These. Lewontin zitiert dort sogar Marx, wobei die zitierten Aussagen mit der Grundidee des Kontextualismus der Entwicklung in Verbindung gebracht werden können. Auch Gould[240] übernahm die dialektische Marxsche Perspektive in den Sozialwissenschaften.

Lerner widmet den Großteil seines Buches dem Nachweis, dass der *dynamische Kontextualismus* aufgrund seiner Betonung der Plastizität eine politisch korrekte Perspektive auf rassische und sexuelle Unterschiede bietet und gleichzeitig die Hoffnung auf ein Ende des Antisemitismus nahrt.

Dieser sowohl messianische als auch erlösungstheoretische Versuch, eine universelle Theorie zu entwickeln, innerhalb derer die Bedeutung der Unterschiede zwischen Juden und Nichtjuden minimiert wird, ist ein gemeinsames Merkmal verschiedener Bewegungen mit überwiegend jüdischer Komponente, darunter auch radikale politische Theorien und die Psychoanalyse (siehe Kapitel 3 und 4).

Das gemeinsame Thema ist, dass diese Ideologien regelmäßig von Einzelpersonen gefördert wurden, die wie Lerner nach bestem Wissen und Gewissen für jüdische Interessen arbeiten (auch Goulds Tendenz, das Monopol der Moral anzustreben, ist hier zu nennen).

Ideologien werden jedoch aufgrund ihres universalistischen

---

[239] Marx 1888, S. ix.
[240] Gould 1987, 153.

Versprechens gefördert, die Menschheit auf eine höhere Ebene der Moral zu führen - eine Ebene der Moral, auf der die jüdische Identität bestehen bleibt, während der Antisemitismus von ihr verschwindet.

So gesehen kann der *dynamische Kontextualismus* als einer der vielen Versuche gesehen werden, das Judentum und die moderne Welt in der Zeit nach der Aufklärung miteinander zu versöhnen.

Zweifellos glaubt Lerner fest an den moralischen Imperativ des von ihm vertretenen Standpunkts, doch sein moralischer Kreuzzug führte ihn in seinen Versuchen, biologische Theorien zu diskreditieren, die Teil seines Kampfes gegen den Antisemitismus waren, weit über die Wissenschaft hinaus.

Lerner ist Mitverfasser eines Artikels in der Zeitschrift *Human Development*[241], der seinen Kampf gegen den Einfluss des biologischen Denkens in der Forschung zur menschlichen Entwicklung richtet. Mein Buch *Sociobiological Perspectives on Human Development*[242] wird darin als Hauptbeispiel für einen evolutionären Ansatz genannt, der sich aus den Arbeiten von E. O. Wilson ableitet, und für einen Standpunkt, der "eine gewisse Unterstützung gewonnen hat und in die Praxis umgesetzt wurde"[243].

Um zu zeigen, wie diese Ansicht geteilt und in die Praxis umgesetzt wurde, zitieren Lerner und von Eye die Arbeit von J. Philippe Rushton über Rassenunterschiede im Fortpflanzungsstil nach dem r/K-Evolutionsmodell. Dies scheint zu implizieren, dass mein Buch als Grundlage für Rushtons Arbeit gedient hätte. Dies ist nicht korrekt, da (1) mein Buch keine Unterschiede in Bezug auf Intelligenz oder andere Phänotypen zwischen Negern und Kaukasiern erwähnt und (2) es erst veröffentlicht wurde, nachdem Rushton seine Arbeit zur Erklärung von Rassenunterschieden durch das r/K-Evolutionsmodell veröffentlicht hatte.

Die Verbindung meines Buches mit Rushtons Arbeit ist jedoch ein

---

[241] Lerner und von Eye 1992.
[242] MacDonald 1988b.
[243] Lerner und von Eye 1992, S. 13.

sehr effektiver Weg, um eine negative Wahrnehmung meines Buches zu erzeugen, insbesondere aufgrund des Status von Rushton als *persona non grata*, der ein Theoretiker der Rassenunterschiede[244] ist.

Der nächste Abschnitt des Artikels von Lerner und von Eye trägt den Titel *Genetic Determinism as Sociobiology's Key to Interdisciplinary Integration*. Diese Aneinanderreihung von Begriffen impliziert implizit, dass die in meinem Buch zitierten Autoren den genetischen Determinismus akzeptieren, und in der Tat vermischen Lerner und von Eye am Ende dieses Abschnitts mein Buch mit den Arbeiten vieler anderer Autoren aus dem Bereich der Soziobiologie, denen nachgesagt wird, dass sie glauben, dass das Schicksal durch die Anatomie bestimmt wird, dass Umwelteinflüsse nur Fiktion sind und dass "die soziale Welt nicht mit dem menschlichen Genom interagiert"[245].

Akademiker, die die evolutionäre Perspektive in Bezug auf menschliches Verhalten oder die Verhaltensgenetik vertreten, wurden in dieser stark politisierten Literatur sehr häufig als genetische Deterministen abgestempelt.

Solche Anschuldigungen sind typisch für die Gouldi-Rhetorik und stellen eines der Hauptthemen des offen politischen Buches *Not In Our Genes* von Lewontin et al.[246] dar. Ich bezweifle stark, dass auch nur einer der in diesem Abschnitt des Artikels von Lerner und von Eye erwähnten Autoren tatsächlich als genetischer[247] Determinist dargestellt werden kann.

[248]In der Tat fasst Degler das moderne evolutionäre Denken in den Sozialwissenschaften treffend als gekennzeichnet durch "die vollständige Anerkennung der Macht und des Einflusses der Umwelt auf die Kultur" zusammen. Ich möchte jedoch erwähnen, dass es sich hierbei um eine völlig falsche Darstellung meiner Schriften handelt und man kaum

---

[244] Gross 1990.
[245] Lerner und von Eye 1992, S. 18.
[246] Lewontin et al. 1984.
[247] Burgess und Molenaar 1993.
[248] Degler 1991, 310.

annehmen kann, dass Lerner sich dessen nicht bewusst war.

Zwei meiner Beiträge in meinem Buch befassen sich direkt mit den kulturellen und umweltbedingten Einflüssen auf das Verhalten und der Unterdeterminierung des Verhaltens durch die Gene. Insbesondere meine theoretische Perspektive, wie sie in Kapitel 1 [249] beschrieben wird, erkennt klar die Bedeutung der Entwicklungsplastizität und die Bedeutung von Kontexteinflüssen auf die menschliche Entwicklung an.

Und in diesen beiden Abschnitten meines Artikels zitiere ich die Arbeit von Richard Lerner. Lerner und von Eye achten jedoch darauf, dass sie es vermeiden, das, was ich geschrieben habe, im Detail zu beschreiben. Ihre Strategie ist vielmehr die der Unterstellung und der Schuldzuweisung durch Assoziation; dies tun sie unter anderem dadurch, dass sie mein Werk an das Ende eines Abschnitts stellen, der Autoren gewidmet ist, die angeblich genetische Deterministen sind. Leider sind solche Unterstellungen bei Angriffen auf die evolutionären Perspektiven in der Erforschung des menschlichen Verhaltens üblich.

Die Idee hierbei ist, dass es allen Grund zu der Annahme gibt, dass der Kampf gegen den Antisemitismus eine der Hauptmotivationen für diese Angriffe darstellt.

Lerner beginnt sein Vorwort zu *Final Solutions : Biology, Prejudice and Genocide* mit einem emotional aufgeladenen Porträt seiner Kindheit, die vor allem von zahlreichen Geschichten über Nazi-Gräueltaten geprägt war. "Als jüdischer Junge, der in den späten 1940er und frühen 1950er Jahren in Brooklyn aufwuchs, konnte ich Hitler nicht entfliehen. Er, die Nazis, die Gestapo und Auschwitz waren überall"[250].

Lerner greift ein Gespräch auf, das er mit seiner Großmutter geführt hat und in dem es um das Schicksal einiger Familienmitglieder geht, die unter die Fuchtel der Nazis geraten sind. Er fragt sie, warum die Nazis die Juden hassen, und seine Großmutter antwortet ihm mit einem einfachen "weil". Lerner sagt, dass "mir im Laufe der Zeit, seit diesem

---

[249] MacDonald 1988b.
[250] Lerner 1992, S.xv.

Nachmittag in der Wohnung meiner Großmutter, klar geworden ist - und zwar immer mehr im Laufe der Jahre -, wie sehr ich von diesen Lehren über den Völkermord der Nazis beeinflusst worden bin. Ich erkenne nun, dass der Großteil meines Lebens von meinen Versuchen geprägt wurde, eine umfassendere Erklärung als dieses "weil" zu finden[251].

Lerner behauptet, er habe sich für das Studium der Entwicklungspsychologie entschieden, weil die Frage nach dem Angeborenen und Erworbenen in diesem Bereich und damit auch im Kampf gegen den Antisemitismus von entscheidender Bedeutung ist. Es scheint also, dass Lerner seine Berufswahl mit dem Ziel getroffen hat, die jüdischen Interessen in den Sozialwissenschaften zu fördern. Im Vorwort zitiert Lerner als intellektuelle Einflüsse praktisch die gesamte Liste der zuvor erwähnten führenden Entwicklungspsychologen und Anti-Soziobiologen, die überwiegend jüdisch waren, wie Gottleib, Gould, Kamin, Lewontin, Rose, Schneirla (der kein Jude war) und Tobach.

Entsprechend einer gängigen Praxis unter jüdischen[252] Historikern widmet Lerner das Buch seiner Familie: "Allen Mitgliedern meiner Familie ... Euer Leben wird nicht vergessen werden"[253]. In diesem Buch wird eindeutig nicht der Anspruch erhoben, durch einen uneigennützigen wissenschaftlichen Ansatz eine Theorie der Verhaltensentwicklung aufzustellen oder den ethnischen Charakter des sozialen Konflikts [Anm.: zwischen Juden und Nichtjuden] aufzuzeigen.

Die Hauptbotschaft in Lerners Buch ist, dass es einen möglichen kausalen Zusammenhang zwischen Darwinismus und der Ideologie des genetischen Determinismus, der Legitimierung des *Status quo* als biologischem Imperativ, der negativen Wahrnehmung von Menschen mit einem "minderwertigen" Genotyp, der Eugenik und der Vernichtung von Menschen mit weniger guten Genen gibt. Dieses Szenario soll im Laufe der Geschichte bei mehreren Gelegenheiten in die Praxis umgesetzt worden sein, u. a. beim Massaker an den indigenen Völkern Amerikas,

---

[251] Lerner 1992, S.xvii.
[252] *SAID* Kapitel 7.
[253] Lerner 1992, S.xxii.

beim Völkermord der Osmanen an den Armeniern und beim Holocaust.

Es gibt jedoch keinen Hinweis darauf, dass eine auf dem genetischen Determinismus basierende Ideologie eine notwendige Bedingung für einen Völkermord ist, da viele Völkermorde ohne den geringsten Einfluss des Darwinismus stattgefunden haben. Eines der überzeugendsten Beispiele ist zweifellos die Vernichtung der Amoriter und Midianiter durch die Israeliten, wie im Tanach [254] berichtet. Dieses und andere Beispiele werden von Lerner ignoriert. Es sei auch darauf hingewiesen, dass nie nachgewiesen wurde, dass die osmanischen Türken die Ansichten des Darwinismus teilten oder auch nur ihre eigenen Vorstellungen von der genetischen Determination des Verhaltens hatten.

Lerners Ziel ist es, das evolutionäre Denken wegen seiner Verbindung zum Nationalsozialismus zu diskreditieren.

Die Argumentation ist folgende[255]: Obwohl Lerner einräumt, dass genetische Determinsten nicht unbedingt "rassistisch" sind und sogar politisch "aufgeklärt" sein können, behauptet er, dass der genetische Determinismus eine Ideologie ist, die von Rassisten benutzt werden kann, um ihre Aussagen wissenschaftlicher zu gestalten: "Die Doktrin des biologischen Determinismus ist mit einer solchen politischen Bewegung [Anm.: dem Nationalsozialismus] vollkommen vereinbar"[256].

Die Soziobiologie als neueste Form der wissenschaftlichen Rechtfertigung des genetischen Determinismus soll intellektuell diskreditiert werden: "Zeitgenössische Soziobiologen sind ganz sicher keine Neonazis. Sie verherrlichen in keiner Weise den Völkermord und sind in einigen Fällen nicht einmal politisch konservativ. Dennoch ist die Nähe ihrer Ideen (vor allem in Bezug auf Frauen) zu denen der Nazi-Theoretiker auffällig"[257]. *[Anmerkung von Blanche: Vielleicht weil die Wahrheit "nazi" ist?]*

Lerner beschreibt die Nazi-Ideologie korrekt, indem er sie als eine

---

[254] *PTSDA* Kapitel 3.
[255] Lerner 1992, 17-19.
[256] Lerner 1992, 17.
[257] Lerner 1992, 20.

Ideologie darstellt, die auf der Undurchlässigkeit einer Gruppe beruht, "auf dem Glauben, dass die Welt [...] scharf in zwei Hauptgruppen geteilt werden kann: eine erste Gruppe, deren Mitglieder das beste Erbgut der Menschheit haben, und eine zweite, die all jene umfasst, die die schlechtesten Gene der Menschheit geerbt haben. Es kann keinen Transfer von einer Gruppe in die andere geben, da sie durch Blut und Gene getrennt sind"[258]. Ähnlich argumentiert Lewontin in seinem Vorwort zu Lerners Buch: "Jede Kraft, die den Nationalismus am Leben erhält [...] muss letztlich die Behauptung der Unveränderlichkeit der sozialen Identität ermöglichen [...] Ausbeuter und Ausgebeutete teilen das Bewusstsein eines kulturellen und biologischen Erbes, das dauerhaft die Grenzen der Gruppe definiert, der sie angehören, und das die historische Entwicklung des Menschen übersteigt"[259].

Lerner und Lewontin verurteilen die Soziobiologie, weil sie annehmen, dass die Soziobiologie zur Rechtfertigung eines solchen Ergebnisses herangezogen werden könnte. Die in *SAID*[260] entwickelte evolutionäre Theorie der Prozesse sozialer Identität als theoretische Grundlage des Antisemitismus impliziert jedoch gerade das Gegenteil; obwohl Menschen biologisch anfällig für Konflikte zwischen ethnischen Gruppen zu sein scheinen, gibt es keinen Grund anzunehmen, dass die Zugehörigkeit zu einer Gruppe oder die Durchlässigkeit einer Gruppe selbst genetisch determiniert ist ; Es gibt jedoch keinen Grund zu glauben, dass es einen genetischen Imperativ gibt, der die Gesellschaft in undurchlässige Gruppen unterteilt, und in der Tat waren typische westliche Gesellschaften nie so strukturiert. Die Forschung zur sozialen Identität zeigt, dass Feindseligkeit gegenüber anderen Gruppen selbst innerhalb heterogener Gruppen oder ohne Konkurrenz zwischen den Gruppen auftritt. Ein ganz besonderes Merkmal des Judentums ist, dass es ständig Barrieren zwischen den Juden und dem Rest der Gesellschaft, in der sie lebten, errichtet hat. Obwohl es vernünftig ist anzunehmen, dass Juden genetisch bedingt eher zu Ethnozentrismus neigen als

---

[258] Lerner 1992, 17.
[259] Lerner 1992, viii.
[260] *SAID*, Kapitel 1.

westliche[261][262] Völker, ist die Errichtung kultureller Barrieren zwischen Juden und Nichtjuden ein kritischer Aspekt des Judentums als Kultur.

Darüber hinaus muss betont werden, dass weder Lerner noch Levontin Überlegungen zum Ausmaß des Phänomens der Bildung undurchlässiger Gruppen anstellen, das jedoch bei den Juden selbst zu beobachten ist und in dessen Rahmen Blut und Vererbung von größter Bedeutung sind, Hierarchien der Rassenreinheit existieren und genetische und kulturelle Assimilation als Anathema [263] betrachtet werden. Das Judentum als evolutionäre Gruppenstrategie hat zu Gesellschaften geführt, die durch interne Konflikte zwischen undurchlässigen und miteinander konkurrierenden Gruppen zerrissen sind [264]. Dennoch sind jüdische Kulturpraktiken zumindest eine notwendige Bedingung für die Undurchlässigkeit von Gruppen, die für das Judentum als evolutionäre Gruppenstrategie von so großer Bedeutung ist. Wenn Lewontin und Lerner also in ihrem Bestreben, den Antisemitismus zu bekämpfen, behaupten, dass ethnische Identität und Gruppendurchlässigkeit nicht genetisch determiniert sind, so ist das ironisch gemeint.

Es gibt gute Gründe für die Annahme, dass die Durchlässigkeit von Gruppen nicht durch die Genetik bestimmt wird, und die in *PTSDA* analysierten Belege für diese Annahme deuten darauf hin, dass sich die Juden dessen sehr wohl bewusst sind, zumindest seit es das Judentum als evolutionäre Gruppenstrategie gibt. Bei einigen Gelegenheiten haben die verschiedenen jüdischen Gruppen versucht, eine Illusion der Durchlässigkeit innerhalb ihrer eigenen Gruppen zu schaffen, um den Antisemitismus[265] zu mildern. Obwohl Juden wahrscheinlich genetisch dazu prädisponiert sind, eine undurchlässige ethnische Gruppe zu bilden und sich der genetischen und kulturellen Assimilation zu widersetzen, könnte man kaum annehmen, dass dies durch die Genetik bestimmt wird.

---

[261] *PTSDA*, Kapitel 8
[262] *SAID*, Kapitel 1.
[263] *PTSDA*, PASSIM.
[264] *SAID*, Kapitel 2-5.
[265] *SAID*, Kapitel 6.

Tatsächlich zeigen die in *PTSDA*[266] analysierten Fakten die Bedeutung mehrerer kultureller und umweltbedingter Faktoren für den Erfolg des Judentums als evolutionäre Strategie einer relativ undurchlässigen Gruppe: hohes Sozialisationsniveau in Bezug auf jüdische Identität und Gruppentreue, große Vielfalt an Mechanismen zur Unterscheidung von anderen Gruppen (Kleidungsstil, Sprache, Frisur usw.) und die kulturelle Erfindung der priesterlichen und levitischen Klassen. Darüber hinaus materialisierte sich die Beseitigung des intensiven kulturellen Separatismus, der für das Judentum in den traditionellen Gesellschaften charakteristisch war, in einem langsamen Niedergang der jüdischen Diaspora. Infolgedessen mussten jüdische Gruppen, die in westlichen Gesellschaften lebten, häufig ihre Anstrengungen verdoppeln, um Mischehen zu verhindern und ein stärkeres jüdisches Bewusstsein und ein höheres Maß an jüdischer Beteiligung innerhalb ihrer Gruppe zu entwickeln. Diese Versuche, die kulturellen Grundlagen wiederherzustellen, um die jüdische Identität zu stützen und die Nicht-Assimilation dieser Gruppe zu gewährleisten, legen nahe, dass die Rückkehr zu den religiösen Geboten und Ritualen des Judentums für die Juden die einzige Möglichkeit sein könnte, dem Assimilationsdruck der modernen[267] westlichen Gesellschaften zu widerstehen.

Schlussfolgerung

Einer der wichtigsten Gedanken, die in diesem Kapitel entwickelt werden, ist, dass sich wissenschaftliche Skepsis und das, was man als "wissenschaftlichen Obskurantismus" bezeichnen könnte, als äußerst nützliche Werkzeuge im Kampf gegen wissenschaftliche Theorien erwiesen haben, deren Schlussfolgerungen sich für manche als peinlich erweisen könnten.

So fällt die Tatsache, dass die Boasianer die höchsten Standards wissenschaftlicher Strenge in Bezug auf Verallgemeinerungen über Kultur und die Bestimmung der Rolle genetischer Variationen bei der

---

[266] *PTSDA*, Kapitel 7-8.
[267] *SAID*, Kapitel 9.

Entwicklung individueller Unterschiede fordern, mit der Annahme einer "Anti-Theorie" der Kultur zusammen, die den Versuchen, ein System von Klassifikationen und Verallgemeinerungen zu entwickeln, grundsätzlich entgegengesetzt war. Ähnlich hat die dynamisch-kontextualistische Theorieperspektive, obwohl sie die Verhaltensgenetik und die evolutionäre Theorie der menschlichen Entwicklung aufgrund ihrer Unfähigkeit, die Standards der wissenschaftlichen Beweisführung zu erfüllen, ablehnt, eine Entwicklungstheorie vorgeschlagen, nach der die Beziehung zwischen Genen und Umwelt ein äußerst komplexes und im Übrigen unmöglich zu analysierendes Ganzes darstellt. Darüber hinaus ist eines der Hauptthemen in Kapitel 5, dass der radikale Skeptizismus der Frankfurter Schule der Sozialwissenschaftlichen Forschung bewusst eingesetzt wurde, um universalistische und assimilationistische Gesellschaftstheorien zu dekonstruieren, die die Homogenität der Gesellschaft als notwendige Bedingung für ihr harmonisches Funktionieren sehen.

Wissenschaftliche Skepsis in Bezug auf politisch heikle Themen war auch ein wichtiger Trend in den Schriften von S.J. Gould[268][269]. Carl Degler[270] sagte in Bezug auf Gould, dass "ein Gegner der Soziobiologie wie Gould in der Tat auf der Interaktion [zwischen Biologie und Umwelt] besteht, aber gleichzeitig sorgfältig vermeidet, die Bausteine dieser Interaktion einzeln zu analysieren." Jensen[271] sagte zu Goulds Arbeiten über die Messung von Intelligenz: "Ich glaube, er hat es brillant geschafft, alle wichtigen Fragen zu vernebeln, die die Aufmerksamkeit der Wissenschaftler unserer Zeit auf sich ziehen." Diese Art von geistiger Arbeit soll in der Tat die Entwicklung allgemeiner Theorien des menschlichen Verhaltens verhindern, in denen die genetische Variation eine Rolle spielt, die unabhängig von anderen Faktoren klar isoliert und analysiert werden kann.

Wir haben auch gesehen, wie R. C. Lewontin eine Parallele

---

[268] Gould 1987 PASSIM.
[269] Gould 1993 13.
[270] Degler 1991, 322.
[271] Jensen 1982, 124.

zwischen den Theorien der Verhaltensentwicklung und der marxistischen politischen Ideologie gezogen hat. Wie auch Lerner und Gould propagiert Lewontin Theorien, die davon ausgehen, dass die Natur aus äußerst komplexen Interaktionen zwischen Organismus und Umwelt besteht. Lewontin lehnt sogenannte reduktionistische wissenschaftliche Methoden wie die quantitative Verhaltensgenetik oder die Verwendung der Varianzanalyse ab, da sie aufgrund ihrer Verwendung von Durchschnittswerten [272] die Realität unweigerlich und übermäßig vereinfachen.

Das Ergebnis ist dann ein Hyperpurismus, der nur durch absolute Gewissheiten und absolut korrekte Methodologien, Epistemologien und Ontologien befriedigt werden kann. In der Entwicklungspsychologie würde ein solches Programm letztlich zur Ablehnung aller Verallgemeinerungen führen, einschließlich derer, die sich auf die durchschnittlichen Auswirkungen der Umwelt beziehen. Da jedes Individuum einen einzigartigen Satz von Genen in sich trägt und sich ständig in einer sich ständig verändernden Umwelt entwickelt, würde es Gott selbst wahrscheinlich schwerfallen, eine deterministische Erklärung für die individuelle Entwicklung zu liefern, und selbst wenn es ihm gelänge, müsste eine solche Erklärung notwendigerweise, wie die Boassche Kulturtheorie, weit in die Zukunft projiziert werden.

Durch die Übernahme dieser Wissenschaftsphilosophie konnte Lewontin die Versuche von Wissenschaftlern, Theorien und Verallgemeinerungen zu entwickeln, diskreditieren und so im Namen der wissenschaftlichen Strenge die Möglichkeit jeder politisch inakzeptablen wissenschaftlichen Schlussfolgerung ausschließen. Segerstrale weist darauf hin, dass Lewontins eigene empirische Forschung in der Populationsbiologie zwar diese Theorie als Waffe gegen die biologische Perspektive in den Sozialwissenschaften einsetzt, aber fest in der reduktionistischen Tradition verankert ist.

Die von Gould und Lewontin [273] formulierte Kritik am

---

[272] Sergerstrale 1986.
[273] Gould und Lewontin 1979.

Adaptionismus kann auch als Beispiel für die Skepsis gesehen werden, die für die jüdische intellektuelle Aktivität charakteristisch ist. Indem das Argument die Realität von Anpassungen anerkennt, problematisiert es in der Tat den Status jeder putativen Anpassung. Gould[274] geht also von der Möglichkeit, dass jede putative Anpassung nur ein "Eichbaum" sein könnte, der wie die gleichnamige architektonische Form das Ergebnis struktureller Zwänge ist, die von tatsächlichen Anpassungen auferlegt wurden, zu der bemerkenswerten Anregung über, dass der menschliche Geist als eine Ansammlung nicht funktionaler Eichbäume gesehen werden kann. Wie bereits erwähnt, besteht Goulds umfassenderes Ziel darin, sein Publikum davon zu überzeugen, dass sich das menschliche Gehirn nicht entwickelt hat, um Anpassungsprobleme lösen zu können - eine Sichtweise, die der Anthropologe Vincent Sarich [275] als "behavioralen Kreationismus" bezeichnet hat. (Für gängige Ansichten zum Adaptionismus siehe Boyd und Richerson[276], Dennett[277], Hull[278], Williams[279]). Tatsächlich führte die Faszination der lahmen Rhetorik von Goulds und Lewontins "Ecoinçons" zur Produktion einer großen Anzahl von Aufsätzen, die den Schreibstil dieses Aufsatzes analysieren sollten[280][281][282].

Wissenschaftsskepsis ist ein mächtiger Ansatz, da eines der Hauptmerkmale der Wissenschaft die Offenheit für Kritik ist, ebenso wie die Notwendigkeit, ausreichend begründete Argumente zu liefern. Wie E. O. Wilson[283], "Indem Lewontin ein sehr restriktives Kriterium dafür anwandte, welche Arbeiten veröffentlicht werden dürfen, konnte er sich auf die Verfolgung seiner politischen Ziele konzentrieren, ohne durch die

---

[274] Gould 1994a.
[275] Sarich 1995.
[276] Boyd und Richerson 1985, 282.
[277] Dennett 1995.
[278] Hull 1988, 424-426.
[279] Williams 1985.
[280] Selzer 1993.
[281] Carroll 1995, 449ff (Joseph Carrolls Kommentare zur irreführenden Natur von Goulds Rhetorik).
[282] Fahnestock 1993.
[283] Wilson 1994, 345.

Wissenschaft in Verlegenheit gebracht zu werden. Er übernahm den relativistischen Standpunkt, wonach die akzeptierte Wahrheit, die auf unbestreitbaren Fakten beruht, nichts weiter als ein Spiegelbild der herrschenden Ideologie und der politischen Macht ist." Ähnliche Themen und Motivationen sind das, was die Frankfurter Schule und die Postmoderne kennzeichnet, die in Kapitel 5 diskutiert werden.

Dennoch stellt Lewontin[284], seine ideologiegetränkten Arbeiten als Ergebnis seines Strebens nach wissenschaftlicher Strenge dar: "Wir verlangen Beweise und Argumente, die sowohl formal als auch frei von Verweisen auf empirische Daten sind [...]; die Logik des statistischen Schlusses; die Macht der Wiederholbarkeit von Experimenten; die Unterscheidung zwischen Beobachtungen und Kausalitätshypothesen." So werden beispielsweise alle Theorien über die Ursprünge der sexuellen Arbeitsteilung als "spekulativ"[285] eingestuft.

In ähnlicher Weise lehnt Gould alle auf empirischen Daten beruhenden Erklärungen im Bereich der Intelligenzmessung ab, schlägt aber keine Alternativen vor. Wie Jensen[286] betont, "schlägt Gould keine alternativen Ideen zu all diesen doch gut belegten Beobachtungen vor. Seine Absicht in dieser Disziplin scheint völlig nihilistisch zu sein". Ähnlich stellen Buss et al. [287] fest, dass, während die adaptionistische Perspektive in der Psychologie zu einer Vielzahl von theoretischen Vorhersagen und empirischen Studien geführt hat, die sie bestätigen, das Konzept der "Ecoinçons" und "Exaptations" (ein Begriff, den Gould in verschiedenen Bedeutungen verwendet, meist jedoch, um sich auf Mechanismen zu beziehen, die neue biologische Funktionen aufweisen, die sich von denen unterscheiden, die die ursprüngliche Selektion des Mechanismus verursacht haben) weder theoretische Vorhersagen noch empirische Studien hervorgebracht hat. Auch hier scheint es, dass seine Ziele auf das hinauslaufen, was man als nihilistische Wissenschaftsfeindlichkeit bezeichnen könnte.

---

[284] Lewontin 1994a, 34.
[285] Lewontin 1994a, 34.
[286] Jensen 1982, 131.
[287] Buss et al. 1998.

Wie Boas unterwirft auch Lewontin die biologische Forschung am Menschen äußerst strengen Standards, während er gleichzeitig bemerkenswert lax mit den Standards umgeht, die eingehalten werden müssen, wenn es darum geht, zu beweisen, dass die Biologie nur einen sehr geringen Einfluss [Anm.: auf das menschliche Verhalten und individuelle Unterschiede] hat. So behauptet Lewontin beispielsweise, dass "praktisch die gesamte Genderbiologie schlechte Wissenschaft ist"[288], behauptet aber eine Seite weiter, dass eine der unbestreitbaren Wahrheiten dieser Welt darin besteht, dass "der Mensch die Synthese einer großen Anzahl von Ursachen ist, von denen jede nur einen geringen Einfluss hat." Lewontin erklärte darüber hinaus, ohne auch nur ein einziges Argument oder eine einzige Referenz vorzulegen, dass "niemand jemals eine Korrelation zwischen kognitiven Fähigkeiten und der Größe des Gehirns entdeckt hat" (S. 34). Dennoch gibt es derzeit mindestens 26 veröffentlichte Studien, die auf 39 unabhängigen Stichproben basieren und eine Korrelation von etwa 0,2 zwischen Kopfumfang und IQ[289] zeigen, sowie mindestens 6 veröffentlichte Studien, die eine Korrelation von etwa 0,4 zwischen Gehirngröße und IQ zeigen und die die präzisere Technik der Magnetresonanztomographie verwenden, um das Gehirn[290][291] direkt zu scannen.[292][293][294][295] Angesichts der Anzahl der durchgeführten Studien ist es zumindest irreführend, solche Aussagen zu machen, obwohl Lewontin[296] wahrscheinlich argumentieren würde, dass keine dieser Studien ein akzeptables Niveau an wissenschaftlicher Beweisführung aufweist.

Franz Boas wäre stolz darauf.

---

[288] Lewontin 1994a, 34.
[289] Wickett *et al.* 1994.
[290] Andreasen *et al.* 1993.
[291] Willerman *et al.* 1991.
[292] Egan *et al.* 1994.
[293] Harvey *et al.* 1994.
[294] Raz *et al.* 1993.
[295] Wickett *et al.* 1994.
[296] Lewontin 1994b.

Kapitel III

Juden und die Linke

> Ich konnte nicht verstehen, was das Judentum mit dem Marxismus zu tun hatte und warum meine Vorbehalte gegenüber dem Marxismus eine Illoyalität gegenüber dem Gott Abrahams, Isaaks und Jakobs implizierten.
>
> Ralph de Toledano (1996), der über seine Gespräche mit ostjüdischen Intellektuellen berichtet.
>
> Der Sozialismus war für viele jüdische Einwanderer nicht so sehr eine Politik oder eine Idee, sondern vielmehr eine allumfassende Kultur, ein Stil der Wahrnehmung und des Urteilens, der ihr Leben strukturierte.
>
> Irving Howe (1982)

Erster Teil

Die Verbindung zwischen Juden und der politischen Linken ist seit dem neunzehnten Jahrhundert weithin beachtet und kommentiert worden. "In fast jedem Land, das wir untersucht haben, spielte ein Teil der jüdischen Gemeinschaft eine herausragende Rolle in den Bewegungen, die die bestehende Ordnung untergraben wollten" (Rothman & Lichter, *Roots of Radicalism, Jews, Christians and the New Left*, S. 110).

Zumindest oberflächlich betrachtet könnte die jüdische Beteiligung an der radikalen Politik überraschen. Der Marxismus, zumindest der von Marx, ist die absolute Antithese zum Judentum. Der Marxismus ist das Paradebeispiel für eine universalistische Ideologie, nach der die Schranken in der Gesellschaft und zwischen den Gesellschaften letztlich im Namen der Interessen der sozialen Harmonie und eines Gemeinschaftsgefühls beseitigt werden. Marx selbst, der zudem, obwohl er von zwei ethnisch jüdischen Eltern geboren wurde, weithin als Antisemit angesehen wurde. Seine Kritik am Judentum (*Zur Judenfrage*, 1843) konzeptualisierte dieses als grundsätzlich egoistisches Streben nach Geld und Weltherrschaft, das durch die Verwandlung von Mensch und Natur in Verkaufsartikel vollendet wird. Marx sah das Judentum als ein abstraktes Prinzip der Gier, das in der kommunistischen Gesellschaft der Zukunft aufhören sollte zu existieren. Marx lehnte jedoch die Vorstellung ab, dass die Juden ihr Judentum aufgeben müssten, um deutsche Staatsbürger zu werden, und war der Ansicht, dass das Judentum, befreit vom Prinzip der Habgier, seine Existenz in der umgestalteten postrevolutionären Gesellschaft fortsetzen würde.

Wie auch immer Marx zu diesem Thema steht, es bleibt die Frage, ob die Annahme radikaler und universalistischer Ideologien und die Teilnahme an radikalen und universalistischen Bewegungen mit einer jüdischen Identifikation vereinbar ist. Entfernt die Annahme einer solchen Ideologie den Juden aus seiner Gemeinschaft, deren traditionelle Verbundenheit dem Separatismus und dem jüdischen Patriotismus gilt? Oder um es in den Worten meiner Perspektive zu sagen: Ist die Verteidigung radikaler, universalistischer Ideologien mit dem Judentum als evolutionärer Gruppenstrategie vereinbar?

Beachten Sie, dass wir mit dieser Frage nicht fragen, ob Juden als Gruppe dadurch charakterisiert werden können, dass sie für linksradikale Lösungen für die Gesellschaften der Nichtjuden eintreten. Wir behaupten nicht, dass das Judentum eine einheitliche Bewegung ist oder dass alle Teile der jüdischen Gemeinschaft die gleichen Überzeugungen und Einstellungen gegenüber Nichtjuden teilen. Juden können sehr wohl das vorherrschende oder unverzichtbare Gerüst radikaler linker Bewegungen bilden, und die jüdische Identifikation kann in hohem Maße mit dem Engagement in diesen politischen Bewegungen vereinbar sein und dieses sogar erleichtern, ohne dass die Mehrheit der Juden in diesen Bewegungen engagiert ist und selbst wenn Juden dort nur eine zahlenmäßige Minderheit darstellen.

Politischer Radikalismus und jüdische Identifikation

Die Annahme, dass der jüdische Radikalismus als evolutionäre Gruppenstrategie mit dem Judentum vereinbar ist, impliziert, dass sich die Juden der radikalen Linken weiterhin als Juden sehen. Zweifellos identifizierte sich die große Mehrheit der Juden, die ab dem späten 19. Jahrhundert für linke Anliegen eintraten, offen als Juden und sah keinen Widerspruch zwischen ihrem Judentum und ihrem politischen Radikalismus. Es fällt auf, dass die größten radikalen und jüdischen Gruppen in Russland und Polen die *Bunds* waren, die ausschließlich jüdische Mitglieder rekrutierten und deren Programm spezifisch jüdischen Interessen diente.

Die proletarische Seite des polnischen *Bundes* war ein Aspekt seines Bestrebens, seine nationale jüdische Identität zu bewahren. Die Brüderlichkeit mit nichtjüdischen Arbeitern stand im Dienst spezifisch jüdischer Ziele. Beim russisch-jüdischen *Bund war es* nicht anders. Da die *Bünde* eine große Mehrheit der radikalen jüdischen Bevölkerung in diesen Ländern organisierten, kann man daraus schließen, dass in dieser Zeit die große Mehrheit der Juden, die radikalen Bewegungen angehörten, sich stark mit dem Judentum identifizierten.

Darüber hinaus tendierten viele Juden, die Mitglieder der Kommunistischen Partei der Sowjetunion waren, eher zu einer säkularisierten Form des Judentums als zu einem Bruch mit der Kontinuität der jüdischen Gruppe. Die postrevolutionäre Sowjetregierung und die jüdisch-sozialistischen Bewegungen polemisierten darüber, wie die nationale Identität bewahrt werden könne. Trotz ihrer offiziellen Ideologie, die Nationalismus und ethnischen Separatismus als reaktionär geißelte, war die Sowjetregierung gezwungen, die Realität sehr starker nationaler und ethnischer Identifikationen in der Sowjetunion zu berücksichtigen. So wurde die jüdische Sektion der Kommunistischen Partei (*Evsektsiya*) gegründet.

Diese nahm den Kampf gegen die sozialistisch-zionistischen Parteien, gegen die demokratischen jüdischen Gemeinden, gegen den jüdischen Glauben und gegen die hebräische Kultur auf. Trotzdem gelang es ihr, einen Lebensstil zu formen, der auf der jiddischen Sprache als anerkannte Nationalsprache der jüdischen Nationalität beruhte, in den 1920er Jahren für das nationale jüdische Überleben zu kämpfen und in den 1930er Jahren den assimilationistischen Prozess der Sowjetisierung der jüdischen Sprache und Kultur zu bremsen (Pinkus, *The Jews of the Soviet Union: A History of a National Minority*, S. 62).

Der Lohn für diese Bemühungen war, dass sich mit staatlicher Unterstützung eine separatistische jiddische Subkultur entwickelte. Es entstanden jiddische Schulen und sogar jiddische Sowjets. Diese separatistische Kultur wurde von der *Evsektsiya* aggressiv gefördert. Zögernde jüdische Eltern wurden notfalls mit "Terror" gezwungen, ihre Kinder in diese kulturell separatistischen Schulen zu schicken und nicht in Schulen, in denen ihre Kinder nicht gezwungen gewesen wären, ihre Lektionen auf Russisch neu zu lernen, um ihre Prüfungen zu bestehen. Die literarischen Themen der offiziell am meisten anerkannten sowjetisch-jüdischen Schriftsteller in den 1930er Jahren betonen, wie wichtig ihnen die ethnische Identität war:

Der Großteil ihrer Prosa, Poesie und Theaterstücke lief auf eine einzige Idee hinaus - die Einschränkung ihrer Rechte unter dem Zarismus und das Aufblühen der ehemals unterdrückten Juden unter der Sonne der Verfassung von Lenin und Stalin (Vaksberg, *Stalin Against the Jews*, S.115).

Mehr noch: Das 1942 gegründete und in der Nachkriegszeit mit staatlicher Unterstützung weitergeführte Jüdische Antifaschistische Komitee (JAK) hatte es sich zur Aufgabe gemacht, jüdischen kulturellen und politischen Interessen zu dienen, unter anderem durch den Versuch, auf der Krim eine jüdische Republik zu errichten. Die Organisation wurde 1948 von der Regierung unter dem Vorwurf des jüdischen Nationalismus, des Widerstands gegen die Assimilation und der zionistischen Sympathie aufgelöst. Die Führer des CAJ identifizierten sich stark als Juden. Die Bemerkungen des CAJ-Führers Itsik Fefer über seine Haltung während des Krieges deuten auf eine tiefe Verwurzelung in seinem angestammten Judentum hin:

> Ich habe gesagt, dass ich mein Volk liebe. Aber wer liebt nicht sein eigenes Volk ... ... Mein Interesse an der Krim und Birobidschan [eine Region in der UdSSR, in der sich die Juden ansiedeln sollten] hat keinen anderen Grund. Mir schien, dass niemand außer Stalin in der Lage war, das historische Unrecht, das von den römischen Kaisern begangen worden war, wiedergutzumachen. Es schien mir, dass niemand anders als die Sowjetregierung in der Lage war, dieses Unrecht durch die Schaffung einer

jüdischen Nation wieder gut zu machen. (in Kostyrchenko, Out of the Red Shadows: Antisemitism in Modern Russia, S. 39)

Für die betreffenden jüdischen Aktivisten bedeutete die Mitgliedschaft in der Kommunistischen Partei der Sowjetunion trotz ihres völligen Fehlens einer Identifikation mit dem Judentum als Religion und ihrer Kämpfe gegen einige der offensichtlichsten separatistischen Ausdrucksformen der jüdischen Gruppe keineswegs, dass die Entwicklung von Mechanismen, die den Fortbestand der jüdischen Gruppe als säkularisierte Einheit sicherstellten, nicht behindert wurde. Abgesehen von der Geburt von Sprösslingen aus interethnischen Ehen verloren während der Sowjetzeit nur sehr wenige Juden ihre jüdische Identität, und in den Nachkriegsjahren kam es zu einer Stärkung der jüdischen Kultur und des Zionismus in der Sowjetunion. Nach der Auflösung des CAJ startete die sowjetische Regierung eine Unterdrückungskampagne gegen alle Manifestationen des jüdischen Nationalismus und der jüdischen Kultur und schloss sogar jüdische Theater und Museen und ächtete jüdische Schriftstellergewerkschaften.

Die Frage der jüdischen Identifikation von Bolschewiki jüdischer Herkunft ist schwierig. Pipes ist der Ansicht, dass sich die Bolschewiki jüdischer Herkunft während der Zarenzeit nicht als Juden identifizierten, auch wenn sie von Nichtjuden als im Auftrag des Judentums arbeitend angesehen wurden und Antisemitismus erlebten. Leo Trotzki zum Beispiel, der aufgrund seiner Statur der zweitgrößte Bolschewik nach Lenin ist, bemühte sich, nicht als Jude zu erscheinen und kein Interesse an jüdischen Angelegenheiten zu zeigen.

Es ist schwer zu glauben, dass diese radikalen Linken absolut frei von jüdischer Identität waren, wenn man bedenkt, dass sie von anderen als Juden angesehen wurden und das Ziel von Antisemiten waren. Im Allgemeinen verstärkt Antisemitismus die jüdische Identifikation. Es ist jedoch möglich, dass ihnen die jüdische Identität größtenteils von außen aufgezwungen wurde. Beispielsweise hatte der Konflikt zwischen Stalin und der von Trotzki, Sinowjew, Kamenew und Sokolnikow (alle ethnisch Juden) geführten Linken Opposition in den 1920er Jahren alle Obertöne eines Gruppenkonflikts zwischen Juden und Nichtjuden: "The evident 'foreign' side that united all this block of personalities was an unmanned *circumstance*" (Vaksberg, a. a. O. , S. 19).

Auf beiden Seiten war die jüdische oder nichtjüdische Herkunft des Gegners eine wichtige Tatsache, so dass Sidney Hook darauf hinwies, dass nichtjüdische Stalinisten in ihrer Polemik gegen Trotzkisten antisemitische Argumente verwendeten. Vaksberg zitiert Wjatscheslaw Molotow - Außenminister und zweitwichtigste Person im Staat -, der erklärte, dass Stalin gegen Kamenew gewonnen habe, weil er einen Nichtjuden an die Spitze der Regierung setzen wollte. Im Gegensatz zum impliziten Nationalismus der stalinistischen Position deckt sich der vom jüdischen Block verkündete Internationalismus zudem eher mit den jüdischen Interessen und bringt klar eine jüdische Haltung zum Ausdruck, die in allen Gesellschaften seit der Aufklärung üblich und konstant ist.

Bis in die 1930er Jahre "war für den Kreml und die Lubjanka [das Hauptquartier des KGB] nicht die Religion, sondern das Blut ausschlaggebend für das Judentum" (Vaksberg, a. a. O. , S. 64). Tatsächlich wählte die Geheimpolizei ihre Agenten unter ethnischen Ausländern aus, z. B. Juden in traditionell antisemitischen Ländern wie der Ukraine, weil diese weniger anfällig für Sympathien gegenüber den Einheimischen waren - eine Taktik, die aus evolutionärer Sicht durchaus sinnvoll war.

Die jüdische Herkunft war nicht nur für Nichtjuden, sondern auch für die Juden selbst ein wichtiger Faktor. Wenn die Geheimpolizei gegen einen jüdischen Agenten ermitteln wollte, rekrutierten sie eine "junge gebürtige Jüdin", um in sein Intimleben einzudringen - eine implizite Anerkennung, dass die Operation mit einer innerethnischen Beziehung besser funktionieren würde. Ebenso wurde bei linken Juden eine ausgeprägte Tendenz festgestellt, andere Juden wie Trotzki oder Rosa Luxemburg auf Kosten von Nichtjuden gleicher Gesinnung zu vergöttern, wie es in Polen der Fall war, auch wenn einige Autoren die jüdische Identifikation der beiden genannten Revolutionäre in Frage stellen. Hook seinerseits ist der Ansicht, dass die Linken sehr wohl spürten, dass die Anziehungskraft der jüdischen Intellektuellen auf Trotzki nicht ohne ethnische Grundlage war. Wie einer von ihnen sagte: *"Wenn drei Viertel der trotzkistischen Führer Juden sind, dann ist das kein Zufall".*

Es gibt also starke Gründe für die Annahme, dass die jüdischen Bolschewiki zumindest einen Rest ihrer jüdischen Identität bewahrt hatten. In einigen Fällen mag ihre jüdische Identität "reaktiv" gewesen sein - also als Reaktion auf die Wahrnehmungen anderer geformt worden sein. Rosa Luxemburg könnte eine reaktive jüdische Identität gehabt haben, da sie als Jüdin gesehen wurde, obwohl sie "im höchsten Maße kritisch gegenüber ihrem eigenen Volk war und nicht davor zurückschreckte, andere Juden gnadenlos zu zermürben" (Sheperd, *A Price before Rubies: Jewish Women as Rebels and Radicals*, S. 118).

Dennoch hatte sie nur mit einem Juden regelmäßige sexuelle Beziehungen und brach die Beziehungen zu ihrer Familie nie ab. Lindemann ist der Ansicht, dass der Konflikt zwischen der von R. Luxemburg angeführten revolutionären Linken und der reformistischen Sozialdemokratie auch die Färbung eines ethnischen Konflikts zwischen Deutschen und Juden hatte, wenn man den hohen zahlenmäßigen Anteil und die starke Sichtbarkeit der Juden im extrem linken Lager bedenkt. Während des Ersten Weltkriegs waren R. Luxemburgs Freundschaften in der Partei zunehmend ausschließlich jüdisch, während ihre Verachtung für die - zumeist nichtjüdischen - Parteiführer immer offener und schärfer wurde. Wenn sie sie erwähnte, benutzte sie oft typisch jüdische Ausdrücke: Die Parteiführer seien die "Schabbat-Gojim der Bourgeoisie". Bei vielen rechten Deutschen war Luxemburg die meistgehasste aller Revolutionäre, da sie das zerstörerische Prinzip des jüdischen Ausländers verkörperte" (Lindemann, *Esau's Tears: Modern Antisemitism and the Rise of the Jews*, S. 402).

In Anbetracht dessen kann man argumentieren, dass R. Luxemburg eine Krypto-Jüdin war oder dass sie ein falsches Bewusstsein bezüglich ihrer jüdischen Identität hatte - ein Phänomen, das unter linken Juden häufig auftritt - und man kann mit gleichem Recht argumentieren, dass sie sich überhaupt nicht als Jüdin identifizierte.

Wenn man die Theorie der sozialen Identität ernst nimmt, erschwerte der Antisemitismus die Übernahme der kulturellen Identität der umgebenden Gruppe. Die traditionell separatistischen Praktiken der Juden in Verbindung mit dem wirtschaftlichen Wettbewerb tendieren dazu, Antisemitismus hervorzubringen, der wiederum der Assimilation entgegenwirkt, da er es einem Juden erschwert, eine nichtjüdische Identität anzunehmen. Zwischen den beiden Kriegen nahm die kulturelle Assimilation der Juden in Polen erheblich zu. Im Jahr 1939 bezeichnete die Hälfte der jüdischen Gymnasiasten Polnisch als ihre Muttersprache.

Die Fortführung der traditionellen jüdischen Kultur bei vielen Juden und der damit verbundene Antisemitismus wirkten dem Wunsch nach einer polnischen Identität jedoch entgegen.

Aus nichtjüdischer Sicht können antisemitische Reaktionen auf Personen wie Luxemburg und andere äußerlich assimilierte Juden als Versuch verstanden werden, eine Täuschung zu vermeiden, indem der Grad der Überlappung zwischen jüdischer Ethnizität und militantem jüdischen Bewusstsein im Dienste spezifischer jüdischer Interessen übertrieben wird. Eine solche Wahrnehmung säkularer und zum Christentum konvertierter Juden ist ein dauerhaftes Merkmal des Antisemitismus seit der Aufklärung, denn tatsächlich knüpften diese Juden häufig geschäftliche und informelle Verbindungen, die in Ehen mit anderen getauften Juden oder mit jüdischen Familien, die ihre Scheinreligion nicht geändert hatten, mündeten.

Ich bin der Meinung, dass es unmöglich ist, das Vorhandensein oder Fehlen einer jüdischen Identifikation unter den Bolschewiki jüdischer Abstammung in der Zeit vor und nach der Revolution, in der die ethnischen Juden einen Großteil der Macht in der Sowjetunion besaßen, zu bescheinigen. Mehrere Elemente deuten darauf hin, dass ein wesentlicher Teil der ethnischen Juden eine jüdische Identifikation aufwies.

➢ Diese Menschen wurden aufgrund ihrer ethnischen Herkunft und zum Teil wegen des verbliebenen Antisemitismus als Juden eingestuft. Dies tendierte dazu, diesen Menschen eine jüdische Identität aufzuzwingen und erschwerte es ihnen, sich ausschließlich als Mitglied einer größeren, alles umfassenden politischen Gruppe zu definieren.

➢ Viele jüdische Bolschewiki, wie die der *Evsektsiya* und der CAJ, setzten sich aggressiv für den Aufbau einer säkularisierten jüdischen Subkultur ein.

➢ Nur sehr wenige linke Juden dachten an eine postrevolutionäre Gesellschaft ohne Fortbestand des Judentums als Gruppe. Die führende Ideologie unter linken Juden postulierte das Absterben des Antisemitismus in der postrevolutionären Gesellschaft aufgrund der Beendigung des Klassenkampfes und damit auch der besonderen sozialen Physiognomie, die die Juden in dieser Gesellschaft entwickelt hatten.

➤ Das Verhalten der amerikanischen Kommunisten zeigt, dass jüdische Identität und die Vorrangstellung jüdischer Interessen vor kommunistischen Interessen bei Individuen, die ethnisch jüdische Kommunisten waren, weit verbreitet waren.

➤ Die Existenz der Tarnung des Judentums zu anderen Zeiten und an anderen Orten, verbunden mit der Möglichkeit von Böswilligkeit, Flexibilität und Ambivalenz bei der Identifikation, sind wichtige Bestandteile des Judentums als evolutionäre Gruppenstrategie.

Diese letzte Möglichkeit ist besonders interessant und wird noch weiter ausgearbeitet. Der beste Beweis dafür, dass Individuen tatsächlich aufgehört haben, sich als Juden zu identifizieren, ist, wenn sie eine politische Option wählen, die sie als nicht im Dienste der Juden als Gruppe wahrnehmen. Ohne eine Option, die eindeutig als den jüdischen Interessen entgegengesetzt wahrgenommen wird, bleibt die Möglichkeit offen, dass die verschiedenen politischen Optionen, die von ethnischen Juden gewählt werden, lediglich taktisches Geplänkel im Dienste der höheren jüdischen Interessen sind. Was die jüdischen Mitglieder der Kommunistischen Partei der Vereinigten Staaten (KPdSU) betrifft, so ist der beste Beweis dafür, dass sie sich weiterhin als Juden identifizierten, dass das allgemeine Niveau ihrer Unterstützung für die KPdSU ab- oder zunahm, je nachdem, ob sie die sowjetische Politik als konträr oder förderlich für spezifische jüdische Interessen wahrnahmen, wie etwa die Unterstützung Israels oder die Opposition gegen Nazi-Deutschland.

Die Frage der jüdischen Identifikation ist ein schwieriges Terrain, da oberflächliche Aussagen irreführend sein können. Es kann durchaus sein, dass Juden die Stärke ihrer Identifikation mit dem Judentum nicht genau einschätzen. Silberman bemerkt beispielsweise, dass zur Zeit des arabisch-israelischen Krieges 1967 viele Juden auf die Aussage von Rabbi Abraham Joshua Herschel *"Ich wusste nicht, wie jüdisch ich bin"* chorisch reagierten. Silberman kommentiert dies wie folgt:

> "Dies ist die Antwort, nicht von einem Neuling im Judentum oder einem gewöhnlichen Gläubigen, sondern von einem Mann, der von vielen, mich eingeschlossen, als der größte jüdische spirituelle Führer unserer Zeit gesehen wird" (*A Certain People: American Jews and their Lives Today*, S. 184).

Viele andere Juden ertappten sich dabei, dass sie die gleiche Art von Entdeckung über sich selbst machten. Arthur Hertzberg schrieb

> Angesichts dieser Krise hatte die unmittelbare Reaktion des amerikanischen Judentums eine Intensität und ein Ausmaß, das niemand vorhersehen konnte. Viele Juden hätten nie geglaubt, dass die ernste Gefahr für Israel ihre Gedanken und Gefühle unter Ausschluss von allem anderen beherrschen könnte. (*Being Jewish in America*, S. 210)

Werfen wir einen Blick auf Polina Zhemchuzhina, die Ehefrau von Vyacheslav Mikhailovich Molotov (Premierminister der UdSSR in den 1930er Jahren), die eine führende Revolutionärin war, 1918 in die Kommunistische Partei eintrat und später Mitglied des Zentralkomitees der Partei wurde. Als Golda Meir 1948 die UdSSR besuchte, wiederholte Zhemchuzhina mehrmals den Satz *Ich bin a Yiddishe tochter (*Ich *bin* eine Tochter des jüdischen Volkes), als Golda Meir sie fragte, warum sie so gut Jiddisch spreche.

Als sie sich mit Tränen in den Augen von der israelischen Delegation trennte, sagte sie: 'Ich hoffe, dass es euch dort gut geht und allen Juden gut geht'" (in Rubenstein, *Tangled Loyalties: The Life and Times of Ilya Ehrenburg*, S. 262).

Vaksberg beschreibt sie als "eine eiserne Stalinistin, deren Fanatismus sie jedoch nicht davon abhielt, eine gute Tochter des jüdischen Volkes zu sein."

Berühren wir den Fall von Ilja Ehrenburg, dem berühmten Journalisten und antifaschistischen Propagandisten der Sowjetunion, dessen Biografie *Tangled Loyalties* (Rubenstein, 1996) die Komplexität der jüdischen Identität in der UdSSR veranschaulicht. Ehrenbourg war ein loyaler Stalinist, der in Bezug auf den Zionismus nicht von seiner Linie abwich und sich weigerte, die antijüdischen Aktionen der Regierung zu verurteilen. Ehrenbourg hatte jedoch zionistische Ansichten, verkehrte mit vielen Juden, glaubte an die Einzigartigkeit des jüdischen Volkes und war sehr besorgt über Antisemitismus und den Holocaust. Ehrenburg war ein CAJ-Funktionär, der die jüdische Kultur wiederbeleben und die Kontakte zu Juden im Ausland vervielfachen wollte. Ein Schriftsteller aus seinem Freundeskreis beschrieb ihn als "Jude vor allem ... Ehrenburg hatte seine Herkunft mit seinem ganzen

Wesen abgelehnt, sich als Westler verkleidet, holländischen Tabak geraucht und Urlaub auf den Cook-Inseln gemacht ... Aber nichts hatte den Juden verschwinden lassen können" (*Ebenda* S. 204). Ehrenburg leugnete seine jüdischen Wurzeln nicht und gegen Ende seines Lebens wiederholte er oft seine trotzige Überzeugung, dass er sich so lange als Jude betrachten würde, wie auch nur ein einziger Antisemit auf dem Antlitz der Erde leben würde.

In einem berühmten Artikel zitierte er das folgende Wort:

Blut gibt es in zwei Formen: das Blut, das in den Adern fließt, und das Blut, das aus den Adern fließt... Warum sage ich 'wir Juden'? Wegen des Blutes." (*ebd.* S. 259)

Es ist anzunehmen, dass seine intensive Loyalität gegenüber dem Stalin-Regime und sein Schweigen zu den sowjetischen Brutalitäten, die in den 1930er Jahren Millionen von Zivilisten das Leben kosteten, aus der Überzeugung entstanden sein könnten, dass die Sowjetunion ein Bollwerk gegen den Faschismus sei.

Keine Grenzüberschreitung machte ihn wütender als der Antisemitismus. (*id.* S. 313)

"Brecht mit Gewalt den Rassenstolz der germanischen Frauen".
Ilja Ehrenburg, 1945

Wenn man die Reaktion ethnischer Juden auf die Entstehung des Staates Israel untersucht, fällt die Existenz einer restlichen, aber mächtigen jüdischen Identität auf, selbst bei erstklassigen Bolschewiki:

> Es schien, als fühlten sich alle Juden, unabhängig von Alter, Beruf oder sozialem Status, für diesen kleinen, weit entfernten Staat verantwortlich, der zu einem Symbol der nationalen Wiedergeburt geworden war. Selbst sowjetische Juden, die unwiderruflich assimiliert schienen, verfielen dem Zauber des nahöstlichen Wunders. Jekaterina Dawidowna (Golda Gorbman), die Frau von Marschall Kliment Woroschilow, war eine fanatische Bolschewikin und Internationalistin, die in ihrer Jugend wegen Unglaubens aus der Synagoge verbannt worden war. Doch sie verblüffte ihre Verwandten mit der Aussage 'Von nun an haben auch wir unser Vaterland' (Kostyrchenko, a. a. O., S. 102).

Bemerkenswert ist, dass selbst bei hochgradig assimilierten Juden, einschließlich derer, die sie subjektiv abgelehnt haben, die jüdische Identität in einer Gruppenkrise wieder auftauchen kann oder wenn die jüdische Identifikation mit einer anderen Identität, die der Jude haben kann, kollidiert, einschließlich der radikalen politischen Identifikation. Wie nach der Theorie der sozialen Identität zu erwarten, weist Elazar darauf hin, dass in Zeiten, in denen das Judentum als bedroht wahrgenommen wird, wie während des Jom-Kippur-Kriegs, die Gruppenidentifikation einen starken Anstieg erfährt, selbst bei Juden, die "sehr am Rande" stehen (*Community and Polity: Organizational Dynamics of American Jewry*).

Daher besteht die Gefahr, dass jede Aussage, die sich auf die jüdische Identifikation bezieht und die Wahrnehmung eines bedrohten Judentums außer Acht lässt, die Tragweite des jüdischen Engagements ernsthaft unterschätzt. Oberflächliche Aussagen, die auf eine schwache jüdische Identität hinweisen, können in höchstem Maße irreführend sein. Und wie wir sehen werden, gibt es starke Belege für ein weit verbreitetes falsches Bewusstsein unter linksradikalen Juden in Bezug auf ihr Judentum.

Darüber hinaus gibt es starke Beweise dafür, dass die jüdischen Bolschewiki unter den Zaren und in der nachrevolutionären Zeit keinen Widerspruch zwischen ihren Aktivitäten und den jüdischen Interessen sahen. Die Revolution beendete den offiziellen Antisemitismus der zaristischen Machthaber, und auch wenn der Antisemitismus im Volk in der postrevolutionären Zeit fortbestand, wurde er von den Machthabern offiziell geächtet. Zumindest bis in die 1940er Jahre waren Juden in den Schlüsselpositionen von Wirtschaft und Politik sowie im kulturellen Bereich stark überrepräsentiert. Es war eine Macht, die aggressiv versuchte, alle Überreste des Christentums als vereinigende Kraft in der Sowjetunion zu zerstören, und die gleichzeitig versuchte, eine säkularisierte jüdische Subkultur aufzubauen, damit das Judentum weder seine Kontinuität als Gruppe noch seine vereinigenden Mechanismen, wie die jiddische Sprache, verlieren würde.

Es ist daher zweifelhaft, dass die jüdischen Bolschewiki in der UdSSR zumindest in der Zeit von der vorrevolutionären Phase bis in die 1930er Jahre eine Wahl zwischen ihrer jüdischen und ihrer bolschewistischen Identität treffen mussten. Angesichts dieser Kongruenz innerhalb eines sozusagen "wohlverstandenen Identifikationsinteresses" ist es durchaus verständlich, dass jüdische Bolschewiki als Einzelpersonen ihre jüdische Identität - zweifellos mit Hilfe von Mechanismen des falschen Bewusstseins - verleugnen oder übergehen konnten, während sie gleichzeitig hinter sich eine jüdische Identität bewahrten, die bei einem Konflikt zwischen jüdischen Interessen und kommunistischer Politik wieder zum Vorschein kommen würde.

Teil 2

Der Kommunismus und die jüdische Identifikation in Polen

Schatz' Arbeit über die Gruppe jüdischer Kommunisten, die nach dem Zweiten Weltkrieg in Polen an die Macht kamen und die er als *Generation* bezeichnet, ist für uns von Bedeutung, weil sie die Identifikationsprozesse einer ganzen Generation von jüdischen Kommunisten in Osteuropa beleuchtet. Anders als in der Sowjetunion, wo die jüdischste Fraktion unter der Führung Trotzkis besiegt wurde, können wir in Polen die Aktivitäten und Identifikationen einer jüdisch-kommunistischen Elite verfolgen, die die Macht übernahm und sie über einen langen Zeitraum hielt.

Die große Mehrheit der Mitglieder dieser Gruppe war in sehr traditionellen jüdischen Familien sozialisiert worden, in denen das häusliche Leben, die Bräuche und Folklore, die Traditionen, die Freizeitgestaltung und die Beziehungen zwischen den Generationen von überwiegend jüdischen Normen und Werten geprägt waren [...] Der Kern des kulturellen Erbes wurde ihnen in den Formen durch religiöse Praxis und Erziehung, Zeremonien, Märchen, Lieder, durch das Hören der von Eltern und Großeltern erzählten Geschichten und durch die Diskussionen der Erwachsenen vermittelt. Sie waren also mit diesem soliden Kern von Identität, Werten, Normen und Einstellungen ausgestattet, als sie als junge Erwachsene in die Rebellion eintraten. *Dieser Kern musste im Laufe der Akkulturations-, Säkularisierungs- und Radikalisierungsprozesse Transformationen durchlaufen, die manchmal bis zur expliziten Ablehnung reichten. Nichtsdestotrotz sollte diese Tiefenschicht alle ihre späteren Wahrnehmungen filtern.* (Shatz, The Generation: The Rise and Fall of the Jewish Communists of Poland, S. 37-38).

Beachten wir hier die Implikationen der Prozesse des falschen Bewusstseins: Die Mitglieder der *Generation* leugneten die Auswirkungen dieser ganzheitlichen Sozialisationserfahrung, die jedoch auf alle ihre späteren Wahrnehmungen abfärben sollte, so dass *sie* in einem ganz realen Sinn *nicht wussten, wie jüdisch sie waren.* Die meisten von ihnen sprachen im Alltag Jiddisch und beherrschten selbst nach ihrer Aufnahme in die Partei nur wenig Polnisch. Sie verkehrten nur mit Juden, die sie in der jüdischen Arbeitswelt, in der Nachbarschaft und in jüdischen sozialen und politischen Organisationen trafen. Nachdem sie Kommunisten geworden waren, heirateten sie untereinander und ihr soziales Leben fand auf Jiddisch statt. Wie bei allen jüdischen intellektuellen und politischen Bewegungen, die wir in dieser Abhandlung untersuchen, waren ihre Mentoren und bestimmenden Einflüsse alle ethnische Juden - insbesondere Trotzki und Luxemburg - und wenn sie ihre persönlichen Helden erwähnten, waren alle Juden, deren Taten fast mythische Dimensionen annahmen.

Die Juden, die sich der kommunistischen Bewegung anschlossen, lehnten ihre ethnische Identität nicht von vornherein ab, viele von ihnen "hielten ihre jüdische Kultur in Ehren [...] und träumten von einer Gesellschaft, in der die Juden Juden sind und bleiben" (*ebd.*, S. 48). Tatsächlich war es überhaupt nicht ungewöhnlich, dass Individuen eine starke jüdische Identität mit dem Marxismus und variablen Mischungen aus Bundismus und Zionismus verbanden. Darüber hinaus empfahl sich der Marxismus den polnischen Juden insofern, als sie wussten, dass Juden in der UdSSR sehr hohe Machtpositionen und Einfluss erlangt und ein jüdisches Bildungs- und Kultursystem aufgebaut hatten. Sowohl in der Sowjetunion als auch in Polen sah man den Kommunismus als eine Macht, die dem Antisemitismus entgegengesetzt war. Im Widerspruch dazu schloss die polnische Regierung Juden aus dem öffentlichen Sektor aus, führte Quoten an Universitäten und in freien Berufen ein und boykottierte offiziell jüdische Unternehmen. Ganz offensichtlich sahen die Juden im Kommunismus etwas, das *gut für sie selbst war*. Er war die Bewegung, die den Fortbestand der jüdischen Gruppe nicht gefährdete, die ihnen Macht und Einfluss versprach und dem staatlichen Antisemitismus ein Ende setzte.

Am einen Ende des Spektrums der jüdischen Identifikation standen die Kommunisten, die ihre Karriere im *Bund* oder bei den Zionisten begonnen hatten, Jiddisch sprachen und vollständig in einem jüdischen Umfeld arbeiteten. Die jüdische und die kommunistische Identifikation waren gleichermaßen aufrichtig und ohne Ambivalenzen. Es wurde kein Konflikt zwischen diesen beiden Identitätsquellen wahrgenommen. Am anderen Ende des Spektrums der jüdischen Identifikation standen Kommunisten, die möglicherweise einen "desethnisierten" Staat ohne Fortbestand der jüdischen Gruppe errichten wollten, obwohl die Beweise dafür bei weitem nicht ausreichen. In der Zeit vor dem Zweiten Weltkrieg assimilierten sich selbst die "desethnisiertesten" Juden nur äußerlich, indem sie sich wie Nichtjuden kleideten, ihre Vornamen annahmen (was wie eine Täuschung aussehen kann) und ihre Sprache lernten. Sie versuchten, Nichtjuden für die Bewegung zu rekrutieren, assimilierten sich aber nicht an die polnische Kultur und strebten dies auch nicht an.

Sie behielten die traditionellen "hochmütigen und verächtlichen Einstellungen" der Juden gegenüber dem bei, was sie als gute Marxisten für eine "zurückgebliebene" Kultur polnischer Bauern hielten (*ebd.*, S. 119). Selbst die am meisten assimilierten jüdischen Kommunisten, die in den großen Städten mit Nichtjuden zusammenarbeiteten, empörten sich zutiefst über den deutsch-sowjetischen Nichtangriffspakt und waren beim Ausbruch des Krieges zwischen diesen beiden Mächten erleichtert, was ein klarer Hinweis darauf ist, dass ihre persönliche jüdische Identität nicht weit unter der Oberfläche geblieben war. Die Kommunistische Partei Polens (KPP) war darauf bedacht, jüdische Interessen zu fördern und gehorchte der Sowjetunion nicht blindlings. In diesem Zusammenhang ist Schatz der Ansicht, dass Stalin die KPP 1938 auflöste, weil es in ihr Trotzkisten gab und weil er erwartete, dass sie sich dem Bündnis mit Nazi-Deutschland widersetzen würde.

In meinem Buch *Separation And Its Discontents* behaupte ich, dass die Ambivalenz in der Identifikation ein konstantes Merkmal des Judentums seit der Zeit der Aufklärung ist. Interessanterweise zeigen polnisch-jüdische Aktivisten eine solche Ambivalenz, die letztlich auf den Widerspruch zurückzuführen ist, der "zwischen dem Glauben an eine Art jüdische kollektive Existenz, vermischt mit der Ablehnung einer solchen ethnischen Gemeinschaft, die als unvereinbar mit der Klasseneinteilung und als schädlich für den politischen Kampf im Allgemeinen angesehen wurde ; zwischen dem Willen, eine spezifische Art jüdischer Kultur aufrechtzuerhalten, vermischt mit der Vorstellung, dass es sich dabei nur um eine besondere ethnische Form der kommunistischen Botschaft handelte, die dazu dienen sollte, die Juden in die polnische sozialistische Gemeinschaft einzugliedern; zwischen dem Willen, jüdische Institutionen gesondert zu erhalten, während man gleichzeitig die jüdische Trennung als solche beseitigen wollte" (S. 234). 234).

Wir werden beobachten, dass die Juden, einschließlich der kommunistischen Juden auf den höchsten Regierungsebenen, sich weiterhin als eine zusammengeschweißte und identifizierbare Gruppe sahen. Obwohl der spezifisch jüdische Charakter ihrer kollektiven Erfahrung in ihren eigenen Augen nicht sichtbar war, entging er den Augen anderer nicht - ein auffälliger Fall von falschem Bewusstsein, den wir später bei der Untersuchung des Falls der amerikanischen linksgerichteten Juden untersuchen werden.

Diese jüdischen Kommunisten entwickelten Rationalisierungen und Selbsttäuschungen in Bezug auf die Rolle der kommunistischen Bewegung in Polen, sodass man aus dem Mangel an Beweisen für ihre behauptete jüdische ethnische Identität nicht einen Mangel an jüdischer

Identität überhaupt ableiten kann.

Kognitive und emotionale Anomalien - Verzerrungen, Blockaden und Verstümmelungen des Denkens und Fühlens - waren der Preis, den sie zahlen mussten, um ihre Überzeugungen intakt zu halten [...]. Die Anpassung ihrer Erfahrungen an ihre Überzeugungen erfolgte durch Interpretation, Unterdrückung, Rechtfertigung oder argumentative Verleugnung. (*ebd.* S. 191)

So talentiert sie ihr kritisches Denken anwenden konnten, indem sie das von ihnen abgelehnte sozio-politische System durchdringend analysierten, so blockiert waren sie, wenn es darum ging, dieselben Regeln und Anforderungen der kritischen Analyse auf das System anzuwenden, das sie als die Zukunft der gesamten Menschheit betrachteten. (*ebd.* S. 192)

Diese Kombination aus rationalisiertem falschen Bewusstsein und einem sehr starken jüdischen Identitätsgehalt kann man in den Worten von Jacub Berman, einem der höchsten polnischen Führer der Nachkriegszeit, nachlesen (in Polen waren alle kommunistischen Führer in der Zeit von 1948-56: Berman, Boleslaw, Bierut, Hilary Minc, Juden). Zu den Säuberungen und Morden an Tausenden von Kommunisten, darunter viele Juden, in der UdSSR in den 1930er Jahren erklärt Berman Folgendes:

> Ich versuchte so gut wie möglich zu erklären, was vor sich ging, die Hintergründe zu klären, die sehr konfliktreichen Situationen voller innerer Widersprüche, in denen sich Stalin befinden musste und die ihn zwangen, so zu handeln, wie er es tat, und die Fehler der Opposition zu übertreiben, die in den gerichtlichen Anklagen groteske Ausmaße annahmen und von der sowjetischen Propaganda wieder aufgebläht wurden. Es erforderte viel Ausdauer und Hingabe, um trotz aller Verzerrungen, Beleidigungen und Qualen zu akzeptieren, was geschah. (*in* Toranska, *"Them": Stalin's Polish Puppets* S. 207)

Auf die Frage nach seiner jüdischen Identität antwortete Berman, als man sich nach seinen Plänen für die Nachkriegszeit erkundigte, wie folgt:

> Ich hatte keinen besonderen Plan. Aber ich wusste, dass ich mich als Jude nicht um die höchsten Ämter bewerben konnte. Aber es störte mich nicht, nicht in der ersten Reihe zu stehen, nicht weil ich von Natur aus so demütig

war, sondern weil man nicht im Rampenlicht stehen muss, um wahre Macht zu besitzen. Mir ging es darum, meinen Einfluss geltend zu machen und bei der komplizierten Regierungsbildung meinen Stempel aufzudrücken, und das tat ich, ohne mich exponieren zu müssen. Natürlich erforderte diese Übung eine gewisse Beweglichkeit. (*ebd*. S. 237)

Wir sehen deutlich, dass Berman sich selbst als Jude sieht und sich bewusst ist, dass andere ihn so sehen, weshalb man seine öffentliche Persönlichkeit künstlich dazu bringen muss, ein niedriges Profil anzunehmen. Berman weist auch darauf hin, dass er als Jude während der Anti-"Kosmopoliten"-Kampagne, die Ende der 1940er Jahre in der UdSSR begann, verdächtigt wurde.

Sein Bruder, ein Mitglied des Zentralkomitees der Organisation der polnischen Juden (die im kommunistischen Polen eine säkularisierte jüdische Kultur aufbauen wollte), emigrierte 1950 nach Israel, um den Folgen der antisemitischen Linie zu entgehen, die unter sowjetischer Inspiration in Polen verfolgt wurde. Berman erklärt, dass er seinem Bruder trotz dessen dringender Bitten nicht nach Israel folgte: "Ich war natürlich daran interessiert, was in Israel geschah, zumal ich die Leute, die dorthin gingen, gut kannte" (*ebd.*, S. 322). Natürlich betrachtete sein Bruder ihn nicht als Nicht-Juden, sondern als Juden, der aufgrund des aufkommenden Antisemitismus nach Israel auswandern musste. Die Nähe der Familienbande zwischen einer sehr hohen Führungskraft der polnischen kommunistischen Regierung und einem Aktivisten der Organisation, die die jüdische säkulare Kultur in Polen förderte, deutet darauf hin, dass selbst unter den assimiliertesten polnischen Kommunisten jener Zeit keine Unvereinbarkeit darin gesehen wurde, sich als Jude und als Kommunist zu identifizieren.

Während jüdische Mitglieder der PCP die Partei als vorteilhaft für jüdische Interessen betrachteten, wurde sie von der polnischen gentility schon vor dem Krieg als "pro-sowjetisch, unpatriotisch und 'nicht wirklich polnisch' in ethnischer Hinsicht" (Schatz, *a.a.O.*, S. 82) gesehen. Die Wahrnehmung dieses Mangels an Patriotismus war die Hauptquelle für die Feindseligkeit der Bevölkerung gegenüber der KPC.

Einerseits befand sich die PCP während des größten Teils ihrer Existenz nicht nur im Krieg mit dem polnischen Staat, sondern auch mit dem gesamten politischen Korps, einschließlich der linken institutionellen Oppositionsparteien. Andererseits war die KPC in den Augen der großen Mehrheit der Polen ein ausländischer und subversiver Agent auf Befehl Moskaus, das geschworen hatte, die hart erkämpfte Unabhängigkeit Polens zu zerstören und das Land in den sowjetischen Schoß zu führen. Die als "Sowjetagentur" und "jüdische Kommune" bezeichnete Organisation wurde als gefährliche und grundlegend unpolnische Verschwörung gesehen, die die nationale Souveränität untergraben und in anderer Form die russische Herrschaft wiederherstellen wollte. (Coutovidis & Reynolds, *Poland, 1939-47*, S. 115)

Die PCP unterstützte die Sowjetunion im sowjetisch-polnischen Krieg 1919-20 und bei der sowjetischen Invasion 1939. Sie akzeptierte die sowjetisch-polnische Grenze von 1939 und zeigte sich ziemlich gleichgültig gegenüber der Ermordung polnischer Kriegsgefangener während des Zweiten Weltkriegs, obwohl die polnische Exilregierung in diesen Fragen eine nationalistische Position vertrat. Die Sowjetarmee und ihre polnischen Verbündeten, "bestimmt von kalten Gründen politischer Berechnung oder unter dem Druck militärischer Notwendigkeiten oder beidem zusammen", ließen zu, dass der Aufstand der Heimatarmee, die der nichtkommunistischen Exilregierung treu ergeben war, von den Deutschen mit 200.000 Toten niedergeschlagen wurde, wodurch "die Creme der militanten antikommunistischen und nichtkommunistischen Elite" ausgelöscht wurde (Schatz, a. a. O., S. 188).

Der Trick, die jüdische Physiognomie der kommunistischen Bewegung auszulöschen, wurde auch in der ZPP angewandt (ZPP steht für den *Bund Polnischer Patrioten,* ein kommunistisches Schaufenster mit einem Orwellschen Namen, das die UdSSR für die Besetzung Polens nach dem Krieg geschaffen hatte). Abgesehen von den Mitgliedern der *Generation, deren* Loyalität als sicher galt und die den Führungskern bildeten, wurden Juden davon abgehalten, dieser Organisation beizutreten, da sie befürchteten, sie könnte als zu jüdisch erscheinen. Juden, die physisch als Polen durchgehen konnten, wurde dies jedoch gestattet.

Sie wurden aufgefordert, sich als ethnische Polen registrieren zu lassen und ihre Namen zu ändern. "Wir forderten dies nicht systematisch, denn bei einigen von ihnen war nichts zu machen: Sie sahen wirklich zu jüdisch aus." (*ebd.* S. 185)

Als diese Gruppe nach dem Krieg an die Macht kam, diente sie den politischen, wirtschaftlichen und kulturellen Interessen der Sowjets und förderte gleichzeitig vehement spezifisch jüdische Interessen, z. B. durch die Vernichtung der nationalistischen politischen Opposition, die sich zu einem offenen Antisemitismus bekannte, der teilweise durch die Vorstellung motiviert war, dass die jüdische Gruppe die sowjetische Herrschaft fördere. Die Säuberung der Gruppe um Wladyslaw Gomulka nach dem Krieg bot die Gelegenheit, die Juden zu fördern und den Antisemitismus vollständig zu verbannen. Mehr noch, die Polarisierung zwischen der jüdisch dominierten und von den Sowjets unterstützten kommunistischen Regierung Polens auf der einen Seite und dem nationalistischen und antisemitischen Untergrund auf der anderen Seite ermöglichte es der kommunistischen Führung, die Loyalität der großen Mehrheit der jüdischen Bevölkerung zu gewinnen, während das Gros der nichtjüdischen Polen die anti-sowjetischen Parteien unterstützte.

Dies führte zu einem noch ausgeprägteren Antisemitismus. Bis zum Sommer 1947 waren bei Vorfällen in 155 Orten rund 1.500 Juden getötet worden. Kardinal Hlond bemerkte in Bezug auf einen Vorfall, bei dem 1946 41 Juden getötet wurden, dass das Pogrom dadurch erklärt werden könne, dass "die Juden in der polnischen Regierung führende Positionen einnahmen und sich bemühten, eine Art von Staat zu etablieren, den die Polen in ihrer Mehrheit nicht wollten" (*id.* S. 107).

Die kommunistische Macht unter jüdischer Herrschaft bemühte sich, das jüdische Leben in Polen aufrechtzuerhalten und wiederzubeleben, sodass man wie in der UdSSR nicht befürchten musste, dass das Judentum unter kommunistischer Herrschaft verkümmern würde. In der "ethnopolitischen Vision" dieser jüdischen Aktivisten sollte die säkulare jüdische Kultur in Polen mit der Billigung und Unterstützung des Staates fortgeführt werden. Unter diesen Bedingungen, während die Machthaber eine Kampagne gegen die politische und kulturelle Macht der katholischen Kirche führten, blühte das jüdische Kollektivleben in der Nachkriegszeit auf. Schulen und Publikationen in Jiddisch und Hebräisch wurden ins Leben gerufen, eine ganze Reihe von kulturellen und sozialen Selbsthilfeorganisationen für Juden wurde gegründet. Ein beträchtlicher Teil der jüdischen Bevölkerung fand in den jüdischen

Genossenschaftsbetrieben Arbeit.

Hinzu kam, dass die jüdisch dominierte Regierung die jüdische Bevölkerung, unter der sich viele Menschen befanden, die nie Kommunisten gewesen waren, als ein Reservoir an zuverlässigen Leuten betrachtete, die für das Projekt des Wiederaufbaus des Landes gewonnen werden sollten. Auch wenn es sich dabei nicht um alte, bewährte Genossen handelte, hatten sie den Vorteil, dass sie nicht in den sozialen Beziehungen der antikommunistischen Gesellschaft verwurzelt waren. Ihnen waren ihre historischen Traditionen fremd, sie hatten keine Verbindung zur katholischen Kirche und wurden von den Feinden des Regimes gehasst. Folglich konnte man sich auf sie verlassen und ihnen Posten zuweisen. (*id.* S. 212-13)

Eine jüdische Abstammung war ein Vorteil bei der Rekrutierung von Mitarbeitern für den Heimatschutz. Die *Generation* der jüdischen Kommunisten hatte genau gesehen, dass ihre Macht vollständig von der Sowjetunion abhing und dass sie Zwang anwenden musste, um sich den Gehorsam einer grundsätzlich feindseligen nichtkommunistischen Gesellschaft zu sichern. Der harte Kern des Sicherheitsdienstes bestand aus Juden, die bereits vor der Errichtung der kommunistischen Macht in Polen Kommunisten waren, aber sie wurden von anderen Juden unterstützt, die mit dem Regime sympathisierten und von der Gesellschaft im weitesten Sinne losgelöst waren. Solche Vorkommnisse verschärften das populäre Bild des Juden als Agent des Auslands und Feind der ethnischen Polen umso mehr.

Die jüdischen Agenten der inneren Sicherheitskräfte scheinen von persönlichem Hass und dem Wunsch nach Rache motiviert gewesen zu sein, der mit ihrer jüdischen Identität zusammenhängt:

> Ihre Familien waren ermordet worden und der antikommunistische Untergrund erschien ihnen wie die Fortsetzung derselben antisemitischen und antikommunistischen Tradition. Sie hassten diejenigen, die mit den Nazis kollaboriert hatten, genauso wie diejenigen, die sich der neuen Ordnung der Dinge widersetzten, da sie wussten, dass sie als Kommunisten oder als Kommunisten und Juden mindestens genauso gehasst wurden. In ihren Augen war der Feind im Grunde derselbe. Altes Unheil musste bestraft und neues verhindert werden, ein erbarmungsloser Kampf musste geführt werden, um den Weg zu einer besseren Welt zu ebnen. (*id.* S. 226)

Ähnlich wie in Ungarn nach dem Zweiten Weltkrieg polarisierte sich Polen, sodass eine jüdisch dominierte Führungs- und Verwaltungsschicht - unterstützt vom Rest der jüdischen Bevölkerung und der sowjetischen Militärmacht - sich in Schlachtordnung gegen die große Mehrheit der einheimischen Nichtjuden aufstellte.

Ihre Vermittlerrolle verwandelte diese ehemaligen *Außenseiter* in die De-facto-Elite Polens, und diese ehemaligen Vorboten der sozialen Gerechtigkeit gingen sehr weit, um ihre Vorrechte durch Rationalisierung und Selbstbetrug zu schützen. Als beispielsweise ein Überläufer 1954 den luxuriösen Lebensstil der Elite (Boleslaw Bierut hatte vier Zweitwohnsitze und die Schlüssel zu fünf weiteren [*in* Torenska, a.a.O., S. 28]), ihre Korruption und ihre Rolle als sowjetische Agenten enthüllte, gab es Schockwellen auf den unteren Ebenen der Partei. Daraus wird deutlich, welche Rolle die Ansprüche auf moralische Überlegenheit und Altruismus bei der Entstehung des falschen Bewusstseins dieser Gruppe spielten.

Die Bemühungen, der von Juden dominierten Macht einen polnischen Anstrich zu geben, waren nicht von Erfolg gekrönt, da es zu wenige zuverlässige Polen gab, die in der Lage waren, Positionen in der Partei, der hohen Verwaltung, der Armee und den Diensten zu besetzen. Daher wurden Juden bevorzugt, die die offiziellen Brücken zur Gemeinde abgebrochen hatten, die ihren Namen geändert hatten oder die aufgrund ihres Aussehens oder des Fehlens eines jüdischen Akzents als Polen durchgehen konnten. Wie auch immer die Definitionen dieser Personen für sich selbst aussahen, für diejenigen, die sie in Machtpositionen einstellten, war ihre wahrgenommene ethnische Zugehörigkeit der Schlüssel zu ihrer Vertrauenswürdigkeit. Die daraus resultierende Situation ähnelte in vielerlei Hinsicht der in traditionellen Gesellschaften, wo bekennende und versteckte Juden ihre wirtschaftlichen und politischen Netzwerke untereinander pflegten.

Neben der Gruppe der einflussreichen Politiker, die zu klein war, um als soziale Kategorie bezeichnet zu werden, gab es Soldaten, Apparatschiks und Verwaltungsangestellte, Intellektuelle und Publizisten, Polizisten, Diplomaten und schließlich die Aktivisten des jüdischen Sektors. Daneben gab es die Masse der einfachen Leute - Angestellte, Handwerker und Arbeiter -, die die gleiche ideologische Vision, die gleiche historische Erfahrung und die gleichen ethnischen Bestrebungen teilten. (Shatz, *a.a.O.*, S. 226)

Es ist anzumerken, dass, als die jüdische politische und wirtschaftliche Dominanz in der zweiten Hälfte der 1950er Jahre allmählich zurückging, eine Reihe von ihnen wieder Arbeit in jüdischen Genossenschaftsunternehmen fand. Juden, die vom Heimatschutz gesäubert wurden, erhielten Unterstützung von jüdischen Organisationen, die von amerikanischen Juden finanziert wurden. Es bestanden kaum Zweifel daran, dass sie ihre jüdische Identität beibehielten und den jüdischen wirtschaftlichen und kulturellen Separatismus fortsetzten. Nach der Implosion des polnischen kommunistischen Regimes traten "viele Juden, darunter auch Kinder und Enkel ehemaliger Kommunisten, aus dem Wald heraus" (*Anti-Semitism Worldwide 1994*, S. 115). Sie bekannten sich zu ihrer jüdischen Identität und verstärkten umso mehr die Vorstellung, dass viele jüdische Kommunisten in Wirklichkeit Krypto-Juden waren.

Als die antizionistische und antisemitische Bewegung aus der Sowjetunion nach Polen überschwappte, nachdem sich die Linie gegenüber Israel in den späten 1940er Jahren geändert hatte, kam es zu einer neuen Identitätskrise, die aus dem Glauben an die Unvereinbarkeit von Kommunismus und Antisemitismus entsprang. Darauf reagierte man entweder mit "ethnischer Selbstverleugnung" - indem man Erklärungen abgab, in denen die Existenz einer jüdischen Identität geleugnet wurde - oder man hielt sich einfach bedeckt. Doch aufgrund der sehr starken Identifikation mit dem System unter den Juden war die allgemeine Tendenz zur Rationalisierung, auch in dem Moment, in dem Juden aus Machtpositionen verdrängt wurden.

Selbst als die Methoden härter und schmerzhafter wurden, als man gezwungen war, nicht begangene Verbrechen zu gestehen und andere zu denunzieren, und als man sich des Unrechts bewusst wurde, das mit Mitteln begangen wurde, die gegen die kommunistische Moral verstießen, blieben die ideologischen Grundüberzeugungen unverändert. Infolgedessen triumphierte der heilige Wahnsinn sogar in den Gefängniszellen. (*ebd.* S. 260)

Schließlich speiste sich die antijüdische Kampagne der 1960er Jahre aus der Behauptung, dass die kommunistischen Juden der *Generation* sich gegen die proarabische politische Linie der Sowjetunion im Nahen Osten stellten.

Wie bei anderen jüdischen Gruppen im Laufe der Zeit führten die antijüdischen Säuberungen nicht dazu, dass sie ihr Engagement für die Gruppe aufgaben, auch wenn der Preis dafür eine zusätzliche Verfolgung war. Im Gegenteil, dieses Engagement wurde sogar noch stärker:

Unerschütterliche ideologische Disziplin und Gehorsam bis zur Unredlichkeit... Sie sahen die Partei als kollektive Verkörperung der Kräfte der Geschichte und sich selbst als deren Diener. Sie drückten dies durch teleologisch-deduktiven Dogmatismus, revolutionäre Arroganz und moralische Zweideutigkeit aus. (*ebd.* S. 260-61)

Tatsächlich lässt sich feststellen, dass der Gruppenzusammenhalt der *Generation* mit ihren Rückschlägen wuchs. Da ihre Positionen durch den polnischen Nationalismus und den aufkommenden Antisemitismus ausgehöhlt wurden, wurden sie sich ihrer Zugehörigkeit zur selben Gruppe immer bewusster. Nach ihrer endgültigen Niederlage verloren sie sehr schnell ihre polnische Identität und nahmen offen jüdische Identitäten an, insbesondere in Israel, dem Ziel der meisten polnischen Juden. Sie kritisierten ihren Antizionismus selbst und wurden zu leidenschaftlichen Unterstützern Israels.

Abschließend stützen wir uns auf Schatz, der zeigt, dass *die Generation der* kommunistischen Juden und ihrer ethnisch jüdischen Anhänger als eine jüdische Gruppe und ein jüdischer historischer Agent betrachtet werden muss. Die Beweise deuten darauf hin, dass diese Gruppe spezifisch jüdischen Interessen diente, insbesondere dem Fortbestand einer jüdischen Gruppe in Polen, während sie gleichzeitig versuchten, Institutionen wie die katholische Kirche und andere Ausdrucksformen des polnischen Nationalismus im Dienste des sozialen Zusammenhalts der Polen zu zerstören. Die kommunistische Macht bekämpfte den Antisemitismus und förderte die wirtschaftlichen und politischen Interessen der Juden. Auch wenn die subjektive Anerkennung der jüdischen Identität innerhalb dieser Gruppe sicherlich unterschiedlich war, deuten die Beweise auf einen starken Gehalt an jüdischer Identität hin, der von falschem Bewusstsein überschwemmt wurde, selbst bei den am meisten assimilierten unter ihnen. Die gesamte Sequenz veranschaulicht die Komplexität der jüdischen Identifikation und die Bedeutung von falschem Bewusstsein und Rationalisierung im Kern des Judentums als evolutionäre Gruppenstrategie.

Böswilligkeit und Rationalisierung waren massiv, als es für die jüdisch dominierte Macht und ihre jüdischen Anhänger darum ging, die nichtjüdischen nationalistischen Eliten auszuschalten, sich gegen die polnische Nationalkultur und die katholische Kirche zu stellen und gleichzeitig eine säkularisierte jüdische Kultur aufzubauen, als Agent der sowjetischen Herrschaft in Polen zu fungieren und eigene wirtschaftliche Erfolge aufzubauen, während sie eine Wirtschaft verwalteten, die dem Rest des Volkes Entbehrungen und Opfer auferlegte, um es vor den sowjetischen Wagen zu spannen.

Teil 3

Radikale Linke und jüdische Identifikation in England und den USA

Seit den Anfängen der Bewegung Ende des 19. Jahrhunderts zeichnet sich auch die radikale jüdische Linke in den USA durch eine starke jüdische Identifikation aus. Sorins 1985 erschienene Studie über jüdische radikale Linke, die Anfang des 20. Jahrhunderts in die USA einwanderten, zeigt, dass nur 7 Prozent von ihnen jeglicher Idee eines jüdischen Separatismus ablehnend gegenüberstanden. Über 70 Prozent hatten "ein positives Bewusstsein ihres Judentums. Die meisten von ihnen gehörten überlappenden jüdischen Institutionen, Mitgliedschaften und sozialen Organisationen an".

Darüber hinaus gehörten maximal 26 von 95 Probanden zu den Kategorien, die Sorin als "feindlich, ambivalent oder assimilatorisch" bezeichnete, aber "die meisten, wenn nicht alle, waren in einem inneren Kampf darum, diese neuen Identitäten - oft auf kreative Weise - zu synthetisieren" (*The Prophetic Minority: American Jewish Immigrant Radicals*, S. 17). 115) Die Kernaussage des Kapitels, aus dem wir diese Informationen entnehmen, ist, dass die meisten dieser Juden der radikalen Linken, die sich selbst als "entwurzelt" erkannten, ein falsches

Bewusstsein für ihre schwache jüdische Identifikation hatten.

Die folgenden Bemerkungen über Emma Goldman, eine sehr berühmte Jüdin der radikalen Linken, verdeutlichen den allgemeinen Trend:

> Die Seiten der Zeitschrift *Mother Earth*, die Emma Goldman zwischen 1906 und 1917 herausgab, sind voll von jiddischen Geschichten, Märchen aus dem Talmud und Übersetzungen von Gedichten von Morris Rosenfeld. Mehr noch: Sein Engagement für den Anarchismus hinderte ihn nicht daran, über die *besondere* Last zu sprechen und zu schreiben, die Juden in einer Welt zu tragen hatten, in der der Antisemitismus ein lebendiger Feind war. Offenbar ging Emma Goldmans anarchistischer Glaube mit seiner Betonung des *Universalismus nicht damit einher, dass sie* ihre jüdische Identität aufgab. (*ebd.* S. 8)

Die radikale jüdische Linke des zwanzigsten Jahrhunderts war eine spezifische Subkultur innerhalb der Judenheit oder eine "Gegenkultur", um es mit Arthur Liebman zu sagen. Die jüdische Linke in den USA hat sich nie von der jüdischen Gemeinschaft insgesamt entfernt, und tatsächlich variierte die Beteiligung von Juden an Bewegungen der radikalen Linken je nach dem Grad der wahrgenommenen Übereinstimmung zwischen Ihnen und spezifisch jüdischen Interessen.

Die alte jüdische Linke, die über Gewerkschaften, Presse und Studentenverbindungen verfügte (die oft mit Synagogen verbunden waren [vgl. Liebman, Jews and the Left, S. 284]), war Teil der breiteren jüdischen Gemeinschaft. Als die jüdische Arbeiterklasse zurückging, gewannen spezifisch jüdische Anliegen die Oberhand über die politischen Ideen der radikalen Linken. Diese für jüdische Mitglieder linker Organisationen typische Tendenz, sich vorrangig mit jüdischen Angelegenheiten zu beschäftigen, verstärkte sich ab 1930 aufgrund der immer wieder auftretenden Diskrepanz zwischen jüdischen Interessen und den universalistischen linken Anliegen der damaligen Zeit. Dieses Phänomen war im gesamten Spektrum der Linken zu beobachten, sowohl in der Kommunistischen Partei als auch in der Sozialistischen Partei, die ebenfalls Mitglieder aus dem Judentum hatten.

Der jüdische Separatismus in den linken Bewegungen wurde durch einen seiner traditionellen Aspekte erleichtert: die Verwendung einer eigenen Sprache. Jiddisch wurde aufgrund seiner vereinigenden Kraft in der jüdischen Arbeiterbewegung und seiner Fähigkeit, die Bindungen innerhalb der breiteren jüdischen Gemeinschaft zu festigen, besonders geschätzt.

Die *Landsmanshaften* [jüdische Sozialclubs], die jiddische Presse und das jiddische Theater, die sozialistischen Cafés auf der East Side, die literarischen Gesellschaften und die *Fereyns, die die* sofort erkennbare Kulisse der jüdischen sozialistischen Kultur bildeten, die der einzelne Laden, die einzelne Gewerkschaft oder Partei nicht reproduzieren konnte. Selbst der Klassenfeind - der jüdische Arbeitgeber - sprach Jiddisch. (Levin, *While Messiah Tarred: Jewish Socialist Movements, 1871-1917* S. 210)

Bemerkenswert ist, dass die sozialistischen Bildungsprojekte, die vom Workman's Circle - der größten jüdischen Arbeiterbruderschaft des frühen 20. Jahrhunderts - initiiert wurden, (vor 1916) scheiterten, weil sie keinen Unterricht in Jiddisch und keine jüdischen Inhalte vorsahen. "Selbst linksradikale jüdische Eltern wollten, dass ihre Kinder Jiddisch lernen und etwas über die Geschichte ihres Volkes wissen" (Liebman, *a. a. O.*, S. 292).

Diese Schulen waren erfolgreich, als sie den Schwerpunkt auf nationale jüdische Dinge legten. Sie bestanden bis in die 1940er Jahre als jüdische Schulen mit sozialistischer Ideologie, die darauf bestand, dass der Einsatz für soziale Gerechtigkeit der Schlüssel für das Überleben der Juden in der modernen Welt sei. Der Sozialismus und die linke Ideologie wurden eindeutig zu einer Form des säkularisierten Judentums. Die Organisation Workman's Circle, die ursprünglich eine linksradikale Arbeiterverbindung mit jüdischen Mitgliedern war, wurde zu einer jüdischen Verbindung mit linken Gefühlen und einem sozialistischen Erbe" (*ebd.* S. 295).

Auf Seiten der kommunistisch orientierten jüdischen Subkultur und ihrer Organisationen wie der International Workers Order (IWO) gab es auch jiddischsprachige Sektionen. Eine davon, der Jewish Peoples Fraternal Order (JPFO), war dem American Jewish Congress (AJCongress) angeschlossen und stand auf der Liste der subversiven Organisationen der US-Regierung.

Die JPFO hatte 50.000 Mitglieder und wurde nach dem Zweiten

Weltkrieg zum größten Geldgeber der KPUSA; sie finanzierte auch den *Daily Worker* und die *Morning Freiheit (*Svonkin, *Jews Against Prejudice: American Jews and the Fight for Civil Liberties* S. 166*).*

Ganz im Einklang mit der hier entwickelten Vorstellung von der Vereinbarkeit von Kommunismus und jüdischer Identität finanzierte sie Bildungsprojekte für Kinder, die Themen der jüdischen Identität eng mit denen der radikalen Linken verknüpften. Die jiddischen Schulen und Sommerlager der IWO, die bis in die 1960er Jahre existierten, betonten die jüdische Kultur und interpretierten den Marxismus nicht als Theorie des Klassenkampfes, sondern als Theorie des jüdischen Befreiungskampfes gegen Unterdrückung neu.

Obwohl sich der AJCongress während des Kalten Krieges schließlich von der JPFO abspaltete, indem er den Kommunismus zur Bedrohung erklärte, beteiligte er sich "bestenfalls widerwillig und wenig enthusiastisch" an den jüdischen Bemühungen, ein antikommunistisches Image aufzubauen - eine Position, die die Gefühle der meisten Nachkommen osteuropäischer Einwanderer der zweiten und dritten Generation widerspiegelte, die den Großteil seiner Mitglieder ausmachten.

David Horowitz beschreibt die Welt seiner Eltern, die sich einer von der KPdSU geleiteten "shul" [Schule] angeschlossen hatten, in der jüdische Feiertage politisch interpretiert wurden. Psychologisch gesehen hätten diese Menschen genauso gut im Polen des 18. Jahrhunderts angesiedelt sein können:

> Was meine Eltern getan hatten, als sie in die Kommunistische Partei eintraten und nach Sunnyside zogen, war eine Rückkehr ins Ghetto. Es gab die gleiche Privatsprache, die gleiche hermetisch abgeriegelte Welt, die gleiche duale Haltung, die eine Seite der Außenwelt und die andere dem Stamm gegenüber zeigte. Und vor allem gab es die Gewissheit, im Visier der Verfolgung und der Sondergesetze zu sein, und die Vorstellung einer moralischen Überlegenheit gegenüber der Menge der *Gojim in* der Außenwelt. Es gab auch die gleiche Angst vor der Ausweisung wegen Ketzerei, die die Auserwählten an ihren Glauben fesselte.

Ein ausgeprägter Sinn für das Jüdische war charakteristisch für die linksgerichtete jiddische Presse. So konnte man in den Leserbriefen der linksradikalen Zeitung *Jewish Daily Forward* lesen, wie sich ein Jude darüber beklagte, dass seine nichtreligiösen Eltern seine geplante Heirat mit einer Nichtjüdin ablehnten.

Er schrieb an den *Forward* in der Erwartung, dort ein positives Echo zu finden, doch er erlebte eine unangenehme Überraschung, als er feststellen musste, dass die Verantwortlichen dort, so sozialistisch und freidenkend sie auch waren, es für zwingend erforderlich hielten, dass er eine Jüdin heiratete und sich weiterhin mit der jüdischen Gemeinschaft identifizierte. [...] Die Leser des Forward wussten, dass die Verpflichtung der Juden, Juden zu bleiben, ein Grundsatz war, der nicht zur Diskussion stand." (Hertzberg, *The Jews in America: Four Centuries of an Uneasy Encounter* S. 211-12)

In den 1930er Jahren war der *Forward* die meistgelesene aller jüdischen Zeitungen der Welt und hatte enge Beziehungen zur Sozialistischen Partei. Werner Cohn gab 1958 seine Definition der jüdischen Einwanderergemeinde in den Jahren 1886 bis 1920: "eine einzige große Versammlung von Linksdebattierern".

Um 1886 hatte die jüdische Gemeinde in New York ihre Unterstützung für die Dritte Partei (United Labor) und ihren Kandidaten Henry George, den Theoretiker der Einheitssteuer, deutlich gemacht. Seitdem sind die jüdischen Viertel in New York und anderswo für ihr sehr linkes Wahlverhalten bekannt.

Der Wahlkreis Lower East Side wählte regelmäßig seinen Abgeordneten Meyer London, den einzigen Sozialisten, der jemals in den Kongress gewählt wurde. Viele Sozialisten saßen in der New Yorker Staatsversammlung in Albany, die von ihren jüdischen Wahlkreisen gewählt wurden. Bei den Kommunalwahlen 1917 in New York wurde die Kandidatur des Sozialisten und Pazifisten Morris Hillquit von den höchsten Autoritäten der jüdischen Lower East Side unterstützt: den United Hebrew Trades, der International Ladies' Garment Workers' Union und vor allem von der so beliebten jiddischen Zeitung *Daily forward*.

In dieser Zeit waren Linksradikale wie Alexandre Berkman und Emma Goldman Riesen in der jüdischen Gemeinschaft. Und fast alle jüdischen Giganten - wie Abraham Cahan, Morris Hillquit und der junge Morris R. Cohen - gehörten der radikalen Linken an. Selbst Samuel

Gompers [ein sehr gemäßigter Gewerkschafter] fühlte sich verpflichtet, linksradikale Ausdrücke zu platzieren, wenn er vor einem jüdischen Publikum sprach. (Cohn, *The Jews: Social Pattern of an American Group*, S. 621)

The Freiheit wiederum, das inoffizielle Organ der Kommunistischen Partei von den 1920er bis zu den 1950er Jahren, "stand im Zentrum der proletarisch-jiddischen Kultur und Institutionen [...], denen sie Identität, Perspektive, Freundschaft und Verständnis anbot" (Liebman, *a.a.O.*, S. 449-50). Die Zeitung verlor viele ihrer Leser in der jüdischen Gemeinschaft, als sie sich die zionismusfeindliche Position der Kommunistischen Partei zu eigen machte. In den 1950er Jahren musste sie sich zwischen ihrer jüdischen Seele und ihrem Status als kommunistische Zeitung entscheiden. Nachdem sie sich für Ersteres entschieden hatte, rechtfertigte die Zeitung Ende der 1960er Jahre entgegen der Linie der KPdSU die Nichtrückkehr aus den von Israel besetzten Gebieten.

Die Beziehung zwischen Juden und der Kommunistischen Partei ist besonders interessant, da die Partei häufig antijüdische Positionen vertrat, insbesondere aufgrund ihrer engen Verbindungen zur Sowjetunion. Ab Ende der 1920er Jahre spielten Juden in der KPdSU eine sehr wichtige Rolle. Die bloße Nennung von Prozentzahlen jüdischer Führer gibt das Ausmaß des jüdischen Einflusses nicht angemessen wieder, da dieses Verfahren die persönlichen Eigenschaften der jüdischen Aktivisten als talentierte, gebildete und ehrgeizige Gruppe nicht berücksichtigt und auch, weil die Partei bewusst Nichtjuden rekrutiert hatte, um das Ausmaß der jüdischen Dominanz zu verschleiern.

Lyons zitiert einen nichtjüdischen Kommunisten, der erklärte, dass viele nichtjüdische Arbeiter errieten, dass sie rekrutiert wurden, um "die ethnische Zusammensetzung der Partei zu diversifizieren". Der Informant erinnerte sich an seine Erfahrung als nichtjüdischer Parteivertreter bei einer von den Kommunisten gesponserten Konferenz für Jugendliche.

Die meisten Teilnehmer konnten immer besser erkennen, dass praktisch alle Redner New Yorker Juden waren. Diejenigen mit einem messerscharfen jüdischen Akzent stellten sich als "Delegierter aus der

Lower East Side" oder als "ein Genosse aus Brownsville" vor. Schließlich bat die nationale Führung um eine Pause, um die Frage zu diskutieren, die inzwischen peinlich geworden war. Wie konnte eine angeblich nationale Studentenorganisation so stark von New Yorker Juden dominiert werden? Schließlich beschlossen sie, einzugreifen und das Problem zu lösen, indem sie die New Yorker Sektion aufforderten, den "Provinzialen" ein Rederecht einzuräumen. Ich erinnere daran, dass der Parteitag in Wisconsin stattfand. (Lyons, *Philadelphia Communists, 1936-56*, S. 81)

Klehr schätzt, dass zwischen 1921 und 1961 33,5 Prozent der Mitglieder des Zentralkomitees der Partei Juden waren und dass ihr Anteil oft auf über 40 Prozent anstieg. Unter den verschiedenen ethnischen Gruppen von auf amerikanischem Boden geborenen Menschen waren die Juden das einzige Reservoir, aus dem die Partei rekrutieren konnte. Glazer behauptete 1969, dass mindestens die Hälfte der Mitglieder der KPdSU, die in den 1950er Jahren etwa 50.000 Mitglieder zählte, Juden waren. Da es eine sehr hohe Fluktuation unter den Mitgliedern gab, könnte die Zahl derer, die in die Partei involviert waren, zehnmal so hoch gewesen sein. Er fügt hinzu, dass "die sozialistische Mitgliederzahl aller Tendenzen gleich oder höher war".

Buhle bemerkte in den 1920er Jahren, dass die meisten Menschen, "die der Partei und der *Freiheit* am freundlichsten gesinnt waren, ihre Mitgliedskarten nicht nahmen - es waren nicht mehr als ein paar Tausend, bei einer hundertmal größeren Masse von Mitläufern" ('Jews and American Communists: the Cultural Question' in *Radical History Review*, S. 89).

Ethel und Julius Rosenberg, die wegen Spionage für die Sowjetunion verurteilt wurden, sind ein Beispiel für die Macht der jüdischen Identifikation bei linken Juden. Svonkin zeigt deutlich, dass sie sich selbst als jüdische Märtyrer sahen. Wie so viele andere jüdische Linke sahen sie starke Bindungen zwischen dem Judentum und ihren kommunistischen Sympathien.

Ihre Briefe aus dem Gefängnis waren, wie ein Kommentator sagt, "voll von Ausdrücken des Judentums und des Judentums", wie die folgende Bemerkung zeigt:

In zwei Tagen ist Ostern, an dem wir das Streben unseres Volkes nach Freiheit feiern. Dieses kulturelle Erbe hat eine zusätzliche Bedeutung für uns, die wir von den modernen Pharaonen eingesperrt und voneinander und von unseren Lieben getrennt werden. (*in* Svonkin, a. a. O., S. 158-59)

ROSENBERGS DIE

Pair Executed for Atom Spying

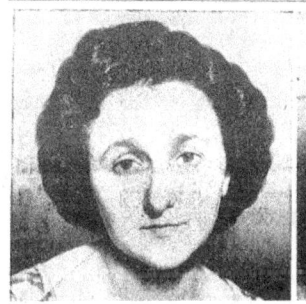

Supreme Court and Eisenhower Reject Couple's Last Pleas

Die Anti-Defamation League (ADL), der das Selbstbild der Rosenbergs als jüdische Märtyrer peinlich war, interpretierte Julius Rosenbergs Bekenntnis zum Judentum als einen Versuch, "aus dem Glauben, den er verstoßen hatte, so gut wie möglich Profit zu schlagen". Dieser Revisionismus ist symptomatisch für den Trend, jüdische Identifikation und Linksradikalismus als unvereinbar darzustellen, was zu einer erheblichen Verdunkelung eines ganzen Kapitels der jüdischen Geschichte führt.

In ihren frühen Jahren hatte die KPdSU, genau wie die frühe Sowjetunion, separate Sektionen für die verschiedenen ethnischen Gruppen, darunter auch einen jiddischsprachigen jüdischen Verband. Als diese 1925 abgeschafft wurden, um die Partei in Richtung der ethnischen Amerikaner (die ein geringes Maß an ethnischem Bewusstsein hatten) zu entwickeln, kam es zu einem Massenexodus von Juden, die die Partei verließen, und die, die blieben, nahmen weiterhin an dem inoffiziell in der Partei existierenden jiddischsprachigen Kulturleben teil.

In den folgenden Jahren erlebte die jüdische Unterstützung der KPdSU Spitzen und Tiefen, je nachdem, wie die Partei zu spezifisch jüdischen Themen stand. In den 1930er Jahren änderte die KPdSU ihre Linie und achtete sehr darauf, auf spezifische jüdische Interessen einzugehen, indem sie den Antisemitismus betonte, den Zionismus und später Israel unterstützte und sich für die Wichtigkeit der Aufrechterhaltung jüdischer kultureller Traditionen einsetzte. Wie zur gleichen Zeit in Polen "verherrlichte die radikale Linke in den USA die Entwicklung des jüdischen Lebens in der Sowjetunion [...] Die UdSSR war der lebende Beweis dafür, dass die jüdische Frage im Sozialismus gelöst werden konnte" (Kann, *Joe Rapoport: The Life of a Jewish Radical*, S. 152-53).

Der Kommunismus wurde als "gut für die Juden" wahrgenommen. Trotz der vorübergehenden Probleme, die der deutsch-sowjetische Nichtangriffspakt von 1939 mit sich brachte, beendete die KPdSU während des Zweiten Weltkriegs und in der unmittelbaren Nachkriegszeit ihre Isolation von der jüdischen Gemeinschaft.

Die Juden, die während der Laufzeit des Nichtangriffspakts nicht aus der Partei austraten, sahen sich einem Loyalitätskonflikt gegenüber, der deutlich macht, dass die jüdische Identität in ihren Augen nicht unbedeutend war. Der Pakt führte zu einer gehörigen Portion Rationalisierung seitens der Juden in der KPdSU, die sich bemühten, das Verhalten der UdSSR im Sinne der jüdischen Interessen zu interpretieren und damit die Vorstellung widerlegten, dass sie ihre jüdische Identität aufgegeben hätten. Andere blieben zwar Mitglieder, widersetzten sich aber aufgrund ihrer jüdischen Zugehörigkeit stillschweigend der Parteilinie. Ihre größte Sorge war, dass der Nichtangriffspakt ihre Beziehungen zur jüdischen Gemeinschaft im weiteren Sinne zerstören könnte.

Zur Zeit der Gründung Israels 1948 war die Gunst der KPdSU bei den Juden auf ihre Unterstützung für Israel zurückzuführen, während Truman um den heißen Brei herumredete. 1946 hatte die KPdSU eine Resolution verabschiedet, die den Fortbestand des jüdischen Volkes als ethnische Einheit in sozialistischen Gesellschaften befürwortete. Arthur

Liebman erklärt, dass die damaligen Parteimitglieder vor Freude über die wiedergefundene Übereinstimmung zwischen ihrer Parteimitgliedschaft und ihren jüdischen Interessen außer sich waren. Sie drückten ihre Gemeinschaftsgefühle gegenüber der gesamten Gruppe aus und ihr Judentum erlebte einen Höhepunkt als Ergebnis der Interaktion mit anderen Juden innerhalb der Partei.

In der Nachkriegszeit "erwartete man von kommunistischen Juden, dass sie jüdisch waren, und ermutigte sie in diesem Sinne. Sie sollten mit Juden verkehren und die jüdische Kultur positiv bewerten. Gleichzeitig akzeptierten nicht-kommunistische Juden mit wenigen Ausnahmen [die Aussage beschränkt sich auf die jüdische Linke] ihren Beruf des Judentums und waren bereit, mit ihnen in einem gesamtjüdischen Rahmen zusammenzuarbeiten" (Liebman, a. a. O., S. 514). Wie in der jüdischen Geschichte häufig zu beobachten ist, wurde dieses Wiederaufleben der jüdischen Identität durch die Judenverfolgung, in diesem Fall durch den Holocaust, begünstigt.

Doch diese Zeit der glücklichen Vereinbarkeit von jüdischen und kommunistischen Interessen verflüchtigte sich nach 1948 aufgrund der Änderung der sowjetischen Linie zu Israel und Nachrichten, die den staatlichen Antisemitismus in der UdSSR und Osteuropa enthüllten. Viele Juden verließen die KPdSU. Wiederum versuchten diejenigen, die dies nicht taten, den sowjetischen Antisemitismus so zu rationalisieren, dass sie ihre jüdische Identifikation aufrechterhalten konnten. Für einige waren diese Verfolgungen kein Fehler des kommunistischen Systems selbst, sondern lediglich eine pathologisch bedingte, individuelle Verirrung. Für andere war es der Westen, dem man die Schuld für seine indirekte Verantwortung geben musste.

Was sie an die KPdSU band, scheint der Wunsch gewesen zu sein, in einer schützenden jiddischen Subkultur zu bleiben. Liebman erwähnt den Fall eines Kommunisten, der sein Parteibuch zurückgab, nachdem ihm der Beweis des sowjetischen Antisemitismus die Augen ausgestochen hatte. "1958, nach 25 Jahren in der Kommunistischen Partei, trat dieser Führer aus und entwickelte eine starke jüdische Identität, die eine erbitterte Loyalität gegenüber Israel beinhaltete." Die verbliebenen jüdischen Mitglieder der KPdSU folgten 1967 und 1973 nicht der pro-sowjetischen Linie der Partei und unterstützten Israel.

Schließlich trennte sich die KPdSU von fast allen ihren Juden.

Lyons beschreibt das Leben in einem jüdischen und kommunistischen Club in Philadelphia und enthüllt die Ambivalenz und den bösen Willen, die zum Tragen kommen, wenn jüdische Interessen mit kommunistischen Sympathien kollidieren:

> Im Club kam es zu Spannungen über das Judentum, insbesondere in Bezug auf seine Beziehung zu Israel. Es war Mitte der 1960er Jahre, als der Club beschlossen hatte, die Behandlung von Juden in der UdSSR zu kritisieren. Einige Mitglieder des Clubs, die orthodoxesten Pro-Sowjets, schlugen die Tür zu, andere, die ebenfalls nicht einverstanden waren, taten dies nicht. Währenddessen veränderte sich der Club, wurde immer weniger marxistisch und immer mehr zionistisch. Zur Zeit des Sechstagekriegs 1967 "waren wir dogmatisch, aber nur eine Woche lang", wie Ben Green, der Leiter des Clubs, sagte. Sie ließen keine Diskussionen über die Frage der Unterstützung Israels zu und sammelten nur Spenden. Dennoch betonten mehrere Mitglieder, dass der Club nicht zionistisch sei und eine 'kritische Unterstützung' Israels praktiziere. (a.a.O., S. 180)

Wir haben allen Grund anzunehmen, dass die kommunistischen Juden in den USA, ähnlich wie ihre polnischen Kollegen, die UdSSR bis weit in die Zeit nach dem Zweiten Weltkrieg hinein als einen Ort betrachteten, der den jüdischen Interessen insgesamt positiv diente. Die in den 1920er Jahren entstandene KPdSU wurde von der Sowjetunion finanziert, hielt sich eng an ihre Linie und war in ihrem Auftrag in Spionageaktivitäten verwickelt, die sogar bis zum Diebstahl von Atomgeheimnissen reichten. In den 1930er Jahren stellten Juden "eine erhebliche Mehrheit der von der Spionageabwehr identifizierten sowjetischen Agenten" und fast die Hälfte derjenigen, die unter dem Smith Act von 1947 verfolgt wurden (Rothman & Lichter, a. a. O., S. 100).

Auch wenn möglicherweise nicht alle Parteifunktionäre über die Details der besonderen Beziehung der Partei zur Sowjetunion informiert waren, war die "Sonderarbeit" [Spionage] ein integraler Bestandteil der Mission der Kommunisten in den Vereinigten Staaten. Dies war allgemein bekannt und wurde im Politbüro der KPdSU offen diskutiert. [...] Die Biografien gewöhnlicher Kommunisten zeigen, dass die Basisaktivisten damit einverstanden waren, für die UdSSR gegen ihr eigenes Land zu spionieren. Die Partei sang ein Loblied auf die UdSSR, die als das gelobte Land identifiziert wurde. Die kommunistische Propaganda stimmte immer wieder den Refrain an, der die Sowjetunion mit einem strahlenden Stern der Menschheit gleichsetzte, wie in diesem amerikanischen kommunistischen Gedicht aus dem Jahr 1934, in dem sie als "ein Paradies [...], das in Russland auf die Erde herabgestiegen ist", dargestellt wurde. (Klehr u. a., *The Secret World of American Communism*, S. 324)

Klehr und die Co-Autoren dieses Buches sind der Ansicht, dass die PCUSA einen großen Einfluss auf die amerikanische Geschichte hatte. Ohne die Exzesse der antikommunistischen Bewegung in den USA zu entschuldigen, stellen sie fest, "dass die besondere Schärfe des amerikanischen Antikommunismus nicht erklärt werden kann, ohne die Realität der Loyalität der KPdSU gegenüber der Sowjetunion zu erfassen. Der Vorwurf der Felonie gegenüber den amerikanischen Kommunisten hat die Intensität der Debatte über den Kommunismus vervielfacht und sie manchmal auch vergiftet."

Die Kommunisten hatten die Anhänger des New Deal, deren Verbündete sie waren, belogen. Diese Linken hatten den Dementis der Kommunisten Glauben geschenkt und nannten die Antikommunisten, die die versteckten Aktivitäten der Kommunisten aufdeckten, Verleumder. Wütend über die Verleugnungen, von denen sie wussten, dass sie falsch waren, begannen die Antikommunisten, diejenigen der Unehrlichkeit zu verdächtigen, die das Spiel der Kommunisten nicht durchschauten. So vergiftete die Doppelzüngigkeit der Kommunisten die normalen politischen Beziehungen und machte die antikommunistische Reaktion in den späten 1940er und 1950er Jahren noch härter. (*ebd.* S. 106)

Die Tatsache, dass die sozialdemokratische Linke den Kommunismus während des Kalten Krieges verteidigt hat, fällt in den Problembereich unseres vorliegenden Buches. Nicholas von Hoffman hat die Rolle der sozialdemokratischen Verteidiger bei der Verteidigung des Kommunismus in dieser Zeit bemerkt. Die Verantwortlichen der Zeitschrift *The New Republic* und der Harvard-Historiker Richard Hofstadter waren der Ansicht, dass die Sorge um die kommunistische Infiltration des Staates mit dem "paranoiden Stil der US-Politik" in Verbindung gebracht werden müsse. (Rothman und Lichter zählen die

Zeitschrift *The New Republic* zur Gruppe der linken und linksextremen Zeitschriften mit stark jüdisch geprägten Redaktionen). Die offizielle Version der Linken lautete, dass die amerikanischen Kommunisten Kreaturen *sui generis* ohne Verbindung zur Sowjetunion seien, so dass es keine innere kommunistische Bedrohung gebe.

In dieser Zeit hatte die Linke das moralische und intellektuelle Lehramt der Gesellschaft an sich gerissen. Die Anhänger McCarthys wurden als primitive Unmenschen betrachtet.

In der Kulturschlacht, die diese Zeit umtrieb, hatten die Eliten in Hollywood, Cambridge und den linken Denkfabriken wenig Sympathie für die krummbeinigen Männer mit den Hauben der amerikanischen Legion, für ihre zu runden Frauen und für ihr Gelaber über Jalta und den Wald von Katyn. Diese kitschigen Katholiken, die ihre Rasenflächen mit Plastikflamingos schmückten, diese Kleinbürger der unteren Schicht und ihre außenpolitischen Ängste, nein, das war wirklich zu *billig*, um ernst genommen zu werden. (Von Hoffman, 'Was McCarthy wrong about the left? ', *Washington Post*, 14. April 1996*)*

Neben der Vergiftung der politischen Atmosphäre hatte die kommunistische Spionage auch Auswirkungen auf die Außenpolitik.

> "Die Rolle der sowjetischen Atomspionage im Verlauf des Kalten Krieges kann nicht genug betont werden. Am Ende des Zweiten Weltkriegs hatte der Einsatz der Atombombe den Amerikanern ein Monopol auf die ultimative Waffe verschafft, mit der sie zufrieden waren und die mindestens zehn Jahre halten sollte. Der sowjetische Atomtest von 1949 zerstörte dieses Gefühl der physischen Sicherheit. Amerika hatte zwei Weltkriege ohne zivile Tote oder Zerstörung überstanden. Nun konnte ein Feind, der von einem skrupellosen Diktator angeführt wurde, mit einer einzigen Bombe jede alte amerikanische Stadt auslöschen. Hätte das amerikanische Atommonopol länger angedauert, hätte Stalin die nordkoreanischen Kommunisten davon abgehalten, den Koreakrieg zu beginnen, und die chinesischen Kommunisten hätten gezögert, in den Krieg einzugreifen. Hätte dieses Monopol bis zu Stalins Tod angedauert, wäre die sowjetische Aggressivität eingedämmt worden, was die Gefährlichkeit der schlimmsten Jahre des Kalten Krieges gemildert hätte." (Klehr et al. *op. cit.* , S. 106)

Die jüdische "Gegenkultur" versorgte eine radikale, typisch jüdische linke Subkultur noch bis in die 1950er Jahre - lange nachdem die Juden aus der Arbeiterklasse ausgetreten waren. Die Familien und Institutionen, die das Rückgrat der Alten Linken bildeten, sollten die Neue Linke auf das Taufbecken heben. Der ursprüngliche Impuls für die Studentenbewegungen der 1960er Jahre "wurde quasi zwangsläufig von den Sprösslingen wohlhabender, nach links oder linksaußen tendierender, intelligenter und überwiegend jüdischer Familien gegeben. Hier gab es das größte Reservoir an Menschen, die den Aktionen der radikalen studentischen Linken wohlwollend gegenüberstanden" (Lipset, *Rebellion in the University*, S. 83).

Flacks berechnete, dass 45 Prozent der Studenten bei einer Demonstration vor der Universität von Chicago Juden waren, obwohl er, wie er selbst sagt, "Anpassungen an seiner Ausgangsstichprobe vornehmen musste, um ein ausgewogenes Ergebnis zu erzielen" (*in* Rothman & Lichter, *a. a. O.*, S. 82). In Harvard stellten Juden 80 Prozent der Unterzeichner einer Petition für die Abschaffung der Übungen des Reserveoffizierskorps (ROTC) und machten zwischen 30 und 50 Prozent der Mitglieder der Organisation Students for a Democratic Society (SDS), der zentralen Organisation der studentischen extremen Linken, aus.

1972 zählte Adelson 90 Prozent Juden in seiner Stichprobe linksradikaler Studenten an der Universität von Michigan, und es scheint, dass es an anderen Universitäten wie Wisconsin und Minnesota vergleichbare Raten gab. Braungart kam in seiner Studie von 1979 zu dem Schluss, dass 43 Prozent der SDS-Mitglieder, die an zehn verschiedenen Universitäten gezählt wurden, mindestens einen jüdischen Verwandten hatten. 20 Prozent der Stichprobe der Befragten gaben an, keiner Religion anzugehören: Letztere sind mit großer Wahrscheinlichkeit Juden. Tatsächlich fanden Rothman & Lichter heraus, dass "die überwältigende Mehrheit" der linksextremen Studenten, die antworteten, ihre Eltern seien Atheisten, jüdische Wurzeln hatten. (*a.a.O.*, S. 82)

Juden hatten die besten Chancen, zu den Anführern der Proteste auf dem Campus zu gehören. Abbie Hoffman, Jerry Rubin und Rennie Davis erlangten landesweite Bekanntheit als Mitglieder der "Chicagoer Sieben", die verurteilt wurden, weil sie während des nationalen Parteitags der Demokraten 1968 Polizeisperren durchbrochen und zu Krawallen aufgerufen hatten.

Bei dieser Gelegenheit wies Cuddihy auf die Präsenz eines Prozesses im Prozess hin, der insbesondere Abbie Hoffman und den Richter Julius Hoffman gegenüberstellte. Der Student repräsentierte den Nachwuchs osteuropäischer Einwanderer, die zur radikalen Linken neigten, während der Richter eine assimilierte Version des schon länger etablierten deutschen Juden darstellte. Während des Prozesses verspottete Abbie Hoffman den Richter auf Jiddisch: "Shande fur de Goyim" (Schande für die Nichtjuden) - was Abbie Hoffman mit "Fahnenjunker der WASP-Bourgeoisie" übersetzte. Hoffman und Rubin (der in einem Kibbuz in Israel gelebt hatte) identifizierten sich klar mit ihrem Judentum und hegten eine starke Antipathie gegen die weiße, protestantische Einrichtung.

Cuddihy ist der Ansicht, dass die Hippiebewegung ihre Ursprünge dem Amateurjournalisten Paul Krassner (Herausgeber von *The Realist, einer* "unverschämten, skatologischen, seltsam unpolitischen" Zeitung, die sich selbst als "von respektloser Satire und unhöflicher Reportage" bezeichnete) und der gegenkulturellen Sensibilität des Komikers Lenny Bruce verdankt.

Als Gruppe kamen die linksradikalen Studenten aus gut situierten Familien, während die konservativen Studenten eher aus weniger wohlhabenden Familien stammten. Die Bewegung wurde daher von einer Elite angeführt, versuchte aber nicht, sich in den Dienst der Interessen der Mittel- oder Arbeiterklasse zu stellen. Tatsächlich betrachtete die Neue Linke die arbeitenden Klassen als "fett, zufrieden und konservativ, gut vertreten durch ihre Gewerkschaften" (Glazer, *The New Left and the Jews*, S. 123).

Mehr noch: Trotz milder Ausbrüche von jüdischem Antisemitismus und Rebellion gegen die elterliche Heuchelei bei jüdischen Linken der Neuen Linken war das vorherrschende Muster das der ideologischen Familienkontinuität. (In ähnlicher Weise lehnten die Linken der Frankfurter Schule während der Weimarer Zeit die kommerziellen Werte ihrer Eltern ab, aber sie lehnten ihre Familien nicht persönlich ab. Vielmehr unterstützten diese sie moralisch und finanziell in vollem Bewusstsein).

Viele dieser "Kinder in roten Hosen" stammten aus "Familien, in denen das abscheuliche rassistische, antidemokratische, unmoralische und korrupte Amerika zum Frühstück gegessen wurde, sei es in Scarsdale, Newton, Great Neck oder Bervely Hills". Ihre jüdischen Eltern lebten in lilienweißen Vorstädten, fuhren im Winterurlaub an die Strände von Miami, waren in vornehmen Country Clubs angemeldet und veranstalteten Bar-Mitzwas, die Tausende von Dollar kosteten - ohne aufzuhören, einer linken Ideologie anzuhängen." (Lipset, *Revolution and Counterrevolution: Change and Persistence in Social Structures*, S. 393)

Wie bereits erwähnt, schätzte Glazer 1969, dass etwa eine Million Juden vor 1950 zu irgendeinem Zeitpunkt Sozialisten oder Mitglieder der Kommunistischen Partei der USA gewesen waren. Folglich befand sich unter den Juden "das größte Reservoir an Eltern, die den Wechsel ihrer Kinder zur radikalen Linken weder seltsam noch schockierend fanden, sondern diese Nachricht sehr wohl als Erfüllung ihrer besten Neigungen auffassen konnten" (Glazer, a. a. O., S. 129).

Um sich davon zu überzeugen, muss man nur feststellen, dass "das jüdische Establishment sich nie wirklich von diesen jungen Juden distanzierte" (Hertzberg, a. a. O., S. 369). Etablierte jüdische Organisationen wie der AJCongress, die Union of America Hebrew Congregations und der Synagogue Council of America waren entschiedene Gegner des Vietnamkriegs. Die Antikriegshaltung der offiziellen jüdischen Organisationen konnte einen gewissen Antisemitismus hervorrufen.

Es wurde berichtet, dass Präsident Lyndon Johnson "verärgert war über die mangelnde Unterstützung des Vietnamkriegs seitens der jüdischen Gemeinschaft in den USA, während er gleichzeitig neue Maßnahmen zugunsten Israels ergriff" (Winston, *The Sociology of American Jews: A Critical Anthology*, S. 198), während die ADL vorbeugende Maßnahmen ergriff, um einem antijüdischen Backlash entgegenzutreten, denn in militärischen Fragen neigten die Juden dazu, die Falkenkarte zu spielen, wenn es um Israel ging, aber die Taubenkarte, wenn es um Vietnam ging.

Wie die Alte Linke identifizierten sich auch die jüdischen Mitglieder der Neuen Linken stark als Juden. Es gab Zeremonien zu Chanukka und die Hatikvah - die israelische Nationalhymne - wurde bei einem großen

Sit-in in Berkeley gesungen. Die Neue Linke verlor jüdische Mitglieder, wenn sie Positionen vertrat, die mit spezifisch jüdischen Interessen (insbesondere in Bezug auf Israel) unvereinbar waren, und gewann jüdische Mitglieder hinzu, wenn dies nicht der Fall war. Ihre Führer hatten oft in Kibbuz in Israel gelebt, und es gibt Hinweise darauf, dass die Neuen Linken versuchten, die offensichtlichsten Ausdrucksformen ihres Judentums auf ein Minimum zu reduzieren, ebenso wie die Gelegenheiten, Themen zu diskutieren, die zu Meinungsverschiedenheiten zwischen jüdischen und nichtjüdischen Neuen Linken führen könnten, insbesondere Israel. Schließlich führte die Unvereinbarkeit von jüdischen und neulinken Interessen dazu, dass viele Juden nach Israel auswanderten, um in Kibbuz zu leben und sich in traditionellen jüdischen religiösen Institutionen zu engagieren, oder sich in linken Gruppen mit einer starken jüdischen Identität engagierten.

Nach dem Sechstagekrieg 1967 war Israel das große Thema für die Juden der Neuen Linken, doch die Bewegung arbeitete auch im Auftrag der sowjetischen Juden und forderte die Eröffnung von universitären Forschungsabteilungen, die sich mit jüdischen Studien befassten. Der SDS-Aktivist Jay Rosenberg schrieb: "Von nun an werde ich es nicht mehr akzeptieren, in einer Bewegung aktiv zu sein, die den Kampf meines Volkes nicht anerkennt und unterstützt. Wenn ich zwischen der jüdischen Sache und einem "progressiven", antiisraelischen SDS wählen muss, entscheide ich mich für die jüdische Sache. Wenn wir auf Barrikaden kämpfen müssten, würde ich als Jude kämpfen". (*in* Sachar, *History of Jews in America*, S. 808).

Juden waren ein wesentlicher Bestandteil der gesellschaftlichen Akzeptanz der Neuen Linken. Juden waren in der radikalen Linken und unter ihren Anhängern in den Medien, an den Universitäten und in der breiteren Geistesrepublik überrepräsentiert. Jüdische und linke Geisteswissenschaftler spielten eine große Rolle dabei, den studentischen Radikalismus in einem positiven Licht darzustellen. In ihrer jüngsten Übersicht über die bestehende Literatur zum Thema Neue Linke stellen Rothman & Lichter jedoch eine konstante Tendenz fest, die Rolle der Juden in dieser Bewegung zu verschweigen. Wenn diese erwähnt wird, wird sie dem jüdischen Idealismus oder einem anderen positiv wahrgenommenen Merkmal zugeschrieben.

Cuddihy weist darauf hin, dass die Medien den innerjüdischen Konflikt, der während des Prozesses gegen die Chicagoer Sieben ausgetragen wurde, fast vollständig ignorierten. Er beschrieb die von verschiedenen Juden in der damaligen Presse (*New York Times, New York Post, Village Voice*) geäußerten Meinungen, die das Verhalten der Angeklagten entschuldigten und ein Loblied auf ihren linksradikalen jüdischen Anwalt William Kunstler sangen.

Auch in England hängen die Ebbe und Flut des kommunistischen Engagements unter Juden davon ab, ob es mit jüdischen Interessen konvergiert. In den 1930er Jahren war die Kommunistische Partei für Juden attraktiv, weil sie unter anderem die einzige Partei war, die sich zu einem virulenten Antifaschismus bekannte. Es war kein Widerspruch, gleichzeitig ein bekennender ethnischer Jude und ein Parteimitglied zu sein:

> Die kommunistischen Sympathien der Juden dieser Generation hatten etwas mit Gruppenidentifikation zu tun, ein bisschen wie ein Mittel zur ethnischen Selbstbestätigung. (Alderman, *Modern British Jewry*, S. 317-18)

Nach dem Zweiten Weltkrieg vertraten fast alle erfolgreichen kommunistischen Kandidaten jüdische Wahlkreise. Die jüdische Unterstützung für den Kommunismus ging jedoch zurück, als Stalins Antisemitismus aufgedeckt wurde, und viele Juden verließen die Kommunistische Partei nach der Nahostkrise 1967, als die UdSSR ihre diplomatischen Beziehungen zu Israel abbrach.

Zusammenfassend lässt sich sagen, dass die jüdische Identität im Allgemeinen als in hohem Maße kompatibel mit der radikalen Linken wahrgenommen wurde. Wenn diese jedoch mit spezifischen jüdischen Interessen in Konflikt gerät, hören die Juden auf, radikal links zu sein, trotz häufiger Fälle von Ambivalenz und Rationalisierung.

Teil 4

Soziale Identitätsprozesse, wahrgenommene jüdische Kollektivinteressen und die radikale jüdische Linke

Eine bestimmte Tendenz versucht, den jüdischen Linksradikalismus im Lichte der dem Judentum eigenen Moral zu interpretieren. Dabei handelt es sich um eine Ablehnung der Idee, dass das Judentum ein Universalismus sei, der eine höhere Moral in sich trage - mit anderen Worten eine Variation des Themas vom "Licht der Nationen", das von den Juden selbst seit der Antike und vor allem seit der Aufklärung gebetsmühlenartig wiederholt wird. Fuchs beispielsweise ist der Ansicht, dass das Engagement der Juden für linke Anliegen allein aus der moralischen Natur des Judentums resultiert, das den Sinn der Nächstenliebe für die Armen und Bedürftigen vermittelt. Diese Art des Engagements sei lediglich eine Fortsetzung der traditionellen jüdischen religiösen Praktiken. In diesem Sinne spricht Hertzberg von "dem Echo eines einzigartigen moralischen Empfindens, einer Bereitschaft, ohne Rücksicht auf wirtschaftliche Interessen zu handeln, wenn eine Sache gerecht erscheint" (*The Triumph of the Jews*, S. 22).

Wie in *A People That Shall Dwell Alone* (Kap. 5 und 6) gezeigt wurde, deutet alles darauf hin, dass die traditionelle jüdische Sorge um die Armen und Bedürftigen auf die jüdische Gruppe beschränkt blieb und dass Juden in traditionellen Gesellschaften und im Osteuropa der Nachkriegszeit oft als unterdrückerische Eliten in Erscheinung traten. Ginsberg charakterisierte diese vermeintlich humanistischen Motive als "etwas weit hergeholt" und wies darauf hin, dass es den Juden in unterschiedlichen Kontexten (insbesondere in der postrevolutionären Sowjetunion) gelungen sei, "gnadenlose Institutionen des Zwangs und des Terrors" aufzubauen. Insbesondere stellte er fest, dass Juden von der nachrevolutionären Zeit bis in die 1930er Jahre hinein in der sowjetischen Geheimpolizei eine führende Rolle spielten. Ebenso haben wir gesehen, dass Juden in Polen und Ungarn eine führende Rolle in den Kräften der inneren Sicherheit einnahmen.

Pipes erkennt seinerseits die "unbestreitbare" Überrepräsentation von Juden in der bolschewistischen Partei und den frühen Sowjetregierungen an, ebenso wie in den kommunistischen revolutionären Bestrebungen in Ungarn, Deutschland und Österreich in den Jahren 1918-1923. Er weist jedoch darauf hin, dass diese Überrepräsentation auch andere Bereiche wie Wirtschaft, Kunst, Literatur und Wissenschaft betraf. Daher ist dieser Autor der Ansicht, dass die Überrepräsentation in den kommunistischen Bewegungen kein Problem darstellen sollte. Er verbindet dieses Argument mit der

Vorstellung, dass sich die bolschewistischen Juden nicht als Juden identifizierten - eine Vorstellung, die, wie wir gesehen haben, zumindest fragwürdig ist.

Abgesehen davon und selbst wenn man annimmt, dass Kommunisten jüdischer Herkunft sich nicht als Juden sahen, kann Pipes' Argument nicht erklären, warum diese "entsethnisierten" Juden (ebenso wie jüdische Geschäftsleute, Künstler, Schriftsteller und Wissenschaftler) in linken Bewegungen überrepräsentiert und in nationalistischen, populistischen oder anderen rechten politischen Bewegungen unterrepräsentiert sein sollten. Selbst wenn nationalistische Bewegungen antisemitisch sind, wie es oft der Fall ist, sollte Antisemitismus kein Problem für Individuen darstellen, die völlig "entsethnisiert" sind, wie dieser Autor behauptet. Die jüdische Dominanz bei Tätigkeiten, die eine hohe Intelligenz erfordern, ist kein Argument, um ihre Dominanz in kommunistischen und linksgerichteten Bewegungen und ihre relative Unterrepräsentation in nationalistischen Bewegungen zu verstehen.

Die Theorie der sozialen Identität liefert eine völlig andere Interpretation des jüdischen Radikalismus. Sie betont, dass die wahrgenommenen Interessen der jüdischen Gruppe grundlegend für das Verständnis des jüdischen politischen Verhaltens sind und dass die Betrachtung dieser kollektiven Interessen stark von Prozessen der sozialen Identität beeinflusst wird. Wenn die Zugehörigkeit zur radikalen Linken zu einer solchen Identifikation mit der jüdischen Endogruppe geführt hat, dann muss die jüdische Beteiligung an diesen Bewegungen mit einer Reihe von sehr negativen und übertriebenen Vorstellungen von der nichtjüdischen Gesellschaft im Allgemeinen und insbesondere von den mächtigsten Elementen dieser Gesellschaft als Exogruppe verbunden gewesen sein.

In Bestätigung dieser theoretischen Erwartungen verwendete Liebman den Begriff "Gegenkultur", um die amerikanische jüdische Linke zu beschreiben, weil "der Konflikt oder zumindest der Antagonismus gegenüber der Gesellschaft ein zentraler Aspekt dieser Subkultur ist und [...] viele ihrer Werte und kulturellen Schemata im Gegensatz zu denen stehen, die in der umgebenden Gesellschaft existieren." Die Neue Linke zum Beispiel ging völlig in einer radikalen Gesellschaftskritik auf, in der alle Elemente, die die amerikanische

Gesellschaft Mitte des 20. Jahrhunderts zusammenhielten, als unterdrückerisch und radikal veränderungsbedürftig angesehen wurden.

Unsere Betonung sozialer Identitätsprozesse ist mit der Vorstellung vereinbar, dass sich der jüdische Radikalismus in den Dienst wahrgenommener jüdischer Kollektivinteressen stellte. Antisemitismus und die Präsenz jüdischer Wirtschaftsinteressen waren zweifellos Faktoren, die den jüdischen Linksradikalismus im zaristischen Russland motivierten. Jüdische Führungskräfte in westlichen Gesellschaften, bei denen es sich oft um Großkapitalisten handelte, gaben stolz zu, dass die Juden in der russischen revolutionären Bewegung überrepräsentiert waren, und unterstützten sie finanziell und politisch, indem sie beispielsweise versuchten, die US-Außenpolitik zu beeinflussen (Szajkowski, 'Jacob H. Schiff and the Jewish Revolutionary Movements in Easter Europe', *Jewish Social Studies* - 1967). Die folgende Aussage des Finanziers Jacob Schiff ist repräsentativ für diese Haltung:

> Diejenigen, die behaupten, dass sich unter denjenigen, die versuchen, die staatliche Autorität in diesem Land zu stürzen, eine beträchtliche Anzahl von Juden befindet, haben zweifellos nicht unrecht. In der Tat wäre es überraschend, wenn einige der von Verfolgung und Ausnahmegesetzen am schrecklichsten Geplagten sich nicht gegen ihre Unterdrücker erhoben hätten (*ebd.*, S. 10).

In groben Zügen ausgedrückt: Antisemitismus und wirtschaftliche Not führten in Verbindung mit der jüdischen Bevölkerungsexplosion in Osteuropa zu einem Überfluss an arbeitslosen Juden, der die Welle des radikalen jüdischen Linksradikalismus in Europa auslöste, die in die USA überschwappte. Von allen Bevölkerungsgruppen in Europa hatten die osteuropäischen Juden in den 1880er Jahren die höchste Fertilitätsrate, und im Russischen Reich stieg ihre Zahl im Laufe des 19. Jahrhunderts von einer auf sechs Millionen. Trotz der Auswanderung von fast zwei Millionen Juden in die USA und andere Länder waren viele Ostjuden verarmt, was zum Teil auf die antijüdische zaristische Politik zurückzuführen war, die ihren sozialen Aufstieg blockierte.

So wurden die politischen Lösungen der radikalen Linken einer sehr großen Zahl von Juden empfohlen. Sie versprachen ihnen, die wirtschaftlichen und politischen Grundlagen der Gesellschaft zu verändern und gleichzeitig die Kontinuität des Judentums zu gewährleisten. In den jüdischen Gemeinden Russlands koexistierte die Akzeptanz radikaler politischer Ideologien häufig mit Formen des messianischen Zionismus und mit der Leidenschaft für jüdischen Nationalismus und kulturellen und religiösen Separatismus. In vielen Fällen hielten sie an vielfältigen und wechselnden Kombinationen dieser Ideen fest.

Religiöser Fanatismus und messianische Hoffnungen waren die typische jüdische Antwort auf die historischen Verfolgungen gewesen. Man könnte im radikalen Linksradikalismus messianischer Prägung die säkularisierte Form dieser typisch jüdischen Antwort sehen, mit der Nuance, dass sich die neue Form von der alten dadurch unterscheidet, dass das utopische Zukunftsversprechen auch an Nichtjuden gerichtet ist. Jahrhunderts ist vergleichbar mit ihrer Situation im Osmanischen Reich, das von der Mitte des 18. Jahrhunderts bis zum Eingreifen der europäischen Mächte im 20. Jahrhundert und inmitten eines hochgradigen Antisemitismus, der den sozialen Aufstieg der Juden blockierte, "ein düsteres Bild von Not, Unwissenheit und Unsicherheit" bot (Lewis, *The Jews of Islam*, S. 164). Diese Phänomene gingen bei den Juden mit einem starken Mystizismus und einer hohen Fruchtbarkeit bei geringen elterlichen Investitionen einher. Die meisten von ihnen waren Analphabeten und arbeiteten in Berufen, die wenig Intelligenz und Ausbildung erforderten.

Wenn sich jedoch die Gelegenheit zum sozialen Aufstieg bot, trat eine Strategie der niedrigen Fertilität mit hohen elterlichen Investitionen schnell an die Stelle der vorherigen. Im Deutschland des 19. Jahrhunderts zum Beispiel waren die Juden die ersten, die den demografischen Übergang vollzogen, und nutzten die Gelegenheit zum sozialen Aufstieg, indem sie weniger Kinder bekamen. Im gleichen Zeitraum heirateten arme Ostjuden, die keine Hoffnung auf sozialen Aufstieg hatten, früher als ihre westlichen Altersgenossen, die den Hochzeitstermin hinausschoben, um sich finanziell besser darauf vorbereiten zu können. Auch das Wiederaufleben der Juden im Osmanischen Reich, das durch das Sponsoring und den Schutz der Westjuden gefördert wurde, führte zur Blüte einer vornehmen Kultur, die sogar säkulare Schulen nach westlichem Vorbild umfasste.

Auch als die unterdrückten Ostjuden in die USA auswanderten, begannen sie, weniger Kinder zu zeugen und mehr in ihre Bildung zu investieren, um die Möglichkeiten des sozialen Aufstiegs zu nutzen. Diese Tatsachen legen die Vermutung nahe, dass die jüdische Antwort auf den Mangel an Aufstiegsmöglichkeiten und den Antisemitismus darin besteht, standardmäßig die Strategie der hohen Fertilität und geringen elterlichen Investitionen zu verfolgen.

Letztendlich war es diese Bevölkerungsexplosion, die vor dem Hintergrund der Armut und der den Juden auferlegten Beschränkungen den jüdischen Radikalismus hervorbrachte, der für Russland bis zur Revolution so destabilisierend wirkte. Die Folgen dieser Demografie schwappten nach Deutschland über, wo die negative Einstellung gegenüber den *ostjüdischen* Einwanderern zum Antisemitismus dieser Zeit beitrug. In den USA stellen wir im Rahmen dieses Kapitels fest, dass die radikalen politischen Überzeugungen bei einer sehr großen Zahl jüdischer Einwanderer und ihrer Nachkommen von einer starken Trägheit geprägt waren: Sie blieben auch dann erhalten, wenn keine unterdrückenden politischen oder wirtschaftlichen Bedingungen herrschten.

Aus Sorins Studie über jüdische Linksaktivisten in Amerika erfahren wir, dass mehr als die Hälfte von ihnen bereits vor ihrer Einwanderung in Europa in die Linke involviert war, und bei denen, die nach 1900 eingewandert waren, betrug der Anteil 69 Prozent. Glazer weist darauf hin, dass die Biografien fast aller Führer der radikalen Linken zeigen, dass ihre ersten Kontakte mit diesen Ideen in Europa stattgefunden haben. Das Fortbestehen dieser Überzeugungen beeinflusste die allgemeine politische Sensibilität der jüdischen Gemeinschaft und hatte destabilisierende Auswirkungen auf die amerikanische Gesellschaft, von der Paranoia der McCarthy-Ära bis hin zum Triumph der gegenkulturellen Revolution in den 1960er Jahren.

Die Einwanderung osteuropäischer Juden nach England nach 1880 hatte ähnliche Auswirkungen auf die britische Judenschaft und veränderte ihre politischen Einstellungen in Richtung Sozialismus, Syndikalismus und Zionismus, die oft mit religiöser Orthodoxie und einer stark separatistischen Ausrichtung der traditionellen Lebensweise verbunden waren.

Diejenigen, die viel bedeutender waren als die Handvoll Sozialisten, die versuchten, durch die Veranstaltung von Picknicks während des Jom-Kippur-Fastens am Versöhnungstag auf sich aufmerksam zu machen, waren die Massen bescheidener Juden, die keinen inneren Konflikt verspürten, wenn sie dreimal am Tag zum Gottesdienst in die Synagoge gingen und dieselben Räumlichkeiten nutzten, um sozialistische Prinzipien zu diskutieren und Streiks zu organisieren. (Alderman, *The Jewish Community in British Politics*, S. 54)

Wie in den USA überschwemmten die ostjüdischen Einwanderer die bereits bestehende jüdische Gemeinschaft demografisch, was zu einer erheblichen Unruhe führte, da sie einen Anstieg des Antisemitismus vorhersagte. Und wie in den USA versuchte die jüdische Gemeinschaft, die Dominanz linker politischer Ideen unter diesen Einwanderern zu vertuschen.

Wirtschaftliche Interessen sind jedoch nicht die einzige Erklärung. Jahrhunderts als typisch jüdische Antwort auf die politischen und wirtschaftlichen Widrigkeiten in Osteuropa verstanden werden kann, befreite sich die radikale linke Ideologie kurz nach der Ankunft der Juden in den Vereinigten Staaten von der demografischen Variable, die üblicherweise mit ihr in Verbindung gebracht wurde. Für dieses Phänomen muss also eine andere Erklärung gefunden werden. Im Wesentlichen hatte die jüdische Gruppe viel weniger Grund als andere ethnische Gruppen, den Umsturz des Kapitalismus zu wünschen, da ihre Mitglieder tendenziell wirtschaftlich relativ privilegiert waren. Umfragen in der Studentenschaft in den 1960er und 1970er Jahren zeigten, dass die Juden aus der Bourgeoisie genauso links waren wie die aus der Arbeiterklasse, im Gegensatz zu den nichtjüdischen linken Studenten. Ein im Vergleich zu anderen Religionen geringerer Anteil der Juden gab an, die Kandidaten der Demokraten zu unterstützen, um ihre wirtschaftlichen Interessen zu fördern, was sie jedoch nicht daran hinderte, mit überwältigender Mehrheit für die Demokraten zu stimmen.

Diese Diskrepanz zwischen wirtschaftlichen Interessen und politischer Ideologie reicht mindestens bis in die 1920er Jahre zurück. Tatsächlich waren die jüdischen Mitglieder des Zentralkomitees der KPdSU von 1921 bis 1961 weitaus häufiger bürgerlicher Herkunft und aus liberalen Berufen als ihre nichtjüdischen Kollegen. Und viel eher als letztere neigten sie dazu, der Partei vor den wirtschaftlichen Schwierigkeiten der Großen Depression beizutreten. Darüber hinaus waren, wie bereits erwähnt, Studenten der Neuen Linken aus reichen und gebildeten Familien überrepräsentiert.

Es zeigt sich, dass auch wohlhabende jüdische Kapitalisten dazu neigten, politische Überzeugungen anzunehmen, die links von denen ihrer nichtjüdischen Kollegen angesiedelt waren. Die deutsch-jüdischen Kapitalisten des neunzehnten Jahrhunderts "tendierten zu Positionen, die 'linker' waren als die ihrer nichtjüdischen Altersgenossen, was sie von diesen entfernte" (Mosse, *The German-Jewish Economic Elite 1820-1935*, S. 225). Obwohl ihre Gruppe rechts von der jüdischen Bevölkerung im Allgemeinen stand, gingen einige von ihnen so weit, die Sozialdemokratische Partei und ihr sozialistisches Programm zu unterstützen. Mosse schlägt neben anderen plausiblen Erklärungen für diesen Zustand die Idee der Verbindung des Antisemitismus mit der deutschen Rechten vor. Gemäß der Theorie der sozialen Identität identifizierten sich jüdische Kapitalisten nicht mit Gruppen, die sie negativ wahrnahmen, sondern mit Gruppen, die sich gegen die als feindlich wahrgenommene Exogruppe wandten. Hier scheinen die entscheidenden Faktoren tatsächlich die Prozesse der sozialen Identität und ihr Einfluss auf die Wahrnehmung ethnischer Gruppeninteressen zu sein, und nicht die wohlverstandenen wirtschaftlichen Interessen.

Was Juden mit linken politischen Einstellungen verbindet, ist also nicht der demografische Hintergrund, der üblicherweise hervorgehoben wird. Um zu zeigen, dass das politische Verhalten der Juden eher mit ihrer kulturellen und ethnischen Distanz als mit wirtschaftlichen Interessen zu tun hat, spricht Silberman von einem jüdischen Tropismus für

> die Demokratische Partei [...] traditionell wohlwollend gegenüber ethnischen Gruppen, die nicht den WASP angehören [...] Ein angesehener Wirtschaftswissenschaftler, der ganz und gar gegen die von [dem Kandidaten Walter] Mondale befürworteten Maßnahmen war, hatte dennoch für ihn gestimmt. Ich habe ihren Parteitag im Fernsehen gesehen', erklärte er, 'und die Republikaner sehen nicht aus wie Leute wie ich'. Diese Art von Reaktion veranlasste viele Juden, 1980 für Carter zu stimmen, obwohl sie wenig für ihn übrig hatten. 'Ich würde lieber in einem Land leben, das von den Gesichtern regiert wird, die ich auf dem Parteitag der

Demokraten gesehen habe, als von denen, die ich auf dem Parteitag der Republikaner gesehen habe', sagte mir ein bekannter Schriftsteller.

Diese Äußerungen legen nahe, dass sich die politische Motivation von Juden im Allgemeinen nicht auf wirtschaftliche Fragen bezieht, sondern auf solche, die sich auf die wahrgenommenen Interessen der jüdischen Gruppe beziehen, die durch Prozesse der sozialen Identität beeinflusst werden. In ähnlicher Weise bemerkte Silberman im politisch aufgeladenen Bereich der kulturellen Einstellungen, dass

> wenn sich amerikanische Juden für kulturelle Toleranz einsetzen, dann aufgrund ihrer - historisch fest verwurzelten - Überzeugung, dass sie nur in einer Gesellschaft sicher sein können, die ein breites Spektrum an Einstellungen und Verhaltensweisen sowie eine Vielfalt an Religionen und ethnischen Gruppen akzeptiert. Es ist diese Vorstellung und nicht die Befürwortung von Homosexualität, die dazu führt, dass eine überwältigende Mehrheit der amerikanischen Juden die 'Rechte von Homosexuellen' unterstützt und in anderen sogenannten 'sozialen' Fragen eine linke Linie verfolgt.

Die Vorstellung, dass es ein kollektives jüdisches Interesse an der Förderung des kulturellen Pluralismus gibt, verdrängt also die negativen persönlichen Meinungen über das fragliche Verhalten.

Silbermans Bemerkung, dass jüdische Einstellungen "fest in der Geschichte verwurzelt" sind, ist in höchstem Maße relevant: Es gibt eine konstante Tendenz zur Verfolgung von Juden als Minderheitengruppe in kulturell und ethnisch homogenen Gesellschaften. Die Frage, ob es rational ist, dass amerikanische Juden den politischen, religiösen und kulturellen Pluralismus bevorzugen, wird in Kapitel 7 dieses Buches weiter ausgeführt, in dem es um die Beteiligung der Juden an der Einwanderungspolitik der Vereinigten Staaten geht. Hier geht es uns darum, dass die Vorstellung, dass die Förderung des gesellschaftlichen Pluralismus dem kollektiven jüdischen Interesse entspricht, bei der Bestimmung des politischen Verhaltens in dieser Frage Vorrang vor dem reinen, wohlverstandenen wirtschaftlichen Interesse hat.

Earl Raab schreibt in seinem Artikel 'Are American Jews Still Liberals?' (*Commentary* 101 - 1996) nichts anderes, wenn er das politische Verhalten der Juden mit Sicherheitsbedenken erklärt, die mit ihrer langen Erinnerung an die Verbindung der republikanischen Partei mit dem christlichen Fundamentalismus und mit der Verwurzelung dieser Partei in "nativistischen und einwanderungsfeindlichen" Positionen zusammenhängen. Diese Besonderheit der Unterstützung für die Demokratische Partei ist also ein Aspekt des ethnischen Konflikts zwischen Juden und Teilen der kaukasischen Bevölkerung europäischer Herkunft in den Vereinigten Staaten, nicht eines wirtschaftlichen Konflikts. Außerdem scheinen wirtschaftliche Fragen hier bedeutungslos zu sein, da die Variable des sozialen Status bei der Unterstützung der Demokratischen Partei unter Juden keine Rolle spielt (Raab, a. a. O., S. 45).

Allerdings trennt das jüngste Wahlverhalten der Juden ihre wirtschaftlich linken Ideen zunehmend von Fragen des kulturellen Pluralismus, der Einwanderung und der Trennung von Kirche und Staat. Jüngste Umfragen und Daten zur jüdischen Stimmabgabe deuten darauf hin, dass Juden die rechte Seite der Republikanischen Partei weiterhin als "eine Bedrohung für den amerikanischen Kosmopolitismus" sehen, weil sie in ihr die Verteidigerin einer homogenen christlichen Kultur sehen, die sich gegen Einwanderung wendet (Beinart, 'New Bedellows: the new Latino-Jewish Alliance', *The New Republic* - 1997). Dies hindert jüdische Wähler jedoch nicht daran, im Durchschnitt eher eine konservative Steuerpolitik und weniger staatliche Projekte zur Umverteilung des Wohlstands zu befürworten als der Durchschnitt der Afroamerikaner oder der weißen Amerikaner. Das neuere jüdische politische Verhalten ist also sowohl wirtschaftlich als auch in seinem Gegensatz zu den ethnischen Interessen der weißen Amerikaner, die auf die Entwicklung einer ethnisch und kulturell homogenen Gesellschaft hinauslaufen, interessiert.

Über die Förderung ihrer spezifischen kollektiven Interessen hinaus haben Prozesse der sozialen Identität unabhängig zum politischen Verhalten der Juden beigetragen. Man kann diese Prozesse nicht außer Acht lassen, wenn man Rechenschaft darüber ablegt, dass die jüdische Arbeiterbewegung weitaus radikaler war als der Rest der amerikanischen Arbeiterbewegung. N. Levin weist auf die Tiefe der jüdischen Identität und ihres Separatismus bei den Juden der radikalen Linken hin sowie auf ihre absolute Antipathie gegenüber der Gesellschaftsordnung der Nichtjuden. Er schreibt, dass "ihre sozialistischen Ideen [...] eine Kluft zwischen ihnen und den anderen amerikanischen Arbeitern schufen, die keine radikale Veränderung der Gesellschaftsordnung wollten. Obwohl jüdische Gewerkschaften der AFL beigetreten waren, fühlten sie sich ideologisch nie in diesem Verband zu Hause, der keine radikale Umgestaltung der Gesellschaft anstrebte und in seiner Weltanschauung nicht internationalistisch war" (*While Messiah Tarried: Jewish Socialist Movements, 1871-1917*, S. 213). Wir haben bereits erwähnt, dass die Neue Linke die Ziele und Interessen der Arbeiterklasse völlig aufgegeben hatte, nachdem diese Gruppen durch die Erfolge der Gewerkschaftsbewegung größtenteils zufriedengestellt worden waren.

Wiederum gibt es starke Gründe, die uns darauf hinweisen, dass die Sozialkritik und die Gefühle der kulturellen Entfremdung unter Juden tiefe psychologische Wurzeln haben, die weit über diese oder jene wirtschaftlichen oder politischen Einzelinteressen hinausgehen. Wie wir im ersten Kapitel behauptet haben, enthält eine dieser psychologischen Komponenten eine tiefe Abneigung gegen die von Nichtjuden dominierte Gesellschaftsordnung, die als antisemitisch gilt. Es ist der Wunsch nach "bösartiger Rache", der Disraeli zufolge "die Juden abscheulich und so feindlich gegen die Menschheit" machte.

Erinnern wir uns an Lipsets Beschreibung dieser "Familien, in denen das abscheuliche rassistische, antidemokratische, unmoralische und korrupte Amerika zum Frühstück gegessen wurde, sei es in Scarsdale, Newton, Great Neck oder Bervely Hills." Diese Familien sahen sich selbst als von der amerikanischen Kultur im Allgemeinen getrennt, sie sahen auch die konservativen Kräfte als diejenigen, die versuchten, diese bösartige Kultur zu verewigen. Die traditionelle Kultur der Vereinigten Staaten - und insbesondere die politische Basis des kulturellen Konservatismus, die historisch mit Antisemitismus verbunden ist - wurde als Manifestation einer negativ bewerteten Exogruppe wahrgenommen, ganz ähnlich wie im Fall des traditionellen Judentums gegenüber dem Heidentum.

Diese auf die nichtjüdisch dominierte Gesellschaft gerichtete Antipathie ging oft mit dem starken Wunsch einher, die Missetaten der alten Gesellschaftsordnung zu rächen. Für viele Juden der Neuen Linken "verspricht die Revolution, das Leid zu rächen und das Unrecht wiedergutzumachen, das den Juden so lange mit Billigung oder

Ermutigung oder sogar unter dem Kommando der Autoritäten der vorrevolutionären Gesellschaften zugefügt worden war" (Cohen, *Jewish Radicals and Radical Jews*, S. 208). Interviews mit Mitgliedern der Neuen Linken ergaben, dass sie nicht selten Träume hegten, in denen die Revolution "Demütigung, Enteignung, Inhaftierung oder Hinrichtung der Unterdrücker" (*ebd.*, S. 208) mit sich bringen würde, begleitet von der Vorstellung ihrer eigenen Omnipotenz und ihrer Fähigkeit, eine nichtoppressive Gesellschaftsordnung zu schaffen. Diese Ergebnisse erinnern uns daran, dass Rache für den Antisemitismus eine starke Motivation unter den Juden war, die im kommunistischen Polen das Gros der Sicherheitskräfte stellten, wie wir bereits gesehen haben. Ich möchte noch hinzufügen, dass sie perfekt mit meinen eigenen Erfahrungen mit Aktivisten der Neuen Linken an der Universität von Wisconsin in den 1960er Jahren übereinstimmen.

Die Theorie der sozialen Identität sagt voraus, dass die allgemeine Zuschreibung negativer Eigenschaften an die Exogruppe mit der Zuschreibung positiver Eigenschaften an die jüdische Endogruppe einhergehen muss. Sowohl die jüdischen Kommunisten in Polen als auch die Radikalen der Neuen Linken pflegten die Vorstellung von ihrer eigenen kulturellen Überlegenheit, die an die traditionellen jüdischen Vorstellungen von der Überlegenheit ihrer Endogruppe anknüpfte. Die jüdischen Interpretationen ihrer oppositionellen Aktivitäten in den USA betonten entweder ihre historische Situation als Opfer des nichtjüdischen Antisemitismus oder ihr moralisches Heldentum, aber "in beiden Fällen ist das Bild das Gegenteil von dem des Antisemiten. Die Juden haben keine Fehler. Ihre Motive sind rein, ihr Idealismus authentisch" (Rothman & Lichter, *op. cit.*, S. 118). Studien jüdischer Autoren über jüdische Linke neigten dazu, wenn ökonomische Erklärungen nicht ausreichten, den jüdischen Radikalismus unbewiesen der "freien Wahl einer gut begabten Minderheit" (*ebd.* S. 118) zuzuschreiben - nur ein Beispiel dafür, dass die Zugehörigkeit zur jüdischen Gruppe die sozialwissenschaftliche Forschung so beeinflusst, dass sie den Interessen dieser Gruppe dient.

Darüber hinaus sollte man genau beachten, dass eine utopische und universalistische Ideologie wie der Marxismus ein ideales Vehikel im Dienste der jüdischen Tendenz ist, ein positives Selbstbild zu entwickeln, während sie ihre positive Identität als Juden und ihre negative Bewertung der sozialen Strukturen der Nichtjudenheit beibehält. Einerseits fördert die utopische Natur der linken Ideologie, die in scharfem Kontrast zu den tatsächlich existierenden Sozialsystemen der Nichtjudenheit steht (die zwangsläufig mit Unvollkommenheit behaftet sind), die Entwicklung einer positiven Identität innerhalb der Endogruppe. Indem sie universalistische ethische Grundsätze zur Schau stellt und verteidigt, fördert die radikale linke Ideologie dieses Gefühl der moralischen Rechtschaffenheit und die positive Gruppenidentität. Psychologen sind zu dem Schluss gekommen, dass das Gefühl der moralischen Rechtschaffenheit ein wichtiger Bestandteil des Selbstwertgefühls ist (z. B. Harter: 'Developmental Perspectives on the self-system' in *Handbook of Child Psychology: Socialization, Personality & Social Development*), und ich behaupte, dass das Selbstwertgefühl ein motivierender Faktor in sozialen Identitätsprozessen ist (*Separation and Its Discontents*, Kap. 1).

Wie im Fall der Psychoanalyse waren auch die linken Bewegungen mit messianisch-erlösenden Obertönen aufgeladen, die große Träger von Stolz und Loyalität gegenüber der Endogruppe waren. Die Mitglieder des russischen *Bundes* und ihre Nachkommen in den USA empfanden einen intensiven persönlichen Stolz und waren davon überzeugt, "an der moralischen und politischen Spitze eines großen historischen Wandels" zu stehen. Sie hatten eine Mission, aus der sie und diejenigen, die an sie glaubten, ihre Inspiration schöpften" (Liebman, a. a. O., S. 133).

Stolz auf die Endogruppe und messianischer Eifer sind zweifellos zu allen Zeiten wesentliche Bestandteile des Judentums. Wie Schatz in seinen Beschreibungen des revolutionär-kommunistischen jüdischen Untergrunds in Polen während der Zwischenkriegszeit feststellt:

> Die Bewegung [...] war Teil eines weltweiten Kampfes für nichts Geringeres als die Veränderung der Grundfesten der menschlichen Gesellschaft. Diese Situation erzeugte gemischte Gefühle von revolutionärer Einsamkeit und Mission, intensivem Zusammenhalt, Brüderlichkeit und der Bereitschaft, sich auf dem Altar des Kampfes zu opfern". Was die Juden von anderen Kommunisten unterschied, war nicht nur ihr Wunsch nach einer von Antisemitismus befreiten postrevolutionären Welt, sondern auch "ihre unverwechselbare [emotionale] Intensität, die in messianischen Erwartungen wurzelte". (Schatz, a. a. O., S. 140)

Wie einer seiner Befragten erklärte: "Ich glaubte an die Partei und an Stalin, so wie mein Vater an den Maschiach glaubte" (*ebd.* S. 140).

Wie die traditionellen jüdischen Gesellschaftsstrukturen waren diese jüdischen Linksgruppen stark hierarchisch und autoritär geprägt und entwickelten eine eigene Sprache. Wie im traditionellen Judentum galt das kontinuierliche und persönliche Studium als strukturierendes Merkmal der Bewegung. "Das Studium war ein Ehrenpunkt und eine Pflicht" (*ebd.*, S. 117). Ihre Diskussionen spiegelten die traditionellen Methoden des Torastudiums wider: Auswendiglernen langer Textpassagen, verbunden mit Analyse- und Interpretationsarbeit, die in einer Atmosphäre intensiven intellektuellen Wettbewerbs stattfand, die dem traditionellen Pilpul sehr ähnlich war. Ein Novize drückte es so aus: "Wir waren die *Jeschiwa Bukhers* [Schüler] und sie [die erfahreneren intellektuellen Mentoren] waren die Rabbiner" (*id.* S. 139).

Wie die Theorie der sozialen Identität vermuten lässt, gab es in diesen Kreisen ein hohes Maß an Bewusstsein für die Endogruppe und die Exogruppe, das sich durch eine abgehobene Vision der moralischen Korrektheit der Endogruppe in Verbindung mit einer absoluten Feindseligkeit und Ablehnung der Exogruppe auszeichnete. In der Zeit nach dem Zweiten Weltkrieg betrachteten die polnisch-jüdischen Kommunisten ihre Wirtschaftsplanung "in geradezu mystischen Begriffen. Der wissenschaftlich ausgearbeitete Plan würde unfehlbar die gesellschaftlichen Verhältnisse von Grund auf umstrukturieren und das Land auf den Sozialismus vorbereiten" (*id.* S. 249). Die schwierigen wirtschaftlichen Auswirkungen des Plans auf die Bevölkerung waren nur ein Anlass für die Partei, ihre Hoffnungen aufzuschieben: "Sie entwickelte eine kompromisslose Härte gegenüber denen, die die Schwierigkeiten der Gegenwart bedauerten, und eine unversöhnliche Feindseligkeit gegenüber denen, die sie als Feinde ansahen. Unter diesen Umständen mischte sich ihr glühender Wille, Glück und Harmonie zu schaffen, mit Misstrauen und Argwohn gegenüber ihren Nutznießern und Hass gegenüber ihren tatsächlichen, möglichen oder eingebildeten Gegnern" (*id.* S. 250).

Um unter diesen Umständen ein guter kommunistischer Revolutionär zu sein, musste man sich intensiv für eine zusammengeschweißte und autoritäre Gruppe einsetzen, die intellektuelle Leistungen wertschätzte und einen erbitterten Hass auf Feinde und Exogruppen zeigte, während sie gleichzeitig sehr positive Gefühle gegenüber der Endogruppe hegte, die als moralisch und intellektuell überlegen galt. Diese Gruppen agierten als kämpfende Minderheiten, die die sie umgebende Gesellschaft als feindlich und bedrohlich betrachteten. Die Zugehörigkeit zu diesen Gruppen erforderte ein gewisses Maß an Selbstaufopferung und sogar Altruismus. Alle diese Merkmale finden sich konstitutiv in den traditionelleren jüdischen Gruppen.

Um sich von der Bedeutung sozialer Identitätsprozesse zu überzeugen, findet man bei Charles Liebman die Idee, dass linke und universalistische Ideologien es Juden ermöglichen, traditionelle soziale Kategorisierungen zu unterwandern, die sie in einem ungünstigen Licht erscheinen lassen. Die Übernahme solcher Ideologien durch Juden drückt den Wunsch aus, die Gefühle der Entfremdung der Juden "von den Wurzeln und Traditionen der [nichtjüdischen] Gesellschaft" zu überwinden (*The Ambivalent American Jew : Politics, Religion and Family in American Jewish Life*, S. 153).

Der Jude setzt seine Suche nach einem Ethos oder einer Ethik fort, die nicht nur universell oder zur Universalität fähig ist, sondern auch eine besondere Schärfe gegen die alten Traditionen der Gesellschaft verleiht, eine Suche, deren Intensität durch die Behandlung der Juden durch die Nichtjuden noch verstärkt wird. (ebd. S. 157)

Dieses Bemühen, die negativen sozialen Kategorisierungen, die einer Exogruppe auferlegt werden, zu unterlaufen, ist ein zentraler Aspekt der Theorie der sozialen Identität.

Die universalistische Ideologie funktioniert also als eine Form des säkularisierten Judentums. Sektiererische Formen des Judentums werden aufgrund ihrer Tendenz, Antisemitismus zu produzieren, ihrer geringen Anziehungskraft in der modernen Welt und ihrer Unfähigkeit, Nichtjuden anzuziehen und somit die nichtjüdische Gesellschaft so zu verändern, dass sie den kollektiven jüdischen Interessen dient, als bloße "Überlebensstrategien" (*ebd.,* S. 157) abgelehnt. Auch wenn die universalistische Ideologie formal den aus der Aufklärung hervorgegangenen Idealen entspricht, lässt die Beibehaltung des traditionellen jüdischen Separatismus und seiner Assoziationsmuster unter denjenigen, die dieser Ideologie anhängen, darauf schließen, dass ein Element der Täuschung oder des Selbstbetrugs durchaus vorhanden ist.

Juden ziehen es vor, sich mit anderen Juden zusammenzutun, um offen nichtjüdische (aber jüdisch verbürgte) Geschäfte zu betreiben, wobei sie den Eindruck erwecken, dass ihr Judentum mit diesen Geschäften nichts zu tun hat. An solchen Geschäften sind jedoch vor allem die Juden beteiligt, die sich am weitesten von ihren eigenen Traditionen entfernt haben und aus diesem Grund nach einem Wert suchen, der jüdische Zustimmung erhält und nicht offen die Bindungen der jüdischen Gruppe zerstört. (id. S. 159)

Die universalistische Ideologie ermöglicht es den Juden also, ihrer Entfremdung oder Entfernung von der nichtjüdischen Gesellschaft zu entgehen, ohne dabei aufzuhören, eine starke jüdische Identität aufrechtzuerhalten. Institutionen, die kollektive Verbindungen zwischen Nichtjuden fördern (wie der Nationalismus und die traditionellen religiösen Vereinigungen der Nichtjuden), werden aktiv bekämpft und unterwandert, während die strukturelle Integrität des jüdischen Separatismus aufrechterhalten wird. Ein dauerhaftes Merkmal der radikalen linken Theorie seit Marx war die Befürchtung, dass der Nationalismus als sozialer Kitt fungieren könnte, der zu einem Kompromiss zwischen den sozialen Klassen führen und eine hochgradig vereinheitlichte Gesellschaftsordnung hervorbringen könnte, die auf hierarchischen und harmonischen Beziehungen zwischen den bestehenden sozialen Klassen beruht. Nur diese Art von stark zusammengeschweißter nichtjüdischer sozialer Organisation konterkariert das Judentum als evolutionäre Gruppenstrategie.

Sowohl die Alte Linke als auch die Neue Linke haben ihre Anstrengungen verdoppelt, um den Zusammenhalt der nichtjüdischen Gesellschaftsstruktur zu untergraben, insbesondere den *Modus Vivendi, der* in den 1960er Jahren zwischen Arbeitgebern und Gewerkschaften erreicht wurde. Wir haben auch gesehen, dass der polnische kommunistische Staat unter jüdischer Führung die Feindseligkeiten gegen den polnischen Nationalismus und gegen die politische und kulturelle Macht der katholischen Kirche, der wichtigsten kohäsiven

Kraft der traditionellen polnischen Gesellschaft, eingeleitet hat.

Schließlich empfahl sich, wie Rothman und Lichter betonen, der Marxismus besonders als Grundlage für eine Ideologie, die die negativen sozialen Kategorisierungen der nichtjüdischen Exogruppe unterwandern kann, weil in seinem Rahmen die Gegensätze Juden - Nichtjuden an Schärfe verlieren, während der Zusammenhalt der jüdischen Gruppe und ihr Separatismus trotzdem fortbestehen können.

Durch die Übernahme von Varianten der marxistischen Ideologie können Juden die Realität der kulturellen und religiösen Unterschiede zwischen Juden und Christen leugnen. Diese Unterschiede werden zu 'Epiphänomenen' im Vergleich zum grundlegenden Gegensatz zwischen Arbeitern und Kapitalisten. Folglich sind Juden und Nichtjuden letztlich in Wirklichkeit Brüder. Selbst wenn sie diese marxistische Position nicht einnahmen, schwenkten viele Juden in einen radikalen Environmentalismus ein, der die gleiche Art von Nutzen hatte. (*op. cit.* S.119)

Eine solche Strategie ist aus der Sicht der Theorie der sozialen Identität durchaus sinnvoll. Die Forschung zu Gruppenkontakten hat folgende Konstante herausgearbeitet: Je weniger scharf die sozialen Kategorien, die die Gruppen definieren, in Erscheinung treten, desto geringer ist der Grad der Differenzierung zwischen den Gruppen, was positive Interaktionen zwischen Mitgliedern verschiedener Gruppen begünstigt. Im Extremfall würde die Annahme einer universalistischen Ideologie durch die Nichtjuden ihrerseits dazu führen, dass die Juden nicht mehr als eigenständige soziale Kategorie wahrgenommen werden, während die Juden eine starke persönliche Identität als Juden aufrechterhalten könnten.

Teil 5

Soziale Identitätsprozesse, wahrgenommene jüdische Kollektivinteressen und die radikale jüdische Linke (Fortsetzung und Ende)

Zusammengenommen sind diese Merkmale der Physiognomie der jüdischen radikalen Linken ein anschauliches Beispiel für die Rolle, die soziale Identitätsprozesse in der radikalen Linken spielen, die sowohl in der Analyse der jüdischen Überrepräsentation in der radikalen Linken als auch in der Analyse des jüdischen Tropismus zugunsten des radikalen Umweltalismus in den Sozialwissenschaften, die wir in Kapitel II durchgeführt haben, deutlich zum Vorschein kommen. Wir haben gezeigt, dass die an diesen intellektuellen Bewegungen beteiligten Juden in einen subtilen Prozess der Täuschung der Nichtjuden (vielleicht begleitet von Selbsttäuschung) involviert waren und dass diese Bewegungen Vehikel einer Form von Krypto-Judaismus waren.

Um es mit den Worten der Theorie der sozialen Identität zu sagen: Es handelt sich um eine ideologische Schöpfung, bei der die Bedeutung der sozialen Kategorisierung Jude-Nichtjude herabgesetzt wird und die negativen Zuschreibungen bezüglich der Zugehörigkeit zur jüdischen Gruppe verschwinden. Da die Bedeutung der Zugehörigkeit zur ethnischen Gruppe als soziale Kategorie minderwertig ist, wird das wohlverstandene ethnische Interesse bei Nichtjuden als grundsätzlich fehlgeleitet interpretiert, weil es die Priorität des Klassenkonflikts zwischen Nichtjuden nicht anerkennt. Die Juden ihrerseits können Juden bleiben, weil Jüdischsein nicht mehr etwas Wichtiges ist. Gleichzeitig werden die traditionellen Institutionen des sozialen Zusammenhalts im Nichtjudentum unterwandert und die nichtjüdische Gesellschaft wird als stärker von Interessendivergenzen zwischen sozialen Klassen durchdrungen als durch eine Interessengemeinschaft und Gefühle sozialer Solidarität zwischen verschiedenen Klassen zusammengeschweißt gesehen.

Rothman und Lichter weisen zur Untermauerung dieser These darauf hin, dass Minderheitengruppen auf der ganzen Welt diese Technik der Übernahme universalistischer Ideologien routinemäßig anwenden. Trotz des universalistischen Anstrichs sind diese Bewegungen keineswegs assimilationistisch. Beide Autoren sind der Ansicht, dass Assimilation, die als vollständige Absorption und Verlust der Identität als Minderheitengruppe definiert wird, etwas anderes ist als die Beteiligung an universalistischen politischen Bewegungen. Universalistische Ideologien könnten durchaus Nebelwände sein, die das Fortbestehen solcher Gruppenstrategien erleichtern, die parallel dazu ihre eigene Bedeutung verleugnen, und zwar sowohl bei Mitgliedern der Endogruppe als auch bei Mitgliedern der Exogruppe. Das Judentum als Strategie einer ethnisch basierten, zusammengeschweißten Gruppe kann so fortbestehen, wenn auch auf kryptische oder halb-kryptische Weise.

Levin stimmt dem zu: "Marx' Interpretation [des Judentums als Kaste] bot sozialistischen Denkern ein leichtes Schlupfloch, um die jüdische Frage zu übergehen oder zu untertreiben." In Polen bedauerte die jüdisch dominierte Kommunistische Partei die Beteiligung von Arbeitern und Bauern an den Pogromen der 1930er Jahre, weil sie nicht im Sinne ihrer Klasseninteressen handelten. Nach dieser Interpretation stammen ethnische Konflikte aus dem Kapitalismus und enden nach der kommunistischen Revolution. In der deutschen sozialdemokratischen Bewegung des späten 19. Jahrhunderts gab es wenig Antisemitismus, weil die marxistische Theorie alle Phänomene erklärte; die Sozialdemokraten "brauchten keinen Antisemitismus, d. h. keine andere allumfassende Theorie, um zu erklären, was mit ihnen geschah" (Dawidowicz, *The War against the Jews*, 1933-1945, S. 42). Die Sozialdemokraten sahen das Judentum nie als eine Nation oder ethnische Gruppe, sondern als eine religiöse und wirtschaftliche Gemeinschaft.

In der Theorie wird also davon ausgegangen, dass Antisemitismus und andere ethnische Konflikte mit dem Aufkommen der sozialistischen Gesellschaft verschwinden. Es ist möglich, dass eine solche Interpretation dazu diente, den Antisemitismus zu verringern. Levy argumentiert, dass der Antisemitismus in den nichtjüdischen Arbeiterbezirken, die von den Sozialdemokraten gehalten wurden, durch die Aktivitäten der Parteiführer und sozialistischen Theoretiker verringert wurde, die die politischen und wirtschaftlichen Probleme dieser Gruppe in den Begriffen eines Konflikts zwischen Klassen und nicht zwischen Juden und Nichtjuden definierten und jede Zusammenarbeit mit antisemitischen Parteien ablehnten.

Trotzki und andere Juden in der Sozialdemokratischen Arbeiterpartei Russlands sahen sich als Vertreter des jüdischen Proletariats innerhalb der sozialistischen Bewegung, widersetzten sich aber dem separatistischen und nationalistischen Programm des russisch-jüdischen *Bundes*. Arthur Liebman ist der Ansicht, dass diese assimilationistischen Sozialisten bewusst eine postrevolutionäre Gesellschaft ins Auge fassten, in der das Judentum weiterhin existieren würde, allerdings in einer weniger sozial differenzierten Weise:

Für sie bestand die ultimative Lösung der Judenfrage in einer internationalistischen sozialistischen Gesellschaft, in der die Unterscheidung zwischen Juden und Nicht-Juden als bedeutungslos gelten würde. Um den Aufbau einer solchen Gesellschaft zu beschleunigen, mussten diese assimilationistischen Sozialisten die ethnischen und religiösen Unterschiede zwischen ihnen und den Nichtjuden für vernachlässigbar halten (*Jews and the Left*, S. 122-123).

Ähnlich war es nach der Revolution: "Nachdem die russischen Bolschewiki ihre Herkunft und Identität aufgegeben hatten, sich aber nicht vollständig im russischen Leben (mit Ausnahme der Parteizirkel) wiederfanden, richteten sie ihr Quartier im revolutionären Universalismus ein. Sie träumten von einer klassen- und staatenlosen Gesellschaft, unterstützt durch den Glauben und die marxistische Lehre, die über die Besonderheiten und Lasten der jüdischen Existenz hinausging." (Levin, *The Jews in the Soviet Union since 1917: Paradox of Survival*, S. 49)

Diese Personen, zusammen mit vielen ehemaligen, sehr nationalistischen Bundisten, verwalteten schließlich Projekte, die sich auf das jüdische nationale Leben in der Sowjetunion bezogen. Es ist daher anzunehmen, dass sie trotz ihrer Ablehnung des radikalen jüdischen Separatismus der Bundisten und Zionisten die Kontinuität des säkularisierten jüdischen nationalen Lebens in der Sowjetunion befürworteten.

Dieser Glaube an die Unsichtbarkeit des Judentums in einer sozialistischen Gesellschaft findet sich auch in der radikalen jüdischen Linken in den USA. Die jüdisch-amerikanischen Sozialisten der 1890er Jahre beispielsweise sahen eine Gesellschaft vor, in der die Rasse keine Rolle spielte und in der Juden und Nichtjuden innerhalb einer klassenbasierten Arbeiterbewegung in ihren jeweiligen Sphären blieben. Dabei wurde nicht einmal dieses geringe Maß an Assimilation erreicht, sondern die Aktivisten arbeiteten in einem rein jüdischen Umfeld und hielten enge Verbindungen zur jüdischen Gemeinschaft aufrecht. "Ihre Aktionen wichen von ihrer Ideologie ab. Je tiefer ihr Wirken unter den jüdischen Arbeitern war, desto lauter waren ihre sozialistischen und universalistischen Glaubensbekenntnisse" (Liebman, *op. cit.*, S. 256-57). Die Lücke zwischen Rhetorik und Realität weist auf die sehr wahrscheinliche Präsenz von Täuschung und Selbstbetrug in diesen Phänomenen hin.

Diese sozialistischen Arbeiteraktivisten gaben ihre universalistische Rhetorik nie auf, weigerten sich aber, ihre Gewerkschaften in die Arbeiter- und Gewerkschaftsbewegung einzugliedern, selbst nachdem der Rückgang des Jiddischen unter ihren Mitgliedern diese letzte Ausrede entkräftet hatte. In ihren Gewerkschaften betrieben sie Identitätspolitik, um ihre eigene ethnische Gruppe an der Macht zu halten, was in völligem Widerspruch zu ihrer sozialistischen Rhetorik stand. Schließlich schwächte sich die Bindung vieler von ihnen an den Sozialismus ab und wurde durch ein starkes jüdisches Ethno- und Gemeinschaftsgefühl ersetzt.

Daraus wird ersichtlich, dass der Firnis des Universalismus den unveränderten Separatismus der Intellektuellen der radikalen jüdischen Linken und ihrer politischen Aktivisten überdeckte.

Nichtjüdische Linksintellektuelle werden selbst von ihren jüdischen Freunden mit derselben säkularen und humanistischen Ausrichtung nie vollständig akzeptiert. Juden haben die Angewohnheit, auf indirekte und oft unerklärliche Weise auf ihre eigene Einzigartigkeit hinzuweisen. Der jüdische Universalismus in den Beziehungen zwischen Juden und Nichtjuden klingt hohl [...] Man trifft sogar auf die Anomalie säkularer und atheistischer Juden, die ihre eigenen Gebetsbücher schreiben. Es gibt jüdische politische Reformer, die sich von ihrer Partei mit ausgeprägten Gemeinschaftstendenzen abspalten und universelle politische Ziele verfolgen können, während sie gleichzeitig ihre eigenen politischen Clubs organisieren, deren Arbeitsstil so jüdisch ist, dass sich Nichtjuden dort nicht willkommen fühlen. (Liebman, a.a.O., S. 158)

Folglich kann man den Universalismus als einen Mechanismus im Dienste der jüdischen Verewigung betrachten, der mit Hilfe einer Vertuschung ["Krypsis"] oder Halbvertuschung funktioniert. Der jüdische Linke erscheint in den Augen des Nichtjuden nicht als Jude, was einerseits den Antisemitismus ausklammert und andererseits seine jüdische Identität festhält und beherbergt. Lyons erklärt, dass

> Die meisten jüdischen Kommunisten stellten ihr Judentum kaum zur Schau, sondern lebten es tief. Es war fast nie ein religiöses oder gar institutionelles

Judentum, sondern wurzelte in einer Subkultur der Identität, des Stils, der Sprache und des Umgangs [...] Tatsächlich war dieses antiethnische Judentum der zweiten Generation paradoxerweise der Gipfel der Ethnizität. Der Kaiser glaubte, er sei in einen amerikanischen, trans-ethnischen Anzug gekleidet, aber die Nichtjuden sahen die Nuancen und Details seiner nackten Ethnizität. (*Philadelphia Communists, 1936-1956*, S. 73)

Diese Bemerkungen manifestieren ein Element der Tarnung ["crypsis"], eine Disjunktion zwischen der öffentlichen und der privaten Person, begleitet von Selbstbetrug, oder wie Horowitz es ausdrückt: "eine duale Haltung, die eine Seite der Außenwelt und eine andere dem Stamm gegenüber zeigt".

Doch eine solche Haltung hat ihren Preis. Wie Albert Memmi feststellt:

Der linke Jude muss sich diesen Schutz durch Bescheidenheit und Anonymität erwerben, indem er sich gegenüber den Angelegenheiten seines Volkes gleichgültig verhält [...] Wie ein Armer, der in eine bürgerliche Familie eintritt, die von ihm verlangt, dass er den guten Geschmack hat, sich unsichtbar zu machen.

Aufgrund der Natur ihrer Ideologie waren die linken Juden trotz ihrer starken jüdischen Identifikation gezwungen, die Bedeutung spezifisch jüdischer Themen wie den Holocaust oder Israel herunterzuspielen. Es ist dieser Aspekt der linksintellektuellen jüdischen Bewegungen, der den kommunitaristischen Juden am meisten missfällt. Die Identifikation mit der Ethnie war oft unbewusst, ein Kennzeichen des Selbstbetrugs. Lyons, der die amerikanischen jüdischen Kommunisten untersuchte, stellte fest, dass in seiner Stichprobe die Bedeutung der ethnischen Tatsache im Allgemeinen und des Judentums im Besonderen alle Antworten durchdrang. Viele Kommunisten erklärten, dass sie keine Frau hätten heiraten können, die nicht links war. Als Juden gefragt wurden, ob sie eine Nichtjüdin hätten heiraten können, zögerten viele von ihnen und waren erstaunt über die Frage, die sie nur schwer beantworten konnten. Nach einigem Nachdenken kamen viele zu dem Schluss, dass sie die Idee einer jüdischen Ehe als selbstverständlich hingenommen hatten. Eine andere Möglichkeit war nie in Betracht gezogen worden, vor allem nicht von den Männern.

Darüber hinaus wurde bewusst versucht, die jüdische Beteiligung an radikalen linken Bewegungen durch Täuschung unsichtbar zu machen: Einer Bewegung, die weitgehend jüdisch war, wurde ein amerikanisches Gesicht aufgedrückt. Sowohl die Sozialistische Partei als auch die KPdSU ermutigten ihre jüdischen Mitglieder aktiv, nichtjüdisch klingende Namen anzunehmen (das Phänomen war auch in Polen zu beobachten, s. *o.*, und in der Sowjetunion, s. *o.*). Obwohl sie zeitweise mehr als die Hälfte der Mitglieder beider Parteien stellten, stellten beide nie jüdische Kandidaten für die Präsidentschaftswahlen auf und kein Jude war nach 1929 Führer der KPdSU. Man holte Nichtjuden von weit her und gab ihnen auffällige Führungspositionen in den von Juden dominierten sozialistischen Organisationen New Yorks. Nicht wenige dieser Nichtjuden verließen diese Organisationen, da sie erkannten, dass sie in diesen grundsätzlich jüdischen Organisationen nur eine Rolle als Anhängsel spielten.

Liebman stellt fest, dass die Neue Linke sehr darauf achtete, niemals jüdische Themen anzusprechen. Ihre Ideologie minderte die ethnischen und religiösen Fakten und betonte soziale Kategorien und politische Themen wie den Vietnamkrieg oder die Diskriminierung der Schwarzen, die zwar unter Nichtjuden sehr spaltend wirkten, aber die jüdische Identität nicht berührten. Darüber hinaus bedrohten diese Themen nicht die Interessen der jüdischen Bourgeoisie, insbesondere der Zionisten.

Die jüdische Identität war zwar bei den Aktivisten stark ausgeprägt, wurde aber von der Öffentlichkeit nicht wahrgenommen. Und wie bereits gesagt, als die Bewegung begann, Positionen zu vertreten, die mit den jüdischen Interessen unvereinbar waren, lockerten die Juden ihre Verbindungen zu ihr. Als bemerkenswertes Beispiel für die Unsichtbarkeit von Gruppendynamiken bei der jüdischen Beteiligung an der extremen Linken beschreibt Liebman studentische Aktivisten, die keine Ahnung hatten, dass ihre Aktionen den Antisemitismus schüren könnten, da unter ihnen Juden überrepräsentiert waren. (Liebman weist jedoch darauf hin, dass sich auch andere Juden mit diesem Thema befassten). Aus ihrer Sicht war ihre Tarnung ["Krypsis"] erfolgreich: Sie stellten sich vor, dass ihr Judentum von der Welt unbemerkt blieb, obwohl es in ihren eigenen Augen immer noch eine große Bedeutung hatte. Auf theoretischer Ebene handelt es sich um einen Schulfall von Selbstbetrug, den wir in unserem Buch *Separation and its Discontents* als integralen

Bestandteil der jüdischen religiösen Ideologie *und* der Reaktionen auf den Antisemitismus betrachtet haben.

Die Täuschung scheint insgesamt ein Misserfolg gewesen zu sein, wenn nicht für die Neue Linke, so doch zumindest für die Alte Linke. Radikale jüdische Intellektuelle und ihre nichtjüdischen Pendants hielten in den Organisationen der Alten Linken Abstand voneinander. Einige nichtjüdische Intellektuelle waren von dieser Bewegung *wegen* ihrer Beschönigung angetan, aber der grundsätzlich jüdische Charakter dieses Milieus war größtenteils ein Hindernis. Der jüdische Kommunitarismus dieser radikalen Aktivisten, ihr Hang zur Abgrenzung und ihre negative Einstellung gegenüber dem christlichen Heidentum hinderten sie daran, gute Anwerber in der nichtjüdischen Arbeiterklasse zu sein. Wie der Vater von David Horowitz, einem Kommunisten, bei einem Besuch in Colorado in den 1930er Jahren schrieb:

> Ich habe das Gefühl, in einem fremden Land zu sein. Was mir auffällt, ist, dass wir, solange wir die Menschen in diesem Land nicht so weit kennengelernt haben, dass dieses Gefühl verschwindet, nirgendwohin gehen werden. Ich muss sagen, dass wir insgesamt keine patriotische Ader haben, womit ich eine tiefe Sympathie für das Land und die Menschen meine.

Ähnlich bemerkte der Ex-Kommunist Sydney Hook: "Es ist, als hätten sie keine Wurzeln in und kein Wissen über die Gesellschaft, die sie umgestalten wollten". Dasselbe galt für Polen, wo selbst die Bemühungen der "entsethnisiertesten" Kommunisten durch die traditionelle jüdische Einstellung gehemmt wurden, die auf die traditionelle polnische Kultur herabblickte.

Nach ihrer Aufnahme in die Partei fühlten sich viele Nichtjuden von der hochintellektuellen Atmosphäre abgestoßen und verließen die Partei. Unter der Annahme, dass der Linksradikalismus tatsächlich ein säkularisiertes Judentum ist und wie es die Theorie der sozialen Identität vermuten lässt, gibt es Beweise für eine feindliche Haltung gegenüber Nichtjuden innerhalb dieser Organisationen: "Unter jüdischen und linken Intellektuellen fand sich eine Mischung aus Feindseligkeit und Überlegenheit gegenüber Nichtjuden" (Liebman, *op. cit.*, S. 534).

In der Kommunistischen Partei gab es auch eine ethnische Trennung zwischen Juden und Schwarzen, die größtenteils auf die "paternalistische und missionarische Haltung" der jüdischen Führungskräfte zurückzuführen war (Lyons, a. a. O., S. 80). "In den Beziehungen zwischen Schwarzen und Juden spielten die Juden immer die Rolle des "Assistenten", "Lehrers" und "Führers" für die Schwarzen. Viele schwarze Intellektuelle hörten auf, die Kommunistische Partei zu hofieren, da sie nicht nur von den Kommunisten, sondern auch von den Juden genervt waren, die sie angeblich von oben herab behandelten. "Wie soll der durchschnittliche Neger die Anforderungen des kapitalistischen Systems verstehen, wie sie unterschiedslos für Juden und Nichtjuden in Amerika gelten [...], da sich diese beiden Gruppen seltsam wie Hitler-Arier verhalten, sobald es um die Farbigen geht?", fragte Langston Hughes, der nach einem Streit mit jüdischen Kommunisten verbrüht war.

Diese Herablassung der radikalen jüdischen Aktivisten der Bürgerrechtsbewegung wurde als eine Quelle der aktuellen Welle des Antisemitismus unter Afroamerikanern identifiziert.

Teil 6

Schlussfolgerung

Es ist nicht uninteressant, sich zu fragen, wie das Schicksal des Judentums in einer Gesellschaft aussah, die nach den Linien einer radikal universalistischen politischen Ideologie organisiert war. In der Sowjetunion spielten die Juden "eine wichtige, wenn nicht gar entscheidende Rolle in der Führung der drei wichtigsten sozialistischen Parteien, einschließlich der Bolschewiki" (Pinkus, *The Jews of the Soviet Union: A History of a National Minority*, S. 42).

Die Juden, so Rapoport, "dominierten" Lenins erstes Politbüro (*Stalin's War against the Jews: The Doctor's Plot and the Soviet Solution*, S. 30). Lenin selbst hatte eine jüdische Großmutter. Es wird berichtet, dass er sagte, dass "ein intelligenter Russe fast immer ein Jude ist oder jemand, der jüdisches Blut in den Adern hat" (*in* Pipes, *The Russian Revolution*, S. 352). Bei den Bolschewiki gab es im Verhältnis weniger Juden als in anderen revolutionären Parteien.

In der Tat gibt es Beweise für einen Gegensatz zwischen Juden und

Nichtjuden im Schisma zwischen Bolschewiki und Menschewiki, die internationalistischer eingestellt waren und im Verhältnis viel mehr Juden hatten. (Erinnern wir uns an den den Bolschewiki eigenen Internationalismus, siehe *oben*). Trotzdem waren Juden in der bolschewistischen Führung sehr stark vertreten, auch wenn in dieser Bewegung "die bloße Erwähnung der absoluten Zahl oder des Anteils der Juden nicht ausreicht, um bestimmte, wenn auch nicht quantifizierbare Schlüsselfaktoren zu erfassen, wie die Kühnheit der jüdischen Bolschewiki, ihre oft brillanten rednerischen Fähigkeiten, ihre Energie und ihre Überzeugungskraft" (Lindemann, *Esau 's Tears: Modern Anti-Semitism and the Rise of the Jews,* S. 429).

Die jüdischen Bolschewiki waren gebildeter als ihre nichtjüdischen Kollegen und sprachen eher andere Sprachen als Russisch. Wie wir im Kapitel1^{er} festgestellt haben, waren die Juden der radikalen Linken in den USA überdurchschnittlich intelligent, fleißig, engagiert und mobil - Charaktereigenschaften, die zweifellos zum Erfolg ihrer Organisationen beitrugen. Vier der sieben Mitglieder von Lenins Politbüro waren ethnische Juden, ohne ihn zu zählen, der zu einem Viertel jüdisch war und, wie Lindemann bemerkt, jüdisch genug war, um im Dritten Reich verdächtigt zu werden; Lenin wurde gemeinhin als Jude gesehen und etwa ein Drittel der fünfzig höchsten Führungskräfte waren Juden.

Darüber hinaus könnten hohe nichtjüdische Führer der bolschewistischen Bewegung, einschließlich Lenin, als verjudete Nichtjuden bezeichnet werden: "Dieser Begriff, von seinen hässlichen Konnotationen befreit, könnte dazu dienen, einen oft übersehenen Punkt hervorzuheben: Selbst in Russland gab es einige Nichtjuden, Bolschewiki oder nicht, die Juden respektierten, ihr Lob sangen, sich an ihnen ein Beispiel nahmen, sich um ihr Wohlergehen sorgten und mit ihnen Freundschaften oder intime Verbindungen unterhielten" (Lindemann, *op. cit., S. 434). a.a.O.,* S. 433). Lenin zum Beispiel pries offen und regelmäßig die Rolle der Juden in der revolutionären Bewegung. In der Partei war er einer der schärfsten und rigorosesten, wenn es darum ging, Pogrome und Antisemitismus im Allgemeinen anzuprangern. Nach der Revolution revidierte er seine anfängliche Zurückhaltung gegenüber dem jüdischen Nationalismus und akzeptierte die Idee einer legitimen jüdischen Nationalität unter der Sowjetmacht.

Auf dem Sterbebett fand Lenin freundliche Worte für den jüdischen Menschewiken Julius Martow, dem er trotz ihrer großen ideologischen Meinungsverschiedenheiten besondere Zuneigung entgegenbrachte.

Auf der Grundlage von Paul Johnsons wichtigem Werk hebt Lindemann Trotzkis "herausragende" Rolle bei der Planung und Führung des bolschewistischen Aufstands und seine Rolle als "brillanter militärischer Führer", der die Rote Armee aufstellte, hervor. Viele von Trotzkis Charakterzügen sind typisch jüdisch.

Angenommen, Antisemitismus leitet sich von Angst und Furcht und nicht von Verachtung ab, dann kann man das Ausmaß der Bedenken gegenüber Trotzki unter Antisemiten ermessen. Johnsons Worte sind bezeichnend. Er spricht von Trotzkis "dämonischer Macht" und verwendet denselben Begriff, um Sinowjews rednerische Kraft oder Uritskys rücksichtslosen Charakter zu beschreiben. Sein absolutes Selbstbewusstsein, seine wohlbekannte Arroganz und sein Überlegenheitskomplex waren bei Trotzki Charakterzüge, die oft mit Juden in Verbindung gebracht wurden. Es gab Fantasien über ihn und andere Bolschewiki, aber auch Tatsachen, auf deren Boden diese Fantasien wuchsen. (*ibidem*, S. 448)

Vaksberg stellt die Sache auf interessante Weise dar. Er stellt beispielsweise fest, dass auf einer Fotomontage, die die sowjetische Führung im Jahr 1920 zeigt, 22 von 61 Führungspersonen Juden waren, "aber auf dem Bild fehlen Kaganowitsch, Pjatnizki, Goloschekin und viele andere Mitglieder des Führungszirkels, deren Anwesenheit auf dem Bild den Anteil der Juden in die Höhe schnellen lassen würde" (*a. a. O.*, S. 20). Neben der starken Überrepräsentation von Juden auf diesen Ebenen gab es auch "eine Fülle von jüdischen Ehefrauen" neben den nichtjüdischen Führern, was die jüdische Atmosphäre in den oberen Etagen der Macht noch verstärkt haben muss, da sich alle, allen voran Stalin, der ethnischen Tatsache sehr bewusst waren. Stalin hatte alle Hände voll zu tun, um seine Tochter von der Heirat mit einem Juden abzuhalten, und missbilligte weitere Ehen zwischen Juden und Nichtjuden. Die Antisemiten ihrerseits beschuldigten die Juden, "*ihre Artgenossen als Ehefrauen und Ehemänner implantiert zu haben, um Einfluss und Macht zu gewinnen*" (in Kostyrchenko, *a.a.O.*, Hervorhebung im Text, S. 272). Dieser Punkt passt gut zu der Vorstellung, dass die nichtjüdischen Bolschewiki "beschönigt" wurden.

In der russischen gentility war die Vorstellung weit verbreitet, dass "alle als Verlierer aus der Revolution hervorgingen, aber die Juden, und nur sie, profitierten" (Pipes, *Russia under the Bolchevik Regime*, S. 101), was sich zum Beispiel in den Bemühungen der Regierung zur Bekämpfung des Antisemitismus zeigte. Ähnlich wie in Polen nach dem Zweiten Weltkrieg betrachtete das Sowjetregime die Juden aufgrund der erheblichen Veränderungen, die die Revolution in ihrem Status mit sich gebracht hatte, als zuverlässige Unterstützer. Folglich herrschte in der Zeit unmittelbar nach der Revolution ein intensiver Antisemitismus, der von zahlreichen Pogromen unter Führung der Weißen Armeen geprägt war. Stalin "beschloss jedoch, den Mythos von der entscheidenden Rolle der Juden bei der Planung, Organisation und Durchführung der Revolution zu zerstören" und betonte die Rolle der Russen (Vaksberg, a. a. O., S. 82). Ähnlich wie die heutigen jüdischen Apologeten, aber aus anderen Gründen, hielt es Stalin für vorteilhaft, das Wirken der Juden in der Revolution in den Hintergrund zu rücken.

Juden waren in der politischen und kulturellen Elite der Sowjetunion in den 1920er Jahren stark überrepräsentiert, eine Situation, die bis zu den Säuberungen in den 1950er Jahren, die die oberen wirtschaftlichen und kulturellen Ebenen betrafen, aufrechterhalten wurde. Hier ist Vaksbergs These über Stalin, so wie ich sie verstehe. Er wäre von Anfang an Antisemit gewesen, aber aufgrund der Macht der Juden in den höchsten Rängen von Staat und Gesellschaft und um die westlichen Regierungen nicht zu brüskieren, hätte er die Juden nur langsam von den höchsten Ebenen der Macht verdrängen können und war gezwungen, rundum Täuschung zu praktizieren.

Er hätte also seine antijüdischen Maßnahmen mit philosemitischen Glaubensbekenntnissen vermischt und einige Juden an Bord geholt, um seine antijüdische Ausrichtung zu verschleiern. So wurde beispielsweise kurz vor einer Reihe von Prozessen, bei denen 11 von 16 Angeklagten Juden waren, der Prozess gegen zwei Nichtjuden, die des Antisemitismus beschuldigt wurden, mit großem Pomp inszeniert. Während des Prozesses gegen die Juden wurde ihr Judentum mit keinem Wort erwähnt und bis auf ein einziges Mal wurden sie nur mit ihren nichtjüdisch klingenden Partei-Pseudonymen bezeichnet, niemals mit ihren echten jüdischen Namen. In den 1930er Jahren ehrte und belohnte Stalin weiterhin jüdische Künstler, während er jüdische Politiker entfernte und sie durch Nichtjuden ersetzte.

Die Kampagne zur Verdrängung von Juden aus ihren Positionen in der Regierung und im Kulturbereich begann 1942, ging aber immer noch mit der Verleihung von Preisen und Auszeichnungen an jüdische Wissenschaftler und Künstler einher, um den Vorwurf des Antisemitismus nicht aufkommen zu lassen. In der Nachkriegszeit entstand ein uneingeschränkter staatlicher Antisemitismus, wobei die Quoten für die Zulassung von Juden zu den Universitäten sogar noch härter waren als in der Zarenzeit. Der Antisemitismus hatte seine Wurzeln in sehr traditionellen Sorgen um die Loyalität der Juden und ihre wirtschaftliche und kulturelle Dominanz.

Kostyrchenko zeigt, dass der Wunsch der ethnischen Russen, die Juden aus ihren Machtpositionen zu verdrängen, einen starken Druck auf Stalin ausübte. So kam es zu Säuberungen der Eliten, in denen die Bedeutung der Juden unverhältnismäßig hoch war, in den Bereichen Journalismus, Bildende Kunst, historische, pädagogische, philosophische, wirtschaftliche, medizinische und psychiatrische Wissenschaften, sei es an den Universitäten oder in Forschungsinstituten, in allen Zweigen der Naturwissenschaften. Es gab auch große Säuberungen von Juden im wirtschaftlichen Bereich, in den oberen Etagen der Welt der Manager und Ingenieure. Jüdische Intellektuelle wurden als "entwurzelte Kosmopoliten" bezeichnet, denen es an Sympathie für die russische Nationalkultur mangelte. Sie wurden wegen ihrer Äußerungen der Begeisterung für Israel und ihrer engen Verbindungen zu amerikanischen Juden als illoyal betrachtet.

Juden waren auch in den kommunistischen Regierungen Osteuropas und in den kommunistischen Revolutionsbewegungen in Deutschland und Österreich von 1918-1923 überrepräsentiert. In der kommunistischen Regierung Ungarns von 1919, die nur kurze Zeit bestand, waren 95% der wichtigen Personen in der Regierung von Bela Kun Juden. Diese Regierung liquidierte energisch die Konterrevolutionäre, die in ihrer überwältigenden Mehrheit nichtjüdisch waren, und im Zuge des von Admiral Horthy geführten Kampfes wurden die meisten jüdischen Köpfe der kommunistischen Regierung hingerichtet - ein Kampf mit eindeutig antijüdischer Färbung. In den kommunistischen Parteien der westlichen Länder war die Tätigkeit jüdischer Agenten, die im Auftrag der Sowjetunion arbeiteten, eine bemerkenswerte und beachtete Sache.

Selbst in den frühen kommunistischen Parteien und Fraktionen im Westen, die sich erbittert bekämpften, war das Thema der "ausländischen Juden, die ihre Befehle in Moskau entgegennehmen" eine heiße Kartoffel. Es war in den sozialistischen Reihen fast ein Tabu, Moskaus Agenten als Juden zu bezeichnen, aber der Unterton war, dass diese ausländischen Juden den westlichen Sozialismus zerstörten. (Lindemann, *a.a.O.*, S. 435-436)

Die Juden hatten sich in diesen Kreisen von Anfang an Machtpositionen sichern können, doch im Laufe der Zeit wurde der Antisemitismus in der Sowjetunion und in anderen osteuropäischen Ländern ziemlich breit bekannt und wurde für die amerikanischen Juden zu einer Quelle politischer Besorgnis. Wie wir gesehen haben, beschnitt Stalin die Macht der Juden in der UdSSR und der Antisemitismus war ein bemerkenswerter Faktor für den Niedergang der Juden an der Spitze der kommunistischen Regierungen in Osteuropa.

Besonders interessant sind die Fälle von Polen und Ungarn. Angesichts der Rolle jüdischer Kommunisten im Nachkriegspolen war es nicht verwunderlich, dass dort eine antisemitische Bewegung entstand, die schließlich *die Generation* entmachtete. Nach Chruschtschows Rede zur Entstalinisierung 1956 spaltete sich die Partei in eine jüdische und eine antijüdische Fraktion, die sich über zu viele Juden in der Führung beklagte. Um es mit den Worten eines Führers der antijüdischen Fraktion zu sagen: Das Übergewicht der Juden "führte dazu, dass die Menschen die Juden hassten und der Partei misstrauten. Die Juden entfernen die Menschen von der Partei und der Sowjetunion; die nationalen Gefühle wurden verletzt und es ist die Pflicht der Partei, der Forderung nachzukommen, dass Polen, nicht Juden, die Zügel des Landes in der Hand halten" (*in* Shatz, *a.a.O.*, S. 268). Chruschtschow selbst unterstützte diese neue politische Linie mit der Bemerkung, dass "ihr schon zu viel Abramowitsch habt" (*ebd.*, S. 272). In dieser ersten Phase der antijüdischen Säuberungen meldete sich die Öffentlichkeit mit antisemitischen Vorfällen zu Wort und verlangte, dass die jüdischen

Kommunisten, die ihre Namen geändert hatten, um in der Partei nicht zu sehr aufzufallen, sich endlich zu erkennen geben sollten. Daraufhin wanderte zwischen 1956 und 1959 mehr als die Hälfte der polnischen Judenschaft nach Israel aus.

Der Antisemitismus stieg in den späten 1960er Jahren sprunghaft an. Juden wurden zunehmend deklassiert und jüdische Kommunisten wurden beschuldigt, für das Übel in Polen verantwortlich zu sein. Die *Protokolle der Weisen von Zion waren* unter Parteiaktivisten, Studenten und Militärs weit verbreitet. Die Sicherheitsdienste, die früher von Juden dominiert und gegen den polnischen Nationalismus gerichtet waren, wurden nun von Polen geführt, die die Juden als "eine Gruppe, die unter engster und ständiger Überwachung gehalten werden muss" (*ebd.*, S. 290), betrachteten. Die Juden wurden aus ihren hohen Positionen in der Regierung, der Armee und den Medien verdrängt. Über Juden, darunter auch Krypto-Juden, die ihren Namen geändert und hinter der Fassade eine nichtjüdische Identität angenommen hatten, wurden umfangreiche Akten geführt. Wie die Juden es zuvor getan hatten, baute die antijüdische Gruppe Netzwerke auf, um ihre eigenen Leute in der Verwaltung und in den Medien zu fördern. Die Juden wurden zu Dissidenten und Deserteuren, wo sie früher die staatlichen Kräfte der Orthodoxie beherrscht hatten.

Das "Erdbeben" brach 1968 aus, als nach den Freudenausbrüchen der Juden, die den israelischen Sieg im Sechstagekrieg feierten, eine antisemitische Kampagne losbrach, die sich vor dem Hintergrund der sowjetischen Unterstützung für die Araber abhob. Präsident Gomulka verurteilte die jüdische "fünfte Kolonne" in Polen. Im Land fanden große Säuberungen von Juden statt und die Ausdrucksformen des säkularen jüdischen Lebens (z. B. jiddischsprachige Zeitschriften, jüdische Schulen und Sommerlager) wurden praktisch zerschlagen. Der Hass auf die Juden rührte eindeutig von der Rolle her, die sie in der Nachkriegszeit gespielt hatten. In den Worten eines Intellektuellen: "Die Probleme Polens kamen im Grunde aus einem ethnischen Konflikt zwischen Polen und Juden, wobei die Juden die Verbündeten der Russen waren. Die Probleme entstanden, als einige Politiker in Offizierskleidung in unser Land kamen und annahmen, dass sie und nur sie - die Zambrowskis, Radkiewiczs und Bermans - ein Recht auf Macht und ein Monopol auf Entscheidungen über das Wohl der polnischen Nation hätten. Die Probleme würden sich lösen, wenn "die abnormale ethnische Zusammensetzung" der Gesellschaft korrigiert würde. (*in* Schatz, a. a. O., S. 306-307)

Die verbliebenen Juden "wurden sowohl kollektiv als auch individuell [...] mit dem Finger auf sie gezeigt, verhöhnt, geächtet, erniedrigt, bedroht und mit unglaublicher Gewalt und mit ... Bösartigkeit eingeschüchtert" (*ebd.*, S. 308). Die meisten verließen Polen in Richtung Israel und sie mussten ihre polnische Staatsangehörigkeit aufgeben. Sie ließen nur einige hundert Juden, meist alte Männer, zurück.

Der Fall Ungarns ist ganz ähnlich wie der Polens, was die Ursprünge des Triumphs der jüdischen Kommunisten und ihrer anschließenden Niederlage gegen eine antisemitische Bewegung betrifft. Trotz einiger Beweise für Stalins Antisemitismus brachte er jüdische Kommunisten als Instrumente seines Bestrebens, Ungarn nach dem Zweiten Weltkrieg zu beherrschen, an die Macht. Die Regierung war "völlig jüdisch dominiert" (Rothman & Lichter, *a. a. O.*, S. 89), und die Ungarn wussten das sehr wohl. "In Budapest ging der Witz um, dass es in der Parteiführung nur einen Nichtjuden gab, weil man jemanden brauchte, der samstags das Licht anzündete." (*ebd.*, S. 89). Die Kommunistische Partei Ungarns, die von der Roten Armee unterstützt wurde, folterte, inhaftierte und richtete Oppositionsführer und andere Dissidenten hin, während sie die ungarische Wirtschaft fest an den sowjetischen Panzer koppelte. Die Dinge liefen ähnlich wie in Polen: Die Juden wurden von ihren sowjetischen Herren in eine ideale Vermittlerposition zwischen einer ausländischen, ausbeuterischen Elite und einer unterworfenen einheimischen Bevölkerung eingesetzt. Die Juden wurden als diejenigen gesehen, die die kommunistische Revolution eingefädelt und am meisten von ihr profitiert hatten. Juden stellten fast die gesamte Parteielite und standen in der Hierarchie der Sicherheitskräfte und Unternehmen an der Spitze.

Die jüdischen Funktionäre der Kommunistischen Partei und Führungskräfte in den Unternehmen waren nicht nur wirtschaftlich dominant, sondern hatten offenbar auch einen nahezu freien Zugang zu den ihnen unterstellten Nichtjuden - teils wegen der großen Armut, in der der Großteil der Bevölkerung lebte, teils wegen der politischen Linie der Machthaber, die die traditionelle Sexualmoral zu untergraben suchte, indem sie beispielsweise Frauen dafür bezahlten, uneheliche Kinder zu zeugen. Die Herrschaft der jüdisch-kommunistischen Bürokratie in Ungarn schien diese Färbung der sexuellen und reproduktiven Herrschaft über Nichtjuden zu besitzen, wobei die Juden einen unverhältnismäßig großen Zugang zu Nichtjuden hatten.

Ein Student machte folgende Bemerkung, die die Kluft zwischen Führern und Geführten in Ungarn deutlich macht:

> Nehmen Sie Ungarn: Wer war der Feind? Für Rakösi [den jüdischen Führer der Kommunistischen Partei Ungarns] und seine Bande waren wir, das ungarische Volk, der Feind. Sie glaubten, dass die Ungarn von Natur aus faschistisch seien. Das war die Haltung der jüdischen Kommunisten, der Moskauer Gruppe. Sie empfanden nichts als Verachtung für das Volk (*in* Irving, *Uprising!* S. 111).

Diese Bemerkung veranschaulicht das Thema Loyalität, das wir in *Separation and its Discontents* (Kap. 2) behandelt haben: Die Illoyalität der Juden gegenüber dem Volk, bei dem sie gelebt haben, wird oft durch Antisemitismus verschärft, der auch aus anderen Quellen stammt. Darüber hinaus blieb die ethnische Tatsache auch in der postrevolutionären Periode ein sehr wichtiger Faktor, ganz im Gegensatz zu ihrem Status in der [marxistisch-leninistischen, Anm.] Theorie. Wenn jüdische Beamte einen Bauern bestrafen wollten, der seine Quoten nicht geliefert hatte, schickten sie Zigeuner, um ihm seinen Hof wegzunehmen, weil die Einheimischen nicht bereit gewesen wären, sich an der Zerstörung eines der ihren zu beteiligen (vgl. Irving, *ebd.*, S. 132).

Diese Parteifunktionäre profitierten von demselben Prinzip, das Stalin und andere ausländische Führer erkannt hatten, als sie Juden als ausbeuterische Zwischenschicht zwischen ihnen und den unterworfenen Einheimischen einsetzten. Ethnische Ausländer sind relativ anfällig für die Ausbeutung anderer Gruppen. Unter diesen Umständen ist es kaum überraschend, dass der ungarische Aufstand von 1956 Aspekte eines traditionellen antisemitischen Pogroms enthielt, wie die antijüdischen Einstellungen der Flüchtlinge damals andeuteten. Und in dieser Hinsicht unterscheidet er sich nicht wesentlich von den vielen antisemitischen Pogromen, die in traditionellen Gesellschaften gerade zu einer Zeit stattfanden, als die Macht der ausländischen Elite, die die Juden unterstützte, schwand [der Autor bezieht sich auf die Krise, die die

Entstalinisierung 1956 darstellte, Anm. d. Ü.].

Wie bei allen anderen Experimenten kann es sein, dass die Ideologie und die politischen Strukturen der universalistischen Linken nicht die von ihren jüdischen Initiatoren gewünschten Ergebnisse liefern. Aus den hier präsentierten Daten können wir schließen, dass der politische Radikalismus bei der Sicherung jüdischer Interessen versagt hat, was Juden dazu veranlasst hat, entweder radikale linke Bewegungen zu verlassen oder zu versuchen, diesen Radikalismus mit einer offen zur Schau gestellten jüdischen Identität und einer aktiven Beteiligung an der Durchsetzung jüdischer Interessen zu koppeln. Letztendlich scheint es, dass die Ideologien des Universalismus in Verbindung mit einer Verewigung der Gruppenidentität und des Gruppenzusammenhalts kein wirksamer Mechanismus zur Bekämpfung des Antisemitismus sind.

Im Lichte der bisherigen Erfahrungen kann man sagen, dass die jüdische Förderung hochgradig kollektivistischer Gesellschaftsstrukturen wie im Sozialismus und Kommunismus für das Judentum als evolutionäre Gruppenstrategie eine Fehlorientierung darstellte. Auf der einen Seite sind Judentum und staatlicher und bürokratischer Sozialismus natürlich nicht unvereinbar, und wir haben festgestellt, dass es den Juden gelang, sich in den sozialistischen Gesellschaften ebenso eine dominante politische und kulturelle Position zu erarbeiten wie in stärker individualistischen Gesellschaften. Andererseits führen die stark kollektivistischen und autoritären Strukturen dieser Gesellschaften zu einer sehr effektiven Institutionalisierung des Antisemitismus, wenn die jüdische Dominanz in diesen Gesellschaften trotz einer guten Portion Vertuschung ["Krypsis"] schlecht angesehen wird.

Mehr noch, die Tendenz dieser Gesellschaften, eine politische Monokultur zu produzieren, bedeutet, dass das Judentum nur um den Preis einer halben Tarnung überleben kann. Wie Horowitz feststellt:

> Das jüdische Leben wird verringert, wenn der kreative Gegensatz von heilig und profan, von Kirche und Staat so wahrgenommen wird, dass er sich einem höheren politischen Wertesystem beugen muss. Die Juden leiden, ihre Zahl sinkt und die Einwanderung wird zum Heilmittel, um zu überleben, wenn der Staat die Integration in eine einzige nationale Form verlangt, in ein religiöses Universal, das durch eine Staatsreligion oder eine

Quasi-Staatsreligion definiert wird.

Letztendlich bietet der radikale Individualismus unter den Nichtjuden und die Fragmentierung ihrer Kultur dem Judentum als evolutionäre Gruppenstrategie ein besseres Umfeld. Tatsächlich ist dies ein Weg, der heutzutage von jüdischen Intellektuellen und politischen Praktikern weitgehend beschritten wird.

In diesem Zusammenhang ist es interessant, dass viele jüdische neokonservative Intellektuelle in den USA heute die Ideologien des Staatismus und des Korporatismus ablehnen, weil sie erkannt haben, dass diese Ideologien den staatlichen Antisemitismus begünstigt haben. Tatsächlich gehen die Anfänge des Neokonservatismus auf die 1930er Jahre und die Moskauer Prozesse zurück, bei denen viele alte jüdische Bolschewiki, darunter auch Trotzki, wegen Hochverrats verurteilt worden waren. Infolgedessen entstanden die *New York Intellectuals*, eine linke, antistalinistische Bewegung, von der ein Teil allmählich zum Neokonservatismus führte (siehe Kap. 6).

Die neokonservative Bewegung war ein glühender Antikommunist und lehnte ethnische Quoten und eine Politik der positiven Diskriminierung in den USA ab - eine Politik, die den freien Wettbewerb zwischen Juden und Nichtjuden verhindern sollte. Zum einen fühlten sich jüdische Intellektuelle vom Neokonservatismus angezogen, weil er mit der Unterstützung Israels in einer Zeit vereinbar war, in der die Länder der Dritten Welt, die von den meisten amerikanischen Linken unterstützt wurden, sehr antizionistisch waren. Viele neokonservative Intellektuelle waren früher glühende Linke gewesen, und die Spaltung zwischen den ehemaligen Verbündeten führte zu einem heftigen internen Krieg.

Auch in Spanien entwickelten sich unter den jüdisch-konversen Intellektuellen libertäre und individualistische Tendenzen, die auf den staatlichen Antisemitismus zur Zeit der Inquisition zurückzuführen waren. Castro betont die libertären, anarchistischen, individualistischen und anti-organizistischen Aspekte im Denken der Judeo-Konvertiten, die er auf die Unterdrückung zurückführt, der sie durch einen antilibertären und organizistischen Staat ausgesetzt waren. Diese Intellektuellen, die durch die Gesetze zur Reinheit des Blutes und die Inquisition selbst unterdrückt wurden, vertraten die Ansicht, dass "Gott keinen Unterschied zwischen einem Christen und einem anderen machte" (Castro, *The Spaniards: An Introduction to Their History*, S. 333).

Wenn ein Experiment im Bereich der Ideologie oder der Politik scheitert, wird ein neues gestartet. Seit der Aufklärung ist das Judentum keine monolithische, einheitliche Bewegung gewesen. Das Judentum ist eine Reihe von Experimenten, und seit der Aufklärung hat es viele davon gegeben. Es gab viele Streitigkeiten zwischen Juden darüber, wie sie ihren Interessen am besten dienen könnten, und es ist sicher, dass die Interessen der Juden der radikalen Linken manchmal mit denen reicher Juden (oftmals deren Arbeitgeber) kollidierten.

Der Vertragscharakter der jüdischen Verbindung seit der Aufklärung hat eine gewisse Zersplitterung des Judentums bewirkt, da einzelne Juden ihr Judentum auf verschiedenen Wegen erproben. In diesem Sinne muss der jüdische Linksradikalismus neben dem Zionismus, der Neo-Orthodoxie, dem konservativen Judentum, dem Reformjudentum, dem Neokonservatismus und dem Judentum als Zivilreligion als eine der Lösungen für die Entwicklung eines lebensfähigen Judentums in der heutigen Welt betrachtet werden. Im nächsten Kapitel werden wir sehen, dass die Psychoanalyse für eine große Zahl jüdischer Intellektueller eine ähnliche Rolle gespielt hat.

Kapitel IV

Die jüdische Beteiligung an der psychoanalytischen Bewegung

> Die vertraute Karikatur des Freudschen Analytikers mit Bart und Monokel, der bei seinem auf der Couch liegenden Patienten nach Erinnerungen an schwierige erste Kackereien oder an schuldhafte, auf die Eltern gerichtete Wünsche fragt, ist ebenso anachronistisch geworden wie die professionelle Ausübung dieser im Wesentlichen hohlen und konfabulierenden Kunst. Wie konnte eine so ausgeklügelte Theorie so weitgehend akzeptiert werden, obwohl es kein Beweissystem oder gut durchgeführte Experimente gab und ihre therapeutischen Interventionen bei allen großen Kategorien psychischer Erkrankungen (Schizophrenie, Manie und Depression) wiederholt fehlschlugen? Dies ist eine Frage, die von Wissenschafts- und Kultursoziologen noch nicht gründlich behandelt wurde.
>
> Paul Churchland,
> *The Engine of Reason, the Seat of the Soul*
> *(Die Maschine der Vernunft, der Sitz der Seele)*

Teil 1

Die in diesem Kapitel vertretene These lautet, dass es unmöglich ist, die Psychoanalyse als "Wissenschaft", oder genauer gesagt als politische Bewegung, zu verstehen, ohne die Rolle des Judentums zu berücksichtigen. Sigmund Freud ist das Paradebeispiel eines geisteswissenschaftlichen Juden, dessen Schriften von seiner jüdischen Identität und seinen negativen Zuschreibungen gegenüber der Kultur der Nichtjuden beeinflusst sind, die als Quelle des

Antisemitismus gelten.

Bis vor kurzem wurde die Untersuchung der jüdischen Beteiligung an der psychoanalytischen Bewegung, wenn auch stillschweigend, als etwas gesehen, das die Grenzen überschreitet" (Yerushalmi, *Freud's Moses: Judaism Terminable and Interminable*, S. 98). Davon abgesehen war die jüdische Beteiligung an der Psychoanalyse - dieser "jüdischen Wissenschaft" - sowohl für ihre Teilnehmer als auch für Beobachter von Anfang an eine offensichtliche Sache.

Die Geschichte hat die Psychoanalyse zu einer "jüdischen Wissenschaft" gemacht. Sie wurde als solche angegriffen. Sie wurde in Deutschland, Italien und Österreich zerstört und in alle Winde zerstreut, und zwar genau aus diesem Grund. Auch heute noch wird sie von ihren Feinden wie von ihren Freunden auf diese Weise wahrgenommen. Natürlich gibt es heute hervorragende Analysten, die keine Juden sind ... Aber die Avantgarde der Bewegung in den letzten fünfzig Jahren ist im Wesentlichen jüdisch geblieben, wie in den ersten Tagen. (*ibidem* S. 98)

Juden bildeten nicht nur den Kern der Führung der Bewegung und ihre intellektuelle Avantgarde, sondern auch die Mehrheit ihrer Mitglieder. Im Jahr 1906 waren alle 17 Mitglieder der Bewegung Juden und identifizierten sich stark als solche. In einer 1971 veröffentlichten Studie kamen Henry, Sims und Spray zu dem Schluss, dass 62,1% ihrer Stichprobe amerikanischer Psychoanalytiker sich selbst als kulturell jüdisch geneigt sahen, während 16,7% der Analytiker protestantisch und 2,6% katholisch geneigt waren. Die restlichen 18,6% gaben keine jüdischen Neigungen an, ein Prozentsatz, der sehr viel höher ist als alles, was in anderen psychiatrischen Berufen registriert werden konnte, und der auf einen Prozentsatz von Psychoanalytikern mit jüdischer Herkunft von über 62% hindeutet.

Wir haben gesehen, dass die Kritik an der nichtjüdischen Kultur seit der Aufklärung ein gemeinsames Merkmal der jüdischen intellektuellen Aktivität war. Freuds Ideen wurden oft als subversiv bezeichnet. In der Tat "[Freud] war davon überzeugt, dass diese schockierende und subversive Seite in der Natur der psychoanalytischen Lehre selbst liegt. Als er den Ozean in Richtung der Vereinigten Staaten überquerte, sah er sich nicht als Überbringer eines neuen Allheilmittels. Wir bringen ihnen die Pest'", sagte er mit seinem üblichen kalten Humor zu seinen Mitreisenden" (Mannoni, *Freud*, S. 168).

Peter Gay hält Freuds Werk im Allgemeinen für subversiv und seine Sexualideologie im Besonderen für "zutiefst subversiv für die damalige Zeit". Er beschreibt den Inhalt von *Totem und Tabu* als eine Analyse der Kultur durch "subversive Mutmaßungen".

Auch wenn die Implikationen von Darwins Ideen gefährlich und unbequem waren, waren sie nicht so direkt abschleifend, so wenig respektabel wie Freuds Ideen über die kindliche Sexualität, die Ubiquität von Perversionen und die treibende Kraft unbewusster Triebe (Gay, *A Godless Jew: Freud, Atheism, and the Making of Psychoanalysis*, S. 144).

In Deutschland waren die Antisemiten der Meinung, dass die Juden die deutsche Kultur vor 1933 unterwandert hatten, und die Psychoanalyse war nicht ihr geringstes Problem. Die Feindseligkeit gegenüber der Psychoanalyse rührte größtenteils von der wahrgenommenen Bedrohung der christlichen Sexualethik her, indem sie beispielsweise Masturbation und vorehelichen Sex akzeptierte. Die Psychoanalyse wurde zur Zielscheibe von Nichtjuden, die die jüdische Subversion der Kultur beklagten - "den dekadenten Einfluss des Judentums", um es mit einem von Klein zitierten Autor zu sagen (*Jewish Origins of the Psychanalytic Movement*, S. 144). 1928 hatte Carl Christian Clemen, Professor für Ethnologie an der Universität Bonn, heftig auf *Die Zukunft einer Illusion* reagiert, in der Freud den religiösen Glauben im Hinblick auf kindliche Bedürfnisse analysiert hatte. Clemen ereiferte sich über die Tendenz der Psychoanalyse, überall Sex zu sehen, eine Tendenz, die er auf die jüdische Zusammensetzung der Bewegung zurückführte:

> Dies lässt sich durch die besondere Art der Kreise erklären, aus denen seine Befürworter und vielleicht auch die von ihnen behandelten Patienten in der Regel stammen. (*in* Gay, *Freud, A Life for Our Time*, S. 537)

Freuds Bücher wurden bei den Bücherverbrennungen im Mai 1933 in Deutschland verbrannt. Als die Nazis 1938 in Wien einmarschierten, ordneten sie Freuds Ausweisung an und lösten den *Internationalen Psychoanalytischen* Verlag [Freuds Verlag, Anm. d. Ü.] auf.

In den 1920er Jahren war Freud so eng mit der Bewegung für

sexuelle Freiheit und soziale Reformen in den USA verbunden, dass er zur Zielscheibe der sozialen Konservativen wurde. Noch 1956 beschwerte sich ein Psychiater in den Spalten des *American Journal of Psychiatry* mit folgenden Worten:

> Ist es möglich, dass wir das Äquivalent einer Laienkirche entwickeln, die vom Steuerzahler finanziert und von Aposteln des Genitalstadiums betreut wird, die unwissentlich ein Brei aus atheistischem Existentialismus, Hedonismus und anderen philosophisch-religiösen Zutaten zweifelhafter Herkunft servieren?

Obwohl er die Religion ablehnte, hatte Freud eine sehr starke Bindung an seine jüdische Identität. In einem Brief von 1931 beschrieb er sich als "fanatischen Juden" und schrieb an anderer Stelle, dass er "eine unwiderstehliche Anziehungskraft für das Judentum und die Juden, für ihre dunklen emotionalen Kräfte, die umso mächtiger sind, je weniger sie sich in Worte fassen lassen, für ihr geschärftes Selbstbewusstsein und für die geheime Existenz einer ähnlichen mentalen Konformation" verspürte (Gay, *Freud, A Life for Our Time,* S. 601). Um 1930 wurde Freud zu einem Weggefährten des Zionismus. Sein Sohn Ernest war ebenfalls Zionist und keines von Freuds Kindern trat zum Christentum über oder heiratete Nichtjuden.

In Übereinstimmung mit den Vorhersagen der Theorie der sozialen Identität bedeutete Freuds starkes jüdisches Identitätsgefühl eine deutliche Abkehr von der Nichtjudenheit. Yerushalmi merkt dazu Folgendes an: "Freud empfand eine Entfremdung gegenüber Nicht-Juden, die sich nicht auf eine Reaktion auf den Antisemitismus reduzieren lässt. Obwohl dieser ihn periodisch verstärken oder verändern konnte, schien dieses Gefühl sehr wohl etwas Archaisches zu sein, das er von seiner Familie oder seinem Herkunftsmilieu geerbt hatte und das er sein ganzes Leben lang beibehalten würde." (*op. cit.* S. 39)

Freud machte einmal die aufschlussreiche Bemerkung:

> Ich habe oft gedacht, dass ich die Hartnäckigkeit und alle Leidenschaften unserer Vorfahren, die ihren Tempel verteidigten, geerbt habe, als ob ich mein Leben mit Freude für einen großen Moment opfern könnte. (Gay, *a. a. O.*, S. 604)

Seine Identität als Jude war also mit einem Selbstbild als selbstloser

Kämpfer gegen die Feinde der Gruppe verbunden, der bereit war, für die Verteidigung ihrer kollektiven Interessen heldenhaft zu sterben - eine Symmetrie zum großen Finale von Wagners *"Der Ring des Nibelungen"*, das in der Nazi-Ideologie eine Rolle spielte. Um es in der Sprache der Theorie der sozialen Identität auszudrücken: Freud hatte ein sehr starkes Gruppenidentitätsgefühl und das Gefühl, aus Pflichtgefühl im Dienste der kollektiven Interessen zu handeln.

Gay behauptet, Freud habe geglaubt, dass seine jüdische Identität aus seiner phylogenetischen Vererbung herrührt. Wie Yerushalmi bemerkt, war sein Psycho-Lamarckismus "weder zufällig noch durch Umstände bedingt". Freud verstand die "subjektive Dimension" des Lamarckismus, d. h. die Bedeutung einer starken Bindung an die jüdische Vergangenheit, wie sie sich in der jüdischen Kultur herausgebildet hat, zusammen mit dem Gefühl, dass man seinem Judentum nicht entkommen kann und dass "oft das, was man am tiefsten und dunkelsten fühlt, ein Faden ist, der im Blut vibriert" (*op. cit.*, S. 31). In diesem Abschnitt von *Der Mensch Moses und die monotheistische Religion* werden die Juden so dargestellt, als hätten sie sich selbst zu einem intellektuell überlegenen Volk erhoben:

> Die Tatsache, dass die Juden etwa zweitausend Jahre lang geistigen Anstrengungen den Vorzug gaben, hatte natürlich gewisse Auswirkungen: Sie bewirkte eine Abschwächung der Brutalität und Gewalttätigkeit, die man normalerweise dort antrifft, wo die athletische Entwicklung zu einem populären Ideal geworden ist. Den Juden war es nicht vergönnt, die Harmonie zwischen geistigen und körperlichen Aktivitäten zu erreichen, die den Griechen gelang. In diesem Konflikt entschieden sie sich zumindest für das, was kulturell am wichtigsten war.

Seine Gewissheit einer jüdischen Überlegenheit zeigte Freud auch in einem Gespräch mit Jospeh Wortis aus dem Jahr 1935. Darin behauptete Freud, dass in seinen Augen die Nichtjuden zu "rücksichtslosem Egoismus" neigten, während die Juden ein Familienleben und ein intellektuelles Leben von höherer Qualität führten. Als Wortis ihn fragte, ob er die Juden für ein überlegenes Volk halte, antwortete Freud:

> Ich denke, das ist heute der Fall... Wenn man sieht, dass 10 von 12 Nobelpreisträgern Juden sind, und wenn man an ihre anderen Leistungen

in Wissenschaft und Kunst denkt, hat man allen Grund zu der Annahme, dass sie tatsächlich überlegen sind. (*in* Cuddihy, *The Ordeal of Civility,* S. 36)

Darüber hinaus betrachtete Freud diese Unterschiede als unveränderlich. In einem Brief aus dem Jahr 1933 schrieb er im Zusammenhang mit dem Aufschwung des Antisemitismus: "Meine Schlussfolgerungen über die menschliche Natur, insbesondere der arisch-christlichen Varietät, haben wenig Grund, sich zu ändern" (*in* Yreushalmi, *a. a. O.,* S. 48). Auch der jüdische Charakter seinerseits hatte keinen Grund, sich zu ändern. In The *Man Moses and the Monotheist Religion* schrieb er über die Pflege der Reinheit der Rasse, wie sie aus den Büchern Esra und Nehemia hervorgeht:

> Es ist historisch belegt, dass der jüdische Typus nach der Reform von Esra und Nehemia im 5. Jahrhundert v. Chr. endgültig festgelegt wurde.

"Freud war fest davon überzeugt, dass der jüdische Charakter, sobald er in alten Zeiten etabliert war, konstant bleiben musste, unveränderlich in seinen quintessenziellen und unauslöschlichen Qualitäten" (Yerushalmi, *a. a. O.,* S. 52).

Die klare und radikale Bekräftigung der jüdischen Überlegenheit in ethischer, spiritueller und intellektueller Hinsicht, wie sie in Freuds letztem Werk *Der Mann Moses zum Ausdruck* kommt, sollte nicht als eine Abirrung seines Denkens betrachtet werden, sondern als etwas, das für seine Haltung zentral ist, das jedoch in seinem schriftlichen Werk weniger sichtbar ist und das auf eine viel frühere Periode zurückgeht. In *Separation and its Discontents* habe ich darauf hingewiesen, dass vor dem Aufstieg des Nationalsozialismus eine große Gruppe jüdischer Intellektueller ein starkes jüdisches Identitätsgefühl pflegte und ihre rassische Entfremdung von den Nichtjuden spürte; ihre Schriften deuten zudem auf ein unleugbares Gefühl der jüdischen rassischen Überlegenheit hin. Die psychoanalytische Bewegung war ein wichtiger Vertreter dieser Tendenzen. Sie war gekennzeichnet durch ihre Vorstellung von einer jüdischen intellektuellen Überlegenheit, durch ihr Rassenbewusstsein, ihren Nationalstolz und ihre jüdische Solidarität. Freud und die Seinen pflegten eine "rassische Zwischenwelt" mit ihren jüdischen Kollegen und empfanden eine "rassische Entfremdung" gegenüber anderen (Klein, a. a. O., S. 143). Freud bemerkte über Ernest Jones, einen seiner Schüler, dass "die rassische Zusammensetzung unserer Gruppe in meinen Augen interessant ist. Er [Jones] ist ein Kelte und aus diesem Grund steht er uns, dem Teutonen [Jung] und dem Mediterranen [er selbst, ein Jude], nicht so nahe" (in Gay, a. a. O., S. 186).

Freud und andere unter den frühen Psychoanalytikern unterschieden sich gerne als Juden aufgrund der Rasse und bezeichneten Nicht-Juden als Arier, lieber als Deutsche oder Christen (Klein, a. a. O., S. 142). Freud schrieb an C.-G. Jung, dass Ernest Jones ihm einen "Eindruck von rassischer Andersartigkeit" vermittelte (ebd. S. 142). Obwohl Jones eine Jüdin geheiratet hatte, wurde er in den 1920er Jahren als der nichtjüdische Außenseiter betrachtet, auch von den anderen Mitgliedern des Geheimkomitees der Freudschen Loyalisten.

"In den Augen aller [der Komiteemitglieder] war Jones ein Netter ... Die anderen ließen keine Gelegenheit aus, ihn darauf hinzuweisen, dass er keiner war. Seine Idee, durch die Gründung des Komitees in den innersten Kreis einzudringen, war eine Illusion, denn er würde immer der kleine, uninteressierte Mann bleiben, der sein flehendes Gesicht am Fenster zerdrückt" (Grosskurth, *The Secret Wing: Freud's Inner Circle and the Politics of Psychoanalysis*, S. 137).

Freud hatte schon recht früh einen Verdacht gegen Jung, der "aus der Sorge um seine atavistischen christlichen und sogar antijüdischen Vorurteile und um seine Fähigkeit, die Psychoanalyse in ihrer Gesamtheit zu verstehen und zu akzeptieren" resultierte. (Yerushalmi, a. a. O., S. 42). Vor ihrem Bruch zeichnete Freud das Bild einer "starken Persönlichkeit, die eines Teutonen" (in Gay, a. a. O., S. 201). Nachdem Jung zum Leiter der Internationalen Psychoanalytischen Vereinigung ernannt worden war, äußerte sich ein Kollege Freuds besorgt darüber, dass "als Rasse genommen" Jung und seine Kollegen "völlig anders waren als wir Wiener" (ebd. S. 219). 1908 schrieb Freud einen Brief an den Psychoanalytiker Karl Abraham und beschrieb diesen als genial, während Jung durch seinen "Elan" [auf Französisch im Text] charakterisiert wurde - eine Charakterisierung, die laut Yerushalmi eine Tendenz zeigt, Wesen aufgrund ihrer Gruppenzugehörigkeit zu kategorisieren (der intellektuell brillante Jude und der energische Arier). Jung war also aufgrund seiner genetischen Extraktion von Natur aus verdächtig, Abraham war es nicht.

Nachdem er diskret untersucht hatte, ob Abraham tatsächlich Jude war, schrieb Freud, dass es für Abraham leichter war, die Psychoanalyse zu verstehen, weil er mit Freud eine rassische Verwandtschaft [*rassenverwandtschaft*] hatte. (Yerushalmi, *a. a. O.*, S. 42)

Bei Freud ist das stark ausgeprägte Gefühl für die Unterschiede zwischen der jüdischen Endogruppe und der nichtjüdischen Exogruppe auch in der persönlichen Dynamik der psychoanalytischen Bewegung zu erkennen. Wir haben gesehen, dass die Juden dort numerisch dominant waren, vor allem in ihren Anfängen, als alle Mitglieder Juden waren. "Die Tatsache, dass sie alle Juden waren, war sicherlich kein Zufall. Ich glaube auch, dass Freud, ohne es zuzugeben, wollte, dass es so war". (*ebd.* S. 41). Wie wir es auch bei anderen Formen des Judentums beobachten können, gab es unter ihnen das Bewusstsein, Teil einer Endogruppe innerhalb eines spezifisch jüdischen Milieus zu sein.

Was auch immer die Gründe dafür waren, ob historisch oder soziologisch, die Bindungen der Gruppe gaben ihnen einen warmen, vor der Außenwelt geschützten Schutzraum. Im Umgang mit anderen Juden vermittelten ihnen die informellen und vertrauten Seiten eine Gruppensicherheit, den Sinn für das "Wir", der sich in den Sammlungen von lustigen Geschichten manifestierte, die innerhalb der Gruppe erzählt wurden" (Grollman, *Judaism in Sigmund Freud's World*, S. 41).

Freud wurde generell von den Juden verehrt, was den jüdischen Charakter des psychoanalytischen Milieus umso mehr hervorhebt. Freud bemerkte in seiner Korrespondenz, dass "von allen Seiten und auf allen Seiten die Juden mich mit Begeisterung für ihren Vertreter halten". "Es war ihm peinlich, dass man ihn behandelte, als sei er ein 'sehr frommer Oberrabbiner' oder ein 'Nationalheld'", da man sein Werk als "authentisch jüdisch" sah (Klein, a. a. O., S. 85).

Ähnlich wie bei anderen jüdischen Bewegungen und politischen Gruppen, die in den Kapiteln 2 und 3 untersucht wurden, hatte Freud alle Hände voll zu tun, um einen Nichtjuden, nämlich Jung, an die Spitze der psychoanalytischen Bewegung zu setzen. Diese Entscheidung rief den Zorn seiner jüdischen Kollegen in Wien hervor, zielte aber eindeutig darauf ab, die Sichtbarkeit der jüdischen Überrepräsentation in der Bewegung zu dieser Zeit zu verringern. Um seine Kollegen von der

Richtigkeit dieser Entscheidung zu überzeugen, erklärte Freud:

> "Die meisten von euch sind Juden und daher ungeeignet, neue Freunde für die Sache unserer Schule zu gewinnen. Die Juden müssen sich mit einer bescheidenen Rolle als Rodungshelfer und Sämann begnügen. Es ist von größter Wichtigkeit, dass ich Verbindungen mit der Welt der Wissenschaft knüpfe" (*in* Gay, *a. a. O.*, S. 218).

Wie Yerushalmi feststellt:

> Um es drastisch auszudrücken: Freud brauchte einen Goi, nicht irgendeinen Goi, sondern einen Goi mit echtem Format und großem Einfluss".

Später, als sich die Bewegung nach dem Ersten Weltkrieg neu formierte, wurde ein anderer Sanftmütiger, der gefügige Sykophant Ernest Jones, zum Vorsitzenden der Internationalen Psychoanalytischen Vereinigung ernannt.

Es ist interessant zu bemerken, dass Freud trotz der neueren Veröffentlichungen, die einstimmig die Intensität seiner jüdischen Identität feststellen, sehr darauf achtete, sein Judentum vor anderen zu verbergen, aus Angst, die psychoanalytische Bewegung könnte als spezifisch jüdische Bewegung angesehen und zur Zielscheibe des Antisemitismus werden. Obwohl seine Korrespondenz von einem starken jüdischen Identitätsgefühl geprägt ist, lassen sich die Töne seiner öffentlichen Erklärungen und seiner Bücher meist an "ihrer Zurückhaltung und Distanz" (Yerushalmi, *a. a. O.*, S. 42) erkennen, was auf ein Bemühen um Täuschung hindeutet. Ebenso versuchte er, in der Öffentlichkeit den jüdischen Charakter seines familiären Umfelds, seiner Erziehung, seiner Kenntnisse des Hebräischen, des Jiddischen und der religiösen Traditionen zu untertreiben.

Die Täuschung zeigt sich auch darin, dass Freud erkannte, dass die Psychoanalyse Nichtjuden in den Vordergrund stellen musste, weil er sich bewusst war, dass sie deren Kultur unterwanderte. Nachdem er 1908 *Der kleine Hans* veröffentlicht hatte, vertraute er Karl Abraham an, dass dieses Buch einen Sturm der Entrüstung auslösen würde. "Die germanischen Ideale wieder einmal bedroht! Unsere arischen Kameraden sind für uns absolut unentbehrlich, sonst würde die Psychoanalyse dem Antisemitismus erliegen." (*in* Yerushalmi, *op. cit.*, S. 43)

Teil 2

Die Theorie der sozialen Identität betont die Bedeutung von positiven Zuschreibungen an die Endogruppe und negativen Zuschreibungen an die Exogruppe. Bei Freud ging die starke Bindung an die jüdische Identität mit dem Gefühl einher, den Nichtjuden intellektuell überlegen zu sein. In einem frühen Brief an seine zukünftige Frau schrieb er:

> In der Zukunft und für den Rest meiner Assistenzzeit im Krankenhaus werde ich wohl versuchen, mich wie die Nichtjuden zu verhalten - bescheiden, indem ich die gewöhnlichen Dinge tue und lerne. Ich werde nicht nach allzu tiefen Entdeckungen oder Einblicken suchen (*in* Yerushalmi, *a. a. O.*, S. 39).

In dieser Passage verwendete Freud das Wort *Goyim* für Nichtjuden, was Yerushalmi zu folgender Bemerkung veranlasste: "Die Hand ist die von Sigmund, aber die Stimme ist die von Jacob [Freuds Vater, streng religiös]. Es ist die Stimme der Trennung und des Bruchs.

Diese jüdische Verachtung gegenüber Nichtjuden galt nicht nur für Freud, sondern für seine gesamte Bewegung. Ernest Jones verwies auf "den jüdischen Glauben, den sie oft anderen aufzwingen, an die Überlegenheit ihrer intellektuellen Kraft" (*Free Associations: Memories of a Psycho-Analyst*, S. 211). Ähnlich wie in den von Juden dominierten intellektuellen Kreisen der radikalen Linken "hielt das Gefühl der jüdischen Überlegenheit viele Nichtjuden von der Bewegung fern und verlieh der Meinung derjenigen außerhalb der Bewegung Gewicht, die die humanitären Ansprüche der *Psychoanalyse* als heuchlerisch ablehnten" (Klein, *Jewish Origins of the Psychoanalytic Movement*, S. 213). 143) - eine Bemerkung, die das falsche Bewusstsein unter den Psychoanalytikern hinsichtlich ihrer Motive verdeutlicht.

Freuds Distanz zu den Nichtjuden bedeutete, dass ihm das Judentum in einem günstigen Licht erschien, im Gegensatz zu den Nichtjuden. Dieses musste im Namen der höheren Interessen der Menschheit besiegt werden, die eine höhere moralische Stufe erreichen sollte, auf der es keinen Antisemitismus mehr geben würde. Freud war davon überzeugt, dass "die jüdische Moral allen Ungerechtigkeiten einer unmenschlichen, intoleranten und, um es kurz zu sagen, antisemitischen Gesellschaft überlegen ist" (Klein, a. a. O., S. 86). Freud "unterstützte die jüdische Fraktion [B'bai B'rith], die die Juden dazu aufforderte, sich als Vorkämpfer für die demokratischen und brüderlichen Ideale der Menschheit zu sehen" (*ebd.*). Er schrieb seine messianische Hoffnung auf eine "Integration von Juden und Antisemiten auf dem Feld [der Psychoanalyse]" nieder (*in* Gay, *Freud: A Life for Our Time*, S. 231), ein klarer Hinweis darauf, dass der Gründer der Psychoanalyse diese als Mittel zur Unterdrückung des Antisemitismus betrachtete.

Freud war so stolz auf seine Feinde - die verfolgende römisch-katholische Kirche, die heuchlerische Bourgeoisie, die stumpfen Behörden der Psychiatrie, die materialistischen Amerikaner -, dass er sie sich als mächtige Gespenster vorstellte, die viel böser und viel weniger gespalten waren, als sie es in Wirklichkeit waren. Er verglich sich mit Annibal, Ahasverus [dem *wandernden Juden, Anm.*], Joseph [dem aus *Genesis 37-50, Anm.*], Moses, mit all diesen Figuren, die mit einer historischen Mission, mächtigen Gegnern und schweren Schicksalen ausgestattet waren. (Gay, *a.* a. O., S. 604)

Diese Bemerkung illustriert hervorragend die Folgen einer starken Bindung an die soziale Identität: Das starke Gefühl dieser jüdischen Identität führt zu einem stereotypen Denken über die Exogruppe der Nichtjuden. Ihre Gesellschaft im Allgemeinen und insbesondere ihre charakteristischsten Institutionen wurden als bösartig angesehen. Diese Institutionen wurden nicht nur als schlecht angesehen, sondern aufgrund des Akzentuierungseffekts wurde die gesamte Exogruppe als ein Block gesehen, so dass diese Institutionen als weit weniger gespalten angesehen wurden, als sie waren.

Laut F. Sulloway stammt sein Selbstbild als Held aus seiner Kindheit und wurde ihm von seiner Familie eingeimpft. Alle Kindheitshelden Freuds waren mit dem Judentum verbunden, was seine intensive jüdische Identifikation und seine Berufung zum jüdischen Helden belegt: Annibal, der semitische antirömische Kämpfer, Cromwell, der den Juden die Einreise nach England ermöglichte, und Napoleon, der ihnen Bürgerrechte verschaffte. Er hatte sich von Anfang an als "Konquistador" und nicht als Mann der Wissenschaft definiert.

Diese Art von messianischem Denken war im Wien *des Fin de siècle* unter jüdischen Intellektuellen üblich, die versuchten, "eine supranationale und supra-ethnische Welt" herbeizuführen (Klein, *a. a. O.*, S. 29). Dieser Aspekt gilt gleichermaßen für das jüdische Engagement in den Bewegungen der radikalen Linken, wie wir im vorherigen Kapitel gesehen haben. Diese Intellektuellen "konzipierten ihren Humanitarismus auf der Grundlage ihrer eigenen erneuerten jüdischen Identität [...] Ihnen gemeinsam war die Vorstellung, dass die Juden für das Schicksal der Menschheit im 20. Jahrhundert verantwortlich waren." (*ebd.*, S. 30)

In den Anfängen der Bewegung betrachteten viele von ihnen die Psychoanalyse als eine messianische und erlösende Bewegung, die den Antisemitismus abschaffen würde, indem sie die Welt von den Neurosen befreite, die durch die der westlichen Zivilisation eigene sexuelle Unterdrückung hervorgerufen wurden. Klein zeigt, dass Freuds engste Mitarbeiter eine sehr ausgefeilte Vorstellung von der jüdischen Mission der Psychoanalyse für die Heidenheit hatten - die man leicht als moderne Ausprägung des alten religiösen Themas vom "Licht der Völker" identifizieren könnte, das unter den Apologeten des Reformjudentums zu Freuds Zeit sehr prägnant war.

Für Otto Rank zum Beispiel, der eine fast filialartige Beziehung zu Freud entwickelte, hatten die Juden eine einzigartige Qualifikation erhalten, Neurosen zu heilen und die Heiler der Menschheit zu sein. Einer ähnlichen Perspektive folgend wie Freud in *Totem und Tabu* und *Unbehagen in der Zivilisation* behauptete Rank, dass im Gegensatz zu anderen menschlichen Kulturen, die ihre primitive Sexualität beim Aufkommen der Zivilisation unterdrückt hatten, "die Juden besondere schöpferische Kräfte besaßen, da sie eine direkte Beziehung zur 'Natur', zur primitiven Sexualität, aufrechterhalten konnten" (*ebd.*, S. 129). Nach dieser Interpretation hätte der Antisemitismus seinen Ursprung in der Verleugnung der Sexualität und die jüdische Mission der Psychoanalyse bestünde darin, den Antisemitismus abzuschaffen, indem die Menschheit von ihrer sexuellen Unterdrückung befreit wird. Freuds *Drei Abhandlungen zur Sexualtheorie*, die Aggressionen durch Triebfrustration erklären, wären die theoretische Grundlage dafür.

Klein zeigt, dass diese Vorstellung von der Psychoanalyse als erlösendes "Licht der Nationen" auch von anderen engen Mitarbeitern des Dr. Freud geteilt wurde. So vertrat Fritz Wittels beispielsweise die Idee einer absoluten sexuellen Ausdrucksfreiheit :

> Einige von uns glauben, dass die Psychoanalyse das Gesicht der Welt verändern (...) und [ein goldenes Zeitalter herbeiführen] wird, in dem es keinen Platz mehr für Neurosen gibt. Wir fühlten uns wie große Männer (...) Manche Männer haben eine Mission im Leben. (*ebd.* S. 142)

Die Juden wurden als diejenigen definiert, die die Aufgabe hatten, die Heiden auf den Weg der Wahrheit und des edlen Herzens zu führen. "Die Neigung, Juden und Nichtjuden an entgegengesetzten Polen zu platzieren, verlieh den Erlösungszielen selbst einen feindseligen Charakter" (*ebd.*, S. 142). Die Kultur der Nichtjuden war das, was der erlösende und intellektuell überlegene Jude sich erkämpfen musste: "Der Geist der Juden wird die Welt erobern" (Wittels *in* Klein, a. a. O., S. 142). Als Folge seines Glaubens an die Mission der Psychoanalyse hatte Wittels ein sehr positives jüdisches Identitätsgefühl; er definierte konvertierte Juden als "mit dem psychologischen Gebrechen der Heuchelei behaftet" (*ebd.*, S. 139).

Um die für den Antisemitismus charakteristische Aggressivität zu heilen, mussten die Nichtjuden also von ihrer sexuellen Unterdrückung befreit werden. Auch wenn Freud schließlich die Idee des Todesinstinkts zur Erklärung der Aggression entwickelte, war die Idee der sexuellen Befreiung als Heilmittel gegen Aggression und als Weg in ein Zeitalter der universellen Liebe das beherrschende Thema in Freuds Kritik der westlichen Kultur, zum Beispiel bei Norman O. Brown, Herbert Marcuse und Wilhelm Reich.

Es ist daher interessant zu bemerken, dass, als Jung und Alfred Adler wegen Ketzerei aus der Bewegung ausgeschlossen wurden, der *casus belli* offenbar ihre Ablehnung des Ideenkomplexes war, der aus der sexuellen Ätiologie der Neurose, dem Ödipuskomplex und der infantilen Sexualität gebildet wurde. Zu dieser Zeit war die sexuelle Unterdrückung eine massive und unbestreitbare Tatsache. Unter diesen Umständen kann die Freudsche Theorie als eine Erfindung betrachtet werden, deren militanter Nutzen gegen die westliche Kultur offensichtlich schien, da es wahrscheinlich war, dass die Entspannung der sexuellen Spannungen größere Verhaltensänderungen hervorrufen konnte, die möglicherweise psychotherapeutische Wirkungen hatten. Darüber hinaus war die Idee des Ödipuskomplexes nicht von der Theorie der sexuellen Unterdrückung in *Totem und Tabu zu* trennen, die Peter Gay als "eine der subversivsten Vermutungen" bezeichnet und die wir im Folgenden untersuchen werden.

Ihr Glaube an die heilende Kraft der sexuellen Freiheit deckte sich mit dem linken politischen Projekt, das von der großen Mehrheit der jüdischen Intellektuellen dieser Zeit übernommen wurde und das wir im Laufe dieses Buches betrachten. Dieses linksgerichtete politische Projekt ist ein wiederkehrendes Thema in der gesamten Geschichte der Psychoanalyse. Die Unterstützung radikaler und marxistischer Ideale war unter Freuds frühen Schülern üblich, und linke Einstellungen waren in späteren Perioden unter Psychoanalytikern sowie in anderen freudianisch inspirierten Zweigen wie denen von Erich Fromm, Wilhelm Reich und Alfred Adler häufig anzutreffen. (Kurzweil, der Adler als Führer der "linksextremen" Psychoanalyse bezeichnet, weist darauf hin, dass er eine sofortige linke Politisierung der Lehrer forderte, ohne abzuwarten, bis die Psychoanalyse die Sache vollendet hatte).

Der Höhepunkt der Verbindung von Psychoanalyse und Marxismus wurde in den 1920er Jahren in der Sowjetunion erreicht, wo alle bedeutenden Psychoanalytiker bolschewistische Anhänger Trotzkis waren und zu den mächtigsten politischen Figuren des Landes zählten. (Trotzki selbst war ein glühender Verfechter der Psychoanalyse). Diese Gruppe richtete mit Unterstützung der Machthaber ein staatliches Institut für Psychoanalyse ein, das ein Programm zur "Wissenschaft der Kindheit" [von den Sowjets 'Pädologie' genannt] ins Leben rief, das auf der Grundlage psychoanalytischer Prinzipien, die auf die Kindererziehung angewandt wurden, den "neuen sowjetischen Menschen" züchten sollte. Dieses Programm, das die frühe Sexualität bei Kindern förderte, wurde in Schulen durchgeführt, die sich in staatlichem Besitz befanden.

Es gibt Hinweise darauf, dass Freud sich selbst als General in dem Krieg sah, der gegen die Gentilität geführt wurde. Wir haben gesehen, dass Freud der westlichen Kultur, insbesondere der katholischen Kirche und ihrem Verbündeten, der österreichisch-ungarischen Monarchie, sehr feindlich gegenüberstand. In einer bemerkenswerten Passage *der Traumdeutung,* in der er sich fragt, warum er keinen Fuß nach Rom setzen konnte, nimmt Freud an, dass er in die Fußstapfen von Annibal getreten ist, dem semitischen Oberbefehlshaber der Karthager, die während der Punischen Kriege gegen Rom kämpften:

> Annibal (...) war der Lieblingsheld meiner Schulzeit gewesen (...) In den höheren Klassen, als ich begriff, welche Folgen es für mich haben würde, einer fremden Rasse anzugehören (...), hatte ich eine noch höhere Vorstellung von diesem großen semitischen Krieger. Annibal und Rom symbolisierten in meinen jugendlichen Augen die jüdische Zähigkeit und die katholische Organisation. (*IdR*, Übersetzung von Meyerson, Kap. 5)

Dieser Auszug zeigt deutlich, dass Freud sich als Mitglied einer "fremden Rasse" identifiziert, die sich im Krieg mit Rom und seinem Ableger, der katholischen Kirche, der zentralen Institution der westlichen Kultur, befindet. P. Gay argumentiert wie folgt: "Als aufgeladenes und mehrdeutiges Symbol war Rom für Freud das verborgene Objekt seiner erotischen Begierde und das etwas weniger verborgene Objekt seiner aggressiven Begierde". Rom war "eine höchste Belohnung und eine unverständliche Bedrohung" (*a. a. O.*, S. 132). Freud selbst bezeichnete seine Fantasien über Annibal als eine der "treibenden Kräfte [seines] Geisteslebens" (*in* McGrath, *Freud as Hannibal: The Politics of the Brother Band*, S. 35).

Es gibt eine starke Verbindung zwischen dem Antisemitismus und Freuds Feindseligkeit gegenüber Rom. Freuds bewusste Identifizierung mit Annibal erfolgte nach einem antisemitischen Vorfall, bei dem sich sein Vater passiv verhielt. Freuds Reaktion auf diesen Vorfall bestand darin, sich "die Szene vorzustellen, in der Hamilcar seinen Sohn vor seinem Hausaltar schwören lässt, dass er sich an den Römern rächen werde. Seitdem nahm Annibal einen großen Platz in meinen Fantasien ein" (Freud, *Die Traumdeutung*, Kap. 5). "Rom war das Zentrum der christlichen Zivilisation. Rom zu besiegen bedeutete sicherlich, seinen Vater und sein Volk zu rächen" (Rothman & Isenberg, *Sigmund Freud and the Politics of Marginality*, S. 62). J. M. Cuddihy weist seinerseits auf das Gleiche hin:

> Wie Annibal, der Sohn Hamilcars, würde er sich auf Rom stürzen, um Rache zu nehmen. Er würde seinen Zorn beherrschen, wie sein Vater es getan hatte, aber er würde ihn nutzen, um weit unter dem schönen Schein der Diaspora die mörderische Wut und den sündigen Appetit zu finden, die

unter ihren angeblich guten Manieren lauern. (*The Ordeal of Civility*, S. 54)

Rothman & Isenberg weisen überzeugend nach, dass Freud *die Traumdeutung* als einen Sieg über die katholische Kirche und *Totem und Tabu* als eine erfolgreiche Interpretation der christlichen Religion in Bezug auf Abwehrmechanismen und primitive Triebe betrachtete. Über das letztgenannte Werk hatte Freud einem Kollegen gesagt, es werde dazu dienen, "eine Trennlinie zwischen uns und jeder Art von arischer Religiosität zu ziehen" (Rothman & Isenberg, a. a. O., S. 63, siehe auch Gay, *Freud: A Life for Our Time*, S. 326). Diese Bemerkung deutet darauf hin, dass Freud seine subversive Motivation absichtlich verbarg: Ein zentraler Aspekt von Freuds Traumtheorie ist, dass die Rebellion gegen eine mächtige Autorität oft mit Täuschung arbeiten muss: "Je nach der Stärke (...) dieser Zensur muss er (...) sich mit Andeutungen begnügen (...) oder subversive Enthüllungen unter einer unschuldigen Verkleidung verbergen (Freud, *Die Traumdeutung*, Kap. 4)" (Freud, *Die Traumdeutung*, Kap. 4).

Das verblüffende Argument in seinem 1939 erschienenen Werk *Der Mann Moses und die monotheistische Religion* zielt eindeutig darauf ab, die moralische Überlegenheit des Judentums gegenüber dem Christentum aufzuzeigen. "Die katholische Kirche, die bisher der unerbittliche Feind jeder Gedankenfreiheit war und sich entschieden jeder Möglichkeit widersetzt hat, dass diese Welt sich in Richtung der Anerkennung der Wahrheit bewegt!" (III, Vorwort)

Freud bekräftigt darin seine Überzeugung, dass Religion nichts anderes als ein neurotisches Symptom ist - eine Meinung, die ursprünglich 1912 in *Totem und Tabu* vertreten wurde.

Alle Religionen mögen Symptome einer Neurose sein, aber Dr. Freud war der festen Überzeugung, dass das Judentum eine moralisch und intellektuell überlegene Form darstellte: Die jüdische Religion "formte den Charakter [der Juden], indem sie ihn dazu brachte, Magie und Mystizismus abzulehnen und in der Spiritualität und Sublimierung voranzuschreiten. Wir werden berichten, wie dieses Volk, das glücklich war, die Wahrheit zu besitzen, und sich des Glücks bewusst war, auserwählt zu sein, dazu kam, intellektuelle und ethische Werte sehr hoch anzusiedeln" (*Der Mensch Moses*, III, 4).

Im Gegensatz dazu "konnte sich die christliche Religion nicht auf den ätherischen Höhen der Spiritualität halten, die die jüdische Religion erreicht hatte" (*ebd.*). Freud erklärt, dass im Judentum die unterdrückte Erinnerung an den mosaischen Vatermord das Judentum auf ein sehr hohes ethisches Niveau gehoben hat, während im Christentum die nicht unterdrückte Erinnerung an den Mord an einer Vaterfigur zu einer Regression in das ägyptische Heidentum geführt hat. In der Tat kann Freuds Formulierung des Judentums als reaktionär bezeichnet werden, da er die traditionelle Vorstellung von den Juden als auserwähltem Volk beibehält.

Die Freudsche Interpretation des Judentums kann als eine Möglichkeit gelesen werden, es auf "wissenschaftliche" Weise neu zu interpretieren, indem eine Art säkularisierte und "wissenschaftliche" jüdische Theologie geschaffen wird. Der einzige wichtige Unterschied zu den traditionellen Erzählungen besteht darin, dass Gott als zentrale Figur der jüdischen Geschichte durch Moses ersetzt wird. In diesem Zusammenhang ist es nicht uninteressant zu bemerken, dass Freud sich schon früh mit Moses identifiziert hatte, was darauf hindeutet, dass er sich durch diese Identifikation als Führer sah, der sein Volk durch die Wechselfälle führen sollte. Angesichts seiner starken Identifikation mit Moses könnte diese Passage aus *Der Mann Moses*, die sich offensichtlich auf die alten Propheten bezieht, die Moses folgten, auch auf Dr. Freud selbst zutreffen:

> Der Keim des Monotheismus ging in Ägypten nicht auf, aber dasselbe hätte in Israel geschehen können, nachdem das Volk das Joch einer lästigen und tyrannischen Religion abgeschüttelt hatte. Aber innerhalb des jüdischen Volkes tauchten immer wieder Menschen auf, die die geschwächte Tradition wiederbelebten und die Ermahnungen und Aufforderungen Moses' erneuerten, indem sie nicht aufhörten, bis die verlorenen Glaubensinhalte wiedergefunden wurden. (*ebd.* II, 3)

The Man Moses and the Monotheist Religion stellt eine Verbindung zwischen dem Monotheismus und der Überlegenheit der jüdischen Moral her, aber zu keinem Zeitpunkt erklärt Freud, wie eine Ideologie des Monotheismus eine Erhöhung der moralischen Tugenden bewirken könnte. Wie in *A People That Shall Dwell Alone* (im dritten Kapitel) erwähnt, ist der jüdische Monotheismus eng mit dem Ethnozentrismus und der Angst vor Exogamie verbunden. Wie wir im sechsten Kapitel desselben Buches ausgeführt haben, ist die jüdische Moral grundsätzlich tribalistisch und macht sehr deutliche Unterschiede, je nachdem, ob das Individuum, mit dem man es zu tun hat, jüdisch ist oder nicht.

Wie ich bereits angemerkt habe, sollte der wahrgenommene Antisemitismus diese Tendenz, die Kultur der Nichtjuden einer radikalen Kritik zu unterziehen, noch verschärfen. Es gibt sehr gute Belege für Freuds Bedenken gegenüber dem Antisemitismus, die möglicherweise auf den antisemitischen Vorfall mit seinem Vater zurückgehen. Wie die Theorie der sozialen Identität vermuten lässt, war Freuds jüdische Identität stärker ausgeprägt, "wenn die Zeiten für die Juden am schwierigsten waren", schreibt P. Gay (*A Godless Jew: Freud, Atheism and the Making of Psychoanalysis*, S. 138).

Die in *Der Mann Moses* vorgeschlagene Theorie des Antisemitismus enthält mehrere Passagen, in denen behauptet wird, dass der Antisemitismus im Grunde eine pathologische Reaktion der Nichtjuden auf die jüdische moralische Überlegenheit ist. Freud schließt mehrere oberflächliche Ursachen für den Antisemitismus aus, obwohl er der Ansicht Glauben schenkt, dass der Antisemitismus durch das jüdische Misstrauen gegenüber der Unterdrückung hervorgerufen wird (eine Ursache, die das Judentum in einem günstigen Licht erscheinen lässt).

Doch *Der Mann Moses* sucht nach den tieferen Ursachen des Antisemitismus, die im Unterbewusstsein angesiedelt sind.

> Ich wage zu behaupten, dass die Eifersucht, die durch ein Volk hervorgerufen wurde, das behauptete, der Erstgeborene und der Liebling Gottes, des Vaters, zu sein, bis heute nicht erloschen ist, als ob die anderen Völker selbst einer solchen Behauptung Glauben schenken würden (III,4).

Darüber hinaus soll die Beschneidungszeremonie die Heiden "an die Bedrohung durch die gefürchtete Kastration erinnern und damit einen Teil dieser primitiven Vergangenheit heraufbeschwören, der gerne vergessen wird" (*ebd.*). Schließlich soll der Antisemitismus darauf zurückzuführen sein, dass viele Christen erst in jüngster Zeit Christen geworden sind, und zwar durch Zwangsbekehrungen, die sie aus polytheistischen Volksreligionen herausgerissen haben, die noch barbarischer waren als das Christentum. Aufgrund der Gewalt dieser

Zwangsbekehrungen und "da sie ihre Abneigung gegen die neue Religion, die ihnen aufgezwungen worden war, nicht überwinden konnten, projizierten diese Barbaren diese Abneigung auf die Quelle, aus der das Christentum zu ihnen gekommen war [d.h. auf die Juden]" (*ebd.*).

Eine selbstgefälligere und an den Haaren herbeigezogene Theorie des Antisemitismus kann man sich kaum vorstellen. Die Gelehrtengemeinschaft neigt dazu, *Der Mann Moses* als "waghalsig phantastisch" (McGrath, a.a.O.) zu betrachten, was man von Freuds anderen Werken sicherlich nicht behaupten kann. In diesem Zusammenhang sei angemerkt, dass Freuds andere sehr einflussreiche (und ebenso hypothetische) Werke *Totem* und *Tabu und Unbehagen in der Zivilisation* die Idee vorschlagen, dass die sexuelle Unterdrückung, die zu Freuds Zeit in der westlichen Kultur so vorherrschend war, die Quelle der Kunst, der Liebe und sogar der gesamten Zivilisation ist. Allerdings sind Neurose und Unglück der Preis dafür, denn Neurose und Unglück sind die unvermeidlichen Produkte der Unterdrückung der sexuellen Triebe.

Wie Herbert Marcuse über diesen Aspekt des Freudschen Denkens schrieb:

> Die Vorstellung, dass eine nicht-repressive Zivilisation unmöglich ist, ist der Eckpfeiler der Freudschen Theorie. Allerdings enthält diese Theorie Elemente, die diese Rationalisierung negieren. Sie zertrümmern die vorherrschende Tradition des westlichen Denkens und legen sogar ihren Umsturz nahe. Sein Werk zeichnet sich durch ein kompromissloses Beharren auf der Demonstration des repressiven Gehalts der höchsten Werte und Errungenschaften der Kultur aus. (*Eros and Civilization: A Philosophical Inquiry into Freud*, S. 17)

Die westliche Kultur wurde auf die Couch gelegt, und die Rolle des Psychoanalytikers besteht darin, dem Patienten zu helfen, sich an eine Gesellschaft anzupassen, die psychische Erkrankungen begünstigt:

> Obwohl die psychoanalytische Theorie anerkennt, dass die Krankheit des Einzelnen letztlich durch die Krankheit seiner Zivilisation verursacht und aufrechterhalten wird, zielt die psychoanalytische Therapie darauf ab, den Einzelnen so zu heilen, dass er an seinem Platz in einer kranken Zivilisation weiter funktionieren kann, ohne vor ihr zu kapitulieren. (*ebd.*, S. 245)

Wie einige seiner engen Mitarbeiter betrachtete sich Freud als Sexualreformer, der gegen die so westlich geprägte kulturelle Praxis der sexuellen Unterdrückung kämpfte. Freud schrieb 1915: "Die Sexualmoral, wie sie die amerikanische Gesellschaft in ihrer extremen Form definiert, ist für mich verachtenswert. Ich verteidige ein unvergleichlich freieres Sexualleben" (*in* Gay, a. a. O., S. 143). Wie P. Gay anmerkt, handelte es sich dabei um eine Ideologie, die "für ihre Zeit zutiefst subversiv" war.

Teil 3

Der wissenschaftliche Status der Psychoanalyse

> Nathan von Gaza war ein hervorragendes Beispiel für den Archetyp des phantasievollen und gefährlichen Juden, der in der Zeit der Säkularisierung des jüdischen Intellekts weltweite Bedeutung erlangen sollte. Er war in der Lage, ein System von Erklärungen und Vorhersagen für Phänomene zu konstruieren, das gleichzeitig hochgradig plausibel und gleichzeitig ungenau und flexibel genug war, um sich mit neuen, oft sehr unbequemen Ereignissen zu arrangieren, wenn sie eintraten. Und er hatte die Gabe, seine proteische Theorie (...) mit außerordentlicher Souveränität und Überzeugungskraft zu präsentieren. Marx und Freud sollten sich die gleiche Art von Talent zunutze machen.
>
> P. Johnson, *A History of the Jews*, S. 267-268

Die gut begründeten Einwände, dass die Psychoanalyse eine Pseudowissenschaft ist, wurden schon vor langer Zeit formuliert. Selbst wenn man die weitreichenden Einwände einiger experimentell orientierter Psychologieforscher außer Acht lässt, gibt es seit den 1970er Jahren eine ganze Reihe äußerst kritischer Analysen der Psychoanalyse, die von so renommierten Akademikern wie Henri Ellenberger, Frank Solloway, Adolph Grünbaum, Frank Cioffi, Eysenck, Malcolm Macmillan, E. Fuller Torrey und, um den bekanntesten zu nennen, Frederick Crews verfasst wurden. Diese beiden Auszüge fassen diese akademische Tradition gut zusammen:

> Sollten wir daraus schließen, dass die Psychoanalyse wissenschaftlich ist? Meiner Diagnose zufolge hat Freuds Theorie in jeder Phase ihrer Entwicklung nichts hervorgebracht, aus dem man angemessene

Erklärungen ableiten könnte. Von Anfang an waren die meisten Aussagen, die sich als Theorie ausgaben, in Wirklichkeit Beschreibungen, und noch dazu schlechte Beschreibungen (...) Jede der Schlüsselthesen der späteren Entwicklung seiner Theorie behauptete nur, was man hätte erklären müssen (...).

Keiner seiner Epigonen, einschließlich seiner revisionistischen Kritiker, die selbst Psychoanalytiker waren, hat Freuds Aussagen, die die Grundlage ihrer Praxis bilden, vertieft, insbesondere in Bezug auf die "grundlegende Methode" - die freien Assoziationen. Von ihnen hat sich niemand gefragt, ob diese Aussagen in therapeutischen Situationen standhalten, niemand hat auch nur versucht, aus dem Kreis auszubrechen (Macmillan, *Freud Evaluated: The Completed Arc*, S. 610-612).

Was heute als Abriss von Freud gilt, ist nichts anderes als die längst überfällige Überprüfung von Freuds Ideen im Lichte der allgemeinen Kriterien für empirische Diskurse im Allgemeinen: dass sie nicht widersprüchlich, klar, experimentierbar, beweiskräftig und sparsam erklärend sind. Nach und nach entdecken wir, dass Freud die am meisten überschätzte Figur in der Geschichte der Wissenschaft und Medizin war und dass er durch die Verbreitung falscher Ätiologien, falscher Diagnosen und unfruchtbarer Hypothesen immensen Schaden angerichtet hat. Allerdings ist die Legende hart im Nehmen und diejenigen, die sie anzweifeln, werden wie tollwütige Hunde behandelt. (Crews et al., *The Memory Wars: Freud's Legacy in Dispute*, S. 298-299)

Selbst diejenigen, die sich innerhalb des psychoanalytischen Lagers befinden, haben oft den Mangel an wissenschaftlicher Strenge der frühen Psychoanalytiker bemerkt, und man muss sagen, dass die Frage nach dem Mangel an wissenschaftlicher Strenge sie immer noch beschäftigt. P. Gay, der die Psychoanalyse als Wissenschaft betrachtet, sagt, dass die Psychoanalytiker der ersten Generation "unerschrocken die Träume ihrer Kollegen deuteten und bissig auf deren *Versprecher mit der* Zunge oder der Feder stießen. In ihren Diagnosen verwendeten sie frei, viel zu frei, Begriffe wie "paranoid" oder "homosexuell", um ihre Partner oder sich selbst zu charakterisieren. Sie praktizierten in ihrem Kreis die gleiche Art von wilden Analysen, die sie bei anderen kritisierten, weil es ihnen an Taktgefühl, Wissenschaftlichkeit und Fruchtbarkeit mangelte."

P. Gay ist der Ansicht, dass "*Unbehagen in der Zivilisation* eines der Werke [Freuds] ist, die das größte Echo hervorgerufen haben". Heute scheint es jedoch, dass die von Freud in diesem Werk und zuvor in *Totem und Tabu* entwickelte Theorie auf einer Reihe von äußerst naiven und vorwissenschaftlichen Vorstellungen über das Sexualverhalten und seine Beziehung zur Kultur beruht. Es sei angemerkt, dass Freud bei der Aufstellung seiner Thesen die Inzesttheorie von Edward Westermarck, die heute die Grundlage der modernen wissenschaftlichen Theorien zu diesem Thema bildet, summarisch ablehnen musste.

Nichts hinderte Dr. Freud jedoch daran, in spekulativen Sprüngen die westliche Kultur als grundsätzlich neurotisch zu diagnostizieren, während das Judentum nach dem Buch *Der Mann Moses und die monotheistische Religion* den Gipfel der geistigen Gesundheit und *der moralischen* und intellektuellen Überlegenheit darstellte. Freud scheint sich durchaus bewusst gewesen zu sein, dass die sehr subversiven Mutmaßungen in *Totem und Tabu* gänzlich auf Spekulationen beruhten. Als ein britischer Anthropologe das Buch als "erfunden" bezeichnete, "amüsierte" sich Freud darüber und antwortete lapidar, dass es dem Kritiker "an Phantasie fehle" (Gay, a. a. O., S. 327) - ein klares Zugeständnis an die phantasievolle Natur seines Buches.

Freud behauptete: "Bei dieser Art von Material wäre es töricht, sich um Genauigkeit zu bemühen, und unvernünftig, Gewissheit zu verlangen" (*ebd.*, S. 330). In diesem Sinne hatte Freud das *Unbehagen in der Zivilisation* als "ein Werk von Dilettanten, was seine Grundlagen betrifft" beschrieben, auf denen "eine dünne Schicht analytischer Untersuchung ruht" (*ebd.*, S. 543).

Über die - von Freud in den von uns untersuchten Werken vorgebrachte - Lamarcksche Idee einer Vererbung von Schuld schreibt Peter Gay, sie sei "eine schlichte Extravaganz, die auf die frühere Extravaganz, dass der Urmord ein reales historisches Ereignis sei, gestapelt wurde." Diese Bewertung wird der Intensität der Ablehnung des wissenschaftlichen Geistes, die in diesen Texten zum Ausdruck kommt, bei weitem nicht gerecht. Es war etwas mehr als Extravaganz. Freud akzeptierte eine genetische Theorie, die Vererbung erworbener Merkmale, die von der wissenschaftlichen Gemeinschaft völlig abgelehnt wurde, zumindest zu dem Zeitpunkt, als *Malaise dans la Civilisation* diese Doktrin wieder auf den Tisch brachte. Es handelte sich um eine bewusst aus dem Hut gezauberte Theorie, die jedoch nicht ohne Hintergedanken war. Anstatt Spekulationen vorzuschlagen, die die moralischen und intellektuellen Grundlagen der Kultur seiner Zeit bekräftigen würden, dienten seine Spekulationen dem Krieg, den er gegen die *Heiden* führte.

Ebenso war *Die Zukunft einer Illusion* ein im Namen der Wissenschaft geführter Großangriff auf die Religion. Dr. Freud hatte selbst zugegeben, dass der wissenschaftliche Gehalt des Buches gering war: "Der analytische Gehalt dieses Buches ist sehr mager" (*ebd.*, S. 524). Gay ist der Ansicht, dass Freud in diesem Werk "seinen eigenen Ansprüchen nicht gerecht wird", die, wie wir gesehen haben, Spekulationen im Dienste politischer Hintergedanken kaum verbieten. Freud praktiziert in diesem Buch wieder einmal die Spekulation im Dienste der Untergrabung der Institutionen der Gentilität. Diese Haltung war typisch für ihn. Crews weist darauf hin, dass Freud behauptete, Dostojewski sei nicht epileptisch, sondern hysterisch gewesen und habe darunter gelitten, Zeuge einer Urszene gewesen zu sein, "während er typischerweise den schuldigen Wunsch verspürte, in Versuchung geführt zu werden, und während er auf ebenso typische Weise so tat, als sei das Problem gelöst worden." In Wirklichkeit war Dostojewski Epileptiker.

Der Ödipuskomplex, die kindliche Sexualität und die Sexualätiologie der Neurosen - also die drei großen Lehrmeinungen, die Freuds radikaler Kritik an der Gentilität zugrunde liegen - spielen in der Entwicklungspsychologie des Kindes derzeit überhaupt keine Rolle. Aus evolutionärer Sicht ist die Vorstellung, dass es eine spezifische sexuelle Anziehung des Kindes zum gegengeschlechtlichen Elternteil gibt, höchst unwahrscheinlich, da eine solche inzestuöse Beziehung zu einer Inzuchtdepression führen und die Anfälligkeit für Krankheiten, die durch rezessive Gene verursacht werden, erhöhen würde. Die Vorstellung, dass Jungen den Wunsch haben, ihre Väter zu töten, kollidiert mit der Bedeutung, die die Evolutionstheorie der Familie dem Vater als Ressourcenversorger zuschreibt. Jungen, die ihre Väter getötet und mit ihren Müttern geschlafen hätten, wären mit genetisch minderwertigen Nachkommen ohne väterliche Unterstützung und Schutz konfrontiert gewesen. Die modernsten Studien zur kindlichen Entwicklung zeigen, dass viele Väter und Söhne bereits in der frühen Kindheit eine sehr enge und liebevolle Beziehung zueinander haben und dass das normale Muster der Mutter-Sohn-Beziehung eine sehr intime und liebevolle Beziehung ohne sexuelle Aspekte ist.

Die Tatsache, dass diese Konzepte nie aufgehört haben, innerhalb psychoanalytischer Kreise weiterzuleben, zeugt von der unwissenschaftlichen Natur des gesamten Unternehmens. In diesem Zusammenhang weist Kurzweil auf Folgendes hin:

> Anfangs versuchten die Freudianer, die Universalität des Ödipuskomplexes zu "beweisen"; später nahmen sie sie schließlich als gegeben an. Schließlich hörten sie auf, auf die Ursachen der Universalität der infantilen Sexualität zu verweisen, und sprachen in ihren Monographien nicht mehr über ihre Folgen: Sie akzeptierten sie einfach, basta. (The Freudians: A Comparative Perspective, S. 89)

Was als Spekulation begonnen hatte, die auf eine empirische Bestätigung wartete, beendete seinen Weg als grundlegendes Dogma *a priori*.

Die von diesen grundlegenden Freudschen Prinzipien inspirierte wissenschaftliche Forschung hat schon vor langer Zeit aufgehört und in gewissem Sinne nie begonnen. Grundsätzlich hat die Psychoanalyse nie irgendeine wichtige Forschung zu den drei fraglichen Freudschen Konstrukten inspiriert. Interessanterweise hatte Freud die Daten, die diesen Konstrukten zugrunde lagen, in betrügerischer Absicht präsentiert. Esterson stellte überzeugend fest, dass die Patienten von Dr. Freud ihm keinerlei Informationen über kindliche Verführung oder Urszenen anvertraut hatten. Die Erzählungen über kindliche Verführung, die die empirische Grundlage des Ödipuskomplexes bilden, waren Freuds Rekonstruktionen.

Wenn er seine Patienten über seine Konstruktionen informierte, interpretierte er die Hilflosigkeit, die sie ihm gegenüber zeigten, als Beweis für die Richtigkeit seiner Theorie. Später übte sich Freud in Täuschung, um die Tatsache zu verbergen, dass die Erzählungen seiner Patienten Rekonstruktionen und Interpretationen waren, die auf einer *apriorischen* Theorie basierten. Freud änderte auch rückwirkend die Identität der imaginären Verführer, die ursprünglich Erwachsene außerhalb der Familie waren (z. B. Hausangestellte), damit die Erzählungen dem Ödipuskomplex entsprachen, der nach Vätern verlangt. Esterson nennt eine Vielzahl weiterer Beispiele für Täuschung (und

Selbsttäuschung) und weist darauf hin, dass sie alle in dem brillanten und sehr überzeugenden Stil niedergeschrieben wurden, der für Dr. Freuds Prosa charakteristisch war.

Parallel zu Esterson zeigten Lakoff und Coyne, dass die berühmte Analyse des Falls der jugendlichen Dora (deren Ablehnung pädophiler Annäherungsversuche eines verheirateten Mannes auf Hysterie und sexuelle Unterdrückung zurückgeführt wurde) nur auf verzerrten Ideen und Zirkelschlüssen beruhte, durch die Doras negative emotionale Reaktionen auf psychoanalytische Hypothesen zu Beweisen für die jeweilige Hypothese wurden. In einem früheren Stadium seiner theoretischen Entwicklung hatte Dr. Freud die gleiche Art von irreführender Herstellung praktiziert, indem er glaubte, dass die Verführungen tatsächlich stattgefunden hatten. Mit einer ähnlichen Methodik konnte jedes gewünschte Ergebnis erzeugt werden.

Eine besonders auffällige Tendenz besteht darin, die Not und den Widerstand des Patienten als Zeichen für die Wahrheit der psychoanalytischen Behauptungen zu interpretieren. Natürlich waren die Patienten nicht die einzigen, die der Psychoanalyse Widerstand leisteten, aber alle anderen Formen des Widerstands waren in ähnlicher Weise Kennzeichen für die Wahrheit der Psychoanalyse. Freud selbst schrieb

> "Ich begegne einer solchen Feindseligkeit und lebe in einer solchen Isolation, dass man annehmen muss, dass ich große Wahrheiten entdeckt habe" (*in* Bonaparte, Freud & Kris, *The Origins of Psychoanalysis: Letters, Drafts and Notes to Wilhelm Fleiss, 1887-1902,* S. 163).

Wie wir sehen werden, wurde der Widerstand gegen die psychoanalytische "Wahrheit" seitens der Patienten, abweichender Psychoanalytiker und sogar ganzer Zivilisationen als sicheres Zeichen für die Wahrheit der Psychoanalyse und die Pathologie derjenigen, die sich ihr widersetzten, angesehen.

Aufgrund des interpretativen und rekonstruktiven Charakters dieser theoretischen Entwicklungen wurde die Autorität des Psychoanalytikers zum einzigen Kriterium für die Wahrheit psychoanalytischer Behauptungen, was natürlich zu dem erwarteten Ergebnis führte, dass die Bewegung, um erfolgreich zu sein, stark autoritär sein musste. Wie wir sehen werden, war die Bewegung von Anfang an autoritär und blieb es auch während ihrer gesamten Geschichte.

Es ist anzumerken, dass die interpretative, hermeneutische Grundlage der theoretischen Ausarbeitung in der Psychoanalyse formal identisch ist mit den Verfahren der talmudischen und midrachischen Kommentierung der Schriften. Psychoanalytiker neigten immer dazu, anzunehmen, dass die bloße Übereinstimmung mit Beobachtungstatsachen ein ausreichendes Kriterium für eine kausale und wissenschaftlich akzeptable Erklärung sei. Psychoanalytiker residieren in einer Art Vorschule der Wissenschaft, in der niemand das Geheimnis der großen Leute preisgibt, nämlich dass eine erfolgreiche kausale Erklärung *differentiell* sein und die *Überlegenheit* einer Hypothese über alle ihre Konkurrenten begründen muss". (Crews, *The unknown Freud: An exchange,* S. 40)

Wie wir im sechsten Kapitel sehen werden, ist die Produktion von Konsenstheorien, die der beobachtbaren Realität entsprechen, aber keinen wissenschaftlichen Inhalt haben, ein charakteristisches Merkmal der jüdischen intellektuellen Bewegungen des zwanzigsten Jahrhunderts.

Ein Theoretiker, der behaupten würde, dass Kinder sich normalerweise sexuell von ihrem andersgeschlechtlichen Elternteil angezogen fühlen, würde aus der heutigen wissenschaftlichen Welt verbannt werden, wenn er seine Annahme, dass Kinder einen solchen Kontakt suchen, auf Psychologie stützen würde. Ein niederschmetternder Irrtum hält sich hartnäckig durch Freuds gesamtes Werk: die Absorption der Liebe im sexuellen Verlangen.

Seit ihren frühesten Anfängen war die Psychoanalyse der Ansicht, dass diese Liebesimpulse besser als Sexualtriebe bezeichnet werden sollten (*in* Wittels, Sigmund *Freud: His Personality, His Teachings & His School,* S. 141).

Diese Bemerkung lässt darauf schließen, dass diese Gleichsetzung absichtlich erfolgte, und wirft auch ein Licht auf die Leichtfertigkeit, mit der die Psychoanalytiker mit ihren Hypothesen umgingen. Freud sah alle Arten von Lust als grundverschiedene Manifestationen einer einzigen, zugrunde liegenden, einheitlichen, aber unendlich wandelbaren sexuellen Lust, die sowohl die orale Befriedigung beim Saugen des Säuglings als auch die anale Befriedigung beim Stuhlgang oder die sexuelle

Befriedigung und schließlich die Liebe erklärte. Zeitgenössische Forscher behaupten oft, dass die Zuneigungsbindungen zwischen Eltern und Kindern aus Sicht der kindlichen Entwicklung wichtig sind und dass Kinder diese Zuneigung suchen. Dies vorausgeschickt, liefern die aktuellen Theorien und verfügbaren Daten sowie natürlich die evolutionäre Sichtweise keinerlei Anhaltspunkte dafür, dass Bindungen der Zuneigung mit sexuellem Verlangen gleichgesetzt werden können oder dass die Möglichkeit eines fehlgeleiteten oder sublimierten sexuellen Verlangens besteht. Stattdessen vertreten die Zeitgenossen die Idee von weit weniger kontinuierlichen Systemen, in denen sexuelles Verlangen und Zuneigung (sowie andere Quellen der Lust) zu relativ getrennten und unabhängigen Systemen gehören. Aus evolutionärer Sicht fungieren starke Zuneigungsbeziehungen (Liebe) zwischen Mann und Frau sowie zwischen Eltern und Kindern als Quelle des sozialen Zusammenhalts, dessen letzter Zweck darin besteht, dem Kind ein hohes Maß an Unterstützung zukommen zu lassen.

Die Absorption der Liebe in das sexuelle Verlangen ist bei mehreren Nachfolgern Freuds offensichtlich, wie z. B. Norman O. Brown, Wilhelm Reich und Herbert Marcuse, deren Fälle später untersucht werden. Die allgemeine Linie ihrer Schriften lässt sich wie folgt zusammenfassen: Wenn die Gesellschaft nur ihre sexuellen Unterdrückungen loswerden könnte, dann könnten die menschlichen Beziehungen auf Liebe und Zuneigung basieren. Diese Ansicht ist in höchstem Maße naiv und sozial zerstörerisch, wenn man den aktuellen Stand der Wissenschaft auf diesem Gebiet berücksichtigt. Die gegenteiligen Behauptungen der Psychoanalytiker waren nie etwas anderes als Spekulationen im Dienste eines Krieges gegen die Kultur der Gentilität.

In seinen hellen Grübeleien über Freud leitet Cuddihy diese Meinung Freuds aus der Tatsache ab, dass die Ehe für die Juden etwas streng Nützliches war. Freuds Schüler Theodore Reik behauptete in diesem Zusammenhang, dass die ältere Generation von Juden glaubte, dass "die Liebe nur in Romanen und Theaterstücken existiert" und dass "Liebe oder Romantik keinen Platz in der *Judengasse* [Judenstraße] haben". Unter diesen Umständen sah Freud die Liebe als eine Erfindung der fremden Gentilität, die als Folge davon moralisch verdächtig war. Ihre wahrhaft heuchlerische Natur als Firnis im Dienste des Sexualtriebes und dessen Sublimierung sollte durch die Psychoanalyse entlarvt werden. Wie wir im Folgenden noch näher ausführen werden, hatte diese verheerende Sichtweise weitreichende Folgen für die soziale Fabrik der westlichen Gesellschaften des späten zwanzigsten Jahrhunderts.

Ein weiterer grundlegender Fehler, der die politische Natur des gesamten Freudschen Projekts verdeutlicht, ist schließlich die Behauptung, dass sexuelle Impulse eine sehr mächtige biologische Basis (das Es) haben, während Charaktereigenschaften wie Verantwortung, Zuverlässigkeit, Ordnungsliebe, Schuldgefühle und die Fähigkeit, eine Belohnung aufzuschieben (was in der Persönlichkeitstheorie als Gewissenhaftigkeit bezeichnet wird), von einer repressiven Gesellschaft aufgezwungene Dinge seien, die zu Pathologien führten. James Q. Wilson, der auf die Nützlichkeit dieser psychoanalytischen Konzepte im Rahmen des Krieges gegen die Kultur der Nichtjuden hinwies, behauptete zu Recht, dass die Vorstellung, dass das Gewissen "ein Produkt der Unterdrückung ist, eine gute Sache ist, die man glauben sollte, wenn man sich von den Zwängen des Gewissens befreien will - das Gewissen wird zu einem Polizisten, der einem 'Hände hoch' zuruft und einen daran hindert, sich zu 'verwirklichen'". (*The Moral Sense*, S. 104)

In Wirklichkeit ist Gewissenhaftigkeit ein biologisches System von größter Bedeutung, das die jüdische Gemeinschaft unter intensiven eugenischen Druck gesetzt hat.

Die evolutionäre Perspektive geht davon aus, dass beide Systeme eine biologische Grundlage haben und beide sehr wichtige adaptive Funktionen erfüllen. Kein Tier und natürlich auch kein Mensch war jemals in der Lage, sich ausschließlich der egoistischen Befriedigung zu widmen, und es gibt keinen Grund anzunehmen, dass unsere Biologie auf den einzigen Zweck der unmittelbaren Befriedigung und des Vergnügens ausgerichtet wäre. In der real existierenden Welt erfordert das Erreichen evolutionärer Ziele stattdessen Aufmerksamkeit für Details, sorgfältig durchdachte Pläne und die Fähigkeit, die Gratifikation auf später zu verschieben.

Dass diese Begriffe in der psychoanalytischen Gemeinschaft am Leben erhalten werden, zeugt von der Vitalität der Psychoanalyse als politische Bewegung. Die bewusste und aufrechterhaltene Trennung der Psychoanalyse von den wissenschaftlichen Institutionen der Entwicklungspsychologie, die dadurch veranschaulicht wird, dass ihre Organisationen separat sind, ihre Zeitschriften separat sind und sich die Mitgliederzahlen der einen und der anderen im Wesentlichen nicht überschneiden, ist ein weiterer Beweis dafür, dass die Grundstruktur der Psychoanalyse als geschlossene intellektuelle Bewegung bis heute erhalten geblieben ist. Und tatsächlich entspricht die Selbstabschottung der Psychoanalyse gut der traditionellen Struktur des Judentums gegenüber der Gesellschaft der Nichtjuden. Wir sehen hier die Entwicklung zweier paralleler Diskursuniversen, die sich mit der menschlichen Psychologie befassen - zwei unvereinbare Weltanschauungen, die eine Analogie zu den unterschiedlichen religiösen Diskursen aufweisen, die im Laufe der Zeit die Juden von der umgebenden Nichtjudenheit trennten.

Teil 4

Die Psychoanalyse als politische Bewegung

> Während Darwin seine Schriften gerne nach reiflicher Überlegung revidierte, nachdem er die Schläge wohlbegründeter Kritiker absorbiert hatte, und an die lange Arbeit der Zeit und das Gewicht der Argumentation glaubte, orchestrierte Freud seinerseits die Verführung des öffentlichen Geistes, indem er seinen Kreis von Getreuen mobilisierte, indem er Zeitschriften gründete, populärwissenschaftliche Bücher schrieb, um ein autorisiertes Wort zu verbreiten, und die internationalen psychoanalytischen Kongresse dominierte, bis er körperlich nicht mehr in der Lage war, daran teilzunehmen, und seinen Platz an Stellvertreter wie seine Tochter Anna abtrat.
> Peter Gay, *A Godless Jew: Freud, Atheism and the Making of Psychoanalysis*, S. 145

Wissenschaftler haben erkannt, dass diese charakteristische Haltung der Psychoanalyse, die bewusst subversiv und oppositionell war, durch Methoden gestützt wurde, die dem wissenschaftlichen Geist entgegengesetzt waren. Das Außergewöhnliche an der Geschichte der Psychoanalyse ist, dass Freud 60 Jahre nach seinem Tod und ein Jahrhundert nach der Geburt der Psychoanalyse immer noch so verehrt wird - ein Hinweis darauf, dass unser Thema uns weit über die Wissenschaft hinaus in die Sphären der Politik und der Religion tragen muss. Was Grosskurth über sich selbst sagt, ist die einzige Frage, die wissenschaftlich von Bedeutung ist:

> Ich bin fasziniert von der Tatsache, dass Tausende von Menschen [Freud] immer noch idealisieren und verteidigen, ohne etwas Wertvolles über ihn als Person zu wissen" (*The Secret Ring: Freud's Inner Circle and the Politics of Psychoanalysis*, S. 219).

Nicht der pseudowissenschaftliche Inhalt seiner Theorie ist interessant, sondern das Fortbestehen seiner Bewegung und die Verehrung seines Gründers.

Ich habe bereits auf die bewusst spekulative Natur dieser subversiven Lehren hingewiesen, aber es gibt noch einen weiteren wichtigen Aspekt des Phänomens, nämlich die Struktur der Bewegung und die Art und Weise, wie man dort mit Meinungsverschiedenheiten umging. Die Psychoanalyse "verhielt sich weniger wie eine wissenschaftlich-medizinische Institution als vielmehr wie ein Politbüro, das entschlossen war, Abweichler zu unterdrücken" (Crews, 'The unknown Freud: An exchange', S. 38). Unter diesen Umständen ist es nicht verwunderlich, dass Beobachter wie Sulloway von den "sektenähnlichen" religiösen Aspekten sprachen, die die Psychoanalyse durchdrungen hätten. Von außerhalb und innerhalb ihrer eigenen Reihen wurde die Psychoanalyse oft mit einer Religion verglichen. Peter Gay weist darauf hin, dass "hartnäckige Reden Freud vorwerfen, eine säkulare Religion geschaffen zu haben" (*Freud: A Life for Our Time*, S. 175). Obwohl dieser Historiker den Vorwurf zurückweist, bezieht er sich auf die Psychoanalyse, indem er Begriffe wie "Bewegung" (S. 100 ff.), "Bekehrung" (S. 184) und "die Ursache" (S. 201) verwendet; er spricht von einem "verlorenen Schüler", um einen Überläufer (Otto Rank) zu bezeichnen, und von einem "Rekruten", um die Prinzessin Marie Bonaparte zu bezeichnen. In ähnlicher Weise schreibt Yerushalmi, Freud habe Jung "den Stab der apostolischen Sukzession" übergeben (*Freud's Moses: Judaism Terminable and Interminable*, S. 41). Und ich möchte nicht versäumen, darauf hinzuweisen, dass Freuds treuer Schüler Fritz Wittels berichtete, dass sein Meister in der Zeit, als sie sich nahe standen, über Jung sagte: "Er ist mein sehr geliebter Sohn, mit dem ich sehr zufrieden bin".

Wittels prangerte auch "die Unterdrückung der freien Kritik innerhalb der Gesellschaft (...) Freud wird wie ein Halbgott, wenn nicht gar wie ein Gott behandelt. Keine Kritik an seinen Behauptungen ist erlaubt". Er fügte hinzu: "Die *Drei Aufsätze zur Sexualtheorie* sind die Bibel der Psychoanalytiker. Dies ist keine rhetorische Figur. Die treuen Jünger halten die Bücher der einen oder anderen für unwichtig. Sie erkennen keine andere Autorität als die von Freud an; sie lesen und zitieren sich selten gegenseitig. Wenn sie zitieren, dann aus dem Meister, um das reinste Ambrosia daraus zu gewinnen" (*Sigmund Freud: His Personality, His Teachings & His School*, S. 142-143). Freud "wollte nicht, dass seine Partner einen zu starken Charakter hatten, er wollte keine kritischen und ehrgeizigen Mitarbeiter. Das Reich der Psychoanalyse war seine Idee und sein Wille, er hieß dort jeden willkommen, der seine Ideen akzeptierte" (*ebd.*, S. 134).

Der Autoritarismus der Bewegung stieß jedoch einige von ihnen ab. Eugen Bleuler, ein einflussreicher Schweizer Psychiater, verließ sie 1911 und erklärte Freud, dass "das 'Wer nicht für uns ist, ist gegen uns' und das 'Alles oder Nichts' für religiöse Gemeinschaften notwendig und für politische Parteien nützlich sind. Ich kann dieses Prinzip also verstehen, aber in den Wissenschaften halte ich es für schädlich". (*in* Gay, *A Godless Jew*, S. 144-145)

Andere unabhängige Denker wurden einfach aus der Bewegung ausgeschlossen. Als Adler und Jung aus der Bewegung ausgeschlossen wurden, kam es zu emotionalen und politisch aufgeladenen Szenen. Wie bereits erwähnt, hatten die beiden Männer Ansichten entwickelt, die im Gegensatz zu Aspekten der psychoanalytischen Orthodoxie standen, deren Bedeutung für die radikale Kritik an der westlichen Kultur entscheidend war. Ein bitteres Schisma war die Folge. Im Falle Adlers bemühten sich einige Mitglieder der Bewegung und Adler selbst, die Unterschiede zur Freudschen Orthodoxie zu glätten, indem sie die Auffassung vertraten, dass Adlers Ideen nicht von Freuds Ideen abwichen, sondern diese weiterführten. "Aber Freud wollte von dieser Art von erzwungenen Kompromissen nichts wissen" (Gay, *Freud*, S. 222). In diesem Zusammenhang schrieb Jung 1925, dass Freuds Haltung ihm gegenüber "die Bitterkeit dessen, der überhaupt nicht verstanden wurde, ausdrückte und durch seine Art zu verstehen gab, dass 'wenn sie nicht verstehen, dann sollen sie zur Hölle fahren'" (*in* Ellenberger, *The Discovery of the Unconscious*, S. 462). Nach seinem Bruch mit Freud erklärte Jung: "Ich habe eine gewisse Enge und Voreingenommenheit in der freudschen Psychologie und bei den 'Freudianern' einen gewissen Geist der Intoleranz und des Fanatismus, unfrei und sektiererisch, kritisiert" (*in* Gay, a. a. O., S. 238).

Die Übertritte und Ausschlüsse von Adler und Jung waren frühe Hinweise auf diese Unfähigkeit, irgendeine Meinungsverschiedenheit über die grundlegenden Thesen zu tolerieren. Als Otto Rank Mitte der 1920er Jahre die Bewegung verließ, ging es auch hier um die Bedeutung, die dem Ödipuskomplex, einer grundlegenden Freudschen These, beigemessen werden sollte. Sein Austritt wurde von einer Flut von *Ad-hominem-Attacken* begleitet, die im Allgemeinen darauf abzielten, Otto Ranks Verhalten auf eine angebliche Psychopathologie zurückzuführen.

In jüngerer Zeit wurde Jeffrey Masson aus der Bewegung ausgeschlossen, weil er Freuds Doktrin in Frage gestellt hatte, dass die Geständnisse von Patienten über sexuellen Missbrauch nur Phantasien seien. Wie andere Dissidenten vor ihm vertrat Masson eine Position, die eine radikale Kritik an Freud beinhaltete, da sie die Ablehnung des Ödipuskomplexes beinhaltete. Wie bei talmudischen Diskussionen konnte man Freuds Thesen diskutieren, aber die Diskussion musste "in einem bestimmten Rahmen und innerhalb der Gilde" stattfinden. Diesen Rahmen zu verlassen und zu akzeptieren, die Grundlagen der *Psychoanalyse* selbst in Frage zu stellen, ist für die meisten *Psychoanalytiker etwas Undenkbares*" (Masson, *Final Analysis: The Making and Unmaking of a Psychoanalyst*, S. 211). Massons Ausschluss ging nicht mit einer wissenschaftlichen Diskussion über die Richtigkeit seiner Aussagen einher, sondern mit einem Moskauer Prozess voller *ad-hominem-Angriffe*.

Die Geschichte der Psychoanalyse zeigt, dass diese *ad-hominem-Angriffe* typischerweise darin bestehen, wissenschaftliche Meinungsverschiedenheiten als Ausdruck von Neurosen zu interpretieren. Freud selbst "wurde nicht müde, das mittlerweile berühmte Argument zu wiederholen, dass der Widerstand gegen die Psychoanalyse aus "Widerständen" aus affektiven Quellen herrührt" (Esterson, *Seductive*

Mirage: An Exploration of the Work of Sigmund Freud, S. 216). Freud schrieb beispielsweise Jungs Weggang "starken egoistischen und neurotischen Motiven" zu (*in* Gay, a. a. O., S. 481). Peter Gay bemerkt dazu: "Diese Verirrungen in den *ad hominem-Angriff* sind Beispiele für die Art von aggressiver Analyse, die die Psychoanalytiker, allen voran Freud, ablehnten, während sie sie praktizierten. So sahen sie die anderen und sich selbst" (*ebd.*). Diese Art von Praxis war "unter Psychoanalytikern endemisch, es war eine berufliche Deformation" (*ebd.*). Man könnte anmerken, dass dieses Phänomen der sowjetischen Praxis ähnelt, Oppositionelle in psychiatrische Kliniken zu schicken. Die Tradition ist lebendig: Die Kritik an der Psychoanalyse, die Frederick Crew 1993 in seinem Artikel 'The unknown Freud' vorgebracht hatte, wurde von Psychoanalytikern so beschrieben, dass sie "in einem Zustand scharfer Wut von einem Unzufriedenen mit einem Hang zur Bosheit verfasst worden war". Crew's Verhalten wurde in Bezug auf eine verpfuschte Übertragung und einen missratenen Ödipus interpretiert.

Der wohl auffälligste Fall findet sich in dem Brief von Otto Rank aus dem Jahr 1924, in dem er seine ketzerischen Handlungen auf seine eigenen unbewussten neurotischen Konflikte zurückführt und verspricht, die Dinge "objektiver zu sehen, nachdem ich meinen emotionalen Widerstand abgeschnitten habe". Er schrieb auch, dass Freud "meine Erklärungen befriedigend fand und mir persönlich verzieh" (*in* Grosskurth, a. a. O., S. 166). In diesem Fall "machte Freud den Großinquisitor und Ranks 'Geständnis' hätte als Modell für die Moskauer Prozesse der 1930er Jahre dienen können". (*ebd.* S. 167). Freud war der Ansicht, dass er einen Erfolg erzielt hatte: Rank war von seiner Neurose geheilt worden, "als hätte er sich einer ordentlichen Analyse unterzogen" (*ebd.* S. 168). Offensichtlich sehen wir hier nicht eine Wissenschaft am Werk, sondern eine politisch-religiöse Bewegung, in der die Psychoanalyse eine Kraft der geistigen Kontrolle und ein Instrument der Herrschaft und der zwischenmenschlichen Aggression ist. Der Höhepunkt dieses Autoritarismus wurde mit der Schaffung einer "kleinen, straffen Organisation von Loyalisten" erreicht, deren Hauptaufgabe darin bestand, Abweichungen von der Orthodoxie zu verhindern (Gay, a. a. O., S. 229-230). Freud nahm die Idee begeistert an.

Der Gedanke, der sofort meine Phantasie ergriff, war Ihre [Ernest Jones']

> Idee eines geheimen Rates aus unseren besten und zuverlässigsten Männern, der über ihre weitere Entwicklung [der Psychoanalyse] wachen und die Sache gegen Persönlichkeiten und Unfälle verteidigen würde, wenn ich nicht mehr da bin (...) [Dieses Komitee] würde mir das Leben und den Tod weniger schmerzhaft machen (...) Dieses Komitee muss streng geheim sein (Freud, *in* Gay, *a.a.O.*, S. 230).

Die Aktivitäten des Komitees wurden von Grosskurth ausführlich dokumentiert, der Folgendes anmerkt:

> Indem Freud verlangte, dass das Komitee absolut geheim sein sollte, übernahm er das Prinzip der Geheimhaltung. Die verschiedenen psychoanalytischen Gesellschaften, die aus dem Komitee hervorgingen, waren wie kommunistische Zellen, deren Mitglieder dem Führer ewigen Gehorsam schworen. Die Psychoanalyse institutionalisierte sich, indem sie Zeitungen gründete und ihre Kandidaten trainierte; sie war alles in allem ein außerordentlich effektives politisches Gebilde. (*a. a. O.*, S. 15).

Das Komitee wurde wiederholt aufgefordert, gegenüber jeglicher Opposition eine "Einheitsfront" zu bilden, "die gesamte Organisation in den Händen zu halten", "für Disziplin in den Reihen zu sorgen" und "dem Kommandanten Bericht zu erstatten" (*ebd.*, S. 97). Das sind nicht die Methoden einer wissenschaftlichen Organisation, sondern die einer autoritären, quasimilitärischen politisch-religiösen Bewegung - etwas, das mehr mit der spanischen Inquisition oder dem Stalinismus zu tun hat als mit der Vorstellung, die wir uns von der Welt der Wissenschaft machen.

Die autoritäre Natur der psychoanalytischen Bewegung wird durch den Charakter der Mitglieder des Komitees verdeutlicht: Alle schienen eine äußerst unterwürfige Persönlichkeit und absolute Hingabe an Freud zu haben. Tatsächlich sahen sich die Mitglieder des Komitees bewusst als der Vaterfigur gegenüber loyale Söhne (was mit einer Rivalität unter den "Brüdern" um den Favoriten des "Vaters" einherging), während Freud seine engsten Anhänger als seine Kinder betrachtete und sich das Recht nahm, in ihr persönliches Leben einzugreifen (*ebd.*, S. 123). Für die Loyalisten trat die Frage nach der Wahrheit der Psychoanalyse hinter ihrem psychologischen Bedürfnis zurück, von Freud gemocht zu werden.

Diese Beziehungen gingen über bloße Loyalität hinaus. "Ernest] Jones hatte verstanden, dass die Freundschaft mit Freud bedeutete, sich wie ein Sykophe zu verhalten. Es bedeutete auch, sich ihm gegenüber völlig zu öffnen und ihm alles zu berichten, was man ihm anvertraute" (*ebd.*, S. 48). "Jones war der Ansicht, dass jede Meinungsverschiedenheit mit Freud (dem Vater) einem Vatermord gleichkomme", so dass Jones ihn, als Sandor Ferenczi seine Meinungsverschiedenheit mit Freud über die Frage der Realität des sexuellen Missbrauchs von Kindern zum Ausdruck brachte, der "Mordmanie" bezichtigte (Masson, *a. a. O.*, S. 152).

In Bezug auf Ferenczi bemerkte Grosskurth: "Allein der Gedanke an eine Meinungsverschiedenheit mit Freud war unerträglich" (*ebd.*, S. 141). "Bei manchen Gelegenheiten hatte er [Ferenczi] gegen seine Unterwerfung rebelliert, aber er kehrte immer in Unterwerfung zurück" (*ebd.*, S. 54-55). Kurt Eissler, Anna Freuds engster Vertrauter unter den Mitgliedern des inneren Kreises in den 1960er Jahren, befand sich in der gleichen Situation: "Seine Gefühle für Freud grenzten an Verehrung" (Masson, *a. a. O.*, S. 121). "Er hielt nur eine Sache für heilig und damit gegen jede mögliche Kritik geschützt: Freud" (*ebd.*, S. 122). Unter Freuds Anhängern war es nicht ungewöhnlich, seine Gesten und Manieren nachzuahmen, und selbst unter *Psychoanalytikern, die* ihn nicht persönlich gekannt hatten, gab es "tiefe Gefühle, Phantasien, Übertragungen und Identifizierungen" (Hale, *The Rise and Crisis of Psychoanalysis in the United States : Freud and the Americans 1917-1985*, S. 30).

Die autoritäre Seite der Bewegung wurde noch lange nach der Auflösung des Geheimkomitees und lange nach Freuds Tod aufrechterhalten. Anna Freud gehorchte der Bitte ihres Vaters und hielt an ihrer Seite eine "Sondergruppe" aufrecht, deren Existenz der Öffentlichkeit nicht bekannt war (Masson, *a. a. O.*, S. 113).

Die Psychoanalyse war seit dem Zeitpunkt, als Freud Jünger machte, immer eine halbgeheime Gesellschaft. Dieser Charakter ist nie verschwunden (*ebd.* S. 209).

Die Tendenz zur Unterdrückung von Kritik innerhalb der Psychoanalyse hielt lange über die Zeit des Gründervaters und der ersten Schüler hinaus an. "Die Psychoanalyse verlangte eine Loyalität, die nicht in Frage gestellt werden durfte, die blinde Annahme einer ungeprüften 'Weisheit'" (Orgel, 'The future of psychoanalysis').

"Um in der Psychoanalyse erfolgreich zu sein, muss man im Team spielen und darf die Arbeit der anderen Analytiker in seinem Team nicht in Frage stellen" (Masson, *op. cit.*, S. 70). Intellektuelle Meinungsverschiedenheiten wurden durch Erklärungen der höheren Instanzen, dass Zweifler eine Analyse benötigten, oder einfach durch den Ausschluss von Andersdenkenden von den Ausbildungssitzungen unterdrückt.

Es gibt noch einen weiteren Beweis für den im Wesentlichen politischen Charakter der Psychoanalyse: die herausragende Rolle von Schülern, die eine direkte Abstammung von Freud für sich beanspruchen konnten. "Die Idee, ein auserwählter Schüler zu sein, der mit dem Privileg des direkten Kontakts mit dem Meister ausgestattet ist, hat überlebt und sich in den Verfahren vieler Ausbildungsprogramme der Institute gehalten" (Arlow & Brenner, 'The future of psychoanalysis', S. 5).

An die Stelle der stark filialisierten Beziehungen zwischen Freud und seinen Schülern der ersten Generation traten nach und nach ebenso starke emotionale Beziehungen zu einem phantasierten Freud, der der ursprüngliche Gründer blieb, aber auch zu den Organisationen, Gleichaltrigen und vor allem den Vorgesetzten der Institute, aber auch zum Ausbildungsanalytiker, zum Analytiker dieses Analytikers usw. Diese Beziehungen wurden von den Schülern der ersten Generation und den Lehrern der zweiten Generation gepflegt und weiterentwickelt. Auf diese Weise bis zu Freud und seinem Kreis zurückverfolgen zu können, war ein psychoanalytisches Prestigemerkmal" (Hale, a. *a.* O., S. 32).

Im Gegensatz zu den echten Wissenschaften haben die Schriften Freuds, die man als die heiligen Texte der Bewegung bezeichnen könnte, nicht aufgehört, ihre Rolle sowohl im Unterricht als auch in der aktuellen psychoanalytischen Literatur zu spielen. Die *Studien über Hysterie* und *die Traumdeutung sind* fast ein Jahrhundert alt, aber immer noch die Referenztexte in den psychoanalytischen Ausbildungssitzungen. In der analytischen Literatur tauchen immer wieder Artikel auf, die die Fallstudien von Dr. Freud aufgreifen, erweitern, vertiefen und modifizieren" (Arlow & Brenner, a. *a. O.*). In einem gewöhnlichen Artikel in einer psychoanalytischen Zeitschrift braucht man nur die Referenzen durchzugehen: Viele davon stammen aus Freuds Arbeiten, die vor mehr als 60 Jahren entstanden sind. Der Band des *Psychoanalytic Quarterly* von 1997 enthielt 77 Verweise auf Freud in 24 Artikeln. Nur 5 Artikel enthielten keinen Verweis auf Freud, und einer der fünf Artikel enthielt überhaupt keinen Verweis. (Um der psychoanalytischen Tradition treu zu bleiben, gab es keine empirischen Studien). Wir sehen, dass der von Wittels 1924 bemerkte Trend fortbesteht:

Die treuen Anhänger halten die Bücher des einen oder anderen für unwichtig. Sie erkennen keine andere Autorität als die von Freud an; sie lesen und zitieren sich selten gegenseitig. Wenn sie zitieren, dann aus dem Meister, um die reinste Ambrosia zu erhalten.

Freuds Texte weiterhin im Unterricht zu verwenden und sich weiterhin auf sie zu beziehen, wäre in einer echten Wissenschaft schlicht und einfach undenkbar. In dieser Hinsicht wird Darwin zwar für seine wissenschaftlichen Arbeiten als Begründer der Evolutionsbiologie verehrt, doch in Studien zur Evolutionsbiologie werden seine Schriften nur selten zitiert, weil der Bereich dieser Wissenschaft weit über sie hinausging. *Über die Entstehung der Arten* und die anderen Werke Darwins sind wichtige Texte der Wissenschaftsgeschichte, werden aber im heutigen Unterricht kaum noch verwendet. Außerdem wurden einige von Darwins Ansichten, z. B. über die Vererbung, von modernen Forschern völlig abgelehnt. Bei Freud hingegen ist die Fehde mit dem Herrn ungebrochen, zumindest in einem bedeutenden Teil der Bewegung.

Einige rationalisierten den Autoritarismus der Bewegung mit dem Argument, dass es sich um ein notwendiges Übel angesichts der irrationalen Feindseligkeit gegenüber der Psychoanalyse seitens der Wissenschaftler und des einfachen Mannes auf der Straße handelte. Sulloway fand jedoch heraus, dass die Feindseligkeit, auf die Freuds Theorien stießen, "eine der hartnäckigsten Legenden" in der Geschichte der Psychoanalyse war.

Zum Vergleich: Darwins Theorie löste schon zu Darwins Lebzeiten heftige Feindseligkeit aus, und in jüngster Zeit gab es eine starke öffentliche Feindseligkeit gegenüber den neuesten Entwicklungen, die auf Darwin zurückgehen und das menschliche Verhalten betreffen. Diese Situation hat jedoch nicht die Art von autoritären und separatistischen Tendenzen hervorgebracht, die in der Psychoanalyse zu beobachten sind.

Evolutionisten und Verhaltensgenetiker haben versucht, die Forschung in der Anthropologie, Psychologie, Soziologie und anderen Bereichen zu beeinflussen, indem sie Daten in nicht-wissenschaftlichen Zeitschriften veröffentlichten und sich oft sogar nicht-wissenschaftlicher Methoden bedienten. Für sich genommen führen Kontroverse oder Feindseligkeit nicht zwangsläufig zu Orthodoxie oder einem Bruch mit der Universität. In der Welt der Naturwissenschaften führt die Kontroverse zu Experimenten und rationalen Argumenten. In der Welt der Psychoanalyse zur herrlichen Isolation fernab der wissenschaftlichen Psychologie.

In Werken wie Gorsskurths *The Secret Ring* oder Gays Freud-Biografie finden sich viele Bemerkungen über den autoritären Charakter der Bewegung, aber die Überlegungen zur Notwendigkeit eines solchen Autoritarismus, der von äußerem Druck herrühren sollte, bleiben äußerst vage und sind praktisch nicht vorhanden. Stattdessen kam die Tendenz zur Orthodoxie aus dem Inneren der Bewegung, als Ergebnis der kleinen Gruppe von Loyalisten und ihrer absoluten Hingabe an die Sache ihres Meisters.

Was die Nützlichkeit der Psychoanalyse als Instrument psychologischer Dominanz und mentaler Kontrolle verdeutlicht, ist Freuds Weigerung, eine Psychoanalyse seiner Person zuzulassen. Diese Ablehnung führte zu Schwierigkeiten mit Jung und viel später auch mit Ferenczi, der behauptete, dass diese Ablehnung ein Beweis für Freuds Arroganz sei. Andererseits nutzte Freud die Psychoanalyse, um zwei seiner eifrigsten Anhänger sexuell zu erniedrigen: Ferenczi und Jones. Nachdem Freud die Frauen der beiden analysiert hatte, verließen diese sie, blieben aber mit Freud befreundet. Grosskurth legt nahe, dass Freud die Loyalität seiner Anhänger auf die Probe stellen wollte, und die Tatsache, dass Jones nach dieser Demütigung in der Bewegung blieb, ist ein Beweis für den Grad an blindem Gehorsam, den Freuds Anhänger an den Tag legten.

Ein Ethologe, der diese Ereignisse beobachten würde, käme zu dem Schluss, dass Freuds Verhalten das des quintessentiellen dominanten Männchens war - eben jenes, von dem er in *Totem und Tabu* eine mythologische Erzählung gegeben hatte -, allerdings nur auf symbolischer Ebene, denn offenbar hatte Freud keine sexuellen Beziehungen zu diesen Frauen (obwohl er von Jones' nichtjüdischer Frau "fasziniert" war [Grosskurth, a. *a. O.*, S. 65]). Dass er den Vater unter diesen Umständen nicht getötet hatte, bedeutete, dass es ihm gelungen war, die ödipale Situation zu überwinden - indem er Freud, der Vaterfigur, seine Lebenswürdigkeit zuerkannte.

Teil 5

Die Psychoanalyse als politische Bewegung (Fortsetzung und Ende)

Die Psychoanalyse diente Freud nicht nur dazu, seine männlichen Vasallen zu kontrollieren, sondern auch dazu, den Widerstand von Frauen gegen die sexuellen Avancen von Männern zu pathologisieren. Dies wird deutlich, wenn man den berühmten Fall der Teenagerin Dora betrachtet, die die Avancen eines verheirateten Mannes mittleren Alters zurückgewiesen hatte. Doras Vater hatte sie zu Freud geschickt, damit er sie überredete, den Avancen des Mannes nachzugeben, da der Vater, der eine Affäre mit der Frau des Mannes gehabt hatte, ihm eine Entschädigung anbieten wollte. Freud war selbstgefällig und schrieb Doras Weigerung der Unterdrückung eines Liebeswunsches gegenüber diesem Mann zu. Die Botschaft besteht darin, dass 14-jährige Mädchen, die den Angeboten reifer, verheirateter Männer nicht nachgeben, ein hysterisches Verhalten an den Tag legen. Ein Evolutionist würde das gleiche Verhalten als verständliche (und passende) Folge seiner entwickelten Psychologie interpretieren.

Donald Kaplan, ein nicht-professioneller Psychoanalytiker, spiegelte die positive Stimmung gegenüber Freud in den populären Medien der 1950er Jahre gut wider, als er in der Zeitschrift *Harper's* schrieb, Freud habe bei der Untersuchung des Falles Dora "den größten Einfallsreichtum eingesetzt": "Diese drei Monate mit Freud müssen die einzige Erfahrung unwiderlegbarer Ehrlichkeit in seinem langen und armen Leben gewesen sein" ('Freud and his own patients', Dez. 1967). Lakoff und Coyne schließen ihre Untersuchung des Falls Dora mit der Feststellung ab, dass die Psychoanalyse im Allgemeinen durch geistige Kontrolle, Manipulation und Erniedrigung des Analysanden gekennzeichnet war [*]. Ähnlich beschreibt Crew den "kaum zu glaubenden" Fall der Manipulation eines gewissen Horace Frink, des Vorsitzenden der Psychoanalytischen Gesellschaft in New York. Freud hatte ihn dazu gedrängt, eine desaströse Scheidung durchzuführen und erneut eine reiche Erbin zu heiraten, die als Mitgift einen nicht zu unterschätzenden finanziellen Beitrag zur psychoanalytischen Bewegung leisten würde. Frinks zweite Frau reichte daraufhin die Scheidung ein. Beide Scheidungen wurden von manisch-depressiven Episoden begleitet.

Eine wichtige Folge dieser Entdeckungen ist, dass sie viele gemeinsame Merkmale zwischen Psychoanalyse und Gehirnwäsche aufzeigen. Jeder Einwand, den der Lehrling während seiner Ausbildungsanalyse erhebt, wird als Widerstand betrachtet, den es zu überwinden gilt. Viele zeitgenössische Analysanden sind der Ansicht, dass ihre Analytiker sie aggressiv behandelten und sie der "unangefochtenen Autorität" des vergötterten Analytikers unterwarfen, der sie zu passiven und devoten Mitläufern machte. Masson beschreibt seine Ausbildungsanalyse als "Erziehung, die von einem despotischen Elternteil in die Hand genommen wurde", da die vom zukünftigen Analytiker erwarteten Eigenschaften Sanftmut in der Unterwerfung und Unterwürfigkeit im Gehorsam sind.

Ich behaupte, dass diese den passiven und hingebungsvollen Anhängern durch Aggression und Gedankenkontrolle aufgezwungene Inkulturationsarbeit schon immer ein integraler Bestandteil des psychoanalytischen Projekts war. Auf der Ebene der Prinzipien bedeutet die im Wesentlichen pseudowissenschaftliche Struktur der Psychoanalyse, dass es unmöglich ist, Meinungsverschiedenheiten auf wissenschaftliche Weise zu lösen, so dass der einzige Weg dazu über persönlichen Zwang führt, wie Kerr feststellt. Folglich musste die Bewegung zwangsläufig zu einer Orthodoxie führen, die hier und da von sektiererischen Abweichungen betroffen war, die von aus der Bewegung vertriebenen Individuen ausgingen. Diese abtrünnigen Zweige replizierten die Grundstruktur aller Bewegungen psychoanalytischer Art:

> Jede größere Meinungsverschiedenheit über Theorie oder Therapie musste sich auf eine neue soziale Gruppe stützen, die sie bestätigen konnte - eine psychoanalytische Tradition, die durch die jüngsten Spaltungen in den Freudschen Instituten noch bestätigt wurde (Hale, The Rise and Crisis of Psychoanalysis in the United States : Freud and the Americans, 1917-1985,

S. 26).

Während die wahre Wissenschaft in ihrem Kern individualistisch ist, ist die Psychoanalyse in all ihren Erscheinungsformen eine Ansammlung von Gruppen, die autoritär um einen charismatischen Führer herum zusammengeschweißt sind.

Trotz des Fehlens jeglicher Art von wissenschaftlicher Forschung und trotz der autoritären und stark politisierten Atmosphäre der Bewegung konnte sich die Psychoanalyse bis vor kurzem "einen sehr ehrenhaften Platz in der Welt der medizinischen Praxis und Lehre erobern". Die American Psychiatric Association (APA) "wurde viele Jahre lang von klinisch tätigen Psychoanalytikern geleitet, sei es als Chefarzt wie Dr. Melvin Sabshin oder als Präsident, wie eine ganze Reihe von psychoanalytischen Präsidenten belegt" (Cooper, 'The future of psychoanalysis: Challenges and opportunities', S. 82). Die APA unterstützte direkt und indirekt die Amerikanische Gesellschaft für Psychoanalyse. Der intellektuelle Kredit, der der Psychoanalyse in der breiteren Welt der Psychiatrie gewährt wurde, und ein beträchtlicher Teil der finanziellen Mittel, die sie erwirtschaften konnte, waren also nicht das Ergebnis der Entwicklung eines wissenschaftlichen Forschungskorpus oder des Experimentierens mit anderen Arten von Forschung, sondern das Ergebnis eines politischen Einflusses innerhalb der APA.

Die Psychoanalyse fand eine weitere Finanzierungsquelle in der jüdischen Gemeinschaft, die ihr wohlgesonnen war. Die jüdische Überrepräsentation unter den Patienten, die eine psychoanalytische Behandlung wünschten, ist eklatant: In den 1960er Jahren waren 60 Prozent der Klienten in psychoanalytischen Kliniken Juden. Glazer & Monihan porträtierten diese jüdische Subkultur in New York Mitte des 20. Jahrhunderts, in der die Psychoanalyse eine zentrale kulturelle Institution war, die mehr oder weniger die gleichen Funktionen erfüllte wie die Zugehörigkeit zu einer traditionellen Religion :

> In Amerika ist die Psychoanalyse ein spezifisch jüdisches Produkt (...) Es war eine wissenschaftliche Art, die eigene Seele zu reformieren, um sie vollständig und robust zu machen, die sich zumindest oberflächlich von Mystizismus, freiem Willen, Religion und anderen obskuren romantischen Vorstellungen trennte, die ihre rationalen Köpfe ablehnten (Beyond the

Melting Pot, S. 175).

Patienten und Analytiker waren Teil einer einzigen säkularen Bewegung, die die psychologischen Züge des Judentums als separatistische, autoritäre und kollektivistische Bewegung mit sektiererischen Tendenzen beibehielt.

Abschließend kann man vernünftigerweise schlussfolgern, dass Freuds eigentlicher Analysand die Gentilität selbst war und dass die Psychoanalyse im Wesentlichen ein Akt der Aggression gegen diese Kultur war. Man kann die Methodik und die institutionelle Struktur der Psychoanalyse als Versuche der Gehirnwäsche der Gentilität betrachten, die darauf abzielt, die passive Akzeptanz der radikalen Kritik an ihrer Kultur zu erreichen, wie sie in den grundlegenden Prämissen der Psychoanalyse enthalten ist. Unter dem Mantel ihres wissenschaftlichen Jargons hing die Autorität des Analytikers letztlich von einer stark autoritären Bewegung ab, in der Meinungsverschiedenheiten zur Vertreibung und zur Anfertigung von Rationalisierungen führten, die ihren Ausdruck pathologisierten.

In einem Brief an Karl Abraham zeigt Freud, dass er glaubte, die Nichtjuden müssten ihre "intimen Widerstände" überwinden, um die Psychoanalyse zu akzeptieren. Indem er seinen Adressaten mit Jung verglich, schrieb Freud:

> Sie stehen meiner intellektuellen Konstitution aus Gründen der Rassenverwandtschaft [rassenverwandtschaft] näher, während er als Christ und Sohn eines Pastors nur unter großen intimen Widerständen auf mich zugehen kann (*in* Yerushalmi, *Freud's Moses: Judaism Terminable and Unterminable*, S. 42).

Unter diesen Umständen stellt die Akzeptanz der Psychoanalyse durch die Nichtjuden in gewissem Sinne den Sieg der Juden über die "intimen" Tendenzen der Christen dar - mit anderen Worten: den Sieg des semitischen Generals über seinen so verhassten Gegner, die Nichtjudenheit. Kurzweil hat gezeigt, dass sich die Tendenz zur Pathologisierung des Dissenses nicht nur gegen die Dissidenten der Bewegung richtete, sondern auch gegen alle Länder, in denen die Psychoanalyse keine Wurzeln schlagen konnte. So wurde die geringe Wärme, auf die die Psychoanalyse in Frankreich zunächst stieß, mit dem

Vorhandensein von "irrationalen Abwehrmechanismen" (*The Freudians: A Comparative Perspective*, S. 30) erklärt und die ähnliche Situation in Österreich mit "einem allgemeinen Widerstand" gegen die Psychoanalyse (ebd., S. 245), ein Ausdruck, bei dem das Wort "Widerstand" mit all seinen psychoanalytischen Echos zu verstehen ist.

Die Psychoanalyse als Instrument radikaler Kritik an der westlichen Kultur: Der kulturelle Einfluss des Freudismus

Da Freuds Ideologie bewusst subversiv war und insbesondere darauf abzielte, die westlichen Institutionen in Bezug auf Sex und Ehe zu untergraben, ist es nicht unwichtig, ihre Auswirkungen aus evolutionärer Sicht zu betrachten. Die Ehe im Westen ist seit langem monogam und exogam, im Gegensatz zu anderen stratifizierten Gesellschaften, vor allem im Nahen Osten wie dem alten Israel.

Freuds Ansichten, die in *Totem und Tabu und Unbehagen in der Zivilisation zum Ausdruck kommen*, erfassen nicht die Einzigartigkeit der römischen und später christlichen Institutionen, die die in ihrem Egalitarismus einzigartigen Paarungssysteme Westeuropas hervorgebracht haben. In Westeuropa diente die Unterdrückung des Sexualverhaltens grundsätzlich der Unterstützung der sozialen Norm der Monogamie, einem Paarungssystem, in dem Wohlstandsunterschiede weit weniger mit dem Zugang zu Frauen und dem Fortpflanzungserfolg zusammenhängen als in den traditionellen nicht-westlichen Zivilisationen, in denen Polygamie die Norm war. Wie wir in *A People That Shall Dwell Alone* erläutert haben, beinhaltet Polygamie einen sexuellen Wettbewerb zwischen den Männern, wobei reiche Männer Zugang zu einer unverhältnismäßig großen Anzahl von Frauen haben und Männern mit niedrigerem Status oft die Möglichkeit zur Reproduktion verwehrt bleibt. Ein solches Ehesystem ist in traditionellen stratifizierten Gesellschaften sehr verbreitet; man kann es im alten China und Indien, in muslimischen Gesellschaften und im alten Israel beobachten. Während arme Männer keine Frau finden können, werden Frauen zu beweglichen Gütern degradiert und von reichen Männern als Konkubinen gekauft. Die soziale Norm der Monogamie stellt somit ein relativ egalitäres Reproduktionssystem für Männer dar.

Außerdem ist der Status der Frau in nicht-westlichen Gesellschaften aufgrund des höheren Niveaus der sexuellen Konkurrenz zwischen Männern unermesslich niedriger als in westlichen Gesellschaften, in denen sich die Monogamie entwickelt hat. Es ist kein Zufall, dass sich die jüngste Frauenrechtsbewegung in den westlichen Gesellschaften eher entwickelt hat als in anderen stratifizierten Gesellschaften. Die massive Verwirrung, die für die Psychoanalyse charakteristisch ist, findet sich auch bei Freuds engem Mitarbeiter Fritz Wittels. Dieser erwartete, dass eine Handvoll messianisch-jüdischer Psychoanalytiker eine Ära der sexuellen Befreiung und Freiheit einleiten würde, doch diese Erwartung beruhte auf einem tiefen Missverständnis von Sex und der menschlichen Psychologie. Wittels verurteilte "unsere verdammte zeitgenössische Kultur", die Frauen in den "Käfig der Monogamie" zwinge (*in* Gay, *Freud: A Life for Our Time,* S. 512), eine Bemerkung, die ein völliges Unverständnis der Auswirkungen des inter-männlichen Wettbewerbs, wie er sich in der Polygamie manifestiert, zum Ausdruck bringt.

Es gibt gute Gründe für die Annahme, dass die Monogamie ein notwendiger Bestandteil des besonderen, von Wrigley und Schofield beschriebenen demografischen Profils der Europäer mit "geringem Druck" war. Dieses demografische Profil ergibt sich aus den späten Eheschließungen und der hohen weiblichen Single-Rate in wirtschaftlich schlechten Zeiten. Der theoretische Zusammenhang mit der Monogamie besteht darin, dass die monogame Ehe zu einer Situation führt, in der die Armen beider Geschlechter nicht in der Lage sind, sich fortzupflanzen, während in polygamen Systemen ein Überschuss an armen Frauen lediglich den Preis von Konkubinen für die reichen Männchen senkt. Ende des 17. Jahrhunderts beispielsweise blieben etwa 23% der Menschen beiderlei Geschlechts im Alter zwischen 40 und 44 Jahren unverheiratet, aber aufgrund eines wirtschaftlichen Wandels sank diese Quote Anfang des 18. Jahrhunderts auf 9% und das durchschnittliche Heiratsalter entsprechend. Wie die Monogamie war auch dieses Muster in den stratifizierten Gesellschaften Eurasiens einzigartig.

Dieses demografische Profil mit geringem Druck scheint seinerseits wirtschaftliche Auswirkungen gehabt zu haben. Nicht nur waren die Heiratsraten die Hauptbremse für die Überbevölkerung, sondern vor allem in England lieferte diese Reaktion den Hintergrund für günstige wirtschaftliche Veränderungen, da die Kapitalakkumulation in guten Zeiten stattfinden konnte, anstatt unter dem ständigen Druck der zu stopfenden Mäuler zu stehen.

Die Tatsache, dass die gegenseitige Anpassung zwischen wirtschaftlichen und demografischen Schwankungen so frei erfolgen konnte, führte zu einem allmählichen, aber bedeutenden Anstieg des Realeinkommens. Dies bot die Gelegenheit, aus der Falle des niedrigen Einkommens auszubrechen, die manchmal als der große Hemmschuh aller vorindustriellen Nationen gesehen wird. Eine lange Periode steigender Realeinkommen verleiht durch die Veränderung der Nachfragestruktur normalerweise der Nachfrage nach Gütern, die nicht zu den lebensnotwendigen Gütern gehören, einen kräftigen Schub - und damit den Wirtschaftssektoren, deren Wachstum beim Ausbruch einer industriellen Revolution besonders hoch ist. (Wrigley & Schofield, *The Population History of England, 1541-1871*, S. 439)

Es ist daher nicht abwegig anzunehmen, dass die Monogamie, die dieses demografische Profil mit niedrigem Druck bestimmt, eine notwendige Bedingung für die Industrialisierung war. Das Argument legt nahe, dass die soziale Norm der Monogamie - die in den westlichen Gesellschaften religiös und kulturell gerahmt ist - tatsächlich ein zentraler Aspekt der Architektur der westlichen Modernisierung ist.

Die westlichen Institutionen, die Sex und Ehe berühren, haben eine weitere wichtige Folge hervorgebracht, nämlich die Förderung eines hohen Grades an elterlicher Investition. Wie wir betont haben, war es einer der schlimmsten Fehler Freuds, die Liebe im Sex zu absorbieren. Es war auch sein subversivster Fehler, und die katastrophalen Auswirkungen der Akzeptanz von Freuds Idee, dass die sexuelle Befreiung sozial heilsame Auswirkungen haben würde, können gar nicht hoch genug eingeschätzt werden.

Im Gegensatz zum psychoanalytischen Standpunkt ist die Evolutionstheorie mit einer Perspektive vereinbar, die mindestens zwei unabhängige Systeme unterscheidet, die das Fortpflanzungsverhalten beeinflussen. Das erste System besteht darin, dass ein Paar von Individuen so miteinander verbunden wird, dass die Stabilität des Paares und ein hohes Maß an elterlicher Investition gefördert werden. Dieses

System stellt den Vater in der Familie in die Position des Ressourcenversorgers für die Kinder und schafft damit die Grundlage für enge Zuneigungsbindungen (romantische Liebe) zwischen Mann und Frau. Die Forschung in der Bindungs- und Persönlichkeitspsychologie liefert genügend Beweise für die Existenz dieses Systems.

Das zweite System ist das der sexuellen Anziehung, das die Paarung und den kurzfristigen Geschlechtsverkehr begünstigt. Dieses System wird psychometrisch mit Extraversion, Sensation Seeking, Aggression und anderen appetitiven Systemen in Verbindung gebracht. Die psychologische Forschung bestätigt die Annahme, dass Personen, die stark in diesem zweiten System verankert sind, im Durchschnitt mehr Sexualpartner und ein weniger gehemmtes Sexualverhalten haben. Dieses System betrifft vor allem junge erwachsene Männer und bildet die Grundlage für ein Paarungsverhalten, bei dem die Rolle der Männer eher darin besteht, Frauen zu befruchten, als den Kindern eine kontinuierliche Investition zu bieten. Viele menschliche Gesellschaften waren durch einen intensiven sexuellen Wettbewerb zwischen Männern um die Kontrolle über möglichst viele Frauen gekennzeichnet. Dieses männliche Streben nach einer großen Anzahl von Partnern und sexuellen Kontakten hat nichts mit Liebe zu tun. Es ist ein besonderes Merkmal der westlichen Kultur, dass sie diese männliche Tendenz deutlich gehemmt hat, während sie gleichzeitig die Gründung von Paaren und Liebesheiraten kulturell unterstützt hat. Das Ergebnis war ein Paarungssystem mit hohen elterlichen Investitionen und relativ egalitären Verhältnissen.

Folglich ist die psychoanalytische Betonung von Sexualität und vorehelichem Sex in ihrem Kern ein Projekt, das einen Lebensstil mit geringer elterlicher Investition fördert. Geringe elterliche Investitionen werden mit früher Sexualität, vorzeitiger Fortpflanzung, Unmäßigkeit und instabilen Partnerschaften in Verbindung gebracht. Ökologisch gesehen wird ein hohes elterliches Investment mit dem Bedürfnis nach wettbewerbsfähigen Nachkommen in Verbindung gebracht. Nun haben wir gesehen, dass einer der Aspekte des Judentums als evolutionäre Gruppenstrategie seine Betonung starker elterlicher Investitionen ist (*A People That Shall Dwell Alone*, Kap. 7). Wie wir im Folgenden sehen werden, gibt es genügend Beweise dafür, dass die sexuelle Revolution, die von der Psychoanalyse eingeleitet oder zumindest stark gefördert wurde, genau diese Art von Auswirkungen hatte.

In diesem Zusammenhang ist es interessant zu bemerken, dass die monogame soziale Norm im Westen mit der Entwicklung der Liebesheirat einherging. Ein besonderes Merkmal der westlichen Ehe ist, dass es eine Strömung hin zur Liebesheirat gibt, die auf Zuneigung und Zustimmung zwischen den Partnern beruht. Obwohl die Datierung dieser emotionalen Revolution in den verschiedenen sozialen Schichten umstritten ist, haben mehrere Historiker festgestellt, dass Zuneigung in den Beziehungen zwischen Eltern und Kind und zwischen Eheleuten im Westen seit dem Mittelalter oder zumindest seit dem siebzehnten Jahrhundert üblich und psychologisch wichtig war. Stone weist darauf hin, dass im späten achtzehnten Jahrhundert "selbst in den großen Adelshäusern gegenseitige Zuneigung als eine wesentliche Voraussetzung für die Eheschließung galt" (*The Road to Divorce*, S. 60).

In Anbetracht von Freuds Abneigung gegen die westliche Kultur im Allgemeinen und die katholische Kirche im Besonderen ist es interessant zu sehen, dass die kirchliche Ehepolitik ein weitgehend erfolgreiches Bemühen beinhaltete, Zustimmung und Zuneigung zwischen den Partnern als normative Merkmale der Ehe zu etablieren. Die Opposition gegen den Hedonismus und die Idealisierung der romantischen Liebe als Grundlage der monogamen Ehe wurde auch von nichtreligiösen westlichen intellektuellen Bewegungen wie dem Stoizismus der Spätantike und der Romantik des 19.

Aus evolutionärer Sicht befreit die Zustimmung die Individuen von der Suche nach ihren ehelichen Interessen, zu denen auch die Kompatibilität und die eheliche Zuneigung gehören. Obwohl Zuneigung in arrangierten Ehen durchaus vorhanden sein kann (ein Aspekt, der von einigen Historikern des republikanischen Roms wie Dixon hervorgehoben wird), ist es bei ansonsten gleichen Bedingungen wahrscheinlicher, dass die freie Zustimmung zur Ehe dazu führt, dass Zuneigung ein wichtiges Kriterium ist.

Diese Feststellungen zeigen eindrucksvoll den Unterschied zwischen dem Judentum als kollektivistische Gruppenstrategie, bei der individuelle Entscheidungen von den Interessen der Gruppe überlagert werden, und den westlichen, auf Individualismus basierenden

Institutionen. In Kapitel 7 unseres oben erwähnten Buches haben wir Belege dafür aufgezeigt, dass selbst nach dem Ersten Weltkrieg arrangierte Ehen unter Juden die Regel waren, weil die wirtschaftliche Basis der Ehe zu groß war, um den Launen der romantischen Liebe freien Lauf zu lassen. Obwohl die starke elterliche Investition ein wichtiger Aspekt des Judentums als evolutionäre Gruppenstrategie war, wurde die Zuneigung zwischen den Eheleuten nicht als zentral für die Ehe angesehen, so dass Cuddihy darauf hinweisen konnte, dass eine ganze Reihe jüdischer Intellektueller sie für das höchst verdächtige Produkt einer fremden Kultur hielten. Die Juden praktizierten die Inzuchtehe - eine Praxis, die den grundlegend biologischen Charakter des jüdischen Projekts unterstreicht - noch lange nach 1900, während die Kirche seit dem Mittelalter gegen die Inzucht als Grundlage der Ehe opponierte. Das Judentum hörte nicht auf, die kollektivistischen Mechanismen zur sozialen Kontrolle des individuellen Verhaltens im Einklang mit den Interessen der Familien und der Gruppe zu betonen, Jahrhunderte nachdem im Westen die Kontrolle über die Ehe von den Familien und dem Clan auf den Einzelnen übergegangen war. Im Gegensatz zur jüdischen Betonung der Gruppenmechanismen legte die westliche Kultur Wert auf die individuellen Mechanismen der persönlichen Anziehung und der freien Zustimmung.

Zusammenfassend lässt sich sagen, dass die säkularen und religiösen Institutionen des Westens ein sehr egalitäres Paarungssystem hervorgebracht haben, das mit einer starken elterlichen Investition verbunden ist. Diese Institutionen wiesen dem glücklichen Charakter der Paarung und dem guten Einvernehmen im Eheleben als Grundlage der Ehe eine zentrale Rolle zu. Als diese Institutionen jedoch Gegenstand der radikalen Kritik der Psychoanalyse wurden, kam es dazu, dass sie als Träger von Neurosen gesehen wurden und die westliche Gesellschaft selbst sich als ungesund erlebte. Freuds Schriften zu diesen Themen sind voll von Bemerkungen, die auf die Notwendigkeit einer größeren sexuellen Freiheit hinweisen, um die schwächenden Neurosen zu überwinden. Wie wir sehen werden, vertrat die spätere psychoanalytische Kritik an der Gentilität die Ansicht, dass die Unterdrückung der Sexualität zu Antisemitismus führe und den Keim für andere moderne Krankheiten in sich trage.

Teil 6

Die Psychoanalyse und die Kritik der westlichen Kultur

Die Psychoanalyse hat bewiesen, dass sie eine wahre Schatztruhe voller brauchbarer Ideen für jeden sein kann, der radikale Kritik an der westlichen Kultur üben will. Sie hat eine Vielzahl von Disziplinen und Bereichen wie Soziologie, Kindererziehung, Kriminologie, Anthropologie, Literaturkritik, Kunst, Literatur und populäre Medien geprägt. Kurzweil betont, dass sich "so etwas wie eine psychoanalytische Kultur etabliert hat" (*The Freudians: A Comparative Perspective*, S. 102). Torrey beschrieb ausführlich den Aufstieg der Bewegung in den USA, die von einer kleinen Gruppe weitgehend jüdischer Aktivisten mit Zugang zu den populären Medien, der akademischen und künstlerischen Welt initiiert wurde und schließlich in den 1950er Jahren ein immenses Echo fand: "Es war ein weiter Weg von dem kleinen Brückenkopf, der bei einigen New Yorker Intellektuellen gelegt wurde, bis zu diesem massiven Einfluss auf fast alle Etagen des amerikanischen Lebens" (*Freudian Fraud: The Malignant Effects of Freud's Theory on American Thought ans Culture,* S. 37), ein Einfluss, den er als "Angriff auf die amerikanische Kultur" bezeichnet (*ebd.*, S. 127).

Wie Shapiro anmerkt, war die Mehrheit der *New York Intellectuals* nicht nur jüdischer Abstammung, sondern definierte sich auch als solche:

> Was an jüdischen Intellektuellen überrascht, ist nicht die geringe Ausprägung ihrer jüdischen Identität, sondern ihre Ablehnung des Königswegs der Assimilation. Dass angeblich "kosmopolitische" Intellektuelle etwas so Provinzielles wie die jüdische Identität so sehr beherzigen, gibt einen Eindruck davon, wie stark das Judentum selbst auf die akkulturiertesten Elemente wirkt ('Jewishness and the New York intellectuals', S. 292).

Wie wir im sechsten Kapitel sehen werden, waren die *New York Intellectuals* politisch linksradikal und den politischen und kulturellen Institutionen der USA zutiefst fremd.

Die Psychoanalyse war ein wichtiger Bestandteil der *Weltanschauung* dieser Intellektuellen. Torreys Studie zeigt, dass es in der intellektuellen Elite der USA seit den 1930er Jahren große

Überschneidungen zwischen der Psychoanalyse, der politischen Linken oder extremen Linken und der jüdischen Identifikation gibt. Der Autor bezeichnet Dwight Macdonald als "einen der wenigen Gojim in der New Yorker Intelligenz", der in diese Bewegung, die sich um die *Partisan Review* gruppierte, involviert war. Angesichts dieser Verbindung zwischen Psychoanalyse und Linken ist es nicht verwunderlich, dass die von Frederick Crew verfasste Kritik an der Psychoanalyse als ein auf die Linke abzielender Angriff interpretiert wurde. Eli Zaretsky schrieb in der Zeitschrift *Tikhun*, die als Organ der New Yorker Intellektuellen gilt und mehr oder weniger extreme linke Politik mit jüdischem Aktivismus verbindet, dass Angriffe wie die von Crew "die Fortsetzung der Angriffe auf die Linke sind, die mit der Wahl von Richard Nixon 1968 begannen (...) Sie fahren fort, die utopischen und revolutionären Möglichkeiten zu verwerfen, die in den 1960er Jahren erahnt worden waren". Da die Psychoanalyse ein integraler Bestandteil der gegenkulturellen Bewegung der 1960er Jahre war, kam ein Angriff auf sie einem Schlag gegen eine Säule der politischen Kultur der Linken und der extremen Linken gleich.

Das von Torrey gesammelte Material zeigt, dass die Dominanz psychoanalytisch veranlagter Juden in der intellektuellen Elite auch in der Zeit nach dem Zweiten Weltkrieg anhielt. Torrey untersuchte 21 amerikanische Eliteintellektuelle, die zuvor von Kadushin aufgrund der Bewertungen ihrer Kollegen als die einflussreichsten identifiziert worden waren. Von diesen 21 Autoren waren 15 jüdisch, und die Fragebögen und Analysen ihrer Schriften zeigten, dass 11 von ihnen "zu irgendeinem Zeitpunkt ihrer Karriere unter dem offenen Einfluss des Freudismus gestanden hatten" (*ebd.* S. 185). (Von diesen standen drei Fälle mehr unter dem Einfluss der Schriften von Wilhelm Reich, dem Vorkämpfer der freudschen Linken, als unter dem von Freud: Es handelt sich um Saul Bellow, Peul Goodman und Norman Mailer). Darüber hinaus hatten 10 von 11 (die Ausnahme war Saul Bellow) zu irgendeinem Zeitpunkt ihrer Karriere linke oder linksradikale politische Ideen gepflegt.

Die Verbindung zwischen der politischen Linken und der Psychoanalyse sowie die entscheidende Rolle der von Juden kontrollierten Medien bei der Verbreitung der Psychoanalyse wurden durch den Aufschrei deutlich, den die Veröffentlichung von Frederick Crews kulturkritischer Studie über die Psychoanalyse auslöste. Seine

Artikel erschienen ursprünglich in der *New York Review of Books* - einer Zeitschrift, die wie die *Partisan Review* und *Commentary* mit den New Yorker Intellektuellen in Verbindung gebracht wird. Crew bemerkte: "In der *NYRB* veröffentlicht zu werden, war so, als würde man seinen Wellensittich aus Nachlässigkeit oder Bosheit der Gnade einer unermüdlichen Katze aussetzen. Er meint damit, dass die *NYRB* und die anderen mit den New Yorker Intellektuellen verbundenen Zeitschriften jahrzehntelang die Rolle von Propagatoren der Idee gespielt haben, dass die Psychoanalyse und andere Lehren aus ähnlichem Mehl wissenschaftlich und intellektuell gültig seien. Seine Bemerkung impliziert auch, dass seine Artikel, wenn er sie in einem weniger exponierten und politisierten Medium veröffentlicht hätte, vorsichtig verschwiegen worden wären, wie es die bewährte Tradition der Psychoanalyse vorschreibt.

Mehrere Kritiker der freudianisch inspirierten Kultur blieben den ursprünglichen Prinzipien des Dr. Freud relativ treu. Herbert Marcuse, der Guru der Gegenkultur der 1960er Jahre, gehörte zur ersten Generation der Frankfurter Schule, auf die wir im nächsten Kapitel ausführlich eingehen werden. In *Eros und Zivilisation* macht er sich Freuds Idee zu eigen, dass die westliche Kultur durch ihre Unterdrückung der sexuellen Triebe pathogen wird, und er würdigt Freud, "der die Rolle erkannt hat, die die Unterdrückung in den höchsten Werten der westlichen Zivilisation spielt - die Unfreiheit und Leiden voraussetzt und verewigt" (S. 240). Marcuse lobt Wilhelm Reichs frühe Arbeiten als beispielhaft für Freuds "linkes" Erbe. Reich "hat das ganze Ausmaß der Tatsache erfasst, dass sexuelle Unterdrückung zugunsten von Herrschaft und Ausbeutung ausgeübt wird und dass diese Vorteile wiederum durch sexuelle Unterdrückung gefestigt und reproduziert werden" (*ebd.* S. 239). Wie Freud zeigt Marcuse den Weg zu einer utopischen, nicht ausbeuterischen Zivilisation auf, die aus der vollständigen Beendigung der sexuellen Unterdrückung hervorgehen würde, aber Marcuse geht über Freuds Ideen, wie sie in *Unbehagen in der Zivilisation* zum Ausdruck kommen, hinaus, da er noch mehr Optimismus hinsichtlich der Vorteile zeigt, die von der Beendigung der sexuellen Unterdrückung zu erwarten sind.

Tatsächlich schließt Marcuse das Buch mit einer energischen

Verteidigung der Idee der grundlegenden Bedeutung der sexuellen Unterdrückung gegen einige "neofreudianische Revisionisten" wie Erich Fromm, Karen Horney und Henry Stack Sullivan ab. Interessanterweise interpretiert Marcuse den Neo-Freudismus als aus der Vorstellung heraus entstanden, dass die orthodoxe Freudsche These von der sexuellen Unterdrückung die Unmöglichkeit des Sozialismus implizieren würde. Diese neofreudianischen Revisionisten sind daher als Fortsetzer der psychoanalytisch orientierten Kulturkritik zu betrachten, die jedoch die Zentralität der sexuellen Repression bestreiten. Diese Theoretiker - insbesondere Erich Fromm, der sich stark als Jude identifizierte und bewusst versuchte, die Psychoanalyse für linksradikale politische Zwecke zu nutzen - können in die Kategorie der utopischen Optimisten eingeordnet werden.

Wie Marcuse gehörte auch Fromm zur ersten Generation der Frankfurter Schule. Seinem Denken liegt die Vorstellung zugrunde, dass die heutige Gesellschaft pathogen ist und dass die Entwicklung des Sozialismus eine neue Ära liebevoller menschlicher Beziehungen herbeiführen muss. Diese Schriftsteller hatten einen großen Einfluss.

Eine ganze Generation von Amerikanern, die die Universitäten durchlaufen haben, wurden tief von Erich Fromms Argument in *Escape From Freedom* beeinflusst, dass der Nationalsozialismus das Produkt des Zusammentreffens einer lutherischen Sensibilität mit den dem Kapitalismus innewohnenden Widersprüchen war. (Rothman & Lichter, *a. a. O.*, S. 87)

Fromm war im Wesentlichen der Ansicht, dass der Autoritarismus aus einer unbewussten Angst vor der Freiheit entstand und daher das Bedürfnis, bei faschistischen Bewegungen nach einer Form der Gewissheit zu suchen - ein Beispiel, das die Neigung jüdischer Intellektueller zur Bildung von Theorien verdeutlicht, in denen der Antisemitismus eine individuelle oder soziale Pathologie der Nichtjuden ausdrückt. Wie die anderen Mitglieder der Frankfurter Schule entwickelte auch Fromm die Ansicht, dass psychische Gesundheit am stärksten von Individualisten verkörpert wird, die ihr volles Potenzial ausschöpfen, ohne sich auf die Zugehörigkeit zu einer kollektivistischen Gruppe zu stützen:

> Für die Demokratie besteht der Fortschritt in der Vergrößerung der aktuellen Freiheit, der Initiative und Spontaneität des Einzelnen, nicht nur in privaten und geistigen Angelegenheiten, sondern vor allem in der Tätigkeit, die seine Existenz in erster Linie betrifft, nämlich seiner Arbeit. (*Escape From Freedom*, S. 272)

Wie wir im nächsten Kapitel sehen werden, ist die Verschreibung dieses radikalen Individualismus an die Nichtjuden ein hervorragendes Mittel, um das Judentum als zusammengeschweißte Gruppe fortzuführen. Die Ironie (oder Heuchelei?) von Fromm und den anderen Mitgliedern der Frankfurter Schule besteht darin, dass sie sich selbst fest mit einer stark kollektivistisch geprägten Gruppe, nämlich dem Judentum, identifizierten, während sie gleichzeitig den radikalen Individualismus für die gesamte Gesellschaft propagierten.

John Murray Cuddihy hebt ein gemeinsames Thema der psychoanalytischen Kritik an der westlichen Kultur hervor: die Vorstellung, dass die westliche Zivilisiertheit ein dünner Firnis ist, der über den Antisemitismus und andere Formen der Psychopathologie gelegt wird. Wilhelm Reich steht für diese Tendenz: "das gewaltsame Aufeinandertreffen der 'Stammes'-Gesellschaft des *Schtetls* und der 'politisierten' Gesellschaft des Westens" (*The Ordeal of Civility*, S. 111). In seinem Buch *The Function of the Orgasm: Sex-Economic Problems ob Biological Ernergy* schrieb Reich:

> Die Kräfte, die so lange unter dem oberflächlichen Firnis guter Erziehung und künstlicher Selbstkontrolle bedeckt waren, die für die für die Freiheit kämpfenden Massen charakteristisch waren, wurden frei und gingen zur Tat über: in den Konzentrationslagern, in den Judenverfolgungen (...) Im Faschismus wurde die psychische Krankheit der Massen *unverhüllt* offenbart. (p. 206-207)

Für Reich beginnt die charakterliche Panzerung, die aus der Unterdrückung sexueller Orgasmen resultiert, mit ziviler und höflicher Rede und endet in Auschwitz. Cuddihy merkt an, dass Reich in den 1940er bis 1970er Jahren einen großen Einfluss auf den Anarchisten Paul Goodman, den Dichter Karl Shapiro, die Romanautoren Stanley Elkin, Isaac Rosenfeld und Saul Bellow sowie die Psychotherapeuten "Fritz " Perls vom Esalen-Institut und Arthur Janov, dem Autor von "Der Urschrei".

Goodman, der zusammen mit Rosenfeld und Bellow zur Gruppe der New Yorker Intellektuellen gehörte, schrieb in *Growing Up Absurd: Problems of Youth in the Organized Society* eine einflussreiche Anklageschrift gegen die Gesellschaft, die instinktiven Bedürfnissen entgegenwirkt und dabei den Schwerpunkt auf Konformität und Unterdrückung legt. Der Weg zu einer utopischen Gesellschaft sollte von einer Avantgarde revolutionärer Studenten geebnet werden, und tatsächlich ergab eine Studie von 1965 über die Führer der linksextremen Gruppe *Students for a Democratic Society*, dass mehr als die Hälfte von ihnen Goodman und Marcuse gelesen hatten.

Goodman schrieb in einem Artikel, der 1961 in einer Ausgabe der Zeitschrift *Commentary* veröffentlicht wurde - eine Tatsache, die allein schon zeigt, wie weit psychoanalytisch inspirierte Gesellschaftskritik in jüdische Intellektuellenkreise vorgedrungen war -: "Was wäre, wenn die Zensur, die nur ein Aspekt der repressiven Anti-Sexualität im Allgemeinen ist, selbst die Ursache des Übels ist und das Bedürfnis nach sadistischer Pornografie schafft, die kriminelle Profite anhäuft?" Ohne irgendeinen Beweis dafür zu erbringen, dass sadistische Impulse ihren Ursprung in der Unterdrückung der Sexualität haben, schafft es Goodman, in einem typisch psychoanalytischen Stil zu suggerieren, dass alles in Ordnung wäre, wenn die Gesellschaft aufhören würde, die Sexualität kontrollieren zu wollen.

Die verheerende Gleichsetzung von Liebe und Sex in den Schriften von Freud und seinen Anhängern zeigt sich auch in der Literatur. Cuddihy nimmt das Beispiel von Leslie Fiedler, um die Faszination der jüdischen Intellektuellen für die Kulturkritik, die von Freud und Marx ausging, zu verdeutlichen - wobei sowohl das eine als auch das andere je nach Gelegenheit dienen konnte. Die höfische Liebe wurde als bloße Sublimierung entlarvt - eine ritualisierte Anstrengung, um der Vulgarität des Geschlechtsverkehrs mit einer Frau zu entgehen. Wie Dickstein in Bezug auf Norman Mailer feststellt:

> Nach und nach entfernte er sich wie die anderen Amerikaner vom Marxismus und näherte sich dem Freudismus an. Wie andere Radikale der 1950er Jahre war er im psychosexuellen Bereich effektiver und prophetischer als im alten politischen Bereich (...) Wo Unterdrückung war, muss Befreiung kommen: Das war nicht nur Mailers Botschaft, sondern die

aller Anhänger dieses neuen freudianischen (oder reichianischen) Radikalismus, der den intellektuellen Konsens in der Zeit des Kalten Krieges erheblich untergrub. (*Gates of Eden: American Culture in the Sixties*, S. 52)

Obwohl die Arbeiten von Marcuse, Goodman, Fiedler und Mailer die zutiefst subversive Natur der Kulturkritik, die von der Psychoanalyse ausgeht, gut veranschaulichen, muss man sie im Kontext eines Projekts von unglaublichem Ausmaß erfassen. Kurzweil hat einen Rundumblick auf den Einfluss der Psychoanalyse auf die Kulturkritik in allen westlichen Gesellschaften gegeben. In dieser Art von Literatur ist man ständig darum bemüht, Lehren vorzuschlagen, die eine radikale Kritik der Gesellschaft beinhalten. Die Anhänger des französischen Literaturkritikers Jacques Lacan lehnten die biologische Interpretation der Triebtheorie ab, wollten aber trotzdem "die radikale Haltung der Psychoanalyse wiederherstellen, und zwar mit demselben Eifer wie ihre deutschen Kollegen" (*a. a. O.*, S. 78).

Wie man es von einer Nicht-Wissenschaft erwarten konnte, führte der Einfluss der Psychoanalyse dazu, dass in der Welt der Literaturkritik ein wahrer theoretischer Turmbau zu Babel entstand: "In Amerika konnten sich selbst diejenigen, die zu diesen Studien beitrugen, weder über ihren Zweck noch über ihren Gegenstand einigen; jeder hatte seine eigenen Vorurteile" (*ebd.*, S. 195). Die Lacansche Bewegung spaltete sich nach dem Tod des Meisters in mehrere Kapellen auf, von denen jede ihren Ritterschlag beanspruchte. Die Lacansche Psychoanalyse wurde in der radikalen Kulturkritik des Marxisten Louis Althusser und der einflussreichen Autoren Michel Foucault und Roland Barthes verwendet. Alle diese Intellektuellen, Lacan eingeschlossen, waren Schüler von Claude Levi-Strauss, der seinerseits von Freud (und Marx) beeinflusst war.

Die zentrale Rolle, die die Psychoanalyse in der Kulturkritik spielt, lässt sich in Deutschland nach dem Zweiten Weltkrieg beobachten. T. W. Adorno, der Autor der *Autoritären Persönlichkeit*, ist durchaus repräsentativ für diejenigen, die die Sprache der Geisteswissenschaften nutzen, um den Antisemitismus zu bekämpfen, das Nichtjudenwesen zu pathologisieren und den jüdischen Separatismus zu rationalisieren. Nach dem Krieg nach Deutschland zurückgekehrt, äußerte Adorno seine

Befürchtung, dass die Psychoanalyse "keine Schönheit mehr sein würde, die den Schlaf der Menschheit zu stören vermag" (*in* Kurzweil, *a. a. O.*, S. 253). Die Psychoanalyse wurde schließlich vom Staat unterstützt, indem jeder deutsche Bürger aufgefordert wurde, 300 Stunden Psychoanalyse zu absolvieren (in schweren Fällen mehr). 1983 forderte die hessische Regierung als Bedingung für die Finanzierung eines psychoanalytischen Instituts die Zusammenstellung empirischer Daten, die den Erfolg der Psychoanalyse belegen sollten. Die Antwort, die die empörten Psychoanalytiker gaben, offenbart zwei wesentliche Aspekte des psychoanalytischen Projekts: die Pathologisierung der Feinde und die Zentralität der Sozialkritik.

Sie standen auf, um die Psychoanalyse als Gesellschaftskritik zu verteidigen (...) Sie griffen die unbewussten Lügen einiger (nicht benannter, aber erkennbarer) Psychoanalytiker, ihre unglückliche Beziehung zur Macht und ihre häufige Vernachlässigung der Gegenübertragung an.

Infolgedessen gewann die psychoanalytische Gesellschaftskritik neuen Auftrieb und es wurde ein Buch veröffentlicht, in dem "kein politisches Thema mehr der Kritik entging" (*ebd.* S. 315). Die Psychoanalyse rechtfertigt ihren Nutzen nur durch ihre Sozialkritik, unabhängig von den Daten über ihre klinischen Erfolge.

Im Deutschland nach dem Zweiten Weltkrieg war der einflussreichste Psychoanalytiker der Linke Alexander Mitscherlich, der die Psychoanalyse für notwendig hielt, um die Deutschen zu vermenschlichen und "sich gegen die Unmenschlichkeiten der Zivilisation zu wehren" (*in* Kurzweil, *a. a. O.*, S. 234). In Bezug auf die Notwendigkeit, die Deutschen nach der Nazizeit zu verändern, war Mitscherlich der Ansicht, dass nur die Psychoanalyse die Hoffnung auf Erlösung für das deutsche Volk bringen könne: "Jeder Deutsche muss sich persönlich mit seiner Vergangenheit auseinandersetzen, indem er eine mehr oder weniger 'pragmatische' Freudsche Analyse durchläuft" (*ebd.* S. 275). Seine Zeitschrift *Psyche* nahm eine insgesamt gegensätzliche Position zur deutschen Kultur ein und verband marxistische und psychoanalytische Sichtweisen, um ein "antifaschistisches Denken" zu entwickeln (*ebd.* S. 236). Der "Bernfeld-Kreis", der sich aus linksextremen Psychoanalytikern zusammensetzte und im selben Zeitraum in Deutschland aktiv war, betonte seinerseits "die in der Psychoanalyse vorhandenen sozialkritischen Elemente" (*ebd.* S. 234).

Wie in diesem Bereich üblich, stellten diese Psychoanalytiker eine Vielzahl von Antisemitismustheorien auf, ohne jedoch Kriterien zu liefern, anhand derer man sie voneinander abgrenzen könnte. 1962 organisierte Mitscherlich eine Konferenz mit dem Titel "Die psychologischen und sozialen Formen des Antisemitismus: Analysen der psychischen Dynamik eines Vorurteils", auf der mehrere phantasievolle Theorien vorgestellt wurden.

Mitscherlichs Beitrag behauptete, dass Kinder Feindseligkeit entwickelten, wenn von ihnen verlangt wurde, ihren Lehrern zu gehorchen, was zur Identifikation mit dem Aggressor und schließlich zur Verherrlichung des Krieges führte. Mitscherlich war der Ansicht, dass der deutsche Antisemitismus "nur eine weitere Manifestation des infantilen germanischen Autoritarismus" war (*ebd.*, S. 296). Béla Grunberger kam seinerseits zu dem Schluss, dass "die ödipale Ambivalenz gegenüber dem Vater und die sadistisch-analen Beziehungen der frühen Kindheit das unwiderrufliche Erbe des Antisemiten bilden" (*a.a.O.*). Martin Wangh interpretierte den Antisemitismus der Nazis als Ergebnis einer Verschlimmerung des Ödipuskomplexes, die auf die Abwesenheit des Vaters während des Ersten Weltkriegs zurückzuführen war: "Sehnsucht nach dem Vater (...) infantile homosexuelle Wünsche wurden verstärkt und dann auf die Juden projiziert" (*ebd.*, S. 297).

Teil 7

Schlussfolgerung

Wir beginnen zu verstehen, dass der Erfinder der Psychoanalyse im Grunde ein visionärer und zugleich berechnender Künstler war, der versuchte, sich als Held einer mehrbändigen Saga zu profilieren, die die Mitte zwischen Epos, Kriminalroman und Satire auf den Egoismus des menschlichen Tieres hielt. Es ist diese schwierige, aber wissenschaftliche Erkenntnis, die die Freudsche Gemeinschaft erreichen muss, vorausgesetzt, sie ist dazu in der Lage. (Crews, *a.* a. O., S. 12-13)

Ich komme zu dem Schluss, dass die Psychoanalyse im Grunde eine politische Bewegung war, die im Laufe ihrer Geschichte von Individuen mit starker jüdischer Identität dominiert wurde. Ein durchgängiges Merkmal dieser Disziplin ist die Bedeutung, die das persönliche Engagement in ihr hatte. Das hohe Maß an emotionaler Investition in die psychoanalytischen Lehren und die starke Identifikation mit der Person Freuds und seiner direkten Nachkommen deutet darauf hin, dass die Teilnahme an der psychoanalytischen Bewegung bei vielen Praktikern tiefe psychologische Bedürfnisse befriedigte, indem sie sie in eine sehr eng verbundene und autoritäre Bewegung eingliederte.

Angesichts des Glaubens an die jüdische Überlegenheit in intellektuellen, moralischen und letztlich auch rassischen Fragen, der die Bewegung in ihren Anfängen beherrschte, ist es nicht verwunderlich, dass Beobachter der Ansicht waren, die Psychoanalyse sei nicht nur religiös gefärbt, sondern habe sich auch der Förderung spezifisch jüdischer Interessen verschrieben. Die Vorstellung, dass die Psychoanalyse das Zeug zu einem Klüngel hat, hat sich bis heute gehalten.

In Anbetracht dessen habe ich festgestellt, dass die jüdische intellektuelle Aktivität, die auf eine radikale Kritik der Nichtjudenheit ausgerichtet ist, nicht unbedingt so zu verstehen ist, dass sie auf die direkte Verwirklichung der wirtschaftlichen oder sozialen Ziele des Judentums gerichtet ist. Aus unserer Sicht könnte die psychoanalytische Unterwanderung der moralischen und intellektuellen Grundlagen der westlichen Zivilisation ganz einfach aus den Prozessen der sozialen Identität resultieren, durch die die Kultur der Exogruppe negativ bewertet wird. Mit diesen Ausführungen ist jedoch noch nicht alles gesagt.

Die Psychoanalyse hat spezifisch jüdischen Interessen gedient, indem sie Theorien des Antisemitismus entwickelt hat, die unter der Maske der Wissenschaftlichkeit die Bedeutung der Interessenkämpfe zwischen Juden und Nichtjuden unterschlagen haben. Obwohl diese Theorien im Detail stark voneinander abweichen - was typisch für psychoanalytische Theorien im Allgemeinen ist, in denen keine empirischen Abgrenzungskriterien vorgeschlagen werden -, betrachtet der fragliche Theoriekorpus den Antisemitismus immer als eine Form der Psychopathologie, die von Projektionen, Verdrängungen und Reaktionsbildungen ausgeht, die letztlich aus einer pathogenen

Gesellschaft resultieren.

Die Psychoanalytiker, die während der Nazizeit von Europa in die USA emigrierten, wollten die Psychoanalyse "zur ultimativen Waffe gegen Faschismus, Antisemitismus und jede andere illiberale Gesinnung" machen (Kurzweil, a. a. O., S. 294). Der einflussreichste Versuch aus der Reihe *Studies in Prejudice* wird im nächsten Kapitel besprochen, aber Theorien dieser Art tauchen immer wieder auf. Bei der Untersuchung zweier solcher Exemplare stellte Katz fest, dass "diese Art von Theorien in gleichem Maße unwiderlegbar und unbeweisbar ist", eine Charakterisierung, die, wie wir gesehen haben, immer das Markenzeichen der theoretischen Produktion der Psychoanalyse war. In den beiden von ihm untersuchten Fällen konnte Katz keinen Zusammenhang zwischen dem historisch realen Antisemitismus und der psychoanalytischen Theorie feststellen. Er kam zu dem Schluss, dass "die Tatsache, dass diese Analogien [zwischen Antisemitismus und einigen klinischen Fällen von Besessenheit] an den Haaren herbeigezogen sind, diejenigen, die alle menschlichen Angelegenheiten in psychoanalytischen Begriffen interpretieren, nicht zu beunruhigen scheint. ("Misreadings in antisemitsm", *Commentary* 76, S. 41)

Es ist jedoch bemerkenswert, dass neben diesem erklärten Vorhaben, den Antisemitismus zu pathologisieren, die psychoanalytische Theorie zu keinem Zeitpunkt davon ausgeht, dass die jüdische Identität ein relevanter Erklärungsfaktor für das Verhalten sein könnte. Ähnlich wie die radikale linke Ideologie ist die Psychoanalyse eine messianische und universalistische Ideologie, die bestrebt ist, die traditionellen sozialen Kategorien des Judentums sowie die Unterscheidung zwischen Jude und Nichtjude selbst zu unterwandern, während sie gleichzeitig die Möglichkeit offen lässt, dass der Zusammenhalt der jüdischen Gruppe fortbesteht, um den Preis, dass sie in einen kryptischen oder halbkryptischen Zustand übergeht. Und wie in der radikalen linken Ideologie verlieren die sozialen Kategorisierungen von Juden und Nichtjuden ihre Schärfe und sind theoretisch irrelevant. Das ist die Vorhersage der Theorie der sozialen Identität und das ist auch die Aussage der psychoanalytischen Theorien des Antisemitismus.

Gilman legt nahe, dass Freud zusammen mit anderen jüdischen Wissenschaftlern seiner Zeit Hysterietheorien als Reaktion auf die

Vorstellung entwickelt hatte, dass die Juden als "Rasse" biologisch für Hysterie anfällig seien. Als Gegenentwurf zu diesem rassenbasierten Argument postulierte Freud die Existenz einer universellen menschlichen Natur - "die gemeinsame Basis des menschlichen Lebens" - und versuchte dann, individuelle Unterschiede durch den Einfluss der Umwelt zu erklären, der letztlich von einer repressiven und unmenschlichen Gesellschaft ausging. Obwohl Dr. Freud davon überzeugt war, dass die intellektuelle und moralische Überlegenheit der Juden aus der Lamarckschen Vererbung resultierte und somit genetisch begründet war, leugnete die Psychoanalyse offiziell den Wert biologisch begründeter ethnischer Unterschiede und natürlich auch den theoretischen Vorrang ethnischer Unterschiede oder ethnischer Konflikte im Allgemeinen. Der ethnische Konflikt [zwischen Juden und Nichtjuden] wurde von der psychoanalytischen Theorie als ein sekundäres Phänomen interpretiert, das sich aus irrationalen Unterdrückungen, Projektionen und Reaktionsbildungen ableitete; kurz gesagt als ein Hinweis auf eine Pathologie im Nichtjudenwesen, nicht als eine Reflexion des tatsächlich existierenden Verhaltens der Juden.

Mir ist aufgefallen, dass es unter Juden häufig zu Überschneidungen zwischen Psychoanalyse und radikalen linken Ideen kommt. Dies ist nichts, was überraschen sollte. Beide Phänomene sind im Grunde jüdische Antworten auf die Aufklärung und die anschließende Verunglimpfung der religiösen Ideologie als Grundlage für die Entwicklung einer intellektuell legitimen individuellen oder kollektiven Identität. Beide Bewegungen sind mit einer starken persönlichen Bindung an die eigene jüdische Identität und mit einer bestimmten Form der kollektiven Fortführung des Judentums vereinbar. In diesem Sinne vertritt Yerushalmi überzeugend die Auffassung, dass Freud sich als Führer des jüdischen Volkes sah und dass seine "Wissenschaft" eine säkularisierte Interpretation der jüdischen religiösen Themen lieferte.

Um ehrlich zu sein, ist die Ähnlichkeit zwischen diesen Bewegungen sogar noch tiefer. Sowohl die Psychoanalyse als auch die radikale linke Ideologie üben Kritik, indem sie die traditionellen Institutionen und die sozio-religiösen Kategorisierungen der Nichtjudenheit negativ bewerten. Beide Bewegungen, insbesondere die Psychoanalyse, formulieren ihre Kritik in der wissenschaftlichen und rationalen Sprache, die die *Lingua Franca* des intellektuellen Diskurses in der Zeit nach der Aufklärung ist. Dies ändert jedoch nichts daran, dass sich beide Bewegungen trotz des wissenschaftlichen Anstrichs in einer stark politisierten Atmosphäre entwickeln. Im Fall der marxistischen politischen Ideologie ist dies nicht überraschend, auch wenn der Marxismus von seinen Anhängern oft als "wissenschaftlicher" Sozialismus dargestellt wurde. Die Psychoanalyse wiederum wurde in ihrem Streben nach Respektabilität durch die eindeutig sektiererische und politische Färbung dieser Bewegung behindert, die die Maske der Wissenschaftlichkeit aufsetzte.

Sowohl die Psychoanalyse als auch die radikale linke Ideologie haben oft das Gefühl einer persönlichen messianischen Mission gefördert, die den Nichtjuden eine utopische Welt verspricht, die frei von Klassenkampf, ethnischen Konflikten und behindernden Neurosen ist. Beide Bewegungen entwickelten sehr spezielle Vorstellungen von der kollektiven jüdischen Identität, deren Aufgabe es war, die Nichtjuden in die utopische zukünftige Welt zu führen. Wir finden das bekannte Konzept des "Lichts der Nationen", das in säkularen und "wissenschaftlichen" Begriffen formuliert wurde.

Die von beiden Bewegungen vertretenen sozialen Kategorisierungen verwischten die Unterscheidung zwischen Jude und Nichtjude vollständig, und beide Bewegungen entwickelten Ideologien, die den Antisemitismus zur Folge von Faktoren machten, die mit der jüdischen Identität, dem Fortbestand der jüdischen Gruppe und dem Wettbewerb zwischen Juden und Nichtjuden um Ressourcen absolut nichts zu tun hatten. In den utopischen Gesellschaften der Zukunft, die sie versprachen, würden die Kategorien Jude und Nichtjude theoretisch keine Bedeutung haben, aber Juden könnten sich weiterhin als Juden erkennen und die jüdische kollektive Identität könnte fortbestehen, während eine der Quellen der Identität von Nichtjuden, nämlich die Religion und mit ihr die Unterstützung durch starke elterliche Investitionen, als kindische Aberration interpretiert wurde. Die universalistischen Ideologien des Marxismus und der Psychoanalyse waren daher mit der Fortführung des jüdischen Partikularismus in höchstem Maße vereinbar.

Neben diesen Funktionen ist es nicht unvernünftig anzunehmen, dass der kulturelle Einfluss der Psychoanalyse dem Judentum einen Vorteil verschafft haben könnte, indem er die Differenz zwischen Juden und Nichtjuden auf dem Gebiet des Ressourcenwettbewerbs verschärft hat, obwohl es keinen Grund gibt, eine Vorsätzlichkeit dieser Konsequenz seitens der Führer dieser Bewegung anzunehmen. Angesichts der beträchtlichen durchschnittlichen Unterschiede zwischen Juden und Nichtjuden in Bezug auf die Intelligenz und die Neigung zu starken elterlichen Investitionen gibt es sehr starke Gründe für die Annahme, dass Juden und Nichtjuden sehr unterschiedliche Interessen in Bezug auf den Aufbau von Kultur haben. Juden leiden weniger als Nichtjuden unter der Erosion der kulturellen Vormünder, die starke elterliche Investitionen unterstützen, und Juden profitieren vom Rückgang des religiösen Glaubens bei Nichtjuden.

Wie Podhoretz bestätigt, ist es vollkommen erwiesen, dass jüdische Intellektuelle und jüdische Organisationen wie der AJCongress und jüdisch dominierte Organisationen wie die American Civil Liberties Union die christlichen religiösen Überzeugungen lächerlich machten, versuchten, die soziale Kraft des Christentums zu untergraben und den Kampf für die Aufhebung aller Schranken gegen die Pornografie an vorderster Front führten. Wir haben in diesem Kapitel Hinweise darauf geliefert, dass die Psychoanalyse eine intellektuelle Bewegung unter jüdischer Herrschaft und ein zentraler Bestandteil des Krieges gegen die kulturellen Vormünder war, die die starken elterlichen Investitionen unterstützten.

In diesem Zusammenhang ist es nicht unbedeutend, dass Freud die Auffassung vertrat, dass das Judentum als Religion nicht mehr notwendig sei, weil es seine Funktion bereits erfüllt habe, nämlich einen intellektuell, geistig und moralisch überlegenen jüdischen Nationalcharakter zu schaffen:

> die den Charakter der Juden geformt hatten, hatte das Judentum als Religion seine lebenswichtige Funktion erfüllt und konnte daher beiseite gelassen werden (Yerushalmi, a. a. O., S. 52).

Die Daten, die wir in diesem Kapitel zusammengefasst haben, zeigen, dass Freud davon ausging, dass die jüdische Überlegenheit in ethischer, spiritueller und intellektueller Hinsicht genetisch bedingt war und dass Nichtjuden genetisch dazu prädisponiert waren, unter die Herrschaft der Sinne und in die Brutalität zu fallen. Laut Freud war der jüdische Nationalcharakter durch eine über Generationen wirkende Lamarcksche Vererbung genetisch determiniert, die aus einer einzigartigen jüdischen Erfahrung stammte. Die Daten, die ich in *A People That Shall Dwell Alone* überprüft habe, deuten darauf hin, dass es gute Gründe für die Annahme einer genetischen Grundlage gibt, um die Unterschiede im IQ zwischen Juden und Nichtjuden und in der elterlichen Investition zu erklären, die letztlich durch die jüdischen religiösen Praktiken über lange historische Zeiträume hinweg verursacht wurden (durch eugenische Praktiken, nicht durch lamarcksche Vererbung).

Da die Unterschiede zwischen Juden und Nichtjuden genetisch bedingt sind, ist der Grad der elterlichen Investition bei Juden weniger wahrscheinlich von der Bewahrung seiner kulturellen Vormünder abhängig, wie es bei Nichtjuden der Fall ist. Freuds Krieg gegen das Heidentum, der durch die Erleichterung des Strebens nach sexueller Befriedigung, die Senkung der elterlichen Investitionen und die Beseitigung der sozialen Kontrolle über das Sexualverhalten geführt wurde, dürfte daher Juden und Nichtjuden kaum in gleichem Maße betroffen haben, was die ohnehin nicht unerheblichen Unterschiede in der Wettbewerbsfähigkeit zwischen Juden und Nichtjuden noch verschärfen dürfte, wenn man das in den Kapiteln 5 und 7 von *A People That Shall Dwell Alone* zusammengetragene Material betrachtet.

So gibt es beispielsweise Hinweise darauf, dass die am besten begabten, reichsten und gebildetsten Teenager eine relativ langsame sexuelle Reifung durchlaufen. Diese Teenager enthalten sich eher des Geschlechtsverkehrs, so dass sexuelle Freiheit und die Legitimierung von außerehelichem Sex in Bezug auf diese Gruppe weniger wahrscheinlich zu verfrühten Ehen, Ein-Eltern-Familien und anderen Formen schwacher elterlicher Investitionen führen. Eine höhere Intelligenz wird auch mit einem späteren Heiratsalter, einer niedrigeren Rate an leiblichen Kindern und einer niedrigeren Scheidungsrate in Verbindung gebracht. Hyman weist darauf hin, dass im heutigen Amerika jüdische Familien im Vergleich zu nichtjüdischen Familien eine niedrigere Scheidungsrate, ein späteres durchschnittliches Heiratsalter und ein höheres Maß an

Investitionen in die Ausbildung der Kinder aufweisen.

Neuere Studien zeigen, dass das Durchschnittsalter beim ersten Geschlechtsverkehr bei jüdischen Teenagern später liegt als bei anderen und dass die Rate ungewollter Schwangerschaften bei ihnen niedriger ist als bei jeder anderen ethnischen oder religiösen Gruppe in den Vereinigten Staaten. Da der wirtschaftliche Wohlstand der Juden unverhältnismäßig hoch ist, sind die negativen Auswirkungen von Scheidung und Alleinerziehung auf die Kinder bei Juden zweifellos geringer, da die wirtschaftlichen Spannungen, die mit diesen beiden Phänomenen einhergehen, abgefedert werden.

Diese Daten deuten darauf hin, dass die Juden relativ isoliert von den Strömungen waren, die zu einer geringen elterlichen Investition tendieren und die für die amerikanische Gesellschaft seit der gegenkulturellen Revolution der 1960er Jahre charakteristisch sind. Diese These passt gut zu den von Herrstein und Murray überprüften Daten, die mit überwältigenden Beweisen belegen, dass die fatalen Folgen der Erschütterungen der Sexual- und Ehegewohnheiten im Westen in den letzten dreißig Jahren unverhältnismäßig stark in den untersten Etagen der IQ- und Vermögensverteilung zu spüren waren und daher eine relativ geringe Anzahl von Juden betrafen.

So hatten beispielsweise nur 2% der weißen Frauen in der höchsten IQ-Stufe (125 und höher) und 4% der weißen Frauen in der zweiten Stufe (110-125) natürliche Kinder, während 23% in der vierten Stufe (75-90) und 42% in der fünften Stufe (IQ unter 75) natürliche Kinder hatten. Und die kausale Rolle der Armut nimmt den Einfluss des IQ nicht zurück. Bei armen Frauen mit hohem IQ ist die Wahrscheinlichkeit, ein leibliches Kind zu gebären, siebenmal geringer als bei armen Frauen mit niedrigem IQ. Mehr noch: Die Rate der Geburten natürlicher Kinder unter Schwarzen stieg von 24% im Jahr 1960 auf 68% im Jahr 1991, während das gleiche Phänomen unter Weißen im gleichen Zeitraum von 2% auf 18% anstieg. Da der durchschnittliche IQ von Juden in den USA bei etwa 117 liegt und ihr verbaler IQ noch höher ist, impliziert diese These, dass nur sehr wenige Jüdinnen natürliche Kinder bekommen und dass diejenigen, die natürliche Kinder bekommen, höchstwahrscheinlich reicher, intelligenter und fürsorglicher sind als die typischen alleinerziehenden Mütter aus niedrigen kognitiven Schichten.

Die sexuelle Revolution hatte also kaum Auswirkungen auf die elterlichen Investitionen bei denjenigen, die den höheren kognitiven Klassen angehören. Diese Ergebnisse stimmen auch mit den Ergebnissen von Dunne überein, die sich auf die Heritabilität des Alters beim ersten Geschlechtsverkehr beziehen, die seit den 1960er Jahren zugenommen hat. In der jüngsten Kohorte (Personen, die zwischen 1952 und 1965 geboren wurden) erklärten genetische Faktoren 49% der Variationen zwischen Frauen und 72% der Variationen zwischen Männern, ohne dass es Umwelteinflüsse gab, die von beiden Geschlechtern geteilt wurden. In der ältesten Kohorte (Personen, die zwischen 1922 und 1952 geboren wurden) erklärten genetische Faktoren 32% der Variationen zwischen Frauen und keine Variationen zwischen Männern, und es gab einen starken, von beiden Geschlechtern geteilten Umwelteinfluss. Diese Daten deuten darauf hin, dass die Erosion der traditionellen Kontrolle über die Sexualität weitaus größere Auswirkungen auf diejenigen hatte, die genetisch für Frühsexualität prädisponiert sind, und deuten daher auch darauf hin, wenn man diese Ergebnisse mit den oben dargestellten Daten kreuzt, dass Nichtjuden weitaus stärker betroffen waren als Juden.

Obwohl andere Faktoren unbestreitbar vorhanden sind, ist es doch bemerkenswert, dass die zunehmende Tendenz zu geringer elterlicher Investition weitgehend mit dem Triumph der psychoanalytischen und extrem linken Kritik an der amerikanischen Kultur zusammenfällt, die durch den politischen Erfolg der gegenkulturellen Bewegung in den 1960er Jahren verkörpert wurde. Zwischen 1970 und 1992 stieg der Anteil der Familien mit nur einem Elternteil von einem von zehn auf einen von drei, die sexuelle Aktivität von Teenagern stieg sprunghaft an, ebenso wie die frühe Fortpflanzung außerhalb der Ehe. Es gibt eine ausgezeichnete Sammlung von Belegen für den Zusammenhang zwischen Alleinerziehenden im Teenageralter, Armut, mangelnder Bildung und fehlenden Entwicklungsmöglichkeiten für das Kind.

In der Tat haben sich all diese verhängnisvollen Familienphänomene seit Mitte der 1960er Jahre verschärft, wie etwa der tendenzielle Rückgang der Heiratsquote, der "kataklysmische" Anstieg der Scheidungsrate und die Geburtenraten von unehelichen Kindern. In Bezug auf Scheidung und natürliche Kinder deuten die Daten auf einen starken Anstieg in den 1960er Jahren im Vergleich zu den vorherigen

Jahrzehnten hin, der sich bis heute fortsetzt.

Die 1960er Jahre stellen daher nach unserer Diagnose einen historischen Wendepunkt in der amerikanischen Kulturgeschichte dar, der mit der These von Rothman & Lichter übereinstimmt, die diese Wende der 1960er Jahre so interpretieren, dass sie zu einem "expressiven Individualismus" innerhalb der kulturellen Eliten und zu einem Niedergang der äußeren Verhaltenstutoren, den Säulen der ehemals dominierenden protestantischen Kultur, geführt hat. Diese Autoren heben die Rolle der Neuen Linken bei der Herbeiführung dieser Veränderungen hervor, und ich betone in diesem Buch die enge Beziehung zwischen Psychoanalyse und Neuer Linker. Beide Bewegungen wurden von Juden geleitet und dominiert.

Die sexuelle Revolution ist "der offensichtlichste Schuldige" für den Rückgang der Bedeutung der Ehe (Herrnstein & Murray, *The Bell Curve : Intelligence and Class Structure in American Life*, S. 544) und seiner Begleiterscheinung, der geringen elterlichen Investition.

> Was an der sexuellen Revolution, wie sie so schön genannt wird, auffällt, ist gerade die Tiefe ihres revolutionären Gehalts, sowohl in Bezug auf das Empfinden als auch auf die Realität. 1965 sagten 69% der Amerikanerinnen und 65% der Amerikaner unter 30, dass Sex vor der Ehe immer oder fast immer eine schlechte Sache sei; 1972 waren diese Zahlen auf 24% und 21% gesunken (...) 1990 waren nur 6% der Briten, Männer und Frauen zusammengenommen, der Meinung, dass Sex vor der Ehe immer oder fast immer eine schlechte Sache sei. (Himmelfarb, *The De-Moralization of Society: From Victorian Virtues to Modern Values*, S. 236).

Obwohl es wenig Grund zu der Annahme gibt, dass der Kampf um die sexuelle Freiheit, die für die Psychoanalyse so entscheidend ist, mit der Absicht geführt wurde, den Juden im Wettbewerb um Ressourcen einen Vorteil gegenüber den Nichtjuden zu verschaffen, hat der intellektuelle Krieg der Psychoanalyse gegen das Judentum mit großer Wahrscheinlichkeit diesen Wettbewerbsvorteil herbeigeführt, weit über die Tatsache hinaus, dass er die Schärfe und Bedeutung des Unterschieds zwischen Jude und Nichtjude in theoretischer Hinsicht abgestumpft hat, und weit über die Tatsache hinaus, dass er "wissenschaftliche" Gründe für die Pathologisierung des Antisemitismus hervorgebracht hat. Dieser Krieg hat auch die soziale Kluft zwischen einer "kognitiven Elite", in der die jüdische Präsenz unverhältnismäßig hoch ist, und einer Masse von Menschen vergrößert, die intellektuell inkompetent, als Eltern unverantwortlich, bereit sind, Sozialleistungen in Anspruch zu nehmen, kriminelles Verhalten an den Tag zu legen, psychisch krank zu sein und Rauschmittel zu missbrauchen.

Auch wenn die Psychoanalyse derzeit vor allem in den USA einen Niedergang erlebt, legt die historische Erfahrung nahe, dass andere ideologische Strukturen versuchen werden, einige der Ziele, die die Psychoanalyse einst verfolgte, zu erreichen. Wie sich in seiner gesamten Geschichte gezeigt hat, ist das Judentum nach wie vor außerordentlich flexibel, wenn es darum geht, die Aufrechterhaltung der kollektiven jüdischen Identität und des genetischen Separatismus zu legitimieren. Wie im zweiten Kapitel erwähnt, gestalten viele jüdische Wissenschaftler die Sozialwissenschaften nach wie vor so, dass sie den Interessen des Judentums dienen und mächtige Kritiken an Theorien entwickeln, die als gegen diese Interessen gerichtet wahrgenommen werden. Die Ausschaltung der Psychoanalyse als Kampfwaffe in diesen Schlachten wird keine gravierenden Auswirkungen auf die Kriegsanstrengungen haben.

Kapitel V

Die Frankfurter Schule und die Pathologisierung nichtjüdischer Loyalitäten

> Hass und Opferbereitschaft (...) nähren sich aus dem Bild der versklavten Vorfahren, nicht aus dem Ideal der befreiten Enkelkinder.
>
> Walter Benjamin,
> *Thesen zum Begriff der Geschichte, XII*
>
> Nach Auschwitz ein Gedicht zu schreiben, ist barbarisch.
> T. W. Adorno, *Prismen*

Teil 1

Die politische Vision des Frankfurter Instituts für Sozialforschung

In den Kapiteln II und IV haben wir eine Reihe von Theorien jüdischer Gelehrter vorgestellt, die offenbar von spezifisch jüdischen politischen Interessen beeinflusst wurden. Wir setzen diese Untersuchung in diesem Kapitel fort, indem wir uns mit "*Die autoritäre Persönlichkeit*" beschäftigen. Dieses klassische Werk der Sozialpsychologie wurde von der Abteilung für Sozialforschung des American Jewish Committee (jetzt AJCommittee) als Teil einer Reihe mit dem Titel *Studies in Prejudice* gesponsert. Diese Buchreihe war eng mit der sogenannten Frankfurter Schule verbunden, die hauptsächlich aus jüdischen Intellektuellen bestand, die mit dem Institut für Sozialforschung verbunden waren, das in Deutschland während der Weimarer Republik entstand. Die Mitglieder der ersten Generation dieser Schule waren alle ethnische Juden und das Institut selbst wurde von einem jüdischen Millionär namens Felix Weil gegründet. Weills Ehrgeiz, "die Linke zu sponsern", war von außerordentlichem Erfolg gekrönt:

Anfang der 1930er Jahre war die Frankfurter Universität zu einer Hochburg der akademischen Linken geworden, "wo sich alle Ideen konzentrierten, die auf dem Gebiet der Gesellschaftstheorie von Bedeutung waren" (Wiggershaus, *The Frankfurt School: Its History, Theories and Political Significance*, S. 121). Zu dieser Zeit sprach man gemeinhin von der Soziologie als einer "jüdischen Wissenschaft" und die Nazis betrachteten Frankfurt als "das neue Jerusalem am fränkischen Jordan" (*ebd.* S. 112-113).

Die Nazis betrachteten das Institut für Sozialforschung als eine kommunistische Organisation. Sechs Wochen nach der Machtübernahme Hitlers wurde das Institut mit der Begründung geschlossen, es "fördere staatsfeindliche Aktivitäten". Auch nach seiner Emigration in die USA wurde das Institut aufgrund seiner marxistischen Parteinahme und weil es sich stets bemühte, die Linke nicht zu verraten, "während es den entsprechenden Verdacht bestritt" (*ebd.*, S. 251), insgesamt weiterhin als kommunistisches Aushängeschild wahrgenommen.

Gershom Sholem, ein israelischer Theologe und Religionshistoriker, bezeichnete die Frankfurter Schule als "jüdische Sekte". Dieses Urteil wird durch zahlreiche Beweise gestützt, die eine sehr starke jüdische Identifikation bei vielen ihrer Mitglieder belegen. Die Reihe *Studies in Prejudice* wurde von Max Horkheimer, einem der Direktoren des Instituts, betreut. Horkheimer war ein sehr charismatischer "akademischer Patron", der seine Mitarbeiter ständig daran erinnerte, dass sie eine ausgewählte Elite bildeten, die die Entwicklung der 'Theorie' in ihren Händen hielt" (*ebd.*, S. 2). Horkheimer erkannte sich durchaus als Jude, wie seine späteren Schriften immer deutlicher zum Ausdruck bringen. Doch sein Bekenntnis zum Judentum, das durch die Präsenz spezifisch jüdischer religiöser Themen geprägt ist, lässt sich bereits in seinen Schriften als Jugendlicher und junger Erwachsener erkennen. In seinen letzten Lebensjahren akzeptierte Horkheimer seine jüdische Identität vollständig und schuf eine große Synthese zwischen dem Judentum und der Kritischen Theorie (so wird der Lehrkörper der Frankfurter Schule genannt). Als Beweis für die tiefe Verbundenheit dieses Autors mit dem Judentum schrieb er 1947, dass der Zweck der Philosophie darin bestehe, die jüdische Geschichte zu rechtfertigen und zu rächen:

> Die anonymen Märtyrer der Konzentrationslager sind Symbole der Menschheit, die sich bemüht, geboren zu werden. Die Aufgabe der Philosophie ist es, das, was sie getan haben, in eine Sprache zu übersetzen, die gehört werden kann, auch wenn ihre sterblichen Stimmen von der Tyrannei zum Schweigen gebracht wurden. (*The Eclipse of Reason*, S. 161)

Tar erklärte, dass Horkheimers Inspiration von seinem Wunsch herrührte, das Judentum beiseite zu lassen und gleichzeitig seine Verbundenheit mit dem Glauben seiner Väter zu bewahren. Man sollte sich nicht über die Distanz wundern, die ihn von der deutschen Kultur trennte :

> Kaum aus meiner Heimat Palästina angekommen, eignete ich mir mit erstaunlicher Schnelligkeit die Grundzüge der deutschen Schriftsprache an, doch dieser Versuch war nichts weniger als leicht zu schreiben. Mein Stil trägt weder das Zeichen der Leichtigkeit noch des Genies. Ich habe versucht, mich mithilfe von Gelesenem und Gehörtem zu verständigen, indem ich unbewusst Fragmente einer Sprache zusammenfügte, die aus einer fremden Mentalität stammt. Wie sollte es ein Fremder auch anders machen? Doch meine Entschlossenheit hatte das letzte Wort, denn die Botschaft verdient es, weitergegeben zu werden, ganz gleich, welche stilistischen Schwächen sie hat. (Horkheimer *in* Tar : *The Frankfurt School: The Critical Theories of max Horkheimer and Theodor Adorno*, S. 60)

T. W. Adorno, der Hauptautor der Studien über die autoritäre Persönlichkeit, die wir im Folgenden untersuchen werden, war ebenfalls Direktor des Instituts. Er hatte eine so enge berufliche Beziehung zu Horkheimer, dass dieser schrieb, es sei "schwierig, die Ideen, die in seinem Geist entstanden waren, von denen zu unterscheiden, die aus meinem Geist kamen; unsere Philosophie ist eine" (*ebd.*, S. vii). Ab 1940 gewannen jüdische Themen in Adornos Schriften als Reaktion auf den Antisemitismus der Nationalsozialisten zunehmend an Bedeutung. Tatsächlich kann ein Großteil seines späteren Schaffens als Reaktion auf den Holocaust betrachtet werden, wie seine berühmte Bemerkung "Nach Auschwitz ein Gedicht zu schreiben, ist barbarisch" und seine Frage, "ob man nach Auschwitz noch leben kann, ob derjenige, der zufällig entkam und normalerweise hätte ermordet werden müssen, das volle Recht dazu hat", zeigen. (*Negative Dialektik*, S. 363)

Tar weist darauf hin, dass diese letzte Bemerkung bedeutete, dass "keine Art von Soziologie möglich war ohne eine Reflexion über

Auschwitz und ohne die Sorge, neue Auschwitz unmöglich zu machen". Mit anderen Worten: "Die Erfahrung von Auschwitz wurde zu einer absoluten historischen und soziologischen Kategorie" (*op. cit.*, S. 165). Offensichtlich waren das jüdische Bewusstsein und die Verbundenheit mit dem Judentum bei den Hauptverantwortlichen für diese Studienreihe besonders stark ausgeprägt.

Im ersten Kapitel dieses Buches haben wir gezeigt, dass seit der Aufklärung viele jüdische Intellektuelle die Kultur der Nichtjuden radikal kritisiert haben. Horkheimer seinerseits erkannte die enge Verbindung zwischen jüdischer Assimilation und Kritik am Nichtjudenwesen sehr genau und stellte fest, dass "Assimilation und Kritik nur zwei Momente ein und desselben Emanzipationsprozesses sind" (*Critique of Instrumental Reason*, S. 108). Ein durchgängiges Thema der Kritischen Theorie von Horkheimer und Adorno war die Idee der Umgestaltung der Gesellschaft nach moralischen Grundsätzen. Von Anfang an lehnten sie den Ausschluss von Werturteilen in den Geisteswissenschaften ("Faktenfetischismus") ab und machten Platz für die moralische Perspektive, dass bestehende Gesellschaften - seien sie kapitalistisch, faschistisch oder sogar stalinistisch - in Utopien umgewandelt werden sollten, in denen kultureller Pluralismus herrschen würde.

Tatsächlich hatte die Kritische Theorie schon lange vor dem Erscheinen der *Studies in Prejudice die* Vorstellung entwickelt, dass die positivistischen (d. h. faktenorientierten) Sozialwissenschaften mit Herrschaft und Unterdrückung in Verbindung stehen. Horkheimer schrieb 1937: "Wenn die Wissenschaft geschlossen der Richtung des Empirismus folgt und der Intellekt seine hartnäckige und vertrauensvolle Aufgabe aufgibt, das Dickicht der Beobachtungen zu untersuchen, um mehr über die Welt zu erfahren als die wohlmeinende Tagespresse, dann wird sie sich passiv an der Aufrechterhaltung der allgemeinen Ungerechtigkeit beteiligen" (*in* Wiggershaus, a. a. O., S. 184).

Der unwissenschaftliche Charakter eines solchen Unterfangens zeigt sich auch in der Art und Weise, wie man mit Meinungsverschiedenheiten innerhalb des Instituts umging. Adorno schrieb über Walter Benjamins Werk: "Ich bin zu der Überzeugung gelangt, dass es in seinen Werken *nichts gibt*, was nicht vom Standpunkt des dialektischen Materialismus aus verteidigt werden könnte" (*ebd.*, S. 161; Hervorhebung im Text). Was

Erich Fromm betrifft, so wurde er in den 1930er Jahren wegen seines linken Humanismus (der den Autoritarismus in der Beziehung zwischen Psychoanalytiker und Patient verurteilte) aus der Bewegung ausgeschlossen, da er als unvereinbar mit dem linken Autoritarismus angesehen wurde, der ein integraler Bestandteil der damals von Adorno und Horkheimer vertretenen Linie war: "[Fromm] macht es sich mit dem Begriff der Autorität bequem, ohne den schließlich weder eine leninistische Avantgarde noch eine Diktatur denkbar wären. Ich muss Ihnen sagen, dass ich in diesem Artikel eine echte Bedrohung der von der Zeitung vertretenen Linie sehe" (Adorno, *in* Wiggershaus, a. a. O., S. 266).

Fromm wurde daher aus dem Institut ausgeschlossen, obwohl er zu den radikalsten Linken aus dem psychoanalytischen Lager zählte. Während seiner gesamten Karriere verkörperte Fromm die psychoanalytische Linke, deren These lautete, dass die bürgerlich-kapitalistische Gesellschaft und der Faschismus auf grausame Verzerrungen zurückzuführen sind, die der menschlichen Natur aufgeprägt wurden (und die sie im Gegenzug aufrechterhalten). Ebenso wurde Herbert Marcuse ausgeschlossen, als seine orthodoxen marxistischen Ansichten nicht mehr mit den neuen ideologischen Optionen von Adorno und Horkheimer übereinstimmten.

Diese Tendenzen zum Exklusivismus wurden bei den gescheiterten Versuchen, die Institutszeitung in den 1950er Jahren wiederherzustellen, deutlich. Es wurde entschieden, dass es zu wenige Beitragszahler gab, die mit der Adorno-Horkheimer-Linie übereinstimmten, um die journalistischen Bemühungen zu unterstützen, was das Projekt beendete. Während des gesamten Bestehens des Instituts bedeutete die Mitgliedschaft, dass man sich damit abfinden musste, seine Arbeiten schweren Revisionen und sogar deren Zensur zu unterziehen, um ihre Übereinstimmung mit einer klar definierten ideologischen Position zu gewährleisten.

Wie ihre Natur als sehr autoritäre politische Bewegung erwarten ließ, brachte die Frankfurter Schule einen spekulativen und philosophischen Korpus hervor, der letztlich keinen Einfluss auf die empirisch orientierte Soziologie hatte, obwohl er, wie wir sehen werden, einen tiefgreifenden Einfluss auf die Theorie in der Welt der Literatur und der Philosophie hatte (eine Ausnahme muss für *Die autoritäre Persönlichkeit gemacht werden*, das ein sehr einflussreiches Buch war und eine Art empirische Grundlage hatte). Dieser Theoriekorpus kann wegen der Ablehnung von Experimenten, Quantifizierung und Verifizierung sowie wegen des Vorrangs politischer und moralischer Ziele vor der Untersuchung des Wesens der menschlichen und sozialen Psychologie nicht als Wissenschaft bezeichnet werden.

Dieser Vorrang, den die Kritische Theorie politischen und moralischen Zielen einräumte, ist für das Verständnis der Frankfurter Schule und ihres Einflusses von entscheidender Bedeutung. Horkheimer und Adorno verwarfen schließlich die klassische marxistische Sichtweise, die den Klassenkampf als Erklärung für den Aufstieg des Faschismus betonte, zugunsten einer Perspektive, in der Faschismus und Kapitalismus durch das Prisma der Herrschaft und des Autoritarismus erfasst wurden. Darüber hinaus versuchten sie zu erklären, dass die Störung der Eltern-Kind-Beziehung, die die Unterdrückung der menschlichen Natur beinhaltet, eine notwendige Bedingung für Herrschaft und Autoritarismus ist.

Natürlich passte diese Sichtweise gut zur psychoanalytischen Theorie, die eine der Grundlagen ihres Denkens darstellte. Fast von Anfang an hatte die Psychoanalyse im Institut für Sozialforschung einen geachteten Status, was vor allem auf den Einfluss von Erich Fromm zurückzuführen ist. Fromm war gleichzeitig Mitglied des Frankfurter Psychoanalytischen Instituts und des Instituts für Sozialforschung; zusammen mit anderen "linken Freudianern" wie Wilhelm Reich und später Herbert Marcuse entwickelte er Theorien, die Marxismus und Psychoanalyse miteinander verbanden und theoretische Verbindungen zwischen der Unterdrückung von Instinkten im Kontext familiärer Beziehungen (bei Fromm geht es um die Entwicklung sadomasochistischer und analer Charakterzüge im familiären Rahmen) und der Entwicklung unterdrückerischer sozialer und wirtschaftlicher Strukturen herstellten.

Es ist nicht uninteressant zu bemerken, dass die Horkheimerianer trotz ihrer Feindseligkeit gegenüber den experimentellen Wissenschaften und der positivistischen Wissenschaftstheorie nicht das Bedürfnis hatten, die Psychoanalyse aufzugeben. Tatsächlich war die Psychoanalyse "das

Kernstück, das in den Augen Horkheimers und seiner theoretischen Kollegen die Vorstellung rechtfertigte, dass große Fortschritte gemacht werden können - und sogar besser gemacht werden können -, ohne unter die Heugabeln der disziplinären Spezialisierung zu geraten" (Wiggershaus, a. a. O., S. 186). Man muss verstehen, dass die Psychoanalyse als hermeneutische Struktur ohne empirische Grundlage (die sich aber als wissenschaftlich ausgibt) als unendlich formbares Instrument in den Händen derer diente, die eine Theorie aufbauen wollten, die auf strikt politische Ziele ausgerichtet war.

Horkheimer und Adorno begründeten ihre Wende von der Soziologie zur Psychologie in den 1940er Jahren damit, dass das Proletariat in Deutschland dem Faschismus erlegen war und der Sozialismus in der Sowjetunion die Entwicklung einer autoritären Macht nicht verhindert hatte, die weder die individuelle Autonomie noch die Interessen der jüdischen Gruppe garantierte. Es war der Autoritarismus, der nach diesem neuen Ansatz zum Grundproblem geworden war. Seine Ursprünge lagen in der familiären Interaktion und letztlich in der Unterdrückung der menschlichen Natur. Die Konturen dieser Theorie zeichneten sich jedoch bereits in einem Text aus dem Jahr 1936 mit dem Titel *Studien über Autorität und Familie ab*, in dem Fromms psychoanalytische Theorie über "sadomasochistische" Familienbeziehungen und ihre angeblichen Verbindungen zum bürgerlichen Kapitalismus und Faschismus vorgestellt wurde.

Dieser philosophisch-spekulative Ansatz zum Antisemitismus findet sich in verfeinerter Form in dem Kapitel, das Adorno und Horkheimer dem Antisemitismus in der *Dialektik der Vernunft* von 1944 gewidmet haben. Abgesehen von seiner Abstraktheit und hegelianistischen Terminologie beschränkt sich das Werk auf Behauptungen: Aussagen über Antisemitismus werden einfach behauptet, ohne den Versuch, sie empirisch zu begründen. Wie Jacob Katz bemerkt, wird die Frankfurter Schule "nicht für die Genauigkeit ihrer Einschätzung der jüdischen Situation anerkannt, weder vor noch nach dem Aufkommen des Nationalsozialismus" ('Misreadings of Antisemitism', *Commentary*, 1983). Wie dem auch sei, viele der dort in einer philosophischen Sprache behaupteten Ideen kündigen die in *The Authoritarian Personality* enthaltenen Theorien des Antisemitismus an. Und in der Tat sahen beide

Autoren dieses Kapitel der *Dialektik der Vernunft* als theoretischen Vorrahmen für eine zukünftige empirische Untersuchung des Antisemitismus. Folglich kann *Die autoritäre Persönlichkeit* als Verwirklichung dieses Bestrebens gesehen werden, die Theorie auf eine empirische Grundlage zu stellen, obwohl diese *a priori* entwickelt wurde und von ihren Autoren nicht als durch Experimente überprüfbar oder widerlegbar angesehen wurde.

> Es scheint, als betrachtete Horkheimer das Projekt zur Dialektik und das Projekt zum Antisemitismus als zwei getrennte Elemente, die sich aufeinander beziehen, wie eine abstrakte Theorie auf ihre Anwendung auf ein bestimmtes Gebiet oder wie die Hegelsche Logik auf die Hegelsche Philosophie der Geschichte, des Rechts und der Ästhetik. Hätte diese Unterscheidung zwischen theoretischer und empirischer Forschung nicht eine weitere Unterscheidung nach sich gezogen, die der Theorie insgeheim die Würde der Spekulation verlieh und sie von ihrer empirischen Verankerung, die für die Wissenschaften charakteristisch ist, löste? Wurde damit nicht die Rolle der empirischen Forschung, die Erfahrung zu befragen, negiert und zu einer bloßen Illustration der Theorie degradiert? (...) Eine weitere offene Frage wäre, ob ihre Begeisterung für die Theorie und ihre abfälligen Bemerkungen über die disziplinäre Spezialisierung in den Wissenschaften letztlich etwas anderes als ihre persönlichen Werte und Stimmungen darstellten; und ob diese wiederum einen gewissen Einfluss auf die Art und Weise hatten, wie ihre akademische Arbeit durchgeführt wurde, und damit auf deren Ergebnisse - insbesondere, wenn sie durch äußere Einflüsse gezwungen waren, beide Arten von Forschung ernst zu nehmen. (Wiggershaus, a. a. O., S. 320).

Der nicht-empirische Charakter der Antisemitismustheorie wurde Adorno ebenso deutlich: "Wir haben die Theorie nie als eine bloße Ansammlung von Hypothesen betrachtet, sondern in gewissem Sinne als etwas, das auf zwei Beinen steht. Folglich haben wir nicht versucht, die Theorie durch Daten zu beweisen oder zu widerlegen, sondern nur versucht, aus ihr konkrete Fragen für unsere Forschung abzuleiten, die nach ihrem eigenen Verdienst beurteilt werden und dazu dienen sollten, bestimmte geltende sozialpsychologische Strukturen zu etablieren" ('Scientific experiences of a European Scholar in America'). In Wirklichkeit sind es die Daten, die nach ihrem eigenen Verdienst beurteilt werden müssen, und wie wir gleich sehen werden, gibt es gute Gründe für die Annahme, dass die Verfahren, die zur Überprüfung der Theorie eingesetzt wurden, weit über die Grenzen der normalen wissenschaftlichen Praxis hinausgegangen sind.

Grundsätzlich entsprangen die in *Die autoritäre Persönlichkeit* vorgestellten Studien der Einsicht in die Notwendigkeit, ein empirisches Forschungsprojekt zu entwickeln, das als Stütze für eine politisch und intellektuell a *priori* befriedigende Theorie des Antisemitismus dienen sollte, um das amerikanische wissenschaftliche Publikum zu beeinflussen. Wie Horkheimer 1943 behauptete:

> Als wir erfuhren, dass einige unserer amerikanischen Freunde von einem sozialwissenschaftlichen Institut erwarteten, dass es sich mit der Untersuchung relevanter sozialer Probleme, Feldexperimenten und anderen empirischen Untersuchungen befassen sollte, taten wir unser Bestes, aber aufgrund unserer persönlichen Neigungen waren wir den *Geisteswissenschaften* und der philosophischen Analyse der Kultur verpflichtet. (*in* Wiggershaus, a. a. O., S. 252).

Es ist anzumerken, dass Max Horkheimer die Durchführung politischer Propaganda mithilfe sozialwissenschaftlicher Methoden bewusst rechtfertigte. Er stimmte der Idee, Kriminelle in den Apparat der Sozialforschung einzubeziehen, begeistert zu: "Die Forschung könnte also *direkt* in Propaganda umgewandelt werden. Wenn wir glaubhaft feststellen könnten, dass ein besonders hoher Prozentsatz der Kriminellen extreme Antisemiten sind, wäre das Ergebnis an sich schon Propaganda. Ich würde auch gerne versuchen, Psychopathen in Anstalten zu untersuchen" (*op. cit.*, S. 375; Hervorhebung im Text). Beide Gruppen, Gefangene und psychisch Kranke, wurden in die Studie einbezogen.

Eine der zentralen Thesen *der Dialektik der Vernunft* besagt, dass der Antisemitismus aus einem "aus einer falschen Gesellschaftsordnung geborenen Willen zur Zerstörung" (S. 168) entspringt. Die Ideologie, die den Juden eine Vielzahl von negativen Eigenschaften zuschreibt, ist nach dieser These nichts anderes als eine Projektion, die dazu führt, dass ein Selbstbildnis des Antisemiten erstellt wird. Antisemiten beschuldigen die Juden, nach Macht zu streben, während Antisemiten in Wirklichkeit "sich nach dem totalen Besitz grenzenloser Macht um jeden Preis sehnen". Die damit verbundene Schuld übertragen sie auf die Juden" (*Dialectic of Enlightment*, S. 169).

Die Autoren erkennen an, dass der Antisemitismus mit den gentilen Bewegungen für den nationalen Zusammenhalt in Verbindung gebracht wird. Der mit diesen Bewegungen einhergehende Antisemitismus wird so interpretiert, dass er einem "zerstörerischen Trieb entspringt, der sich in gierigen Massen entlädt", der jedoch von nichtjüdischen Eliten manipuliert wird, die damit ihre eigene wirtschaftliche Dominanz verschleiern wollen. Der Antisemitismus hat keine andere Funktion, als als Ventil für die Wut derjenigen zu dienen, die wirtschaftlich und sexuell frustriert wurden.

Horkheimer und Adorno behaupten, dass der moderne Faschismus im Grunde dasselbe ist wie das traditionelle Christentum, denn beide beinhalten den Willen, sich der Natur zu widersetzen und sie zu unterwerfen. Während das Judentum eine "natürliche Religion" geblieben ist, die sich um die Bewahrung des nationalen Lebens bemüht, hat sich das Christentum auf die Beherrschung und Ablehnung alles Natürlichen ausgerichtet. Unter Verwendung eines Arguments, das dem von Freud in *Der Mann Moses und die monotheistische Religion* sehr ähnelt, wird der religiöse Antisemitismus als "Hass auf diejenigen, die nicht das dunkle Opfer ihrer Vernunft gebracht haben (...) Die Anhänger der Religion des Vaters werden von denen gehasst, die der Religion des Sohnes anhängen (...), gehasst, wie diejenigen gehasst werden, die mehr wissen", erklärt. (*ebd.*, S. 179)

Diese Interpretation des Antisemitismus, dass er sich grundsätzlich aus einer Ablehnung der Natur ableitet, steht im Mittelpunkt der *Studies on Prejudice und* insbesondere von *The Authoritarian Personality*. Diese Ablehnung der Natur führt dazu, dass die Eigenschaften des Selbst auf die Umwelt und insbesondere auf die Juden projiziert werden. "Solche Impulse, die das Subjekt nicht als seine eigenen anerkennt, auch wenn sie es offensichtlich sind, werden dem Objekt - dem möglichen Opfer - zugeschrieben." (*ebd.* S. 187) Sexuelle Triebe sind in diesem Projektionsmechanismus von entscheidender Bedeutung: "Die sexuellen Triebe, die die menschliche Spezies unterdrückt hat, haben überlebt und triumphiert - bei Individuen wie bei Nationen -, indem sie im Denken die umgebende Welt in ein teuflisches System verwandelt haben." (*ebd.*) Die Verleugnung bei den Christen im Allgemeinen und die sexuelle Unterdrückung im Besonderen haben einen Fluch hervorgebracht, zu dem der Antisemitismus durch Projektion gehört.

Die psychoanalytische Theorie wird herangezogen, um diesen Prozess zu erklären, wobei der Schwerpunkt auf der Verdrängung des Hasses auf die Vaterfigur liegt, ein Argument, das in *Die autoritäre Persönlichkeit* wieder aufgegriffen wird. Die aggressiven Impulse, die ihren Ursprung im *Es haben*, werden unter der Schirmherrschaft des *Über-Ichs in* die Außenwelt projiziert: "Die verbotene Handlung, die sich in Aggression verwandelt, ist in der Regel homosexueller Natur. Durch die Angst vor der Kastration geht der Gehorsam gegenüber dem Vater so weit, dass er die Kastration vorwegnimmt, indem er in seinem Bewusstsein ungefähr die Emotionen eines kleinen Mädchens annimmt, und so wird der aktuell empfundene Hass auf den Vater verdrängt." (p. 192)

Die von starken Instinkten getragenen unerlaubten Handlungen verwandeln sich also in Aggression, die dann auf Opfer projiziert wird, die der Außenwelt angehören, was zu "Angriffen auf andere Individuen aus Eifersucht oder aus bloßer Freude am Schmerz führt, in der Art, wie jemand, der seine bestialischen Neigungen unterdrückt hat, ein Tier jagt und quält." (S. 192) Kurz darauf beklagen die Autoren die "Unterdrückung der tierischen Natur in den wissenschaftlichen Methoden der Naturbeherrschung" (S. 193). Die Beherrschung der Natur, die im Christentum und im Faschismus als zentral angesehen wird, leitet sich also in letzter Instanz von der Unterdrückung unserer tierischen Natur ab.

Teil 2

Horkheimer und Adorno haben sich bemüht, die Rolle der Konformität bei der Entstehung des Faschismus hervorzuheben. Sie behaupten, dass die Strategien der nichtjüdischen Gruppe für ihren eigenen Zusammenhalt auf einer Verzerrung der menschlichen Natur beruhen - dem Leitmotiv der *Autoritären Persönlichkeit*. Sie setzen die Existenz eines natürlichen, nonkonformistischen und reflektierten Ichs voraus, das einer durch Kapitalismus oder Faschismus korrumpierten Gesellschaft gegenübersteht. Die massive Entwicklung industrieller Interessen und die dem Spätkapitalismus eigene Kulturindustrie haben in den meisten Menschen die Kräfte des reflektierten Selbstbewusstseins zerstört, die eine "reflektierte Schuld" (*Dialectic of Enlightment*, S. 198) hervorbringen konnten, die den zum Antisemitismus führenden Kräften entgegenwirken konnte. Diese introspektive Reflexion hatte sich von der Gesellschaft "emanzipiert" und sich sogar gegen sie gerichtet, doch unter dem Zwang der oben genannten Kräfte passte sie sich schließlich blind den Werten der sie umgebenden Gesellschaft an.

Daher werden Menschen so beschrieben, dass sie von Natur aus gegen die Konformität sind, die von ihnen in einer Gesellschaft mit hohem Zusammenhalt verlangt wird. Wie wir sehen werden, besagt die vorherrschende These der *autoritären Persönlichkeit*, dass die Teilnahme von Nichtjuden an eng verbundenen Gruppen mit einem hohen Maß an sozialer Konformität ein pathologisches Merkmal ist, während die gleiche Art von Verhalten in Bezug auf den Gruppenzusammenhalt bei Juden schlichtweg übergangen wird. In der Tat haben wir bereits darauf hingewiesen, dass die *Dialektik der Vernunft* das Judentum als dem Christentum überlegen definiert.

Dies vorausgesetzt, soll die nichtjüdische Elite die Situation ausnutzen, indem sie die Feindseligkeit der Massen in den Antisemitismus projiziert. Die Juden sind das ideale Ziel für diese Projektion der Feindseligkeit, weil sie die absolute Antithese zum Totalitarismus darstellen:

> Glück ohne Macht, Lohn, der ohne Arbeit erzielt wird, Heimat ohne Grenzen, Religion ohne Mythos. Diese Eigenschaften werden von den Herrschenden gehasst, weil die Beherrschten insgeheim danach streben, sie zu besitzen. Die Herrschenden haben nur dann eine gesicherte Position, wenn die Untertanen ihre Bestrebungen in Objekte der Abscheu verwandeln. (*ebd.* S. 199)

Daraus lässt sich schließen, dass ein historischer Wendepunkt eintreten würde, wenn die Herrschenden akzeptieren würden, dass ihre Untertanen ein Abbild der Juden sind:

> Durch die Überwindung dieser Krankheit des Geistes, die auf dem Gebiet der Selbstbehauptung wuchert, die durch keine Reflexion beeinträchtigt wird, würde sich die Menschheit aus einer Ansammlung gegensätzlicher Rassen zu der Spezies entwickeln, die als Natur immerhin mehr ist als bloße Natur. Sich individuell und gesellschaftlich von der Herrschaft zu

emanzipieren, bedeutet, sich der falschen Projektion zu widersetzen, und kein Jude würde mehr dem blinden Unglück gleichen, das über ihn wie über alle anderen Verfolgten hereinbricht, seien es Tiere oder Menschen" (ebd., S. 200).

Das Ende des Antisemitismus wird also als Vorbedingung für die Entwicklung einer utopischen Gesellschaft und die Befreiung der Menschheit gesehen - nie zuvor ist die Frankfurter Schule einer Definition von Utopie so nahe gekommen. Die angestrebte utopische Gesellschaft würde das Judentum als zusammengeschweißte Gruppe fortbestehen lassen, nichtjüdische zusammengeschweißte, nationalistische und organische Gruppen, die auf der Einhaltung kollektiver Normen beruhen, jedoch als krankhafte Manifestationen abschaffen.

Horkheimer und Adorno entwickelten die Idee, dass die besondere Rolle des Judentums in der Weltgeschichte darin bestand, dem Konzept der Differenz angesichts der Homogenisierungskräfte, die als Verkörperung des Wesens der westlichen Zivilisation galten, zum Recht zu verhelfen: "The Jews became the metaphorical equivalent of this social residual, guardian of negation and non-identity" (Jay, "The Jews and the Frankfort School: Critical Theory's Analysis of Anti-Semitism", *New German Critique # 19*, S. 148). Folglich stellt das Judentum die Antithese zum westlichen Universalismus dar. Die Aufrechterhaltung und Akzeptanz des jüdischen Partikularismus wird zur Voraussetzung für die Entwicklung der utopischen Gesellschaft der Zukunft.

Unter diesen Umständen müssen die Wurzeln des Antisemitismus in der individuellen Psychopathologie liegen, nicht im Verhalten der Juden. Horkheimer und Adorno geben jedoch in gewisser Weise zu, dass die tatsächlichen Eigenschaften der Juden eine Rolle im historischen Antisemitismus gespielt haben könnten, aber unsere beiden Autoren erklären, dass sie ihnen auferlegt worden waren. Die Juden zogen den Zorn der Unterschicht auf sich, weil sie der Ursprung des Kapitalismus waren :

> Im Namen des wirtschaftlichen Fortschritts, der sie heutzutage zu Fall bringt, waren die Juden schon immer ein Stein im Schuh der vom Kapitalismus deklassierten Handwerker und Bauern. Doch heute machen sie ihrerseits und auf ihre Kosten die exklusive und partikularistische Natur

des Kapitalismus aus (*ebd.*, S. 175).

Diese Funktion wird jedoch als den Juden aufgezwungen angesehen, deren Rechte bis einschließlich zum 19. Jahrhundert vollständig vom Wohlwollen der nichtjüdischen Eliten abhingen. Unter diesen Umständen "war der Handel nicht ihre Berufung, sondern ihr Schicksal" (a.*a.O.*). Der Erfolg der Juden traumatisierte schließlich die nichtjüdische Bourgeoisie, "die ihre Kreativität vorgaukeln musste" (a.a.O.); ihr Antisemitismus ist daher nichts anderes als "Selbsthass, das schlechte Gewissen des Parasiten" (*ebd.*, S. 176).

Es gibt Hinweise darauf, dass das ursprüngliche Projekt zur Erforschung des Antisemitismus eine ausgefeiltere Untersuchung der "jüdischen Charakterzüge", die zum Antisemitismus führten, mit entsprechenden Therapievorschlägen beinhaltete. Las, "das Thema wurde nie auf die Tagesordnung des Instituts gesetzt, entweder weil die Verantwortlichen befürchteten, die Empfindlichkeit der meisten Juden in diesem Punkt zu verletzen, oder weil sie nicht beschuldigt werden wollten, das antisemitische Problem in ein jüdisches Problem umzuwandeln" (Wiggershaus, a.*a.O.*, S. 366). Tatsächlich war dem Institut bekannt, dass das Jewish Labor Committee 1945 eine Umfrage unter amerikanischen Arbeitern durchgeführt hatte, deren Beschuldigungen über das Verhalten von Juden auf den tatsächlichen Beziehungen beruhten, die die Mitglieder der Arbeiterklasse wahrscheinlich zu Juden unterhalten würden (vgl. *Separation And Its Discontents*, zweites Kapitel). Adorno schien der Meinung zu sein, dass diese Einstellungen "weniger irrational" seien als der Antisemitismus, der in anderen sozialen Klassen zum Ausdruck kam.

Ich habe darauf hingewiesen, dass in linksradikalen Ideologien und in der Psychoanalyse die systematische Kritik an der Gentilität eine starke Tendenz aufweist. In der Reihe *Studies in Prejudice* und insbesondere in der *Autoritarian Personality* ist ein vorherrschendes Thema, dass die kollektiven Zugehörigkeiten von Nichtjuden, insbesondere die Mitgliedschaft in christlichen Kirchen, Nationalismus und enge Familienbeziehungen, Ausdruck von Geisteskrankheit sind. Auf der tiefsten Ebene zielt die Arbeit der Frankfurter Schule darauf ab, die westlichen Gesellschaften durch die Pathologisierung nichtjüdischer kollektiver Zugehörigkeiten so zu verändern, dass sie für den

Antisemitismus undurchlässig werden. Jahrhundert so viele jüdische Intellektuelle angezogen hatten, behält sie ihre Relevanz im zeitgenössischen, postkommunistischen intellektuellen und politischen Kontext.

Die Opposition jüdischer Intellektueller gegen zusammengeschweißte nichtjüdische Gruppen und kulturelle Homogenität unter Nichtjuden wurde vielleicht nicht genug hervorgehoben. Ich habe im ersten Kapitel dieses Buches darauf hingewiesen, dass die Judeo-Konvertiten unter den Humanisten im Spanien des fünfzehnten und sechzehnten Jahrhunderts überrepräsentiert waren, die sich gegen die organizistische Natur der spanischen Gesellschaft wandten, deren Schwerpunkt auf der christlichen Religion lag. Ich habe auch darauf hingewiesen, dass eine starke Tendenz bei Freud darin bestand, sich offen als Jude zu bekennen, während er die Zugehörigkeit zum Christentum als Befriedigung kindlicher Bedürfnisse konzeptualisierte.

In ähnlicher Weise kann man die jüdische Mitgliedschaft in linksradikalen Bewegungen, wie im dritten Kapitel beschrieben, damit erklären, dass diese Bewegungen versuchten, die internen kollektiven Zugehörigkeiten der nichtjüdischen Gruppe, wie Christentum und Nationalismus, zu untergraben, während sie gleichzeitig die Fortführung der jüdischen Identifikation ermöglichten. Die kommunistischen Juden in Polen beispielsweise widersetzten sich den polnischen nationalistischen Bestrebungen und nachdem sie nach dem Ende des Zweiten Weltkriegs an die Macht gekommen waren, liquidierten sie die polnischen Nationalisten und untergruben die Rolle der katholischen Kirche, während sie gleichzeitig säkularisierte jüdische Wirtschafts- und Sozialstrukturen aufbauten.

Es ist historisch interessant, dass die Rhetorik der deutschen Antisemiten vom neunzehnten Jahrhundert bis zur Weimarer Zeit darauf bestand, dass die Juden den politischen Liberalismus zur Schau stellten, der sich gegen die Strukturierung der Gesellschaft in eine stark zusammenhaltende Gruppe richtete, während sie für sich selbst einen beispiellosen Gruppenzusammenhalt annahmen, der es ihnen ermöglichte, die Deutschen zu dominieren. Während der Weimarer Zeit prangerte der Nazi-Publizist Alfred Rosenberg die Tatsache an, dass die

Juden die Idee einer vollständig atomisierten Gesellschaft vertraten, sich aber davor hüteten, sich an diesem Prozess zu beteiligen. Während der Rest der Gesellschaft daran gehindert werden sollte, sich an stark zusammengeschweißten Gruppen zu beteiligen, behielten die Juden "ihren internationalen Zusammenhalt, ihre Blutsbande und ihre geistige Einheit" (Ascheim, "The Jew Within": The Myth of "Judaization" in Germany, in: *The Jewish Response to German Culture: From the Enlightment to the Second World War*, S. 239).

In *Mein Kampf* stellte Hitler klar, dass die Annahme liberaler Einstellungen seitens der Juden eine Täuschung sei, die ihr rassistisches Engagement und ihre stark einheitliche kollektive Strategie überdecke: "Während er von 'Aufklärung', 'Fortschritt', 'Freiheit' und 'Menschlichkeit' überzufließen scheint, achtet er darauf, den engen Partikularismus seiner Rasse aufrechtzuerhalten" (S. 395 der N.E.L.-Ausgabe). Der Konflikt zwischen der Verteidigung der Ideale der Aufklärung durch die Juden und ihrem Verhalten im Alltag entging Klein nicht:

> Viele Nichtjuden, die sich über das Kirchturmdenken anderer Völker ärgerten und die Idee eines pluralistischen Staates nur ungern übernahmen, betrachteten die Äußerungen jüdischen Stolzes als Unterwanderung ihres "aufgeklärten" Egalitarismus. Der hohe Stellenwert, den die Juden dem National- oder Rassenstolz beimaßen, verstärkte bei den Nichtjuden die Wahrnehmung des Juden als Agent sozialer Destabilisierung". (*Jewish Origins of the Psychoanalytic Movement*, S. 146).

Ringer wiederum weist darauf hin, dass zu den Komponenten des akademischen Antisemitismus im Weimarer Deutschland das Gefühl gehörte, dass die Juden sich bemühten, die patriotischen Bindungen und den Zusammenhalt der Gesellschaft zu untergraben. Die Vorstellung, dass die kritische jüdische Analyse der nichtjüdischen Gesellschaft darauf abzielte, die Bande des sozialen Zusammenhalts aufzulösen, war ein Gemeinplatz unter gebildeten Deutschen, auch unter Universitätsprofessoren. Einer von ihnen definierte das Judentum als "die klassische Partei der nationalen Zersetzung" (*in* Ringer, "Inflation, Antisemitismus und die deutsche Akademikerschaft der Weimarer Zeit", *Leo Baeck Institute Year Book XXVIII*, S. 7).

Unter diesen Umständen entwickelte der Nationalsozialismus im

Gegensatz zum Judentum seine eigene Gruppenstrategie mit starkem Zusammenhalt, die die aufklärerischen Ideale einer atomisierten Gesellschaft, die auf den Rechten des Individuums im Gegensatz zum Staat beruht, rundweg ablehnte. Wie ich im fünften Kapitel von *Separation And Its Discontents* erläutert habe, kann der Nationalsozialismus in dieser Hinsicht mit dem Judentum verglichen werden, das im Grunde genommen in seiner gesamten Geschichte ein Gruppenphänomen war, bei dem die Individualitäten in den Interessen der Gruppe untergingen.

Wie das hier und in den vorangegangenen Kapiteln besprochene Material deutlich macht, gibt es zumindest einige einflussreiche jüdische Wissenschaftler und Intellektuelle, die sich bemüht haben, die Gruppenstrategien der Nichtjuden zu unterwandern, während sie gleichzeitig die Möglichkeit offen gelassen haben, dass das Judentum als Gruppenstrategie mit starkem Zusammenhalt fortbesteht. Diese These ist weitgehend mit der von der Frankfurter Schule konsequent vertretenen Ablehnung jeder Form von Nationalismus vereinbar. Daraus folgt, dass die Ideologie der Frankfurter Schule als radikaler Individualismus mit Verachtung für den Kapitalismus definiert werden kann - ein Individualismus, für den alle Formen des nichtjüdischen Kollektivismus Manifestationen sozialer oder individueller Pathologie sind.

In Horkheimers Essay über die deutschen Juden sind die wahren Feinde der Juden alle nichtjüdischen Kollektive, insbesondere der Nationalismus. Obwohl die kollektivistische Natur des Judentums, des Zionismus oder des israelischen Nationalismus nicht erwähnt wird, werden die kollektivistischen Tendenzen der modernen nichtjüdischen Gesellschaften beklagt, allen voran der Faschismus und der Kommunismus. Max Horkheimer schreibt dem Judentum einen radikalen Individualismus und die Akzeptanz des Pluralismus vor, da die Menschen ein inhärentes Recht darauf hätten, sich von anderen zu unterscheiden und von anderen in ihrer Unterschiedlichkeit akzeptiert zu werden. In der Tat käme das Unterscheiden von anderen dem Erreichen der höchsten Höhen der Menschlichkeit gleich. Abschließend: "Keine Partei und keine Bewegung, weder der Alten Linken noch der Neuen Linken, noch ein Kollektiv irgendeiner Art stand auf der Seite der Wahrheit (...) Die Restkräfte für einen echten Wandel waren nur im kritischen Individuum zu finden" (Maier, "Contribution to a critique of Critical Theory", in *Foundations of the Frankfurt School of Social Research*, S. 45).

Tirant la conséquence de cette thèse, Adorno adopta l'idée que le rôle premier de la philosophie était négatif et consistait à résister aux tentatives de doter le monde de quelque « universalité », « objectivité » ou « totalité » que ce fût, autrement dit de suspendre l'univers social à un seul principe organisateur qui homogénéiserait la société, s'appliquant à tous les hommes (cf. insbesondere *Negative Dialektik* und die Erläuterungen des *Konzepts* in Jays Buch *Marxism and Totality: The Adventures of a Concept from Lukacs to Habermas*, S. 241-275). In *Negative Dialectics* ist das Beispiel, auf das sich der Angriff konzentriert, die Hegelsche Idee einer Universalgeschichte (die auch ein trojanisches Pferd bei Jacques Derrida ist, wie wir sehen werden), aber die gleiche Art von Argument gilt für jede Ideologie, den Nationalismus zum Beispiel, der eine nationale oder gesamtmenschliche Universalität produziert. So wird beispielsweise das für den Kapitalismus charakteristische Prinzip des Tausches aus dem Grund abgelehnt, dass es die Menschen untereinander kommensurabel macht und sie somit ihre einzigartigen Besonderheiten verlieren. Die Wissenschaft entgeht der Verurteilung nicht aufgrund ihrer Tendenz, nach universellen Prinzipien der Realität (einschließlich der menschlichen Natur) und nach quantitativen und messbaren Unterschieden zwischen den Menschen anstelle von qualitativen Unterschieden zu suchen. Jedes Objekt "sollte in seiner historischen Einzigartigkeit ohne Verallgemeinerung respektiert werden" (Landman, "Critique of reason: Max Weber to Jürgen Habermas", in *Foundations of the Frankfurt School of Social Research*, S. 123).

Wie Adorno in *Minima Moralia* schrieb: "Angesichts des totalitären Unisonos, das die Ausrottung der Differenz als Selbstzweck proklamiert, mag es sein, dass die letzten Kräfte der Befreiung sich vorübergehend in die individuelle Sphäre zurückziehen müssen" (S. 17). Letztendlich sei das einzige Kriterium für eine gute Gesellschaft, dass sie "jemandem erlaubt, anders zu sein, ohne Angst zu haben" (S. 131). Dieser ehemalige Kommunist ging dazu über, den radikalsten Individualismus zu verteidigen, zumindest für Nichtjuden. Wie wir im vorigen Kapitel gesehen haben, erkannte auch Erich Fromm, der bis zu seinem

Ausschluss Mitglied der Frankfurter Schule war, die Nützlichkeit des Individualismus als Vorschrift für Nichtjuden an, blieb aber dennoch fest an seinem Judentum verhaftet.

Im Einklang mit seiner Betonung des Individualismus und seiner Verherrlichung der Differenz vertrat Adorno einen radikalen philosophischen Skeptizismus, der mit dem sozialwissenschaftlichen Unternehmen der *Autoritären Persönlichkeit* absolut unvereinbar ist. Tatsächlich lehnte er die Möglichkeit der Ontologie ("Verdinglichung") überhaupt ab, weil er die Positionen, die seinen entgegengesetzt waren, als letztlich den Totalitarismus unterstützend ansah. Da er sich um jüdische Angelegenheiten kümmerte und sich offen als Jude zu erkennen gab, ist es vernünftig anzunehmen, dass diese ideologischen Strukturen im Dienste der Rechtfertigung des jüdischen Partikularismus stehen. Insofern muss das Judentum, wie jede andere besondere historische Einheit, jenseits des Griffs des Konzepts bleiben, für immer unverständlich in seiner Einzigartigkeit und für immer jedem Versuch entgegengesetzt, homogene soziale Strukturen in der gesamten Gesellschaft zu entwickeln. Die Fortdauer seiner Existenz wird jedoch durch einen moralischen Imperativ *a priori* garantiert.

Diese Forderung, dass die nichtjüdische Gesellschaft eine auf radikalem Individualismus basierende soziale Organisation annehmen sollte, war alles in allem eine hervorragende Strategie für den Fortbestand des Judentums als kollektivistische und stark kohäsive Gruppenstrategie. Die von Triandis zusammengefasste Forschung über kulturelle Unterschiede, angewandt auf die Frage von Individualismus und Kollektivismus, deutet darauf hin, dass der Antisemitismus in individualistischen Gesellschaften die niedrigsten Niveaus erreicht, im Gegensatz zu kollektivistischen und homogenen Gesellschaften, die sich von Juden fernhalten. Im achten Kapitel von *A People That Shall Dwell Alone* haben wir gesehen, dass sich die europäischen Gesellschaften (mit den bemerkenswerten Ausnahmen des Nationalsozialismus in Deutschland und der mittelalterlichen Periode unter christlich-religiöser Hegemonie - beides Perioden intensiven Antisemitismus) von allen anderen wirtschaftlich fortgeschrittenen Gesellschaften der alten oder modernen Welt durch ihr Festhalten am Individualismus unterschieden haben. Doch wie ich in *Separation And Its Discontents* (Kap. 3-5) erläutert habe, ruft die Präsenz des Judentums als siegreiche und sichtbare Gruppenstrategie anti-individualistische Reaktionen in der gentilen Gesellschaft hervor.

Kollektivistische Kulturen (Triandis zählt das Judentum ausdrücklich zu dieser Gruppe) stellen die Ziele und Bedürfnisse der Endogruppe weit über die Rechte und Interessen des Einzelnen. Sie kultivieren eine "unhinterfragte Anhänglichkeit" an die Endogruppe, zu der das Gefühl gehört, dass die Normen der Endogruppe allgemeingültig sind (eine Form des Ethnozentrismus), der automatische Gehorsam gegenüber den Autoritäten der Endogruppe und die Bereitschaft, für die Endogruppe zu kämpfen und zu sterben. Diese Charaktere werden in der Regel "mit Misstrauen gegenüber der Exogruppe und geringer Bereitschaft, mit ihr zusammenzuarbeiten" verbunden ("Cross-cultural studies of individualism and collectivism", *Nebraska Symposium on Motivation 1989*, S. 55). In kollektivistischen Kulturen wird Moral als das verstanden, was der Gruppe zugute kommt; Aggression und Ausbeutung der Exogruppe sind akzeptabel (*ebd.*, S. 90).

Menschen, die individualistischen Kulturen angehören, zeigen dagegen weniger Gefühle der Verbundenheit mit den Menschen der Endogruppe. Persönliche Ziele sind vorherrschend und in der Sozialisation werden Selbstvertrauen, Unabhängigkeit, Eigenverantwortung und die "Suche nach der eigenen Identität" betont (Triandis, "Cross-cultural differences in assertiveness/competition vs. Group loyalty/cohesiveness", *Cooperation and Prosocial Behaviour*, S. 82). Individualisten haben positivere Einstellungen gegenüber Fremden und Mitgliedern der Exogruppe und verhalten sich Fremden gegenüber eher bereitwillig und altruistisch. Da sie sich der Grenzen zwischen Endogruppe und Exogruppe weniger bewusst sind, verhalten sich Angehörige individualistischer Kulturen seltener negativ gegenüber der Exogruppe. Sie äußern häufig ihre Ablehnung gegenüber politischen Entscheidungen, die in der Endogruppe getroffen werden, zeigen wenig Wärme oder Loyalität gegenüber der Endogruppe und haben nicht das Gefühl, ein gemeinsames Schicksal mit den anderen Mitgliedern der Endogruppe zu teilen. In individualistischen Gesellschaften gibt es zwar auch Widerstand gegen die Exogruppe, aber er ist eher "rational", da die Neigung, alle Mitglieder der Exogruppe für die Vergehen einiger weniger verantwortlich zu machen, geringer ist. Individualisten haben schwache Bindungen an mehrere Gruppen, während Kollektivisten starke Bindungen und Identifikation mit einigen wenigen Endogruppen haben.

Daher ist zu erwarten, dass Individualisten weniger zu Antisemitismus neigen und angesichts einer jüdischen Tat eher bereit sind, die Verfehlungen einzelner Juden zu verurteilen, anstatt sie stereotyp von ihrer Rasse abzuleiten. Als Mitglieder einer kollektivistischen Subkultur, die in einer individualistischen Gesellschaft lebt, neigen Juden ihrerseits eher dazu, die Trennung zwischen Juden und Nichtjuden als absolut entscheidend zu betrachten und stereotyp ungünstige Meinungen über Nichtjuden zu pflegen.

Um es mit Triandis zu sagen: Die grundlegende intellektuelle Schwierigkeit bei der *Autoritären Persönlichkeit* besteht darin, dass das Judentum selbst eine stark kollektivistische Subkultur ist, in der Autoritarismus, Gehorsam gegenüber den Normen der Endogruppe und die Unterdrückung individueller Interessen im Namen des Gemeinwohls während ihrer gesamten Geschichte von vitaler Bedeutung waren. Dieselben Merkmale bei Nichtjuden neigen dazu, aufgrund von Prozessen der sozialen Identität Antisemitismus hervorzubringen. Auf diese Weise nehmen die Juden wahr, dass ihr vitales Interesse darin besteht, die Sache des Individualismus und der sozialen Atomisierung in der Nichtjudenheit zu verteidigen, während sie gleichzeitig ihre eigene hochentwickelte kollektivistische Subkultur aufrechterhalten. Dies ist die von der Frankfurter Schule entwickelte Perspektive, die *in Studies in Prejudice durchgehend zum* Ausdruck kommt.

Dies vorausgeschickt, werden wir sehen, dass die *Autoritäre Persönlichkeit über den* bloßen Versuch hinausgeht, nichtjüdische Gruppen zu pathologisieren, denn sie versucht ebenso gut, die adaptive Funktionsweise von Nichtjuden im Allgemeinen zu pathologisieren. Die intellektuelle Hauptschwierigkeit besteht darin, dass genau diese Funktionsweise, die der Schlüssel zum Erfolg des Judentums als evolutionäre Gruppenstrategie war, bei Nichtjuden als pathologisch konzipiert wird.

Teil 3

Bericht über die *autoritäre Persönlichkeit*

Die *autoritäre Persönlichkeit* (Adorno, Frenkel-Brunswik, Levinson & Sanford, 1950) ist ein echter Klassiker unter den sozialpsychologischen Studien. Dieses Werk hat Tausende von Arbeiten angeregt und wird weiterhin in Lehrbüchern zitiert, auch wenn in den letzten Jahren zunehmend Kritik aufkam, die sich insbesondere auf die Thesen über den Zusammenhang zwischen dem persönlichen Charakter und Vorurteilen und Feindseligkeit zwischen Gruppen bezog. Nathan Glazer stellte fest, dass "kein nach dem Zweiten Weltkrieg veröffentlichtes sozialpsychologisches Werk die Richtung der zeitgenössischen empirischen Forschung an den Universitäten so stark beeinflusst hat". Trotz seines Einflusses wurden von Anfang an technische Probleme bei der Konstruktion von Skalen und der Durchführung und Auswertung von Interviews festgestellt.

Trotz der technischen Probleme bei der Konstruktion der ursprünglichen Messskala besteht jedoch kein Zweifel daran, dass es so etwas wie psychologischen Autoritarismus gibt, und zwar in dem Sinne, dass es möglich ist, eine zuverlässige psychometrische Skala zur Messung eines solchen Konzepts zu konstruieren. Da die F-Skala [die Faschismus misst] der *autoritären Persönlichkeit* mit einer Reihe von Voreingenommenheiten bei der Definition positiver Antworten belastet war, haben neuere Versionen dieser Messskala die Schwierigkeit gewendet, jedoch ohne die Korrelationen mit anderen Skalen zu beeinträchtigen. Die Gültigkeit dieser Skala zur Messung autoritären Verhaltens ist jedoch im Gegensatz zu anderen Messskalen weiterhin umstritten.

Wie dem auch sei, meine eigene Diagnose wird zwei Aspekte der *Autoritären Persönlichkeit hervorheben*, die im Zentrum des politischen Projekts der Frankfurter Schule stehen: 1) Ich werde die Doppelbödigkeit hervorheben, mit der das Verhalten von Nichtjuden, das aus ihrer hohen Position auf der F-Skala oder auf den Ethnozentrismus-Skalen abgeleitet wird, als psychopathologisch interpretiert wird, während genau dieses Verhalten als evolutionäre Gruppenstrategie das Herzstück des Judentums bildet; 2) Ich werde die Vorstellung kritisieren, dass psychodynamische Mechanismen, die die Beziehungen zwischen Eltern und Kindern stören, die Grundlage des Autoritarismus bilden. Diese hypothetischen Mechanismen bilden die subversive Essenz dieses Buches, das wir als politische Propaganda identifizieren. Es ist nicht verwunderlich, dass dieser stark anfechtbare Aspekt des Projekts den Kommentatoren oft aufgefallen ist. Altemayer weist darauf hin, dass trotz der "wenig überzeugenden" wissenschaftlichen Beweise, die sie stützen, die Idee, dass Antisemitismus von einer Störung in der Beziehung zwischen Eltern und Kindern herrührt, "sich in unserer Kultur so weit verbreitet hat, dass sie zu einem Stereotyp geworden ist" (*Enemies of Freedom: Understanding Right-Wing Authoritarianism*, S. 53). Es sei darauf hingewiesen, dass der unglaubliche Erfolg der *Autoritären Persönlichkeit* zu einem großen Teil auf ihre positive Aufnahme bei jüdischen Wissenschaftlern zurückzuführen ist, die in den 1950er Jahren eine herausragende Rolle in der amerikanischen akademischen Welt spielten und sich intensiv mit dem Antisemitismus beschäftigten.

Der politische Charakter der *Autoritären Persönlichkeit* war den traditionellen Psychologen nicht entgangen. Roger Brown schrieb, dass

> die Studie mit dem Titel Autoritäre Persönlichkeit hat das amerikanische Leben beeinflusst: Die Vorurteilstheorie, die er aufstellt, ist nun Teil der Populärkultur und eine Gegenkraft zur Rassendiskriminierung. Ist sie wahr? Urteilen Sie selbst (...) Diese Studie lässt kaum jemanden gleichgültig. Kalte Objektivität ist nicht das Markenzeichen dieser Tradition. Die meisten derjenigen, die an dieser Studie teilnahmen, waren tief in die diskutierten sozialen Fragen verstrickt (*Social Psychology*, S. 479, 544).

Browns letzte Aussage spiegelt den Eindruck des Lesers gut wider, nämlich dass die Ansichten der Autoren bei der Gestaltung dieser Forschung und der Interpretation ihrer Ergebnisse eine große Rolle gespielt haben.

Christopher Lasch ist ein gutes Beispiel für einen Leser, der Folgendes bemerkte:

> Die Absicht und der Zweck der *Studies in Prejudice* diktierten die Schlussfolgerung, dass Vorurteile, eine in der 'autoritären' Persönlichkeitsstruktur verwurzelte Geisteskrankheit, nur ausgerottet werden können, indem man die Amerikaner etwas unterzieht, das einer kollektiven Psychotherapie gleichkommt - indem man sie wie die Insassen einer psychiatrischen Anstalt behandelt." (*The True and Only Heaven:*

Progress and Its Critics, S. 445)

Es handelte sich von Anfang an um eine Sozialwissenschaft, die von einem politischen Hintergedanken geleitet wurde: "Indem sie die 'liberale Persönlichkeit' als Antithese zur autoritären Persönlichkeit identifizierten, setzten sie ein gleiches Vorzeichen zwischen der psychischen Gesundheit im Allgemeinen und einer bestimmten erlaubten politischen Position. Sie verteidigten den Liberalismus (...) mit der Begründung, dass die anderen Positionen in einer Charakterpathologie wurzelten" (*ebd.*, S. 453).

Die *autoritäre Persönlichkeit* beginnt mit einer Würdigung Freuds als Schutzfigur, insbesondere weil er die intellektuelle Welt "sensibler für die Unterdrückung von Kindern (innerhalb und außerhalb des Elternhauses) und die naive Ignoranz der Gesellschaft gegenüber der psychologischen Dynamik des kindlichen und erwachsenen Lebens" (S. x) gemacht hat. In Übereinstimmung mit dieser Ansicht sind Adorno und seine Kollegen "mit den meisten Sozialwissenschaftlern der Meinung, dass der Antisemitismus eher auf subjektive Faktoren als auf die tatsächlichen Eigenschaften der Juden zurückzuführen ist" (S. 2). Die Wurzeln des Antisemitismus sind daher in der Psychopathologie des Einzelnen zu suchen - "in den tieferen Schichten des Charakters" (S. 9) - und nicht im Verhalten der Juden selbst.

Das zweite Kapitel (geschrieben von R. Nevitt Sanford) besteht aus Interviews mit zwei Personen, von denen die eine auf der Skala des Antisemitismus ziemlich weit oben (Mack) und die andere ziemlich weit unten (Larry) steht. Mack ist ziemlich ethnozentrisch und neigt dazu, die Menschen durch das Prisma der Beziehungen zwischen Endogruppe und Exogruppe zu erfassen, wobei die Exogruppe stereotyp in einem ungünstigen Licht gesehen wird. Wie auf der Grundlage der Theorie der sozialen Identität von Hogg & Abrams zu erwarten war, schreibt Mack seiner eigenen Gruppe, den Iren, positive Eigenschaften zu, während andere Gruppen als homogen und bedrohlich gesehen werden. Während Mack sich der Gruppen als soziale Klassifizierungseinheiten sehr bewusst ist, denkt Larry die Welt überhaupt nicht in Begriffen von Gruppen.

Macks Ethnozentrismus wird eindeutig als pathologisch bezeichnet, aber die Studie erwähnt nie die Möglichkeit, dass auch Juden ähnliche Gedankengänge verfolgen könnten, wie es aus der extremen Betonung der Beziehungen zwischen Endogruppe und Exogruppe in der jüdischen Sozialisation folgen müsste. Tatsächlich habe ich im ersten Kapitel von *Separation and Its Discontents* darauf hingewiesen, dass Juden eher als Nichtjuden negative Stereotype über Exogruppen pflegen und die Welt als grundsätzlich aus homogenen, rivalisierenden, bedrohlichen und negativ stereotypen Exogruppen zusammengesetzt sehen. Mehr noch: Wir haben in diesem Buch reichlich Belege dafür gesammelt, dass Juden die Nichtjuden (die Exogruppe) in einem ungünstigen Licht sehen. Wie wir jedoch sehen werden, ist die Botschaft der *Autoritären Persönlichkeit*, dass die gleiche Art von Einstellungen bei Nichtjuden auf frühe pathologische Einflüsse auf den Charakter zurückzuführen ist.

In den Kapiteln 2, 3 und 4 kristallisiert sich ein Hauptthema heraus, das allen jüdischen intellektuellen Bewegungen seit dem 19. Jahrhundert gemein ist: Theorien zu entwerfen, die die Bedeutung der sozialen Kategorien Jude und Nichtjude mindern und gleichzeitig die Fortführung einer starken Bindung an das Judentum ermöglichen. Larrys Geisteswendung, das soziale Umfeld nicht in Begriffen von Gruppen zu sehen, ist mit dem Fehlen von Antisemitismus verbunden, während Macks Antisemitismus notwendigerweise mit der Bedeutung verbunden ist, die er Gruppen als sozialen Kategorien beimisst.

Der Einfluss dieser Themen auf die Konstruktion der Messskalen ist in den Kapiteln 3 und 4 (geschrieben von Daniel J. Levinson) zu erkennen. Levinson stellt fest, dass Antisemiten dazu neigen, Juden eher als Mitglieder von Gruppen denn als Individuen zu sehen, und er legt nahe, dass die Authentizität individueller Begegnungen mit Juden "in hohem Maße von der *Fähigkeit* abzuhängen scheint, *Erfahrungen zu individualisieren*" (S. 95; Hervorhebung im Original). Levinson weist auch darauf hin, dass Einzelpersonen, die zu Gruppen mit einem starken Selbstbewusstsein gehören, wie Studentenverbindungen, eher zu Antisemitismus neigen (S. 104). Wiederholen wir, dass hier die Vorstellung impliziert wird, dass starke Endogruppenideologien den Juden vorbehalten sein sollten und bei anderen gefährlich sind. Diese Ergebnisse passen gut zu der Untersuchung kollektivistischer und individualistischer Gesellschaften, die zu Beginn dieses Kapitels vorgenommen wurde: Juden als stark zusammengeschweißte Gruppe haben ein Interesse daran, die Idee einer atomisierten und individualistischen Gesellschaft zu vertreten, in der die Unterscheidungen zwischen Endogruppe und Exogruppe für Nichtjuden nicht erkennbar sind.

Die Ethnozentrismus-Messskala hat drei Subskalen: eine für die Einstellung gegenüber Afroamerikanern, eine für die Einstellung gegenüber Minderheiten im Allgemeinen und eine dritte für den Patriotismus. Obwohl die Präsentation der Skala zur Messung des Ethnozentrismus den Eindruck erweckt, dass die Forscher den Ethnozentrismus im Allgemeinen untersuchen, sind die Messkomponenten in Wirklichkeit so zugeschnitten, dass sie nur den Ethnozentrismus unter christlichen Kausasoiden messen. Diejenigen, die auf dieser Skala einen hohen Wert haben, haben negative Einstellungen gegenüber Afroamerikanern und Juden und positive Einstellungen gegenüber der weißen und christlichen Mehrheit. Ein Element dieser Bewertungsskala lautet: "Angesichts des derzeitigen nationalen Ausnahmezustands [Zweiter Weltkrieg] ist es von entscheidender Bedeutung, dass hohe Regierungsämter für ethnische, weiße und christliche Amerikaner reserviert werden". Die Antworten selbstbewusster Juden, für die die Unterscheidung zwischen Endogruppe und Exogruppe offensichtlich ist, werden Ergebnisse liefern, die ihre Punktzahl auf Levinsons Skala zur Messung des Ethnozentrismus senken.

Die Elemente, die sich auf Antisemitismus beziehen, implizieren, dass Antisemitismus die nichtjüdische Vorstellung ist, dass Juden eine eigene Gruppe bilden. Eines dieser Elemente besagt beispielsweise: "Juden in eine schöne Gegend zu lassen, würde nach und nach dazu führen, dass sie eine typisch jüdische Atmosphäre erhält". Brown kommentierte dies wie folgt:

> Wie könnte es auch anders sein? Juden werden mit Sicherheit eine jüdische Atmosphäre erzeugen. Dies wird unweigerlich in den Augen eines jeden der Fall sein, der Juden als eine Gruppe ansieht, die sich 'kategorisch von Nichtjuden' unterscheidet. Doch genau diese Hervorhebung des Jüdischen ist nach Ansicht der Autoren des Buches der Beginn des Antisemitismus. (*a.a.O.*, S. 483).

Der Unterton ist, dass die Hervorhebung der sozialen Kategorien von Juden und Nichtjuden ein Zeichen für Antisemitismus bei Nichtjuden ist und somit auf gestörte Beziehungen zwischen Eltern und Kindern hinweist. Ein solcher Prozess der sozialen Kategorisierung ist jedoch für den Fortbestand des Judentums als evolutionäre Gruppenstrategie von entscheidender Bedeutung.

Ebenso ironisch ist die Aufnahme dieser Elemente in die Messskala für Antisemitismus: "Ich kann mir nicht vorstellen, einen Juden oder eine Jüdin zu heiraten" und "Juden und Nichtjuden sollten nicht heiraten". Solche Haltungen würden also von gestörten Eltern-Kind-Beziehungen und der Unterdrückung der menschlichen Natur herrühren, während die Ablehnung von Mischehen unter Juden gang und gäbe ist. Tatsächlich hat die "Bedrohung" durch Mischehen in jüngster Zeit eine Krise in der jüdischen Gemeinschaft ausgelöst und die Bemühungen, Juden zu Mischehen zu überreden, beflügelt.

Andere Elemente dieses Maßstabs spiegeln Aspekte des Judentums als evolutionäre Gruppenstrategie wider, die eine solide empirische Grundlage haben. Beispielsweise alarmieren mehrere Elemente die Wahrnehmung der jüdischen Clan-Seite und deren Auswirkungen auf Wohn- und Geschäftspraktiken. Andere Elemente alarmieren über die Vorstellungen, dass Juden kulturellen Separatismus praktizieren und Macht, Geld und Einfluss besitzen, die in keinem Verhältnis zu ihrer Größe in der Bevölkerung stehen. Ein weiteres Element spiegelt die Überrepräsentation von Juden in linken und linksextremen Bewegungen wider: "Es scheint eine revolutionäre Strömung in der jüdischen Welt zu geben, wie die Tatsache zeigt, dass es so viele jüdische Agitatoren und Kommunisten gibt". Die in diesem Buch, in *Separation and Its Discontents* und *A People That Shall Dwell Alone* zusammengetragenen Daten zeigen jedoch, dass in diesen Verallgemeinerungen ein beträchtlicher Teil der Wahrheit steckt. Hohe Werte auf der Antisemitismus-Skala könnten einfach bedeuten, dass man besser informiert ist, und nicht, dass man eine gestörte Kindheit hatte.

Besonders interessant ist die Skala zur Messung des Patriotismus. Sie wurde entwickelt, um Einstellungen zu erfassen, die "von blindem Festhalten an bestimmten nationalen kulturellen Werten, unkritischer Konformität mit den Gepflogenheiten der dominanten Gruppe und Ablehnung anderer Nationen als Exogruppen" (S. 107) geprägt sind.

Wiederum wird die starke Bindung an die Interessen der eigenen Gruppe bei Mitgliedern der Mehrheitsgruppe als pathologisch angesehen, während die Gruppenbindung unter den Juden mit keinem Wort erwähnt wird. Ein wichtiger Hinweis auf diese Pathologie ist das Zurschaustellen und Verteidigen von Disziplin und Konformität in der Mehrheitsgruppe. In einem Element heißt es: "Geringfügige Formen der militärischen Ausbildung, des Gehorsams und der Disziplin wie Übungen, Märsche und einfache militärische Aktionen sollten in die Lehrpläne aufgenommen werden". Allerdings werden Disziplin, Konformität und das Erlernen von Gruppenzusammenhalt nicht als Ideale erwähnt, die die Strategien von Minderheitengruppen leiten. Wie im siebten Kapitel von *Separation and Its Discontents* erwähnt, legt die traditionelle jüdische Sozialisation großen Wert auf die Disziplin innerhalb der Gruppe und die Einprägung ihrer Ziele (mit anderen Worten: Konformität).

Die Ergebnisse sind interessant, weil der Großteil der Bemühungen darin besteht, positive Einstellungen, die bei Nichtjuden in Richtung einer stark zusammengeschweißten und disziplinierten Gruppenstrategie gehen, zu pathologisieren, ohne jedoch die gleiche Art von Einstellungen bei Juden zu zensieren. Menschen, die auf der Skala für Ethnozentrismus und Antisemitismus hohe Werte erzielen, haben zweifellos ein starkes Bewusstsein für die Zugehörigkeit zu ihrer Gruppe. Sie sehen sich als Mitglieder kohärenter Gruppen, die in einigen Fällen ihre ethnische Gruppe und auf der höchsten Ebene die Nation umfassen. Sie sehen Individuen aus anderen Gruppen und solche, die von den Zielen und Normen der Endogruppe abweichen, in einem schlechten Licht. Im dritten Kapitel behauptet Levinson, dass Antisemiten ihre eigene Gruppe an die Macht bringen wollen und den Clangeist schätzen, während sie die Juden aus denselben Gründen verurteilen (S. 97). Die in unserem Buch gesammelten Daten stimmen also eindeutig mit der Vorstellung überein, dass viele Juden ihre eigene Gruppe an die Macht bringen wollen und das Clanwesen in ihrer eigenen Gruppe aufwerten, während sie es bei Nichtjuden verurteilen. Tatsächlich ist dies, wie wir zu Beginn dieses Kapitels angedeutet haben, genau die Ideologie der Frankfurter Schule, die für diese Forschungen verantwortlich ist.

Der Ausgangspunkt der Autoren der *Autoritären Persönlichkeit* ist, dass das Gruppenbewusstsein innerhalb der Mehrheitsgruppe pathologisch ist, da es notwendigerweise dazu tendiert, sich gegen die Juden als zusammengeschweißte, nichtassimilierte und nichtassimilierbare Minderheitsgruppe zu richten. Aus dieser Sicht besteht der Hauptzweck der *Autoritären Persönlichkeit* darin, die Gruppenstrategien der Nichtjuden zu pathologisieren und gleichzeitig die Möglichkeit des Judentums als Gruppenstrategie der Minderheit offen zu halten.

In diesem Rahmen definiert Levinson Ethnozentrismus durch die Dominanz von Wahrnehmungen, die sich auf die Endogruppe und die Exogruppe beziehen, ein Standpunkt, der der Theorie der sozialen Identität entspricht, die ich für den besten Kandidaten zur Erklärung von Antisemitismus halte. Levinson kommt zu dem Schluss: "*Ethnozentrismus beruht auf einer umfassenden und starren Unterscheidung von Endogruppe und Exogruppe; er beinhaltet eine negative und stereotype Vorstellungswelt und feindselige Einstellungen in Bezug auf Exogruppen und eine positive und stereotype Vorstellungswelt und gefügige Einstellungen gegenüber Endogruppen sowie eine autoritäre Sicht der Interaktionen zwischen Gruppen, in der die Endogruppe starr dominant ist und Exogruppen untergeordnet sind*" (S. 130; Hervorhebung im Text).

Levinson weist weiter unten darauf hin, dass

> das dem Ethnozentristen eigene 'Bedürfnis nach der Exogruppe' verhindert seine Identifikation mit der Menschheit als Ganzes, die sich im Antiethnozentrismus wiederfindet (S. 148).

Levinson glaubt offensichtlich, dass Ethnozentrismus ein Indiz für Geisteskrankheit und die Identifikation mit der Menschheit der Gipfel der geistigen Gesundheit ist, ohne daraus jemals abzuleiten, dass Juden angesichts der Bedeutung der für das Judentum so wesentlichen Unterscheidung zwischen Endogruppe und Exogruppe kaum mit der Menschheit identifiziert werden dürften. Darüber hinaus interpretiert Levinson die Forderung des Antisemiten Mack nach Assimilation der Juden als die Forderung, dass "die Juden sich liquidieren, ihre kulturelle Identität vollständig aufgeben und sich den herrschenden Sitten anschließen" (S. 97). Levinson sieht die Forderung nach Assimilation und damit die Aufgabe der starren sozialen Kategorisierungsprozesse in

Endo- und Exogruppe als einen Aspekt von Macks antisemitischer Psychopathologie, während er deutlich den Wunsch zum Ausdruck bringt, dass der Antisemit sich mit der Menschheit identifiziert und die sozialen Kategorisierungsprozesse, die zwischen Endo- und Exogruppe unterscheiden, aufgibt. Der Ethnozentrismus und die damit einhergehende soziale Kategorisierung in Endo- und Exogruppe sollte den Juden vorbehalten bleiben und bei Nichtjuden als pathologisches Merkmal inkriminiert werden.

Das in unserem Buch vorgestellte Material deutet darauf hin, dass eine Hauptströmung der jüdischen intellektuellen Aktivität darin bestand, linke und linksradikale politische Ansichten unter Nichtjuden zu fördern. Hier verknüpft Levinson den Ethnozentrismus mit wirtschaftlichem und politischem Konservatismus und unterstellt, dass diese Einstellungen Teil einer umfassenderen sozialen Pathologie sind, die sich letztlich aus gestörten Eltern-Kind-Beziehungen ableitet. Levinson behauptet, dass es einen Zusammenhang zwischen politischem Konservatismus, wirtschaftlichem Konservatismus (Unterstützung von Autoritäten und politisch-ökonomischer Ideologie) und Ethnozentrismus (Stigmatisierung von Exogruppen) gibt. Allerdings: "Die Entwicklung linker und linksextremer Standpunkte geht in der Regel mit der gleichen Vorstellungswelt und den gleichen Einstellungen einher, die der ethnozentrischen Ideologie zugrunde liegen: Opposition gegen Hierarchie und Befehls- und Gehorsamsverhältnisse, Ablehnung von Gruppen- und Klassenschranken, Betonung egalitärer Interaktion und so weiter" (S. 181).

Die moralische Überlegenheit der Ablehnung von Barrieren zwischen den Gruppen wird also durch eine offizielle Veröffentlichung des AJCommittee bekräftigt, einer Organisation, die sich der Verteidigung eines Lebensstils verschrieben hat, in dem *de facto* Barrieren zwischen den Gruppen und die Abschreckung von Mischehen ganz wesentlich waren und weiterhin sind und von jüdischen Aktivisten sehr ernst genommen werden. Angesichts der überwältigenden Beweise dafür, dass Juden linke und extrem linke politische Projekte unterstützen und sich gleichzeitig weiterhin offen als Juden bekennen, muss man zu dem Schluss kommen, dass diese Daten die bisherigen Analysen bestätigen: Die Linke unter Juden funktioniert als Mittel, um die

Bedeutung der Unterscheidung zwischen Juden und Nichtjuden unter den Nichtjuden zu mindern, ohne dabei aufzuhören, ihre Fortsetzung unter Juden zuzulassen.

Levinson führt dann eine Analyse mit weitreichenden Konsequenzen an. Er präsentiert Daten, die zeigen, dass Personen mit politischen Präferenzen, die nicht denen ihrer Väter entsprechen, unterdurchschnittliche Ethnozentrismuswerte erzielen. Er stellt die These auf, dass die Rebellion gegen den Vater ein prädiktiver Hinweis auf einen Mangel an Ethnozentrismus ist: "Ethnozentristen neigen zur Fügsamkeit gegenüber der Autorität der Endogruppe, Anti-Ethnozentristen neigen zu Kritik und Rebellion, und (...) die Familie ist die erste und typischste Endogruppe." (p. 192)

Levinson bittet den Leser, sich eine Situation mit zwei Generationen vorzustellen: Die erste neigt zu starkem Ethnozentrismus und politischem Konservatismus, mit anderen Worten, sie identifizieren sich mit ihrer ethnischen Gruppe und deren wahrgenommenen wirtschaftlichen und politischen Interessen. Um die Reproduktion dieser Merkmale vorherzusagen, muss man wissen, ob die Kinder gegen ihre Väter rebellieren werden. Die Schlussfolgerung aus diesem Syllogismus ist angesichts der Werte, die in dieser Studie impliziert sind, dass Rebellion gegen die elterlichen Werte psychologisch gesund ist, weil sie zu niedrigeren Werten auf der Ethnozentrismus-Skala führt. Umgekehrt wird ein Mangel an Rebellion gegen die Eltern implizit als pathologisch angesehen. Diese Ideen werden in den letzten Kapiteln der *Autoritären Persönlichkeit* entwickelt und sind ein wesentlicher Aspekt des gesamten Projekts.

Man fragt sich, ob diese Gelehrten die Idee, dass jüdische Kinder ihre Familien als prototypische Endogruppe ablehnen sollten, so stark vertreten würden. Die jahrhundertelange Weitergabe des Judentums hat immer verlangt, dass die Kinder die Werte ihrer Eltern akzeptieren. Im dritten Kapitel des vorliegenden Buches haben wir darauf hingewiesen, dass sich die linksradikalen jüdischen Studenten der 1960er Jahre stark mit ihren Eltern und dem Judentum identifizierten, was bei ihren nichtjüdischen Altersgenossen nicht der Fall war. Ich habe auch die Sozialisationspraktiken untersucht, durch die jüdische Kinder lernten, die Interessen der Gemeinschaft über ihre individuellen Interessen zu stellen.

Diese Praktiken funktionieren so, dass sie die Loyalität gegenüber der jüdischen Endogruppe stärken. Um es noch einmal zu sagen, gibt es hier eine implizite Doppelzüngigkeit: Die Rebellion gegen die Eltern und die absolute Aufgabe aller Bezüge zur Endogruppe sind für Nichtjuden ein moralischer Zenit, während Juden implizit aufgefordert werden, ihr Gefühl der Zugehörigkeit zur Endogruppe aufrechtzuerhalten und zu stärken und in die Fußstapfen ihrer Eltern zu treten.

Teil 4

Bericht über die *autoritäre Persönlichkeit* (Fortsetzung)

Ebenso informiert uns R. Nevitt Sanford im sechsten Kapitel über die Religionszugehörigkeit, dass die Zugehörigkeit zu den verschiedenen christlichen Kirchen mit Ethnozentrismus einhergeht und dass Personen, die gegen ihre Eltern rebelliert haben, eine andere Religion angenommen oder jede Religion verlassen haben, relativ niedrige Werte für Ethnozentrismus erreichen. Dies lässt sich dadurch erklären, dass das Festhalten an der christlichen Religion positiv korreliert ist "mit Konformismus, mangelnder Originalität, Unterwerfung unter Autoritäten, der Bereitschaft, Zwang zu akzeptieren, der Bereitschaft, in Begriffen von Endogruppen und Exogruppen zu denken, und ähnlichen Dispositionen; und negativ korreliert mit Anti-Konformismus, Unabhängigkeit, moralischer Verinnerlichung und so weiter" (S. 220). Wiederum werden Individuen, die sich stark mit der Ideologie der Mehrheitsgruppe identifizieren, als psychisch krank beschrieben, obwohl das Judentum als lebensfähige Religion zwangsläufig mit ähnlichen psychologischen Merkmalen einhergehen muss. Sirkin und Grellong haben gezeigt, dass, wenn in jüdischen Familien das Verhältnis zwischen Eltern und Kindern gestört war und die Jugendlichen rebellierten, jüdische Jugendliche dazu neigten, das Judentum aufzugeben und sich religiösen Sekten anzuschließen. Eine Verschlechterung der Beziehung zwischen Eltern und Kindern lässt eine geringe Akzeptanz der religiösen Zugehörigkeit der Eltern vorhersagen, unabhängig davon, um welche Religion es sich handelt.

Der zweite Teil von *Autoritäre Persönlichkeit* besteht aus fünf von

Else Frenkel-Brunswik verfassten Kapiteln, in denen die Ergebnisse von Interviews vorgestellt werden, die mit den im ersten Teil untersuchten Themen in Zusammenhang stehen. Obwohl diese Ergebnisse methodisch sehr problematisch sind, zeigen sie auf kohärente und nachvollziehbare Weise die Unterschiede im Familienleben zwischen den Personen, die am unteren Ende der Ethnozentrismus-Skala stehen, und denjenigen, die auf derselben Skala die höchsten Werte erzielen. Das Bild, das wir entdecken, ist jedoch ziemlich anders als das, das uns die Autoren der *Autoritären Persönlichkeit* präsentieren wollten. Wie die Antworten auf die offenen Fragen im fünfzehnten Kapitel bestätigen, weisen die gesammelten Daten stark darauf hin, dass diejenigen, die auf der Skala des Ethnozentrismus ganz oben stehen, aus sehr funktionalen, anpassungsfähigen, kompetenten und fürsorglichen Familien stammen. Diese Personen erkennen sich in ihren Familien als prototypische Endogruppe wieder und scheinen bereit zu sein, dieses Familienmodell in ihrem eigenen Leben zu reproduzieren. Im Gegensatz dazu scheinen diejenigen, die auf dieser Skala niedrige Werte erzielten, Beziehungen zu ihren Familien gehabt zu haben, die von Ambivalenz oder Rebellion geprägt waren, und erkennen ihre eigene Familie kaum als Endogruppe an.

Frenkel-Brunswik untersucht zunächst die Unterschiede in der Einstellung gegenüber den Eltern und die Unterschiede in den Vorstellungen von der Familie. Die vorurteilsbehafteten Individuen "verherrlichen" ihre Eltern und sehen ihre Familie als Endogruppe. Die Individuen, die am unteren Ende der Skala stehen, werden ihrerseits so beschrieben, dass sie eine "objektive" Sicht auf ihre Eltern haben, die mit aufrichtiger Zuneigung einhergeht. Um diese Interpretationen glaubwürdig zu machen, musste Frenkel-Brunswik zeigen, dass die sehr positiven Einstellungen der oberen Gruppe nicht aus aufrichtiger Zuneigung bestanden, sondern nur Fassaden waren, hinter denen sich eine unterdrückte Feindseligkeit verbarg. Wie Altemeyer jedoch feststellt:

> Es ist zumindest möglich, dass die Eltern [der Individuen am oberen Ende der Skala] etwas besser als der Durchschnitt waren und dass die beschriebenen engen Beziehungen eine Erklärung haben, die einfach auf Fakten und nicht auf psychischen Dynamiken beruht" (*Right-Wing Authoritarianism*, S. 43).

Ich würde noch weiter gehen als dieser Autor und sagen, dass die Eltern und Familien der fraglichen Individuen sicherlich "besser" waren als die Eltern und Familien der Probanden am unteren Ende der Skala.

Das einzige Beispiel für aufrichtige Zuneigung seitens einer Person am unteren Ende der Skala, das Frenkel-Brunswik erwähnt, ist das einer Frau, die über ihre Verzweiflung berichtet, von ihrem Vater verlassen worden zu sein. (Es scheint, dass die Daten, die wir weiter unten untersuchen werden, zeigen, dass solche Situationen von Verlassenheit und Ambivalenz häufig bei Personen am unteren Ende der Skala zu finden sind). Diese Person, F63, macht folgende Bemerkung: "Ich erinnere mich, dass meine Mutter, als mein Vater wegging, in mein Zimmer kam und sagte: 'Du wirst Papa nie wieder sehen.' Sie hat es mir einfach so gesagt. Ich war verrückt vor Traurigkeit und dachte, dass meine Mutter schuld war. Ich habe mit Sachen geworfen, ich habe den Schrank geöffnet und alles aus dem Fenster geworfen, ich habe die Bettlaken vom Bett gerissen und alles gegen die Wand geworfen'" (S. 346). Dieses Beispiel zeigt zwar eine starke Bindung zwischen Vater und Tochter, aber der Gedanke dahinter ist, dass die betreffende Beziehung Hingabe und nicht Zuneigung genannt wird. Darüber hinaus behauptet Frenkel-Brunswik, dass einige Personen der unteren Skala ihre Affekte gegenüber ihren Eltern "hemmen", d. h. sie zeigen keine emotionale Reaktion, wenn es um ihre Eltern geht. Es stellt sich die Frage, wie der Autor behaupten kann, dass diese Personen am unteren Ende der Skala eine aufrichtig positive emotionale Beziehung zu ihren Eltern haben. Wie wir sehen werden, deuten die Daten insgesamt auf ein sehr hohes Maß an Feindseligkeit und Ambivalenz bei den unteren Gruppen hin.

Im Gegensatz dazu werden die Frauen am oberen Ende der Skala so beschrieben, dass sie sich von ihren Eltern "misshandelt" fühlen. Dieser Begriff hat einen negativen Klang, aber meine Lektüre des veröffentlichten Materials lässt mich vermuten, dass diese Probanden negative Gefühle gegenüber elterlichen Bestrafungen oder bestimmten Ungerechtigkeiten zum Ausdruck bringen, allerdings im Kontext eines insgesamt positiven Familienlebens. Die Beziehungen zwischen Eltern und Kindern können, wie alle anderen Beziehungen auch, aus der Sicht des Kindes so gesehen werden, dass sie sowohl positive als auch negative Elemente enthalten, wie in einem doppelten Rechnungsbuch.

Menschliche Beziehungen im Allgemeinen können aufgrund unterschiedlicher Interessen nicht für alle Parteien perfekt sein. Daraus folgt, dass eine aus der Sicht des einen perfekte Beziehung aus der Sicht des anderen als Ausbeutung angesehen werden kann. Bei Beziehungen zwischen Eltern und Kindern verhält es sich nicht anders. Die Definition einer perfekten Beziehung aus der Sicht des Kindes wäre unausgewogen und würde die Waage zweifellos zum Nachteil der Eltern ausschlagen lassen - dies wird üblicherweise als permissive oder laxe Eltern-Kind-Beziehung bezeichnet.

Meine Interpretation der Studien, die auf dem Gebiet der Eltern-Kind-Interaktionen durchgeführt wurden (diese Sichtweise ist vorherrschend), ist, dass Kinder immer ein hohes Maß an elterlicher Kontrolle akzeptieren, wenn ihr Verhältnis zu den Eltern insgesamt positiv ist. In der Entwicklungspsychologie wird der Begriff "autoritärer Elternstil" verwendet, um eine Erziehung zu bezeichnen, bei der das Kind die Kontrolle der Eltern im Kontext eines allgemein positiven Verhältnisses zu den Eltern akzeptiert. Auch wenn diese Kinder nicht immer mit dieser Disziplin und den Einschränkungen zufrieden sind, bringt dieser Elternstil gut eingestellte Kinder hervor.

Unter diesen Umständen kann sich ein Kind sehr wohl über bestimmte Handlungen seiner Eltern im Kontext einer insgesamt zufriedenstellenden Familienbeziehung beschweren, und psychologisch gesehen ist es kein Problem, anzunehmen, dass das Kind akzeptiert, dass es schwere Arbeiten verrichtet hat oder sogar als Tochter herabgesetzt wurde, ohne dass sich dadurch seine im Allgemeinen sehr positive Meinung über die Beziehung zu seinen Eltern ändert. Frenkel-Brunswiks Beispiele, in denen sie Mädchen beschreibt, die eine sehr positive Meinung von ihren Eltern hatten, sich aber über bestimmte Situationen beschwerten, in denen sie zu Hausarbeiten gezwungen wurden, oder darüber, dass sie schlechter behandelt wurden als ihre Brüder, müssen nicht als Ausdruck einer unterdrückten Feindseligkeit interpretiert werden.

Frenkel-Brunswik sagt, dass ein solches Ressentiment nicht "vom Ego" dieser Mädchen akzeptiert wird, was meiner Meinung nach bedeutet, dass diese Mädchen nicht der Ansicht waren, dass dieses Ressentiment ihre Beziehung zu ihren Eltern völlig in Frage stellte. Hier ist ein Beispiel für einen vom Ego nicht akzeptierten Groll. F39: Meine Mutter war "furchtbar streng mit mir, wenn es um die Haushaltsführung ging (...) Ich bin heute froh darüber, aber damals war ich sauer auf sie". Diese Frauen können nur dann als krank bezeichnet werden, wenn man die psychodynamische Interpretation akzeptiert, dass der normale Groll aufgrund der Tatsache, dass man zur Arbeit gezwungen wurde, Zeichen unterdrückter Feindseligkeit und rigider Mechanismen ist. Am Ende des Prozesses verwandelt sich diese hypothetische unterdrückte Feindseligkeit, die durch die elterliche Disziplin hervorgerufen wurde, in Antisemitismus:

> Die Verschiebung des verdrängten Antagonismus gegenüber der Autorität könnte eine Quelle oder vielleicht die Hauptquelle des Antagonismus gegenüber Exogruppen sein (S. 482).

Während die negativen Gefühle gegenüber den Eltern bei denjenigen, die am oberen Ende der Vorurteilsskala stehen, meist in der Disziplin oder den Hausarbeiten wurzeln, die ihnen zu Hause auferlegt wurden, wurzeln dieselben Gefühle bei denjenigen, die am unteren Ende der Vorurteilsskala stehen, in Gefühlen der Vernachlässigung und des Verlusts von Zuneigung (S. 349). In Bezug auf letztere betont Frenkel-Brunswik jedoch, dass Verlassenheit und Verlust von Zuneigung offen akzeptiert wurden, eine Akzeptanz, die ihrer Meinung nach psychische Erkrankungen unmöglich macht. Ich habe bereits über F63 gesprochen, die von ihrem Vater verlassen worden war; hören wir uns M55 an, der ebenfalls am unteren Ende der Skala angesiedelt ist: "Zum Beispiel nahm er Süßigkeiten wie Bonbons, tat so, als würde er sie uns geben, und aß sie dann alle auf und lachte dabei (...) Es sah aus wie ein Monster, obwohl das in Wirklichkeit nicht der Fall war" (S. 350). Es ist nicht überraschend, dass sich solch klare Beispiele von Gefühllosigkeit auf Seiten der Eltern in das Gedächtnis des Betroffenen eingeprägt haben. In der verkehrten Welt der *autoritären Persönlichkeit* wird die Erinnerung an solche Episoden jedoch als Zeichen für eine gute psychische Gesundheit der Versuchspersonen gesehen, während die offen positive Bewertung des Familienlebens derjenigen am oberen Ende der Skala als Ausdruck tiefer und unbewusster Schichten psychischer Krankheit angesehen wird.

Die zeitgenössische entwicklungspsychologische Forschung über autoritäre Elternschaft und warme Eltern-Kind-Beziehungen deutet darauf hin, dass es autoritären Eltern besser gelingt, ihre kulturellen Werte an ihre Kinder weiterzugeben. Wenn man die Interviews liest, die in der *Autoritären Persönlichkeit* gesammelt wurden, fällt einem unweigerlich die Bitterkeit auf, die die Befragten am unteren Ende der Skala ihren Eltern gegenüber empfinden, im Gegensatz zu den Befragten am oberen Ende der Skala, die durchaus positive Meinungen äußern. Man kann davon ausgehen, dass die unteren Mitglieder der Skala dazu neigen, gegen die Werte ihrer Eltern zu rebellieren, was auch tatsächlich der Fall ist.

Die Täuschung der *autoritären Persönlichkeit beruht* jedoch zum Teil auf der Tatsache, dass der Groll, den die Personen am unteren Ende der Skala gegenüber ihren Eltern äußern, als Zeichen dafür interpretiert wird, dass die elterliche Disziplin nicht allmächtig ist. "Da die typische Person am unteren Ende der Skala ihre Eltern nicht als allmächtig oder furchterregend ansieht, kann sie es sich erlauben, ihren Ressentiments ohne große Scheu freien Lauf zu lassen" (S. 346). Unter diesen Umständen interpretiert Frenkel-Brunswik die zartesten Anzeichen von Zuneigung und die offensichtlichen Zeichen von Groll bei den Probanden dieser Kategorie als Ausdruck aufrichtiger Zuneigung, während die sehr positiven Meinungen über ihre Eltern, die von den Probanden am oberen Ende der Skala geäußert werden, letztlich auf einen extremen elterlichen Autoritarismus zurückgeführt werden, der zur Verdrängung und Verleugnung elterlicher Fehler geführt hat.

Diese Ergebnisse veranschaulichen auf hervorragende Weise die ideologischen Voreingenommenheiten dieser gesamten Studienreihe. Ein Entwicklungspsychologe, der sich mit diesen Daten befasst, wäre von der Tatsache beeindruckt, dass die Eltern der Spitzengruppe es geschafft haben, ihren Kindern eine sehr positive Vorstellung vom Familienleben zu vermitteln und sie gleichzeitig zu disziplinieren. Wie bereits erwähnt, bezeichnen zeitgenössische Fachleute diese Art von Eltern als autoritär, und ihre Forschungen bestätigen die These, dass Kinder aus solchen Elternhäusern die Werte der Erwachsenen gut akzeptieren. Kinder, die in solchen Familien aufwachsen, haben eine enge Beziehung zu ihren Eltern und akzeptieren die elterlichen Werte und Gruppenidentifikationen. Wenn die Eltern also konfessionelle Identifikationen akzeptieren, ist es wahrscheinlicher, dass die in diesen Familien aufgewachsenen Kinder diese ihrerseits akzeptieren. Und wenn diese Eltern Bildung hoch schätzen, werden ihre Kinder eher die Vorstellung akzeptieren, dass schulischer Erfolg etwas ist, das zählt. Diese autoritären Eltern geben ihren Kindern Verhaltensmuster vor und achten darauf, dass diese richtig umgesetzt werden. Die Wärme der Beziehung zwischen Eltern und Kindern gibt den Kindern die Motivation, sich an diese Vorbilder zu halten und darauf zu achten, dass es nicht zu Übergriffen kommt, die gegen diese Verhaltensnormen der Endogruppe (Familie) verstoßen würden.

Das zutiefst subversive Projekt der *Autoritären Persönlichkeit* besteht darin, diese Art von Familie bei den Nichtjuden zu pathologisieren. Da elterliche Zuneigung in ihrer Theorie jedoch positiv bewertet wird, mussten die Beweise für elterliche Zuneigung bei den Probanden am oberen Ende der Skala so interpretiert werden, dass sich dahinter eine dumpfe Feindseligkeit gegenüber den Eltern verbarg; während bei den Probanden am unteren Ende der Skala trotz des oberflächlichen Anscheins des Gegenteils davon ausgegangen werden musste, dass sie liebevolle Eltern hatten. Die Rebellion gegen die Eltern bei den unteren Schichten wird also als natürliche Folge einer liebevollen Erziehung verstanden - eine, gelinde gesagt, lächerliche Vorstellung.

Kurz gesagt, der Hintergedanke der *Autoritären Persönlichkeit* ist nicht nur, die Familienstruktur bei Nichtjuden zu untergraben, sondern auch die grundlegenden Kategorien, die der Gesellschaft der Nichtjuden zugrunde liegen, zu unterwandern. Die Verfasser der *Autoritären Persönlichkeit* untersuchen die Gesellschaft, um die Variationen zwischen den Familien zu erfassen: an einem Pol diejenigen, die die bestehenden sozialen Strukturen replizieren, am anderen Pol diejenigen, die Rebellion und Veränderung der sozialen Struktur produzieren. Erstere sind sehr eng miteinander verbunden, die Kinder, die aus ihnen hervorgehen, haben eine starke Endogruppenbindung an ihre Familie. Diese Kinder akzeptieren grundsätzlich die Strukturen der sozialen Kategorisierung ihrer Eltern, die sich auf die Kirche, die Gemeinde und die Nation erstrecken.

Diese relativ starke Bindung an die Endogruppe neigt, wie die Forschung zur sozialen Identität vermuten ließ, zu negativen Einstellungen gegenüber Menschen, die anderen Religionen,

Gemeinschaften und Nationen angehören. Aus der Sicht der Verfasser der *Autoritären Persönlichkeit* müssen solche Familien als pathologisch eingestuft werden, ungeachtet der Tatsache, dass es genau die Art von Familien ist, die für die Aufrechterhaltung einer starken jüdischen Identität notwendig ist; jüdische Kinder müssen das soziale Kategorisierungssystem ihrer Eltern akzeptieren. Sie müssen ihre Familien als Endogruppen sehen und in letzter Instanz die durch das Judentum repräsentierte Endogruppe akzeptieren. Wiederum besteht die grundlegende intellektuelle Schwierigkeit, die in dem gesamten Werk zutage tritt, darin, dass sein Entwurf bei den Nichtjuden unweigerlich das pathologisiert, was für die Erhaltung des Judentums von größter Bedeutung ist.

Der Erfolg der Familien derjenigen, die an der Spitze der Skala stehen und es geschafft haben, die elterlichen Werte weiterzugeben, zeigt sich darin, dass diese Versuchspersonen sich ihren Eltern gegenüber verpflichtet fühlen. Bemerkenswert ist hier die Antwort von Proband F78, von dem es heißt, dass "seine Eltern seine Verlobung voll und ganz befürworten. Die Testperson würde niemals mit einem Jungen ausgehen, den ihre Eltern nicht gutheißen würden" (S. 351). Wir haben es hier also mit einer jungen Frau zu tun, die einen Mann heiraten wird, den ihre Eltern gutheißen, und die die Meinung ihrer Eltern zu diesen Themen berücksichtigt: Sie gilt als psychisch krank. Man fragt sich wirklich, ob Frenkel-Brunswik die gleiche Diagnose stellen würde, wenn es sich um eine jüdische Person handeln würde.

Ein weiterer Hinweis darauf, dass die Erfahrungen in der Familie bei den oberen Gruppen durchweg positiv sind, ist, dass sie häufig darauf hinweisen, dass ihre Eltern sich sehr um sie sorgen. In Frenkel-Brunswiks Weltbild ist dies ein weiteres Indiz für die Pathologie der Oberschicht, die als "entfremdende Egoabhängigkeit" (S. 353) und "eklatanter Opportunismus" (S. 354) etikettiert wird.

Betrachten wir z. B. die Antwort einer Person aus dem oberen Bereich der Skala, F79: "Ich sage immer, dass meine Mutter sich weiterhin um mich kümmert. Sie sollten mal sehen, was in meinen Schränken ist: Obst, Schinken, Konserven (...) Sie liebt es, den Leuten zu helfen" (S. 354). Solche Ausdrucksformen elterlicher Fürsorge in die Kategorie eines pathologischen Syndroms einzuordnen, ist absolut verblüffend. Ähnlich sieht Frenkel-Brunswik die folgende Bemerkung einer Frau aus der oberen Schicht als typisch für den eklatanten Opportunismus, der Menschen ihrer Kategorie eigen ist: "Mein Vater hat sich voll und ganz seiner Familie gewidmet - er hat für uns Blut und Wasser geschwitzt - er hat sich nie dem Alkohol hingegeben" (S. 365). Eine andere Person aus der oberen Schicht (F24) sagt, dass ihr Vater "wunderbar" sei und begründet dies wie folgt: "Er wird euch nie einen einzigen Gefallen verweigern" (S. 365).

Ein Evolutionsforscher würde diese Bemerkungen so interpretieren, dass die Eltern der Probanden am oberen Ende der Skala stark in die Familie investieren und dem Wohlergehen ihrer Familie eine hohe Priorität einräumen. Sie bestehen darauf, dass sich ihre Kinder angemessen verhalten und schrecken auch nicht davor zurück, körperliche Strafen einzusetzen, um das Verhalten ihrer Kinder zu kontrollieren. Die von uns in *A People That Shall Dwell Alone* (Kap. 7) gesammelten Daten zeigen, dass genau diese Art von Elternschaft bei Ostjuden in den traditionellen *Schtetlgesellschaften* zu finden ist. In diesen Gesellschaften waren die starke elterliche Investition, die Einhaltung der elterlichen Praktiken, insbesondere des religiösen Glaubens, von größter Bedeutung. Von jüdischen Müttern in diesen Gemeinschaften wird behauptet, dass sie eine "rastlose Fürsorge" für ihre Kinder an den Tag legen (Zborowski & Herzog, *Life Is with People: The Jewish Little-Town of Eastern Europe*, S. 193). Diese ostjüdischen Eltern "stimmen grenzenlosen Leiden und Opfern zu. Sie 'töten' sich für ihren Nachwuchs" (*ebd.*, S. 294). Im Gegenzug wird eine starke Kontrolle der Eltern über ihre Kinder ausgeübt, einschließlich zornigem Schimpfen und massivem Einsatz körperlicher Strafen im Zorn (*ebd.* S. 336-337). Diese Motive einer autoritären, sehr aufdringlichen, fordernden und Abhängigkeit schaffenden Elternschaft setzen sich bei den zeitgenössischen chassidischen Juden fort. (Mintz, *Hasidic People: A Place in the New World*, S. 176 ff.).

Dieser investitionsintensive Erziehungsstil, bei dem ein hohes Maß an Fürsorge mit einer starken Kontrolle des Verhaltens des Kindes einhergeht, führt effektiv dazu, dass sich das Kind mit den traditionellen jüdischen Elternwerten identifiziert. Die Akzeptanz der Religion der Eltern und der Notwendigkeit, einen passenden Ehepartner zu wählen, wobei ein nichtjüdischer Ehepartner ausdrücklich vermieden werden sollte, ist der Eckpfeiler dieser Werte. Die Heirat mit einem Nichtjuden ist ein schreckliches, katastrophales Ereignis, das darauf hinweist, "dass mit den Eltern etwas nicht stimmt" (Zborowski & Herzog, a. a. O., S. 231). Doch in den Augen Frenkel-Brunswiks sind elterliche Fürsorge, die Akzeptanz der Werte der Eltern und ihr Einfluss auf die Heiratswahlen Beweise für Pathologie - Vorboten des Faschismus. Für Nichtjuden, aber wie es scheint nicht für Juden, ist die Rebellion gegen die Eltern der Zenit der geistigen Gesundheit.

Interviews, die sich auf die Familie als Endogruppe beziehen, sind in dieser Hinsicht besonders interessant. Die Probanden der oberen Gruppe sind stolz auf ihre Familien, ihre Erfolge und ihre Traditionen. Unter Verwendung einer typischen rhetorischen *Chuzpe* ist Frenkel-Brunswik der Ansicht, dass diese Ausdrücke des Familienstolzes "eine homogene und totalitäre Familie gegen den Rest der Welt geltend machen" (S. 356). Beispielsweise spricht die am oberen Ende der Skala angesiedelte Testperson F68 folgendermaßen über ihren Vater: "Ihre Vorfahren waren Pioniere - ziemlich reiche Goldsucher. Jeder kennt die ... aus ... County in dieser Eigenschaft" (S. 357). Die Gefühle des persönlichen Stolzes und des Familienstolzes sind Hinweise auf eine psychiatrische Erkrankung.

Weitere Belege dafür, dass die Familienbeziehungen bei den Probanden am oberen Ende der Skala von besserer Qualität sind, ergeben sich aus den Angaben zu Streitigkeiten zwischen den Eltern. M41, ein Mann am oberen Ende der Skala, sagte auf die Frage, wie seine Eltern miteinander auskämen: "Gut, ich habe sie nie streiten hören". Im Gegensatz dazu scheinen harte Konflikte zwischen den Eltern in den Familien der Befragten aus der unteren Schicht üblich zu sein, wie sie berichteten. M59: "Also, das waren alles ziemlich klassische Streitereien. Vielleicht neigte er dazu, seine Stimme zu erheben. (Aus welchen Gründen?) Nun, in den ersten zehn Jahren unserer Ehe betrank sich mein Vater ziemlich oft und schlug meine Mutter und dann, als die Kinder älter wurden, widerstand sie dem Einfluss meines Vaters, obwohl er finanziell zur Familie beitrug (...) Er besuchte uns zweimal pro Woche, manchmal auch mehr" (S. 369).

Das ist nun die Interpretation, die Frenkel-Brunswik uns für dieses

Bild von Familienkonflikten bei den Probanden am unteren Ende der Skala vorschlägt:

> Diese Aussagen verdeutlichen ihre Offenheit und ihren überlegenen Scharfsinn, wenn es um Konflikte zwischen Eltern geht (S. 369).

Die Annahme scheint folgende zu sein: Alle Familien zeichnen sich durch Alkoholismus, Resignation, Misshandlung, Streit und das narzisstische Streben nach persönlichem Vergnügen anstelle der Befriedigung familiärer Bedürfnisse aus. Die psychische Gesundheit der Probanden am unteren Ende der Skala lässt sich an ihrem Bewusstsein für die Psychopathologie der Familie messen, während die Probanden am oberen Ende der Skala in diesen Punkten mit Blindheit geschlagen sind und gegen alle Beweise darauf beharren, dass ihre Eltern sich für sie aufopfern, sie lieben und ihnen Disziplin entgegenbringen.

An diesem Beispiel sehen wir, wie nützlich die psychodynamische Theorie ist, um eine effektive politische "Realität" zu schaffen. Ein Verhalten, das nicht in diese Theorie passen würde, kann immer mit der Unterdrückung tief sitzender Konflikte in Verbindung gebracht werden, und wirklich pathologisches Verhalten wird zum Inbegriff der Sanität, einfach weil es bewusst erkannt wird. Frenkel-Brunswik prägt den Begriff "Konfliktverleugnung", um die "Pathologie" in den Familien der Probanden am oberen Ende der Skala zu beschreiben. Dieser Begriff ist ein Echo auf "entfremdende Abhängigkeit des Selbst" und "Misshandlung", die wir oben erwähnt haben. Meine eigene Lesart dieser Interviews würde mich dazu veranlassen, diese Beziehungen als "konfliktfrei" zu bezeichnen, aber in der verkehrten Welt der *autoritären Persönlichkeit* ist das Fehlen offensichtlicher Konflikte ein sicheres Zeichen für die Verleugnung extrem harter Konflikte.

Teil 5

Rezension der *Autoritären Persönlichkeit* (Fortsetzung und Ende)

Was die Beziehungen zwischen Geschwistern betrifft, so werden sie auf die gleiche Weise behandelt. Das gute Verhältnis zwischen den Geschwistern, das von den Probanden am oberen Ende der Skala beschrieben wird, wird als "konventionelle Idealisierung" oder

"Verherrlichung" pathologisiert, während das schlechte Verhältnis zwischen den Geschwistern, das bei den Probanden am unteren Ende der Skala vorkommt, als "objektive Bewertungen" charakterisiert wird. Die Beschreibung seines Bruders durch M52, eine Person der oberen Skala, veranschaulicht, wie Frenkel-Brunswik sehr eng verbundene Nichtjuden, die bereit sind, sich für ihre Familie aufzuopfern, pathologisiert: "Nun, er ist ein fabelhafter Junge (...) Er war fabelhaft mit meinen Eltern (...) Er ist 21 Jahre alt. Er hat immer zu Hause gewohnt (...). Er gibt den Großteil seines Gehalts an meine Eltern" (S. 378). Der Vorwurf, der dieser Aussage gemacht wird, ist, dass sie nicht wahr sein kann und es sich daher um eine "Glorifizierung des Bruders" handelt.

Frenkel-Brunswik bemüht sich auch, das von Nichtjuden geäußerte Streben nach sozialem Erfolg zu pathologisieren. Die oberen Subjekte werden als "statusbewusst" beschrieben, und folglich sind ihre Aussagen von Pathologie geprägt: M57 antwortet auf die Frage, warum seine Eltern ihm Disziplin beigebracht haben, wie folgt: "Nun, sie wollten nicht, dass ich mit bestimmten Leuten - den Frauen aus den unteren Stadtvierteln - herumhänge, sie wollten immer, dass ich mit guten Leuten zusammenkomme" (S. 383).

Das Streben nach sozialem Erfolg wird daher als pathologisch angesehen. Der evolutionäre Standpunkt würde im Gegensatz zu Frenkel-Brunswiks Ansicht die hohe adaptive Bedeutung des sozialen Status bekräftigen. Ein Evolutionist würde sagen, dass der Standpunkt dieser Eltern durchaus adaptiv ist, da sie wollen, dass ihr Sohn seinen eigenen sozialen Aufstieg ernst nimmt und dass ihre Schwiegertochter eine angesehene Frau ist. Ein Evolutionist würde darauf hinweisen, dass die Sorge dieser Eltern um den sozialen Erfolg in allen stratifizierten Gesellschaften, seit es die Geschichte gibt, von eindeutiger evolutionärer Bedeutung war.

Das andere Beispiel für die Sorge um den sozialen Erfolg, das Frenkel-Brunswik präsentiert, ist das einer Person aus der obersten Schicht, die sich um ihre Nachkommen sorgt: "Ich will ein Haus und ich will heiraten. Ich wünsche mir nicht so sehr eine Frau, sondern ein Kind. Ich will das Kind, damit ich ihm das, was ich habe, weitergeben kann. Plötzlich wurde mir meine Vorgeschichte bewusst, die ich vergessen hatte. (Wovon reden Sie?) Meine familiäre Vorgeschichte" (S. 383). Die adaptive biologische Funktionsweise der Nichtjuden wird erneut pathologisiert. Man fragt sich, ob die Autoren die jüdische, ganz offizielle und religiöse Sorge um reproduktiven Erfolg, biologische Zugehörigkeit und Ressourcenkontrolle ebenfalls als pathologisch betrachten würden.

Bei der Auswertung der Interviews zum Familienleben ignoriert Krenkel-Brunswik die offensichtlichen Anzeichen von Konflikten, Feindseligkeit und Ambivalenz in den Familien der Probanden am unteren Ende der Skala und beschreibt ihre Familienbeziehungen als "nährend" und "liebevoll" (S. 388), mit einer "ungezwungenen Zuneigung" (S. 386). Diese Familien bringen Kinder mit einem "reicheren und befreiteren Innenleben" hervor, denen es gut gelingt, "ihre instinktiven Neigungen zu sublimieren" (S. 388). Andererseits werden die offensichtlichen Anzeichen von Zusammenhalt, Zuneigung, Harmonie, Disziplin und erfolgreicher Vermittlung von Familienwerten bei den Probanden am oberen Ende der Skala so interpretiert, dass sie "Machtorientierung und Verachtung für die vermeintlich Unterlegenen" (S. 387) ausdrücken. Diese Probanden werden durch ihre "ängstliche Unterwerfung unter die Eltern und eine frühe Unterdrückung der Instinkte" (S. 385) charakterisiert.

Die Umkehrung der Realität setzt sich im Kapitel "Das Geschlecht, das Selbst und die anderen aus den Interviews" fort. Die Jungen am oberen Ende der Skala scheinen sexuell erfolgreicher zu sein und eine hohe Vorstellung von Männlichkeit zu haben; die Mädchen am oberen Ende der Skala werden als von den Jungen bevorzugt beschrieben. Die Jungen am unteren Ende der Skala scheinen sexuell zu versagen und ihre weiblichen Gegenstücke scheinen kein Interesse an Jungen zu haben oder es nicht zu schaffen, sie für sich zu gewinnen. Dieses Merkmal der Probanden am unteren Ende der Skala wird dann als "Offenheit" beim Eingeständnis sexueller Misserfolge und damit als Zeichen psychologischer Gesundheit interpretiert. Die gemeinsame Eigenschaft der Probanden am oberen Ende der Skala, die als "Sorge um den sozialen Erfolg" etikettiert wird, ist demnach pathologisch. Es wird vorausgesetzt, dass die Anpassung an soziale Normen und das Selbstwertgefühl pathologische Merkmale sind, und dass Gefühle der Unzulänglichkeit und das "Eingeständnis von Unzulänglichkeit" (S. 389) Hinweise auf eine gute psychische Gesundheit sind.

Anschließend versucht Frenkel-Brunswik zu zeigen, dass sich die Probanden am oberen Ende der Skala durch "einen dem Es entgegengesetzten Moralismus" auszeichnen. Aus den Protokollen der Interviews geht hervor, dass Männer sich zu Frauen hingezogen fühlen und sich in sie verlieben, die nicht besonders an Sex interessiert sind. Zum Beispiel M45: "Wir haben uns sexuell nicht so gut verstanden, weil sie eher der frigide Typ war, aber trotzdem war ich in sie verliebt und bin es immer noch. Ich möchte nichts anderes auf der Welt, als sie wiederzusehen" (S. 396). Die Männer in der oberen Schicht scheinen die Schamhaftigkeit der Frauen, die sie heiraten wollen, zu schätzen. M20: "Ja, ich bin während meiner gesamten Schulzeit mit demselben Mädchen ausgegangen (...) sehr religiös (...) Sie entsprach mehr oder weniger dem, was ich suchte. Sehr religiös."

Ein Evolutionist, der sich diese Protokolle ansieht, wäre beeindruckt von der Tatsache, dass die Männer in der oberen Schicht offenbar nach einer Ehefrau suchen, die ihnen ein hohes Maß an Gewissheit über die Vaterschaft ihrer Kinder gibt. Sie wollen eine Ehefrau mit hohem moralischen Anspruch, die kaum von anderen Männern sexuell angezogen werden kann und die sich an konventionelle moralische Werte hält. Frauen aus der oberen Schicht neigen dazu, diesem Modell voll und ganz zu entsprechen. Sie vermitteln das Bild von Frauen, die den sexuellen Anstand hoch schätzen und sich um ihren Ruf als treue Frau sorgen.

Darüber hinaus wünschen sich diese Frauen Männer, die "fleißig, unternehmungslustig und energisch, von 'gutem Charakter', (konventionell) tugendhaft, 'sauber' und galant" sind (S. 401). Ein Evolutionist würde sich nicht über diese Art von sexuellem Verhalten und der Diskriminierung von Ehemännern wundern, nachdem sie dann für "investitionsintensive" Ehen charakteristisch ist, die durch die sexuelle Treue der Frau und ein hohes Maß an väterlicher Investition gekennzeichnet sind. Diese sehr anpassungsfähige Tendenz der Frauen im oberen Bereich, diese Art von Investitionen auf Seiten der Ehemänner zu suchen, bezeichnet Frenkel-Brunswik als "opportunistisch". (p. 401).

Konventionelle Einstellungen zur Ehe sind ebenfalls Teil der "Pathologie" der Probanden am oberen Ende der Skala. Sie "neigen dazu, den Schwerpunkt auf den sozioökonomischen Status, die

Religionszugehörigkeit und die Konformität mit konventionellen Werten zu legen" (S. 402). Zum Beispiel F74: "(Welche Aspekte sind für Sie am begehrenswertesten?) Mein Freund muss ungefähr denselben sozioökonomischen Status haben. Er muss die gleichen Dinge mögen wie ich und wir müssen ohne viel Streit auskommen". Diese Frau ist bei der Wahl ihres Partners sehr anspruchsvoll. Ihr ist es wichtig, einen verantwortungsbewussten und zuverlässigen Ehemann zu wählen, der in der Lage ist, in eine langfristige Beziehung zu investieren. Für Frenkel-Brunswik zeugen diese Einstellungen jedoch von einem opportunistischen Verhalten. Trotz der deutlichen Anzeichen für F78s starke Zuneigung und der klaren Hinweise darauf, dass F74 eine harmonische Beziehung sucht, die aus gegenseitiger Anziehung und gemeinsamen Interessen besteht, zieht Frenkel-Brunswik folgende Bilanz: "Mangel an Individuation und Objektbeziehung" und "geringer Zuneigungsgehalt" (S. 404).

Auch hier erlaubt es die psychodynamische Theorie dem Autor, oberflächliche Bewunderung und Zuneigung mit einer zugrunde liegenden Feindseligkeit in Verbindung zu bringen, während die oberflächlichen Probleme der Personen am unteren Ende der Skala Anzeichen für eine gute psychische Gesundheit sind :

> Einige Aussagen der Probanden am unteren Ende der Skala identifizieren offen ihre sexuellen Unzulänglichkeiten, Hemmungen und Misserfolge. Es gibt bei ihnen auch eine Ambivalenz in Bezug auf ihre eigene sexuelle Rolle und das andere Geschlecht, obwohl diese Ambivalenz eher verinnerlicht ist und nicht der Kombination aus expliziter Bewunderung und impliziter Respektlosigkeit gleicht, die bei denjenigen am oberen Ende der Skala zu finden ist (S. 405).

Diese implizite Respektlosigkeit tritt nicht auf und es gibt keinen Beweis für ihre Existenz, aber die psychodynamische Theorie erlaubt es Frenkel-Brunswik, auf ihr Vorhandensein zu schließen.

Die Pathologisierung von Verhaltensweisen im Zusammenhang mit adaptiven Funktionen findet sich auch bei der Untersuchung des Selbstbildes. Die Studie zeigt, dass die Probanden am oberen Ende der Skala ein sehr positives Bild von sich selbst haben, während die Probanden am unteren Ende der Skala ängstlich sind und sich selbst auf "krankhafte" Weise verurteilen und anklagen (S. 423f.) - Ergebnisse, die bei den Probanden am oberen Ende der Skala als Früchte der Unterdrückung und bei den Probanden am unteren Ende der Skala als Früchte der Objektivität interpretiert werden.

In einem späteren Teil desselben Kapitels ("Die Übereinstimmung von Selbst und Ideal") findet Frenkel-Brunswik heraus, dass bei den Probanden am oberen Ende der Skala keine große Spanne zwischen dem aktuellen Zustand des Selbst und ihrem idealen Selbst besteht. Diese Männer am oberen Ende der Skala beschreiben sich selbst auf eine "pseudomaskuline" Art und Weise und idealisieren diese Art des Verhaltens. Ihre angebliche Pathologie drückt sich zum Teil in ihrer Bewunderung für Helden aus, denen sie nachzueifern versuchen, seien es Douglas MacArthur, Andrew Carnegie oder George Patton. Frenkel-Brunswik interpretiert dies folgendermaßen: "Da sie grundsätzlich selbstbewusster sind, können sie es sich offenbar eher leisten, die Diskrepanz zwischen ihrem idealen Selbst und der gegenwärtigen Realität zu erfassen" (S. 431). "Diese hängen zumindest teilweise mit ihrer größeren Fähigkeit zusammen, Unsicherheit und Konflikte zu ertragen" (S. 441).

Wieder kommt die psychodynamische Theorie zu Hilfe. Auf der Oberfläche wirken die Personen am unteren Ende der Skala ängstlich, gehemmt und unzufrieden mit ihrem aktuellen Zustand. Dieses Verhalten wird jedoch als Zeichen dafür interpretiert, dass sie selbstbewusster sind als die Probanden am oberen Ende der Skala, die auf der Oberfläche voller Selbstvertrauen und stolz auf sich selbst zu sein scheinen. In erneuter Umkehrung der Realität zieht Frenkel-Brunswik folgende Bilanz aus seiner Untersuchung des Selbstbildes:

Vorurteilsfreie Menschen scheinen besser mit sich selbst zurecht zu kommen, wahrscheinlich weil sie von ihren Eltern mehr geliebt und akzeptiert wurden. Unter diesen Umständen sind sie eher bereit zuzugeben, dass sie hinter ihren Idealen und der Erfüllung der Funktionen, die unsere Kultur von ihnen erwartet, zurückbleiben (S. 441).

Auch der Ehrgeiz der Nichtjuden wird pathologisiert. Abgesehen davon, dass sie eher nach sozialem Aufstieg streben und sich amerikanische Helden mit durchschlagenden Erfolgen zum Vorbild nehmen, scheinen die oberen Probanden nach materiellem Reichtum zu streben (S. 443f.). Während die unteren Probanden zugeben, isolierte Kinder gewesen zu sein, sind die oberen beliebt, hatten schulische und außerschulische Verpflichtungen und hatten viele Freunde. Dieses letzte Merkmal wird von Frenkel-Brunswik (S. 439) als "Gang-Sozialität" bezeichnet - eine neue rhetorische Blume, um das Verhalten von Nichtjuden, die bei ihren Mitmenschen gut angesehen sind, zu pathologisieren.

Daraus lässt sich schließen, dass ein beträchtlicher Teil des Materials darauf abzielt, die adaptive Funktionsweise von Nichtjuden generell zu pathologisieren. Diejenigen unter ihnen, die investitionsintensive Ehen und enge Familien schätzen, die sozial aufsteigen und nach materiellem Wohlstand streben, die stolz auf ihre Familien sind und sich mit ihren Eltern identifizieren, die ein positives Selbstbild haben, die glauben, dass das Christentum eine positive moralische Kraft ist (S. 450), die glauben, dass das Christentum eine positive moralische Kraft ist (S. 450). 408) und spirituellen Trost (S. 450), die sich stark als Mann oder Frau identifizieren (aber nicht beides gleichzeitig!), die bei ihren Mitmenschen Erfolg haben und versuchen, es Vorbildern für sozialen Erfolg (z. B. amerikanischen Helden) gleichzutun - diese werden als psychiatrisch krank angesehen.

Es ist ehrlich gesagt ironisch, dass ein Buch, das von einer der größten jüdischen Organisationen herausgegeben wird, sich mit den Anzeichen für Geisteskrankheiten befasst, die bei Nichtjuden das Streben nach sozialem Erfolg und materiellem Reichtum, investitionsintensive Elternschaft, Identifikation mit den Eltern und Familienstolz sind, wenn man bedenkt, wie weit sich all diese Merkmale bei den Juden ausbreiten. In der Tat ziehen die Autoren die bemerkenswerte Schlussfolgerung:

> Aufgrund der Ergebnisse in vielen Bereichen müssen wir annehmen, dass sozialer Aufstieg und Identifikation mit der etablierten Ordnung positiv mit Ethnozentrismus korreliert sind, während Deklassierung und Entfremdung von der etablierten Ordnung mit Anti-Ethnozentrismus einhergehen. (S. 204)

Um es noch einmal zu sagen: Hypothetische Indikatoren für psychische Pathologie bei Nichtjuden sind nach wie vor der Schlüssel zum Erfolg des Judentums als evolutionäre Gruppenstrategie. Bei Juden gab es schon immer einen starken, zum Teil von den Eltern ausgehenden

Druck, sozial aufzusteigen und Reichtum zu erwerben, und die Erfahrung bestätigt, dass Juden einen außerordentlichen sozialen Aufstieg erlebt haben. Herz und Rosen stellen fest, dass "Erfolg im Ethos jüdischer Familien von so entscheidender Bedeutung ist, dass er kaum übertrieben werden kann (...) Wir können nicht hoffen, die jüdische Familie verstehen zu können, ohne die Rolle zu verstehen, die der Erfolg für Männer (und neuerdings auch für Frauen) in diesem System spielt" ('Jewish Family', in *Ethnicity and Family Therapy*, S. 368). Wir hatten unsererseits im siebten Kapitel von *A People That Shall Dwell Alone* darauf hingewiesen, dass der soziale Status in den jüdischen Gemeinden traditioneller Gesellschaften stark mit dem Reproduktionserfolg verbunden ist.

Allerdings werden Nichtjuden, die sozial isoliert sind, negative und rebellische Einstellungen gegenüber ihren Familien haben, ambivalent und ängstlich in ihrer sexuellen Identität sind, ein geringes Selbstwertgefühl haben und voller behindernder Ängste und Probleme sind (Ängste, die auch die elterliche Zuneigung betreffen), die deklassiert werden und negative Einstellungen gegenüber dem sozialen Status und dem Erwerb von materiellem Reichtum haben, als Paradebeispiele für gute psychische Gesundheit gesehen.

In all diesen Materialien, die wir gelesen haben, wird die Suche nach Zuneigung von Personen am unteren Ende der Skala deutlich hervorgehoben. Eine vernünftige Interpretation dieser Ergebnisse würde besagen, dass diese Personen eine viel schwierigere und ambivalentere Beziehung zu ihren Eltern hatten als die am oberen Ende der Skala, was zu einer Suche nach diesen warmen und liebevollen Beziehungen zu anderen führen würde. Die veröffentlichten Interviews mit den unteren Gruppen zeigen viele Belege für diese Ambivalenz und Feindseligkeit in den Beziehungen zwischen Eltern und Kindern, die häufig von elterlicher Resignation oder sogar Misshandlung geprägt sind. Die vorhersehbare Folge einer solchen Situation ist die Rebellion gegen die Eltern, die fehlende Identifikation mit der Familie oder weiter gefasst mit den von der Familie akzeptierten sozialen Kategorien und schließlich die Suche nach Zuneigung.

Die positiven Familienerfahrungen der Probanden am oberen Ende der Skala hingegen verleihen ihnen ein starkes Fundament an innerer Sicherheit in ihren Beziehungen zu anderen, was erklärt, warum sie als "außenorientiert" diagnostiziert wurden (S. 563-565) nach den projektiven Tests und dass sie sich stärker auf instrumentelle Werte konzentrieren, die es ihnen ermöglichen, einen hohen sozialen Status zu erreichen und andere sozial anerkannte Aufgaben wie die Anhäufung von Reichtum zu erfüllen - "Arbeit-Bewegung-Aktivität" (S. 575). Levinson pathologisiert diese Orientierung an der Außenwelt, indem er sagt, dass "die Antworten, die diese Menschen geben, zeigen, dass sie Angst haben, auch nur einen Blick auf sich selbst zu werfen, aus Furcht vor dem, was sie dort finden werden" (S. 565). Ihre Sorgen drehen sich um die Angst, zu versagen und die Gruppe, insbesondere die Familie, zu verlassen. Sie scheinen von einer sehr starken Motivation getrieben zu sein, erfolgreich zu sein und ihre Familien mit Stolz zu erfüllen.

Es ist jedoch nicht so, dass die oberen Zehntausend nicht in der Lage sind, liebevolle Beziehungen zu anderen Menschen aufzubauen, und dass Liebe und Zuneigung für sie keine Rolle spielen. Wir haben bereits festgestellt, dass die oberen Zehntausend nach hochinvestiven Beziehungen suchen, in denen Sex eine relativ untergeordnete Rolle spielt, da diese Personen anscheinend die Vorrangstellung anderer Qualitäten wie Liebe und gemeinsame Interessen als Grundlage für die Ehe akzeptieren. In der Tat ist die Suche nach emotionaler Sicherheit für die oberen Gruppen nicht ihre Gralssuche, sie suchen sie nicht auf Schritt und Tritt. Die Menschen am unteren Ende der Skala scheinen eine erbärmliche Suche nach Liebe zu haben, die in ihren bisherigen Erfahrungen anscheinend nicht vorhanden war. Wie Frenkel-Brunswik in ihrer Auswertung der Interviews zur sexuellen Orientierung feststellt: "Bei den unteren Gruppen scheint die Ambivalenz gegenüber dem anderen Geschlecht das Ergebnis einer übermäßig intensiven Suche nach Liebe zu sein, die nicht leicht befriedigt werden kann" (S. 405).

Wie Kinder, die in Gegenwart eines Bindungsobjekts sicher gebunden sind, sind auch die Kinder am oberen Ende der Skala in der Lage, die Welt zu erkunden und eine adaptive, auf die Außenwelt gerichtete Funktionsweise anzunehmen, ohne sich ständig um den Zustand ihrer Bindung zur Mutter zu sorgen. Aber die Probanden am unteren Ende der Skala, wie z. B. nicht sicher gebundene Kinder, legen offensichtlich großen Wert auf ihre Sicherheit und ihre emotionalen Bedürfnisse. Da diese Bedürfnisse von ihren Familien nicht befriedigt wurden, suchen sie in allen Beziehungen zu anderen Menschen nach Zuneigung; gleichzeitig sind sie mit ihren eigenen Misserfolgen beschäftigt, empfinden eine diffuse Feindseligkeit gegenüber anderen und rebellieren gegen alles, was ihre Eltern wertschätzen.

Teil 6

Diskussion

Unsere Perspektive kehrt also die psychodynamische Perspektive der *Autoritären Persönlichkeit* um, da wir die vorgelegten Daten als das akzeptieren, was sie aussagen. Die Autoren der *Autoritären Persönlichkeit waren aufgrund* ihres politischen Hintergedankens, Nichtjuden zu verurteilen, insbesondere diejenigen, die in ihrer Gesellschaft am erfolgreichsten und angesehensten sind, gezwungen, einen psychodynamischen Standpunkt einzunehmen, der alle Beziehungen umkehrt. Eine scheinbare Zerbrechlichkeit wird zum Zeichen einer tiefen Sicherheit und einer realistischen Einschätzung des Daseins. Scheinbare Sicherheit und Selbstvertrauen werden zu einem Zeichen für tiefe Schwächen und ungelöste Feindseligkeiten, die sich in der Angst vor dem "Hineinschauen" ausdrücken.

Es ist auch ein großer Fehler anzunehmen, dass jede Hemmung der kindlichen Wünsche Feindseligkeit und dumpfe Aggressionen gegenüber der elterlichen Entität hervorruft. Die Tatsache, dass diejenigen am oberen Ende der Skala von ihren Eltern diszipliniert wurden, sie aber dennoch bewundern und "glorifizieren", wäre daher aus der intellektuellen Perspektive der *Autoritären Persönlichkeit* ein klarer Beweis für das Vorhandensein von Feindseligkeit und Aggression gegenüber den Eltern, die unterdrückt wurden (siehe vor allem S. 357).

Nach der bisherigen Untersuchung sollte jedoch klar sein, dass diese "Misshandlung" und die zugrunde liegende Feindseligkeit nur aus der Argumentation der Autoren hervorgehen. Es handelt sich um theoretische Konstrukte, die durch keinerlei Beweise gestützt werden. Kein Grund der Welt führt zu der Annahme, dass die Bestrafung von Kindern eine unterdrückte Feindseligkeit hervorrufen würde, wenn sie im Zusammenhang mit allgemein positiven Beziehungen stattfindet.

Die Psychoanalyse war zweifellos das ideale Vehikel, um diese auf den Kopf gestellte Welt herzustellen. Brown und vor allem Altemeyer haben die Willkürlichkeit der psychodynamischen Erklärungen, die man in der *Autoritären Persönlichkeit* findet, hervorgehoben. Altemeyer weist darauf hin, dass wenn eine Person der oberen Skala ihre Eltern lobt, dies ein Zeichen von "Überglorifizierung", Unterdrückung und Aggressivität ist, während feindselige Aussagen ihrerseits für bare Münze genommen werden. Aussagen, in denen Lob und Feindseligkeit gemischt sind, würden Überglorifizierung mit passenden Erinnerungen kombinieren.

Die Psychoanalyse ermöglichte es den Autoren, ihre Erzählungen nach Belieben zu schminken. Wenn das Familienleben der oberen Gruppe oberflächlich betrachtet sehr zufriedenstellend war, konnte man sich durchaus vorstellen, dass sich hinter diesem scheinbaren Glück und der Zuneigung tiefe unbewusste Feindseligkeiten verbargen. Der kleinste Anflug einer negativen Bewertung der Eltern durch die oberen Mitglieder der Skala diente als Hebel, um eine imaginäre Welt unterdrückter Feindseligkeit unter der Maske der Zuneigung zu erschaffen. Wenn Bettelheim und Janowitz uns jedoch in einem anderen Band von *Studies in Prejudice* wissen lassen, dass Antisemiten zugeben, ein schlechtes Verhältnis zu ihren Eltern gehabt zu haben, wurden die Aussagen wörtlich genommen. Solche Verfahren bringen keine Wissenschaft hervor, sondern führen effektiv zu den gewünschten politischen Ergebnissen.

Es ist bemerkenswert, dass jeder der fünf Bände der *Studies in Prejudice* die Psychoanalyse benutzt, um Theorien zu produzieren, die den Antisemitismus auf einen intrapsychischen Konflikt, sexuelle Unterdrückung und gestörte Beziehungen zu den Eltern zurückführen, während sie die Bedeutung des kulturellen Separatismus und die Realität des Wettbewerbs zwischen den Gruppen um Ressourcen leugnen. Psychoanalytische Interpretationen des Antisemitismus tauchen wieder auf. Die vorgeschlagenen Theorien haben untereinander eine gewisse Familienähnlichkeit, da sie viel mit Projektionen arbeiten und komplizierte psychodynamische Entwicklungen formulieren, obwohl die Dynamiken, um die es tatsächlich geht, keineswegs identisch sind. Es kommt auch vor, dass, wie in dem Band der Reihe mit dem Titel *Anti-Semitism and Emotional Disorder,* *keine* klare allgemeine Erklärung für den Antisemitismus auftaucht, sondern stattdessen verzerrte psychodynamische Erklärungen, deren einzige Gemeinsamkeit darin besteht, dass sie die Projektion eines bestimmten intrapsychischen Konflikts behaupten. Meines Wissens hat niemand diese psychodynamischen Theorien jemals empirischen Prüfungen und Gegenprüfungen unterzogen, die es ermöglicht hätten, sie zu sortieren.

Das Bild, das ich hier zeichne, mag verstörend wirken und schwer zu akzeptieren sein. Ich behaupte, dass die Familien der Probanden am oberen Ende der Skala adaptiv funktionieren. In ihnen verbinden sich Wärme und Zuneigung mit einem Sinn für Disziplin und Verantwortung, und die Kinder sind offensichtlich ehrgeizig und bereit, die Werte der Familie und des Landes zu verkörpern. Da diese Familien als Endogruppen fungieren, kann es, wie Frenkel-Brunswik und Levinson feststellen, durchaus sein, dass die Vermittlung von Familienwerten mit negativen Zuschreibungen gegenüber anderen, familienfremden Gruppen einhergeht. Die Probanden am oberen Ende der Skala akzeptierten also die Voreingenommenheit ihrer Eltern, während sie gleichzeitig so viele andere elterliche Werte akzeptierten. Die Probanden am oberen Ende der Skala sind also mit dem Kollektiv verbunden und fühlen sich den Normen der Endogruppe (Familie) verpflichtet. Um es mit Triandis zu sagen: Diese Personen sind "Allozentriker" in einer individualistischen Gesellschaft; mit anderen Worten: sozial integrierte Menschen, die eine hohe Intensität an sozialer Unterstützung erhalten. Sie identifizieren sich stark mit den Normen der (familiären) Endogruppe.

Die von uns vertretene These betont, dass Identifikationsprozesse den familiären Einstellungen zugrunde liegen. Wie Aronson betont, sind alle von der *autoritären Persönlichkeit* inspirierten Studien, die das Vorurteil mit der Eltern-Kind-Beziehung in Verbindung bringen, korrelativ; ihre Ergebnisse können daher durch das Eingreifen von Identifikationsprozessen erklärt werden. Billig vertritt ebenfalls die Ansicht, dass kompetente Familien durchaus Vorurteile pflegen können und diese in der Familie genauso weitergegeben werden wie andere Überzeugungen. Pettigrew fand bei weißen Südafrikanern ein hohes Maß an Vorurteilen gegen Schwarze, obwohl ihre Persönlichkeiten normal waren und ihre Werte auf der F-Skala, die Autoritarismus misst, nicht besonders hoch waren.

Die in der *autoritären Persönlichkeit* untersuchten Personen am oberen Ende der Skala akzeptieren die elterlichen Voreingenommenheiten in Bezug auf Endo- und Exogruppen sowie andere elterliche Werte, aber das erklärt nicht, woher diese Werte stammen. Die in diesem Buch berichteten Daten zeigen, inwieweit es kompetenten Familien gelingt, diese Werte generationenübergreifend weiterzugeben. Die moderne Entwicklungspsychologie liefert keinen Grund für die Annahme, dass kompetente und liebevolle Familien zwangsläufig Kinder hervorbringen, die frei von negativen Attributionen gegenüber Exogruppen sind.

Während für die Autoren der *Autoritären Persönlichkeit* die Loyalität zu Endogruppen ein Indikator für psychische Erkrankungen bei Nichtjuden ist, wird das *Nonplusultra der psychischen* Gesundheit durch den Individualisten repräsentiert, der sich von jeder Endogruppe, einschließlich seiner Familie, völlig losgelöst hat. Wie bereits erwähnt, zeigen Studien, die sich mit Individualismus und Kollektivismus befassen, dass die individualistischsten Menschen weniger zu Antisemitismus neigen. Interessanterweise ist für Adorno der bewundernswerteste Typ unter den Probanden am unteren Ende der Skala der "echte Liberale", dessen "Ansichten über Minderheiten von der Idee des Individuums geleitet werden" (S. 782). Proband F15, ein Paradebeispiel für echten Liberalismus, ist der Ansicht, dass Antisemitismus aus Neid auf die erfolgreicheren Juden entsteht: "Wir anderen versuchen nicht, mit ihnen [den Juden] in Konkurrenz zu treten. Aber wenn sie es wollen, müssen sie es auch können. Ich weiß nicht, ob sie klüger sind, aber wenn ja, dann müssen sie es können" (S. 782).

Adorno zufolge kümmern sich psychologisch gesunde Nichtjuden also nicht darum, im Wettbewerb mit den Juden zu verlieren oder deklassiert zu werden. Sie sind absolute Individualisten, die mit einem starken Gefühl der persönlichen Unabhängigkeit und Autonomie ausgestattet sind und die Juden als Individuen betrachten, die absolut unabhängig von ihrer kollektiven Zugehörigkeit sind. Während die Nichtjuden von Adorno für ihren Nicht-Individualismus ein *Veto* erhalten, gilt dies nicht für die Juden, die sich stark mit einer Gruppe identifizieren, die sich historisch dafür eingesetzt hat, ihre eigenen Leute im Wettbewerb mit den Nichtjuden um Ressourcen zu begünstigen, und die weiterhin über einen mächtigen Einfluss in mehreren stark konfliktbehafteten Politikbereichen wie Einwanderung, Trennung von Kirche und Staat, Recht auf Abtreibung und bürgerliche Freiheiten verfügt (Goldberg, *Jewish Power: Inside the American Jewish Establishment*, S. 5). Tatsächlich sagt die Theorie der sozialen Identität voraus, dass Juden eher zu negativen und stereotypen Beurteilungen von Nichtjuden neigen als diese zu ihnen.

Die charakterologische Sicht auf die Vorurteile gegenüber Exogruppen wurde bereits in den ersten Jahren nach dem Erscheinen der *Autoritären Persönlichkeit* kritisch betrachtet. Studien zur sozialen Identität legen nahe, dass Variationen in Bezug auf die Feindseligkeit gegenüber Exogruppen unabhängig von Variationen in Bezug auf den Charakter oder die Beziehung zwischen Eltern und Kindern sind. Diese Studien deuten darauf hin, dass selbst wenn sich Individuen in ihrer Bindung an Endogruppen unterscheiden (die bei Juden sehr stark ausgeprägt ist), die Einstellungen gegenüber Exogruppen universelle Anpassungen widerspiegeln. Aus der Sicht der Theorie der sozialen Identität kann ein Großteil der Variationen in der Feindseligkeit gegenüber Exogruppen durch situative Variablen erklärt werden, wie z.B. die Wahrnehmung der Durchlässigkeit einer Exogruppe oder die Tatsache, ob Endo- und Exogruppe um Ressourcen konkurrieren oder nicht.

In diesem Sinne betont Billig, dass die ausschließliche Konzentration auf die Charakterologie (die dauerhaften Merkmale des individuellen Charakters) nicht ausreicht, um die Rolle des Eigeninteresses in ethnischen Konflikten zu berücksichtigen. Darüber hinaus zeigen Studien wie die von Pettigrew, dass man leicht ein Rassist sein kann, ohne eine autoritäre Persönlichkeit zu sein; diese Studien betonen auch die Rolle lokaler Normen, die durch die Wahrnehmung des Wettbewerbs zwischen Gruppen um Ressourcen beeinflusst worden sein können.

Altemeyer weist seinerseits darauf hin, dass faschistische und autoritäre Regime nicht unbedingt minderheitenfeindlich sind, wie man am Beispiel des faschistischen Italiens sehen kann. Tatsächlich lässt sich die Rolle traditioneller Normen an diesem Beispiel gut veranschaulichen. Juden hatten in den ersten faschistischen Regierungen wichtige Positionen inne und waren auch später noch aktiv (Johnson, *A History of the* Jews, S. 501). Die italienische Gesellschaft in dieser Zeit war jedoch offen autoritär und insgesamt von einem starken Zusammenhalt der Konzerne geprägt. Die Regierung war sehr beliebt, aber Antisemitismus war kein Thema, bis Hitler die Dinge in diese Richtung forcierte. Da der Antisemitismus kein offizieller Bestandteil der faschistischen Gruppenstrategie Italiens war, fand der Autoritarismus auch ohne Antisemitismus statt.

Atlemeyer weist darauf hin, dass seine eigene Forschung ein viel niedrigeres Korrelationsniveau zwischen Autoritarismus und ethnischen Vorurteilen identifiziert hat als bei Adorno *et alia*. Darüber hinaus betont dieser Autor, dass die Faktenlage mit der Vorstellung übereinstimmt, dass autoritäre Individuen nur in Bezug auf die Gruppen ethnozentrisch sind, die die konventionellen Ziele der Gruppen sind, mit denen sie sich identifizieren. Ebenso neigen Menschen, die "intrinsisch" religiös sind, dazu, Exogruppen nur insoweit feindlich gegenüberzustehen, als ihre Religion dies nicht verbietet. Das charakteristische Merkmal autoritärer Individuen ist in diesem Sinne nichts anderes als ihr Festhalten an den Normen und Konventionen der Gruppe, die auch negative Einstellungen gegenüber Exogruppen umfassen können. Diese Schlussfolgerung stimmt mit unseren Thesen zur Gruppenidentifikation und zum Konflikt zwischen Gruppen überein.

Darüber hinaus fand Billig heraus, dass das Profil vieler Faschisten nicht dem Stereotyp des gehemmten Rigiden entsprach, wie es von den Autoren der *Autoritären Persönlichkeit dargestellt wird*. Ein solches Porträt ist implizit in der psychoanalytischen Theorie enthalten, die lehrt, dass die Befreiung der sexuellen Triebe dem Antisemitismus ein Ende setzt, doch die von Billig untersuchten Faschisten waren enthemmt, gewalttätig und antiautoritär. Auch die von Massing untersuchten abrupten Umschwünge zur Abneigung gegen Juden lassen sich mit der charakterologischen Theorie nicht erklären. Diese Umschwünge können nicht durch Veränderungen in den Eltern-Kind-Beziehungen oder durch besondere Konfigurationen der sexuellen Unterdrückung verursacht worden sein. Man könnte die sehr schnellen Veränderungen in der Einstellung gegenüber den Japanern vor, während und nach dem Zweiten Weltkrieg oder den raschen Rückgang des Antisemitismus in den USA nach dem Zweiten Weltkrieg erwähnen.

Ein sehr bemerkenswerter Aspekt des Forschungsprogramms zur *autoritären Persönlichkeit* ist die Gleichsetzung zweier eher getrennter Konzepte, nämlich der Feindseligkeit gegenüber anderen ethnischen Gruppen einerseits und des Autoritarismus andererseits. In diesem Zusammenhang ist es nicht uninteressant zu betonen, dass im Charakter das autoritäre Merkmal eine Neigung zum Engagement in Gruppenstrategien zu implizieren scheint, wobei dieses Engagement nur tangential mit der Feindseligkeit gegenüber anderen ethnischen Gruppen verbunden ist. Altemeyer definiert rechten Autoritarismus durch die folgenden drei Attribute: Unterwerfung unter legitime soziale Autorität; Aggressivität gegenüber Individuen, deren Ablehnung erlaubt ist; Festhalten an sozialen Konventionen (*Enemies of Freedom: Understanding Right-Wing Authoritarianism*, S. 2).

Zweifellos wären Individuen, die diese drei Merkmale in ausgeprägter Weise besitzen, ideale Mitglieder evolutionärer Strategien für geschlossene menschliche Gruppen. Es sind dieselben Einstellungen, die den idealen Juden in traditionellen Gesellschaften ausmachten: Er war den Autoritäten der *Kehilla* unterworfen, hielt sich stark an interne soziale Konventionen wie die Einhaltung der jüdischen Gesetze und pflegte eine negative Einstellung gegenüber der Nichtjudenheit, ihrer Gesellschaft und ihrer Kultur, die als Ausdruck einer Exogruppe angesehen wurden. In Übereinstimmung mit diesem Punkt neigen Probanden, die hohe Werte auf Altemeyers Skala für Rechtsautoritarismus erzielen, dazu, stark an ihrer Religion festzuhalten und zu den engagiertesten und orthodoxesten Mitgliedern ihrer Kirche zu zählen; sie glauben an den Gruppenzusammenhalt, an die Loyalität zur Gruppe und identifizieren sich stark mit Endogruppen. Die traditionelle jüdische Gesellschaft und die fundamentalistischen und orthodoxen jüdischen Gruppen sind zweifellos in jeder Hinsicht von einem hohen Maß an Autoritarismus geprägt. Rubinstein stellte fest, dass orthodoxe Juden auf der Skala des rechten Autoritarismus weiter oben stehen als "traditionelle Juden", und dass diese beiden Gruppen zusammengenommen höhere Werte erzielen als säkulare Juden.

Das grundlegende Projekt der Berkeley-Gruppe bestand darin, zu versuchen, diese kollektive Orientierungskraft bei Nichtjuden zu pathologisieren, insbesondere durch die illusorische (oder zumindest stark kontingente) Verbindung von Charaktereigenschaften, die mit der Förderung der Gruppeneinheit in Verbindung gebracht werden, mit dem Antisemitismus. Der Berkeley-Gruppe gelang es, die Ideologie zu verbreiten, die eine "tiefe" und strukturelle Verbindung zwischen Antisemitismus und dieser kollektiven Orientierungsmacht postulierte. Indem sie den Autoritarismus und die Feindseligkeit gegenüber Exogruppen einheitlich erklärte und die Quelle dieses Syndroms in der gestörten Beziehung zwischen Eltern und Kindern verortete, schmiedete die Berkeley-Gruppe eine erstklassige Waffe im Krieg gegen den Antisemitismus.

Die von uns vertretenen Thesen passen gut zu den Ergebnissen der Forschung, die auf den lediglich tangentialen Charakter der Beziehungen zwischen Autoritarismus einerseits und ethnischer Feindseligkeit und Antisemitismus andererseits hinweisen. Wir haben gesehen, dass sich Autoritarismus auf eine Reihe von Merkmalen bezieht, die Individuen dazu prädisponieren, sich stark mit stark zusammengeschweißten Gruppen zu identifizieren, die ihren Mitgliedern einheitliche Verhaltensnormen auferlegen. Da diese autoritären Individuen durchaus dazu neigen, in der Gruppe aufzugehen, sich an ihre Konventionen zu halten und ihre Ziele zu akzeptieren, neigen sie zum Antisemitismus, wenn die Gruppe selbst antisemitisch ist; sie neigen auch zum Ethnozentrismus, wenn die Zugehörigkeit zur Gruppe auf der Ethnie beruht.

Dies ist die Position von Altemeyer (*Right-Wing Authoritarianism*, S. 238), der erklärt, dass die üblicherweise eher schwachen Verbindungen zwischen Autoritarismus und Feindlichkeit gegenüber Exogruppen lediglich eine konventionelle Feindlichkeit gegenüber Exogruppen widerspiegeln. Insofern können diese beiden Konzepte in dieser oder jener Stichprobe empirisch assoziiert sein, aber sie haben keine strukturelle Verbindung zueinander. Diese Verbindung spiegelt lediglich die Tendenzen der Autoritären wider, die sozialen Konventionen und Normen der Gruppe zu übernehmen, einschließlich negativer Einstellungen gegenüber der einen oder anderen Exogruppe. Diese Sichtweise ermöglicht es, die tatsächlichen, aber bescheidenen Korrelationen zwischen Autoritarismus und Ethnozentrismus, die Altemeyer festgestellt hat, zu erklären.

Darüber hinaus gibt es aus Sicht der Forschung zur sozialen Identität keine empirische oder logische Notwendigkeit, dass die Einheit und der Zusammenhalt einer Gruppe auf der Ethnie beruhen. Wie wir in *Separation and Its Discontents* gesehen haben, entstand der Antisemitismus der Gruppe selbst unter dieser doppelten Bedingung, dass die Juden einerseits als eine stark erkennbare und undurchlässige Gruppe innerhalb der breiteren Gesellschaft und andererseits als eine Gruppe mit Interessen, die denen der Nichtjuden entgegengesetzt sind, wahrgenommen wurden. Es gibt starke Hinweise darauf, dass diese Wahrnehmungen einer kollektiven Konkurrenz mit den Juden selten illusorisch waren. Die Theorie der sozialen Identität besagt, dass je offensichtlicher ein Wettbewerb zwischen Gruppen wird, desto größer die Tendenz ist, sich geschlossenen und autoritären Gruppen anzuschließen, die gegen die wahrgenommenen Exogruppen aufgestellt sind.

Abschließend möchte ich sagen, dass es mir nicht zweifelhaft erscheint, dass die Ergebnisse der Studien zum Autoritarismus, einschließlich der *Autoritären Persönlichkeit,* mit den zeitgenössischsten Daten in Einklang gebracht werden können. Ich würde jedoch behaupten, dass die Idee, einen wissenschaftlichen Wissenskorpus zu bilden, von dieser Reihe von Studien nie ernsthaft in Betracht gezogen wurde, da das Ziel darin bestand, eine Ideologie des Antisemitismus zu bilden, die sowohl die Loyalitäten von Endogruppen um das Judentum scharen als auch die Kultur der Nichtjuden zu Gunsten des Judentums verändern konnte, indem sie die kollektiven Loyalitäten der Nichtjuden (Nationalismus, religiöse Zugehörigkeit, enge Familienbande, starke familiäre Investitionen, Streben nach materiellem und sozialem Erfolg) als Indikatoren für eine psychiatrische Erkrankung darstellten. In ihren Augen hat das Wesen des Judentums nichts mit Antisemitismus zu tun.

In einem anderen Band von *Studies In Prejudice* erklären Ackerman und Johoda, dass das Judentum wie ein Rorschach-Test funktioniert, der die Pathologie von Antisemiten aufdeckt. Diese Theorien spielen die Rolle, die jüdische religiöse Ideologien immer wieder gespielt haben: Sie rationalisieren die Fortführung des Judentums in den Augen der Mitglieder der Endogruppe und der Nichtjuden, während sie die Kultur der Nichtjuden in einem besonders ungünstigen Licht beleuchten.

Wie bei der Psychoanalyse üblich, haben die Ergebnisse der wissenschaftlichen Forschung nur wenig an der weit verbreiteten und hartnäckigen Vorstellung gerüttelt, dass Autoritarismus oder bestimmte Arten der Beziehung zwischen Eltern und Kindern mit Feindseligkeit gegenüber anderen Gruppen verbunden sind. Altemeyer betont in seinem Überblick über die Literatur zur *Autoritären Persönlichkeit,* dass diese Vorstellungen in der breiteren Kultur und sogar in Lehrbüchern an Universitäten verankert sind, obwohl ihnen jegliche wissenschaftliche Unterstützung fehlt.

> Dem mit diesen Themen vertrauten Leser wird nicht entgangen sein, dass diese Kritiken mehr als ein Vierteljahrhundert alt sind und dass es so aussieht, als würde ich auf den Krankenwagen schießen. Aber leider muss man auf den Krankenwagen schießen, denn der verletzte Verbrecher ist immer noch in der Lage, Schaden anzurichten, z. B. in Lehrbüchern zur Einführung in die Psychologie und zur Entwicklungspsychologie. Es scheint tatsächlich so zu sein, dass methodologische Kritik viel kürzere Wege zurücklegt und viel schneller stirbt als "wissenschaftliche Durchbrüche". Aber letztlich kann man noch so oft wiederholen, dass die Forscher in Berkeley [Adorno et alia] die kindlichen Ursprünge des Autoritarismus entdeckt haben, die Beweise sind alles andere als überzeugend. (Altemeyer, *Enemies of Freedom: Understanding Right-Wing Authoritarianism,* S. 38)

Abgesehen davon, dass die zentrale empirische Erkenntnis der Berkeley-Gruppe, dass es eine starke Korrelation zwischen Autoritarismus und Feindseligkeit gegenüber anderen ethnischen Gruppen gibt, durch keine experimentelle Reproduktion bestätigt wurde, ist die *Autoritäre Persönlichkeit in dieser Hinsicht mit* schweren methodischen Mängeln behaftet, von denen einige darauf hindeuten, dass sie nicht unbeabsichtigt, sondern bewusst irreführend sind. Abgesehen von dem Problem, das die Erstellung von "Listen möglicher Antworten" in den Fragebögen darstellt, die die Konstruktion der Skalen bestimmen, das aber ebenso gut durch Naivität erklärt werden könnte, weist Altemeyer darauf hin, dass die F-Skala, die den Autoritarismus misst, durch die Aufnahme von Elementen entwickelt wurde, die gut zum Antisemitismus passten. Er weist zum Beispiel darauf hin, dass das Element "Bücher und Filme sollten sich nicht so sehr mit dem Zwielichtigen und Schmutzigen beschäftigen, sondern mit unterhaltsamen und aufregenden Themen" in früheren Versionen der F-Skala enthalten war und als sehr diskriminierend galt. Da sie jedoch nicht unbedingt mit der Antisemitismus-Skala korrelierte, wurde sie in späteren Versionen nicht mehr verwendet.

Altemeyer macht folgende Bemerkung:

Trotz der Aussage (...), dass die diskriminierendsten Elemente aus früheren Fragebögen identisch oder leicht korrigiert in die nachfolgenden Modelle übernommen wurden, verschwand das Element "Bücher und Filme" einfach, für immer. Es ist nicht schwer, eine Skala zu konstruieren, die eine hohe Korrelation mit einer anderen hat, wenn man die Elemente eliminiert, die etwas zu weit von der Zielgruppe abweichen (ebd., S. 27-28).

Es scheint, dass trotz gegenteiliger Beteuerungen durchaus diskriminierende Elemente herausgenommen wurden, wenn sie nicht mit Antisemitismus korrelierten. Wiggershaus zeigt sehr deutlich, dass Adorno sich zum Ziel gesetzt hatte, die F-Skala so zu entwickeln, dass sie zu einem indirekten Maß für Antisemitismus wird; dass er, um dieses Ziel zu erreichen, nicht viel von normalen wissenschaftlichen Verfahren hielt; und schließlich, dass das von ihm angewandte Verfahren genau das folgende war:

In Berkeley entwickelten wir dann die F-Skala mit einer Freiheit, die sich weit von der Vorstellung einer pedantischen Wissenschaft entfernte, die jeden ihrer Schritte rechtfertigen muss. Dies war zweifellos der von uns vier Projektleitern geteilten "psychoanalytischen Kultur" zu verdanken, insbesondere unserer Vertrautheit mit der Methode der freien Assoziation. Ich betone diesen Punkt, weil eine Arbeit wie Autoritäre Persönlichkeit (...) auf eine Weise entstand, die so gar nicht dem üblichen Bild des Positivismus in den Sozialwissenschaften entsprach (...) Wir verbrachten Stunden damit, uns von der Inspiration leiten zu lassen, nicht nur, was die großen Aspekte der Arbeit, die "Variablen" und Syndrome, betraf, sondern auch, was die einzelnen Elemente des Fragebogens betraf. Je weniger die Verbindung zwischen ihnen und dem Hauptthema sichtbar war, desto stolzer waren wir darauf, da theoretische Gründe die Korrelationen zwischen Ethnozentrismus, Antisemitismus und reaktionären Ansichten in Politik und Wirtschaft aufzeigen würden. Diese dienten dazu, den Fragebogen auf ein vernünftiges Format zu reduzieren, was technisch notwendig war, und auch dazu, diejenigen Elemente auszuschließen, die sich bei der Benutzung als nicht ausreichend selektiv erwiesen. (Adorno, in Wiggershaus, *The Frankfurt School: Its History, Theories and Political Significance*, S. 373)

Es ist nicht schwer zu vermuten, dass das gesamte Forschungsprojekt mit dem Namen *Autoritäre Persönlichkeit* von der ersten bis zur letzten Zeile von Täuschung geprägt war. Ein solcher Verdacht wird durch die klare politische Absicht und die allgegenwärtige Ungleichbehandlung gerechtfertigt, wonach der Ethnozentrismus der Nichtjuden und ihre Eingliederung in geschlossene Gruppen als Symptome einer Geisteskrankheit betrachtet werden, während die Juden ganz einfach als Opfer der irrationalen Pathologien der Nichtjuden gesehen werden, ohne dass je ihr eigener Ethnozentrismus oder ihre Loyalität gegenüber geschlossenen Gruppen erwähnt wird. Ein weiterer Unterschied in der Behandlung bestand darin, dass man den linken Autoritarismus einfach ignorierte, während man gleichzeitig den rechten Autoritarismus als psychiatrische Krankheit "entdeckte". Die Täuschung zeigt sich, wie wir gesehen haben, auch in der Weigerung, die von den Autoren angenommene philosophische Theorie empirisch zu überprüfen, wonach die Beziehung zwischen Eltern und Kindern für Ethnozentrismus und Feindseligkeit gegenüber Fremdgruppen verantwortlich gemacht wird.

Die allgemeine Linie der Frankfurter Schule in Bezug auf die Wissenschaft lehnt die Vorstellung ab, dass diese die Realität erfassen kann, und macht sich die Ideologie zu eigen, dass die Wissenschaft moralischen (d. h. politischen) Interessen dienen muss. Diese Tatsache tritt umso deutlicher zutage, als die antidemokratischen Tendenzen von Adorno und Horkheimer und ihre radikale Kritik an der Massenkultur des Kapitalismus in diesem Buch, das für ein amerikanisches Publikum bestimmt war, nicht vorkommen (Jay, *The Dialectical Imagination: A History of the Frankfurt School and the Institute of Social Research*, S. 248). (Übrigens neigte Horkheimer dazu, die Kritische Theorie gegenüber seinen "marxistischen Freunden" als eine Form des Radikalismus darzustellen, während er sie als "eine Form der Treue zur europäischen Tradition in den Geisteswissenschaften und der Philosophie" bezeichnete, wenn er mit "Vertretern der akademischen Welt" darüber sprach [Wiggershaus, a. a. O., S. 252]).

Schließlich weist unsere Diagnose auf eine ganze Reihe

methodischer Schwierigkeiten hin: die Verwendung nicht repräsentativer Probanden in den Interviews, die Unvollständigkeit und Irreführung der Angaben zur Zuverlässigkeit der Messungen und die Untersuchung unbedeutender Beziehungen zwischen Phänomenen, die als bedeutsam ausgegeben werden (siehe Altemeyer, *Right-Wing Authoritarianism*). Unsere Diagnose hat auch den äußerst tendenziösen, verfälschten und kontraintuitiven Charakter der in dieser Studie vorgeschlagenen Interpretationen aufgezeigt (siehe auch Lasch, *The True and Only Heaven: Progress and Its Critics*, S. 453). Besonders eklatant ist die Verwendung der psychodynamischen Denkweise, um jedes Mal das von der Interpretation gewünschte Ergebnis zu produzieren.

Natürlich kann es sein, dass die Täuschung hier dem Selbstbetrug weicht - ein Merkmal, das in der jüdischen Geistesgeschichte recht häufig vorkommt. Wie auch immer, das Endprodukt ist ein hervorragendes Werk der politischen Propaganda und eine mächtige Waffe im Krieg gegen den Antisemitismus.

Teil 7

Der Einfluss der Frankfurter Schule

Auch wenn es schwierig ist, die Auswirkungen von Büchern wie der *Autoritären Persönlichkeit* auf die Kultur der Nichtjuden zu beurteilen, ist es unbestreitbar, dass die Leitlinie der radikalen Kritik an der *Autoritären Persönlichkeit wie* bei anderen Büchern, die von der Psychoanalyse und ihren Derivaten inspiriert sind, darin bestand, die starken elterlichen Investitionen und das Streben nach sozialem Aufstieg sowie den Stolz auf die Familie, die Religion und das Land bei Nichtjuden zu pathologisieren. Viele wesentliche Einstellungen der insgesamt erfolgreichen gegenkulturellen Revolution der 1960er Jahre finden in der *Autoritären Persönlichkeit* ihren Ausdruck: die Idealisierung der Rebellion gegen die Eltern, erotische Beziehungen mit geringem Investment und die Verachtung des Strebens nach sozialem Aufstieg und guter Stellung, die Verachtung des Familienstolzes, der christlichen Religion und des Patriotismus.

Wir haben gesehen, dass sich die jüdischen Linksradikalen der

1960er Jahre trotz dieser antagonistischen Absicht gegenüber der Nichtjudenheit weiterhin in ihren Eltern und im Judentum wiedererkannten. Die gegenkulturelle Revolution war in einem sehr tiefen Sinn eine an die Nichtjuden gerichtete Mission, die darauf abzielte, ihr adaptives Funktionieren und ihre kollektiven Identifikationen zu pathologisieren, während die Identifikation mit der jüdischen Gruppe und ihrer Kontinuität ihre psychologische Bedeutung und ihre positive moralische Bewertung behielt. In dieser Hinsicht entsprach das Verhalten dieser Linken Strich für Strich dem der Autoren der *Autoritären Persönlichkeit* und dem der Juden, die in die Psychoanalyse und die extreme Linke im Allgemeinen involviert waren: Die Kultur der Nichtjuden und die Gruppenstrategien der Nichtjuden sind grundsätzlich pathologisch und müssen an den Pranger gestellt werden, wenn man die Welt für das Judentum als evolutionäre Gruppenstrategie sicherer machen will.

Wie bei der extremen politischen Linken konnte nur eine kleine kulturelle Elite das extrem hohe Maß an geistiger Gesundheit erreichen, das der authentische Liberale verkörperte:

> Die Ersetzung moralischer und politischer Argumente durch wilde Psychologisierung ermöglichte es Adorno und seinen Mitarbeitern nicht nur, bestimmte politische Ansichten aus medizinischen Gründen als inakzeptabel abzulehnen, sondern diente ihnen auch dazu, unmögliche Normen festzulegen, die nur den Mitgliedern einer sich selbst konstituierenden kulturellen Avantgarde entsprechen konnten. Damit ihre emotionale "Autonomie" anerkannt wurde, mussten ihre Testpersonen nicht nur die richtigen Meinungen äußern, sondern auch tief daran glauben und sie spontan zum Ausdruck bringen (Lasch, a. a. O., S. 453).

In der Zeit nach dem Zweiten Weltkrieg wurde die *Autoritäre Persönlichkeit* zu einer ideologischen Waffe gegen die historischen populistischen Bewegungen in den USA, insbesondere den MacCarthysm. "Die Menschen verstanden im Großen und Ganzen recht wenig von der liberalen Demokratie und (...) wichtige Fragen der allgemeinen Politik sollten von gebildeten Eliten entschieden und nicht den Wählerstimmen des Volkes überlassen werden" (*ebd.*, S. 455).

Diese Tendenzen kommen in *The Politics of Unreason* zum Ausdruck, einem Band, der in die von der ADL finanzierte Reihe

Patterns of American Prejudice aufgenommen wurde. Dieses Buch wurde 1970 von Martin Lipset und Earl Raab verfasst. (Die beiden Autoren haben auch *Prejudice and Society geschrieben,* das 1959 von der ADL veröffentlicht wurde. Ähnlich wie bei der [vom AJCommittee finanzierten] Reihe *Studies in Prejudice* sehen wir eine Verbindung zwischen der akademischen Forschung zu interethnischen Beziehungen auf der einen Seite und militanten jüdischen Organisationen auf der anderen. In seiner Karriere verband Raab akademische Lehre mit einer tiefgreifenden Einbindung in den jüdischen Aktivismus). Wie der Titel schon sagt, erklärt *The Politics of Unreason,* dass die Ausdrucksformen des politischen und kulturellen Ethnozentrismus von Menschen europäischer Abstammung irrational sind und nichts mit dem legitimen ethnischen Interesse zu tun haben, das darin besteht, die politische Macht behalten zu wollen. Rechtsextremistische" Bewegungen versuchen, die Macht der Mehrheit der europäischstämmigen Bevölkerung in den Vereinigten Staaten zu erhalten oder wiederherzustellen, aber "extremistische Politik ist die Politik der Verzweiflung" (S. 3).

Für beide Autoren ist die Toleranz gegenüber kulturellem und ethnischem Pluralismus ein konstitutives Merkmal des Wesens der Demokratie, weshalb Gruppen, die sich dem Pluralismus widersetzen, per definitionem extremistisch und antidemokratisch sind. Sie zitieren Edward A. Shils (*The Torment of Secrecy*, S. 154) und behaupten, dass Pluralismus das Vorhandensein zahlreicher Machtzentren ohne die Dominanz einer bestimmten Gruppe voraussetzt - eine Meinung, die impliziert, dass das Interesse bestimmter ethnischer Gruppen, ihre Macht zu erhalten und auszubauen, grundsätzlich antidemokratisch ist. Der Widerstand von Mehrheiten gegen die Zunahme der Macht und des Einflusses anderer Gruppen ist daher ein Angriff auf das "feste geistige Zentrum des demokratischen politischen Prozesses" (S. 5). "Der Extremismus *ist* Anti-Pluralismus (...) Und das operative Herz des Extremismus ist die Unterdrückung von Differenz und Widerspruch" (S. 6; Hervorhebung im Text).

Lipset und Raab verurteilen den Rechtsextremismus wegen seines Moralismus - eine seltsame Geste angesichts der zentralen Rolle des moralischen Überlegenheitsgefühls, das in den von Juden dominierten intellektuellen Bewegungen, die wir in diesem Buch untersuchen, überall am Werk ist, ganz zu schweigen von den eigenen Behauptungen der beiden Autoren, dass der Rechtsextremismus aufgrund seiner Verbindungen zu Autoritarismus und Totalitarismus ein "absolutes politisches Übel" (S. 4) sei. Sie werfen ihm auch seine Tendenz vor, einfache Lösungen für komplexe Probleme zu vertreten, was, wie Christopher Lasch bemerkte, darauf hinausläuft, an eine intellektuelle Elite zu appellieren, um Lösungen für soziale Probleme anzubieten. Schließlich werfen sie ihm sein Misstrauen gegenüber den Institutionen vor, die zwischen dem Volk und seiner Machtausübung stehen, eine Position, die wiederum für die Macht der Eliten spricht. "Der Populismus identifiziert das Streben des Volkes nach Gerechtigkeit und Moral" (S. 13). Ihre These ist letztlich, dass Demokratie nicht die Macht des Volkes ist, nach seinen wahrgenommenen Interessen zu streben. Stattdessen wird Demokratie als das verstanden, was sicherstellt, dass Mehrheiten sich nicht gegen die Ausweitung der Macht von Minderheiten wehren, selbst wenn dies einen Rückgang ihrer eigenen Macht bedeutet.

Auf der abstraktesten Ebene besteht das grundlegende Projekt darin, die Menschen europäischer Abstammung in den Vereinigten Staaten davon zu überzeugen, dass ihre Sorge über ihre demografische und kulturelle Verdrängung irrational und symptomatisch für Geisteskrankheit ist. Das Adorno-Konzept des "Pseudokonservatismus" wurde von Richard Hofstadter, einem sehr einflussreichen Harvard-Historiker, verwendet, um diejenigen zu verurteilen, die von der linken Orthodoxie abwichen: Er diagnostizierte bei ihnen eine Psychopathologie, die er "Statusangst" nannte. Hofstadter entwickelte eine konsensfreundliche Perspektive in der Geschichtswissenschaft, die Nugent als "prinzipiell mürrisch gegenüber Volksbewegungen, die die Hegemonie der Elite oder der städtischen und oft akademischen *Intelligenz* zu bedrohen schienen; und verrückt nach den Konzepten, die sie aus den Verhaltenswissenschaften schöpften."

Der Pseudokonservatismus wurde in Begriffen, die vollständig von der *Autoritären Persönlichkeit* abgeleitet waren, als "Störung des Verhältnisses zur Autorität, gekennzeichnet durch eine fast vollständige Unfähigkeit, andere Beziehungsmuster zu anderen als vollständige Dominanz und Unterwerfung zu finden" diagnostiziert (Hofstadter, *The Paranoïd Style in American Politics and Other Essays*, S. 58). Wie

Nugent bemerkte, ignoriert diese Sichtweise weitgehend "die konkreten wirtschaftlichen und politischen Realitäten, die den Populismus bestimmen, der daher nur noch in Begriffen von Psychopathologie und Irrationalität erfasst wird." (*The Tolerant Populists: Kansas Populism and Nativism*, S. 26) Genau das ist die Methode der *Autoritären Persönlichkeit*: Reale Interessenkonflikte zwischen ethnischen Gruppen werden als nichts anderes als die irrationalen Projektionen betrachtet, die von inadäquaten Persönlichkeiten aus der Mehrheitsgruppe gemacht werden.

Lasch lenkt unsere Aufmerksamkeit auch auf Leslie Freidman, Daniel Bell und Seymour Martin, die die gleichen Tendenzen zum Ausdruck bringen. (In *The New American Right* [1955], einer von Daniel Bell herausgegebenen Aufsatzsammlung, beziehen sich Hofstadter und Lipset wohlwollend auf die *Autoritäre Persönlichkeit*, ein Werk, das es ermöglichen würde, *rechtes* politisches Verhalten und rechte Einstellungen zu verstehen). Nugent seinerseits erwähnt eine Gruppierung von Personen, die keine Historiker waren und deren Ansichten meist auf Eindrücken beruhten und die sich nicht um eine detaillierte Untersuchung bemühten: Victor Ferkiss, David Riesman, Nathan Glazer, Lipset, Edward A. Shils und Peter Viereck. Allerdings gehörten zu dieser Gruppe auch Historiker, "die einige Fackeln des Berufsstandes unter sich hatten" (*a. a. O.*, S. 13), wie Hofstadter, Oscar Handlin und Max Lerner - allesamt intellektuell engagiert gegen die Politik der Migrationsbeschränkungen.

Allen gemeinsam war, dass sie, wie Nugent es ausdrückt, "unpassenderweise auf dem Bild des Populisten als Antisemit beharrten" - ein Bild, das die populistische Bewegung übertrieb und übermäßig vereinfachte, aber es schaffte, die Bewegung moralisch abstoßend erscheinen zu lassen. Novik wird noch deutlicher: Er behauptet, dass ihre jüdische Identifikation eine wichtige Rolle bei diesen Behauptungen spielte, und erklärt, dass einige amerikanisch-jüdische Historiker (Hofstadter, Bell und Lipset) den amerikanischen Populismus in einem schlechten Licht sahen, weil "nur eine Generation sie vom *Schtetl* [jüdisches Dorf] trennte, wo jeder Bauernaufstand der Nichtjuden das Pogrom bedeutete." (*That Noble Dream: The "Objectivity Question" and the American Historical Profession*, S. 341)

Diese Bemerkung mag etwas Wahres an sich haben, aber ich bezweifle, dass die von diesen jüdischen Historikern vorgeschlagenen Interpretationen einfach nur irrationale Überbleibsel aus dem osteuropäischen Antisemitismus waren. Es handelte sich um echte Interessenkonflikte. Auf der einen Seite standen jüdische Intellektuelle, die ihren Interessen als städtische Intellektuelle dienten, die ein Ende der demografischen und kulturellen Vorherrschaft der protestantischen Angelsachsen anstrebten. Auf der anderen Seite standen diejenigen, die Higham "die einfachen Leute des Südens und Westens" nannte (*Send These to Me: Immigrants in Urban America*, S. 49), die um die Aufrechterhaltung ihrer kulturellen und demografischen Vorherrschaft kämpften (Der Kampf zwischen diesen Gruppen ist Gegenstand der Untersuchung der jüdischen Beteiligung an der Gestaltung der US-Migrationspolitik im siebten Kapitel; wir werden dieses Thema auch in der Untersuchung der *New Yorker Intellektuellen* im sechsten Kapitel behandeln). Mehrere der Intellektuellen, die wir hier erwähnen, gelten als Mitglieder der Bewegung der *New York Intellectuals* [Bell, Glazer, Lipset, Riesman und Shils], während andere [Hofstadter und Handlin] eher als Weggefährten zu betrachten sind).

Als Avantgarde der städtischen jüdischen intellektuellen Elite verachtete diese Gruppe von Intellektuellen die Mittelschicht im Allgemeinen. Aus ihrer Sicht war diese Klasse

> hielt an überholten und folkloristischen Sitten wie ihrer konventionellen Religiosität, ihrem Heim und Herd, ihrer sentimentalen Verehrung der Mutterschaft und an veralteten Produktionsweisen fest. Sie richtete ihren Blick auf ein mythisches goldenes Zeitalter, das in der Vergangenheit lag. Sie empörte sich über die höheren Schichten, verinnerlichte aber gleichzeitig deren Normen und wollte lieber den Armen ihre Normen aufzwingen, als sich ihnen im gemeinsamen Kampf gegen die Unterdrückung anzuschließen. Sie wurde von der Angst geplagt, auf der sozialen Leiter noch weiter nach unten zu fallen, und klammerte sich an die Zeichen der Ehrbarkeit, die sie von der Klasse der Handarbeiter unterschieden. Sie war eine starke Verfechterin einer Arbeitsethik und glaubte, dass jeder, der eine Arbeit haben wollte, auch eine finden konnte und dass diejenigen, die sich weigerten zu arbeiten, verhungern konnten. Da es ihr an liberaler Bildung mangelte, war sie eine leichte Beute für alle Arten von Scharlatanerie und politischen Marotten. (Lasch, *a. a. O.*, S.

458)

Erinnern wir uns an Nicholas von Hoffmans Bemerkungen über die Verachtung, die die damaligen philokommunistischen Linken wie Hofstadter und die Journalisten von *The New Republic gegenüber* der Mittelschicht zum Ausdruck brachten: "In der Kulturschlacht, die diese Zeit bewegte, hatten die Eliten in Hollywood, Cambridge und den linken Denkfabriken wenig Sympathie für die krummbeinigen Männer mit ihren amerikanischen Legionsmützen, für ihre zu runden Frauen und für ihr Geschwätz über Jalta und den Wald von Katyn. Diese kitschigen Katholiken, die ihre Rasenflächen mit Plastikflamingos schmückten, diese Kleinbürger aus der Unterschicht und ihre außenpolitischen Ängste, nein, das war wirklich zu *billig,* um ernst genommen zu werden" (Was McCarthy right about the feft? *Washington Post,* 14. April 1996).

Escape from Freedom von Erich Fromm, einem Autor, der mit der Frankfurter Schule in Verbindung gebracht wird, ist ein weiteres gutes Beispiel für diesen Angriff auf die Mittelschicht. In diesem Buch wird die Mittelschicht als stark anfällig für die Entwicklung "sadomasochistischer" Reaktionsbildungen (durch die Teilnahme an autoritären Gruppen!) betrachtet, um auf ihre Frustrationen aufgrund ihres wirtschaftlichen und sozialen Status zu reagieren. Es ist nicht überraschend, dass das Kleinbürgertum, das Ziel dieses ideologischen Angriffs war - der, so könnte man hinzufügen, auch das *Mittland* der von Wilhelm II. inspirierten deutschen Politik umfasste -, häufig dazu neigte, den Antisemitismus als Erklärung für seine Deklassierung und sein Versagen beim sozialen Aufstieg heranzuziehen. Diese Gruppe hat sich auch häufig verschworene und autoritäre Gruppen einverleibt, um ihre politischen Ziele zu erreichen. Im Kontext der *autoritären Persönlichkeit* sind der Wunsch nach sozialem Aufstieg und die Angst vor Deklassierung, die für viele populistische Bewegungen charakteristisch sind, jedoch Anzeichen einer psychiatrischen Krankheit, die erbärmlichen Auswirkungen einer unangemessenen Sozialisation, die in der utopischen Gesellschaft der Zukunft verschwinden werden.

Obwohl die Kritische Theorie in den frühen 1970er Jahren nicht mehr als Leitfaden für die Protestbewegungen diente, blieb ihr Einfluss in der intellektuellen Welt im Allgemeinen sehr stark. In den 1970er Jahren feuerten die Intellektuellen der Frankfurter Schule weiterhin auf die deutschen Konservativen. Diese sahen sie als "Adoptiveltern der Terroristen" und als Schürer "der Kulturrevolution, die sich daran macht, das christliche Abendland zu zerstören" (Wiggershaus, a. a. O., S. 657). "Die Untrennbarkeit der Begriffe Frankfurter Schule, Kritische Theorie und Neomarxismus weist darauf hin, dass sich das theoretisch produktive linke Denken im deutschsprachigen Raum seit den 1930er Jahren auf Horkheimer, Adorno und das Institut für Sozialforschung konzentrierte" (*ebd.*, S. 658).

Der Einfluss der Frankfurter Schule ging jedoch weit über die deutschsprachige Welt hinaus, und damit meine ich nicht nur die *Autoritäre Persönlichkeit*, die Schriften von Erich Fromm und die so einflussreichen Werke von Herbert Marcuse, dem Guru der Gegenkultur der Neuen Linken. In der zeitgenössischen intellektuellen Welt gibt es mehrere Zeitschriften, die dieses Erbe weiterführen, wie *New German Critique, Cultural Critique* und *Theory, culture and Society: Explorations in Critical Social Science*. Der Einfluss der Frankfurter Schule hat durch den Sieg der gegenkulturellen Bewegung der Neuen Linken in den 1960er Jahren stark zugenommen.

Die Frankfurter Schule kann sich rühmen, die Haupteinflussquelle des Symposiums der sehr postmodernen *Modern Language Association* im Dezember 1994 gewesen zu sein. Kramer und Kimball erwähnten die Menge an lobenden Verweisen auf Adorno, Horkheimer und insbesondere Walter Benjamin, dem die Ehre zuteil wurde, der meistzitierte Gelehrte dieses Kolloquiums zu sein. Der Marxismus und die Psychoanalyse waren keine Einflüsse, die auf diesem Kolloquium fehlten. Ein Höhepunkt war, als der radikale Marxist Richard Ohmann einräumte, dass die Geisteswissenschaften durch "das kritische Erbe der 1960er Jahre" revolutioniert worden seien (Farewell to the MLA, *The New Criterion* (1995), S. 12). Dieser Punkt, so betonen die beiden Autoren, wird von der akademischen Linken oft geleugnet, ist aber ein Gemeinplatz in konservativen Publikationen wie *The New Criterion* und eines ihrer zentralen Themen.

Michel Foucault, ein äußerst einflussreicher postmoderner Autor, hat die Nähe zwischen der Frankfurter Schule und dem zeitgenössischen Postmodernismus hervorgehoben: "wenn ich die Frankfurter Schule hätte kennen können, wenn ich sie rechtzeitig gekannt hätte, wäre mir viel

Arbeit erspart geblieben, es gibt viele Dummheiten, die ich nicht gesagt hätte, und viele Umwege, die ich nicht gemacht hätte bei dem Versuch, meinen eigenen kleinen Weg zu gehen, während Wege durch die Frankfurter Schule geöffnet worden waren" (*in* Wiggershaus, *op. cit.*, S. 4; Original: *Dits et Écrits IV*, Text 330). Während die Frankfurter Schule die Strategie verfolgte, wissenschaftliches und universalistisches Denken mithilfe der "kritischen Vernunft" zu dekonstruieren, entschied sich der Postmodernismus für einen vollständigen Relativismus und die Abwesenheit von Normen, um zu verhindern, dass eine allgemeine Theorie der Gesellschaft oder ein universell gültiges philosophisches oder moralisches System entsteht. (Norris, *The Truth about Postmodernism*, S. 278 ff.).

Der zeitgenössische Postmodernismus und die multikulturalistische Ideologie haben mehrere Grundprinzipien der Frankfurter Schule übernommen: das Primat der Ethik und der Werte für alles, was mit Bildung und Sozialwissenschaften zu tun hat; die Vorstellung, dass empirische Wissenschaft als Aspekt sozialer Herrschaft unterdrückerisch ist; die Ablehnung der Möglichkeit gemeinsamer Werte, jeder universellen Idee und jeder nationalen Kultur (siehe auch die Untersuchung der "postkolonialen Theorie" bei Jacoby, einem intellektuellen Nachkommen der Frankfurter Schule [Marginal Returns: The trouble with post-colonial theory, *Lingua Franca*, 1995, S. 35]); die "Hermeneutik des Verdachts", mit der jeder Versuch, solche Universalien oder eine nationale Kultur zu konzipieren, vereitelt und "dekonstruiert" wird - was im Grunde dasselbe ist wie Adornos "negative Dialektik".

Damit wird implizit ein balkanisiertes Gesellschaftsmodell akzeptiert, in dem bestimmte Gruppen und ihre Interessen von *vornherein* einen moralischen Wert besitzen, ohne dass es möglich wäre, eine rationale und wissenschaftliche Theorie irgendeiner Gruppe zu entwickeln, geschweige denn eine universelle Theorie der gesamtmenschlichen Angelegenheiten. Sowohl die Frankfurter Schule als auch die Postmodernisten akzeptieren implizit ein Modell, in dem der Wettbewerb zwischen antagonistischen Gruppen herrscht, ohne dass es eine Möglichkeit gibt, einen Konsens zu erzielen, obwohl es eine Ungleichbehandlung gibt, nach der Mehrheiten als pathologisch angesehen werden und Gegenstand radikaler Kritik sein müssen.

Es ist eine absolute Ironie, dass dieser Angriff auf den westlichen Universalismus dem Ethnozentrismus von Minderheitengruppen Recht gibt, während er gleichzeitig jede mögliche Grundlage für den Ethnozentrismus abschafft. Intellektuell fragt man sich, wie man gleichzeitig Postmodernisten und militante Juden sein kann. Die intellektuelle Strenge würde verlangen, dass alle persönlichen Identifikationen der gleichen dekonstruktiven Logik unterliegen, es sei denn, die persönliche Identität selbst beinhaltet tiefe Unklarheiten, Täuschung und Selbstbetrug.

Teil 8

Dies scheint bei Jacques Derrida der Fall zu sein, dem Chefphilosophen der Dekonstruktion, dessen Philosophie eine tiefe Affinität zu den intellektuellen Zielen der Postmoderne und der Frankfurter Schule aufweist. Derrida hat eine komplexe und zweideutige jüdische Identität, obwohl er "ein Pariser Linksintellektueller, säkular und atheistisch" ist (Caputo, *The Prayers and Tears of Jacques Derrida: Religion without Religion*, S. xxiii).

Derrida wurde als Sohn einer sephardisch-jüdischen Familie geboren, die im 19. Jahrhundert von Spanien nach Algerien übergesiedelt war. Seine Vorfahren sind also Krypto-Juden, die ihre religiöse und ethnische Identität 400 Jahre lang in Spanien während der Zeit der Inquisition bewahrt haben.

Derrida bezeichnet sich selbst als Krypto-Jude: "Marranen sind wir, Marranen in jedem Fall, ob wir wollen oder nicht, ob wir es wissen oder nicht" (Derrida, *Aporias*, S. 81) - was vielleicht ein Eingeständnis der Komplexität, Ambivalenz und Selbsttäuschung ist, die die Formen, die die jüdische Identität seit der Aufklärung angenommen hat, beinhalten.

In seinen *Tagebüchern* bekräftigt Derrida die zentrale Bedeutung jüdischer Angelegenheiten in seinen Schriften: "Die Beschneidung, ich habe immer nur davon gesprochen" (Circumfession in *Jacques Derrida*, Geoffrey Bennington & Jacques Derrida, S. 70). An derselben Stelle schreibt er, er habe "in der Anamnese immer großen Wert auf die Tatsache gelegt, dass man in meiner Familie und bei den Juden in Algerien fast nie "Beschneidung" sagte, sondern "Taufe", nicht Bar Mizwa, sondern

"Erstkommunion", was eine Aufweichung und Verflachung durch ängstliche Akkulturation zur Folge hatte, unter der ich immer mehr oder weniger bewusst gelitten habe" (*ebd.*, S. 72-73). Diese Äußerungen spielen eindeutig auf die Fortführung kryptojüdischer Praktiken bei den algerischen Juden an und weisen nicht weniger deutlich darauf hin, dass die jüdische Identifikation und das Bedürfnis, sie zu verbergen, bei Derrida deutliche psychologische Züge geblieben sind. Es ist nicht unbedeutend, dass er seine Mutter mit Esther (*ebd.*, S. 73) gleichsetzt, der biblischen Heldin, die "weder ihr Volk noch ihre Geburt bekannt gab" (*Esther*, 2:10) und die Generationen von Krypto-Juden als Inspiration gedient hat.

Derrida war seiner Mutter zutiefst verbunden und sagte, als sie auf dem Sterbebett lag: "Ich bin sicher, dass du nicht viel von dem verstehen wirst, was du mir dennoch diktiert hast, von der Inspiration, die du mir gegeben hast, von dem, was du mir aufgetragen und befohlen hast". Wie seine Mutter (die von Taufe und Erstkommunion anstelle von Beschneidung und Bar Mizwa sprach), hatte Derrida also eine innere jüdische Identität, während er äußerlich die katholische französische Kultur Algeriens übernahm. Im Fall von Derrida gibt es jedoch Hinweise auf eine Ambivalenz innerhalb der beiden Identitäten: "Ich gehöre zu den Marranen, die sich selbst im Geheimnis ihres eigenen Herzens nicht mehr als Juden bezeichnen" (*a. a. O.*, S. 170).

Die Erfahrung des Antisemitismus in Algerien während des Zweiten Weltkriegs war für Derrida traumatisch und mündete in ein tiefes Bewusstsein seines Judentums. Im Alter von 13 Jahren wurde er aufgrund des von der Vichy-Regierung erlassenen *Numerus clausus* von seinem Gymnasium verwiesen. Er beschreibt sich selbst als "einen kleinen, nackten und sehr arabischen Juden, der nichts von dem verstand, was geschah, der nicht die geringste Erklärung erhielt, weder von seinen Eltern noch von seinen Freunden" (*a. a. O.*, S. 58).

> Die Verfolgungen, die denen in Europa nicht unähnlich waren, wurden in Abwesenheit jeglicher deutscher Besatzer ausgelöst (...) Es ist eine Erfahrung, die nichts unberührt lässt, eine Atmosphäre, die man nicht aufhören wird zu atmen. Jüdische Kinder werden aus den Schulen geworfen. Im Büro des Schulleiters: Du wirst nach Hause gehen, deine Eltern werden dir alles erklären. Dann landeten die Alliierten, es war die

Zeit der Regierung mit zwei Köpfen (de Gaulle-Giraud); die Rassengesetze wurden etwa sechs Monate lang unter der "freien" französischen Regierung aufrechterhalten. Freunde, die einen nicht mehr kannten, Beleidigungen, die Ausweisung einiger Lehrer jüdischer Gymnasien, die von keinem Murmeln der Missbilligung begleitet wurde (...) Von diesem Moment an fühlte ich mich - wie soll ich sagen? - auf der Seite der jüdischen Gemeinschaft genauso wenig zu Hause wie auf der anderen Seite (die wir "die Katholiken" nannten).

In Frankreich blieb dieses Leid bestehen. Ich glaubte naiv, dass der Antisemitismus verschwunden war (...) Aber während meiner Jugend war es *eine* Tragödie, er war überall präsent (...) Paradoxe Wirkung, vielleicht, dieser Brutalisierung: der Wunsch, sich in die nichtjüdische Gemeinschaft zu integrieren, ein fasziniertes, schmerzhaftes, misstrauisches, nervös wachsames Verlangen, eine erschöpfende Fähigkeit, die Zeichen des Rassismus aufzuspüren, in seinen diskretesten Konfigurationen wie in seinen lautesten Desavouierungen. (*Punkte... Interviews, 1974-1994*, S. 120-121)

Bennington argumentiert in seiner Derrida-Biografie, dass der Verweis vom College und seine Folgen "zweifellos (...) die Jahre waren, in denen sich bei Derrida das Gefühl seiner 'Zugehörigkeit' zum Judentum einprägte, dessen Aspekt bei ihm so einzigartig ist: sicherlich eine Verletzung, eine schmerzhafte Sensibilität für Antisemitismus und andere Rassismen, eine "rohe" Antwort auf Fremdenfeindlichkeit, aber auch eine Ungeduld gegenüber herdenhaften Identifikationen und dem militanten Eifer der Zugehörigkeit im Allgemeinen, einschließlich der jüdischen (...) Ich denke, dass diese Schwierigkeit gegenüber der Zugehörigkeit, man könnte fast sagen der Identifikation, das gesamte Werk von Jacques Derrida betrifft. Es scheint mir auch, dass die "Dekonstruktion des Eigenen" die Idee selbst, die Formulierung dieses denkenden Affekts ist". (a.a.O., S. 326)

Derrida sagt nichts anderes. Er erinnert daran, dass er kurz vor seiner Bar Mizwa (er wiederholt, dass sie in der algerischen jüdischen Gemeinschaft "Erstkommunion" genannt wurde) von der Vichy-Regierung aus seinem College ausgeschlossen und ihm die Staatsbürgerschaft entzogen wurde:

> Ich wurde zum Außenseiter, sie konnten mir so nahe kommen, wie sie wollten, sie würden mich nicht mehr berühren (...) Ich ging zur

"Erstkommunion", indem ich aus dem Gefängnis aller Sprachen ausbrach: der heiligen Sprache, in die sie mich einzuschließen versuchten, ohne mir die Schlüssel dazu zu geben [Hebräisch], und der weltlichen Sprache [Französisch]. Sie sorgten dafür, dass keine von ihnen mir gehören würde. (Circumfession, *a. a. O.*, S. 289)

Wie so viele andere Juden, die sich in einer nichtjüdischen Umgebung einen halbwegs kryptischen Anstrich geben wollten, änderte Derrida seinen Vornamen in Jacques.

Indem ich dieses Halbpseudonym wählte, das gewiss sehr französisch, sehr christlich und sehr einfach ist, musste ich mehr ausblenden, als ich in wenigen Worten sagen kann (man müsste die Bedingungen analysieren, unter denen eine bestimmte Gemeinschaft - die jüdische Gemeinschaft Algeriens - in den 1930er Jahren manchmal amerikanische Vornamen wählte) (*Points... Interviews, 1974-1994*, S. 344).

Die Änderung des Vornamens ist also eine Form der Verschlüsselung [*crypsis*], die von der jüdischen Gemeinschaft in Algerien praktiziert wird, eine Möglichkeit, sich äußerlich der französischen und christlichen Kultur anzupassen, während man im Geheimen jüdisch bleibt.

Derridas jüdisch-politisches Projekt ist das gleiche wie das der Frankfurter Schule :

Der Hintergedanke der Dekonstruktion ist, die Mechanismen starker Nationalstaaten, die eine mächtige Einwanderungspolitik betreiben, zu dekonstruieren, die Rhetorik des Nationalismus, die ortsgebundene Politik, die Metaphysik des Heimatlandes und der Muttersprache zu dekonstruieren (...).) Die Idee ist, die Bomben (...) der Identität zu entschärfen, die die Nationalstaaten herstellen, um sich gegen das Fremde zu verteidigen, gegen Juden, Araber und Einwanderer (...), die alle (...) ganz anders sind.

Im Gegensatz zu dem, was nachlässige Kritiker Derridas behaupten, ist die Leidenschaft für die Dekonstruktion zutiefst politisch, denn die Dekonstruktion ist ein kompromissloser, wenn auch indirekter Diskurs über die Demokratie, über die kommende Demokratie. Derridas Demokratie ist ein radikal pluralistisches Regime, das sich dem Terror einer organischen, ethnischen und geistigen Einheit widersetzt, den natürlichen und nativen Bindungen der Nation (*natus, natio*), die alles zu Staub zermalmen, was nicht mit dem herrschenden Typus und Geschlecht (*Geschlecht*) verwandt ist. Er träumt von einer Nation ohne nationalistischen oder nativistischen Zaun, von einer Gemeinschaft ohne Identität oder einer nicht-identischen Gemeinschaft, die weder ich noch wir sagen kann, denn schließlich besteht die Idee der Gemeinschaft darin, uns gemeinsam gegen den anderen zu stärken (munis, muneris).

Seine Arbeit wird von einem Gefühl der brennenden Gefahr der identitären Gemeinschaft geleitet, im Geist des "Wir" des "christlichen Europas" oder einer "christlichen Politik", einer tödlichen Mischung, die den Tod der Araber und Juden, der Afrikaner und Asiaten, von allem, was anders ist, bedeutet. Dieser christliche und europäische Geist, in dem Juden und Araber sich abmühen und seufzen, ist eine tödliche Luft für sie, für alle *Juden* [Jude bedeutet hier das archetypische Andere]. Selbst wenn sie auf den Patriarchen Abraham zurückgehen, ist es, um sie sowohl dem Buchstaben als auch dem Geist nach zu vergasen. (Caputo, *a.a.O.*, S. 231-232)

Derrida hat kürzlich ein Pamphlet veröffentlicht, in dem er die Einwanderung von Nichteuropäern nach Frankreich verteidigt [Der Autor gibt nicht an, ob es sich um *Cosmopolites de tous les pays, encore un effort!* oder um *De l'Hospitalité handelt*, Anm. d. Ü.]. Ähnlich wie die Frankfurter Schule dient der radikale Skeptizismus der dekonstruktivistischen Bewegung dazu, die Entwicklung hegemonialer und universalistischer Ideologien und anderer Grundlagen der kollektiven Loyalität der Nichtjuden im Namen des *ganz Anderen zu verhindern* [auf Französisch im Text, Anm. d. Übers.]

Caputo bringt die Motivation für Hegels Derridsche Dekonstruktion mit Hegels Analyse des Judentums in Verbindung, das wegen seines Legalismus und tribalistischen Exklusivismus als moralisch und geistig minderwertig gegenüber dem Christentum eingestuft wurde, während das Christentum die Religion der Liebe und der Assimilation ist, ein Produkt, das von den Griechen und nicht vom jüdischen Geist stammt. Diese Hegelschen Interpretationen passen bemerkenswert gut zu den Vorstellungen der Christen von ihrer eigenen Religion und dem Judentum, die bis in die Antike zurückreichen (vgl. *Separation and Its Discontents*, Kap. 3). Diese Interpretation passt auch zu der evolutionären Analyse, die ich in *A People That Shall Dwell Alone* entwickelt habe.

Neuinterpretationen und Widerlegungen Hegels waren unter jüdischen Intellektuellen des 19. Jahrhunderts üblich (vgl. *Separation and Its Discontents*, Kap. 6), und wir haben gesehen, dass Adorno in der *Negativen Dialektik* aus ähnlichen Gründen damit beschäftigt war, die Hegelsche Idee einer Universalgeschichte zu widerlegen. "(...) Indem er Hegels Rede loyal und wörtlich zusammenfasst, zeigt Derrida (...), dass Hegels Denunziationen des Juden mit kastriertem Herzen eine Kastration des anderen sind, der selbst hasserfüllt und herzlos ist (Caputo, a. a. O., S. 313).

Wie die Frankfurter Schule behauptet auch Derrida, dass die zukünftige messianische Welt unbekannt ist, da sonst eine aufgezwungene Uniformität möglich würde, "eine systematische Totalität mit unendlicher Garantie" (*ebd.* S. 246), eine triumphierende und gefährliche Wahrheit, unter der die Juden als Vertreter des *ganz Anderen* notwendigerweise leiden würden. Das Menschsein wird als "eine unheilbare Blindheit, ein strukturelles und radikales Gebrechen, aufgrund dessen jeder von Geburt an blind ist" (*ebd.* S. 313) betrachtet.

Wie bei den Autoren der Frankfurter Schule sind die Vertreter der Andersartigkeit die Träger eines moralischen Wertes *a priori*. "In der Dekonstruktion wird die Liebe von der Polemik gegen die Juden befreit [Caputo bezieht sich auf Hegels Jugendschriften, in denen die durch Jesus symbolisierte Liebe das jüdische Gesetz bricht], indem sie in Begriffen der Alterität, der *Juden* neu gedacht wird (...) Wenn diese hegelianische, christlich-europäische Gemeinschaft als eine gemeinsame Verteidigung (*com*) gegen den anderen definiert wird, bringt Derrida die Idee vor, die *Waffen niederzulegen,* vor dem anderen zu kapitulieren" (*ebd.,* S. 248). 248).

Aus dieser Perspektive ist die Anerkennung der Möglichkeit der Wahrheit etwas Gefährliches, wegen der Tatsache, dass diese Möglichkeit gegen den anderen eingesetzt werden könnte. Die beste Strategie ist es daher, das Feld für einen "heilsamen Wettstreit der Interpretationen, für eine gewisse heilsame radikale Hermeneutisierung, in der wir leidenschaftlich von etwas Unvorhersehbarem und Unmöglichem träumen" (*ebd.* S. 277) zu öffnen. Dieser Tatsache, dass die Meinungen der verschiedenen Ideologien und Religionen miteinander in Konflikt geraten, stellt Derrida die Idee "einer Gemeinschaft, wenn es denn eine ist, der Blinden (...), der Blinden, die andere Blinde führen, entgegen. Blindheit führt zu guten Gemeinschaften, vorausgesetzt, wir alle akzeptieren die Tatsache, dass wir nicht sehen, dass wir in den entscheidenden Fragen alle absolut blind sind und keinen privilegierten Zugang [zur Wahrheit] haben, auf demselben Schiff ohne Licht, das uns das andere Ufer zeigt" (*ebd.*, S. 313-314).

Diese Art von Welt ist für das Judentum, für das archetypische Andere, nicht gefährlich und birgt keine Garantien für die universalisierenden Tendenzen der westlichen Zivilisation - man könnte also sagen, dass die Dekonstruktion eine De-Hellenisierung oder eine De-Okzidentalisierung ist. Das Bewusstsein einer ethnischen Minderheitengruppe wird also validiert, nicht weil es auf einer Art psychologischer Wahrheit beruht, sondern weil man nicht beweisen kann, dass es falsch ist. Auf der anderen Seite werden die kulturellen und ethnischen Interessen der Mehrheiten "hermeneutisiert" und damit machtlos gemacht, machtlos, weil sie nicht als Grundlage für eine ethnische Massenbewegung dienen können, die mit den Interessen anderer Gruppen in Konflikt geraten würde.

Ironischerweise erkennt Derrida (der sich in *Circonfession die Mühe gemacht* hat, seine eigene Beschneidung zu theoretisieren) im Rahmen der Theorie des Judentums, die wir in diesem Buch entwickeln, an, dass die Beschneidung - die er wegen ihrer Funktion als Abgrenzungsinstrument für die Endogruppe mit einem *Schibboleth* vergleicht - ein zweischneidiges Schwert ist.

In einem Kommentar zum Werk von Paul Celan, dem Dichter des Holocaust, schreibt Derrida:

> Als Zeichen des Bundes greift es auch ein, es verbietet, es bedeutet das Urteil des Ausschlusses, der Diskriminierung oder sogar der Ausrottung. Man kann sich dank *des Schibboleths* untereinander erkennen, im Guten wie im Schlechten, in beiden Bedeutungen des Wortes Teilen: einerseits für das Teilen und den Ring des Bundes, aber auch andererseits, auf der anderen Seite des Teilens, der Seite des Ausschlusses, um den anderen abzulehnen, ihm den Durchgang oder das Leben zu verweigern (...).
>
> Wegen des *Schibboleths* und genau in dem Maße, in dem man von ihm Gebrauch macht, kann es sich gegen einen selbst wenden; dann ist es der Beschnittene selbst, der geächtet oder hinter der Grenze gehalten, aus der Gemeinschaft ausgeschlossen, getötet oder zu Asche verbrannt wird. (Schibboleth: For Paul Celan in *Word Traces: Readings of Paul Celan*, S.

67-68)

Trotz der Gefahren der Beschneidung, die ein zweischneidiges Schwert ist, kommt Derrida zu dem Schluss, dass "es eine Beschneidung geben muss", eine Schlussfolgerung, die Caputo als Bestätigung des irreduziblen und unleugbaren menschlichen Bedürfnisses "nach einem Unterscheidungsmerkmal, nach einem Zeichen der Differenz" interpretiert. Folglich stimmt Derrida der Idee der Unvermeidbarkeit (durch Angeborenheit?) von Abgrenzungen zwischen Gruppen zu, aber auf amüsante und apologetische Weise schafft er es, die Beschneidung nicht als Zeichen eines Stammesexklusivismus zu erklären, sondern als "den Schnitt, der den Raum für das Ankommen des *ganz Anderen* öffnet" (Caputo, a. *a*. O., S. 250).

Das Manöver ist bemerkenswert, denn, wie wir gerade gesehen haben, scheint sich Derrida durchaus bewusst zu sein, dass die Beschneidung zu Separatismus führt, zur Errichtung von Barrieren zwischen Endogruppe und Exogruppe, zur Möglichkeit von Konflikten zwischen Gruppen und sogar zur Ausrottung. Aber nach Derridas Glosse "sind wir alle spirituell gesehen Juden, alle sind dazu berufen, sich dafür zu entscheiden, den anderen aufzunehmen" (*ebd.* S. 262), so dass das Judentum zu einer universalistischen Ideologie wird, in der die Zeichen des Separatismus als Ausdruck der Offenheit gegenüber dem anderen interpretiert werden.

Jacques Derrida zufolge "ist die Beschneidung nur in dem Sinne jüdisch, dass alle Dichter Juden sind (...) Jeder sollte ein beschnittenes Herz haben; dies sollte eine universelle Religion darstellen" (*ebd.*, S. 262). Ähnlich vergleicht Derrida bei der Untersuchung des Werkes von James Joyce den irischen Schriftsteller mit Hegel (dem Archetyp des westlichen Denkers), der "den Kreis des Gleichen schließt". Dem stellt er die "abrahamitische [jüdische] Beschneidung, die den Faden des Gleichen durchschneidet, um für das Andere offen zu sein, die Beschneidung, die darin besteht, Ja (...) zum Anderen zu sagen" (*ebd.* S. 257), gegenüber.

Letztendlich entwickelt Derrida die extrem alte Vorstellung des Judentums als moralisch überlegene Gruppe auf seine Weise weiter, während die Ideologien der Ähnlichkeit und Universalität, die im europäischen Heidentum Ideologien der sozialen Homogenität und des

Gruppenbewusstseins stützen können, dekonstruiert und als moralisch minderwertig dargestellt werden.

Kapitel VI

Die jüdische Kritik an der Kultur der Heiden, eine Wiederaufnahme

> Erinnern Sie sich noch daran, fragte er mich, was Lueger, der antisemitische Bürgermeister von Wien, gesagt hatte, als der Stadtrat über einen Zuschuss für die Naturwissenschaften diskutierte? "Naturwissenschaften? Das ist das, was die Juden voneinander abschreiben". Das ist meine Meinung zur *Ideengeschichte, der Geschichte* der *Ideen*.
>
> (Isaiah Berlin, über ein Gespräch mit Lewis Namier, *in* Efron, *Defenders of the Race: Jewish Doctors and Race Science in Fin-de-Siècle Europe*, S. 13)

Teil 1

Das in den vier vorangegangenen Kapiteln untersuchte Material deutet darauf hin, dass Personen, die sich selbst stark als Juden anerkannten, die Haupttreiber äußerst einflussreicher intellektueller Bewegungen waren, die die Kultur der Nichtjuden einer radikalen Kritik unterzogen, gleichzeitig aber die Kontinuität der jüdischen Identifikation ermöglichten. Zusammengenommen bilden diese Bewegungen das Rückgrat der intellektuellen und politischen Linken dieses Jahrhunderts und sind die direkten intellektuellen Vorfahren der linken intellektuellen und politischen Bewegungen, insbesondere der Postmoderne und des Multi-Kulturalismus.

Gemeinsam haben diese Bewegungen die moralischen, politischen und wirtschaftlichen Grundlagen der westlichen Gesellschaft in Frage gestellt. Ein bemerkenswerter Aspekt dieser Bewegungen ist, dass sie alle, zumindest in den USA, von oben nach unten orientiert waren, in dem Sinne, dass es Mitglieder hoch gebildeter und intelligenter Gruppen waren, die sie ins Leben gerufen und dominiert haben. Diese Bewegungen wurden mit großer intellektueller Leidenschaft und moralischem Eifer auf einem hohen Niveau der theoretischen Raffinesse verteidigt. Jede versprach ihre eigene Version von Utopia, wobei es jedoch Überschneidungen und Ergänzungen zwischen ihnen gab: eine Gesellschaft von Menschen, die mit demselben biologischen Potenzial ausgestattet sind und sich durch Kultur leicht zu idealen Bürgern formen lassen, die von einer moralisch und intellektuell überlegenen Elite entworfen werden; eine klassenlose Gesellschaft, in der es keine Interessenkonflikte mehr gibt und die Menschen selbstlos für das Wohl der Gruppe arbeiten ; eine Gesellschaft, aus der Neurosen und Aggressionen gegenüber Fremdgruppen verschwunden sind und die den biologischen Bedürfnissen der Menschen nicht mehr entgegensteht; ein multikulturelles Paradies, in dem verschiedene ethnische Gruppen und Rassen in Harmonie zusammenarbeiten - ein utopischer Traum, der im Vordergrund steht, wenn wir im siebten Kapitel die Rolle der jüdischen Beteiligung an der Gestaltung der US-Migrationspolitik untersuchen werden. Jede dieser Utopien ist aus evolutionärer Sicht schwer problematisch, wie wir im achten Kapitel sehen werden.

Die Initiatoren dieser Bewegungen waren alle direkt vom Antisemitismus betroffen und alle von diesen intellektuellen und politischen Bewegungen angestrebten Utopien sollten dem Antisemitismus ein Ende setzen und gleichzeitig den Fortbestand der jüdischen Gruppe ermöglichen. Eine ganze Generation linksradikaler Juden hatte in der Sowjetunion das idyllische Land gesehen, in dem Juden Machtpositionen einnehmen konnten, der Antisemitismus geächtet war und das jüdische nationale Leben blühte. Die psychoanalytische Bewegung und die Frankfurter Schule sahen den Tag, an dem die Nichtjuden von einem Klerus von Klinikern gegen ihren Antisemitismus geimpft würden, die ihre persönlichen Defizite und die Frustrationen behandeln würden, die sie durch ihre Deklassierung, die sie kriminell auf die Juden projizierten, hervorgerufen hatten. Die Nachfahren der Boasianer und der Frankfurter Schule würden die Entwicklung antisemitischer Ideologien, die aus dem Ethnozentrismus der Mehrheit resultieren, verhindern.

Ein weiteres greifbares Merkmal der Mitglieder dieser Bewegungen ist ihr ausgeprägtes Gefühl der moralischen und intellektuellen Überlegenheit. Diese Art von intellektueller Überheblichkeit und Feindseligkeit gegenüber Nichtjuden und ihrer Kultur war ein wiederkehrendes Thema bei unserer Untersuchung der linken Bewegungen im dritten Kapitel. Ich habe auch das tiefe Gefühl der intellektuellen Überlegenheit und der Abneigung gegenüber der Kultur der Nichtjuden dokumentiert, das sich nicht nur bei Freud, sondern in der gesamten psychoanalytischen Bewegung zeigte. Die Verachtung dieser "selbstkonstituierten Avantgarde" (Christopher Lasch) jüdischer Intellektueller gegenüber den Sitten und Einstellungen der Mittelschicht wurde im fünften Kapitel untersucht.

Was dieses Gefühl der moralischen Überlegenheit betrifft, so sollte man sich vor Augen halten, dass die grundlegende Orientierung jüdischer Intellektueller seit der Aufklärung darin bestand, das Judentum als moralisches Leuchtfeuer für den Rest der Menschheit zu etablieren. Diese Bewegungen sind konkrete Beispiele für das alte und immer wiederkehrende jüdische Selbstverständnis, "das Licht der Nationen" zu sein. Wir haben diese Vorstellung im siebten Kapitel von *Separation and Its Discontents* ausführlich behandelt. Die moralische Beschuldigung der Gegner ist ein hervorstechendes Merkmal in den Schriften der extremen Linken und der Gegner der biologischen Sichtweise, die auf die IQ-Unterschiede zwischen Individuen und Gruppen gerichtet ist. Die Frankfurter Schule vertrat die Position, dass die Existenz des Judentums *a priori* als moralisches Absolutum zu betrachten sei, während die Sozialwissenschaften nach moralischen Kriterien beurteilt werden müssten.

Wie wir im ersten Kapitel festgestellt haben, unterstützen die psychologische Theorie und die zeitgenössischen Daten stark die Vorstellung, dass die von Minderheiten vertretenen Standpunkte in der Lage sind, die Einstellungen der Mehrheit zu beeinflussen, insbesondere wenn diese Standpunkte einen hohen Grad an interner Kohärenz enthalten und von den angesehensten akademischen und medialen Institutionen der Gesellschaft verbreitet werden. Obwohl der Einfluss der jüdischen Beteiligung an diesen intellektuellen und politischen Bewegungen auf die Gesellschaften der Nichtjuden nicht genau gemessen werden kann, legt das hier untersuchte Material nahe, dass diese jüdische Beteiligung ein entscheidender Faktor für den Triumph der intellektuellen Linken in den westlichen Gesellschaften des späten 20. Jahrhunderts war.

Diese intellektuellen Bewegungen weisen mehrere Merkmale auf, die als den jüdischen Interessen dienend angesehen werden können. Die größte Gefahr für eine Minderheitengruppsstrategie ist die Entwicklung einer geschlossenen und sehr eng verbundenen Mehrheitsgruppe, die die Minderheitsgruppe in einem ungünstigen Licht sieht. Um dieser Gefahr entgegenzuwirken, bestand eine Strategie darin, in der breiteren Gesellschaft aktiv universalistische Ideologien zu fördern, die die Bedeutung der sozialen Kategorisierungen von Juden und Nichtjuden minderten. Das Judentum als ethnisch begründete, zusammengeschweißte Gruppenstrategie bleibt bestehen, allerdings in einem kryptischen oder halb-kryptischen Zustand. Der Paradefall für diese Strategie ist die linke politische Ideologie, aber auch die Psychoanalyse und sogar einige Formen des Judentums, die die phänotypische Differenzierung zwischen Juden und Nichtjuden minimieren - wie das Reformjudentum - verfolgen eine ähnliche Strategie.

Den jüdischen Interessen dient es auch, den radikalen Individualismus (die soziale Atomisierung) unter Nichtjuden zu fördern, während unter Juden ein größtmöglicher Sinn für Gruppenzusammenhalt erhalten bleibt - dies war das Projekt der Frankfurter Schule, für die kollektive Identifikationen von Nichtjuden Zeichen einer Geisteskrankheit sind. Ein wichtiger Bestandteil dieser Strategie ist die Dekonstruktion der aus der Mehrheit hervorgegangenen intellektuellen Bewegungen, die mit der Fortführung des Judentums unvereinbar sind. Diese intellektuellen Bewegungen umfassen ein breites Spektrum, das von radikalem Assimilationismus (z. B. Zwangskonversionen zum Christentum) bis hin zu exklusivistischen Strategien der Mehrheitsgruppe reichen kann, die auf einem Ethnozentrismus der Mehrheitsgruppe beruhen (z. B. Nationalsozialismus).

Den jüdischen Interessen dient auch die von der Frankfurter Schule vertretene Ideologie, wonach die Sorgen der Nichtjuden über ihre Deklassierung und darüber, dass sie wirtschaftlich, sozial und demografisch von anderen Gruppen in den Schatten gestellt werden, Anzeichen einer Geisteskrankheit sind. Da die Juden eine Gruppe bilden, die sich durch ihren außergewöhnlichen sozialen Aufstieg auszeichnet, dient diese Ideologie den jüdischen Interessen, indem sie die Sorgen der deklassierten Nichtjuden entschärft. Im siebten Kapitel werden wir sehen, dass jüdische Organisationen und jüdische Intellektuelle an vorderster Front der Bewegung standen, die darauf abzielte, die demografische und kulturelle Überlegenheit der Menschen europäischer Abstammung in den westlichen Gesellschaften in den Schatten zu stellen.

Es gibt einige gemeinsame Merkmale dieser jüdischen intellektuellen Bewegungen, die es wert sind, erwähnt zu werden. Ein offensichtlicher roter Faden bei unserer Untersuchung der Psychoanalyse, der Boas'schen Anthropologie, der Frankfurter Schule und der linksradikalen politischen und intellektuellen Kreise war es, zu zeigen, wie sehr die jüdischen Intellektuellen zusammengeschweißte Gruppen bildeten, deren Einfluss sich zum Teil aus dem Zusammenhalt und der Solidarität der Gruppe ergibt. Der Einfluss der aus dieser Minderheit hervorgegangenen Ideologien nimmt zu, wenn diejenigen, die die Position der Minderheit einnehmen, untereinander ein hohes Maß an Konsens und intellektueller Kohärenz erzielen. Die intellektuelle Aktivität entgeht nicht den Gesetzen, die andere menschliche Unternehmungen beherrschen: Geschlossene Gruppen gehen aus dem Wettbewerb mit individualistischen Strategien als Sieger hervor. Und unbestreitbar war diese erste Wahrheit ein großer Schlüssel zum Erfolg des Judentums in seiner gesamten Geschichte (vgl. *A People That Shall Dwell Alone*, Kap. 5).

In der Wissenschaft sind die Muster der jüdischen Assoziation noch ausgeprägter als in den verschworenen intellektuellen Bewegungen, die wir untersucht haben. Greenwald und Schuh wiesen 1994 die Existenz eines sich wiederholenden Musters ethnischer Diskriminierung nach, indem sie in Artikeln wissenschaftlicher Zeitschriften nach Literaturangaben suchten. Sie fanden heraus, dass jüdische Autoren mit 40% höherer Wahrscheinlichkeit als nichtjüdische Autoren auf jüdische Autoren verwiesen und dass bei den Hauptautoren wissenschaftlicher

Artikel die Wahrscheinlichkeit, einen jüdischen Co-Autor zu haben, etwa dreimal so hoch war wie bei nichtjüdischen Hauptautoren. Auch wenn die in dieser Studie angewandten Methoden es nicht erlauben, den Ursprung dieser Diskriminierung zu bestimmen, legen die in ihrem Artikel (An ethnic bias in scientific citations, in *European journal of Social Psychology* - 1994) berichteten Daten nahe, dass ein großer Teil dieser Diskriminierung von jüdischen Wissenschaftlern ausgeht. Dazu trägt auch die sehr starke Überrepräsentation jüdischer Koautoren bei, die wahrscheinlich das Ergebnis der sich wiederholenden Muster der Assoziation zwischen Kollegen und Mentoren ist, die für die jüdische Endogruppe typisch sind. Darüber hinaus neigen in Fällen, in denen es erhebliche Unterschiede in der Gruppengröße gibt, Individuen aus Minderheitengruppen eher zu Endogruppenvoreingenommenheit als Mitglieder der Mehrheitsgruppe, was uns zu der Annahme veranlasst, dass Juden eher zu ethnischer Diskriminierung bereit sind als Nichtjuden.

Bei Akademikern ist es ein wichtiger Indikator für beruflichen Erfolg, wenn sie in den Artikeln anderer Wissenschaftler als bibliografische Referenz erscheinen, und bibliografische Referenzen spielen oft eine Schlüsselrolle bei der Vergabe von Stellen. Unter diesen Umständen ist die ethnozentrische Voreingenommenheit in der Zitationspolitik von Autoren nicht einfach nur ein Spiegelbild von Endogruppenvorurteilen unter jüdischen Wissenschaftlern, da diese sich wiederholenden Muster die Arbeit und den Ruf anderer jüdischer Wissenschaftler fördern. Jahrhundert, die von Kadushin 1974, Shapiro 1989 und 1992 und Torrey 1992 durchgeführt wurden, weisen auf eine starke Überschneidung zwischen jüdischer Herkunft, jüdischer ethnischer Identifikation, üblichem jüdischem Umgang, linksradikalen politischen Ideen und psychoanalytischem Einfluss hin; sie zeigen auch ein sich wiederholendes Muster gegenseitiger Bezugnahme und Bewunderung. In Kaduschins Studie war etwa die Hälfte seiner Stichprobe der intellektuellen Elite Amerikas jüdisch (*The American Intellectual Elite*, S. 23). Seine Stichprobe war anhand einer Liste der häufigsten Beiträger zu den dominierenden intellektuellen Zeitschriften gezogen worden, gefolgt von Interviews mit Intellektuellen, die für einen anderen Intellektuellen "stimmten", der ihrer Meinung nach den stärksten Einfluss auf ihr Denken ausübte. Von dieser Auswahl an Intellektuellen, die als einflussreichste gewählt wurden, hatten über 40% der Juden 6 oder mehr Stimmen erhalten, während es bei den Nichtjuden nur 15% waren.

Die starke Überrepräsentation von Juden betrifft auch die Welt der Herausgeber und Journalisten von linken und linksradikalen Periodika wie *The Nation*, The *New Republic* und *The Progressive*. *The New Republic* (*TNR*) wurde 1974 von Martin Peretz gekauft, dem Sohn eines "zionistischen Arbeiteraktivisten und rechten Jabotinski-Anhängers" (Alterman, *Sound and Fury: The Washington Punditocracy and the Collapse of American Politics*, S. 185), der selbst ein ehemaliger linker Studentenaktivist war, der zum Neokonservatismus übergewechselt war. Seine Hingabe an die jüdische Sache, insbesondere an Israel, war der einzige kohärente Aspekt in Peretz' Karriere. Sein Werdegang spiegelt unsere Ausführungen im dritten Kapitel wider, denn er verließ die Neue Linke, als die Bewegung Israel wegen seines Rassismus und Imperialismus verurteilte. Während des arabisch-israelischen Krieges 1967 gestand er Henry Kissinger, dass seine "Taubenseite an der Tür eines Delikatessenladens endete" (*ebd.* S. 185) und viele Mitarbeiter seiner Zeitschrift befürchteten, dass alle Fragen nur auf der Grundlage der Frage "Ist das gut für die Juden" beantwortet würden. " (*ebd.* S. 186). Tatsächlich wurde ein Verantwortlicher der Zeitschrift angewiesen, Informationen aus der israelischen Botschaft zu holen, um sie in den Leitartikeln von *TNR zu verarbeiten*. "Zu sagen, dass der Eigentümer von *TNR von* Israel besessen ist, ist ein milder Euphemismus, außerdem gibt er das selbst zu. Vor allem aber ist Peretz besessen von Israelkritikern, ehemaligen Israelkritikern und Leuten, die noch nie etwas von Israel gehört haben, aber eines Tages jemanden treffen könnten, der eines Tages ein Kritiker werden könnte" (*ebd.* S. 195).

Auch in der literarischen Welt war die einflussreiche linksgerichtete Zeitschrift *Partisan Review* (*PR*) das wichtigste Aushängeschild der "New York Intellectuals", einer Gruppe, die von Zeitschriftenredakteuren mit jüdischer ethnischer Identität dominiert wurde und den politischen und kulturellen Institutionen Amerikas zutiefst fremd war. Clement Greenberg, ein einflussreicher Kunstkritiker, der in den 1940er Jahren zur Etablierung der Bewegung des abstrakten Expressionismus beitrug, ist ein archetypischer Vertreter dieser Gruppe. Er machte sich einen Namen, ohne auch nur einen Schritt aus dem jüdisch-intellektuellen Milieu zu machen. Er war Redakteur bei *PR* und *Contemporary Jewish Record* (dem Vorläufer von *Commentary*), dann lange Zeit Redakteur bei *Commentary* unter Elliot Cohen und gleichzeitig Kunstkritiker für *The Nation*.

Es gab also eine Überschneidung zwischen den offiziellen jüdischen Publikationen und den säkularisierten intellektuellen Zeitschriften, die mit den *New York Intellectuals in* Verbindung gebracht wurden. Tatsächlich wurde *Commentary*, eine vom American Jewish Committee herausgegebene Zeitschrift, schließlich zum bekanntesten Organ der *New York Intellectuals, das dazu* diente, ihre Ideen einem breiteren Publikum zu vermitteln, sich aber auch mit spezifisch jüdischen Themen befasste. Neben Greenberg waren mehrere Mitglieder der Gruppe als Redakteure bei *Commentary tätig*, darunter Robert Warshow, Nathan Glazer, Irving Kristol, Sidney Hook und Norman Podhoretz; Philip Rahv, Redakteur bei *PR*, war auch Redakteur bei *Contemporary Jewish Record*. Angesichts der Überschneidungen zwischen Redakteuren und Beitragenden kann man davon ausgehen, dass es sich bei den mit den *New York Intellectuals* assoziierten Zeitschriften um folgende handelt: *PR*, *Commentary*, *Menorah Journal*, *Dissent*, *The Nation*, *Politics*, *Encounter*, The *New Leader*, The *New York Review of Books*, The *Public Interest*, *The New Criterion*, The *National Interest* und *Tikkun*.

Ursprünglich war die *PR* ein Ableger der Kommunistischen Partei und ihre wichtigsten Funktionäre waren alle Marxisten und Bewunderer Trotzkis. Doch in den 1940er Jahren wurde die Psychoanalyse immer wichtiger (Lional Trilling erklärte beispielsweise, dass ihre Loyalität eher Freud als Marx gelte [Jumonville, *Critical Crossings: The New York Intellectuals in Postwar America* S. 126]); außerdem beeinflussten und inspirierten sich die Frankfurter Schule und die *New York Intellectuals* gegenseitig. Die *New York Intellectuals* wechselten schließlich nach und nach von der Verteidigung der sozialistischen Revolution zur Verteidigung des Anti-Nationalismus und Kosmopolitismus und propagierten eine "breite und integrative Kultur", in der kulturelle Unterschiede geschätzt würden (Cooney, *The Rise of the New York Intellectuals: Partisan Review and Its Circle*, S. 233). (Wie wir im siebten Kapitel sehen werden, veröffentlichte *Commentary in* den 1950er Jahren Artikel, die den Multikulturalismus und eine starke Einwanderung aus allen Rassen- und Nationalitätengruppen in die USA befürworteten). Sie sahen sich selbst als marginalisierte und entfremdete Wesen, eine moderne Wiederholung der traditionellen jüdischen Entfremdung und Trennung von der Kultur der Nichtjuden.

"Sie glaubten nicht, dass sie zu Amerika gehörten oder dass Amerika ihnen gehörte" (Podhoretz, *Breaking Ranks: A Political Memoir*, S. 117; Hervorhebung im Text). Ein Journalist des *New Yorker* fragte Podhoretz in den 1950er Jahren, ob es in der *Partisan Review* Schreibmaschinen gebe, auf denen das Wort "Entfremdung" auf einer einzigen Taste geschrieben stehe (Podhoretz, *a. a. O.*, S. 283). Sie vertraten humanistische und säkulare Positionen und wandten sich zumindest teilweise wegen der früheren Assoziationen zwischen Antisemitismus und der christlich-religiösen Ideologie gegen religiöse Werte. Auf jeden Fall "folgte die Arbeit der *New Yorker Intellektuellen* in den 1930er und 1940er Jahren einem kontinuierlichen Leitfaden (...) Sie hielten sich an die Werte des Kosmopolitismus (...) Ihre Loyalität zu diesen Werten wurde durch ihr Bewusstsein, Jude zu sein, verstärkt, und dieses Bewusstsein trug dazu bei, dass die von *Partisan Review* verkörperte Variante des Kosmopolitismus eine intellektuelle Sonderstellung einnahm" (Cooney, *a. a. O.*, S. 245).

Der Einfluss der *New York Intellectuals* auf die amerikanische Hochkultur der 1940er und 1950er Jahre, insbesondere in den Bereichen Literaturkritik, Kunstkritik, Soziologie und "hochkarätiger Journalismus" (Jumonville, *a. a. O.*, S. 9), kann kaum überschätzt werden. Irving Kristol erinnert an die einschüchternde Präsenz von *PR* unter seinen Studienfreunden. Wie der Kunstkritiker Hilton Kramer schrieb:

> Für einige Schriftsteller und Intellektuelle meiner Generation (...), die sich in den späten 40er und frühen 50er Jahren von *PR* angezogen fühlten (...) war es mehr als eine Zeitschrift, es war ein wesentlicher Teil unserer Bildung, ein viel wichtigerer Teil als die Bücher, die wir lasen, als die Museumsbesuche, die wir machten, als die Konzerte, die wir besuchten, und als die Schallplatten, die wir kauften. Er verschaffte uns Zugang zum modernen kulturellen Leben - zu seiner Ernsthaftigkeit, seiner Komplexität, seinem kämpferischen Charakter - auf einem Niveau, das nur wenige unserer Lehrer erreichen konnten (...) Er verlieh allen Themen, die er behandelte - Kunst, Literatur, Politik, Geschichte und Nachrichten - eine

solche intellektuelle Dringlichkeit, dass wir Leser uns einbezogen und aufgerufen fühlten, darauf zu reagieren. ("Reflections on the history of *Partisan Review*" in *The New Criterion* Sept. 1996 S. 43)

Teil 2

Greenberg war in der linksradikalen, jiddischsprachigen Subkultur New Yorks aufgewachsen ("Alle Bekannten in seiner Familie waren Sozialisten. Als Kind glaubte er, *Sozialist* bedeute *Jude*" [Rubenfeld, *Clement Greenberg: A Life*, S. 60]). Wie andere *New Yorker Intellektuelle* war Greenberg stark an seine jüdische Identität gebunden, die seine Arbeit letztlich beeinflusste. "Ich glaube, dass eine Färbung des Judentums in jedem Wort, das ich schreibe, vorhanden ist, wie es bei allen anderen zeitgenössischen jüdischen amerikanischen Schriftstellern der Fall ist" (*in* Rubenfeld, a. a. O., S. 89). Als Chefredakteur des *Contemporary Jewish Record* veröffentlichte Greenberg einen Artikel, der sich offen auf den Antisemitismus von Henry Adams [bedeutender Historiker der zweiten Hälfte des 19. Jahrhunderts und Vertreter des WASP-Elitarismus] bezog, was damals ein Tabu war. Er war auch einer der großen Verfechter des Werks von Franz Kafka, dessen Wort für ihn den jüdischen Inbegriff der Literatur darstellte:

> Die hypnotische und revolutionäre Wirkung der Werke Franz Kafkas (...) auf die literarische Avantgarde ist in der Geschichte ohne Vergleich (...) Alles deutet darauf hin, dass Kafka allein ein neues literarisches Zeitalter heraufbeschworen hat, indem er eine Richtung jenseits der Kardinaldefinitionen aufzeigte, auf denen die westliche Literatur bis dahin beruhte. Darüber hinaus bringen Kafkas Schriften vielleicht zum ersten Mal einen einzigartigen und im Wesentlichen jüdischen Begriff von Realität zum Ausdruck, der bisher nur in religiösen Formen zum Ausdruck gekommen war, aber unter seiner Feder einen säkularisierten Ausdruck fand (*ebd.*, S. 92-93).

In der *Partisan Review, anlässlich der* Rezension eines militanten zionistischen Buches von Arthur Koestler, in dem die europäischen Juden verunglimpft und die Zionisten, die Palästina besiedelten, gelobt wurden, drückte Greenberg sein Gefühl der jüdischen Überlegenheit folgendermaßen aus: "Ich würde vorschlagen, dass es nicht unmöglich ist, Bewertungsmaßstäbe anzunehmen, die nicht die westeuropäischen sind. Es ist möglich, dass nach 'welthistorischen' Maßstäben der europäische Jude einen Typus von Exzellenz darstellt, der in der Geschichte seinesgleichen sucht" ('Koestler new novel', *PR 13-1946*, S. 582). 1949 kam es zu einem Konflikt zwischen dem aufstrebenden jüdischen intellektuellen Establishment und dem älteren, hauptsächlich aus Nichtjuden bestehenden *Establishment, bei dem es um die* Frage einer Auszeichnung für Ezra Pound ging, dessen Gedichte seine faschistischen Sympathien und seinen Antisemitismus widerspiegelten. Greenberg betonte den Vorrang der Moral vor der Ästhetik und schrieb, dass "das Leben die Kunst umfasst und über sie siegt, und es beurteilt die Dinge nach ihren Folgen (...) Als Jude kann ich nicht umhin, mich über den Stoff von Pounds letzten Gedichten zu empören. Mehr noch, seit 1943 macht mir so etwas *körperlich* Angst" ('The Pound award', *PR* 16-1949, S. 515; Hervorhebung im Text).

Der Philosoph Sidney Hook seinerseits bekannte sich energisch als Jude. Er war Zionist, ein entschiedener Befürworter Israels und ein Verfechter jüdischer Bildung für jüdische Kinder. Hook spielte eine entscheidende Rolle an der Spitze der Gruppe der *New York Intellectuals* und war, wie wir bereits gesehen haben, Chefredakteur der Zeitschrift *Commentary*. In seinem Artikel Reflections *on the Jewish Question* schrieb er, dass "die Ursachen des Antisemitismus nicht im Verhalten der Juden liegen" (*PR*, 16-1949, S. 465). Stattdessen liegen sie "in den Überzeugungen, Gewohnheiten und der Kultur der Nichtjuden" (*ebd.*, S. 468), insbesondere im Christentum. Der Antisemitismus ist "endemisch in allen christlichen Kulturen, deren Religionen den Juden zum ewigen Bösewicht im christlichen Erlösungsdrama gemacht haben" (*ebd.* S. 471-472).

Hook entwickelte eine ausgefeilte Apologie des Judentums in der modernen Welt. Jude zu sein ist nichts anderes mehr als eine soziale Kategorie ohne ethnischen Unterbau: "*Jude ist jeder, der sich aus irgendeinem Grund so nennt oder innerhalb einer Gruppe so genannt wird, in der es üblich ist, diese Unterscheidung zu berücksichtigen*" (S. 475; Hervorhebung im Text). Hook zufolge gibt es keine jüdischen intellektuellen Bewegungen, abgesehen von denen, die sich wie der Zionismus oder der Chassidismus durch "den sozialen und kulturellen Druck des westlichen Christentums" erklären lassen. Er behauptet, dass jüdische Intellektuelle viel stärker von den Intellektuellen der Nichtjudenheit beeinflusst werden als von ihrem Status als Juden. Tatsächlich entwickelt Hook einen extremen Nominalismus, der im Widerspruch zur gesamten Geschichte des Judentums steht: Unter seiner Feder existieren die Juden als Gruppe überhaupt nicht. Das Judentum ist eine freiwillige Verkettung individueller Atome, deren einzige biologische Verbindungen auf der Ebene der Kernfamilie liegen: "Nur Individuen existieren" (S. 481).

Abgesehen davon betrachtete Hook das Jüdischsein als eine moralische Verpflichtung:

> [Für die meisten Juden] war es praktisch unmöglich, [ihrem Judentum] zu entkommen, weil in den Fällen, in denen dies möglich war, die psychologischen Kosten zu hoch waren und weil es aus moralischer Sicht von Natur aus entwürdigend war, vor irrationalen Vorurteilen zu kapitulieren und die Verwandtschaft mit ihren Vätern und Müttern zu leugnen, die oft gegen alle Widrigkeiten mutig ihre Integrität und ihren Glauben bewahrt hatten, was immer das auch gewesen sein mochte. (p. 479)

Wie so viele andere Linke machte sich Hook den Traum vom menschlichen Universalismus zu eigen, doch dieser Traum "übersieht die Tatsache, dass die Menschen hier und jetzt ein Leben als Juden oder Nichtjuden führen, und das wird noch lange so bleiben; dass dieser Traum auf der Akzeptanz der Unterschiede zwischen den Menschen beruht, nicht auf der Hoffnung auf eine undifferenzierte Einheit; und dass die Mikroben des Antisemitismus sogar jene Bewegungen infizieren, die seine Präsenz offiziell verbieten" (S. 481). (Hook war äußerst sensibel für den Antisemitismus auf der Linken, beginnend mit dem Konflikt zwischen Stalin und Trotzki in den 1920er Jahren, siehe Kapitel 3). Juden würden also noch lange nach der Einführung von Hooks demokratischer und sozialistischer Utopie als Juden weiterleben. In seinen Augen bedeutete ein richtig verstandener linker Universalismus die Akzeptanz der kulturellen Vielfalt nicht nur im Kern der Philosophie des Judentums, sondern auch im Kern der Idee der Demokratie :

> Es wird keine Philosophie des Judentums benötigt, außer dieser, die mit der demokratischen Lebensweise identisch ist. Sie ermöglicht Juden, die aus dem einen oder anderen Grund ihre jüdische Existenz akzeptieren, ein würdiges und kraftvolles Leben zu führen, ein Leben, in dem sie

gemeinsam mit ihren Mitmenschen für die Verbesserung der Qualität demokratischer und säkularer Kulturen kämpfen und dabei die kulturelle Vielfalt, sowohl die jüdische als auch die nichtjüdische, bestmöglich fördern (...).) Vorausgesetzt, man nimmt ihm seinen Utopismus und sein Nichtverstehen der Tatsache, dass die Ethik der Demokratie nicht eine Gleichheit der Ähnlichkeit oder Identität, sondern eine Gleichheit der Unterschiede voraussetzt, ist der Universalismus im Wesentlichen eine gültige Position. (p. 480-481)

Nach Hook ist die Vielfalt der Erfahrungen [einschließlich der kulturellen und ethnischen Vielfalt], ob direkt oder indirekt, unmittelbar angenehm (...) Sie bewahrt uns vor Provinzialismus und der Tyrannei der vertrauten Dinge, deren Griff so stark ist, dass er uns manchmal unfähig macht, die neuen Antworten zu geben, die das Überleben erfordert (...) Reife zu erlangen, bedeutet für viele, Unterschiede schätzen zu lernen." Hook formuliert also das grundlegende jüdische Interesse an ethnischer Vielfalt, das wir im nächsten Kapitel, das sich mit der jüdischen Beteiligung an der US-Migrationspolitik befasst, ausführlich erörtern werden.

Zu den *New York Intellectuals gehörten* die folgenden jüdischen Persönlichkeiten, die grob nach ihrem Haupttätigkeitsfeld geordnet sind, obwohl sie eher Generalisten als Spezialisten waren: Elliot Cohen (Chefredakteur des *Menorah Journal* und Gründer von *Commentary*); Sidney Hook, Hannah Arendt (politische Philosophie, politischer und intellektueller Journalismus); William Phillips und Philip Rahv (Chefredakteure von *PR*; Literaturkritik, intellektueller Journalismus) ; Lional Trilling, Leslie Fiedler, Alfred Kazin und Susan Sontag (Literaturkritik); Robert Warshow (Film- und Kulturkritik); Isaac Rosenfeld, Delmore Schwarz, Paul Goodman, Saul Bellow und Norman Mailer (Belletristik und Poesie, Literaturkritik); Irving Howe (politischer Journalismus, Literaturkritik); Melvin J. Lasky, Norman Podhoretz und Irving Kristol (politischer Journalismus); Nathan Glazer, Seymour Martin Lipset, Daniel Bell, Edward Shils, David Riesman und Michael Walzer (Soziologie); Lionel Abel, Clement Greenberg, George L. K. Morris, Meyer Schapiro und Harold Rosenberg (Kunstkritik).

Die *New York Intellectuals* verfolgten ihre gesamte Karriere in einem jüdischen sozialen und intellektuellen Umfeld. In Rubenfelds Liste der Persönlichkeiten, die Greenberg in seiner New Yorker Wohnung empfangen hatte, wird als einziger Nichtjude der Künstler William de Kooning erwähnt. Aufschlussreich nennt Wrezin Dwight Macdonald, Trotzkist und *PR-Mitarbeiter*, "den vornehmen Goy inmitten der Partisanskys". Der Schriftsteller James T. Farrell war ein weiterer Nichtjude, aber sein Tagebuch zeigt, dass er einen Großteil seines Lebens in einem fast vollständig jüdischen Umfeld verbracht hatte und ununterbrochen mit den *New York Intellectuals* interagierte. Podhoretz gab zu, dass die Gruppe eine "Familie" bildete: Wenn sie zu einem Heurigen eingeladen waren, kamen sie zur gleichen Zeit an und blieben unter sich.

Kulturkritik war ein zentraler Bestandteil der Arbeit der *New York Intellectuals*. Philip Rahv schrieb, dass die modernistische Kultur angesichts der Kulturkritik, die sie in sich trug, wichtig war. Der Modernismus förderte "die Schaffung moralischer und ästhetischer Werte, die dem bürgerlichen Geist entgegenwirkten und ihm oftmals heftig kritisch gegenüberstanden". "Was ist die moderne Literatur anderes als ein rachsüchtiger, neurotischer und ständig wieder aufgenommener Streit gegen die moderne Welt?". Diese Einschätzungen des kritischen Potenzials selbst der abstraktesten Kunst spiegelten die Ansichten der Theoretiker der Frankfurter Schule, Adorno und Horkheimer, wider. Letzterer hatte geschrieben, dass "selbst der ätherischsten Kunst ein Element des Widerstands innewohnt" ('Art and mass culture' in *Studies in Philosophy and Social Science*, S. 291).

Die *New York Intellectuals sind ein* Beispiel für die für die Bewegungen, die wir in diesem Buch untersuchen, typische Tendenz, moralischen und intellektuellen Dünkel auszustrahlen, verbunden mit einer ausgefeilten Praxis der *Realpolitik*, die die Macht der Endogruppe fördern und festigen soll. Aus ihrer Sicht verbanden die *New York Intellectuals* "aufrichtige Loyalität zu Werten, die belagert wurden, mit einem bestimmten Bild, dem einer fernen und entfremdeten *Intelligenz*, die ihre Linie gegen die Korruption des Gewissens und des Geistes standhaft durchhielt" (Cooney, *The Rise of the New York Intellectuals: Partisan Review and Its Circle*, S. 18). Ich habe bereits darauf hingewiesen, dass Clement Greenberg der Moral den Vorrang vor der Ästhetik einräumte, und Lionel Trilling war der Ansicht, dass sich die

Literaturkritik vor allem um "die Qualität, die das Leben nicht hat, aber haben sollte" kümmern sollte (*in* Jumonville, *a. a. O.*, S. 123). Die scharfen, emotionalen und oft moralistischen Positionen der *New Yorker Intellektuellen und* ihre Tendenz, ihre eigenen Ansichten mit reiner intellektueller Integrität gleichzusetzen, standen im Widerspruch zu ihren öffentlich verkündeten Bekenntnissen zu Offenheit und freiem Denken, die von ihrem Bekenntnis zu kosmopolitischen Werten geprägt waren" (Cooney, *a. a. O.*, S. 265).

> Der Elitarismus ihrer Weltanschauung war nicht von der sozioökonomischen Art, die an den Privilegien der Großbourgeoisie hängt. Nein, es war ein intellektueller Elitismus, der einer Jeffersonschen Aristokratie des Talents, der Fähigkeit, der Intelligenz und der kritischen Schärfe. Sie waren um die Aufrechterhaltung ihrer intellektuellen Berufung und der damit verbundenen Werte besorgt. Darüber hinaus waren sie eine Elite im Sinne von Auserwählten oder Auserwählten. Aber all diese Arten von Elitedenken hatten etwas gemeinsam: Sie waren Wege, die Macht einer einzigen Gruppe zu erhalten, die zu einer paternalistischen Herablassung gegenüber den unteren Schichten der Gesellschaft führten. (Jumonville, *a.a.O.*, S. 169)

Diese Herablassung und Respektlosigkeit gegenüber den Ideen anderer wird besonders deutlich, wenn man sich die Haltung der *New York Intellectuals gegenüber* der amerikanischen Kultur, insbesondere der des ländlichen Amerikas, ansieht. Es gibt viele Überschneidungen zwischen den *New York Intellectuals* und den antipopulistischen Kräften, die die *Autoritäre Persönlichkeit,* wie wir im fünften Kapitel gesehen haben, dazu benutzt hatten, das Verhalten der amerikanischen Gutmenschen und insbesondere der Mittelschicht zu pathologisieren. Die *New York Intellectuals* waren kulturelle Elitisten, die die kulturelle Demokratie verabscheuten und die Massen fürchteten, ohne aufzuhören, politisch links zu sein. Diese Bewegung war "ein elitärer Linker - ein linker Konservatismus, könnte man sagen -, der sich langsam in einen Neokonservatismus verwandelte" (*ebd.* S. 185). Die *New York Intellectuals* verbanden das ländliche Amerika "mit Autochthonismus, Antisemitismus, Nationalismus und Faschismus sowie mit Antiintellektualismus und Provinzialismus; das städtische hingegen wurde mit ethnischer und kultureller Toleranz, Internationalismus und fortschrittlichen Ideen in Verbindung gebracht (...).) Die *New York*

Intellectuals gingen schlichtweg davon *aus*, dass das Ländliche - das in ihren Augen den Großteil der amerikanischen Tradition und des amerikanischen Territoriums jenseits von New York umfasste - nicht viel zu einer kosmopolitischen Kultur beizutragen hatte (...) Indem diese Schriftsteller kulturelle und politische Fragen durch das Prisma der Beziehung zwischen Stadt und Land interpretierten, konnten sie unter der Maske objektiver Sachkenntnis verächtliche und antidemokratische Gefühle zum Ausdruck bringen" (Cooney, *a.a.O., S. 17). cit.* S. 267-268; Hervorhebung im Text). Im siebten Kapitel werden wir sehen, dass der Kampf zwischen dem ländlichen Amerika und dem städtischen, intellektuellen und politischen *Establishment,* das von allen dominanten jüdischen politischen Organisationen unterstützt wurde, um die Frage der Einwanderung geführt wurde.

Partisan Review hatte diese Mentalität, die Endogruppe und Exogruppe klar voneinander trennte, genauso wie die anderen jüdischen intellektuellen Bewegungen, die wir in diesem Buch untersuchen. Norman Podhoretz bezeichnete die *PR-Leute* als eine "Familie", deren Einheit sich "aus dem Gefühl der Isolation und Marginalisierung, das auch die Meister der modernistischen Bewegung hatten, aus dem Elitarismus - der Überzeugung, dass *die anderen es nicht* wert sind, beachtet zu werden, außer um angegriffen zu werden, und dass sie es nicht wert sind, schriftlich diskutiert zu werden -" ableitete; und auch aus einem anderen Gefühl, einer Art Verzweiflung in Bezug auf das Schicksal der amerikanischen Kultur im Allgemeinen, gepaart mit der Überzeugung, dass moralische Integrität nur unter *uns* möglich ist. " Es war eine Inselwelt, in der die einzigen, die wirklich existierten, die Mitglieder der Endogruppe waren: "Die Familie hatte für niemanden außerhalb ihrer selbst ein Auge, außer vielleicht für diesen oder jenen Cousin (...) In die Familie adoptiert zu werden, war ein Markenzeichen: Es bedeutete, dass man als wertvoll anerkannt wurde, dass man als Schriftsteller und Intellektueller *existierte*" (*Making It*, S. 115-116; Hervorhebung im Text).

Wie die anderen intellektuellen Bewegungen, die wir untersuchen, hatte *PR* eine Kultur der Gemeinschaft und der Gruppe, "ein Gefühl für ein gemeinsames Ziel und Solidarität rund um die Zeitschrift"; bei einem Schriftsteller drehten sich die wichtigsten Überlegungen darum, ob er "ein Schriftsteller unserer Art" war (Cooney, a. a. O., S. 225 und 249). Innerhalb dieser Gruppe, die sich selbst als entfremdet und ausgegrenzt sah, herrschte eine Atmosphäre der sozialen Unterstützung, die unbestreitbar nach Art der traditionellen jüdischen Endogruppensolidarität funktionierte und einer moralisch und intellektuell minderwertigen Außenwelt den Rücken kehrte. Sie sahen sich als "rebellierende Intellektuelle, die eine Minderheitenposition verteidigten und die besten Traditionen der extremen Linken pflegten" (*ebd.*, S. 265). *PR* bot ihren Mitgliedern "einen Hafen des Friedens und der Unterstützung" und eine soziale Identität; die Zeitschrift "diente dazu, vielen ihrer Mitglieder zu versichern, dass sie nicht allein auf der Welt waren, dass es genügend sympathisierende Intellektuelle gab, die sie sozial und beruflich unterstützen konnten" (*ebd.* S. 249). Man kann einen kontinuierlichen Faden verfolgen, der von dieser "kohärenten und erkennbaren Gruppe" von Intellektuellen ausgeht, "die ihre Karriere als kommunistische Revolutionäre in den 1930er Jahren begonnen hatten und während des konservativen Jahrzehnts der 1950er Jahre zu einem institutionalisierten und sogar hegemonialen Bestandteil der amerikanischen Kultur wurden, ohne dabei aufzuhören, ein hohes Maß an kollektiver Kontinuität aufrechtzuerhalten" (Wald, The *New York Intellectuals: The Rise and Decline of the Anti-Stalinist Left from the 30's to the 80's,* S. 12 und 10).

Angesichts der zahlreichen Überschneidungen und Allianzen, die dieses jüdische intellektuelle Milieu hervorbrachte, wurden Stimmen gegen dieses jüdische literarische *Establishment laut*, das die Macht hatte, über Erfolge in der literarischen Welt zu entscheiden, und das die Karrieren jüdischer Schriftsteller förderte. In ihren Vorhaltungen hatten Truman Capote und Gore Vidal diesen jüdischen Gruppenzusammenhalt im Blick. Capote sprach von einer "jüdischen Mafia" in der Literaturwelt, von einer "Clique von Schriftstellern mit New Yorker Tendenz, die über ihre intellektuellen Zeitschriften den Großteil der Literaturszene kontrollieren. All diese Publikationen werden von Juden dominiert und diese Clique benutzt sie, um Autoren zu fabrizieren oder zu brechen, indem sie sie der Aufmerksamkeit aussetzt oder nicht über sie spricht" (*in* Podhoretz, 'the hate that dare not speak its name', *Commentary* #82 - 1986, S. 23).

Ich nehme an, dass diese sich wiederholenden Assoziationsmuster nicht nur auf gewissen bewussten Gefühlen eines gemeinsamen Judentums beruhen, sondern auch auf einer unbewussten Solidarität unter Juden, die Allianzen in alle Richtungen und die sich wiederholenden Muster der gegenseitigen Bezugnahme, die wir soeben beobachtet haben, begünstigt. Greenwald und Schuh halten die Diskriminierungseffekte, die ihre Studie bei jüdischen Wissenschaftlern aufzeigt, für etwas Unbewusstes, zum Teil weil sie dieselben sich wiederholenden Muster der ethnischen Diskriminierung zwischen Juden und Nichtjuden bei Wissenschaftlern beobachteten, die zum Thema Vorurteil forschten, und es vernünftigerweise anzunehmen war, dass diese Wissenschaftler diese sich wiederholenden Muster der ethnischen Diskriminierung nicht bewusst übernehmen würden. Und tatsächlich deutet ein beachtlicher Korpus an Forschungsergebnissen auf das Vorhandensein von unbewussten Vorurteilen bei Menschen hin, die sich selbst als vorurteilsfrei definieren, und zwar auf der Grundlage von Aussagen, die den Anschein von Ehrlichkeit haben. Diese Erkenntnisse passen gut zu der Vorstellung von der Bedeutung des Selbstbetrugs im Judentum (vgl. *Separation and Its Discontents*, Kap. 8): Jüdische Wissenschaftler, die sich selbst als völlig vorurteilsfrei wahrnehmen, bevorzugen unbewusst die Mitglieder der eigenen Endogruppe.

Viele Beispiele für diese tiefe jüdische Solidarität habe ich im ersten Kapitel von *Separation and Its Discontents* angeführt, und diese Gefühle sind auch für Freud charakteristisch, wie wir im vierten Kapitel dieses Buches gesehen haben. Sie finden sich illustriert in der Bemerkung von Robert Reich, Bill Clintons Arbeitsminister, über sein erstes Treffen mit Alan Greenspan, dem Vorsitzenden der *Federal Reserve*:

> Wir waren uns nie begegnet, aber ich hatte ihn sofort erkannt. Ein einziger Blick, ein einziger Satz und ich wusste, wo er aufgewachsen war, wie er aufgewachsen war, woher er seine Energie und seinen Sinn für Humor hatte. Er ist New York. Er ist jüdisch. Er sieht aus wie mein Onkel Luis, er spricht wie mein Onkel Sam. Ich habe das Gefühl, ihm bei Hochzeiten, Bar Mizwas und Beerdigungen unzählige Male begegnet zu sein. Ich kenne seine genetische Struktur. Ich bin mir sicher, dass wir, wenn wir fünf Jahrhunderte oder vielleicht weniger zurückgehen, einen gemeinsamen Vorfahren haben (*Locked in the Cabinet*, S. 79).

Daniel Bell, ein Mitglied der *New York Intellectuals*, bemerkte: "Ich bin in *Galut* [hebräisches Wort für: im Exil, in der Diaspora. Anm. d. Ü.] geboren und akzeptiere - jetzt mit Freude, früher mit Mühe - die doppelte Last und die doppelte Freude meines Gewissens: nach außen hin das Leben eines Amerikaners und insgeheim das innere Leben eines Juden zu leben. Ich schreite mit dem Zeichen eines Siegels zwischen meinen Augen voran, das für die Augen einiger mit demselben Geheimnis behafteter Wesen ebenso sichtbar ist wie das ihre für das meine" ('Reflections of Jewish identity', *Commentary* #31 - 1961, S. 477).

Der Theologe Eugene Borowitz schreibt seinerseits, dass sich Juden in sozialen Situationen gegenseitig suchen und sich "viel wohler" fühlen, sobald sie herausgefunden haben, wer ein Jude ist (*The Mask Jews Wear: Self-Deceptions of American Jewry*, S. 136). Darüber hinaus "sagen die meisten Juden, dass sie mit einem sensorischen Gerät zur Unterscheidung von Freund und Feind ausgestattet sind, das es ihnen ermöglicht, die Anwesenheit eines anderen Juden auch hinter den dicksten Tarnungen zu erkennen." Diese tiefen, typischerweise unbewussten Verbindungen genetischer Ähnlichkeit und das Gefühl eines gemeinsamen Schicksals als Mitglieder einer Endogruppe haben innerhalb der militanten, intellektuellen und politischen jüdischen Gruppen, die wir in dieser Studie untersuchen, sehr starke Bindungen hervorgebracht.

Teil 3

Die in *Separation and Its Discontents* (Kap. 1) dargelegte Theorie der individuellen Unterschiede in Bezug auf Individualismus und Kollektivismus sieht vor, dass Juden aufgrund ihres relativ starken genetischen und umweltbedingten Impulses in Richtung Kollektivismus besonders von solchen Gruppen angezogen werden. Sulloway hat in *Freud: Biologist of the Mind* die religiöse und "quasi-sektiererische" Aura beschrieben, von der die Psychoanalyse durchdrungen war - ein Aspekt, der gut zu der Vorstellung passt, dass das Judentum nicht verstanden werden kann, ohne die psychologischen Mechanismen zu erfassen, die der Teilnahme an religiösen Kulten zugrunde liegen. Unter diesen Umständen geht die Parallelität zwischen dem traditionellen Judentum und der Psychoanalyse als einer eng verbundenen und autoritären Endogruppe, die ihren Mitgliedern eine erzwungene Konformität einimpft, weit über die bloße formale Struktur der Bewegung hinaus. Es berührt auch jene persönlich und tief empfundene Einbindung, die ähnlich geartete psychologische Bedürfnisse befriedigt. Aus der Sicht, die ich in meinem oben genannten Buch entwickelt habe, ist es keineswegs überraschend, dass die von Juden aufgebauten und beherrschten säkularen Organisationen, einschließlich der radikalen linken politischen Bewegungen und der boasianischen Anthropologie, letztendlich die gleichen psychologischen Systeme ansprechen wie einst das traditionelle Judentum. Auf einer elementaren Ebene beinhaltet das Judentum die Verpflichtung gegenüber einer exklusiven Gruppe, die aktiv Barrieren zwischen der Endogruppe und dem Rest der Welt aufrechterhält.

Dieser Gruppenzusammenhalt zeigt sich besonders deutlich im Fall der jüdischen Intellektuellen, die auch dann noch als geschlossene Gruppen funktionierten, nachdem der Antisemitismus der Nazizeit sie zur Emigration gezwungen hatte. Dies war der Fall bei der Psychoanalyse und dies war der Fall bei der Frankfurter Schule. I. L. Horowitz berichtet, dass ein ähnliches Muster bei den sehr einflussreichen Philosophen des Wiener Kreises zu finden ist.

In der intellektuellen Welt förderte der Zusammenhalt dieser Gruppen die Verbreitung bestimmter Ansichten innerhalb der akademischen Berufsverbände (z. B. das Boasian-Programm in der *American Anthropological Association*, die Psychoanalyse in der *American Psychiatric Association*). Rothman und Lichter weisen darauf hin, dass Juden in den akademischen Gesellschaften der 1960er Jahre geschlossene, politisch extrem links orientierte Untergruppen bildeten und dominierten. Beide Autoren haben ihre Präsenz in den Bereichen der offiziellen Gesellschaften für Wirtschaft, Politikwissenschaft, Soziologie, Geschichte und in der *Modern Language Association* dokumentiert. Sie legen auch nahe, dass die jüdischen Gelehrten dieser Zeit ein umfassenderes politisches Projekt verfolgten: "Wir haben bereits auf die Schwächen einiger dieser Studien [über die jüdische Beteiligung an politischen Bewegungen der radikalen Linken] hingewiesen. Wir vermuten, dass viele der "Wahrheiten", die in anderen Bereichen der Sozialwissenschaften in dieser Zeit aufgestellt wurden, mit denselben

Schwächen behaftet sind. Die Akzeptanz dieser Thesen (...) hat wahrscheinlich genauso viel mit der Veränderung des ethnischen und ideologischen Charakters derjenigen zu tun, die die Welt der Sozialwissenschaften beherrschten, wie mit einem echten Erkenntnisfortschritt" (*Roots of Radicalism: Jew, Christians, and the New Left*, S. 104). Sachar wiederum wies darauf hin, dass der *Caucus fot a New Politics* der *American Political Science Association* "hauptsächlich jüdisch" war (*A History of Jews in America*, S. 804) und dass die *Union of Radical Political Economists in* ihren Anfängen von einer Überrepräsentation der Juden geprägt war. Wie wir von Higham erfahren, begünstigte der unglaubliche Erfolg der *autoritären Persönlichkeit in* der Zeit nach dem Zweiten Weltkrieg außerdem den "außerordentlichen Aufstieg" von Juden, die sich um Antisemitismus sorgten, in den geisteswissenschaftlichen Abteilungen (*Send These to Me: Immigrants in Urban America*, S. 154).

Sobald eine Organisation von einer intellektuellen Perspektive dominiert wird, entsteht eine enorme intellektuelle Trägheit, die dadurch verursacht wird, dass die informellen Netzwerke, die die Eliteuniversitäten dominieren, als Wächter fungieren, die die nächste Generation von Lehrern auswählen. Sowohl jüdische als auch nichtjüdische Aspiranten werden im ersten und zweiten Studienzyklus einer intensiven Indoktrination unterzogen und stehen unter enormem psychologischen Druck, die intellektuellen Grundprinzipien zu übernehmen, die das Machtsystem des jeweiligen Fachs ausmachen. Wie wir im ersten Kapitel gesehen haben, ist es nicht verwunderlich, dass sich Nichtjuden zu jüdischen Intellektuellen hingezogen fühlen, wenn eine von Juden dominierte intellektuelle Bewegung die Schwelle zur Übermacht überschreitet.

Der Gruppenzusammenhalt zeigt sich auch in der Entwicklung von Götzensekten, die die Leistungen ihrer Führer in den Himmel loben (Boasianische Anthropologie und Psychoanalyse). In ähnlicher Weise berichtete Whitfield von einer gewissen "grotesken Verehrung" für den zionistischen Gelehrten Gershom Scholem (*American Space, Jewish Time*, S. 32). Daniel Bell, Soziologe in Harvard und führendes Mitglied der *New York Intellectuals, bezeichnete* Scholems Werk *Sabbatai Tsevi: The Mystical Messiah* als das wichtigste Buch der gesamten Zeit nach dem Zweiten Weltkrieg. Die Schriftstellerin Cynthia Ozick erklärte: "Es gibt einige meisterhafte Werke über den menschlichen Geist, die sein gewöhnliches Verständnis so unerwartet und in so gewaltigen Dimensionen verändern, dass die gesamte Kultur auf den Kopf gestellt wird: Kein einziger Gegenstand entgeht mehr der seltsamen Beleuchtung dieses neuen Wissens (...) Die Anhäufung grundlegender Einsichten ist so groß, dass dieses Werk die Macht einer Naturgewalt erlangt. Das Werk von Gershom Scholem besitzt eine solche Kraft, und *Sabbatai Tsevi*, sein Eckstein, übt seinen Druck auf das Bewusstsein mit der ganzen Kraft nicht nur seiner unverwundbaren Gelehrsamkeit aus, die einen wie eine steigende Flut überschwemmt, sondern auch seiner einzigartigen Intelligenz der menschlichen Natur." Whitfield kommentiert hier: "Kaum hatte man Ozicks Papier zu Ende gelesen, wirkte Aristoteles selbst wie ein Schulversager, und selbst Freud wurde zu einem 'Guckloch in einen dunklen Korridor' degradiert, während Scholem zu einem 'Radioteleskop, das das Universum abtastet' wurde". (Neben dieser aggressiven ethnischen Werbung wurde Scholem vielleicht aufgrund der Tatsache, dass er in seinen Werken bewusst den jüdischen Partikularismus minderte, als Denker von universeller Bedeutung angesehen.)

Es ist nicht uninteressant, neben den Beispielen, die wir in den vorangegangenen Kapiteln vorgestellt haben, auch auf andere Beispiele für zusammengeschweißte Gruppen jüdischer Intellektueller hinzuweisen. Im Spanien des 16. Jahrhunderts schloss sich eine konzentrierte Gruppe jüdisch-konvertierter Intellektueller zusammen, um die Universität von Alcalá zu einer Hochburg des Nominalismus zu machen - einer Doktrin, die weithin als religiös subversiv angesehen wurde (vgl. Gonzalez, 'The intellectual influence of Conversos Luis and Antonia Coronel in sixteenth-centry Spain' in *Marginated Groups* in *Spanish and Portugese History*). George Mosse beschrieb seinerseits eine vorwiegend jüdische Gruppe linker Intellektueller im Weimarer Deutschland, die "durch die Zeitungen, die sie sich angeeignet hatten, einen gewissen Grad an Zusammenhalt erreicht hatten" (*Germans and Jews: The Right, the Left, and the Search for a "Third Force" in pre-Nazi Germany*, S. 172). Ähnlich beschrieb Irving Louis Horowitz eine "organische Gruppe" österreichischer marxistischer Intellektueller aus der Zeit vor dem Zweiten Weltkrieg, die "mindestens eine jüdische Herkunft, höchstens eine zionistische Orientierung gemeinsam hatten" (*op. cit.*, S. 123). Er fügt hinzu, dass diese Gruppe österreichischer Marxisten und die Frankfurter Schule "gemeinsame ethnische und religiöse Wurzeln hatten (...), ohne die Überschneidung zwischen den Netzwerken und Anhängern der einen und der anderen Gruppe zu vergessen", die letztlich aus der Einheit der deutschen Judenschaft der Vorkriegszeit herrührte.

Ein weiteres interessantes Beispiel ist die eng verbundene Gruppe neukantianischer jüdischer Intellektueller, die an der Universität Marburg unter der Leitung von Hermann Cohen im späten neunzehnten Jahrhundert ansässig war. Cohen (1842-1918), der seine Karriere als Dozent an einem Rabbinerseminar beendet hatte, lehnte den Historismus der *volkischen* Denker und Hegelianer zugunsten einer idealistischen Version des Kantschen Rationalismus ab. Sein Ziel war es, das ideale Deutschland in universellen moralischen Begriffen zu definieren, die das Fortbestehen des jüdischen Partikularismus rationalisieren könnten: "Ein Germanismus, der von mir verlangen würde, meine Religion und mein religiöses Erbe aufzugeben, würde ich nicht als einen nationalen Rahmen anerkennen, der mit der Staatsmacht ausgestattet und mit ihrer Autorität bekleidet wäre (...).) Ein Germanismus, der eine solche Aufgabe des religiösen Bewusstseins fordern oder sogar die Idee davon gutheißen würde, wenn er sie nicht verwirklicht, stünde im Widerspruch zum welthistorischen Impuls des Germanismus" (zitiert *in* Scwarzchild, "Germanism and Judaism" - Hermann Cohen's normative paradigm of the German-Jewish Symbiosis", in *Jew and Germans from 1860 to 1933*, S. 143).

Die Marburger Schule betrachtet wie die Frankfurter Schule die Existenz des Judentums einerseits und die Ablehnung einer ethnischen Definition der deutschen Nation, die die Juden davon ausschließen würde, andererseits als absolute moralische Imperative. In Cohens philosophischer Utopie verschmelzen verschiedene "sozio-historische Einheiten nicht zu einer einzigen, sondern leben friedlich und kreativ miteinander" (*ebd.*, S. 140), ein Ausdruck, der an Horace Kallens kulturellen Pluralismus anknüpft, den wir im siebten Kapitel untersuchen werden. Cohens Gruppe wurde von den Antisemiten als Träger eines ethnischen Projekts betrachtet, und Schwarzchild bemerkt, dass "der Geist des Marburger Neukantianismus in der Tat schwer vom Judentum seiner Anhänger bestimmt wurde" (*ebd.* S. 145). Der Marburger Schule wurde gemeinhin vorgeworfen, historische Texte in übertriebener Weise neu zu interpretieren, insbesondere Texte von jüdischen Autoren wie Maimonides, deren Ethnozentrismus wohlbekannt ist, die aber so interpretiert wurden, dass sie den universellen moralischen Imperativ veranschaulichten. Als Indiz für Täuschung oder Selbstbetrug gibt es bei Cohen eine Spannung zwischen seinem deutschen Nationalismus und seinen Erklärungen, in denen er sich sehr um die Leiden der Juden in anderen Ländern sorgt, begleitet von Appellen an sie, dem Beispiel der deutschen Juden zu folgen.

In den 1920er Jahren gab es in den USA einen "eigenen Klüngel" jüdischer Intellektueller (Lionel Trilling, Herbert Solow, Henry Rosenthal, Tess Slesinger, Felix Morrow, Clifton Fadiman, Anita Brenner), der sich um das *Menorah Journal* unter der Leitung von Elliot Cohen (der später die Zeitschrift *Commentary* gründete) gruppierte. Diese Gruppe, die weitgehend gemeinsame Sache mit den oben beschriebenen *New York Intellectuals machte,* widmete sich der Förderung der Ideen des kulturellen Pluralismus. (Horace Kallen, der den kulturellen Pluralismus als Modell für die USA ins Leben gerufen hatte, war eines der Gründungsmitglieder der *Menorah Society*). Angesichts ihres grundlegend jüdischen politischen Projekts umkreiste diese Gruppe in den 1930er Jahren die Kommunistische Partei und ihre generierten Organisationen mit der Vorstellung, dass "die sozialistische Revolution und ihre Ausweitung die einzige realistische Hoffnung ist, die neben anderen auch die Juden haben, um der Vernichtung zu entgehen" (*in* Wald, *a. a. O.,* S. 32). Darüber hinaus war diese Gruppe, ohne die Ideologie des revolutionären Internationalismus aufzugeben, "der Assimilation durch die herrschende Kultur gemäß ihrem kulturellen Pluralismus feindlich gesinnt" (*ebd.* S. 43) - ein weiterer Hinweis auf die Vereinbarkeit von linkem Universalismus und jüdischer Nichtassimilation, die im dritten Kapitel erörtert wird.

Eine andere Gruppe um Irving Howe, zu der Stanley Plastrik, Emanuel Geltman und Luis Coser gehörten, gründete in den frühen 1950er Jahren die Zeitschrift *Dissent,* als sich die *PR-Clique* mit großen

Schritten vom revolutionären Sozialismus entfernte. Howe schrieb neben seiner linken Sozialkritik auch zahlreiche Artikel über jiddische Literatur und jüdische Geschichte. In ihrem Buch *Die Welt unserer Väter* manifestiert sich eine Sehnsucht nach der jiddischen und sozialistischen Subkultur ihrer Jugend. *Dissent* war in Sachen Kulturkritik stark von der Frankfurter Schule beeinflusst, insbesondere von den Werken von Horkheimer und Adorno sowie von den Schriften von Erich Fromm und Herbert Marcuse, die auf einer Synthese von Freud und Marx basierten. Ähnlich war in der Zeit der Neuen Linken die radikale Gruppe *Foundation for Policy Studies* um eine Gruppe jüdischer Intellektueller zentriert.

Wir haben gesehen, dass unter den Linken die jüdischen Kommunisten dazu neigen, sich jüdische Mentoren zu geben und andere Juden, allen voran Trotzki, als Führer und Märtyrer der Sache zu idealisieren. Selbst die neokonservative Bewegung suchte ihre Inspiration eher bei Leo Strauss als bei konservativen nichtjüdischen Intellektuellen wie Edmund Burke, Russel Kirk oder James Burnham. Pöur Strauss, der ein sehr engagierter Jude war, ist der Liberalismus nur die am wenigsten schlechte Option, die zwischen mehreren noch weniger akzeptablen Optionen (nämlich links- oder rechtsextrem) gewählt werden muss. Strauss beklagt die assimilatorischen Tendenzen der liberalen Gesellschaft und ihre Tendenzen, die im Judentum so grundlegende Gruppenloyalität zugunsten der "Zugehörigkeit zu einer nicht existierenden universellen Gesellschaft" zu brechen (*in* Tarcov & Pangle, 'Epilogue: Leo Strauss and the history of political philosophy', in *History of Political Philosophy,* S. 909). Die politische Philosophie von Leo Strauss, die einen demokratischen Liberalismus befürwortete, war als ein Instrument gedacht, das das Überleben der jüdischen Gruppe in der politischen Welt nach der Aufklärung ermöglichen sollte. J. J. Goldberg wies darauf hin, dass die späteren Neokonservativen vor ihrer Konversion Anhänger des trotzkistischen Theoretikers Max Shachtman waren, der ebenfalls Jude und ein wichtiges Mitglied der *New York Intellectuals* war (siehe auch Irving Kristol's *Memoirs of a Trotskyist*).

In Bezug auf die Psychoanalyse und die Frankfurter Schule und in geringerem Maße auch auf die Boassche Anthropologie haben wir gesehen, dass diese zusammengeschweißten Gruppen alle eine deutlich autoritäre Färbung aufweisen und wie das traditionelle Judentum sehr exklusivistisch und intolerant gegenüber Meinungsverschiedenheiten sind. Cuddihy wies darauf hin, dass Wilhelm Reich das Privileg hatte, sowohl aus der Kommunistischen Partei Deutschlands (wegen seiner "unkorrekten" Ideen über die Ursachen des Faschismus) als auch aus der Psychoanalyse (wegen politischen Fanatismus) ausgeschlossen worden zu sein: "Reich wollte zwei Ideologen aus der Diaspora, Freud und Marx, miteinander vermählen, aber das führte nur zu seiner Trennung von den beiden Bewegungen, die in ihrem Namen sprachen" (*The Ordeal of Civility*, S. 106). Wir erinnern uns an David Horowitz' Beschreibung der Welt seiner Eltern, die in einer *Schulklasse* der KPdSU eingeschrieben waren. Man beachte die Mentalität, die die Endogruppe klar von den Exogruppen trennt, das Gefühl ihrer moralischen Überlegenheit, die Vorstellung, dass sie eine von den Gojim verfolgte Minderheit sind, und die starke autoritäre Färbung und die Ablehnung jeglicher Meinungsverschiedenheit:

> Was meine Eltern getan hatten, als sie in die Kommunistische Partei eintraten und nach Sunnyside zogen, war eine Rückkehr ins Ghetto. Es gab die gleiche Privatsprache, die gleiche hermetisch abgeriegelte Welt, die gleiche duale Haltung, die eine Seite der Außenwelt und die andere dem Stamm gegenüber zeigte. Und vor allem gab es die Gewissheit, im Visier der Verfolgung und der Sondergesetze zu sein, und die Vorstellung einer moralischen Überlegenheit gegenüber der Menge der *Gojim in* der Außenwelt. Es gab auch die gleiche Angst vor der Ausweisung wegen Ketzerei, die die Auserwählten an ihren Glauben fesselte.

Die klare Trennung zwischen Endogruppe und Exogruppe, wie wir sie im *PR-Klüngel* bemerkt haben, war in den linken politischen Gruppen, die zu dieser Zeit hauptsächlich jüdisch waren, ebenso offensichtlich. William Phillips, der Chefredakteur von *PR,* schrieb:

> Die Kommunisten waren Meister darin, eine brüderliche Atmosphäre aufrechtzuerhalten, durch die sich die Insider klar von den Outsidern unterschieden. Man konnte nicht einfach aus der Partei austreten; nein, es bedurfte eines Ausschlusses. Ein Ausschluss aus dem Stamm setzte eine Maschinerie in Gang, die darauf ausgelegt war, den Ausgeschlossenen in einen echten Ausgestoßenen zu verwandeln. Parteimitgliedern wurde verboten, mit dem Ex-Kommunisten zu sprechen, und es wurde eine Hetzkampagne entfesselt, die je nach Bedeutung der ausgeschlossenen

Person unterschiedlich intensiv war. (*A Partisan View: Five Decades of the Literary Life*, S. 41)

Wir haben gesehen, dass die Psychoanalyse Meinungsverschiedenheiten auf vergleichbare Weise behandelt.

Diese Bewegungen neigten dazu, sich um einen charismatischen Führer (Boas, Freud oder Horkheimer) mit einer starken moralischen, intellektuellen und sozialen Vision zu gruppieren, während die Anhänger diesen Führern mit intensiver Hingabe folgten. Missionarischer Eifer und moralische Inbrunst waren, wie wir gesehen haben, tief verwurzelte psychologische Merkmale dieser Menschen. Dieses Phänomen war in der boasianischen Psychoanalyse und Anthropologie und auch, was offen gesagt ironisch ist, in der Kritischen Theorie sichtbar.

> Die Theorie, die Adorno und Marcuse das Gefühl gab, eine Mission zu erfüllen, ob vor oder nach dem Krieg, war eine Theorie der ganz besonderen Art: Inmitten von Zweifeln war sie immer noch eine Quelle der Inspiration, inmitten von Pessimismus wies sie sie auf eine Rettung hin, die durch Wissen und Entdeckung erreicht werden konnte. Das Versprechen wurde weder erfüllt noch verraten; es wurde am Leben erhalten (Wiggershaus, a. a. O., S. 6).

Wie Freud inspirierte Horkheimer eine intensive Loyalität, die sich mit persönlicher Unsicherheit verband (zumindest aufgrund der Tatsache, dass er den Haushalt des Instituts verwaltete), so dass seine Vasallen am Institut, wie Adorno, sich auf ihn fixierten und ihre Rivalen heftig beneideten, in der Hoffnung, die Gunst des Meisters zu erlangen. "Adorno war bereit, sich ganz mit der großen Sache des Instituts zu identifizieren, und maß alles an diesem Maßstab" (*ebd.* S. 160). Als Leo Lowenthal, ebenfalls Mitglied des Instituts, sich darüber beschwerte, dass Adorno "einen Eifer an den Tag legte, der nicht so weit von Groll entfernt war", antwortete Horkheimer, dass es genau das war, was er an Adorno schätzte: "Für Horkheimer zählte nur, dass Adornos eifrige Aggression - die ihm half, die Zugeständnisse an das bürgerliche Universitätssystem in den Werken von Lowenthal, Marcuse, Fromm und noch mehr in den anderen aufzuspüren - in die richtigen Richtungen gelenkt werden konnte, nämlich in solche, die gesellschaftstheoretisch bedeutsam waren" (*ebd.*). p. 163).

Der Zusammenschluss um charismatische Führer (Leon Trotzki,

Rosa Luxemburg) ist ein offensichtliches Merkmal der linksradikalen Juden. Die *New York Intellectuals* wären eine Ausnahme, da diese Gruppe relativ dezentralisiert und von internen Streitigkeiten und Wettbewerben geprägt war, wobei keine Figur wie Freud oder Boas auf die Flagge gehievt wurde. Wie so viele andere jüdische Linke neigten sie jedoch dazu, Trotzki zu vergöttern, und wie wir gesehen haben, spielte Sidney Hook eine entscheidende Rolle in der Führung der Gruppe. Sie bildeten einen eigenen Klüngel um "kleine Zeitschriften", deren Chefredakteure ihre große Macht und ihren Einfluss auf die Karrieren derjenigen ausübten, die sich ihrer Gruppe anschließen wollten. Elliot Cohen übte trotz seiner geringen Präsenz als Redakteur als Chefredakteur des *Menorah Journal* und später des *Commentary* einen charismatischen Einfluss auf diejenigen aus, die für ihn schrieben. Lional Trilling bezeichnete ihn als "gequältes Genie", das viele Menschen, darunter auch sich selbst, auf ihrer Odyssee vom Stalinismus über den Antistalinismus bis hin zu den Ufern des Neokonservatismus beeinflusst habe.

Postulierende Mitglieder der Endogruppe vergötterten typischerweise die Mitglieder der Endogruppe wie kulturelle Ikonen. Norman Podhoretz beschrieb diese "faszinierte Verehrung mit Sternen in den Augen" (*Making It*, S. 147), die *PR-Leute* zu Beginn seiner Karriere erfuhren. Die Mitglieder der Endogruppe schenkten den anderen Gruppenmitgliedern "leidenschaftliche Aufmerksamkeit" (Cooney, a. a. O., S. 249). Ähnlich wie in der Psychoanalyse entstanden auch in diesen Zeitschriften *dissidente* Zweige, die von Menschen mit etwas anderen ästhetischen oder politischen Ansichten initiiert wurden.

Diese Tendenz, sich um einen charismatischen Führer zu gruppieren, ist ein charakteristisches Merkmal traditioneller jüdischer Gruppen. Diese Gruppen sind im Sinne von Triandis extrem kollektivistisch. Besonders auffällig ist ihr autoritärer Charakter und die zentrale Rolle des charismatischen Rabbiners. "Ein *Haredi* [ein orthodoxer Jude] (...) wird seinen Rabbi oder chassidischen *Rebbe* zu jedem Aspekt seines Lebens befragen. Er wird ihren Rat befolgen, als wäre es ein halachisches Gebot" (Landau, *Piety and Power: The World of Jewish Fondamentalism*, S. 47). "Der blinde Gehorsam der *Haredim* gegenüber ihren Rabbinern ist für einen Außenstehenden, sowohl Juden als auch Nichtjuden, eines der auffälligsten Merkmale des Haredismus" (*ebd.*, S. 45). Berühmte

Rebben werden als Quasi-Gottheiten verehrt (*Tzaddikismus* oder Personenkult), und in der Tat brach vor kurzem eine Kontroverse darüber aus, ob der Lubawitscher *Rebbe* Schneerson der Messias sei. Viele seiner Anhänger glaubten an ihn. Mintz wies darauf hin, dass chassidische Juden häufig ihren *Rebbe* für den Messias halten (*Hassidic People: A Place in the New World*, S. 348 ff.).

Diese Intensität des Gruppengefühls, das sich auf einen charismatischen Führer konzentriert, erinnert an die Intensität, die man bei den traditionellen Juden Osteuropas, den unmittelbaren Vorfahren dieser Intellektuellen, vorfand. Der zionistische Führer Arthur Ruppin berichtet von seinem Besuch in einer Synagoge in Galizien (Polen) im Jahr 1903.

> Es gab keine Bänke, und mehrere hundert Juden standen in Gruppen dicht beieinander und wogten im Gebet hin und her wie ein vom Wind bewegtes Weizenfeld. Als der Rabbi erschien, begann der Gottesdienst. Jeder versuchte, so nah wie möglich an ihn heranzukommen. Er leitete die Gebete mit einer leisen, klagenden Stimme. Sie schien die Zuhörer in eine Art Ekstase zu versetzen. Sie schlossen die Augen und wiegten sich heftig hin und her. Das donnernde Gebet hatte etwas von einem Sturm. Jeder, der diese betenden Juden gesehen hätte, wäre zu dem Schluss gekommen, dass es sich um das religiöseste Volk der Erde handelte. (*Arthur Ruppin: Memoirs, Diaries, Letters*, S. 69)

Zweitens waren diejenigen, die dem Rabbi am nächsten standen, von dem starken Wunsch beseelt, jede Speise zu essen, die der Rabbi berührt hatte, und seine Anhänger bewahrten die Fischgräten, die er zurückgelassen hatte, wie Reliquien auf.

Wie die Theorie der sozialen Identität vermuten lässt, manifestierten alle diese Bewegungen ihr Zugehörigkeitsgefühl zu einer Endogruppe, die als intellektuell und moralisch überlegen galt, und bekämpften die Exogruppen, die als moralisch verdorben und intellektuell minderwertig angesehen wurden (z. B. erinnerte Horkheimer seine Leute ständig daran, dass sie die "wenigen Auserwählten" waren, die dazu bestimmt waren, die Kritische Theorie zu entwickeln). Innerhalb der Endogruppe wurden Meinungsverschiedenheiten in einem eng begrenzten intellektuellen Raum kanalisiert, und wer die Grenzen überschritt, wurde einfach aus der Bewegung entfernt. Eugen Bleulers Bemerkungen, die er Freud gegenüber machte, als er 1911 die psychoanalytische Bewegung verließ, verdienen es, erneut zitiert zu werden, da sie einen zentralen Aspekt der Psychoanalyse und der anderen Bewegungen beschreiben, die wir in diesem Buch untersuchen: "Das 'Wer nicht für uns ist, ist gegen uns' und das 'Alles oder Nichts' sind für religiöse Gemeinschaften notwendig und für politische Parteien nützlich. Ich kann dieses Prinzip also verstehen, aber in den Wissenschaften halte ich es für schädlich". (*in* Gay, *A Godless Jew*, S. 144-145). All diese Aspekte stehen auch im Mittelpunkt des traditionellen Judentums und stimmen mit der Vorstellung überein, dass eines der elementaren Merkmale aller Erscheinungsformen des Judentums die Neigung ist, sehr kollektivistische und mit einem starken Gefühl der Trennung zwischen Endogruppe und Exogruppe ausgestattete soziale Strukturen zu entwickeln.

Teil 4

Es ist auch wichtig zu verstehen, dass sowohl die Psychoanalyse als auch die Studienreihe, zu der die *Autoritäre Persönlichkeit* gehört, zur Indoktrination neigten: Sie entwickelten Theorien, die Verhalten, das nicht den politisch akzeptablen Normen entsprach, als Ausdruck von Geisteskrankheit identifizierten. Dies zeigt sich deutlich in der Tendenz der Psychoanalyse, die Ablehnung der Autoritären Persönlichkeit auf verschiedene Formen der Psychopathologie zurückzuführen, in ihrer allgemeinen Auffassung, dass die pathologieanfällige Kultur der Nichtjuden die verborgene Quelle aller psychiatrischen Diagnosen sei, und schließlich in der These, dass Antisemitismus ein Zeichen für eine Persönlichkeitsstörung sei. Die Reihe, zu der die *Autoritäre Persönlichkeit* gehört, entstammt derselben Tradition, da sie die "Entdeckung" vorschlug, dass die Unfähigkeit oder Weigerung, eine "liberale Persönlichkeit" zu entwickeln, und die tiefe und aufrichtige Annahme linksgerichteter politischer Ansichten Anzeichen einer Geisteskrankheit sind.

Ein gemeinsames und wirklich bemerkenswertes Merkmal all dieser kulturkritischen Bewegungen ist die Behauptung der pathogenen Natur der von Nichtjuden dominierten Gesellschaftsstrukturen. Aus Sicht der Psychoanalyse, einschließlich der Frankfurter Schule, erfüllen die menschlichen Gesellschaften nicht die in der menschlichen Natur verwurzelten menschlichen Bedürfnisse, sodass die Menschen eine Reihe von psychiatrischen Störungen entwickeln, die allesamt Antworten auf unseren Fall weg vom Gleichgewicht unserer Natur und von der Harmonie mit der Natur sind. Oder die Menschen werden als leere Seiten betrachtet, auf die die westliche kapitalistische Kultur ihre Raffgier, ihren nichtjüdischen Ethnozentrismus und andere Arten von angeblichen psychiatrischen Störungen geschrieben hat (so die These des Marxismus und der boasianischen Anthropologie).

Was den Gruppenzusammenhalt betrifft, so lässt sich dieser anhand der Unterstützung, die diese Bewegungen von der breiteren jüdischen Gemeinschaft erhalten haben, feststellen. Im fünften Kapitel habe ich darauf hingewiesen, dass die linksradikalen Juden sehr darauf bedacht waren, ihre Verbindungen zur breiteren jüdischen Gemeinschaft aufrechtzuerhalten. Diese hatten ihrerseits die Psychoanalyse, ihre bevorzugte Psychotherapie, wirtschaftlich unterstützt; andererseits unterstützten ihre philanthropischen Stiftungen die psychoanalytischen Institute. Es waren Juden, die den größten Teil der finanziellen Unterstützung für die Universität Frankfurt leisteten, die seit der Zeit Wilhelms II. der Zufluchtsort für deutsch-jüdische Intellektuelle war. Das Institut für Sozialforschung der Universität Frankfurt wurde von Felix Weil, einem jüdischen Millionär, ins Leben gerufen und mit einem gewissen intellektuellen und politischen Auftrag versehen, aus dem schließlich die Kritische Theorie hervorgehen sollte. In den USA finanzierten Stiftungen wie der Stern Family Fund, der Rabinowitz Fund und die Rubin Foundation während der 1960er Jahre radikale linke Publikationen. Zuvor hatten jüdisch-amerikanische Kapitalisten wie Jacob Schiff die russischen linksradikalen Bewegungen finanziert, die den Zaren stürzen wollten und wahrscheinlich eine große Wirkung erzielten.

Mehr noch: Der jüdische Einfluss in den populären Medien trug maßgeblich dazu bei, dass jüdische intellektuelle Bewegungen, insbesondere die Psychoanalyse, und die radikalen politischen Bewegungen der 1960er Jahre in ein positives Licht gerückt wurden. Positive Beschreibungen der Psychoanalyse waren in den 1950er Jahren an der Tagesordnung und erreichten Mitte der 1960er Jahre einen

Höhepunkt, als die Psychoanalyse in den USA auf dem Zenit ihres Einflusses stand. "Die populären Bilder von Freud zeigten ihn als sorgfältigen Beobachter, unermüdlichen Arbeiter, großen Heiler, wahrhaft originellen Forscher, Musterbeispiel der Tugend, Entdecker der Quellen persönlicher Energie und echtes Genie" (N. G. Hale, *The Rise and Crisis of Psychoanalysis in the United States : Freud and the Americans, 1917-1985*, S. 289). In den Filmen wurden die Psychiater als "sowohl effektiv als auch menschlich" dargestellt. Hollywoodstars, Regisseure und Produzenten "in Analyse" waren Legion" (*a. a. O.*). In diesem Prozess darf man die Rolle der Gründung von Zeitschriften nicht aus den Augen verlieren, die sich nicht nur an eine kleine Gruppe von akademischen Spezialisten richteten, sondern auch an ein breiteres Publikum von gebildeten Lesern und anderen Konsumenten dieser Gegenkulturen.

Was die Unterstützung der jüdischen Gemeinschaft im weiteren Sinne betrifft, so kann man sie in den Bündnissen erkennen, die zwischen diesen intellektuellen Bewegungen und von Juden geführten Verlagen geschlossen wurden: Die Frankfurter Schule schloss sich beispielsweise mit der *Hirschfeld Publishing Company zusammen*. Ebenso konnte sich die Strauss'sche neokonservative Bewegung einen Weg in Richtung der intellektuellen Mainstream-Medien bahnen. Die Anhänger von Leo Strauss hatten ihr eigenes Netzwerk für die Veröffentlichung von Büchern und Zeitschriften aufgebaut, wie etwa den neokonservativen Verlag *Basic Books* sowie die Druckereien der Cornell University, Johns Hopkins und der University of Chicago.

Diese Ideologien wurden von den angesehensten Institutionen der Gesellschaft, insbesondere von Eliteuniversitäten und den Mainstream-Medien, als Verkörperung des Wesens wissenschaftlicher Objektivität propagiert. Die *New York Intellectuals* knüpften Verbindungen zu Eliteuniversitäten wie Harvard, Columbia, der University of Chicago und der University of Berkeley, während die boasianische Anthropologie ihre Positionen in der gesamten akademischen Welt fest behauptete. Die von diesen Bewegungen etablierte moralische und intellektuelle Elite beherrschte den intellektuellen Diskurs in der entscheidenden Zeit nach dem Ende des Zweiten Weltkriegs, die zur gegenkulturellen Revolution der 1960er Jahre führte. Diese Bewegungen beherrschten den intellektuellen Diskurs zur Zeit der so entscheidenden Änderung der Einwanderungsgesetze. Man muss also verstehen, dass die Menschen, die in dieser Zeit die Universität durchlaufen hatten, nachdrücklich dazu ermutigt wurden, linke oder extrem linke kulturelle und politische Ansichten anzunehmen. Die Ideologie, dass Ethnozentrismus eine Form der Psychopathologie sei, wurde von einer Gruppe gefördert, die in ihrer langen Geschichte mit Fug und Recht als die ethnozentrischste aller Zivilisationen in der Geschichte angesehen werden kann. Diese Ideologie wurde von Mitgliedern gefördert, die sich stark mit einer Gruppe identifizierten, deren Recht, sich als eine genetisch zusammengeschweißte und undurchdringliche Gruppe fortzusetzen - die also idealerweise darauf zugeschnitten ist, ein Maximum an politischer, wirtschaftlicher und kultureller Macht zu gewinnen -, niemals zur Diskussion stand. Die Nichtübernahme dieser Ansichten durch Nichtjuden galt jedoch als Eingeständnis persönlicher Unzulänglichkeiten und als Beweis dafür, dass sich der Betreffende in einem so schlechten Zustand befand, dass er von einem Besuch beim Psychiater profitieren würde.

Die wissenschaftliche und intellektuelle Ehrbarkeit war daher ein herausragendes Merkmal der in diesem Buch untersuchten Bewegungen. Diese Irrationalität zeigt sich im gesamten Verhalten der Psychoanalyse, einem autoritären und pseudowissenschaftlichen Unternehmen, und in der expliziten Beschreibung der Wissenschaft durch die Frankfurter Schule, die diese als Instrument der sozialen Herrschaft bezeichnete. Diese Irrationalität zeigt sich auch in der Struktur der Psychoanalyse und der radikalen linken Ideologie, die, ähnlich wie die traditionelle jüdische religiöse Ideologie, aus im Wesentlichen hermeneutischen Theorien bestehen, in dem Sinne, dass die Theorie von *apriorischen* Prinzipien abgeleitet und so konzipiert wird, dass jedes Ereignis in ihr interpretierbar ist. Anstelle der wissenschaftlichen Perspektive, die das selektive Festhalten von theoretischen Variablen betont, wird die Theorie zu einer hermeneutischen Übung, durch die jedes beliebige Ereignis innerhalb ihres Rahmens interpretiert werden kann. In Bezug auf die Kritische Theorie und in hohem Maße auch auf die Psychoanalyse änderte sich der Inhalt der Theorie ständig und es traten Differenzen zwischen ihren Praktikern auf, ohne dass der Zweck der Theorie - als

Instrument für die linke Gesellschaftskritik zu dienen - in irgendeiner Weise beeinträchtigt wurde.

Trotz der grundlegenden Irrationalität dieser Bewegungen haben sie oft die Maske der quintessentiellen wissenschaftlichen oder philosophischen Objektivität angelegt. Sie alle versuchten, sich mit der Aura der Wissenschaft zu schmücken. Hollinger, der "eine säkulare, zunehmend jüdische, dezidiert linke *Intelligenzia, die* größtenteils, aber nicht ausschließlich in den Abteilungen für Philosophie und Geisteswissenschaften beheimatet war" beschreibt, stellt fest: "Die Wissenschaft erschien Hofstadter und vielen seiner Zeitgenossen als unschätzbare ideologische Ressource. Oder um es genauer zu sagen: Diese Männer und Frauen suchten sich aus dem Vorrat an Bildern von Wissenschaft diejenigen heraus, die ihnen am nützlichsten waren, die es erlaubten, das Adjektiv *wissenschaftlich an* öffentliches statt privates Wissen anzuhängen, an offene statt geschlossene Diskurse, an universelle statt lokale Gültigkeitsnormen, verbunden mit demokratischen statt aristokratischen Modellen von Autoritäten." (*Science, Jews and Secular Culture: Studies in Mid-Twentieth Century American Intellectual History,* S. 160)

Der Harvard-Soziologe Nathan Glazer schrieb, dass "die Soziologie für viele Sozialisten und Soziologen immer noch darin besteht, politische Ziele mit akademischen Mitteln zu verfolgen" (zitiert *in* Jumonville, *a. a. O.,* S. 90), wobei er sich selbst zusammen mit den anderen *New York Intellectuals in* diese Aussage mit einbezog. Jumonville kommentierte dies folgendermaßen: "Die Durchschlagskraft der New Yorker Gruppe auf das amerikanische Geistesleben rührte zum Teil daher, dass sie es geschafft hatten, diese Politisierung auf eine sehr hohe Würde zu heben. Sie hatten keine Hemmungen, den politischen Charakter ihrer Arbeit zuzugeben. Tatsächlich gelang es ihnen, in der intellektuellen Doxa die Vorstellung zu verankern, dass jedes Werk von einiger Stärke zwangsläufig eine ideologische und politische Färbung besitze." (*ebd.* S. 90)

Selbst die Frankfurter Schule, deren Ideologie Wissenschaft, Politik und Moral systematisch vermischte, präsentierte *Autoritäre Persönlichkeit* als eine wissenschaftlich fundierte und empirisch verwurzelte Studie, da sie das Bedürfnis hatte, der amerikanischen

Leserschaft, die sich aus empirisch orientierten Geisteswissenschaftlern zusammensetzte, entgegenzukommen. Darüber hinaus wurde in dem rhetorischen Halo, das um das Institut für Sozialforschung herum aufgebaut wurde, immer wieder die wissenschaftliche Natur des Unternehmens betont. So versuchte Carl Grünberg, der erste Direktor des Instituts, bewusst den Verdacht zu zerstreuen, dass das Institut eine dogmatische und politische Form des Marxismus verfolgte. Er sagte, das Institut habe sich einer klaren wissenschaftlichen Forschungsmethodik verschrieben: "Ich brauche nicht zu betonen, dass ich, wenn ich von Marxismus spreche, ihn nicht im Sinne einer politischen Partei meine, sondern in einem rein wissenschaftlichen Sinne, als einen Begriff, der ein vollständiges Wirtschaftssystem, eine Ideologie und eine klar definierte Forschungsmethodik bezeichnet" (zitiert in Wiggershaus, a. a. O., S. 26). In ähnlicher Weise nahm die Gruppe der *Partisan Review für sich in* Anspruch, die Partei der Wissenschaft zu sein, wie man aus der Feder von William Phillips, dem Chefredakteur der *PR, entnehmen konnte, der* die Namen Marx, Lenin und Trotzki in seine Liste der "Wissenschaftler" aufnahm.

Ein besonders wichtiger Aspekt dieser allgemeinen Bemühungen war die Anwendung eines begründeten philosophischen Skeptizismus, um den wissenschaftlichen Universalismus zu bekämpfen. Die Verwendung des Skeptizismus als Waffe im Kampf gegen wissenschaftliche Theorien, die jemandem aus tieferen Gründen missfallen, war ein Hauptmerkmal der jüdischen intellektuellen Aktivität während des gesamten zwanzigsten Jahrhunderts. Dies war ein wesentliches Merkmal der boasianischen Anthropologie, aber auch der meisten theoretischen Arbeiten, die sich gegen die evolutionäre Schule wandten und dynamische und kontextualistische Erklärungen der Verhaltensentwicklung befürworteten, die wir im zweiten Kapitel besprochen haben. Generell zielte dieser Skeptizismus darauf ab, die Entwicklung allgemeiner Theorien des menschlichen Verhaltens zu verhindern, in denen die genetische Variation eine kausale Rolle bei der Erzeugung von Verhaltens- oder psychologischer Variation spielt oder in denen adaptive Prozesse eine wichtige Rolle bei der Entwicklung des menschlichen Geistes spielen. Die Apotheose des radikalen Skeptizismus zeigt sich in der "negativen Dialektik" der Frankfurter Schule und in der

Philosophie der Dekonstruktion von Jacques Derrida, die beide versuchen, die universalistischen und assimilationistischen Theorien der Gesellschaft, die als homogenes und harmonisches Ganzes verstanden wird, zu dekonstruieren. Ihr Wunsch nach Dekonstruktion basierte auf der Idee, dass eine solche Gesellschaft mit dem Fortbestand des Judentums unvereinbar wäre. Ähnlich wie der politische Aktivismus, den wir im nächsten Kapitel beschreiben werden, zielten diese Bemühungen darauf ab, die Entstehung von Massenbewegungen, die nichtjüdische Gruppen solidarisch vereinten, und eine Neuauflage des Holocausts zu verhindern.

Die grundlegende Intuition der Frankfurter Schule und ihrer jüngsten postmodernen Ableger sowie der Boas'schen Schule der Anthropologie und der meisten Kritiker der evolutionären Sichtweise in den Geisteswissenschaften, die wir im zweiten Kapitel besprochen haben, ist, dass ein weitreichender Skeptizismus und die Fragmentierung des intellektuellen Diskurses, die er in der Gesellschaft hervorruft, hervorragende Rezepte für die Fortführung kollektivistischer und minoritärer Gruppenstrategien sind. In der Welt der Intellektuellen ist die größte Bedrohung für eine kollektivistische Minderheitenstrategie die Vorstellung, dass die Wissenschaft selbst, als individuelles Unternehmen in einem atomistischen Diskursuniversum, zu einer Reihe universalistischer Aussagen über das menschliche Verhalten gerinnen könnte, die in der Lage wären, alle moralischen Vorurteile in Frage zu stellen, die aus kollektivistischen Minderheitenstrategien wie dem Judentum hervorgehen. Um dieser Möglichkeit vorzubeugen, liegt es nahe, den Status der Wissenschaft selbst zu problematisieren und sie durch einen umfassenden Skeptizismus zu ersetzen, der sich auf die Struktur der Realität im Allgemeinen bezieht.

Das Ergebnis, das sich diese Bewegungen erhofften (und in sehr hohem Maße auch erreichten), war die Durchsetzung einer antiwissenschaftlichen Orthodoxie mittelalterlicher Prägung im Großteil der zeitgenössischen intellektuellen Welt. Doch im Gegensatz zur mittelalterlichen christlichen Orthodoxie, die von Grund auf antisemitisch war, ist dies eine Orthodoxie, die den Fortbestand des Judentums als evolutionäre Gruppenstrategie fördert, die Bedeutung des Judentums als intellektuelle oder soziale Kategorie untergräbt und die intellektuellen Grundlagen für die Entwicklung von Mehrheitsgruppenstrategien der Nichtjuden dekonstruiert.

Nichts davon kann einen Evolutionisten überraschen. Die intellektuelle Aktivität im Dienste evolutionärer Ziele ist seit der Antike ein Merkmal des Judentums. In dieser Hinsicht vertrete ich die Ansicht, dass es kein Zufall war, dass sich die Wissenschaft nur in den individualistischen Gesellschaften des Westens entwickeln konnte. Die Wissenschaft ist grundsätzlich ein individualistisches Phänomen und unvereinbar mit der klar zwischen Endogruppe und Exogruppe unterscheidenden Denkweise, die das Markenzeichen der auf diesen Seiten untersuchten jüdischen intellektuellen Bewegungen ist und die schließlich auch zum Markenzeichen der Diskurse wurde, die im Westen allgemein als intellektuell gelten - insbesondere der Postmoderne und der heute populären Multi-Kulti-Bewegung.

Wissenschaftliche Gruppen haben keine Essenz in dem Sinne, dass es keine wesentlichen Mitglieder einer Gruppe gibt und auch keine wesentlichen Aussagen, denen man zustimmen müsste, um Mitglied zu sein, auch wenn in den Bewegungen, die wir besprochen haben, die beiden oben genannten Punkte vorhanden sind. Hull schreibt, dass selbst Darwin seine Gruppe hätte verlassen oder aus ihr ausgeschlossen werden können, ohne dass das evolutionäre Programm seine Identität verloren hätte. Ich bezweifle hingegen stark, dass Freud aus der psychoanalytischen Bewegung hätte ausgeschlossen werden können, ohne dass sich die Ausrichtung der Bewegung völlig verändert hätte. Hull betonte die individualistische Natur wissenschaftlicher Gemeinschaften und wies darauf hin, dass, obwohl jeder einzelne Wissenschaftler seine eigene Vorstellung von der wesentlichen Natur des von ihm betrachteten Begriffssystems hat, die Übernahme eines solchen essentialistischen Standpunkts durch die gesamte Gemeinschaft das für echte Wissenschaften charakteristische konzeptionelle Wachstum im Keim ersticken würde.

Diese Konzeptualisierung der Wissenschaft als individualistische Aktivität steht voll und ganz im Einklang mit den jüngsten Arbeiten in der Wissenschaftstheorie. In diesem Bereich besteht eine grundlegende Frage darin, die Art des gesellschaftlichen Diskurses zu beschreiben, die geeignet ist, wissenschaftliches Denken zu fördern, ganz gleich in welchem Bereich. Wie Donald Campbell schreibt, stellt sich die Frage, "welches soziale System der Überprüfung oder Beibehaltung von Überzeugungen am ehesten geeignet wäre, den Gehalt an wahren Bedeutungen dieser Überzeugungen zu verbessern" ('Plausible coselection of belief by referent : All the "objectiviy" that is possible, in: *Perpectives on Science*, S. 97). Ich für meinen Teil vertrete die These, dass die Mindestvoraussetzung für ein wissenschaftliches Sozialsystem darin besteht, dass die wissenschaftliche Tätigkeit Wissenschaft nicht in Abhängigkeit von einer Perspektive betrieben wird, die Endogruppen und Exogruppen gegenüberstellt. Der wissenschaftliche Fortschritt (Campbells "Gehalt an wahren Bedeutungen") hängt von einem individualistischen und atomistischen Diskursuniversum ab, in dem sich das Individuum nicht als Mitglied einer umfassenderen kulturellen oder politischen Einheit sieht, das bereit ist, sich in den Dienst seiner besonderen Ansichten zu stellen, sondern im Gegenteil als unabhängiger Agent, der sich bemüht, Beweise zu bewerten und die Struktur der Realität zu entdecken.

Wie Campbell feststellte, war das Kriterium der Wissenschaft, wie sie sich im 17. Jahrhundert entwickelte, die Möglichkeit unabhängiger Agenten, die ihnen zur Kenntnis gelangten wissenschaftlichen Entdeckungen selbstständig und eigenständig zu reproduzieren. Die wissenschaftliche Meinung vereint sich zweifellos um bestimmte Aussagen, die zu den authentischen Wissenschaften gehören (wie z. B. die Struktur der DNA oder die Mechanismen der Verstärkung), aber dieser wissenschaftliche Konsens kann leicht gebrochen werden, wenn neue Daten Zweifel an den bestehenden Theorien aufkommen lassen. Unter diesen Umständen haben Barker und Gholson gezeigt, dass die lange Rivalität zwischen kognitivistischen und behavioristischen Positionen in der Psychologie von den Ergebnissen einiger Schlüsselexperimente abhängt, die bei Forschern in diesem Bereich den Wechsel von der einen zur anderen Position bestimmen. Arthur Jensen fasste dies treffend zusammen, indem er bemerkte: "Wenn viele einzelne Wissenschaftler (...) in der Lage sind, so zu denken, wie sie es für richtig halten, und ihre Forschungen ohne die Behinderung durch kollektivistische oder totalitäre Zwänge durchführen, ist die Wissenschaft ein Prozess, der seine eigenen Fehler korrigiert." ('The debunking of scientific fossils and straw persons' in *Contemporary Education Review* #1, 1982, S. 124)

Jeder einzelne Teilnehmer an einer authentischen Wissenschaft muss sich als freier Agent betrachten, der die verfügbaren Daten kontinuierlich auswertet, um zu einem bestmöglichen Verständnis der Realität zu gelangen. Eine ganze Reihe außerwissenschaftlicher Einflüsse kann den einzelnen Wissenschaftler bei der Durchführung seiner Forschung oder der Bewertung ihrer Ergebnisse beeinflussen, wie z. B. das Bedürfnis, seinen Vorgesetzten nicht zu kränken oder einer rivalisierenden Forschungsgruppe keinen Wind aus den Segeln zu nehmen. Ein echter Wissenschaftler sollte jedoch versuchen, zumindest den Einfluss von persönlichen Beziehungen, Gruppenbindungen, Geschlecht, Klasse, moralischen oder politischen Plänen und sogar von Aufstiegschancen gewissenhaft auszuschließen. Echte Wissenschaftler ändern ihre Überzeugungen auf der Grundlage von Daten und Beweisen und sind bereit, erworbene Überzeugungen in dem Maße aufzugeben, wie die einen mit den anderen in Konflikt geraten.

Teil 5

Getragen von dem ehrlichen Bemühen, diese Einflüsse auszuschalten, gerinnt der wissenschaftliche Konsens immer mehr zu Aussagen, die sich in wissenschaftliche Unteraussagen zerlegen lassen, deren Wahrheitsgehalt eine große Rolle bei ihrer Etablierung als feste Überzeugungen unter den Wissenschaftlern spielt. D. C. Stove in *Popper and After: Four Modern Irrationalists weist darauf* hin, dass trotz gegenteiliger Beteuerungen in weiten Teilen der intellektuellen Welt das Wissen in den letzten vier Jahrhunderten einen gigantischen Zuwachs erfahren hat. Derselbe Fortschritt an konsensfähigem Wissen hat jedoch in den Geisteswissenschaften nicht stattgefunden, und ich bezweifle, dass er eintreten wird, solange die Forschung weiterhin unter der Ägide eines Denkens stattfindet, das Endogruppen und Exogruppen voneinander trennt.

In den Bewegungen, die wir untersuchen, stand die intellektuelle Arbeit unter dem Zeichen der Gruppensolidarität, denn die einzelnen Sprecher konnten sich immer darauf verlassen, dass andere ähnliche

Ideen vertraten und angesichts unbequemer Informationen eine einheitliche Front bildeten. Auf der iberischen Halbinsel führte der Konflikt zwischen den Gruppen während der Inquisition dazu, dass die Ausübung der Wissenschaft unmöglich wurde. Die Ideologie, die die Inquisition unterstützte, einschließlich der theologischen Ansichten über die Natur der physischen Realität, führte zu einer kollektivistischen Weltanschauung, in der jede Abweichung von der etablierten Ideologie als Verrat an der Gruppe angesehen wurde. Die Wissenschaft gebietet jedoch, dass diese Art von Verrat möglich und sogar intellektuell respektabel ist, oder genauer gesagt, sie gebietet die Unmöglichkeit jeglichen Verrats, da sie voraussetzt, dass die Sicht des Einzelnen auf die Realität nicht aus irgendeiner Loyalität zu einer Gruppe resultiert, sondern aus seinem unabhängigen (individualistischen) Urteil, das sich aus den ihm zur Verfügung stehenden Daten ergibt.

In einer echten Wissenschaft kann die grundlegende Struktur der Realität nicht *a priori* entschieden und gegen die Widerlegung durch die Erfahrung abgedichtet werden, wie es geschieht, wenn eine Gruppe für eine bestimmte Interpretation der Realität Partei ergreift. Dennoch war dies während der Inquisition und der Periode der mittelalterlichen christlichen Orthodoxie der Fall, und es ist der Fall in allen intellektuellen Bewegungen, die wir besprechen (und im Wesentlichen in der jüdischen Geschichtsschreibung, siehe *SAID*, Kap. 7). Weil diese Bewegungen ein zugrunde liegendes jüdisches politisches Projekt enthielten, wurden die wesentlichen doktrinären Punkte und die Ausrichtung der Forschung von *vornherein so* konzipiert, dass sie mit den betreffenden Interessen übereinstimmten. Und aufgrund der grundlegenden Irrationalität der so produzierten Ideologien konnten diese Bewegungen keine andere Form annehmen als die autoritärer Endogruppen, die Andersdenkende aus ihren Reihen entfernten. Innerhalb dieser Gruppen bedeutete das Erreichen von beruflichem Erfolg zwangsläufig die autoritäre Unterwerfung unter die wichtigsten Definitionen.

Die Situation ist manchmal komplizierter, da auch die Teilnahme an der wahren Wissenschaftskultur ethnisch-jüdischen Interessen dienen kann. Im zweiten Kapitel haben wir darauf hingewiesen, dass R.C. Lewontin, Bevölkerungsbiologe in Harvard, in seiner empirischen Forschung Methoden anwandte, die durch den extremen methodologischen Purismus verurteilt wurden, den er den Studien des menschlichen Verhaltens aus evolutionärer und biologischer Sicht entgegensetzte. Es ist nicht uninteressant, dass Lewontin sich offensichtlich der Tatsache bewusst war, dass die Teilhabe an einer authentisch wissenschaftlichen Kultur "ein Bankkonto der Legitimität schafft, aus dem wir schöpfen können, um unsere politischen und humanistischen Ziele zu verfolgen". ('Women versus the biologists' *New York Reviw of Books* # 41 - 1994). Lewontin machte sich also zunächst in einer echten wissenschaftlichen Gemeinschaft einen Namen, bevor er seinen Ruf für das Projekt seiner Ethnie nutzte, indem er zum Beispiel von den Sozialwissenschaften eine methodische Strenge forderte, die diese nicht erfüllen konnten. Selbst echte Wissenschaft, um in politisches Kleingeld verwandelt zu werden.

Tiefergehend scheint mir, dass ein wesentlicher Aspekt der jüdischen Geistesgeschichte die Vorstellung ist, dass es keinen nachweisbaren Unterschied zwischen Wahrheit und Konsens gibt. Im traditionellen jüdischen religiösen Diskurs war die "Wahrheit" das Privileg einer Elite von Interpreten, die die gebildete Schicht der jüdischen Gemeinschaft bildeten. Innerhalb dieser waren "Wahrheit" und "Realität" nichts anderes (und wurden auch nicht als etwas anderes gedacht) als der Konsens eines ausreichend großen Teils der Interpretationsgemeinschaft.

> Ohne die Gemeinschaft können wir Begriffen wie "göttliches Wort" oder "Heiligkeit" keinerlei Bedeutung beimessen. Die Kanonisierung der Heiligen Schrift existiert nur im Kontext des Verständnisses dieser Schriften durch eine Gemeinschaft. Die Heiligkeit der Schrift hängt von ihrer Bedeutung ab, die im Text "wirklich da" ist. Erst das gemeinschaftliche Lesen-Verstehen der Texte macht ihre Bedeutung aus, eine Bedeutung, die sie dazu befähigt, als heilig bezeichnet zu werden, eine Heiligkeit, die so real ist wie die Gemeinschaft selbst (Agus, *The Binding of Isaac and Messiahs: Law, Martyrdom and Deliverance in Early Rabbinic Religiosity*, S. 34).

Wie wir im siebten Kapitel von *SAID* gesehen haben, ist die jüdische religiöse Ideologie ein äußerst plastischer Satz von Aussagen, der in der Lage ist, jedes Ereignis zu rationalisieren und auf eine Weise zu interpretieren, die den Interessen der Gemeinschaft entspricht. In der jüdischen intellektuellen Gemeinschaft beruhte die Autorität immer vollständig auf der Rechtsprechung, die von anerkannten (konsensualen) Lehrern ausging. Den Mitgliedern dieser Diskursgemeinschaft kam es nie in den Sinn, anderswo nach einer Bestätigung ihrer Ansichten zu suchen, sei es in einer anderen Diskursgemeinschaft (bei den Nichtjuden) oder durch den Versuch, die Natur der Realität selbst zu verstehen. Die Realität war das, was die Gruppe beschloss, dass sie sein würde, und jede Abweichung von dieser sozial konstruierten Realität konnte nur in einem engen intellektuellen Raum stattfinden, um die grundlegenden Ziele der Gruppe nicht zu gefährden.

Die Akzeptanz des jüdischen Kanons war, ebenso wie die Mitgliedschaft in den intellektuellen Bewegungen, die wir untersuchen, im Grunde ein Akt autoritärer Unterwerfung. Der Geniestreich der zeitgenössischen jüdischen intellektuellen Aktion bestand in der Erkenntnis, dass es möglich ist, hermeneutische Gemeinschaften zu bilden, die allein auf dem intellektuellen Konsens innerhalb einer Gruppe beruhen, auch im Rahmen der aus der Aufklärung hervorgegangenen diskursiven Welt, und dass es sogar möglich ist, sie erfolgreich in der breiteren nichtjüdischen Gemeinschaft zu verbreiten, um den spezifisch jüdischen politischen Interessen am besten zu dienen.

Natürlich bestand der Unterschied zur Welt vor der Aufklärung darin, dass diese intellektuellen Diskurse sich mit einer wissenschaftlichen Fassade schmücken mussten, um den Nichtjuden gefallen zu können. Oder, wie es in Derridas Philosophie der Dekonstruktion oder in der Frankfurter Schule der Fall war (abgesehen von ihren Verwicklungen in Arbeiten wie *Autoritäre Persönlichkeit*), musste die Lebensfähigkeit des philosophischen Skeptizismus verteidigt werden. Die Anwendung von wissenschaftlichem Firnis und philosophischer Ehrbarkeit ermöglichte es diesen Bewegungen, sich als Ergebnis freier und individualistischer Entscheidungen darzustellen, die auf einer vernünftigen Bewertung von Beweisen und Daten basieren. Ein solcher Anspruch bedeutete, dass in diesen Bewegungen große Anstrengungen unternommen wurden, um die jüdische Beteiligung und Dominanz sowie die Reichweite und den Inhalt ihrer Ambitionen im Dienste spezifisch jüdischer politischer Interessen zu verschleiern.

Dieses Bestreben, die jüdische Beteiligung zu unterschlagen, war in den linksradikalen politischen Bewegungen und in der Psychoanalyse deutlich erkennbar, aber sie waren auch in der boasianischen Anthropologie sichtbar. Obwohl die jüdischen politischen Absichten der Frankfurter Schule weitaus weniger getarnt waren, bestand ein Großteil ihres Projekts darin, einen theoretischen Korpus zu entwickeln, der auf jede universalistische Gesellschaftsauffassung anwendbar und unabhängig von der Formulierung eines spezifisch jüdischen politischen Projekts war. Folglich wurden ihre ideologische Perspektive und ihre postmodernen Avatare von Intellektuellen aus nichtjüdischen Minderheitsgruppen mit eigenen politischen Zielen mit Wohlwollen und Begeisterung aufgenommen.

Dieses Phänomen ist ein gutes Beispiel für die Anfälligkeit der westlichen individualistischen Gesellschaften für eine Invasion durch irgendwelche zusammengeschweißten kollektivistischen Gruppen. Ich habe auf die starke historische Tendenz des Judentums hingewiesen, in westlichen individualistischen Gesellschaften zu gedeihen und in östlichen oder kollektivistischen und westlichen Gesellschaften zu schwinden (vgl. *SAID*, Kapitel 3-5 und *PTSDA*, Kapitel 8). Juden profitieren stark von offenen, individualistischen Gesellschaften, in denen die Barrieren, die den sozialen Aufstieg verhindern, abgebaut werden und die Normen des intellektuellen Diskurses nicht von Institutionen vorgeschrieben werden, die von Nichtjuden dominiert werden, wie etwa der katholischen Kirche. Aber, wie Charles Liebman schrieb: "Wenn die Juden für die Aufklärung Partei ergriffen, lehnten sie deren Folgen ab" (*The Ambivalent American Jew: Politics, Religion and Family in American Jewish Life*, S. 157). Mit anderen Worten: Sie bewahrten sich ein starkes Gefühl für ihre Gruppenidentität in einer Gesellschaft, deren offizielle Ausrichtung individualistisch war. Individualistische Gesellschaften entwickeln republikanische politische Institutionen und wissenschaftliche Forschungseinrichtungen, die sich darauf verlassen, dass die Gruppen eminent durchlässig füreinander sind und dass die Einzelnen sie sehr leicht verlassen können, falls ihre Bedürfnisse dort nicht erfüllt werden. In diesen Gesellschaften haben die Menschen eine geringe Loyalität gegenüber Endogruppen und neigen dazu, die Welt nicht in Begriffen von Endogruppen und Exogruppen zu sehen. Es besteht eine starke Tendenz, andere als Individuen zu sehen und sie auch als solche zu beurteilen, selbst wenn sie als Mitglieder einer kollektivistischen Gruppe handeln.

Daher können in diesen Gesellschaften sehr kollektivistische intellektuelle Bewegungen von Dritten als Ergebnis individualistischer und rationaler Entscheidungen freier Akteure angesehen werden. Die Untersuchung der Fakten legt nahe, dass die Juden ihr Interesse daran bekundet haben, die jüdischen intellektuellen Bewegungen als Ergebnis freier und aufgeklärter Entscheidungen darzustellen. Jüdische Autoren haben ihr ganzes Gewicht in die Waagschale geworfen, um das jüdische Engagement für linksradikale politische Anliegen als Ausdruck der "freien Wahl einer wohlbegabten Minderheit" darzustellen (Rothman & Lichter, a. a. O., S. 118), und ich habe auf die Rolle der Medien bei der Erstellung des Porträts von Freud als hartnäckigem Wahrheitssucher hingewiesen. Aufgrund ihres kollektiven Charakters und des gezielten Einsatzes ihrer Energien kann die Aktivität dieser Gruppen einen weitaus größeren Einfluss ausüben als die von atomisierten und zersplitterten Individuen. Die Arbeiten von Individualisten können leicht verschwiegen, marginalisiert oder mit einem Anathema belegt werden; das Kollektiv hingegen dominiert den intellektuellen Diskurs weiterhin dank seiner Kohäsionskraft und seiner Kontrolle über die Mittel der intellektuellen Produktion. Auf lange Sicht ist es jedoch nicht unvernünftig anzunehmen, dass die individualistische Ausrichtung des Westens vom Fehlen mächtiger und geschlossener Gruppen abhängt, die innerhalb der Gesellschaft agieren (vgl. *SAID*, Kapitel 3 bis 5).

Eine weitere Tatsache ist in Bezug auf diese nach der Aufklärung entstandenen intellektuellen Bewegungen nicht unwichtig: Keine von ihnen hat einen besonderen, positiven Grund entwickelt, um die Fortführung der jüdischen Identifikation zu rechtfertigen. Das hier gesammelte Material deutet darauf hin, dass ein solcher Versuch auch nicht willkommen gewesen wäre, da das Judentum in einem sehr grundlegenden Sinne die Antithese zum Individualismus der Aufklärung und der Art des wissenschaftlichen und intellektuellen Diskurses, die dieser mit sich bringt, darstellt. In der wirtschaftlichen und sozialen Sphäre steht das Judentum für die Möglichkeit, dass eine ethnische Strategie einer zusammengeschweißten Gruppe anti-individualistische Reaktionen in nicht-jüdischen Exogruppen hervorruft und die

Lebensfähigkeit individualistischer politischer und sozialer Institutionen bedroht. In der intellektuellen Sphäre hat das Judentum kollektivistische Unternehmen hervorgebracht, die die geisteswissenschaftliche Forschung systematisch gestört haben, zugunsten der Entwicklung und Verbreitung von Theorien, die bestimmten politischen und sozialen Sonderinteressen dienen sollen.

Unter diesen Umständen ist es nicht überraschend, dass diese Theorien, selbst wenn sie darauf abzielten, die Kultur im Dienste bestimmter spezifisch jüdischer Interessen zu manipulieren, nicht "ihren Namen zugeben" konnten; das heißt, sie mussten sich weitestgehend davon fernhalten, offen zu erwähnen, dass die jüdische kollektive Identität oder jüdische kollektive Interessen auf dem Spiel standen, und sie konnten auch keine spezifische Verteidigung des Judentums entwickeln, die im intellektuellen Kontext der Nachaufklärungszeit akzeptabel gewesen wäre. Im zweiten Kapitel von *SAID* habe ich darauf hingewiesen, dass der jüdische Beitrag zur nichtjüdischen Kultur im Deutschland des 19. Jahrhunderts von einem durch und durch partikularistischen Standpunkt aus geleistet wurde, demzufolge die Identität der jüdischen Gruppe trotz ihrer "Unsichtbarkeit" von größter subjektiver Bedeutung war. In ähnlicher Weise waren die von uns untersuchten Theorien und Bewegungen aufgrund dieses Bedürfnisses nach Unsichtbarkeit gezwungen, die Bedeutung des Judentums als soziale Kategorie herunterzuspielen - und damit die Verschlüsselung ["crypsis"] zu verwirklichen, die wir im sechsten Kapitel von *SAID* ausführlich behandelt haben, indem wir sie als die unter Juden übliche Technik zur Bekämpfung des Antisemitismus identifizierten. Was die Frankfurter Schule betrifft, "fällt dem Beobachter die Intensität auf, mit der so viele Mitglieder des Instituts leugneten und in einigen Fällen immer noch leugnen, dass ihre jüdische Identität irgendeine Bedeutung hatte" (Jay, *The Dialectical Imagination: A History of the Frankfurt School and the Institute of Social Research*, S. 32).

Die Initiatoren und Praktiker dieser Theorien versuchten, ihre jüdischen Identitäten zu verbergen, wie es Freud tat, und betrieben massiven Selbstbetrug, wie es die jüdischen Linksextremisten taten, bei denen dies offensichtlich gang und gäbe war. Erinnern wir uns an die jüdischen Linken, die an ihre eigene Unsichtbarkeit als Juden glaubten, während sie in den Augen anderer als quintessentielle Juden erschienen und stets darauf achteten, Nichtjuden in die sichtbaren Machtpositionen innerhalb der Bewegung zu bringen. Diese Technik, Nichtjuden als vorbildliche Vertreter einer von Juden dominierten Bewegung zu positionieren, wurde häufig von jüdischen Gruppen angewandt, die versuchten, Nichtjuden in einer Reihe von jüdischen Angelegenheiten entgegenzukommen. Dieser Aspekt wird deutlich hervortreten, wenn wir im nächsten Kapitel die jüdischen Bemühungen zur Beeinflussung der Einwanderungspolitik untersuchen. Als Beispiel und zur Bestätigung sei erwähnt, dass Irving Louis Horowitz die neuen ethnischen und sexuellen Minderheiten, die ihre besondere Sache verteidigen, indem sie sich in der Welt der Soziologie "sehr weit nach vorne" drängen, der Tendenz der Juden gegenüberstellt, sich als solche kaum in den Vordergrund zu drängen (*The Decomposition of Sociology*, S. 91). Obwohl Juden die amerikanische Soziologie seit den 1930er Jahren dominierten, wurden spezifisch jüdische Interessen und politische Projekte nie hervorgehoben.

Angesichts dieser Tatsachen ist es ehrlich gesagt ironisch, dass sich neokonservative jüdische Intellektuelle an die vorderste Front stellten, als es darum ging zu fordern, dass die Geisteswissenschaften ein wissenschaftliches Paradigma annehmen sollten und nicht die antiwissenschaftlichen subjektivistischen und rassistischen Ideologien, die typisch für die neueren multikulturalistischen Ideologen sind. Also zeigt Horowitz in dem oben genannten Buch, dass die Juden die Soziologie seit den 1930er Jahren dominiert haben und die Drahtzieher des Niedergangs der darwinistischen Paradigmen und des Aufkommens konfliktträchtiger Gesellschaftsmodelle waren, die auf der politischen Theorie der radikalen Linken basieren. Horowitz weist jedoch darauf hin, dass die jüdische Dominanz in der Soziologie mittlerweile durch die Politik der positiven Diskriminierung bei der Einstellung, die die Zahl der in den Beruf aufgenommenen Juden begrenzt, sowie durch den Antisemitismus und die politisch motivierten Forschungsprogramme dieser neuen ethnischen Minderheiten, die den Beruf zunehmend beeinflussen, bedroht ist. Angesichts eines solchen Zustands macht sich Horowitz zum Verfechter einer wissenschaftlichen und individualistischen Soziologie: "Dem Wachstum und Überleben der Juden wird am besten in einem demokratischen Regime und durch eine wissenschaftliche Gemeinschaft gedient." (a.a.O., S. 92)

Das von uns präsentierte Material wäre von großer Relevanz, wenn man theoretisieren wollte, wie die evolutionäre menschliche Psychologie mit kulturellen Botschaften interagiert. Die Evolutionisten haben ein beträchtliches Interesse an der kulturellen Evolution und ihrer Beziehung zur organischen Evolution gezeigt. Dawkins entwickelte in *Das egoistische Gen* die Idee der "Meme", replikativer kultureller Einheiten, die innerhalb von Gesellschaften weitergegeben werden. Meme können für die Individuen oder Gesellschaften, die sie übernehmen, einen adaptiven oder maladaptiven Wert haben. In Bezug auf das Thema unseres Buches können die jüdischen intellektuellen und kulturellen Bewegungen als Meme betrachtet werden, die dazu gedacht sind, die Fortführung des Judentums als evolutionäre Gruppenstrategie zu fördern. Ihr adaptiver Gehalt für die Nichtjuden, die sie übernehmen, ist jedoch äußerst fraglich; in der Tat ist es unwahrscheinlich, dass ein Nichtjude, der beispielsweise glaubt, dass Antisemitismus zwangsläufig ein Zeichen von Geisteskrankheit ist, sich adaptiv verhält.

Die Frage lautet also: Welche evolutionären Merkmale des menschlichen Geistes erklären die Neigung mancher Menschen, Meme zu übernehmen, die ihren Interessen feindlich gegenüberstehen? Nach dem, was wir in dieser Studie zusammengetragen haben, scheint eine der wichtigsten Komponenten zu sein, dass diese Meme von äußerst angesehenen Quellen verbreitet werden, was darauf hindeutet, dass eines der Merkmale unserer evolutionären Psyche eine große Neigung ist, kulturelle Botschaften zu übernehmen, die von Personen mit hohem sozialem Status stammen. Die Theorie des sozialen Lernens weiß seit langem, dass Vorbilder Prestige und einen hohen sozialen Status besitzen müssen, um effektiver zu sein, und dass diese Tendenz gut zu der evolutionären Ansicht passt, dass das Streben nach einem hohen sozialen Status ein universelles Merkmal des menschlichen Geistes ist. Wie andere modellbasierte Einflüsse werden also auch maladaptive Meme am besten von Personen und Institutionen mit hohem sozialem Status verbreitet, und wir haben gesehen, dass die jüdischen intellektuellen Bewegungen immer wieder Personen als Sprecher hatten, die die angesehensten intellektuellen und medialen Institutionen repräsentierten. Sie versuchten auch, sich in den Mantel der Wissenschaft zu hüllen, da diese einen hohen Status besaß. Personen wie Freud wurden zu kulturellen Ikonen, zu wahren Kulturhelden. Die kulturellen Meme, die von seinem Denken ausgingen, hatten daher gute Chancen, in der gesamten Kultur Wurzeln zu schlagen.

Es muss auch darauf hingewiesen werden, dass die von uns untersuchten Bewegungen sich alle in einer Atmosphäre der Verschlüsselung oder Halbverschlüsselung entwickelten, in dem Sinne, dass das jüdische politische Projekt nicht Teil des vorgeschlagenen theoretischen Programms war und die Theorien selbst keinen expliziten jüdischen Inhalt hatten. Die nichtjüdischen Intellektuellen, die sich ihnen näherten, waren daher wenig geneigt, sie als Ausdruck des kulturellen Wettbewerbs zwischen Juden und Nichtjuden oder eines spezifisch jüdischen politischen Projekts zu sehen. Stattdessen waren sie viel eher bereit, die Verfechter dieser Lehren als "Menschen wie du und ich" zu betrachten - als Individualisten, die wissenschaftlich nach begründeten Wahrheiten über Menschen und ihre Gesellschaft suchen. Die Sozialpsychologie weiß seit langem, dass Ähnlichkeit stark zu Freundschaft führt, ein Phänomen, das einer evolutionären Analyse zugänglich ist (von Rushton in 'Genetic Similarity, human altruism and group selection' in *Behavioral and Brain Science* # 12 - 1989). Mit anderen Worten: Wären diese Doktrinen von traditionellen orthodoxen Juden mit ihrer anderen Kleidung und Sprechweise vertreten worden, hätten sie niemals die kulturelle Durchschlagskraft gehabt, die ihnen zuteil wurde. Aus dieser Sicht sind die jüdische Verschlüsselung und Halbverschlüsselung ein wesentlicher Faktor für den Erfolg des Judentums in der Nachaufklärungsgesellschaft - ein Thema, das wir im neunten Kapitel von *SAID* behandelt haben.

Wenn wir über evolutionäre Mechanismen sprechen, die die Akzeptanz fehlangepasster Ideologien unter Nichtjuden begünstigen, haben wir jedoch noch nicht alles gesagt. Im achten Kapitel von *SAID* habe ich auf die allgemeine Tendenz zur Selbsttäuschung unter Juden hingewiesen, ein robustes, sich wiederholendes Muster, das in verschiedenen historischen Epochen auftritt und ein breites Spektrum an Themen berührt, wie z. B. die persönliche Identität, die Ursachen und das Ausmaß des Antisemitismus, die Eigenschaften von Juden (z. B. wirtschaftlicher Erfolg) und die Rolle der Juden in den kulturellen und politischen Prozessen traditioneller und zeitgenössischer Gesellschaften. Selbstbetrug kann von Bedeutung sein, indem er die jüdische Beteiligung an den Bewegungen, die wir untersuchen, fördert. Ich habe entsprechende Daten im Fall der jüdischen Linksextremisten erhoben, und Greenwald und Schuh haben überzeugend dargelegt, dass die ethnische Voreingenommenheit zugunsten der Endogruppe, die sich bei Akademikern, die Vorurteile untersuchten, manifestierte, nicht bewusst war. Viele Juden, die an den fraglichen Bewegungen beteiligt sind, können aufrichtig glauben, dass sie wirklich mit der Idee gebrochen haben, spezifisch jüdische Interessen zu verteidigen, oder dass sie die Interessen anderer Gruppen genauso sehr verteidigen wie die der Juden. Sie können aufrichtig glauben, dass sie in ihren sich wiederholenden Assoziationsmustern oder Autorenzitaten in wissenschaftlichen Artikeln nicht voreingenommen sind, aber wie R. Trivers in *Social Evolution* erklärt hat, sind die besten Täuscher diejenigen, die selbst getäuscht werden.

Schließlich sind auch die aus der Sozialpsychologie abgeleiteten Theorien des sozialen Einflusses relevant und für eine evolutionäre Analyse geeignet. Ich habe vorgeschlagen, dass die von diesen jüdischen intellektuellen Bewegungen erzeugten Meme ihren Einfluss zumindest anfänglich aufgrund von Prozessen der Beeinflussung von Minderheitengruppen erlangen. Die Frage, ob dieser Aspekt der Sozialpsychologie als Teil evolutionärer Züge des menschlichen Geistes betrachtet werden kann, muss noch geklärt werden.

Kapitel VII

Die jüdische Beteiligung an der Gestaltung der U.S.-Migrationspolitik

[Um dieses Kapitel zu verstehen, muss man wissen, dass die Einwanderungsgesetze der Vereinigten Staaten von 1924 verlangten, dass die Einwanderer ein Spiegelbild des Landes sein sollten; der Anteil der Einwanderer aus verschiedenen Ethnien sollte dem Anteil dieser Ethnien an der Gesamtbevölkerung entsprechen. Europäer, insbesondere aus dem Nordwesten unseres Kontinents, wurden also "bevorzugt", was die Judenfeindschaft nicht duldete und so lange bekämpfte, bis sie diese Gesetzgebung 1965 zu Fall brachte und damit zuerst sich selbst und dann der Dritten Welt den Zugang zur legalen Einwanderung eröffnete - Anm. d. Ü.].

Heute (...) sehen Einwanderer - vor allem jüdische Einwanderer - amerikanischer aus [als die WASPs]. Sie zeigen uns Gesichter, Stimmen und Gedankengänge, die uns in jeder Hinsicht vertraut erscheinen, wie eine zweite Natur. [Der WASP] ist der komische Vogel, der Fremde, das Fossil. Wir werfen einen Blick auf ihn, sind ein wenig erstaunt und fragen uns: "Wo zum Teufel ist er geblieben?". Wir erinnern uns an ihn: blass, gestellt, gut gekleidet, wachsam, selbstbewusst. Und jetzt sehen wir ihn als Eindringling, als Fremden, als eine aussterbende edle Spezies (...) Er hat aufgehört, repräsentativ zu sein, und bis zu dieser Stunde haben wir ihn nicht bemerkt. Oder jedenfalls nicht so deutlich.

Was seit dem Zweiten Weltkrieg passiert ist, ist, dass die amerikanische Sensibilität zum Teil jüdisch geworden ist, wahrscheinlich mehr jüdisch als alles andere (...) Der Geist der gebildeten Amerikaner ist dazu übergegangen, in gewissem Maße jüdisch zu denken. Es wurde ihnen beigebracht, aber sie waren bereit, es zu tun. Nach den

Entertainern und Romanautoren kamen die jüdischen Kritiker, Politiker und Theologen. Kritiker, Politiker und Theologen sind aber gestaltende Berufe: Sie formen die Art und Weise, wie man die Dinge sieht.

Walter Kerr, 'Skin deep is not good enough' (Hauttief ist nicht gut genug), *The New York Times* vom 14. April 1968.

Teil 1

Die Migrationspolitik ist ein paradigmatisches Beispiel für Interessenkonflikte zwischen ethnischen Gruppen, da sie die zukünftige ethnische Zusammensetzung einer Nation bestimmt. Ethnische Gruppen, die nicht in der Lage sind, die Migrationspolitik zu ihren Gunsten zu beeinflussen, werden schließlich denjenigen weichen, die dies können. Die Migrationspolitik ist daher für einen Evolutionisten von größtem Interesse.

In diesem Kapitel soll der ethnische Konflikt zwischen Juden und Nichtjuden im Bereich der Einwanderungspolitik untersucht werden. Diese ist jedoch nur ein Aspekt des Interessenkonflikts zwischen ihnen in den Vereinigten Staaten. Die ersten Scharmützel zwischen den Juden und der staatlichen Struktur der Nichtjuden gehen auf das Ende des 19. Jahrhunderts zurück und waren stets von einer starken antisemitischen Färbung geprägt. Bei diesen Kämpfen ging es um die Möglichkeiten des sozialen Aufstiegs von Juden und um Judenquoten in Eliteeinrichtungen - ein Kampf, der im 19. Jahrhundert begann und in den 1920er und 1930er Jahren seinen Höhepunkt erreichte. Dieser Konflikt lag den antikommunistischen Kreuzzügen nach dem Zweiten Weltkrieg ebenso zugrunde wie der Infragestellung des kulturellen Einflusses der Massenmedien, die mit den Schriften von Henry Ford in den 1920er Jahren begann, sich während der inquisitorischen Aktivitäten gegen Hollywood in der McCarthy-Ära manifestierte und bis heute anhält. Die Präsenz des Antisemitismus in diesen Auseinandersetzungen wird dadurch belegt, dass Historiker des Judentums wie Sachar *in A History of Jews in America* (S. 620 ff.) sich aufgrund der antisemitischen Äußerungen vieler nichtjüdischer Protagonisten und des den Beobachtern nicht entgangenen Bewusstseins der jüdischen

Protagonisten von ihrem Judentum verpflichtet fühlten, diese Ereignisse als wichtige Ereignisse in der Geschichte der Juden in den Vereinigten Staaten zu berichten.

Die Bemühungen der Juden, die Migrationspolitik in den USA zu beeinflussen, sind besonders aussagekräftig für das Vorhandensein eines ethnischen Konflikts. Ihre Beteiligung an dieser Einflussnahme brachte einige einzigartige Besonderheiten zum Vorschein, die die Interessen der Juden von denen anderer Gruppen, die eine Liberalisierung der Migrationspolitik befürworteten, unterschieden. Während des größten Teils des Zeitraums von 1881 bis 1965 entsprang ihr Eintreten für eine solche Liberalisierung dem Wunsch, einen Zufluchtsort für Juden zu schaffen, die vor antisemitischer Verfolgung in Europa und anderswo flohen. Antisemitische Verfolgung war ein wiederkehrendes Phänomen in der modernen Welt, das mit den russischen Pogromen von 1881 begann und sich in der Zeit nach dem Zweiten Weltkrieg in der Sowjetunion und in Osteuropa fortsetzte. Folglich war die Liberalisierung der Einwanderung im Interesse der Juden, denn "die Imperative des Überlebens zwangen die Juden, in anderen Ländern Zuflucht zu suchen" (Cohen, *Not Free to Desist: The American Jewish Committee, 1906-1966*, S. 341). Aus einem ähnlichen Grund setzten sich die Juden immer wieder für eine internationalistische Außenpolitik ein, denn "ein international gesinntes Amerika hatte mehr Chancen, für die Probleme der Judenschaften im Ausland empfänglich zu sein" (*ebd.* S. 342).

Es gibt auch Hinweise darauf, dass die Juden in den USA, weit mehr als jede andere Gruppe europäischer Abstammung, die Liberalisierung der Migrationspolitik als einen Mechanismus betrachteten, der sicherstellte, dass die USA eine pluralistische und nicht eine einheitliche und homogene Gesellschaft waren. Pluralismus dient den jüdischen Interessen, sowohl intern (innerhalb der Gruppe) als auch extern (in ihrer Beziehung zu anderen). Der Pluralismus dient den internen jüdischen Interessen, weil er diesem internen jüdischen Interesse, nämlich der öffentlichen Rechtfertigung und Verteidigung eines eigenen Interesses, Legitimität verleiht - eine Voraussetzung dafür, dass die kollektive jüdische Beteiligung und Nicht-Assimilation nicht mehr halb verschlüsselt stattfindet. Howard Sachar definiert diesen Nutzen folgendermaßen: "Legitimierung der Bewahrung einer Minderheitskultur inmitten einer mehrheitlichen Wirtsgesellschaft".

Neusner und Ellman vertreten ihrerseits die Ansicht, dass der in jüngster Zeit in jüdischen Kreisen zu beobachtende Anstieg des ethnischen Bewusstseins durch die allgemeine Tendenz in der amerikanischen Gesellschaft, den kulturellen Pluralismus und den Ethnozentrismus von Minderheitengruppen zu akzeptieren, beeinflusst wurde.

Jahrhundert in den westlichen Gesellschaften üblichen halbkryptischen Formen zu manifesten Formen übergeht, wird von vielen jüdischen Autoren wie E. Abrams in *Faith or Fear: How Jews Can Suvive in Christian America* und A. Dershowhow für die Fortführung des Judentums als entscheidend angesehen. Dershowitz in *The Vanishing American Jew: In Search of a Jewish Identity for the Next Century* (vgl. zu diesem Punkt *SAID*, Kap. 8). Das Reformjudentum, die am wenigsten offensichtliche Form des Judentums, kehrt mit großen Schritten zum traditionellen Judentum zurück und betont sogar die Bedeutung religiöser Rituale und die Verhinderung von Mischehen. In diesem Zusammenhang hat eine Versammlung von Reformrabbinern gerade daran erinnert, dass der Aufschwung des Traditionalismus zum Teil auf den Legitimitätsgewinn zurückzuführen ist, den das ethnische Bewusstsein im Allgemeinen erfährt (*Los Angeles Times* vom 20. Juni 1998).

Der ethnische und religiöse Pluralismus dient auch den externen jüdischen Interessen, da er eine Situation herbeiführt, in der die Juden zu einer Gruppe unter vielen anderen werden. Dies führt zu einer gewissen Aufspaltung des politischen und kulturellen Einflusses zwischen verschiedenen ethnischen und religiösen Gruppen, was die Entwicklung von Gruppen von Nichtjuden, die in ihrer Opposition zum Judentum vereinheitlicht und zusammengeschweißt sind, erschwert oder unmöglich macht. Historisch gesehen traten die großen antisemitischen Bewegungen tendenziell in Gesellschaften auf, die neben der jüdischen Präsenz auch in religiöser und ethnischer Hinsicht homogen waren. Im Vergleich zu Europa war der Antisemitismus in den USA relativ gering, da "die Juden dort nicht als isolierte Gruppe von [religiösen] Nonkonformisten auftraten" (Higham, *a.* a. O., S. 156). Obwohl ethnischer und kultureller Pluralismus sicherlich keine Garantie für die Erfüllung jüdischer Interessen ist, ist es dennoch wahr, dass ethnisch und religiös pluralistische Gesellschaften von den Juden als eher ihren Interessen dienlich wahrgenommen wurden als die ethnisch und religiös homogenen Gesellschaften der Nichtjudenheit.

Tatsächlich ist die tiefere Motivation aller jüdischen politischen und intellektuellen Aktivitäten, die wir in diesem Buch untersuchen, eng mit der Angst vor dem Antisemitismus verbunden. Svonkin hat darauf hingewiesen, dass Besorgnis und Angst nach dem Zweiten Weltkrieg in der amerikanischen Judenheit weit verbreitet waren, auch angesichts des Rückgangs des Antisemitismus, der zu einem absoluten Randphänomen geworden war. Unter diesen Umständen "bestand die Priorität der Agentur für Gruppenbeziehungen [AJCommittee, AJCongress und ADL] nach 1945 (...) darin, den Ausbruch einer reaktionären antisemitischen Massenbewegung in den Vereinigten Staaten zu verhindern" (*Jews Against Prejudice: American Jews and the Fight for Civil Liberties*, S. 8).

In den 1970er Jahren beschrieb S. D. Isaacs die unter amerikanischen Juden weit verbreitete Besorgnis und ihre Überempfindlichkeit gegenüber allem, was nach Antisemitismus aussehen könnte. Als Isaacs Anfang der 1970er Jahre mit "beträchtlichen öffentlichen Persönlichkeiten" über Antisemitismus sprach, stellte er ihnen die folgende Frage: "Glauben Sie, dass das hier passieren könnte?"

> Ich brauchte nie zu erklären, was ich mit 'es' meinte. Die Antwort war fast immer dieselbe: 'Wenn Sie sich ein wenig mit der Geschichte auskennen, sollten Sie nicht denken, dass es passieren könnte, sondern dass es wahrscheinlich passieren wird'; oder 'Es ist keine Frage der Möglichkeit, sondern eine Frage des Datums' (*Jews and American Politics*, S. 15).

Isaacs verbindet, meiner Meinung nach auf treffende Weise, diese Angst vor Antisemitismus mit der Intensität der jüdischen Beteiligung in der politischen Welt. Der jüdische Aktivismus, der sich mit Einwanderungsfragen befasst, ist nur ein Zweig einer vielgestaltigen Bewegung, die das Entstehen einer antisemitischen Massenbewegung in den westlichen Gesellschaften verhindern soll. Die anderen Aspekte dieses Vorhabens werden weiter unten kurz beleuchtet.

Es gibt Aussagen von jüdischen Geisteswissenschaftlern und jüdischen politischen Aktivisten, die die Frage der Migrationspolitik ausdrücklich mit dem Vorteil verbinden, den der kulturelle Pluralismus den Juden bietet. Joseph L. Blau, der für die Zeitschrift Congress *Weekly* (herausgegeben vom AJCongress) das Buch *Cultural Pluralism and the American Idea von* Horace Kallen (1956) rezensierte, bemerkte, dass "Kallen's viewpoint is useful to *the* cause of minority groups and cultures in this nation, with no permanent majority", womit er meinte, dass die von Kallen vertretene Ideologie des Multikulturalismus sich gegen die Dominanz einer ethnischen Gruppe über die Vereinigten Staaten richtete. Maurice Samuel, ein bekannter Autor und prominenter Zionist, der unter anderem das Einwanderungsgesetz von 1924 angriff, schrieb im selben Jahr: "Wenn der Kampf zwischen uns [Juden und Nichtjuden] eines Tages über die physische Konfrontation hinausgehen soll, dann müssen eure Demokratien ihre Forderungen nach rassischer, geistiger und kultureller Homogenität innerhalb eines Staates ändern. Aber es wäre töricht, diese Möglichkeit in Betracht zu ziehen, denn der Trend dieser Zivilisation geht in die entgegengesetzte Richtung. Die Regierung tendiert immer mehr dazu, sich mit der Rasse zu identifizieren, nicht mit dem politischen Staat". (*You Gentiles*, S. 215)

Samuel war zu seinem Bedauern der Ansicht, dass die Gesetze von 1924 seiner Vorstellung von den Vereinigten Staaten als einer rein politischen Einheit ohne jeglichen ethnischen Inhalt widersprachen:

> Wir haben in Amerika gerade die Wiederholung der düsteren Farce erlebt, an die wir uns nicht gewöhnen können, obwohl sie schon seit Jahrhunderten andauert. Wenn Amerika irgendeine Bedeutung hat, dann liegt sie in dem Versuch, die Strömung unserer gegenwärtigen Zivilisation zu überwinden, nämlich die Identifizierung des Staates mit der Rasse (...) Amerika war also die Neue Welt in dem Sinne, dass der Staat ein reines Ideal war und die Nationalität mit der Annahme dieses Ideals identisch war. Doch nun zeigt sich, dass diese Sichtweise falsch war, denn Amerika war unfähig, seine eigene Herkunft zu überwinden, und dieser scheinbare Nationalismus des Ideals war nur ein Schritt auf dem Weg zum universellen Geist der Gentilität (...).

> Heute, da die Rasse über das Ideal triumphiert, zeigt der Antisemitismus erneut seine Zähne, und die kalte Ablehnung des Asylrechts, das doch als elementares Menschenrecht anerkannt ist, ist nur eine weitere feige Beleidigung. Wir werden nicht nur ausgegrenzt, sondern man lässt uns in der besonders klaren Sprache der Einwanderungsgesetze wissen, dass wir ein "minderwertiges" Volk sind. Da das Land nicht den Mut hatte, sich

energisch gegen seine bösen Instinkte zu wehren, wurde es von seinen Journalisten auf eine lange Periode der Verunglimpfung der Juden vorbereitet, und nachdem es mit diesen populären und "wissenschaftlichen" Tränken in Stimmung gebracht worden war, gebar es schließlich diese Gesetze. (*ebd.* S. 218-220)

Earl Raab, ein angesehener Sozialwissenschaftler und jüdischer ethnischer Aktivist, äußerte ähnliche Ansichten, als er die Veränderung der ethnischen Zusammensetzung der Vereinigten Staaten als Beweis für den Erfolg der neuen Einwanderungspolitik seit 1965 sehr positiv erwähnte. Raab weist auf die führende Rolle der jüdischen Gemeinschaft bei der Rücknahme der nordwesteuropäischen Voreingenommenheit in der Einwanderungspolitik hin (*Jewish Bulletin* vom 23. Juli 1993, S. 17). Er erklärt auch, dass der Antisemitismus in den heutigen Vereinigten Staaten dadurch gehemmt wird, dass "die wachsende ethnische Heterogenität, ein Produkt der Einwanderung, die Entwicklung einer politischen Partei oder einer nationalistischen Massenbewegung noch schwieriger gemacht hat" ('Can antisemitism disappear? ' in *Antisemitism in America Today: Outspoken Experts Expose the Myths*, S. 91). Etwas farbiger formuliert er es in einem Artikel im *Jewish Bulletin* vom 19. Februar 1993, S. 23:

> Das Census Bureau hat gerade angekündigt, dass fast die Hälfte der US-Bevölkerung bald nicht-weiß oder nicht-europäisch sein wird. Und sie werden alle amerikanische Staatsbürger sein. Wir haben gerade den Punkt erreicht, an dem es unmöglich ist, dass eine Nazi-Arier-Partei in diesem Land triumphieren kann.
>
> Seit einem halben Jahrhundert nähren wir [die Juden] die amerikanische Atmosphäre des Anti-Nationalismus. Die Atmosphäre ist noch nicht perfekt, aber die heterogene Natur unserer Bevölkerung tendiert dazu, sie unumkehrbar zu machen, und macht unsere gesetzlichen Bestimmungen gegen den Nationalismus praktikabler denn je.

Ähnlich positive Bestimmungen gegenüber der kulturellen Vielfalt finden sich in den Aussagen anderer jüdischer Autoren und Führer. So bekräftigt Charles Silberman

> Amerikanische Juden setzen sich aufgrund ihres - historisch fest verankerten - Glaubens für kulturelle Toleranz ein, dass Juden nur in einer Gesellschaft sicher sind, die eine große Bandbreite an Einstellungen und

Verhaltensweisen sowie eine Vielfalt an Religionen und ethnischen Gruppen akzeptiert. Es ist beispielsweise dieser Glaube und nicht die Befürwortung von Homosexualität, der eine überwältigende Mehrheit der amerikanischen Juden dazu veranlasst hat, die 'Rechte von Homosexuellen' zu unterstützen und in den meisten sogenannten 'gesellschaftlichen' Fragen eine liberale Haltung einzunehmen. (*A Certain People: American Jews and Their Lives Today*, S. 350).

In ähnlicher Weise erklärte der Direktor des Washingtoner Zweigs des *Council of Jewish Federations* bei der Aufzählung der Vorteile der Einwanderung, dass diese "Vielfalt, kulturelle Bereicherung und wirtschaftliche Chancen für Einwanderer mit sich bringt" (in *Forward* vom 8. März 1996, S. 5). In einem Zeitungsartikel, der die jüdische Beteiligung an den legislativen Auseinandersetzungen über die Einwanderung im Jahr 1996 zusammenfasste, hieß es, dass "jüdische Gruppen es nicht geschafft haben, einige Bestimmungen zu kippen, die die Art von politischem Opportunismus zum Ausdruck brachten, die ihrer Meinung nach direkt gegen den amerikanischen Pluralismus verstoßen" (*Detroit Jewish News* vom 10. Mai 1996).

Da die Liberalisierung der Migrationspolitik ein zentrales jüdisches Interesse darstellt, ist es nicht verwunderlich, dass diese politische Linie vom gesamten jüdischen politischen Spektrum unterstützt wird. Wir haben gesehen, dass Sidney Hook, der neben den anderen *New York Intellectuals* als Vorläufer des Neokonservatismus angesehen werden kann, die Auffassung vertrat, dass Demokratie aus der Gleichheit der Unterschiede besteht, die mit einem Höchstmaß an kultureller Vielfalt einhergeht. Die Neokonservativen waren starke Befürworter einer Liberalisierung der Migrationspolitik, was zu einem Konflikt zwischen den vorwiegend jüdischen Neokonservativen und den vorwiegend nichtjüdischen Paläokonservativen über die Frage der Einwanderung aus der Dritten Welt in die USA führte. Die Neokonservativen Norman Podhoretz und Richard John Neuhaus hatten sehr negativ auf einen Artikel eines Paläokonservativen reagiert, in dem dieser seine Sorge zum Ausdruck brachte, dass eine solche Einwanderung dazu führen würde, dass ihre Nachkommen die USA beherrschen würden (vgl. Judis, 'The conservative crack-up', in der Herbstausgabe 1990 von *The American Prospect*, S. 33).

Andere Neokonservative wie Julian Simon und Ben Wattenberg haben sich für ein hohes Maß an Einwanderung aus der ganzen Welt ausgesprochen, damit die USA zur ersten "universellen Nation" der Welt werden, wie letzterer schreibt. Auf der Grundlage der neuesten Daten kam J. S. Fetzer zu dem Schluss, dass Juden die Einwanderung in die Vereinigten Staaten nach wie vor viel stärker befürworten als jede andere ethnische oder religiöse Gruppe ('Anti-immigration sentiment and nativist political movements in the United States, France and Germany: Marginality or economic self-interest? ' Papier vorgelegt auf der Jahreskonferenz der *American Political Science* Association, August-September 1996).

Als allgemeine Anmerkung sei hinzugefügt, dass die Effektivität jüdischer Organisationen bei ihren Bemühungen, die US-Migrationspolitik zu beeinflussen, durch bestimmte Merkmale des amerikanischen Judentums begünstigt wurde, die in direktem Zusammenhang mit dem Judentum als evolutionärer Gruppenstrategie stehen, insbesondere durch ihren IQ, der eine Standardabweichung von eins über dem kaukasischen IQ liegt (vgl. *PTSDA*, Kap. 7). In den heutigen Gesellschaften wird ein hoher Intelligenzquotient mit Erfolg in einem breiten Spektrum von Aktivitäten in Verbindung gebracht, insbesondere mit Wohlstand und sozialem Status. Wie Neuringer in *American Jewry and United States Immigration Policy, 1881-1953* (S. 87) feststellt, wurde der jüdische Einfluss auf die Migrationspolitik durch den Reichtum, die Bildung und den sozialen Status der Juden begünstigt. Jüdische Organisationen, die die Überrepräsentation von Juden in Ensembles widerspiegeln, die sich durch wirtschaftlichen Erfolg und politischen Einfluss auszeichnen, waren in der Lage, einen Einfluss auf die Einwanderungspolitik auszuüben, der in keinem Verhältnis zur Größe ihrer Gemeinschaft stand. Juden als Gruppe sind hoch organisiert, hochintelligent und politisch gewieft und waren in der Lage, immense finanzielle, politische und intellektuelle Ressourcen zu mobilisieren, um ihre politischen Ziele zu erreichen.

In diesem Zusammenhang weist D. A. Hollinger darauf hin, dass der Rückgang der christlichen und protestantischen kulturellen Homogenität weniger dem Einfluss der Katholiken als vielmehr dem der Juden zu verdanken ist, und zwar aufgrund ihres größeren Reichtums, ihrer besseren Stellung und ihres größeren technischen Geschicks in der intellektuellen Arena. Im Bereich der Migrationspolitik war die einflussreichste militante jüdische Organisation das AJCommittee, das sich durch "seine starke Führung [insbesondere Louis Marshall], seinen inneren Zusammenhalt, seine Finanzkraft, die Raffinesse seiner *Lobbying-Methoden, die* kluge Auswahl seiner nichtjüdischen Verbündeten und sein Gespür für den richtigen Zeitpunkt" auszeichnete (Goldstein, *The Politics of Ethnic Pressure: The American Jewish Committee Fight against Immigration Restriction*, S. 333). J. J. Goldberg berichtet seinerseits, dass es in den Vereinigten Staaten derzeit etwa 300 nationale jüdische Organisationen gibt, deren kumuliertes Budget auf 6 Milliarden Dollar geschätzt wird, eine Summe, die - wie Goldberg anmerkt - das Bruttoinlandsprodukt der Hälfte der Mitgliedsländer der Vereinten Nationen übersteigt.

Teil 2

Die jüdischen Bemühungen, die Vereinigten Staaten in eine pluralistische Gesellschaft zu verwandeln, wurden an vielen Fronten unternommen. Neben der Gesetzgebung und Lobbyarbeit im Zusammenhang mit der Einwanderungspolitik erwähnen wir auch die jüdischen Bemühungen in der intellektuellen und akademischen Sphäre, in der Beziehung zwischen Kirche und Staat und schließlich ihre Bemühungen, die Afroamerikaner als politische und kulturelle Kraft zu organisieren.

1. Intellektuelle und akademische Bemühungen.

D. A. Hollinger wies auf die "ethnisch-konfessionelle Transformation der Demografie der amerikanischen akademischen Welt" in der Zeit von den 1930er bis zu den 1960er Jahren hin (*Science, Jews, and Secular Culture: Studies in Mid-Twentieth-Century American Intellectual History*, S. 4). Er bemerkte auch die Rolle des jüdischen Einflusses bei der Ausrichtung auf die Säkularisierung der amerikanischen Gesellschaft und der Förderung eines kosmopolitischen Ideals. Die Zunahme dieses Einflusses war höchstwahrscheinlich eine Folge der politischen Auseinandersetzungen um die Einwanderung in den 1920er Jahren. Hollinger stellt fest, dass "der Einfluss des alten protestantischen *Establishments* bis in die 1960er Jahre anhielt, was größtenteils auf das Einwanderungsgesetz von 1924 zurückzuführen ist. Hätte die Masseneinwanderung von Katholiken und Juden ihre Raten von vor 1924 beibehalten, hätte dies die Geschichte der Vereinigten Staaten verändert, da die protestantische kulturelle Hegemonie wahrscheinlich rapide abgenommen hätte, wie man vernünftigerweise annehmen kann. Die Politik der Migrationsbeschränkung hat dieser Hegemonie wieder Leben und Sauerstoff eingehaucht" (*ebd.*, S. 22). Es ist nicht abwegig zu behaupten, dass die Kämpfe um die Einwanderung im Zeitraum 1881-1965 entscheidend dazu beigetragen haben, das Erscheinungsbild der amerikanischen Kultur im späten 20.

In diesem Zusammenhang ist die Ideologie, dass die Vereinigten Staaten eine ethnisch und kulturell pluralistische Gesellschaft sein sollen, von besonderem Interesse. Jüdische Intellektuelle, allen voran Horace Kallen, standen bei der Formulierung von Modellen, die die USA als ethnisch und kulturell pluralistische Gesellschaft darstellen, an vorderster Front. Kallen brachte den Wert des kulturellen Pluralismus aus der Sicht des jüdischen Interesses an der Bewahrung seines kulturellen Separatismus in seiner Person zum Ausdruck: Die Ideologie des kulturellen Pluralismus verband sich bei ihm mit einem tiefen Eintauchen in die jüdische Geschichte und Literatur sowie mit einer Verteidigung des Zionismus und einer politischen Aktivität im Namen der osteuropäischen Juden.

Kallen entwickelte ein "polyzentrisches" Ideal, das die Beziehungen zwischen den Ethnien in Amerika regeln sollte. Er definierte die Ethnie als aus der biologischen Ausstattung der Individuen abgeleitet, was bedeutete, dass Juden sowohl eine genetisch und kulturell zusammenhängende Gruppe bleiben als auch an den demokratischen Institutionen der USA teilnehmen konnten. Diese Vorstellung von den Vereinigten Staaten als einer Ansammlung getrennter ethnisch-kultureller Gruppen ging einher mit der Ideologie, dass die Beziehungen zwischen diesen Gruppen von Kooperation und Sanftheit geprägt sein sollten. "Kallen, der von einem Strudel von Konflikten umgeben war, richtete seinen Blick auf jenen idealen Bereich, in dem Vielfalt und Harmonie koexistierten" (Higham, *a.a.O.*, S. 209). In ähnlicher Weise vertrat in Deutschland der jüdische Führer Moritz Lazarus gegen den deutschen Intellektuellen Heinrich von Treitschke die Auffassung, dass die Aufrechterhaltung der Trennung zwischen verschiedenen ethnischen Gruppen zum Reichtum der deutschen Kultur beitrage. Lazarus hatte eine Doktrin der doppelten Loyalität entwickelt, die zu einem Eckpfeiler der zionistischen Bewegung wurde. Bereits 1862 hatte Moses Hess die Idee entwickelt, dass das Judentum die Welt in ein Zeitalter der universellen Harmonie führen würde, in dem jede ethnische Gruppe ihre getrennte Existenz behalten würde, ohne dass eine Gruppe auch nur das kleinste Stück Land beherrschen könnte. (vgl. *SAID*, Kap. 5)

Kallen schrieb sein Buch 1915, um sich unter anderem gegen die Ideen von Edward A. Ross zu stellen. Ross war ein darwinistischer Soziologe, der der Ansicht war, dass die Existenz klar voneinander abgegrenzter Gruppen tendenziell dazu führt, dass zwischen den Gruppen ein Wettbewerb um Ressourcen entsteht - eine Ansicht, die den Daten und Theorien, die ich in *SAID* vorgestellt habe, völlig entspricht. Highams Bemerkung ist insofern interessant, als sie zeigt, dass Kalens romantische Vorstellungen von der Koexistenz der Gruppen massiv von der Realität des Wettbewerbs zwischen den Gruppen, wie er zu seiner eigenen Zeit bestand, widerlegt wurden. An dieser Stelle muss betont werden, dass Kallen Teil der Leitung des AJCongresses war. In den 1920er und 1930er Jahren setzte sich der AJCongress für die wirtschaftlichen und politischen Rechte der jüdischen Gruppe in Osteuropa ein, in einer Zeit großer ethnischer Spannungen und der Verfolgung von Juden und trotz der verbreiteten Befürchtung, dass solche Forderungen die bestehenden Spannungen noch verschärfen würden. Der AJCongress forderte, den Juden eine ihrer Zahl entsprechende politische Vertretung zuzugestehen und die Autonomie ihrer nationalen Kultur zu schützen. Die Verträge zwischen den osteuropäischen Ländern und der Türkei enthielten Bestimmungen, die die Staaten dazu verpflichteten, Unterricht in den Sprachen der Minderheiten anzubieten und den Juden das Recht einzuräumen, sich am Sabbat zu weigern, vor Gericht aufzutreten oder an anderen öffentlichen Veranstaltungen teilzunehmen. (vgl. M. Frommer, *The American Jewish Congress: A History, 1914-1950*, S. 162)

Die Idee des kulturellen Pluralismus als Modell für die USA wurde in der intellektuellen gentility von John Dewey popularisiert, der wiederum von jüdischen Intellektuellen vorangetrieben wurde: "Während gefallene Kongregationalisten wie Dewey keine Einwanderer brauchten, um sie dazu zu bringen, die Grenzen selbst der linkesten protestantischen Sensibilitäten zu verschieben, wurden Leute wie Dewey von den jüdischen Intellektuellen, mit denen sie in akademischen und literarischen Kreisen verkehrten, auf schallende Weise dazu ermutigt" (Hollinger, *op. cit., 24). a.a.O.,* S. 24). "Unter den Kräften [im Kulturkrieg der 1940er Jahre] gab es eine linksgerichtete Intelligenz, die weitgehend (...) in den philosophischen und geisteswissenschaftlichen Abteilungen (...) beheimatet war. Ihr Anführer war der alte John Dewey, der mit einigen Reden und Artikeln zur Sache beitrug" (a.*a.O.,* S. 160). (Die Verantwortlichen der *Partisan Review,* der wichtigsten Zeitschrift der *New York Intellectuals,* veröffentlichten Werke von Dewey und nannten ihn "Amerikas Chefphilosoph" [*PR* # 13, 1946]; Sidney Hook, ein ehemaliger Schüler von Dewey, lobte ihn in den höchsten Tönen und nannte ihn "den intellektuellen Führer der Linken in den USA" und "eine Art intellektuellen Tribun für progressive Anliegen").

Als führender Säkularist verbündete sich Dewey mit einer Gruppe jüdischer Intellektueller, die sich gegen die "spezifisch christlichen Formulierungen der amerikanischen Demokratie" (Hollinger, a. *a. O.,* S. 158) wandten. Er war eng mit den *New York Intellectuals* verbunden, von denen viele Trotzkisten waren. So führte er den Vorsitz der Dewey-Kommission, die Trotzki von den Anschuldigungen freisprach, die bei den Moskauer Prozessen 1936 gegen ihn erhoben wurden. Dewey hatte in der breiten Öffentlichkeit einen sehr starken Einfluss. Henry Commager bezeichnete Dewey als "den Führer, den Mentor und das Gewissen des amerikanischen Volkes; es ist fast nicht übertrieben zu behaupten, dass für eine ganze Generation keine Frage wirklich geklärt war, solange Dewey nicht gesprochen hatte" (*in* Sandel, 'Dewey rides again' *New York Review of Books,* Mai 1996).

Dewey war ein Verfechter der "progressiven Bildung" und trug zur Gründung der *New School of Social Research* und der *American Civil Liberties Union bei, beides* überwiegend jüdische Organisationen (Goldberg, *Jewish Power: Inside the American Jewish Establishment,* S. 131). Dewey, dessen "mangelnde Präsenz als Autor und Redner und die

Unscheinbarkeit seiner Persönlichkeit seine Popularität zu einer Art Mysterium werden ließen", verkörperte in den Augen der Öffentlichkeit eine Bewegung, die von jüdischen Intellektuellen dominiert wurde, wie auch andere Nichtjuden, die wir in diesem Buch untersucht haben.

Kallens Ideen trugen viel dazu bei, die Vorstellungen der Juden von ihrem Status in Amerika zu prägen. Sein Einfluss war bereits 1915 bei amerikanischen Zionisten wie Louis D. Brandeis nachweisbar. Dieser war der Ansicht, dass sich die Vereinigten Staaten aus verschiedenen Nationalitäten zusammensetzten, deren freie Entwicklung "die Vereinigten Staaten geistig bereichern und zu einer Demokratie par excellence machen würde" (*in* Gal, 'Brandeis, Judaism, and Zionism' *in Brandeis in America*, S. 70). Diese Ideen wurden "zum charakteristischen Merkmal des vorherrschenden amerikanischen Zionismus, sowohl des säkularen als auch des religiösen" (*a.a.O.*, S. 70). Kultureller Pluralismus war auch das Kennzeichen der Bewegung für interethnische Beziehungen, die in der Zeit nach dem Zweiten Weltkrieg existierte und von Juden dominiert wurde. Die Intellektuellen formulierten dies jedoch als "Einheit in der Vielfalt" oder "kulturelle Demokratie", um die Assoziationen zu zerstreuen, dass die Vereinigten Staaten wirklich zu einer Föderation verschiedener nationaler Gruppen werden sollten, wie es der AJCongress u. a. gegenüber den osteuropäischen Ländern vertrat.

Kallens Einfluss erstreckte sich auf alle gebildeten Juden:

> Der Pluralismus, der die Bewahrung einer Minderheitenkultur inmitten einer Mehrheitsgesellschaft legitimierte, fungierte für die gebildeten Juden der zweiten Generation als Ankerpunkt. Er nährte ihr Zusammengehörigkeitsgefühl und unterstützte ihre hartnäckigen gemeinschaftlichen Bemühungen während der harten Zeit der Großen Depression, die von einem Wiederaufleben des Antisemitismus geprägt war, und während des Schocks des Nationalsozialismus und des Holocausts. Dies blieb so bis zum Ende des Zweiten Weltkriegs, als das Aufkommen des Zionismus in der amerikanischen Judenheit einen Höhepunkt der Inbrunst verbreitete, die mit seiner Idee der Erlösung verbunden war. (Sachar, *a.a.O.*, S. 427)

Wie David Petergorsky, Exekutivdirektor des AJCongress, in seiner Rede auf dem zweimal jährlich stattfindenden AJCongress 1948 sagte:

> Wir sind zutiefst davon überzeugt, dass das jüdische Überleben zum einen

von seinem Rettungsanker in Palästina und zum anderen von der Existenz einer kreativen, selbstbewussten und gut integrierten jüdischen *Gemeinschaft in* diesem Land abhängen wird. Eine solche kreative Gemeinschaft kann nur im Rahmen einer wachsenden demokratischen Gesellschaft existieren, in der die Institutionen und die politische Ausrichtung dem Konzept des kulturellen Pluralismus seine volle Bedeutung verleihen. (in Svonkin, a. a. O., S. 82)

Neben der Ideologie des ethnischen und kulturellen Pluralismus wurde der endgültige Erfolg jüdischer Sichtweisen in Bezug auf die Einwanderung durch die intellektuellen Bewegungen begünstigt, die wir in den Kapiteln 2 bis 6 besprochen haben. Diese Bewegungen, insbesondere das Werk von Franz Boas, führten zum Niedergang des evolutionären und biologischen Denkens in der akademischen Welt. Obwohl sie kaum Auswirkungen auf die restriktive Einwanderungsposition in den Kongressdebatten hatten (das Hauptargument der Restriktionisten war, dass der ethnische *Status quo* aus Gründen der Gerechtigkeit aufrechterhalten werden müsse), waren die evolutionistischen *Theorien* über Rasse und Ethnie, insbesondere die von Madison Grant in *The Passing of the Great Race* (1921), Teil des Zeitgeistes. Grant behauptete, da der genetische Fundus der ursprünglichen amerikanischen Siedler aus nordischen und überlegenen Rassenelementen bestand, würde die Einwanderung von Menschen anderer Rassen das Kompetenzniveau der gesamten Gesellschaft senken und die demokratischen und republikanischen Institutionen gefährden. Grants Ideen wurden in den Medien zur Zeit der Einwanderungsdebatten populär und stießen in jüdischen Publikationen wie *The American Hebrew* auf Vorwürfe.

In Grants Brief an das *House Committee on Immigration and Naturalization wurde* das Hauptargument der Restriktionisten hervorgehoben, dass es für alle ethnischen Gruppen im Land fair und gerecht sei, die Volkszählung von 1890 für im Ausland geborene Personen als Grundlage für das Einwanderungsgesetz zu verwenden, während die Verwendung der Volkszählung von 1910 die Rechte der "ethnischen Amerikaner, deren Vorfahren vor der Unabhängigkeit des Landes in diesem Land lebten", beeinträchtigen würde. Er befürwortete auch die Idee von Quoten, um die Einwanderung von Menschen aus der Neuen Welt zu beschränken, da "diese Länder in einigen Fällen sehr unerwünschte Einwanderer liefern. Die meisten Mexikaner, die in die USA kommen, sind von indianischem Blut, und jüngste Intelligenztests haben gezeigt, dass sie ein sehr niedriges intellektuelles Niveau haben. Wir haben bereits zu viele dieser Leute in unseren südwestlichen Staaten; ihr Wachstum sollte begrenzt werden."

Grant machte sich Sorgen darüber, dass die neuen Einwanderer nicht assimilierbar seien. Er fügte dem Brief einen Leitartikel aus der *Chicago Tribune bei,* in dem die Situation in der Gemeinde Hamtramck in Michigan beschrieben wurde, wo Neueinwanderer angeblich "polnische Macht", die Ausweisung von Nicht-Polen und die Verwendung der polnischen Sprache durch die Bundesbehörden forderten. Grant erklärte auch, dass die unterschiedlichen Fertilitätsraten der verschiedenen Ethnien dazu führen würden, dass Gruppen mit späteren und weniger fruchtbaren Ehen ersetzt würden - eine Beobachtung, die die ethnischen Unterschiede in den Strategien der Lebensgeschichte widerspiegelt (vgl. J. P. Rushton, *Race, Evolution, and Behavior: A Life-History Perspective*). Er machte sich ausdrücklich Sorgen darüber, dass seine ethnische Gruppe durch andere ethnische Gruppen mit höherem Bevölkerungswachstum ersetzt werden könnte.

Die jüngsten Daten zeigen, dass junge Frauen mexikanischer Herkunft die höchste Fertilitätsrate in den USA haben, was bedeutet, dass Menschen mexikanischer Herkunft im Jahr 2040 die Mehrheit in Kalifornien bilden werden, was seine Bedenken hinsichtlich der Einwanderung aus Mexiko bestätigt. Im Jahr 1995 hatten Frauen mexikanischer Herkunft im Alter von 15 bis 19 Jahren eine Fertilitätsrate von 125 pro 1000, gegenüber 39 pro 1000 bei den nicht-hispanischen Weißen und 99 pro 1000 bei den nicht-hispanischen Schwarzen. Bei den Hispanics sind es 3,3 Kinder pro Frau, bei den nicht-hispanischen Schwarzen 2,2 Kinder pro Frau und bei den nicht-hispanischen Weißen 1,8 Kinder pro Frau (*Los Angeles Times* vom 13. Februar 1998). Mehr noch, die Latino-Kämpfer haben ein ausdrückliches Projekt, die USA durch Einwanderung und Bevölkerungswachstum "zurückzuerobern".

Im zweiten Kapitel haben wir dargelegt, dass Stephen Jay Gould und Leon Kamin ein sehr übertriebenes und größtenteils falsches Bild von der Rolle der IQ-Debatten in den 1920er Jahren gezeichnet haben, die anlässlich der Debatten über Gesetze zur Beschränkung der

Einwanderung stattfanden. Auch die Bedeutung der Theorien der nordischen Überlegenheit als Teil der restriktiven Stimmung beim einfachen Mann auf der Straße und bei den Parlamentariern kann leicht überschätzt werden. Wie Singerman bemerkt: "Rassenantisemitismus" war nur bei einer "Handvoll Autoren" üblich und das "Judenproblem" (...) war selbst bei erfolgreichen Autoren wie Madison Grant oder T. ein geringes Anliegen. Lothrop Stoddard. Keine der [in Singermans Studie] untersuchten Personen kann als professioneller Judenzerstörer oder hauptberuflicher antijüdischer Propagandist angesehen werden" ('The Jew as a racial alien' in *Antisemitism in American History*, S. 118-119).

Wie bereits erwähnt, spielten Argumente im Zusammenhang mit der nordischen Überlegenheit, einschließlich ihrer tatsächlichen oder vermeintlichen intellektuellen Überlegenheit, in den Kongressdebatten über die Einwanderung während der 1920er Jahre eine bemerkenswert geringe Rolle: Das gemeinsame Argument der Restriktionisten war, dass die Migrationspolitik die Interessen aller im Land lebenden ethnischen Gruppen fair widerspiegeln sollte. Es gibt sogar Belege dafür, dass das Argument der nordischen Überlegenheit nicht wirklich nach dem Geschmack der Öffentlichkeit war: Ein Mitglied der *Immigration Restriction League* erklärte 1924, dass "das Land es satt hat, von diesen pedantischen Geschichten über die nordische Überlegenheit zu hören" (*in* Samelson, 'On the science and politics of the IQ', *Social Research* # 42, 1979).

Der Niedergang der evolutionären und biologischen Theorien von Rasse und Ethnie hat jedoch wahrscheinlich die durch das Gesetz von 1965 herbeigeführte Wende in der Migrationspolitik erleichtert. Wie Higham feststellte, war zum Zeitpunkt dieses endgültigen Sieges, der durch das Gesetz von 1965 bestätigt wurde, das das doppelte Kriterium der nationalen und rassischen Herkunft aus der Auswahl der Einwanderer entfernte und die Einwanderung für alle Menschengruppen öffnete, die boasianische Sichtweise des Kulturdeterminismus und des Antibiologismus bereits zum allgemeinen Denken an der Universität geworden. Infolgedessen war es "intellektuell modern geworden, die bloße Existenz anhaltender ethnischer Unterschiede abzulehnen. Diese allgemeine Reaktion beraubte die rassischen Gefühle der Menschen einer mächtigen ideologischen Waffe" (Higham, *op. cit.*, S. 58-59).

Die jüdischen Intellektuellen waren bei weitem am stärksten in den Kampf um die Ausrottung der rassistischen Ideen Grants und anderer involviert. Tatsächlich spürten die Restriktionisten selbst während der ersten Debatten, die zu den Gesetzen von 1921 und 1924 führten, dass sie von jüdischen Intellektuellen angegriffen wurden. 1918 schrieb Prescott F. Hall, Sekretär der *Immigration Restriction League*, an Grant: "Was ich gerne hätte (...) sind die Namen einiger bekannter Anthropologen, die sich für die Idee der Ungleichheit der Rassen ausgesprochen haben (...). Da ich mich immer wieder dabei ertappe, wie ich mit den Juden um das Argument der Gleichheit kämpfen muss, dachte ich, dass Sie mir vielleicht einige Namen von Wissenschaftlern nennen könnten, die ich zur Unterstützung meiner Sache anführen könnte" (*in* Samelson, a. a. O., S. 467)

Grant glaubte auch, dass die Juden am Werk waren, um die Rassenforschung zu diskreditieren. In seiner Einleitung zur 1921er Ausgabe von *The Passing of the Great Race* beklagte er, dass es "so gut wie unmöglich ist, in einer amerikanischen Zeitung irgendwelche Überlegungen über bestimmte Religionen oder Rassen zu veröffentlichen, die hysterisch kitzelig sind, selbst wenn man nur ihren Namen nennt. Der Gedanke dahinter scheint zu sein, dass die Fakten selbst verschwinden, wenn die Veröffentlichung zensiert wird. Im Ausland ist die Situation ähnlich schlecht. In Frankreich berichtet einer der bekanntesten Anthropologen [Georges Vacher de Lapouge, Anm.], dass die anthropologischen Messungen der Soldaten bei Ausbruch des Großen Krieges unter dem Einfluss der Juden verhindert wurden, die versuchten, jeden Gedanken an eine Rassendifferenzierung in Frankreich zu zensieren".

Boas seinerseits war sehr motiviert durch die Frage der Einwanderung, wie sie zu Beginn des 20. Jahrhunderts bestand. Carl Degler weist darauf hin, dass seine Geschäftskorrespondenz "offenbart, dass ein gewichtiger Grund für sein berühmtes Schädelvermessungsprojekt im Jahr 1910 sein starkes persönliches Interesse an der Erhaltung der Vielfalt der Bevölkerung der Vereinigten Staaten war" (*In Search of Human Nature: The Decline and Revival of Darwinism in American Social Thought*, S. 74). Die Studie von Boas, deren Ergebnisse der Abgeordnete Emanuel Celler während der Debatte über die Einwanderungsbeschränkung im Kongressdebattenprotokoll zitiert hatte (*Congressional Record* vom 8. April 1924, S. 5915-5916), behauptete, dass es die Umweltunterschiede nach der Einwanderung seien, die die kraniologischen Unterschiede verursachten. (Zu dieser Zeit war die Bestimmung des "Kopfindex" die wichtigste Messung, die die an der Rassenforschung beteiligten Wissenschaftler durchführten.)

Boas erklärte, seine Studie zeige, dass alle ausländischen Gruppen, die günstige soziale Umstände genossen, in den USA assimiliert wurden, sofern ihre Körpermaße denen des amerikanischen Typs entsprachen. Obwohl er im Hauptteil seines Berichts weitaus vorsichtigere Schlussfolgerungen zog, schrieb Boas in der Einleitung, dass "jede Befürchtung eines ungünstigen Einflusses, der von der Einwanderung aus Südeuropa ausgeht, auf den Körper unseres Volkes verworfen werden sollte" (*Reports of the Immigration Commission*, 'Changes in Bodily Form of Descendants of Immigrants' - 1911, S. 5). Degler bestätigt die tatsächliche Beteiligung von Boas an der Einwandererfrage, die sich in seinen umweltbezogenen Erklärungen der geistigen Unterschiede zwischen Einwandererkindern und einheimischen Kindern zeigte, indem er Folgendes anmerkt: "Es ist schwer zu verstehen, warum Boas eine so verzerrte Interpretation vorschlug, solange man nicht seinen Wunsch erkennt, die offensichtliche geistige Retardierung von Einwandererkindern in einem günstigen Licht erscheinen zu lassen" (a. a. O., S. 75).

Die Ideologie der Rassengleichheit war eine beliebte Waffe für die Befürworter der Öffnung des Einwanderungsrechts für alle Menschengruppen. Der AJCongress beispielsweise gab 1951 gegenüber dem Kongress folgende Erklärung ab:

> Die Entdeckungen der Wissenschaft müssen selbst die vorurteilsbeladensten unter uns dazu zwingen, zu erkennen, dass Intelligenz, Moral und Charakter nichts mit der Geografie oder dem Geburtsort zu tun haben, so wie wir es beim Gesetz der Schwerkraft tun.

Die Erklärung zitierte in diesem Zusammenhang populäre Schriften von Boas zu diesem Thema sowie Ashley Montagu, seinen Schützling, der in dieser Zeit der prominenteste Gegner des Rassekonzepts war. Montagu, der eigentlich Israel Ehrenberg hieß, erklärte kurz nach dem

Zweiten Weltkrieg, dass die Menschen eine angeborene Tendenz zur Kooperation, aber keine zur Aggression hätten und dass es eine universelle Brüderlichkeit unter den Menschen gebe.

1952 sagte Margaret Mead, ebenfalls ein Schützling von Boas, vor der *President's Commission on Immigration and Naturalization aus,* dass "alle menschlichen Gruppen das gleiche Potenzial haben (...) Bis heute legen die besten anthropologischen Daten nahe, dass Individuen in allen Gruppen ungefähr die gleiche Verteilung von Potenzialen erfahren." (*PCIN* 1953, S. 92). (*PCIN* 1953, S. 93) (vgl. Kapitel 2, in dem die erfolgreichen Bemühungen der Boasianer um die Vorherrschaft in AAA untersucht werden).

1965 konnte Senator Jacob Javits bei der Debatte über das Einwanderungsgesetz gelassen verkünden, dass "die zwingende Stimme des Gewissens sowie die Lehren der Soziologen uns sagen, dass die Einwanderung, wie sie unter der Quotenregelung existiert, eine schlechte Sache ist, die weder in der Vernunft noch in der Tat eine Grundlage hat, denn wir haben das Stadium überschritten, in dem man sagen konnte, dass ein Mensch aufgrund seiner Hautfarbe besser ist als ein anderer." (*Congressional Records, III,* 1965, S. 24469). Die intellektuelle Revolution und ihre politische Umsetzung waren abgeschlossen.

Teil 3

2. Beziehungen zwischen Kirchen und Staat.

Wenn die Juden einen Vorteil im kulturellen Pluralismus sehen, dann auch deshalb, weil es ihr wohlverstandenes Interesse ist, dass sich die Vereinigten Staaten nicht als homogene christliche Kultur definieren. Wie Ivers feststellt, haben "jüdische Bürgerrechtsorganisationen eine historische Rolle bei der Entwicklung der Gesetzgebung über Kirche und Staat in Amerika gespielt" (*To Build a Wall: American Jews and the Separation of Church and State,* S. 2). Die jüdischen Bemühungen in diese Richtung begannen nach dem Zweiten Weltkrieg, aber die Juden waren schon viel länger gegen die Verbindung von Staat und protestantischer Religion. So waren jüdische Publikationen beispielsweise einstimmig gegen ein Gesetz des Staates Tennessee, das

1925 zum Scopes-Prozess führte, dem Schauplatz der Auseinandersetzung zwischen Darwinismus und religiösem Fundamentalismus.

Es spielt keine Rolle, ob die Evolution eine wahre oder falsche Idee ist. Entscheidend ist, dass es in diesem Land bestimmte Kräfte gibt, die darauf bestehen, dass nichts, was in die Untersuchung eingeht, auch nur den geringsten Zweifel an der Unfehlbarkeit der Bibel aufkommen lassen darf. Das ist, kurz gesagt, worum es in diesem Fall geht. Es handelt sich, mit anderen Worten, um einen vorsätzlichen, unamerikanischen Versuch, Kirche und Staat zu vereinen (...) Wir gehen noch weiter und behaupten, dass es sich um einen Versuch handelt, den Staat mit der protestantischen Kirche zu vereinen. (*Jewish Criterion* # 66 vom 10. Juli 1925)

Die jüdischen Bemühungen wurden in diesem Gerichtsfall gut finanziert, der im Mittelpunkt der Aktivitäten hoch motivierter und organisierter jüdischer ziviler Organisationen wie AJCommitte, AJCongress und ADL stand. Sie boten die Dienste ihrer Rechtsexperten an, die in den Prozessverlauf eingriffen und auch die öffentliche Meinung durch Artikel in Rechtszeitschriften und anderen Foren für intellektuelle Debatten sowie in den populären Medien beeinflussten. Ihre Bemühungen wurden von einer charismatischen und effektiven Führung getragen, allen voran Leo Pfeffer von L'AJCongress :

> Kein Rechtsanwalt hat jemals ein solches intellektuelles Lehramt in einem ganzen Rechtsgebiet und über einen so langen Zeitraum hinweg ausgeübt. Als Autor, als Lehrer, als Bürger und vor allem als Anwalt, der seine vielfältigen und großartigen Talente zu einer einzigartigen Kraft vereinte, die in der Lage war, alle Bedürfnisse einer Institution zu befriedigen, die eine verfassungsrechtliche Reformbewegung anstoßen wollte (...).) Dass Pfeffer dank einer beneidenswerten Kombination aus Talent, Entschlossenheit und Beharrlichkeit in so kurzer Zeit die Reform der Beziehungen zwischen Kirche und Staat zu einem wichtigen Anliegen machen konnte, an dessen Schicksal die rivalisierenden Organisationen den AJCongress banden, zeigt, wie sehr einzelne Anwälte mit außergewöhnlichen Fähigkeiten den Kurs und den Charakter der Organisationen, für die sie arbeiten, bestimmen können (...).
>
> Als wollten sie die Tragweite von Pfeffers Wirken auf die Verfassungsentwicklung nach Everson [d. h. nach 1946] bestätigen, versäumen es selbst die schärfsten Kritiker der damaligen neuen

Rechtsprechung zum Verhältnis von Kirche und Staat und der modernen Doktrin der Trennung von Kirche und Staat selten, auf Pfeffer als Hauptverantwortlichen für ihren Kummer zu verweisen. (Ivers, *a. a. O.*, S. 222-224)

Jahrhundert versuchten Juden in Frankreich und Deutschland, den katholischen und lutherischen Kirchen die Kontrolle über die Schulen zu entziehen, obwohl das Christentum für viele Nichtjuden einen wichtigen Teil der nationalen Identität darstellte. Antisemiten betrachteten Juden aufgrund solcher Aktionen oft als Zerstörer des Volkskörpers.

3. Organisation der Afroamerikaner und der Bewegung für interethnische Beziehungen nach dem Zweiten Weltkrieg.

Juden waren schließlich die treibende Kraft hinter der politischen Mobilisierung der Afroamerikaner, die den jüdischen Interessen diente, indem sie die politische und kulturelle Hegemonie der Amerikaner europäischer und nichtjüdischer Herkunft auflöste. Juden spielten bei der Mobilisierung der Schwarzen eine äußerst wichtige Rolle, angefangen mit der Gründung der *National Association for the Advancement of Colored People (*NAACP) im Jahr 1909, die trotz des wachsenden schwarzen Antisemitismus immer noch Bestand hat.

Mitte des Jahrzehnts [1915] glich die NAACP einer Hilfstruppe des B'nai B'rith und des American Jewish Committee: Die Brüder Joel Spingarn waren Vorstandsvorsitzende und sein Bruder Arthur Spingarn war ihr Chefanwalt; Herbert Lehman war im Exekutivausschuss; Lillian Wald und Walter Sachs gehörten dem Vorstand an (aber nicht gleichzeitig); Jacob Schiff und Paul Warburg waren ihre finanziellen Schutzengel. 1920 war Herbert Seligman sein Direktor für Öffentlichkeitsarbeit und Martha Greuning seine Assistentin (...) Kein Wunder also, dass Marcus Garvey 1917 die Tür der NAACP zuschlug, als er meckerte, dass es sich um eine weiße Organisation handele. (Levering-Lewis, 'Shortcuts to the mainstream: Afro-americans and Jewish Notables in the 1920's and 1930's, in: *Jews in Black Perspective: A Dialogue*, S. 85)

Reiche Juden waren auch wichtige Beitragszahler der *National Urban League*: "Die Präsidentschaft von Edwin Seligman, die

Mitgliedschaft von Felix Adler, Lillian Wald, Abraham Lefkowitz und kurz darauf Julius Rosenwald im Vorstand sowie die Mitgliedschaft von Direktor Sears, einem Aktionär der Roebuck Company, ließen einen starken jüdischen Beitrag zu dieser Liga erwarten" (a.a.O.). Neben der Bereitstellung von Geldmitteln und talentierten Führungspersönlichkeiten (die NAACP-Präsidenten waren bis 1975 alle Juden) stellten die Juden auch ihre Kontingente an Anwälten für die afroamerikanischen Anliegen zur Verfügung. Louis Marshall, ein prominentes Beispiel für die jüdische Intervention in Einwanderungsfragen, war in den 1920er Jahren einer der führenden Anwälte der NAACP. Afroamerikaner spielten in diesen Initiativen eine sehr geringe Rolle: So gab es beispielsweise bis 1933 keinen einzigen afroamerikanischen Anwalt im Justizzweig der NAACP (vgl. Friedman, *What Went Wrong? The Creation and Collapse of the Black-Jewish Alliance*, S. 106).

Die von Friedman besprochenen revisionistischen Historiker zeigen, dass die Juden bei der Gründung dieser Organisationen ihre eigenen Interessen und nicht die der Afroamerikaner im Auge hatten. In der Zeit nach dem Zweiten Weltkrieg waren alle jüdischen Bürgerorganisationen in schwarze Angelegenheiten involviert, also auch das AJCommittee, der AJCongress und die ADL: "Ausgestattet mit professionellen und kompetenten Mitarbeitern, perfekt ausgestatteten Büros und ihrem Kommunikationsgeschick waren sie in der Lage, einen Unterschied zu machen" (Friedman, a. a. O., S. 135). Juden brachten in den 1960er Jahren zwischen zwei Dritteln und drei Vierteln des Budgets von Bürgerrechtsgruppen auf (Kaufman, 'Blacks and Jews: The *struggle* in the cities' in *Struggles* in *the Promised Land: Toward a History of Black-Jewish Relations* in the *United States*, S. 110).

Jüdische Gruppen, insbesondere der AJCongress, spielten eine führende Rolle, da sie die Pläne für die künftige Bürgerrechtsgesetzgebung verfassten und Prozesse zu Bürgerrechtsfragen führten, die hauptsächlich Schwarzen zugute kamen (Svonkin, a. a. O., S. 79-112).

> Die jüdische Unterstützung, sowohl rechtlich als auch finanziell, ermöglichte es der Bürgerrechtsbewegung, einen Sieg nach dem anderen zu erringen (...) Es war wenig übertrieben, als ein Anwalt des *American*

Jewish Congress sagte: 'Viele dieser Gesetze wurden von jüdischen Angestellten in den Büros jüdischer Agenturen geschrieben, von jüdischen Gesetzgebern vorgeschlagen und es waren jüdische Wähler, die auf ihre Verabschiedung drängten' (Levering-Lewis, *a. a. O.*, S. 94).

Harold Cruse entwickelt eine besonders scharfe Analyse der Neger-Juden-Koalition, die sich mit vielen Themen des vorliegenden Buches deckt. Zunächst einmal lässt er *wissen*, dass "die Juden *genau wissen, was sie in Amerika wollen*" (Negroes and Jews The Two Nationalisms and the Bloc(ked) plurality, in *Bridges and Boudaries : African Americans and American Jews*, S. 121; Hervorhebung im Original). Juden wollen kulturellen Pluralismus aufgrund ihrer langfristigen Politik der Nichtassimilation und der Gruppensolidarität. Cruse weist darauf hin, dass die jüdische Erfahrung in Europa ihnen gezeigt habe, dass sie "dieses Spiel *zu zweit* spielen" könnten (d. h.: hochgradig nationalistische Solidarität entwickeln), und dann "wehe denen, die am wenigsten sind" (*ebd.*, S. 122). Cruse bezieht sich hier auf die Möglichkeit antagonistischer Gruppenstrategien (und auch Reaktionsprozesse, nehme ich an), die ich in *SAID in* den Kapiteln 3 bis 5 behandelt habe.

Cruse stellt fest, dass jüdische Organisationen den angelsächsischen (lies: kaukasoiden) Nationalismus als die für sie bedrohlichste Form des Nationalismus betrachten und dazu neigen, politische Linien zu unterstützen, die die Integration der Schwarzen in Amerika fördern (d. h. assimilationistische und individualistische Linien), wahrscheinlich weil diese die kaukasoide Macht auflösen und das Risiko einer geschlossenen, nationalistischen und antisemitischen kaukasoiden Mehrheit verringern. Gleichzeitig widersetzten sich die jüdischen Organisationen der schwarznationalistischen Position, die sich für eine nationalistische und antiassimilationistische Kollektivstrategie für die eigene Gruppe entschied.

Cruse weist auch auf die asymmetrische Beziehung zwischen Schwarzen und Juden hin. Letztere hatten die Schlüsselpositionen in den schwarzen Bürgerrechtsorganisationen inne, sie waren ihre großen Geldgeber, sie formulierten ihre Programme und setzten sie durch. Umgekehrt wurden Schwarze jedoch völlig aus dem internen Leben und den Führungsgremien der jüdischen Organisationen ausgeschlossen. Die Strukturierung und die Ziele der Schwarzenbewegung in den USA sind bis vor kurzem in hohem Maße als Instrument der jüdischen Strategie zu betrachten, das ganz ähnliche Ziele verfolgt wie die Einwanderungsgesetzgebung.

Die Rolle der Juden in afroamerikanischen Angelegenheiten muss jedoch im allgemeinen Kontext dessen gesehen werden, was die beteiligten Aktivisten nach dem Zweiten Weltkrieg als "Inter-Group-Relations-Bewegung" bezeichneten, die sich zum Ziel gesetzt hatte, "Vorurteile und Diskriminierung gegenüber rassischen, ethnischen und religiösen Minderheiten zu beseitigen". Wie bei anderen Bewegungen, in denen Juden stark involviert waren, hatten auch hier jüdische Organisationen, insbesondere das AJCommittee, der AJCongress und die ADL, die Führung übernommen. Diese Organisationen waren die Hauptfinanzierungsquelle der Bewegung, sie entwickelten ihre Taktiken und legten ihre Ziele fest. Wie bei der Bewegung, die auf die Gestaltung der Migrationspolitik abzielte, war das Ziel dieser Bewegung ebenso eigennützig, da es darum ging, die Entwicklung einer antisemitischen Massenbewegung in den USA zu verhindern. Die jüdischen Aktivisten "betrachteten ihre Beteiligung an der Bewegung für Intergruppenbeziehungen als Präventivmaßnahme, die sicherstellen sollte, dass "es" - der von den Nazis gegen das europäische Judentum geführte Vernichtungskrieg - niemals in Amerika geschehen würde" (Svokin, a. a. O., S. 10).

Es handelte sich um eine Rundum-Aktion, bei der man gegen Voreingenommenheit in der Immobilienbranche, in der Schule und im öffentlichen Dienst klagte, Gesetzesvorschläge einbrachte und deren Annahme durch die Behörden auf Landes- und Bundesebene erwirkte, die Botschaften der Medien beeinflusste, Schulungen für Schüler und Lehrer durchführte und an den Universitäten daran arbeitete, den intellektuellen Diskurs umzugestalten. Diese jüdische Beteiligung an der Bewegung für Intergruppenbeziehungen erfolgte oft auf eine Weise, die nicht als solche erkannt wurde. Dies war der Fall in der Bewegung zur Änderung der Migrationspolitik und in so vielen anderen alten und neuen Fällen jüdischer intellektueller und politischer Aktivität.

Jahrhundert in Deutschland, als die Juden versuchten, ihre Interessen im Sinne germanischer Ideale zu definieren, bestand die Rhetorik der Bewegung für Intergruppenbeziehungen darauf, dass ihre

Ziele mit den Vorstellungen Amerikas von sich selbst übereinstimmten. Dabei wurde das aufklärerische Erbe der individuellen Rechte betont, während die republikanische Strömung der amerikanischen Identität, die sie als eine zusammengeschweißte und sozial homogene Gesellschaft definierte, sowie die "ethno-kulturelle" Strömung, die die Bedeutung der angelsächsischen Ethnie für die Entwicklung und Bewahrung der amerikanischen Kulturformen betonte, ignoriert wurden.

Liberaler Kosmopolitismus und individuelle Rechte wurden ebenfalls als mit den jüdischen Idealen, die auf die Propheten zurückgehen, übereinstimmend angesehen, aber diese Interpretation ließ die negativen Darstellungen von Endogruppen, die diskriminierenden Maßnahmen gegen sie und die ausgeprägte kollektivistische Tendenz, die als evolutionäre Gruppenstrategie das Herzstück des Judentums bildet, außer Acht. Wie Svonkin feststellte, beruhte die jüdische Rhetorik dieser Zeit auf einer illusionären Vision der jüdischen Vergangenheit, die auf die jüdischen Ziele in der modernen Welt zugeschnitten war, in der die Rhetorik der Aufklärung, die sich auf Universalismus und individuelle Rechte bezog, nach wie vor ein beträchtliches intellektuelles Prestige besaß.

In dieser Hinsicht waren die hier untersuchten intellektuellen Bewegungen dieser Zeit von entscheidender Bedeutung für die Rationalisierung jüdischer Interessen, insbesondere die boasianische Anthropologie, die Psychoanalyse und die Frankfurter Schule. Wie wir im fünften Kapitel gesehen haben, finanzierten jüdische Organisationen die geisteswissenschaftliche Forschung (insbesondere die Sozialpsychologie), wo ein Kern von militanten jüdischen Akademikern in enger Verbindung mit den jüdischen Organisationen arbeitete.

Nach dem Zweiten Weltkrieg wurde die Anthropologie von Boas in Propagandamaterialien mobilisiert, die vom AJCommittee, dem AJCongress und der ADL verteilt und gefördert wurden, wie man im Film *Brotherhood of Man* sehen kann, der ein Bild der Menschheit zeichnete, in dem alle Menschengruppen die gleichen Fähigkeiten besaßen. In den 1930er Jahren unterstützte das AJCommitte Boas' Forschungen finanziell und in der Nachkriegszeit waren die Boas'sche Ideologie des Fehlens von Rassenunterschieden und die Boas'sche Ideologie des Kulturrelativismus sowie Horace Kallens Idee, dass kulturelle Unterschiede respektiert und bewahrt werden sollten, bemerkenswerte Bestandteile der von militanten jüdischen Organisationen gesponserten Bildungsprojekte, die sie in Form von Broschüren im gesamten amerikanischen Schulsystem breit verteilten.

Anfang der 1960er Jahre schätzte ein ADL-Verantwortlicher, dass ein Drittel der amerikanischen Lehrer Unterrichtsmaterial erhalten hatte, das auf seinen Ideen beruhte (Svonkin, *a. a. O., S.* 69). Die ADL war stark in die Arbeit involviert, die darin bestand, Teams zusammenzustellen, Broschüren zu verfassen und Workshops für Lehrer und Betreuer des Schulsystems zu finanzieren. Die Liga wurde bei ihren Aktivitäten häufig von Universitätsprofessoren für Geisteswissenschaften unterstützt, was zweifellos zur wissenschaftlichen Glaubwürdigkeit dieser Übungen beitrug. Es mag ironisch klingen, dass diese Aktivitäten innerhalb des Schulsystems von denselben Gruppen durchgeführt wurden, die einst verbissen darum kämpften, offene christliche Einflüsse aus öffentlichen Schulen zu verbannen.

Die Ideologie der gruppenbezogenen Menschenfeindlichkeit, wie sie von der Bewegung für Gruppenbeziehungen entwickelt wurde, leitete sich aus der Reihe der *Studies on Prejudice* ab, die wir im fünften Kapitel besprochen haben. Die Bewegung betrachtete Manifestationen von Ethnozentrismus bei Nichtjuden oder die Diskriminierung von Exogruppen ausdrücklich als Geisteskrankheit und damit als Problem der öffentlichen Gesundheit. Ihr Angriff auf gruppenübergreifende Feindseligkeit wurde als Angriff auf ansteckende Krankheiten interpretiert. Die Träger dieser Krankheiten wurden von den Aktivisten als "infiziert" definiert (Svonkin, *a. a.* O., S. 30 und 59).

Die Vertreter dieses ethnischen Aktivismus betonten immer wieder die Vorteile, die sich aus der Harmonie zwischen den Gruppen ergeben würden - ein idealistisches Element, das laut Horace Kallen dem Konzept des Multikulturalismus innewohnt -, ohne jedoch jemals die Tatsache zu erwähnen, dass bestimmte Gruppen, insbesondere diejenigen europäischer, nicht-jüdischer Abstammung, ihre wirtschaftliche und politische Macht sowie ihren kulturellen Einfluss verlieren würden. Negative Einstellungen gegenüber anderen Gruppen wurden nicht als Ergebnis unterschiedlicher kollektiver Interessen, sondern als Produkt individueller Psychopathologie betrachtet. Schließlich bekämpfte der

AJCongress, während Ethnozentrismus als Problem der öffentlichen Gesundheit gesehen wurde, jegliche jüdische Assimilation. Der AJCongress "vertrat ausdrücklich eine pluralistische Sichtweise, die die Rechte von Gruppen und die Unterscheidbarkeit von Gruppen als grundlegende bürgerliche Freiheit respektierte" (Svonkin, a. a. O., S. 81).

Teil 4

Jüdische politische Anti-Restriktionismus-Aktivitäten
Jüdische Anti-Restriktions-Aktivitäten in den USA bis 1924

Die jüdische Verfälschung der intellektuellen Diskussion über Rasse und Ethnie hatte offensichtlich langfristige Auswirkungen auf die US-Migrationspolitik, doch die jüdische politische Beteiligung ging weit darüber hinaus. Die Juden waren "die einzige Gruppe, die ununterbrochen auf eine Liberalisierung der Einwanderungspolitik drängte" in den Vereinigten Staaten, und zwar während der gesamten Dauer dieser Debatte, die 1881 begann (Neuringer, *American Jewry and United States Immigration Policy, 1881-1953*, S. 392).

In ihrem Bemühen, die Einwanderungspolitik in Richtung einer Liberalisierung zu lenken, zeigten die jüdischen Sprecher und ihre Organisationen ein Engagement, das mit dem anderer relevanter Lobbygruppen nicht zu vergleichen ist. Die Einwanderungsfrage war das vorrangige Anliegen fast aller jüdischen Organisationen, die sich für den Schutz der Gemeinschaft und den Dialog zwischen den Gemeinschaften einsetzten. In all diesen Jahren nahmen ihre Sprecher eifrig an den Ausschüssen des Kongresses teil, und die jüdischen Bemühungen spielten eine entscheidende Rolle bei der Gründung und Finanzierung von nicht-konfessionellen Aktivistengruppen wie der *National Liberal Immigration League* und dem *Citizens Committee for Displaced Persons*.

Nathan C. Belth berichtet in seiner Geschichte der ADL: "Im Kongress, in all den Jahren der Einwanderungsschlachten, waren es die Namen jüdischer Gesetzgeber, die in den vordersten Reihen der liberalen Kräfte zu finden waren: Adolph Sabathh, Samuel Dickstein und Emanuel Celler im Repräsentantenhaus und Herbert H. Lehman und Jacob Javits im Senat. Jeder von ihnen war zu einem bestimmten Zeitpunkt Führer der

Anti-Defamation League und anderer dem demokratischen Fortschritt verpflichteter Organisationen gewesen". Mit anderen Worten: Die jüdischen Abgeordneten, die am engsten mit den Anti-Restriktionismus-Bemühungen im Kongress verbunden waren, waren also auch an der Spitze der Gruppe, die am engsten mit der jüdischen ethnopolitischen Militanz und der jüdischen Selbstverteidigung verbunden war.

In den fast hundert Jahren vor dem Sieg, den das Einwanderungsgesetz von 1965 für sie bedeutete, schlossen jüdische Gruppen Zweckbündnisse mit anderen Gruppen, deren Interessen zeitweilig mit den jüdischen Interessen konvergierten (d. h. der ständig wechselnde Schwarm ethnischer Gruppen, religiöser Gruppen, Pro-Kommunisten, Anti-Kommunisten ; die diplomatischen Interessen verschiedener Präsidenten, der Wunsch der Präsidenten, die Gunst einflussreicher Gruppen in bevölkerungsreichen Staaten zu gewinnen, um auf nationaler Ebene gewählt zu werden, etc.).

Diese politische Linie der Einwanderungsliberalisierung genoss die Unterstützung einer beträchtlichen Bedeutung: die der industriellen Interessen, die nach billigen Arbeitskräften suchten, zumindest in der Zeit vor dem vorübergehenden Triumph des Restriktionismus im Jahr 1924. Inmitten dieser ständig wechselnden Bündnisspiele verfolgten die jüdischen Organisationen hartnäckig ihr Ziel: die Zahl der jüdischen Einwanderer so weit wie möglich zu erhöhen und die Schleusen der Einwanderung für alle Völker der Welt zu öffnen. Aus den Akten geht hervor, dass die Idee, die Vereinigten Staaten in eine multikulturelle Gesellschaft zu verwandeln, seit dem neunzehnten Jahrhundert eines der großen jüdischen Ziele war.

Der jüdische Triumph in der Einwanderungsfrage ist insofern bemerkenswert, als ihr Kampf in mehreren Bereichen und gegen eine sehr mächtige Koalition von Gegnern geführt wurde. Jahrhunderts wurden die Restriktionisten von Patriziern der Ostküste wie Senator Henry Cabot Lodge angeführt. Die wichtigste politische Basis des Restriktionismus zwischen 1910 und 1952 waren jedoch (neben der relativ ineffizienten Gewerkschaftsbewegung) die "einfachen Leute des Südens und des Westens" (Higham, a.a.O., S. 84) und ihre Vertreter im Kongress. Im Grunde laufen die Kämpfe zwischen Juden und Nichtjuden in der Zeit von 1900 bis 1965 auf einen Konflikt zwischen den Juden und dieser so geografisch definierten Gruppe hinaus. "Die Juden bildeten aufgrund ihrer intellektuellen Energie und ihrer wirtschaftlichen Ressourcen die Vorhut der Neuankömmlinge, die mit den Traditionen des ländlichen Amerikas nichts anfangen konnten" (*ebd.* S. 168-169). Wir sind diesem Thema bereits bei den *New York Intellectuals* im sechsten Kapitel und bei der jüdischen extremen Linken im dritten Kapitel begegnet.

Obwohl sie oft besorgt waren, dass die jüdische Einwanderung die Flamme des Antisemitismus in Amerika neu entfachen könnte, führten die jüdischen Führer in der Zeit von 1881 bis 1924 einen langwierigen und insgesamt erfolgreichen Verzögerungskampf gegen Migrationsbeschränkungen, insbesondere weil diese die Fähigkeit der Juden zur Einwanderung beeinträchtigten. Diese Bemühungen wurden auch nicht unterbrochen, als 1905 "eine Polarität zwischen Juden und der amerikanischen öffentlichen Meinung in der Einwanderungsfrage" (Neuringer, *a. a. O.*, S. 83) entstand. Während andere religiöse Gruppen wie die Katholiken und andere ethnische Gruppen wie die Iren gespalten waren, sich ambivalent gegenüber der Einwanderung verhielten, schlecht organisiert waren und keinen Einfluss auf die Migrationspolitik nehmen konnten, und während auf der anderen Seite die Gewerkschaften gegen die Einwanderung waren, weil sie das Angebot an billigen Arbeitskräften verringern wollten, übten die jüdischen Gruppen ihre Bemühungen gegen die Politik der Einwanderungsbeschränkung intensiv und nachhaltig aus.

N. W. Cohen stellt in seinem Buch über das AJCommittee fest, dass dessen Oppositionsarbeit gegen Einwanderungsbeschränkungen zu Beginn des 20. Jahrhunderts ein bemerkenswertes Beispiel für die jüdische Fähigkeit ist, Einfluss auf die allgemeine Politik auszuüben. Von allen Gruppen, die vom Einwanderungsgesetz von 1907 betroffen waren, hatten die Juden in Bezug auf die Zahl der möglichen Einwanderer am wenigsten zu gewinnen, aber sie waren es, die bei der Gestaltung des Gesetzes die größte Rolle spielten. In der folgenden Zeit, die in das relativ unwirksame restriktive Gesetz von 1917 mündete und in der die Restriktionisten im Kongress kämpften, "gaben nur die jüdischen Bänke ihre Stimme ab" (Cohen, *Not Free to Desist: The American Jewish Committee, 1906-1966*, S. 92).

Aus Angst vor einem erneuten Aufflammen des Antisemitismus

wurde jedoch versucht, die jüdische Beteiligung an der Anti-Restriktionismus-Kampagne nicht zu offensichtlich werden zu lassen. 1906 wurden die jüdischen politischen Führungskräfte der Anti-Restriktionsbewegung angewiesen, ihre Mitgliedschaft im AJCommittee nicht zu erwähnen, wenn sie Druck auf Parlamentarier ausübten, weil "die Gefahr bestand, dass Juden beschuldigt würden, sich für politische Zwecke zu organisieren" (Anmerkung des Sekretärs des AJCommittee, Herbert Friedenwald, zitiert in Goldstein, *The Politics of Ethnic Pressure: The American Jewish Committee Fight Against Immigration Restriction, 1906-1917*, S. 125). Jahrhunderts waren die Argumente der Anti-Restriktionisten einheitlich in die Sprache der universalistischen humanitären Ideale gegossen. Im Rahmen dieser universalisierenden Arbeit wurden für die Galerie einige Nichtjuden aus alter protestantischer Abstammung angeworben und jüdische Gruppen wie das AJCommittee finanzierten Pro-Immigrationsgruppen, die aus Nichtjuden bestanden (Neuringer, a. a. O., S. 92).

Der größte Teil dieser Aktivitäten bestand darin, hinter den Kulissen persönlich mit Politikern zu intervenieren; dies ist eine Konstante, die darauf abzielt, die Rolle der Juden in den Augen der Öffentlichkeit zu mindern, um keine Opposition zu provozieren. Politiker, die sich eben gegen sie stellten, wie Henry Cabot Lodge, und Organisationen wie die *Immigration Restriction League* wurden genau beobachtet, und die Überzeugungsagenten versäumten es nicht, Druck auf sie auszuüben.

In Washington verfolgten Überzeugungsarbeitskräfte täglich das Abstimmungsverhalten der Abgeordneten, wenn Gesetzesvorschläge im Kongress hin und her gingen, und bemühten sich, die Präsidenten Taft und Wilson dazu zu bringen, ihr *Veto* gegen gesetzliche Einwanderungsbeschränkungen einzulegen. Katholische Prälaten wurden angeworben, um gegen die Auswirkungen der Beschränkungen auf die italienische und ungarische Einwanderung zu protestieren. Wenn in den Medien restriktive Argumente vorgebracht wurden, entwickelte das AJCommittee ausgefeilte Antworten, die sich auf akademische Daten stützten und in eine universalistische Sprache gegossen waren, um zu zeigen, dass ihre Vorschläge der gesamten Gesellschaft zugute kommen würden. In nationalen Zeitschriften wurden Artikel veröffentlicht, die die Einwanderung befürworteten, und in den Zeitungen erschienen offene

Briefe. Man versuchte, negative Urteile über die Einwanderung zu zerstreuen, indem man die jüdischen Einwanderer über das ganze Land verteilte und dafür sorgte, dass sie nicht auf die Großzügigkeit der Öffentlichkeit angewiesen waren. Man führte Gerichtsverfahren durch, um die Deportation jüdischer Ausländer zu verhindern. Als letztes Mittel wurden Protestversammlungen abgehalten.

Der Soziologe Edward A. Ross schrieb 1914, dass die Liberalisierung der Einwanderung eine ausschließlich jüdische Ursache habe. Er zitierte Israel Zangwill, den berühmten Autor und Pionier des Zionismus, der die These aufstellte, dass die USA der ideale Ort seien, um jüdische Interessen zu befriedigen:

> In Amerika gibt es reichlich Platz, um die sechs Millionen Menschen aus der Zone [*Residenzzone*, das Gebiet, aus dem die meisten russischen Juden stammten] unterzubringen; jeder seiner fünfzig Staaten kann sie aufnehmen. Neben dem Besitz ihrer eigenen Heimat können sie kein besseres Schicksal finden als in einem Land der bürgerlichen und religiösen Freiheit, in dem das konstitutionelle Christentum keine Rolle spielt und das Wahlsystem sie vor künftigen Verfolgungen schützen würde. (Israel Zangwill, zitiert *in* Ross, *The Old World and the New: The Significance of Past and Present Immigration to the American People*, S. 144)

Das Interesse der Juden an der Einwanderungspolitik wurde also von starken Motiven getragen:

> Daher rührten die Bemühungen der Juden, die Kontrolle über die Einwanderungspolitik der Vereinigten Staaten zu übernehmen. Obwohl ihr Volk nur ein Siebtel der gesamten Einwanderer ausmachte, waren sie es, die den Kampf gegen den Gesetzesvorschlag der Einwanderungskommission anführten. Eine Million New Yorker Juden mobilisierten sich hinter ihren Vertretern im Kongress, um sich energisch gegen die Sprachprüfung zu wehren, die Einwanderungswillige ablegen mussten. Die systematische Kampagne in Zeitungen und Zeitschriften, die darauf abzielt, alle restriktiven Argumente zu zerschlagen und nationalistische Ängste zu beschwichtigen, wird von und für eine einzige Rasse geführt. Mit hebräischem Geld werden die *National Liberal Immigration League* und ihre zahlreichen Publikationen alimentiert. Ob es sich nun um einen Artikel handelt, der einer kommerziellen Institution oder einer wissenschaftlichen Vereinigung zur Verfügung gestellt wird,

oder um eine dicke Abhandlung, die unter der Schirmherrschaft der Stiftung des Barons von Hirsch produziert wird, die Literatur, die die Vorteile der Einwanderung für alle Klassen Amerikas belegt, stammt aus subtilen hebräischen Gehirnen. (a.a.O.)

Israel Zangwill, der Erfinder des "Melting Pot" (Schmelztiegel)

Ross berichtet auf Seite 140 seines Buches, dass die Leiter der Einwanderungsbehörden "von dem Trommelfeuer falscher Anschuldigungen, die ihnen von der Presse und jüdischen Gesellschaften entgegengeschleudert wurden, genervt waren. Auf dem Höhepunkt des Kampfes um das Einwanderungsgesetz beschwerten sich die Senatoren, dass sie von einer Flut falscher Statistiken und irreführender Behauptungen verschlungen würden, die von den hebräischen Gegnern des Sprachtests geschickt worden waren. Im Jahr 1924 waren Zangwills Ansichten den Restriktionisten in den Debatten zur Vorbereitung des Einwanderungsgesetzes wohlbekannt. In einer Ansprache, die am 19. Oktober 1923 in *The American Hebrew* wiederveröffentlicht wurde, behauptete Zangwill:

> Es gibt nur einen Weg zum Weltfrieden, und das ist die vollständige Abschaffung von Pässen, Visa, Grenzen, Zollschranken und anderen Vorrichtungen, die dafür sorgen, dass die Bevölkerung unseres Planeten keine Zivilisation der Zusammenarbeit, sondern eine Gesellschaft der gegenseitigen Irritation bildet.

Sein berühmtes Theaterstück *The Melting Pot, das er* Theodore Roosevelt widmete, schilderte jüdische Einwanderer, die sich sehnlichst assimilieren und Mischehen eingehen wollten. Die Hauptfigur beschreibt die Vereinigten Staaten als einen Schmelztiegel, in dem alle Rassen, "Gelbe und Schwarze" eingeschlossen, vermischt sind. Zangwills Ansichten über Mischehen zwischen Juden und Nichtjuden waren jedoch, gelinde gesagt, zweideutig, und er verabscheute die Missionierung von Juden durch Christen. Er war ein glühender Zionist und bewunderte die religiöse Orthodoxie seines Vaters als Vorbild für die Bewahrung des Judentums. Er glaubte, dass die Juden eine moralisch überlegene Rasse waren, deren moralische Vision die christlichen und muslimischen Gesellschaften geformt hatte und letztendlich die Welt formen würde, obwohl das Christentum dem Judentum moralisch unterlegen blieb. Die Juden würden ihre Rassenreinheit bewahren, sofern sie ihre Religion praktizierten: "Solange das Judentum unter den Juden gedeiht, braucht man nicht über die Bewahrung der Rasse oder der Nationalität zu diskutieren; beide werden automatisch durch die Religion bewahrt" (zitiert *in* Leftwich, *Israel Zangwill,* S. 161).

Obwohl sie behaupteten, dass die Pro-Immigrationsbewegung eine breite Massenbasis hatte, wussten die jüdischen Aktivisten sehr wohl, dass es anderen Gruppen an Enthusiasmus mangelte. In der Auseinandersetzung um die restriktive Gesetzgebung am Ende der Amtszeit von Präsident William Howard Taft schrieb Herbert Friedenwald, Sekretär des AJCommittee, es sei "sehr schwierig, irgendjemanden außer den Juden für diesen Kampf zu mobilisieren" (zitiert *in* Goldstein, *a. a. O.,* S. 203). Das AJCommittee leistete einen großen Beitrag zur Organisation von Anti-Restriktions-Kundgebungen in amerikanischen Großstädten, überließ es aber anderen ethnischen Gruppen, die Lorbeeren dafür zu ernten. Er gründete auch nichtjüdische Gruppen, die Präsident Taft dazu bringen sollten, sein *Vetorecht* gegen restriktive Gesetze auszuüben. Unter der Wilson-Regierung behauptete Louis Marshall: "Wir sind praktisch die einzigen, die [die Sprachprüfungen] bekämpfen, weil 'die meisten' [Menschen] 'der Sache gegenüber gleichgültig' sind" (*ebd.* S. 249).

Die Kräfte, die eine Beschränkung der Einwanderung befürworteten, hatten vorübergehend Erfolg, als die Einwanderungsgesetze von 1921 und 1924 trotz des intensiven Widerstands jüdischer Gruppen verabschiedet wurden. In diesem Zusammenhang merkt R. A. Divine an: "Die einzigen, die sich 1921 gegen die restriktiven Kräfte stellten, waren die Anwälte der Einwanderer aus Süd- und Osteuropa, hauptsächlich jüdische Führer. Ihre Proteste gingen jedoch unter der allgemeinen Forderung nach einer Beschränkung der Einwanderung unter." (*American Immigration Policy, 1924-1952*, S. 8). Auch während der parlamentarischen Ausschüsse zur Einwanderung 1924 "bestand die größte Gruppe von Zeugen, die das Gesetz ablehnten, aus Vertretern süd- und osteuropäischer Einwanderer, vor allem jüdischen Führern" (*ebd.*, S. 16).

Der jüdische Widerstand gegen diese Gesetze rührte sowohl von der Vorstellung her, dass sie antisemitisch motiviert waren und die Nordwesteuropäer begünstigen sollten, als auch von der Befürchtung, dass sie die jüdische Einwanderung behindern würden - eine Meinung, die sich implizit gegen den ethnischen *Status quo richtete, der* die Nordwesteuropäer begünstigte. Diese Opposition gegen die Bevorzugung der Nordwesteuropäer bei der Migration blieb in den folgenden Jahren konstant, doch die Opposition gegen jegliche Migrationsbeschränkungen aufgrund von Rasse oder Ethnie reicht bis ins neunzehnte Jahrhundert zurück.

Im Jahr 1882 verurteilte die jüdische Presse einstimmig das Gesetz zum Ausschluss der Chinesen, obwohl es keine direkten Auswirkungen auf die jüdische Einwanderung hatte. Jahrhunderts bekämpfte das AJCommittee jeden Gesetzesentwurf, der das Recht auf Einwanderung nur Weißen oder Nicht-Asiaten vorbehielt, und hielt sich nur zurück, wenn es der Meinung war, dass sein Aktivismus die jüdische Einwanderung in Frage stellen könnte. 1920 verabschiedete die Zentralkonferenz der amerikanischen Rabbiner eine Resolution, in der sie forderte, dass "die Nation (...) die Tore unserer geliebten Republik (...) für die Unterdrückten und Bedrängten der gesamten Menschheit offen hält, entsprechend ihrer historischen Rolle als Zufluchtsort oder Zuflucht für alle, die ihren Gesetzen Treue schwören" (*The American Hebrew* vom 17. Februar 1922). *The American Hebrew,* eine 1867 gegründete Publikation, die die Ansichten des damaligen deutsch-jüdischen *Establishments* vertreten sollte, blieb ihrer traditionellen politischen Linie treu und bekräftigte, dass sie "immer die Aufnahme von gültigen Einwanderern aus allen Klassen, ungeachtet ihrer Nationalität, gefordert hat".

1924 sagte Louis Marshall, der Leiter des AJCommittee, in seiner Zeugenaussage vor dem Ausschuss des Repräsentantenhauses für Einwanderung und Einbürgerung, dass der Gesetzentwurf die Gefühle des Ku-Klux-Klans widerspiegele und von den Rassentheorien Houston Stewart Chamberlains inspiriert sei. Zu einer Zeit, als in den USA bereits mehr als 100 Millionen Menschen lebten, sagte Marshall: "In diesem Land ist Platz für eine zehnmal so große Bevölkerung". Er vertrat die Idee, Menschen aus der ganzen Welt ohne jegliche Quoten einwandern zu lassen, mit der einzigen Ausnahme von "geistig, moralisch und körperlich Behinderten, Feinden jeder organisierten Regierung und solchen, die die öffentlichen Finanzen belasten könnten". Ähnlich äußerte sich Rabbiner Stephen S. Wise, der den AJCongress und eine Reihe anderer jüdischer Organisationen in den parlamentarischen Ausschüssen vertrat, das "Recht aller Menschen außerhalb Amerikas, gerecht, fair und ohne Diskriminierung behandelt zu werden".

Da das Gesetz von 1924 vorschrieb, dass der Anteil der Einwanderer auf 3% der in der Volkszählung von 1890 ermittelten Gesamtbevölkerung beschränkt werden sollte, wurde der ethnische *Status quo, wie er sich aus* der Volkszählung von 1920 ergeben hatte, durchgesetzt. In dem von der Mehrheit des Repräsentantenhauses verfassten Bericht wurde darauf hingewiesen, dass die Einwanderung vor dieser Gesetzgebung Süd- und Osteuropäer stark begünstigt hatte und dass sich dieses Ungleichgewicht auch nach der Gesetzgebung von 1921 fortsetzte, bei der die Quoten auf der Grundlage der bei der Volkszählung von 1910 registrierten im Ausland geborenen Personen berechnet wurden. Die ausdrückliche Absicht des Gesetzes von 1924 war es, das Interesse anderer Gruppen, ihren Anteil an der Bevölkerung zu erhöhen, durch die Berücksichtigung des ethnischen Interesses der Mehrheit, den Anteil ihrer Vertretung an der Bevölkerung zu erhalten, auszugleichen.

Das Gesetz von 1921 wies der Einwanderung aus Süd- und Osteuropa zusammengenommen eine Quote von 46% zu, obwohl die Menschen aus diesen Regionen laut der Volkszählung von 1920 nur 11,7% der US-Bevölkerung ausmachten. Mit dem Gesetz von 1924 wurde diese Quote auf 15,3% gesenkt, was über ihrem Anteil an der Bevölkerung lag. "Die Verwendung der Volkszählung von 1890 ist nicht diskriminierend. Sie dient dazu, den rassischen *Status quo* in den Vereinigten Staaten so genau wie möglich zu erhalten. Sie soll die Rassenhomogenität der Vereinigten Staaten zu dieser späten Stunde so weit wie möglich gewährleisten. Die Verwendung einer späteren Volkszählung wäre eine Diskriminierung derjenigen gewesen, die die Nation gegründet und ihre Institutionen aufrechterhalten haben" (*Bulletin des Repräsentantenhauses # 350*, 1924, S. 16). Drei Jahre später wurden die Nationalitätenquoten auf der Grundlage der Volkszählungsdaten von 1920 berechnet, die sich auf die Gesamtbevölkerung bezogen, nicht auf im Ausland geborene Personen. Obwohl diese Gesetzgebung unbestreitbar ein Sieg für die Nachkommen der Nordwesteuropäer war, gab es keinen Versuch, die Tendenz der ethnischen Zusammensetzung umzukehren; im Gegenteil, alles zielte darauf ab, den ethnischen *Status quo* beizubehalten.

Trotz dieser ethnisch konservativen Motivation könnten diese Gesetze auch antisemitisch motiviert gewesen sein, da die Verteidigung der liberalen Position in Bezug auf Einwanderung damals als eine vorwiegend jüdische Angelegenheit angesehen wurde. Und die jüdischen Beobachter waren sich dessen offensichtlich sehr bewusst: Maurice Samuel, ein bedeutender jüdischer Schriftsteller, schrieb nach dem Gesetz von 1924, dass "es in erster Linie gegen die Juden gerichtet ist, dass die Anti-Einwanderungsgesetze hier in Amerika verabschiedet werden, genauso wie in England und Deutschland" (*You Gentiles*, S. 217), eine Ansicht, die auch heute noch von Historikern, die sich mit dieser Zeit beschäftigen, geteilt wird. Diese Interpretation wurde nicht nur von Juden vertreten. Senator Reed aus Missouri, der dem Anti-Restriktionismus-Lager angehörte, bemerkte: "Man hat es auf die Juden abgesehen, die in Massen an unsere Küsten gekommen sind. Der Geist der Intoleranz war ihnen gegenüber besonders virulent" (*Congressional Records* vom 19. Februar 1921, S. 3463). Während des Zweiten Weltkriegs hatte Kriegsminister Henry L. Stimson behauptet, es sei tatsächlich die unbegrenzte Einwanderung von Juden gewesen, die die restriktive Gesetzgebung von 1924 ausgelöst habe.

Darüber hinaus betonte der von der Mehrheit im Einwanderungsausschuss des Repräsentantenhauses verfasste Bericht, dass "die bei weitem größte Einwanderergruppe Menschen jüdischer Herkunft sind" (*Bulletin des Repräsentantenhauses Nr. 109* vom 6.

Dezember 1920, S. 4) und deutete an, dass es sich dabei um polnische Juden handelte. Der Bericht "bestätigte die von einem Mitglied der *Hebrew Sheltering and Aid Society of America* veröffentlichte Aussage, die auf einer persönlich in Polen durchgeführten Untersuchung beruhte, wonach 'wenn es ein Schiff gäbe, das groß genug wäre, um drei Millionen Menschen aufzunehmen, würden die drei Millionen Juden aus Polen es nehmen, um nach Amerika zu fliehen'" (*ebenda*, S. 6).

Im selben Bericht fand sich ein Bericht von Wilbur S. Carr, dem Leiter des *United States Consular Service*, der erklärte, dass die polnischen Juden "abnormal gestört sind, aufgrund von a) Reaktionen auf die Entbehrungen der Kriegszeit, b) Schocks durch revolutionäre Unruhen, c) Abstumpfung durch jahrelange Unterdrückung und Misshandlung (...) Zwischen 85% und 90% von ihnen haben keine Ahnung, was patriotische oder nationale Gesinnung bedeutet. Und von dieser Menge ist die Mehrheit unfähig, ihn zu erwerben" (*ebd.* S. 9). (In England weigerten sich viele jüdische Neueinwanderer, sich für den Kampf gegen den Zaren während des Ersten Weltkriegs einziehen zu lassen.) Der besagte Bericht warnte auch davor, dass es "viele bolschewistische Sympathisanten in Polen" gab (S. 11).

Im Senat zitierte Senator McKellar ebenfalls aus dem Bericht, dass, wenn es ein ausreichend großes Schiff gäbe, drei Millionen Polen auswandern würden. Er wies darauf hin, dass "das *Joint Distribution Committee*, ein amerikanisches Komitee, das den Hebräern in Polen Hilfe leistet, jeden Monat mehr als eine Million Dollar an amerikanischem Geld allein in diesem Land verteilt. Es konnte gezeigt werden, dass diese Summe von einer Million Dollar eine niedrige Schätzung des gesamten Geldes ist, das aus Amerika per Post, Banküberweisung und über die Hilfsgesellschaften nach Polen geschickt wird. Dieser Goldstrom, der von Amerika nach Polen fließt, macht praktisch jeden Polen verrückt vor Verlangen, in das Land zu gehen, aus dem so wunderbare Reichtümer stammen" (*Congressional Records* vom 19. Februar 1921, S. 3456).

Teil 5

Jüdische Anti-Restriktions-Aktivitäten in den USA bis 1924 (Fortsetzung und Ende)

Was die Tatsache bestätigt, dass die Frage der polnisch-jüdischen Einwanderung aus der Masse herausragte, ist die Tatsache, dass der Brief über Ausländervisa, den das Außenministerium an Albert Johnson, den Vorsitzenden des Ausschusses für Einwanderung und Einbürgerung, schrieb, viermal mehr Zeit damit verbrachte, die Situation in Polen zu beschreiben als die in jedem anderen Land. *Der* Bericht betonte die Aktivitäten der polnisch-jüdischen Zeitung *Der Emigrant*, die die Auswanderung polnischer Juden in die Vereinigten Staaten förderte, sowie die Aktivitäten der *Hebrew Sheltering and Immigrant Society und* wohlhabender amerikanischer Privatpersonen, die die Einwanderung durch die Verteilung von Geld und die Übernahme von Behördengängen erleichterten. (Es gab ein großes Netzwerk jüdischer Agenten in Osteuropa, die "die Werbetrommel rührten und zur maximalen Einwanderung anspornten" und damit gegen das amerikanische Gesetz verstießen [Nadell, "From shtetl to border: Easter European Jewish immigrants and the "agents" system, 1869-1914", in *Studies* in *the American Jewish Experience II,* S. 56).

In diesem Bericht wurden diese Einwanderungswilligen in ein schlechtes Licht gerückt: "Zurzeit ist es offenkundig, dass diese Menschen unter der Norm liegen und dass ihr Normalzustand auf einem sehr niedrigen Niveau ist. Sechs Jahre Krieg, Verwirrung, Hunger und Kalamitäten haben ihre Körper geschädigt und ihre Mentalität deformiert. Ihre Älteren sind erheblich geschädigt. Was die Jungen betrifft, so hat diese ganze Zeit sie daran gehindert, richtig ins Erwachsenenalter überzugehen, und sie haben sich allzu oft den perversen Ideen angeschlossen, die Europa seit 1914 überschwemmt haben [wahrscheinliche Anspielung auf die linksextremen Ideen, die in dieser Gruppe verbreitet waren]". (*Congressional Records* vom 20. April 1921, S. 498).

Das Dokument erwähnt auch Artikel in der Warschauer Presse, in denen berichtet wurde, dass eine "Propaganda für grenzenlose Einwanderung" betrieben wurde, wobei Zeremonien in New York hervorgehoben wurden, die die Beiträge der Einwanderer zur Entwicklung der Vereinigten Staaten zeigten. Die Absätze des Dokuments, die sich mit der Situation in Belgien (wo die Einwanderungswilligen in die USA aus Polen und der Tschechoslowakei kamen) und Rumänien befassten, betonten die zahlenmäßige Bedeutung der Juden unter den Einwanderungswilligen. Als Reaktion auf die in diesem Dokument gezogene Bilanz erklärte der Parlamentarier Isaac Siegel, dass der Bericht "von einigen Beamten manipuliert" worden sei und dass er bestimmte Länder, die ein größeres Kontingent an Einwanderern als Polen stellten, nicht erwähnte. (Beispielsweise wurde Italien in dem Bericht nicht erwähnt). Ohne dies namentlich zu erwähnen ("Ich überlasse es jedem Parlamentarier, aus diesen Tatsachen seine eigenen Schlüsse zu ziehen" [*Cong. Rec.* vom 20. April 1921, S. 504]), war der Unterton, dass die Betonung des polnischen Falls in dem Dokument antisemitisch motiviert war.

Das Mehrheitsprotokoll des *Ad-hoc-Ausschusses des* Repräsentantenhauses (unterzeichnet von 15 seiner 17 Mitglieder, mit Ausnahme der Republikaner Dickstein und Sabath) betonte auch, dass die Juden versucht hatten, die intellektuelle Debatte über Migrationsbeschränkungen in Begriffen der nordischen Überlegenheit und der "amerikanischen Ideale" zu definieren, und nicht in Begriffen des ethnischen *Status quo,* wie es der Ausschuss für Einwanderung und Einbürgerung tat.

> Das Komitee ist der Ansicht, dass die Beschwerden über Diskriminierung von speziellen Vertretern bestimmter Rassengruppen mit der Unterstützung von Ausländern, die derzeit außerhalb unserer Grenzen leben, produziert und verbreitet wurden. Die Mitglieder des Komitees nahmen einen Artikel in der *Jewish Tribune* (New York) vom 8. Februar 1924 zur Kenntnis, in dem über ein Abschiedsessen für Israel Zangwill berichtet wurde: "Herr Zangwill sprach hauptsächlich über die Einwanderungsfrage und sagte, dass es keine Einwanderungsbeschränkungen mehr geben würde, wenn die Juden sich weiterhin mit Händen und Füßen gegen die Einwanderungsbeschränkungen wehren würden. "Wenn Sie weiterhin genug Lärm gegen diesen nordischen Unsinn machen", sagte er, "werden Sie diese Gesetzgebung besiegen. Sie müssen diese Gesetzgebung bekämpfen; sagen Sie ihnen, dass sie dabei sind, die amerikanischen Ideale zu zerstören. Die meisten Befestigungen sind aus Pappmaché; wenn Sie fest genug darauf drücken, werden sie fallen".
>
> Der Ausschuss ist nicht der Ansicht, dass die von uns in diesem Gesetz vorgeschlagene Beschränkung gegen Juden gerichtet ist, da sie im Rahmen der Quoten für die verschiedenen Länder, in denen sie geboren wurden,

einreisen können. Das Komitee hat sich nicht auf die Erwünschtheit der "Nordländer" oder irgendeiner anderen Art von Einwanderern verlassen, sondern hielt fest an seinem Ziel fest, eine klare Beschränkung zu gewährleisten, um den Anteil der Einwanderung aus den Ländern, die in den beiden Jahrzehnten vor dem Weltkrieg die meisten Arbeitskräfte stellten, zu verringern und das Gleichgewicht der Bevölkerung wiederherzustellen. Der ständige Vorwurf, der Ausschuss habe den Artikel über die "nordische" Rasse gemacht und seine Anhörungen darauf ausgerichtet, ist ein absichtlich konstruierter Angriff, aus dem einfachen Grund, dass der Ausschuss nichts dergleichen getan hat. (*Bulletin des Repräsentantenhauses # 350*, 1924, S. 16)

Tatsächlich fällt dem Leser der Debatten dieser Parlamentssitzungen von 1924 auf, wie selten die nordische Überlegenheit erwähnt wird, um den Gesetzentwurf zu untermauern, obwohl fast alle Anti-Restriktionisten um diesen Punkt kämpften. Nachdem er eine besonders pittoreske Bemerkung gehört hatte, die darauf abzielte, die Theorie der nordischen rassischen Überlegenheit zu verunglimpfen, antwortete der Führer der Restriktionisten Albert Johnson: "Ich möchte im Namen des Ausschusses sagen, dass der Ausschuss in Anbetracht der kurzen Zeit, die uns für die Durchführung dieser Anhörungen zur Verfügung steht, beschlossen hat, weder die nordische These noch irgendein rassisches Thema anzusprechen" (*Cong. Rec.* vom 8. April 1924, S. 5911).

Bei einer früheren Anhörung hatte derselbe Johnson dem Rabbiner Stephen S. geantwortet. Wise, der den AJCongress vertrat, gesagt: "Ich mag es nicht, als Träger rassischer Vorurteile an den Pranger gestellt zu werden, denn es gibt eine Sache, die ich seit elf Jahren zu tun versuche, nämlich mich von solchen Vorurteilen zu befreien, falls ich überhaupt welche habe." Mehrere Restriktionisten hatten die Theorie der nordischen Überlegenheit explizit angeprangert, darunter die Senatoren Bruce (S. 5955) und Jones (S. 6614) sowie die Abgeordneten Bacon (S. 5902), Byrnes (S. 5653), Johnson (S. 5648), McLoed (S. 5675-5676), McReynolds (S. 5855), Michener (S. 5909), Miller (S. 5883), Newton (S. 6240), Rosenbloom (S. 5851), Vaile (S. 5922), Vincent (S. 6240), White (S. 5898) und Wilson (S. 5671) (alle Verweise aus dem *Cong. Rec.* vom April 1924).

Darüber hinaus gibt es Hinweise darauf, dass Vertreter des Wilden Westens in den Parlamentsdebatten ihre Besorgnis über die Kompetenz der japanischen Einwanderer und die gefährliche Konkurrenz, die sie darstellten, zum Ausdruck brachten. Ihre Rhetorik deutete an, dass sie die Japaner in rassischer Hinsicht als gleich oder überlegen und nicht als minderwertig ansahen. Senator Jones sagte zum Beispiel: "Wir erkennen an, dass sie [die Japaner] genauso fähig, genauso entwickelt, genauso ehrlich und genauso intelligent sind wie wir anderen. Sie sind uns in allem ebenbürtig, was ein großes Volk und eine große Nation ausmacht" (*Cong. Rec.* vom 18. April 1924, S. 6614). Vertreter MacLafferty erklärte, dass die Japaner bestimmte Agrarmärkte beherrschten (*Cong. Rec.* vom 5. April 1924, S. 5681), und Vertreter Lea bemerkte ihre Fähigkeit, "ihre amerikanischen Konkurrenten" zu verdrängen (*Cong. Rec.* vom 5. April 1924, S. 5697). Vertreter Miller definierte die Japaner als "einen unerbittlichen und unschlagbaren Konkurrenten unseres Volkes, wo immer er mit uns in den Wettstreit tritt" (*Cong. Rec.* vom 8. April 1924, S. 5884); siehe auch die Bemerkungen der Vertreter Gilbert (*Cong. Rec. vom* 12. April 1924, S. 6261), Raker (Cong. Rec. vom 8. April 1924, S. 5892) und Free (*ebenda, S.* 5924 *ff.*).

Darüber hinaus, und obwohl die Frage des Wettbewerbs zwischen Juden und Nichtjuden um Ressourcen in den Parlamentsdebatten nicht angesprochen wurde, beschäftigte die Juden zu dieser Zeit sehr stark die Frage der Judenquoten an den *Ivy-League-Universitäten* [eine Gruppe von acht Eliteuniversitäten im Nordosten der USA, Anm. d. Ü.]. Die Frage dieser Quoten wurde in den jüdischen Medien, die die Aktivitäten jüdischer Selbstverteidigungsorganisationen wie der ADL chronologisch darstellten, stark hervorgehoben (siehe z. B. die Erklärung der ADL in *The American Hebrew* vom 29. September 1922, S. 536). Es ist also nicht unmöglich, dass einige Gesetzgeber diese Frage des Ressourcenwettbewerbs zwischen Juden und Nichtjuden im Hinterkopf hatten. In diesem Zusammenhang sei darauf hingewiesen, dass der Präsident der Harvard-Universität, A. Lawrence Lowell, auch nationaler Vizepräsident der *Immigration Restriction League* und Befürworter von Judenquoten an seiner Universität war, was darauf hindeutet, dass der Ressourcenwettbewerb mit den Juden als hochintelligenter Gruppe zumindest bei einigen wichtigen Restriktionisten ein Thema war.

Wahrscheinlich war die Feindseligkeit gegen Juden, die sich aus den verschiedenen Reibungspunkten im Zusammenhang mit dem

Wettbewerb um Ressourcen ergab, etwas weit Verbreitetes. Higham spricht von dem intensiven Druck, den die Juden, ein außergewöhnlich ehrgeiziges Einwanderervolk, auf die am stärksten belasteten Stufen der sozialen Leiter ausübten" (*a. a. O.*, S. 141). Ab dem 19. Jahrhundert entwickelte sich in den Patrizierkreisen ein sowohl offener als auch versteckter Antisemitismus von ziemlich hoher Intensität. Er rührte von dem sehr schnellen sozialen Aufstieg der Juden und ihrem Wettbewerbsdrang her.

Vor dem Ersten Weltkrieg bestand die Reaktion der herrschenden Kreise darin, Bottins für den internen Gebrauch zu entwickeln und die Genealogie zu Ausschlusszwecken in den Vordergrund zu stellen. Es handelte sich um "Kriterien, die man mit Geld nicht kaufen konnte" (*ebd. S. 104f.*; S. 127). Zu dieser Zeit beschrieb Edward A. Ross den Groll des Nichtjuden, "der gezwungen war, auf unwürdige und erniedrigende Weise zu kämpfen, um sein Geschäft oder seine Kunden zu behalten, wenn er mit dem jüdischen Eindringling konfrontiert wurde" (*The Old World and the New: The Significance of Past and Present Immigration to the American People,* S. 164). Diese Bemerkung legt nahe, dass die Konkurrenz durch Juden in relativ großem Umfang Anlass zu Besorgnis gab. Die Versuche, sie aus zahlreichen Wirtschaftszweigen zu verdrängen, wurden in den 1920er Jahren immer häufiger und erreichten ihren Höhepunkt in den mageren Jahren der Wirtschaftskrise der 1930er Jahre.

In den Parlamentsdebatten von 1924 fand ich eine einzige Bemerkung, die in Richtung des Ressourcenwettbewerbs zwischen Juden und Nichtjuden wies (sie äußerte auch die Sorge, dass jüdische Einwanderer die kulturellen Traditionen Amerikas nicht teilten und einen schädlichen Einfluss ausübten). Sie wurde vom Abgeordneten Wefald gehalten:

> Um ehrlich zu sein, habe ich keine Angst vor den radikalen Ideen, die manche Menschen in ihrem Gepäck mitbringen. Schließlich kann man Ideen nicht an der Grenze stoppen. Was mich stört, ist, dass die Führung unseres geistigen Lebens in vielen seiner Strömungen in die Hände dieser schlauen Neuankömmlinge übergegangen ist, die keine Sympathie für unsere alten amerikanischen oder nordeuropäischen Ideale haben. Sie spüren unsere Schwächen auf, fördern sie auf niederträchtige Weise und bereichern sich an den schlechten Diensten, die sie uns erweisen.

Unser gesamtes Unterhaltungssystem wurde von Männern übernommen, die von der Einwanderungswelle aus Süd- und Osteuropa getragen wurden. Sie produzieren diese schrecklichen Geschichten im Kino, sie komponieren und servieren uns Jazzmusik, sie schreiben viele der Bücher, die wir lesen, und geben unsere Magazine und Zeitungen heraus. (*Cong. Rec.* vom 12. April 1942, S. 6272)

Die Einwanderungsdebatte fand auch Eingang in die Diskussionen, die die jüdischen Medien um den berühmten Essay von Thorsten Veblen: *The Intellectual pre-eminence of Jews in modern Europe,* den *The American Hebrew* ab dem 10. September 1920 als Feuilleton veröffentlichte, führten. In seinem Leitartikel vom 13. Juli 1923 bemerkte *The American Hebrew,* dass Juden laut der Studie von Louis Terman unter den gut begabten Kindern überrepräsentiert seien, und fügte hinzu, dass "diese Tatsache die sogenannten Nordländer zu einer unangenehmen, wenn auch unnötigen Überlegung anregen sollte". Der Leitartikel behauptete auch, dass Juden unter den Gewinnern der vom Staat New York gesponserten Gelehrtenwettbewerbe überrepräsentiert seien. Der spitze Kommentar lautete: "Vielleicht sind die Nordländer zu stolz, um an diesen Wettbewerben teilzunehmen. Wie dem auch sei, die Liste der Gewinner dieser begehrten Preise, die das Bildungsministerium in Albany soeben bekannt gegeben hat, ist alles andere als nordisch. Sie sieht aus wie eine Liste der kleinen Kommunionkinder im Tempel".

Es gibt Beweise dafür, dass Juden wie auch Ostasiaten höhere IQs haben als Kaukasoiden (vgl. Lynn, "The intelligence of the Mongoloid: A psychometric, evolutionary and neurological theory" in *Personality and Indiviual Differences* - 1987; Rushton, *Race, Evolution and Behavior: A Life-History Perspective*; *PTSDA,* Kap. 7). Terman fand heraus, dass Chinesen einen IQ hatten, der dem der Kaukasoiden entsprach, was darauf hindeutet, dass "ihre Ergebnisse bei den IQ-Tests nicht als Entschuldigung für ihre Diskriminierung dienten", die die Gesetzgebung von 1924 gewesen wäre (Carl Degler, *In Search of Human Nature: The Decline and Revival of Darwinism in American Social Thought,* S. 52). Wie bereits erwähnt, zeigt eine Fülle von Beweisen aus den Parlamentsdebatten, dass der Ausschluss der Asiaten zumindest teilweise durch die Angst motiviert war, mit einer talentierten und intelligenten Gruppe konkurrieren zu müssen, und nicht durch Gefühle der rassischen

Überlegenheit.

Das häufigste Argument der Befürworter, das in dem von der Mehrheit des *Ad-hoc-Ausschusses verfassten* Protokoll wiedergegeben wurde, lautete, dass die Quoten den Anteil jeder einzelnen ethnischen Gruppe an der ethnischen Zusammensetzung des gesamten Landes widerspiegeln müssten, um die Interessen der verschiedenen ethnischen Gruppen gerecht zu respektieren. Die Restriktionisten wiesen darauf hin, dass die Volkszählung von 1890 aus dem einfachen Grund gewählt wurde, weil die Anteile der Menschen, die in diesem Jahr in verschiedenen fremden Ländern geboren wurden, ziemlich genau den Anteilen der genannten ethnischen Gruppen entsprachen, wie sie 1920 registriert waren. Senator Reed aus Pennsylvania und der Abgeordnete Rogers aus Massachusetts schlugen vor, das gleiche Ergebnis zu erzielen, indem man die Quoten direkt aus den Aufzeichnungen der Volkszählung von 1920 über die nationale Herkunft aller Einwohner des Landes errechnete. Ihr Vorschlag wurde in das Gesetz aufgenommen.

Der Vertreter Rogers erklärte: "Meine Herren, Sie können nicht von diesem Grundsatz abweichen, denn er ist gerecht. Er diskriminiert weder die einen noch die anderen" (*Cong. Rec.* vom 8. April 1924, S. 5847). Senator Reed erklärte seinerseits: "Das Ziel der meisten von uns, die die Grundlage für die Berechnung der Quoten ändern wollen, besteht darin, eine Diskriminierung zu beenden, die die hier geborenen Einheimischen und die Gruppe unserer Bürger, die aus Nord- und Osteuropa kommen, benachteiligt. Ich glaube, dass das derzeitige System diskriminierend ist und den Süden und Osten Europas begünstigt" (*Cong. Rec.* vom 16. April 1924, S. 6457). (Tatsächlich kamen unter dem Gesetz von 1921 46% der Einwanderer aus Süd- und Osteuropa, während die entsprechenden ethnischen Gruppen 12% der Bevölkerung stellten).

Betrachten wir die folgende Aussage des Abgeordneten aus Colorado, William N. Vaile, einer der bedeutendsten Restriktionisten, als Beispiel für dieses grundlegende Argument, das ein legitimes ethnisches Interesse ohne Anspruch auf rassische Überlegenheit in den Vordergrund stellt:

> Ich möchte betonen, dass die Restriktionisten des Kongresses nicht behaupten, dass die "nordische" oder gar die "angelsächsische" Rasse die

besten Rassen der Welt sind. Wir räumen gerne ein, dass der Tscheche ein solider Arbeiter ist, dessen Kriminalitäts- und Wahnsinnsrate sehr niedrig ist, dass der Jude der beste Geschäftsmann der Welt ist und dass der Italiener eine spirituelle Qualität und einen Kunstsinn hat, der die Welt und sicherlich auch uns erheblich bereichert hat. Der Nordländer erreicht diese spirituelle Erhebung und diesen künstlerisch-kreativen Sinn nur selten. Nordische Menschen sollten nicht auf ihre eigenen Fähigkeiten stolz sein. Sie sollten bescheiden bleiben.

Was wir unterstützen, ist, dass es die Nordeuropäer, vor allem die Angelsachsen, waren, die dieses Land geschaffen haben. Oh, natürlich haben die anderen geholfen. Aber mehr kann man dazu nicht sagen. Sie kamen in dieses Land, weil es schon gemacht war, es war ein angelsächsisches Allgemeingut. Sie haben ihm etwas hinzugefügt, sie haben es oft bereichert, aber sie haben es nicht gemacht und sie haben es nicht sehr verändert. Wir sind fest entschlossen, dass dies nicht der Fall sein wird. Es ist ein gutes Land. Es ist gut für uns. Was wir behaupten, ist, dass wir nicht vorhaben, es jemand anderem zu übergeben oder anderen Leuten, unabhängig von ihren Verdiensten, zu erlauben, etwas anderes daraus zu machen. Wenn irgendeine Veränderung vorgenommen werden muss, werden wir sie selbst vornehmen. (*Cong. Rec.* vom 8. April 1924, S. 5922)

In der Debatte im Repräsentantenhaus spielten jüdische Gesetzgeber eine markante Rolle im Kampf gegen den Restriktionismus. Der Abgeordnete Robison betrachtete den Abgeordneten Sabath als den obersten Anti-Restriktionisten. Ohne andere Namen von Restriktionsgegnern zu nennen, zielte er auf die Abgeordneten Jabobstein, Celler und Perlman ab, weil sie sich gegen Migrationsbeschränkungen aussprachen (*Cong. Rec.* vom 5. April 1924, S. 5666). Abgeordneter Blanton, der sich darüber beklagte, dass es schwierig sei, das restriktive Gesetz durch den Kongress zu bringen, sagte: "Wenn 65% der Stimmung in diesem Haus, meiner Meinung nach, dafür ist, jeden Ausländer für einen Zeitraum von fünf Jahren auszuschließen, warum stellen wir diese Forderung nicht in das Gesetz? Hat Bruder Sabath einen so großen Einfluss auf uns andere, dass er uns daran hindert, diesen Vorschlag durchzusetzen?" (*Cong. Rec.* vom 5. April 1924, S. 5685). Vertreter Sabath antwortete: "Es ist etwas Wahres dran an dem, was Sie sagen".

Die folgenden Bemerkungen des Abgeordneten Leavitt machen deutlich, wie wichtig die jüdischen Parlamentarier in den Augen ihrer

Gegner während der Debatten waren:

> Der nationale und rassische Selbsterhaltungstrieb darf nicht verurteilt werden, wie es uns in diesem Saal befohlen wird. Niemand ist besser in der Lage, den Wunsch der Amerikaner, ein amerikanisches Amerika zu bewahren, zu verstehen als dieser Herr aus Illinois [Herr Sabath], der den Angriff gegen diese Maßnahme anführt, oder diese Herren aus New York, Herr Dickstein, Herr Jacobstein, Herr Celler und Herr Perlman. Sie sind Teil eines großen historischen Volkes, das die Identität seiner Rasse seit Jahrhunderten bewahrt hat, weil sie aufrichtig glauben, dass sie ein auserwähltes Volk sind, das bestimmte Ideale hat, die es zu bewahren gilt, wohl wissend, dass der Verlust der Rassenidentität eine Veränderung der Ideale bedeutet.
>
> Allein diese Tatsache sollte es ihnen und der Mehrheit der aktivsten Gegner dieses Gesetzentwurfs leicht machen, unseren Standpunkt zu verstehen. Sie sollten unseren Standpunkt anerkennen und mit ihm sympathisieren, der nicht so extrem ist wie der ihrer eigenen Rasse, denn er verlangt lediglich, dass die Hinzufügung von Elementen anderer Völker in einem solchen Gehalt, in solchen Mengen und in solchen Proportionen erfolgt, dass sie die Rassenmerkmale nicht schneller verändern, als es für eine Assimilation der politischen Ideen sowie des Blutes notwendig wäre. (*Cong. Rec.* vom 12. April 1924, S. 6265-6266)

Die Idee, dass Juden eine starke Tendenz hätten, die genetische Assimilation der umliegenden Gruppen abzulehnen, wurde auch von anderen Beobachtern geäußert; sie war ein Bestandteil des damaligen Antisemitismus. Die Vorstellung, dass Juden Exogamie ablehnen, hat zweifellos eine Grundlage in der Realität (vgl. *PTSDA*, Kapitel 2 und 3), und es lohnt sich, daran zu erinnern, dass die Ablehnung von Mischehen selbst in den liberalsten Teilen des amerikanischen Judentums zu Beginn des 20. Jahrhunderts stark war, und erst recht in den weniger liberalen Teilen, die die große Mehrheit der orthodoxen jüdischen Einwanderer aus Osteuropa stellten, die schließlich die große Mehrheit des amerikanischen Judentums ausmachten.

David Einhorn, ein bedeutender reformierter jüdischer Führer des 19. Jahrhunderts, war ein entschiedener Gegner von Mischehen und weigerte sich, solche Ehen zu schließen, selbst wenn Druck in diese Richtung ausgeübt wurde. Er war auch gegen den Übertritt von Nichtjuden zum Judentum wegen dessen Auswirkungen auf die

"Rassenreinheit" des Judentums (Levenson, "Reform Attitudes, in the past, towards intermarriage", *Judaism* - 38, 1989, S. 331). Kaufman Kohler, ein einflussreicher Intellektueller des Reformjudentums, war ebenfalls ein entschiedener Gegner von Mischehen. Kohler, dessen Gedanken sehr kongruent mit dem Multikulturalismus von Horace Kallen sind, kam zu dem Schluss, dass Israel getrennt bleiben und Mischehen vermeiden müsse, bis es die Menschheit in ein Zeitalter des Weltfriedens und der Brüderlichkeit unter den Rassen geführt habe (*Jewish Theology*, S. 445-446).

Diese feindselige Einstellung gegenüber Mischehen wurde durch einige Umfragen bestätigt. Eine Umfrage aus dem Jahr 1912 ergab, dass nur 7 von 100 Rabbinern jemals Mischehen geschlossen hatten, und in einer auf 1909 datierten Resolution des *Central Council of American Rabbis*, der Hauptgruppe des Reformjudentums, hieß es, dass "Mischehen gegen die Traditionen der jüdischen Religion verstoßen und vom amerikanischen Rabbinat unterbunden werden sollten". Die Wahrnehmungen der Nichtjuden über die jüdische Einstellung zu Mischehen waren also fest in der Realität verankert.

Abgesehen davon gab es zur Zeit der Parlamentsdebatten von 1924 zwei wesentliche Themen, die antijüdische Animositäten hervorriefen, die weit über die endogame Tendenz der Juden hinausgingen: die Vorstellung, dass die jüdischen Einwanderer aus Osteuropa nicht assimilierbar seien und ihre eigene Kultur behalten würden, und andererseits die Vorstellung, dass zu viele von ihnen sich linksradikal engagierten (siehe drittes Kapitel).

Die Idee der linken Prägung jüdischer Einwanderer war ein wiederkehrendes Thema sowohl in jüdischen als auch in nichtjüdischen Publikationen. In einem Leitartikel von *The American Hebrew hieß es*: "Wir dürfen nicht vergessen, dass die Einwanderer aus Russland und Österreich aus bolschewistisch verseuchten Ländern kommen werden, und es wird mehr als nur Oberflächenarbeit erfordern, um sie zu guten Bürgern zu machen" (*in* Neuringer, *American Jewry and United States Immigration Policy, 1881-1953*, S. 165). Die Tatsache, dass sie als "bolschewistisch infiziert, unpatriotisch, fremd und unassimilierbar" gesehen wurden, löste in den 1920er Jahren eine Welle des Antisemitismus aus und trug zum Einwanderungsbeschränkungsgesetz dieser Zeit bei. Sorins Studie über linke Aktivisten mit jüdischem Migrationshintergrund zeigte, dass sich mehr als die Hälfte von ihnen bereits vor ihrer Auswanderung in Europa linksextrem engagiert hatte, und bei denjenigen, die nach 1900 auswanderten, betrug ihr Anteil 69%. Jüdische Publikationen warnten vor der Gefahr des Antisemitismus, der durch die Linkslastigkeit der jüdischen Einwanderer verstärkt würde, und die offiziellen Leiter der jüdischen Gemeinschaft unternahmen "fast verzweifelte Anstrengungen (...), den Juden als ein hundertprozentig amerikanisches Wesen darzustellen". Sie organisierten zum Beispiel patriotische Aufführungen an Feiertagen und versuchten, die Einwanderer dazu zu bringen, Englisch zu lernen.

Um den Kontext dieser Einwanderungsdebatten zu erfassen, muss man sich vergegenwärtigen, dass in den 1920er Jahren die Mehrheit der Mitglieder der Sozialistischen Partei Einwanderer waren und ein "überwältigender" Anteil der KPUSA-Mitglieder aus Neueinwanderern bestand, darunter ein beträchtlicher Anteil von Juden (Glazer, *The Social Basis of American Communism*, S. 38-40). Bis Juni 1933 waren 70 Prozent der Mitglieder der KPdSU im Ausland geboren. In Philadelphia waren 1929 90% der Mitglieder der Kommunistischen Partei im Ausland geboren und 72,2% der gesamten KPUSA-Mitglieder in dieser Stadt waren Kinder jüdischer Einwanderer, die Ende des 19. und Anfang des 20. Jahrhunderts in die USA gekommen waren.

Teil 6

Jüdische Anti-Restriktions-Aktivitäten, 1924-1945

Die bemerkenswerte Beteiligung der Juden an der US-Migrationspolitik setzte sich auch nach der Verabschiedung des Gesetzes von 1924 fort. Jüdische Gruppen hielten das Quotensystem nach nationaler Herkunft für besonders fragwürdig. Ein Redakteur der *Jewish Tribune* behauptete 1927: "Wir (...) halten alle Maßnahmen zur Regulierung der Einwanderung nach Nationalität für unlogisch, ungerecht und unamerikanisch" (zitiert *in* Neuringer, a. a. O., S. 205). In den 1930er Jahren war der prominenteste Kritiker der zusätzlichen Einwanderungsbeschränkungen (die hauptsächlich durch die Sorge motiviert waren, dass die Einwanderung die Probleme der Großen Depression verschärfen würde) der Abgeordnete Samuel Dickstein. Im Jahr 1931 wurde er zum Vorsitzenden des Einwanderungsausschusses des Repräsentantenhauses gewählt.

In den 1930er Jahren bildeten jüdische Gruppen die Avantgarde, die sich gegen Einwanderungsbeschränkungen und für eine Liberalisierung der Einwanderung aussprach, während auf der Gegenseite die unangenehmen wirtschaftlichen Folgen der Einwanderung in Zeiten hoher Arbeitslosigkeit hervorgehoben wurden. Zwischen 1933 und 1938 brachte der Abgeordnete Dickstein eine Reihe von Gesetzesvorschlägen ein, die hauptsächlich von jüdischen Organisationen unterstützt wurden und darauf abzielten, mehr Flüchtlinge aus Nazi-Deutschland zuzulassen, doch die Restriktionisten behielten die Oberhand.

In den 1930er Jahren waren es die Sorge um die extrem linke Gesinnung der jüdischen Einwanderer und ihre unmögliche Assimilation sowie die Angst vor einer möglichen Unterwanderung durch die Nazis, die dazu führten, dass die Einwanderungsgesetze nicht geändert wurden. Darüber hinaus war "der Vorwurf, Juden seien ihrem Stamm loyaler als ihrem Land, in den 1930er Jahren in den USA weit verbreitet" (Breitman & Kraut, *American Refugee Policy and European Jewry, 1933-1945*, S. 87). Alle Beteiligten waren sich sehr wohl bewusst, dass die Öffentlichkeit gegen jede Änderung der Einwanderungspolitik war und sich insbesondere gegen die jüdische Einwanderung wandte. Unter diesen Umständen wurde bei den Anhörungen zum Gesetzesvorschlag über die Aufnahme von zwanzigtausend Kindern deutscher Flüchtlinge im Jahr 1939 der Anteil des jüdischen Interesses heruntergespielt. Der Gesetzesvorschlag sprach von Menschen "aller Rassen und Konfessionen, die unter derartigen Existenzbedingungen litten, dass sie gezwungen waren, in anderen Ländern Zuflucht zu suchen". Der Gesetzesvorschlag erwähnte nicht, dass Juden die Hauptnutznießer sein würden, und die Zeugen, die sich bei den Anhörungen für den Vorschlag aussprachen, betonten, dass der Anteil der jüdischen Kinder nicht mehr als 60% der Gesamtzahl betragen würde. Während der Anhörungen stellte sich der einzige Zeuge, der den Gesetzentwurf befürwortete, als "Angehöriger der jüdischen Rasse" vor, war "zu einem Viertel katholisch und zu drei Vierteln jüdisch", hatte protestantische und katholische Nichten und

Neffen und kam aus dem Süden des Landes, einer Hochburg der Anti-Immigrationsmeinung.

Die Gegner des Gesetzentwurfs drohten hingegen damit, den sehr hohen Prozentsatz an Juden, die bereits unter dem Quotensystem aufgenommen worden waren, zu veröffentlichen - ein Hinweis auf die Stärke des "virulenten und weit verbreiteten" Antisemitismus in der amerikanischen Öffentlichkeit (*ebd.*, S. 80). Sie betonten, dass der Gesetzentwurf eine Einwanderung "hauptsächlich jüdischer Herkunft" einleiten würde, und ein Zeuge behauptete, dass "die Juden die Hauptnutznießer dieses Gesetzes wären, das versteht sich von selbst". Die Restriktionisten argumentierten auch wirtschaftlich und zitierten häufig Präsident Roosevelt, der in seiner zweiten Antrittsrede gesagt hatte: "Ein Drittel der Nation ist schlecht untergebracht, schlecht gekleidet und schlecht ernährt", und verwiesen darauf, dass es in den USA bereits eine große Zahl bedürftiger Kinder gebe. Restriktionisten waren jedoch in erster Linie darüber besorgt, dass ein solcher Gesetzentwurf ein Glied in einer ganzen Kette von Anti-Restriktionisten-Bemühungen darstellte, die darauf abzielten, Präzedenzfälle anzuhäufen, um das Gesetz von 1924 zu untergraben. Francis Kinnecutt, Vorsitzender der *Allied Patriotic Societies*, erklärte beispielsweise, dass das Gesetz von 1924 auf der Idee basierte, dass die Vertretung von Einwanderern proportional zur ethnischen Zusammensetzung des Landes sein sollte. Der fragliche Gesetzesvorschlag wäre daher ein Präzedenzfall, der den Weg für eine "unwissenschaftliche und von nationaler Vetternwirtschaft geprägte Gesetzgebung ebnen würde, die auf Druck ausländischer, nationalistischer oder rassischer Gruppen erlassen wird und nicht auf die Bedürfnisse und Wünsche des amerikanischen Volkes abgestimmt ist".

Während der 1930er Jahre spielten Wilbur S. Carr und andere Beamte des Außenministeriums eine wichtige Rolle dabei, die Einreise jüdischer Flüchtlinge aus Deutschland in die USA auf ein Minimum zu beschränken. Der stellvertretende Außenminister William Philips war ein Antisemit, der in der Zeit von 1933 bis 1936 einen starken Einfluss auf die Migrationspolitik ausübte. In diesem gesamten Zeitraum bis zum Ende des Zweiten Weltkriegs scheiterten die Versuche, die jüdische Einwanderung zu fördern, insgesamt, obwohl bekannt war, dass die Nazis die Juden verfolgten, da sich der Kongress ebenso wenig wie die

Beamten des Außenministeriums daran hielten. Zeitungen wie *The Nation* (19. November 1938) und *The New Republic* (23. November 1938) warfen dem Restriktionismus vor, antisemitisch motiviert zu sein, doch die Gegner der jüdischen Masseneinwanderung argumentierten, dass diese den Antisemitismus noch weiter verschärfen würde.

Henry Pratt Fairchild, ein Restriktionist und generell sehr judeskeptisch, erklärte, dass "eine starke antiausländische und antisemitische Strömung dicht unter der Oberfläche des Bewusstseins der amerikanischen Öffentlichkeit verläuft, die bereit ist, unter dem Vorwand einer auch nur recht kleinen Provokation gewaltsam auszubrechen." Die öffentliche Meinung war entschieden gegen eine Erhöhung der Quoten für europäische Flüchtlinge: Eine Umfrage in der April-Ausgabe 1939 der Zeitschrift *Fortune* ergab, dass 83% der Befragten mit "Nein" auf folgende Frage antworteten: "Wenn Sie ein Parlamentarier wären, würden Sie dann mit "Ja" oder "Nein" für den Gesetzentwurf stimmen, der die Tore der Vereinigten Staaten für mehr europäische Flüchtlinge öffnen will, als unsere Einwanderungsquoten zulassen?" Weniger als 9% der Befragten antworteten mit "Ja", der Rest hatte keine Meinung.

Jüdische Anti-Restriktions-Aktivitäten, 1946-1952

Auch wenn jüdische Interessen durch das Gesetz von 1924 konterkariert worden waren, "blieb der diskriminierende Charakter des Reed-Johnson-Gesetzes allen Teilen der amerikanisch-jüdischen Öffentlichkeit im Halse stecken" (Neuringer, a. a. O., S. 196). Ein von Will Maslow 1950 verfasster Artikel in der *Congress Weekly* wiederholte den Gedanken, dass die Migrationsgesetzgebung bewusst auf Juden abzielte: "Von allen Gesetzen unterliegen nur diejenigen, die sich auf die Einwanderung von Ausländern beziehen, nicht den verfassungsrechtlichen Garantien. Aber selbst hier musste die Feindseligkeit gegenüber der jüdischen Einwanderung unter einem komplizierten Quotensystem verborgen werden, das die Berechtigung zur Einwanderung auf der Grundlage des Geburtslandes und nicht der Religion definierte."

Dass es den Juden ein Anliegen war, das ethnische Gleichgewicht in den Vereinigten Staaten zu verändern, geht aus den parlamentarischen

Debatten über die Einwanderung in der Zeit nach dem Zweiten Weltkrieg klar hervor. Im Jahr 1948 legte das AJCommittee einem Unterausschuss des Senats einen Bericht vor, in dem die materiellen Interessen der Vereinigten Staaten geleugnet und gleichzeitig die Verpflichtung bekräftigt wurde, Einwanderer aller Rassen in die Vereinigten Staaten zu holen: "Amerikanismus wird nicht an Gesetzesgehorsam, Bildungseifer oder Bildungsgrad gemessen, noch an irgendeiner jener Eigenschaften, in denen die Einwanderer die Einheimischen verdrängen könnten. Nein, Amerikanismus ist der Geist, der hinter dem Empfang steht, den Amerika traditionell Menschen aller Rassen, Religionen und Nationalitäten gewährt" (zitiert *in* N. W. Cohen, *Not Free to Desist: The American Jewish Committee, 1906-1966*, S. 369).

1945 schlug der Abgeordnete Emanuel Celler ein Gesetz zur Abschaffung der Zurückhaltung bei der chinesischen Einwanderung vor, für die nur pro forma Quoten festgelegt wurden. 1948 verurteilte das AJCommittee das Prinzip der Asiatenquoten. Andererseits zeigten jüdische Gruppen im selben Zeitraum Gleichgültigkeit oder Feindseligkeit gegenüber dem Prinzip der Einwanderung von nichtjüdischen Europäern (sogar aus Südeuropa). So nahmen jüdische Sprecher beispielsweise nicht an Anhörungen zu künftigen Gesetzen teil, die die Einwanderung einer begrenzten Anzahl von Deutschen, Italienern, Griechen und Niederländern, Überlebenden des Kommunismus und einer kleinen Anzahl von Polen, Asiaten und Arabern betrafen. Als die Sprecher schließlich an den Anhörungen teilnahmen (zum Teil, weil einige der Überlebenden des Kommunismus Juden waren), nutzten sie die Gelegenheit, um das Feuer auf den im Gesetz von 1924 verankerten Verweis auf die nationale Herkunft zu konzentrieren.

In dieser Zeit widersetzten sich die Juden den Migrationsbeschränkungen, um Präzedenzfälle zu schaffen, die das Quotensystem umgehen und die jüdische Einwanderung aus Osteuropa erhöhen würden. Das *Citizens Committee on Displaced Persons*, das sich für die Aufnahme von 400.000 quotenfreien Flüchtlingen über einen Zeitraum von vier Jahren einsetzte und von einem Team von 65 ständigen Mitarbeitern betreut wurde; es wurde hauptsächlich vom AJCommittee und anderen jüdischen Beitragszahlern finanziert (vgl. *Cong. Rec.* vom 15. Oktober 1949, S. 14647-14654). Als ein Gesetz über die

Einwanderung von Vertriebenen vorgeschlagen wurde, beschwerten sich die Zeugen, die dagegen waren, bei den Anhörungen, dass das Gesetz darauf abzielte, das durch das Gesetz von 1924 geschaffene ethnische Gleichgewicht in den Vereinigten Staaten zu untergraben.

Der aus diesem Unterausschuss hervorgegangene Gesetzesvorschlag befriedigte die jüdischen Interessen nicht, weil er einen Stichtag festlegte, der die Juden ausschloss, die nach dem Zweiten Weltkrieg Osteuropa verlassen hatten, einschließlich der Juden, die vor dem polnischen Antisemitismus geflohen waren. Der Unterausschuss des Senats "betrachtete die Migrationsbewegungen von Juden und anderen Flüchtlingen aus Osteuropa nach 1945 als außerhalb des Spektrums des Hauptproblems fallend und deutete an, dass dieser Exodus eine von jüdischen Agenturen in den Vereinigten Staaten und Europa geplante und organisierte Migration war" (*Senate Rep. # 950* [1948] S. 15-16).

Die jüdischen Vertreter starteten einen Sturmangriff auf den Gesetzesvorschlag. Der Abgeordnete Emanuel Celler sagte, er hätte es vorgezogen, wenn es "überhaupt keinen Gesetzesvorschlag gegeben hätte. Alles, was sie vorschlägt, ist, die Juden auszuschließen" (zitiert *in* Neuringer, a.*a.O.*, S. 298). Als Präsident Truman das Gesetz widerwillig unterzeichnete, erklärte er, dass das Stichdatum 1945 "trocken diskriminierend gegenüber Vertriebenen jüdischen Glaubens war" (*Interpreter Releases 25* [21. Juli 1948], S. 252-254). Im Gegensatz dazu erklärte Senator Chapman Revercomb, dass es "keine Unterscheidung und sicherlich keine Diskriminierung gegen irgendjemanden aufgrund seiner Religion oder Rasse gab, sondern dass Unterschiede zwischen den Vertriebenen gemacht wurden, um diejenigen bevorzugt zu behandeln, die länger in den Lagern geblieben waren" (*Cong. Rec.* 26. Mai 1948, S. 6793). Nach der Analyse dieser Sequenz kommt R. A. Divine zu folgendem Schluss:

> Das ausdrückliche Motiv der Restriktionisten, das Programm auf Menschen zu beschränken, die während des Krieges vertrieben worden waren, scheint ein ausreichender Grund für die Bestimmungen des Gesetzes zu sein. Die Neigung jüdischer Gruppen, den Ausschluss vieler ihrer Glaubensbrüder mit antisemitischer Voreingenommenheit in Verbindung zu bringen, ist verständlich; die im Präsidentschaftswahlkampf 1948 mit aller Härte vorgebrachten Diskriminierungsvorwürfe lassen

jedoch vermuten, dass der nördliche Flügel der Demokratischen Partei die Angelegenheit nutzte, um die Stimmen der Angehörigen von Minderheitengruppen für sich zu gewinnen. Die Tatsache, dass Truman behauptete, das Gesetz von 1948 sei antikatholisch, obwohl die Katholiken selbst dies bestritten, zeigt, dass die Frage der Diskriminierung aus Gründen des politischen Opportunismus hervorgehoben wurde. (*American Immigration Policy, 1924-1952*, S. 143)

Als der Gesetzentwurf veröffentlicht wurde, gab das *Citizens Committee on Displaced Persons* eine Erklärung ab, in der es hieß, dass er von "Hass und Rassismus" geprägt sei und dass jüdische Organisationen ihn einhellig ablehnten. Als die Wahlen von 1948 eine demokratische Mehrheit im Kongress unter dem judenfreundlichen Präsidenten Truman ergaben, brachte der Abgeordnete Celler einen neuen Gesetzentwurf ein, der die Klausel, die den Stichtag auf 1945 festlegte, entfernte. Das Repräsentantenhaus nahm ihn an, der Senat jedoch nicht, weil Senator Pat McCarran dagegen war. McCarran wies darauf hin, dass das *Citizens Committee* mehr als 800.000 US-Dollar für die Verabschiedung des Gesetzesvorschlags ausgegeben hatte, um "eine landesweite Kampagne zu führen, die falsche Ideen und Täuschungen verbreitet, um das Urteilsvermögen zahlreicher Organisationen und Bürger, die in gutem Glauben und vom öffentlichen Wohl inspiriert sind, zu verwirren" (*Cong. Rec.* vom 26. April 1949, S. 5042-5043).

Nach seiner Niederlage erhöhte das *Citizens Committee* seinen Einsatz und gab eine Million Dollar aus; diesmal gelang es ihm, einen neuen Gesetzesvorschlag des Abgeordneten Celler durchzusetzen, der als Stichtag das Jahr 1949 markierte, ein Datum, das die Juden nicht beeinträchtigte, aber die ethnischen Deutschen, die aus Osteuropa vertrieben worden waren, weitgehend ausschließen würde. Die Debatte nahm eine unerwartete Wendung, denn die Restriktionisten warfen den Anti-Restriktionisten daraufhin ethnische Voreingenommenheit vor (vgl. die Beiträge von Senator Eastland, *Cong. Rec.* vom 5. April 1950, S. 2737 und Senator McCarran, *ibidem*, S. 4743).

Zu dieser Zeit gab es in der Welt keine antisemitischen Ausbrüche, die den dringenden Bedarf an jüdischer Einwanderung bestimmt hätten, und es gab einen sicheren Hafen für Juden: den Staat Israel. Die jüdischen Organisationen beharrten jedoch auf ihrem energischen Widerstand gegen das Prinzip der Quoten nach nationaler Herkunft, das im Gesetz von 1924 vorgesehen war und im McCarran-Walter-Gesetz von 1952 beibehalten wurde. Als Simon H. Rifkind, Richter am Berufungsgericht, bei einer Anhörung im Namen einer ganzen Reihe von jüdischen Organisationen gegen den McCarran-Walter-Gesetzentwurf aussagte, machte er eine bemerkenswerte Bemerkung. Da sich die internationale Lage geändert habe, erklärte er und erwähnte insbesondere die Existenz Israels als sicheren Zufluchtsort für Juden, basiere die Meinung der Juden über die Einwanderungsgesetze nicht mehr auf "dem unglücklichen Schicksal unserer Glaubensbrüder, sondern auf den Auswirkungen, die die Einwanderungs- und Einbürgerungsgesetze auf den nationalen Charakter und die amerikanische Lebensqualität hier in den Vereinigten Staaten haben".

Seine Argumentation war in die Sprache der "demokratischen Prinzipien und der Sache der internationalen Freundschaft" gegossen (zitiert *in* N. W. Cohen, *a. a. O.*, S. 386). Die implizite Theorie war, dass die Grundsätze der Demokratie ethnische Vielfalt erforderten (eine Meinung, die von militanten jüdischen Intellektuellen wie Sydney Hook zu jener Zeit propagiert wurde [vgl. Kap. 6]). Eine weitere implizite Theorie war, dass der gute Wille anderer Länder davon abhing, ob ihre Staatsangehörigen als Einwanderer in den Vereinigten Staaten akzeptiert wurden. "Seine Annahme [der McCarran-Walter-Gesetzesvorlage] würde die nationalen Anstrengungen, die wir unternehmen, ernsthaft behindern. Denn wir befinden uns in einem Krieg, um die Herzen und das Gewissen der Menschen zu gewinnen. Freie Nationen erwarten von uns moralische und geistige Verstärkung in einer Zeit, in der der Glaube, der die Menschen führt, genauso wichtig ist wie die Kraft, die sie besitzen".

Das McCarran-Walter-Gesetz erwähnte in seinen Aufnahmekriterien ausdrücklich die rassische Vererbung, z. B. in der Bestimmung über die Quoten für Orientalen, die deren Geburtsland nicht berücksichtigte. Herbert Lehman, Senator von New York und in den 1950er Jahren der größte Gegner von Migrationsbeschränkungen in seinem Haus, erklärte während der Beratungen über die Gesetzesvorlage McCarran-Walter, dass Einwanderer aus Jamaika mit afrikanischem Hintergrund auf die Einwandererquoten für England angerechnet werden sollten. Er behauptete auch, dass der Gesetzesvorschlag Ressentiments unter Asiaten hervorrufen würde. Ähnlich argumentierten auch die Abgeordneten Celler und Javits, die Führer der Restriktionsgegner im Repräsentantenhaus (*Cong. Rec.* vom 23. April 1952, S. 4306 und 4219). Wie bei den Kämpfen im vorigen Jahrhundert hatte die Opposition gegen Gesetze zur Beschränkung der Einwanderung aufgrund der nationalen Herkunft eine Tragweite, die über ihre Auswirkungen auf die jüdische Einwanderung hinausging, da die Vertreter dieser Position das Prinzip der offenen Einwanderung für rassische und ethnische Gruppen aus der ganzen Welt verteidigten.

Der Bericht des Unterausschusses, der sich mit dem McCarran-Gesetzentwurf zur Einwanderung befasste, zeigte sein Bestreben, den ethnischen *Status quo* aufrechtzuerhalten und die jüdischen Angelegenheiten in den Vordergrund zu stellen, und bemerkte: "Die Gesamtbevölkerung der Vereinigten Staaten hat sich seit 1877 verdreifacht, aber die jüdische Bevölkerung ist seit diesem Zeitpunkt einundzwanzigmal so groß" (*Senate Rep. # 1515* [1950] S. 2-4). Der fragliche Gesetzesvorschlag sah vor, dass eingebürgerte Staatsbürger automatisch ihre Staatsbürgerschaft verlieren würden, wenn sie fünf Jahre hintereinander im Ausland lebten. Diese Bestimmung wurde von jüdischen Organisationen als Ausdruck antizionistischer Tendenzen angesehen: "Die Aussagen, die Regierungsbeamte bei den Anhörungen machten, zeigen deutlich, dass diese Bestimmung dem Wunsch entspringt, eingebürgerte amerikanische Juden davon abzuhalten, sich einem tief in ihnen verwurzelten Ideal anzuschließen, das einige Beamte als unerwünscht betrachten und damit gegen die politische Linie der USA verstößt."

Getreu der Logik der Restriktionisten von 1924 betonte der Bericht des Unterausschusses, dass die Absicht des Gesetzes von 1924 darin bestand, "die Einwanderung aus Süd- und Osteuropa zu beschränken, um das Übergewicht der Menschen aus Nord- und Westeuropa in der Zusammensetzung der Gesamtbevölkerung zu erhalten", ohne jedoch "irgendeine Theorie der nordischen Überlegenheit" zu übernehmen (*ebd.* S. 442, 445-446). Es wurde erwartet, dass die zukünftigen Einwanderer einen "ähnlichen kulturellen Hintergrund" hatten, was die Ablehnung von Theorien des kulturellen Pluralismus beinhaltete. Wie 1924 wurden die

Theorien der nordischen Überlegenheit abgelehnt, aber im Gegensatz zu den damaligen Aussagen war jeder Hinweis auf die legitimen ethnischen Interessen der Menschen aus Nord- und Westeuropa verschwunden.

> Ohne einer Theorie der nordischen Überlegenheit Glauben zu schenken, ist der Unterausschuss der Ansicht, dass die Einführung der Formel der nationalen Herkunft die rationale und logische Methode ist, die Einwanderung zahlenmäßig zu beschränken, um das soziologische und kulturelle Gleichgewicht der Bevölkerung der Vereinigten Staaten bestmöglich zu erhalten. Es ist unbestreitbar, dass diese Formel Menschen aus Nord- und Westeuropa gegenüber Menschen aus Süd- und Osteuropa begünstigt hat; Der Unterausschuss argumentiert jedoch, dass diejenigen, die den größten Beitrag zur Entwicklung des Landes geleistet haben, absolut im Recht waren, als sie entschieden, dass das Land nicht länger ein offenes Feld für die Kolonisierung war und dass daher die Einwanderung nicht nur eingeschränkt, sondern auf diejenigen beschränkt werden sollte, die aufgrund der Ähnlichkeit des kulturellen Hintergrunds zwischen ihnen und den Hauptbestandteilen unserer Bevölkerung leichter assimiliert werden können. (*Sen. Rep. # 1515*, 81st Cong, 2nd Sess. 1950, S. 455)

Hier ist anzumerken, dass jüdische Sprecher, die sich zu dieser Zeit gegen Migrationsbeschränkungen aussprachen, nicht die gleichen Motive hatten wie andere linke Gruppen. In den folgenden Ausführungen werde ich die Aussage von Richter Simon H. Rifkind hervorheben, der 1951 bei den parlamentarischen Anhörungen zur MacCarran-Walter-Gesetzesvorlage eine ganze Reihe jüdischer Agenturen vertrat.

1. Die Einwanderung sollte alle ethnischen Gruppen und Rassen umfassen :

> Wir betrachten den Amerikanismus als den Geist, der der traditionellen Gastfreundschaft Amerikas gegenüber Menschen aller Rassen, Religionen und Nationalitäten zugrunde liegt. Amerikanismus ist eine tolerante Lebensweise, die von Menschen erdacht wurde, die sich in Bezug auf Religion, Rasse, Bildung und Abstammung stark voneinander unterschieden, aber übereinkamen, all dies beiseite zu lassen und ihren Nachbarn nicht mehr zu fragen, woher er kommt, sondern nur noch, was er mitbringen kann und wie seine Einstellung gegenüber seinen Mitmenschen ist. (*ibidem*. S. 566)

2. Die Gesamtzahl der Einwanderer soll innerhalb sehr vage definierter wirtschaftlicher und politischer Zwänge so hoch wie möglich

sein. "Die Regulierung [der Einwanderung] ist die Regulierung einer Ressource, nicht eines Handicaps" (*ebd.*, S. 567). Rifkind betonte mehrmals, dass die Tatsache, dass nicht alle Quoten erfüllt wurden, die Zahl der Einwanderer reduzierte, was in seinen Augen eine sehr fatale Sache war.

3. Die Einwanderer sollten nicht als wirtschaftliche Ressourcen gesehen und nur importiert werden, um den aktuellen Bedarf der USA zu decken.

> Man betrachtet [die ausgewählte Einwanderung] aus der Sicht der USA, nie aus der Sicht der Einwanderer. Ich bin der Meinung, dass wir zwar auf unsere jeweiligen Bedürfnisse eingehen sollten, aber vor allem sollten wir die Zuwanderung nicht zu einer beschäftigungspolitischen Anpassungsvariable machen. Wenn wir Einwanderer ins Land lassen, glaube ich nicht, dass wir Wirtschaftsgüter kaufen. Wir lassen Menschen zu, die Familien gründen und Kinder aufziehen werden, und deren Enkelkinder die Spitze erreichen werden - das ist es, was wir hoffen und wofür wir beten. Was ein kleines Segment des Migrantenstroms betrifft, so denke ich, dass wir das Recht haben, uns zu sagen, dass wir, da es uns an diesem oder jenem Talent mangelt, diese notfalls holen müssen, aber wir sollten nicht dafür sorgen, dass diese Denkweise alle anderen überlagert. (*ebd.* S. 570)

Jahrhunderts versucht hatten, die gesetzliche Verpflichtung von Immigranten zum Alphabetisierungstest aufzuschieben, bis sie 1917 gesetzlich verankert wurde.

Teil 7

Die jüdische Anti-Restriktions-Aktivität, 1946-1952 (Fortsetzung und Ende)

Obwohl Rifkind in seiner Zeugenaussage die Einwanderungspolitik nicht beschuldigte, auf der Theorie der nordischen Überlegenheit zu beruhen, war das Thema in anderen jüdischen Gruppen, insbesondere im AJCongress, der sich für die Öffnung der Einwanderung für alle ethnischen Gruppen einsetzte, weiterhin hochaktuell. Diese Gruppe behauptete, dass die Gesetzgebung von 1924 weitgehend auf der Theorie der nordischen Suprematie basierte. Im Gegensatz zu Rifkinds überraschender Behauptung, dass es in den USA eine Tradition der Öffnung für alle ethnischen Gruppen gebe, wies der AJCongress in einer Erklärung auf die lange Geschichte der ethnischen Ausgrenzung in den USA hin, die vor dem Aufkommen dieser Theorien bestanden habe. Die jüdische Gruppe verwies auf das Gesetz zur Ausgrenzung von Chinesen aus dem Jahr 1882, die Ehrenverpflichtung mit Japan aus dem Jahr 1907, die die Einwanderung japanischer Arbeiter einschränkte, und den Ausschluss anderer Asiaten im Jahr 1917.

In dem betreffenden Gastbeitrag stellte der AJCongress fest, dass die Gesetzgebung von 1924 das ethnische Gleichgewicht der Vereinigten Staaten zum Zeitpunkt der Volkszählung von 1920 erfolgreich bewahrt hatte, fügte jedoch folgende Bemerkung hinzu: "Dieses Ziel ist völlig wertlos. Die ethnische Zusammensetzung von 1920 ist nicht sakrosankt. Nur ein Narr könnte glauben, dass wir in jenem Jahr den Zenit der ethnischen Perfektion erreicht haben". Der AJCongress übernahm das multikulturelle Ideal von Horace Kallen, d. h. "die These der kulturellen Demokratie, die jeder Gruppe, ob 'Mehrheit oder Minderheit' (...) das Recht garantiert, anders zu sein, und die Verantwortung, dafür zu sorgen, dass ihre Unterschiede nicht mit dem Wohlergehen des amerikanischen Volkes als Ganzes in Konflikt geraten".

In dieser Zeit griff der AJCongress regelmäßig die Bestimmungen der Einwanderungsgesetze zur nationalen Herkunft an, die seiner Ansicht nach auf dem "Mythos von der Existenz höherer und niedriger Rassenfonds" (*Congress Weekly* vom 17. Oktober 1955, S. 3) basierten. Das Organ dieser Gruppe trat für das Prinzip der Einwanderung auf der Grundlage von "Bedürfnissen und anderen Kriterien, die nicht an Rasse oder nationale Herkunft gebunden sind", ein (*Congress Weekly* vom 4. Mai 1953, S. 3). Am fragwürdigsten war aus Sicht des AJCongress die Vorstellung von der Unantastbarkeit des ethnischen *Status quo, der* durch die Gesetzgebung von 1924 vorgeschrieben wurde. Das Quotensystem nach nationaler Herkunft "ist heutzutage schändlich (...), denn unsere nationale Erfahrung hat ohne jeden Zweifel bestätigt, dass unsere Stärke in der Vielfalt unserer Völker liegt" (Israel Goldstein, 'The racist immigration law', *Congress Weekly* vom 17. März 1952).

Wie wir gesehen haben, gibt es Hinweise darauf, dass das Gesetz von 1924 und der Restriktionismus der 1930er Jahre zum Teil durch antisemitische Orientierungen motiviert waren. In den 1950er Jahren, in den Debatten vor und nach der Verabschiedung des McCarran-Walter-Gesetzes, trat der Antisemitismus in Verbindung mit dem Antikommunismus auf. Die Restriktionisten betonten häufig die Tatsache, dass über 90% der amerikanischen Kommunisten eine Herkunft hatten, die sie mit Osteuropa in Verbindung brachte. Die Restriktionisten waren bestrebt, die Einwanderung von Menschen aus diesem Teil der Welt zu verhindern und ihre Deportation zu erleichtern, um kommunistische Subversion zu verhindern. Da die meisten Juden aus Osteuropa stammten und die Juden unter den amerikanischen Kommunisten unverhältnismäßig stark vertreten waren, wurden all diese Fakten miteinander verknüpft und die Situation führte zu einer Blüte antisemitischer Verschwörungstheorien über die Rolle der Juden in der amerikanischen Politik. Im Kongress erklärte der Abgeordnete John Rankin, ein bekannter Antisemit, Folgendes, ohne die Juden explizit zu erwähnen:

> Sie beschweren sich über Diskriminierung. Aber wissen Sie, wer wirklich diskriminiert wird? Die weißen Christen in Amerika, diejenigen, die diese Nation geschaffen haben (...) Ich spreche von den weißen Christen im Norden genauso wie im Süden (...) Der Kommunismus ist rassisch. Eine rassische Minderheit hat die Macht in Russland und all seinen Satelliten übernommen, wie in Polen, der Tschechoslowakei und vielen anderen Ländern, die ich aufzählen könnte. Sie wurden im Laufe der Zeit aus fast allen europäischen Ländern vertrieben, und wenn sie weiterhin Rassenunruhen in diesem Land schüren, wenn sie versuchen, den weißen Christen in Amerika ihr kommunistisches Programm aufzuzwingen, kann ich nicht vorhersehen, was ihnen passieren könnte (*Cong. Rec.* vom 23. April 1952).

In diesen Jahren waren die dominierenden jüdischen Organisationen damit beschäftigt, das Stereotyp des jüdischen Kommunisten auszurotten und das Bild des liberalen, antikommunistischen Juden zu entwickeln. "In ganz Amerika wurde der Kampf gegen das Stereotyp des jüdischen Kommunisten unter jüdischen Führern und Meinungsmachern praktisch zur Obsession" (Liebman, *Jews and the Left*, S. 515). [Um eine Vorstellung vom Ausmaß dieses Stereotyps zu vermitteln: Als das FBI eine Nachbarschaftsuntersuchung über Eleanor Leacock, eine nichtjüdische Anthropologin, die eine gewisse Sicherheitsfreigabe beantragte, durchführte, wurden ihre Freunde gefragt, ob sie mit Juden verkehrte, um eine Vorstellung von ihren Verbindungen zur extremen Linken zu bekommen (vgl. G. Frank, 'Jews, multiculturalism and boasian anthropology' *American Anthropologist* # 99 - 1997)].

Das AJCommittee setzte alles daran, die Meinung der jüdischen Gemeinschaft zu ändern, indem es zeigte, dass jüdische Interessen eher mit der amerikanischen Demokratie als mit dem Sowjetkommunismus vereinbar waren (z. B. durch Hervorhebung des sowjetischen Antisemitismus und der Unterstützung der UdSSR für Länder, die nach dem Zweiten Weltkrieg gegen Israel waren). Obwohl der AJCongress den Kommunismus als Gefahr erkannte, vertrat diese Gruppe eine "antikommunistische" Position, die die in der damaligen antikommunistischen Gesetzgebung enthaltenen Eingriffe in die bürgerlichen Freiheiten ablehnte.

Diese Organisation "bremste und beteiligte sich halbherzig" an den jüdischen Bemühungen, sich einen soliden antikommunistischen Ruf aufzubauen (Svonkin, *Jews Against Prejudice: American Jews and the Fight for Civil Liberties*, S. 132). Diese Haltung spiegelte die Sympathien vieler ihrer Mitglieder wider, von denen die meisten osteuropäische Einwanderer der zweiten oder dritten Generation waren.

Diese linksradikale jüdische Kultur und ihre Verbindungen zum Kommunismus traten bei den Peekskill-Unruhen im Bundesstaat New York im Jahr 1949 besonders deutlich zutage. Peekskill war der Sommeraufenthalt von etwa 30.000 Juden, meist städtischen Führungskräften, die sich in sozialistischen, anarchistischen und kommunistischen Ferienlagern zusammenfanden, die in den 1930er Jahren eingerichtet worden waren. Der unmittelbare Anlass für die Unruhen war ein Liederabend, den der bekennende Kommunist Paul Robeson unter der Schirmherrschaft des Civil Right Congress, einer vom Justizministerium als subversiv eingestuften prokommunistischen Gruppe, gegeben hatte. Die Randalierer machten antisemitische Äußerungen in diesem Kontext, in dem die Verbindung zwischen Juden und dem Kommunismus sehr offensichtlich war. Daraufhin bemühte sich das AJCommittee, die Fassade zu glätten und den antisemitischen Charakter des Ereignisses herunterzuspielen, was die Methode der Quarantäne veranschaulichte, die in der jüdischen politischen Strategie häufig Anwendung findet (vgl. *SAID*, Kap. 6, Fußnote 14). Diese Strategie geriet in Konflikt mit der Strategie anderer Gruppen wie dem AJCongress und der ACLU, die ein Dokument unterzeichneten, in dem die Gewalt auf antisemitische Vorurteile zurückgeführt und betont wurde, dass die Opfer aufgrund ihrer kommunistischen Sympathien ihrer bürgerlichen Freiheiten beraubt worden seien.

Was den jüdischen Führern in den USA besondere Sorgen bereitete, war die Verhaftung und Verurteilung von Julius und Ethel Rosenberg wegen Spionage. Die linksgerichteten Anhänger der Rosenbergs, von denen viele Juden waren, interpretierten diesen Fall als einen exemplarischen Fall von Antisemitismus. Ein berühmter Publizist der damaligen Zeit drückte es so aus: "Wenn das amerikanische Volk dem nicht Einhalt gebietet, wird der Lynchmord an diesen beiden unschuldigen amerikanischen Juden als Signal für genozidale Handstreiche nach Hitlerart gegen Juden überall in den Vereinigten Staaten dienen" (*in* Svonkin a. a. O., S. 155). Diese linksgerichteten Organisationen versuchten, den Großteil der jüdischen Öffentlichkeit für ihre Interpretation zu gewinnen, doch damit machten sie die jüdische Identität der betreffenden Personen und ihre Verbindung zum Kommunismus noch offensichtlicher. Die offiziellen Vertreter der jüdischen Gemeinschaft gaben sich große Mühe, das allgemeine Stereotyp der jüdischen Subversion und Illoyalität zu verändern.

In seinem Bemühen, den Kommunismus zu kriminalisieren, griff das AJCommittee den Prozess gegen Rudolph Slansky und seine jüdischen Kollegen in der Tschechoslowakei auf. Der Prozess war Teil der antisemitischen Säuberungswelle gegen kommunistische jüdische Eliten in Osteuropa nach dem Zweiten Weltkrieg. Ähnlich war die Situation bei den Ereignissen in Polen, wie sie von Schatz erzählt und von uns im dritten Kapitel dieses Buches untersucht wurden. Das AJCommittee erklärte: "Der Prozess gegen den abtrünnigen Juden Rudolph Slansky und seine Mitstreiter, die das Judentum verrieten, indem sie der Sache des Kommunismus dienten, sollte uns bewusst machen, dass der Antisemitismus nunmehr Teil der kommunistischen Politik ist. Es ist paradox, dass diese Männer, die aus den Reihen des Judentums, das gegen den Kommunismus ist, desertiert sind, den Kommunisten als Vorwand für ihre antisemitische Kampagne dienen" (zitiert *in* Svonkin, a.a.O., S. 282).

Die jüdischen Organisationen arbeiteten voll und ganz mit dem Parlamentsausschuss für antiamerikanische Aktivitäten zusammen, und die Verteidiger der Rosenbergs und anderer Kommunisten wurden gejagt und aus den großen jüdischen Organisationen ausgeschlossen, wo sie zuvor willkommen waren. Der auffälligste Fall ist der 50.000 Mitglieder starke *Jewish Peoples Fraternal Order* (JPFO). Er war ein Ableger des *International Workers Order* (IWO), der auf der Liste der subversiven Organisationen des Justizministeriums stand. Das AJCommittee schloss die JPFO zum Leidwesen der örtlichen jüdischen Organisationen aus, die sich mit Händen und Füßen gegen diese Maßnahme wehrte. Der AJCongress löste seinerseits die Mitgliedschaft der JPFO und einer weiteren von Kommunisten dominierten Organisation, dem *American Jewish Labor Council*, auf. Die dominierenden jüdischen Organisationen spalteten sich auch von der Social Service Employees Union ab, einer jüdischen Gewerkschaft, die die Angestellten jüdischer Organisationen organisierte. Diese Gewerkschaft war bereits wegen ihres Philo-Kommunismus aus dem *Congress of Industrial Organizations* ausgeschlossen worden.

Jüdische Organisationen hatten erreicht, dass Juden während des Rosenberg-Prozesses wichtige Funktionen in der Staatsanwaltschaft bekleideten. Nach der Urteilsverkündung bemühten sich das AJCommittee und die American Civil Liberties Union, die genannten Juden zu verteidigen. Die vom AJCommittee herausgegebene Zeitschrift *Commentary* "übte eine strenge redaktionelle Kontrolle über ihre Artikel aus, um keine Äußerungen zuzulassen, die den Kommunismus auch nur ansatzweise unterstützten".

In der Einwanderungsfrage jedoch vertraten die dominierenden jüdischen Organisationen eine Position, die sich oft mit der der KPdSU deckte, so auch das AJCommittee, das sich gegen den Kommunismus wandte. Gemeinsam mit der KPdSU verurteilte das AJCommittee das McCarran-Walter-Gesetz. Gleichzeitig hatte die Organisation das Ohr von Präsident Trumans Ausschuss für Einwanderung und Einbürgerung (PCIN) und flüsterte ihm die Empfehlung zu, die Sicherheitsbestimmungen des McCarran-Walter-Gesetzes zu lockern. Diese Empfehlungen wurden von der PCUSA sehr begrüßt, da die

Hauptabsicht der Sicherheitsmaßnahmen darin bestand, Kommunisten auszugrenzen. (Auch Richter Julius Rifkind verurteilte in den Anhörungen zum McCarran-Walter-Gesetzentwurf die Sicherheitsklauseln des Gesetzentwurfs).

Juden waren im PCIN und in Organisationen, die sich mit Migrationsfragen befassten und vom Kongress als kommunistische Schaufenster betrachtet wurden, überrepräsentiert. Der Vorsitzende des PCIN hieß Philip B. Perlman und sein Team umfasste einen hohen Anteil an Juden: Harry N. Rosenfled war der Administrator, Elliot Shirk sein stellvertretender Administrator. Seine Protokolle wurden vom AJCongress aus vollem Herzen gebilligt (vgl. *Congress Weekly* vom 12. Januar 1952, S. 3). Die Beratungen wurden veröffentlicht, ebenso wie der Bericht *Whom We Shall Welcome* ["Diejenigen, die wir willkommen heißen sollen"], an dem der Vertreter Emanuel Celler mitgearbeitet hatte.

Im Kongress beschuldigte Senator McCarran die PCIN, kommunistische Sympathisanten zu beherbergen, und der parlamentarische Ausschuss für unamerikanische Aktivitäten (HUAC) veröffentlichte ein Dokument, in dem es hieß: "Zwei Dutzend Kommunisten und eine weitaus größere Anzahl von Personen, die seit langem mit bekannten kommunistischen Unternehmen verbunden sind, konnten bei parlamentarischen Anhörungen aussagen oder schriftliche Erklärungen verlesen lassen (...) In den Parlamentsarchiven gibt es jedoch nicht einen einzigen Hinweis auf die tatsächlichen Verbindlichkeiten der fraglichen Personen" (*House Rep #118, S. 858, S. 857*). # 1182, 85th Cong. 1st Session, S. 47). Das Dokument zielte insbesondere auf Kommunisten ab, die mit dem *American Committee for the Protection of Foreign Born* (ACPFB) verbunden waren, das von Abner Green geleitet wurde. Diese Person, ein Jude, war bei den parlamentarischen Anhörungen sehr prominent gewesen. Unter den Führungskräften und Sponsoren des ACPFB, die in dem fraglichen Dokument an den Pranger gestellt wurden, waren Juden überproportional vertreten. Das HUAC brachte Beweise dafür vor, dass die ACPFB enge Verbindungen zur KPUSA unterhielt, und wies darauf hin, dass 24 Personen, die mit der ACPFB in Verbindung standen, Erklärungen unterzeichnet hatten, die in die veröffentlichten Archive der PINC aufgenommen wurden.

Auch das AJCommittee war stark in die Beratungen des PCIN eingebunden. Seine Aktivisten sagten nicht nur direkt aus, sondern stellten ihre Dokumentation - Zahlenmaterial und andere Materialien - auch anderen Einzelpersonen und Organisationen zur Verfügung, die vor dem PCIN aussagten. Alle Empfehlungen des AJCommittee wurden in den Abschlussbericht des PCIN aufgenommen, darunter die Unterminierung des Kriteriums der Beschäftigungsfähigkeit bei den Einwanderungskriterien, die Aushöhlung der gesetzlichen Bestimmungen, die an die nationale Herkunft anknüpfen, und die Öffnung der Migrationsschleusen für alle Völker der Welt nach dem Prinzip "wer zuerst kommt, mahlt zuerst". Die einzige Ausnahme betraf die im Bericht empfohlene Gesamtzahl der Einwanderer, die unter der vom AJCommittee und anderen jüdischen Gruppen befürworteten Zahl lag. Das AJCommittee ging also über die bloße Verteidigung des Prinzips, die Einwanderung für alle ethnischen Gruppen und Rassen zu öffnen, hinaus (den Asiaten und Afrikanern waren bereits durch das McCarran-Walter-Gesetz symbolische Quoten zugestanden worden), da die Gruppe versuchte, die Gesamtzahl der Einwanderer aus aller Welt trotz der damaligen politischen Atmosphäre so weit wie möglich zu erhöhen.

Der Präsidialausschuss für Einwanderung und Einbürgerung wies deutlich darauf hin, dass die Gesetzgebung von 1924 den rassischen *Status* quo erfolgreich aufrechterhalten hatte und dass das größte Hindernis für eine Änderung des *Status quo* nicht das Quotensystem nach nationaler Herkunft war, weil es bereits einen hohen Anteil an Einwanderern außerhalb der Quoten gab und die Quoten für Einwanderer aus nord- und westeuropäischen Ländern nicht erfüllt wurden (PCIN-Bericht von 1943, S. 106). Der Bericht betonte, dass das eigentliche Hindernis für eine Veränderung des rassischen *Status quo* die Menge der Einwanderer war. Die Kommission betrachtete daher die Veränderung der rassischen Zusammensetzung der USA als ein wünschenswertes Ziel und argumentierte, dass eine Erhöhung der Gesamtzahl der Einwanderer im höchsten Maße wünschenswert sei (*ebd.* S. 42). Wie Bennett schreibt, war das Gesetz von 1924, das die Gesamtzahl der Einwanderer reduzierte, in den Augen der PCIN "eine sehr verhängnisvolle Sache, da die Kommission der Ansicht war, dass eine bestimmte Rasse genauso gut wie eine andere geeignet sei, die amerikanische Staatsbürgerschaft zu erhalten, wie für jede andere Beschäftigung" (*American Immigration Policies: A History*, S. 185).

Die Befürworter der Gesetzgebung von 1952 sahen den Fall im Grunde als eine Episode des ethnischen Krieges. Senator McCarran erklärte, dass die Unterwanderung des Quotensystems nach nationaler Herkunft "das Zeug dazu hatte, die ethnische und kulturelle Zusammensetzung dieser Nation innerhalb einer einzigen Generation zu verändern" (*in* Bennett, a. a. O., S. 185). Wie R. A. Divine bemerkt, waren die ethnischen Interessen auf beiden Seiten vorherrschend. Die Restriktionisten verteidigten implizit den ethnischen *Status quo*, während die Anti-Restriktionisten den ausdrücklicheren Wunsch hatten, ihn gemäß ihren ethnischen Interessen zu verändern, auch wenn ihre Rhetorik in eine universalistische und moralistische Form gegossen war.

Während dieser Zeit zeigte sich die jüdische Beteiligung an Migrationsfragen in mehreren anderen Vorfällen mit Nachdruck. 1950 erklärte der Vertreter des AJCongress, der vor einem Parlamentsausschuss aussagte, dass die Beibehaltung des Quotensystems nach nationaler Herkunft "eine politische und moralische Katastrophe" wäre ('Revision of Immigration Laws', *Joint Hearings,* 1950, S. 336-337). Das Prinzip der Quoten nach nationaler Herkunft bedeutet, dass "Menschen, die eine Gelegenheit suchen, auf diesem Land zu leben, gemäß ihrer Abstammung beurteilt werden müssen, wie gehörnte Tiere auf einem Viehmarkt, und nicht aufgrund der Fähigkeiten ihrer Persönlichkeit" (*Congress Weekly* # 21, 1952, S. 3-4). R. A. Divine ist der Ansicht, dass der AJCongress den "militantesten Flügel" der Opposition darstellte, weil er grundsätzlich jede Form von Quoten nach Nationalität ablehnte, während die anderen Oppositionellen sich darauf beschränkten, die Umverteilung der nicht erfüllten Quoten auf Einwanderer aus Süd- und Osteuropa zu fordern.

Der Abgeordnete Francis Walter bemerkte, dass "einige Mitglieder des American Jewish Congress, die gegen das Einwanderungs- und Staatsangehörigkeitsgesetz sind, im Moment von einem propagandistischen Impuls getrieben werden" (*Cong. Rec.* vom 13. März 1952, S. 2283). Er bezog sich insbesondere auf die Aktivitäten von Dr. Israel Goldstein, dem Präsidenten des AJCongress, der in der *New York Times mit* der Aussage zitiert wurde, dass das Einwanderungs- und

Staatsangehörigkeitsgesetz "jeden, der nicht angelsächsischer Abstammung ist, als minderwertig abstempeln würde". Der Vertreter Walter wies auf die besondere Rolle jüdischer Organisationen hin, die sich dafür einsetzten, dass Einwanderungsrechte auf Familienzusammenführung und nicht auf individuelle berufliche Fähigkeiten basieren sollten. Als der Abgeordnete Jabob Javits sagte, dass die Opposition gegen den Gesetzesentwurf "nicht auf eine einzige Gruppe beschränkt ist, wie dieser Herr behauptet", entgegnete Walter Folgendes: "Die Opposition gegen den Gesetzesentwurf ist nicht auf eine einzige Gruppe beschränkt, wie dieser Herr sagt:

> Ich könnte Ihre Aufmerksamkeit auf die Tatsache lenken, dass Harry N. Rosenfield, Mitglied des Ausschusses für Vertriebene [und auch Verwalter der PCIN, siehe oben], zufällig auch der Schwager eines gewissen Anwalts ist, der die ganze Aufregung angezettelt hat und der kürzlich in einer Rede sagte, dass "die Gesetzgebung, die im Parlament diskutiert wird, das Nürnberger Tribunal von Amerika ist. Sie ist 'rassistisch' und archaisch und beruht auf der Idee, dass Menschen mit unterschiedlichen Nasentypen nicht gleich behandelt werden sollten". (*Cong. Rec.* vom 13. März 1952, S. 2284)

Der Abgeordnete Walter wies dann darauf hin, dass die einzigen Organisationen, die sich gegen den Gesetzentwurf in seiner Gesamtheit ausgesprochen hätten, der AJCongress und die Association of Immigration and Nationality Lawyers gewesen seien, die "von einem Anwalt vertreten wird, der auch Berater des American Jewish Congress ist". (Israel Goldstein selbst hatte zugegeben, dass "zum Zeitpunkt der parlamentarischen Anhörungen im Zusammenhang mit dem McCarran-Walter-Gesetzesvorschlag der American Jewish Congress die einzige Gruppe war, die es wagte, sich entschieden gegen das Prinzip der Einwanderungsquoten nach Staatsangehörigkeit auszusprechen" ["An American immigration policy", *Congress Weekly*, Nov. 1952]).

Der Vertreter Emanuel Celler antwortete Walter, dass er "eine konfessionelle Gruppe, die gegen den Gesetzesvorschlag ist, nicht so an die große Glocke hätte hängen sollen, wie er es getan hat" (*Cong. Rec.* vom 13. März 1952, S. 2285). Der Vertreter Walter stimmte Cellers Bemerkung zu und fügte hinzu, dass es "gute Juden gibt, die mit dem Gesetzesvorschlag einverstanden sind". Die wichtigsten jüdischen

Organisationen wie der AJCongress, das AJCommittee, L'ADL, der National Council of Jewish Women und die Hebrew Immigrant Aid Society waren jedoch gegen den Gesetzesvorschlag (*Cong. Rec.* vom 23. April 1952, S. 4247). Als Richter Simon Rifkind bei den parlamentarischen Anhörungen gegen sie aussagte, betonte er, dass er ein sehr breites Spektrum jüdischer Gruppen repräsentierte, nämlich "die gesamte religiöse und säkulare Meinung der konfessionell definierten jüdischen Gruppe von ganz rechts bis ganz links" (*ebd.*, S. 563). Rifkind sprach im Namen einer langen Liste lokaler und nationaler jüdischer Gruppen, darunter neben den bereits erwähnten auch der Synagogue Council of America, das Jewish Labor Committee, die Jewish War Veterans of the United States und 27 lokale jüdische Komitees im ganzen Land. Mehr noch, der Kampf gegen den Gesetzesvorschlag wurde von jüdischen Parlamentariern angeführt, darunter Celler, Jevits und Lehman, allesamt prominente Mitglieder der ADL.

Auch wenn es nicht seine Absicht war, machte der Abgeordnete Walter deutlich auf die besondere Rolle der Juden im Einwanderungsstreit von 1952 aufmerksam. Die besondere Militanz des AJCongress gegen die Gesetzesvorlage von McCarran-Walter war ein Grund für den Stolz der Gruppe. Kurz vor ihrem Sieg 1965 erklärte ein Leitartikel in der Congress *bi-Weekly,* dass sie "stolz" darauf seien, dass Rabbi Israel Goldstein, der Vorsitzende des AJCongress, "das Ziel des Angriffs des Abgeordneten Walter war, als Galionsfigur des Kampfes gegen die von ihm geförderten Maßnahmen" (1. Februar 1965, S. 3).

Die Vorstellung, dass die Opposition gegen das MacCarran-Walter-Gesetz eine starke jüdische Komponente hatte, geht aus dem folgenden Austausch zwischen den Vertretern Celler und Walter hervor. Celler sagte: "Die Theorie der nationalen Herkunft, auf der unser Einwanderungsgesetz (...) beruht, beleidigt unsere Beschwerden, die auf gleichen Chancen für alle Völker beruhen, unabhängig von ihrer Rasse, Hautfarbe oder Konfession". Der Abgeordnete Walter antwortete: "Es gibt eine große Gefahr, die Amerika bedroht: all diese Spießer, einschließlich der jüdischen Spießer, die ohne jeden triftigen Grund Krokodilstränen vergießen" (*Cong. Rec.* vom 13. Januar 1953, S. 372).

Richard Arens, der die Besonderheiten der jüdischen Interessen in der Einwanderungsfrage untersucht, bemerkt Folgendes: "Das

Merkwürdige an denen, die den größten Lärm machten, um den Eindruck zu erwecken, das Gesetz von 1952 sei 'diskriminierend' und lasse den sogenannten Flüchtlingen nicht genügend Raum, ist, dass sie sich gegen jede Aufnahme eines einzigen arabischen Flüchtlings wehrten, von etwa einer Million Arabern, die nach ihrer Vertreibung aus Israel in Lager geflüchtet waren, in denen sie unter erbärmlichen Bedingungen lebten" (zitiert *in* Bennett, a.*a.O.*, S. 181).

Das McCarran-Walter-Gesetz wurde also trotz des *Vetos von* Truman erlassen, dessen "angebliche Sympathie für Juden gewöhnlich von Antisemiten ins Visier genommen wurde" (N. W. Cohen, *a. a. O.*, S. 377). Vor dem *Veto* hatte Truman dringende Besuche "insbesondere von jüdischen Gesellschaften" erhalten, die sich gegen den Gesetzesvorschlag aussprachen (Divine, *a. a. O.*, S. 184). Regierungsstimmen wie die des Außenministeriums drängten Truman jedoch, den Gesetzentwurf zu unterzeichnen (trotz des Anti-Restriktions-Arguments, dass seine außenpolitischen Folgen verheerend wären). Darüber hinaus sprachen offen antisemitisch orientierte Personen wie John Beaty, Autor von *The Iron Curtain Over America* (1951), häufig von einer jüdischen Beteiligung an diesen Kämpfen im Zusammenhang mit der Einwanderung.

Teil 8

Jüdische Anti-Restriktions-Aktivitäten, 1953-1965

Während dieser Zeit hob das *Congress Weekly* regelmäßig die Tatsache hervor, dass jüdische Organisationen bei der Liberalisierung der Einwanderungsgesetze an vorderster Front standen. Im Leitartikel der Ausgabe vom 20. Februar 1956 auf Seite 3 wurde Präsident Eisenhower dafür gelobt, "dass er sich unmissverständlich gegen das Quotensystem ausgesprochen hat, das mehr als jeder andere Aspekt unserer Migrationspolitik eine mächtige und weit verbreitete Abneigung in der amerikanischen Öffentlichkeit hervorgerufen hat. Mit seinem Vorschlag, die Aufnahmekriterien und -richtlinien zu "erneuern", nahm Präsident Eisenhower eine mutige Position ein, die sogar weiter ging als die vieler Befürworter einer Liberalisierung der Migrationspolitik. Die Position, die er sich zu eigen macht, war ursprünglich vom American Jewish Congress und anderen jüdischen Agenturen vertreten worden."

Das AJCommittee seinerseits tat alles, um die Einwanderungsfrage in dieser Zeit der allgemeinen Apathie zwischen der Verabschiedung des McCarran-Walter-Gesetzes und den frühen 1960er Jahren am Leben zu erhalten. Wie N. W. Cohen und S. M. Neuringer betonen, hatten die jüdischen Organisationen ihre Bemühungen in dieser Zeit verstärkt. Das AJCommittee hatte zur Gründung zweier Einwandererorganisationen - der *Joint Conference on Alien Legislation* und der *American Immigration Conference* - beigetragen, für die es den Großteil der Finanzierung und die meisten Aufgaben übernahm. 1955 gründete das AJCommittee eine *National Commission on Immigration and Citizenship*, die einflussreiche Bürger zusammenbrachte, "um seiner Kampagne Prestige zu verleihen" (N. W. Cohen, *a. a. O.,* S. 373).

> Alle diese Gruppen untersuchten die Einwanderungsgesetze, verbreiteten Informationen an die Öffentlichkeit, sagten bei parlamentarischen Anhörungen aus und verfolgten andere Projekte, die in die gleiche Richtung gingen (...) Es gab keine unmittelbaren oder spektakulären Ergebnisse, aber die Kampagne des AJC, die gemeinsam mit anderen gleichgesinnten Gruppen durchgeführt wurde, war so hartnäckig, dass sie schließlich die Kennedy-Regierung und später die Johnson-Regierung zum Handeln veranlasste. (a.a.O.)

Oscar Handlin, ein führender Einwanderungshistoriker in Harvard, verfasste 1952 einen Artikel, der einen faszinierenden Mikrokosmos der jüdischen Sicht auf die Einwanderung in diesem Zeitraum darstellt. Handlin schrieb ihn für *Commentary* (Zeitschrift des AJCommittee) fast dreißig Jahre nach der Niederlage von 1924 und einen Tag nach der Verabschiedung des McCarran-Walter-Gesetzes und betitelte ihn mit *Der Kampf um die Einwanderung hat gerade erst begonnen: Lehren aus der Niederlage namens McCarran-Walter*. Dieser Titel ist ein bemerkenswertes Zeichen für die charakteristische Hartnäckigkeit und Sturheit der jüdischen Beteiligung an diesem Thema. Der Artikel ruft die Leser dazu auf, sich von der jüngsten Niederlage nicht entmutigen zu lassen, die "trotz unserer Bemühungen, unsere Einwanderungsgesetze zu überarbeiten" stattgefunden hat.

Handlin bemüht sich, seine Position universalistisch zu formulieren und erklärt, dass sie zum Vorteil der Amerikaner sei und mit ihren Idealen übereinstimme, dass "alle Menschen Brüder sind, also sind sie alle fähig, Amerikaner zu sein". Die aktuellen Migrationsgesetze spiegeln eine "rassistische Fremdenfeindlichkeit" wider, wie die rein symbolischen Quoten für Asiaten und die Weigerung, die Schwarzen der Westindischen Inseln an den britischen Quoten teilhaben zu lassen, belegen. Handlin führt Pat MacCarrans restriktive Haltung auf "den Hass auf Ausländer, der seine gesamte Jugend durchdrungen hat, und auf die Erinnerungen an die diffuse Angst, für einen von ihnen gehalten zu werden" zurück und greift damit das in der Psychoanalyse beliebte Argument der Identifizierung mit dem Angreifer auf (McCarran war Katholik).

In seinem Artikel verwendete Handlin das "wir", wie in der folgenden Bemerkung: "Wenn wir McCarran und seine Anhänger nicht mit ihren eigenen Waffen besiegen können, können wir versuchen, die Wirksamkeit dieser Waffen zu zerstören". Handlin drückt damit seine Überzeugung aus, dass es ein vereintes jüdisches Interesse an der Liberalisierung der Migrationspolitik gibt, und kündigt die bevorstehende Unterminierung des Gesetzes von 1952 an. Seine Anti-Restriktionismus-Strategie gebot es, unter Geisteswissenschaftlern die Vorstellung zu verändern, dass es "möglich und notwendig ist, zwischen den 'Rassen' von Einwanderern zu unterscheiden, die lautstark nach Aufnahme in die Vereinigten Staaten verlangten". Seine Idee, Geisteswissenschaftler für den Kampf um die Einwanderung zu rekrutieren, entsprach voll und ganz dem Projekt der Boasian School of Anthropology, die wir im zweiten Kapitel besprochen haben. Wie Higham richtig erkannt hat, spielte der Einfluss dieses Ideenkorpus eine wichtige Rolle bei der endgültigen Niederlage der Restriktionisten.

Handlin stellte die Logik der Erhaltung des ethnischen *Status quo*, die der restriktionistischen Position von 1921 bis 1952 zugrunde lag, in einer sehr tendenziösen Weise dar:

> Diese Gesetze sind insofern schlecht, als sie auf der rassistischen Grundlage beruhen, dass die Menschheit in verschiedene feste Typen eingeteilt ist, die biologisch und kulturell voneinander getrennt sind. In diesem Rahmen wird behauptet, dass die Amerikaner Angelsachsen sind und dies auch bleiben müssen. Bei den Millionen und Abermillionen von Amerikanern, die nicht von Angelsachsen abstammen, sortieren die

Gesetze nach dem Grad der Minderwertigkeit.

Hendlin beklagt die Apathie der "eingebürgerten Amerikaner", die sich nicht an der Begeisterung für die jüdischen Bemühungen beteiligen. "Viele Gruppen haben nicht verstanden, dass die Gesetzesvorlage von McCarran-Walter ihre eigenen Positionen betrifft". Er schlägt ihnen vor, als Gruppen zu handeln, um ihre Interessen durchzusetzen: "Der Italo-Amerikaner hat das Recht, gerade *als* Italo-Amerikaner in diesen Fragen seine Stimme zu erheben". Hier wird vorausgesetzt, dass die Vereinigten Staaten aus geschlossenen Untergruppen bestehen sollten, die von der Idee ihrer kollektiven Interessen beseelt sind, die sie gegen Menschen aus Nord- und Westeuropa oder gegen die Vereinigten Staaten als Ganzes durchsetzen können. Auch die Idee, dass die Italoamerikaner ein Interesse daran hätten, die Einwanderung von Afrikanern und Asiaten zu fördern und eine solche multirassische und multikulturelle Gesellschaft zu gestalten, ist vorhanden.

Handlin entwickelte diese Ansichten in seinem 1957 veröffentlichten Buch *"Race and Nationality in American Life"*. Es handelt sich um ein Potpourri psychoanalytischer "Erklärungen" für ethnische und Klassenkonflikte auf der Grundlage der Ideologie der *autoritären Persönlichkeit in* Verbindung mit der Boas'schen Theorie, dass es keine biologischen Unterschiede zwischen den Rassen gibt, die das Verhalten beeinflussen könnten. Auch die Vorstellung, dass Menschen durch die Veränderung fehlerhafter menschlicher Institutionen vervollkommnet werden können, wird stark betont. Handlin verteidigt das Prinzip der Einwanderung aus allen Teilen der Welt, das als moralische Pflicht definiert wird. Wenn jedoch im zwölften Kapitel die israelische Frage erörtert wird, findet sich kein Hinweis darauf, dass auch Israel dazu tendieren sollte, die Öffnung der Einwanderung für die ganze Welt als moralische Pflicht zu betrachten, oder dass sich die Juden nicht verpflichtet fühlen sollten, die politische Macht in Israel zu behalten. Anstelle solcher Überlegungen beschäftigt sich der Autor mit der Frage, ob die doppelte Loyalität zu den USA und zu Israel moralisch kohärent ist. Diese moralische Blindheit in Bezug auf jüdische Fragen wurde von Albert Lindemann hervorgehoben, der bemerkt, dass Handlins Buch *Three Hundred Years of Jewish Life in America kein* Wort über Sklavenhändler und jüdische Sklavenbesitzer verliert, "even when he names the 'big Jewish traders' who made a lot *of fortune in slave trading."* (*Esau's Tears: Modern Anti-Semitism and the Rise of the Jews*, S. xx).

Einige Zeit nach Handlins Artikel, 1955, schrieb William Peterson ebenfalls in *Commentary,* dass die Einwanderungskräfte ausdrücklich für die Idee einer multikulturellen Gesellschaft in den USA eintreten sollten und dass dieses Ziel alle anderen eigennützigen Ziele, wie z. B. die Gewinnung von benötigten Facharbeitern oder die Verbesserung der diplomatischen Beziehungen, an Bedeutung übersteige. Zur Untermauerung seiner These zitierte er eine Reihe von Geisteswissenschaftlern, fast alle Juden, deren Arbeit, die von Horace Kallen und seiner Verteidigung einer multikulturellen und pluralistischen Gesellschaft angestoßen wurde, "die Voraussetzungen für die akademische Legitimation einer alternativen Migrationspolitik liefert, die vielleicht eines Tages in das Gesetz aufgenommen wird". Auf der Namensliste standen neben Kallen auch Melville Herskovits (ein boasianischer Anthropologe), Geoffrey Gorer, Samuel Lubell, David Riesman (ein *New York Intellectual*), Thorsten Sellin und Milton Konvitz.

Diese Geisteswissenschaftler haben tatsächlich auf dem Gebiet der Migration die Klingen gekreuzt. Das folgende Zitat aus einem Buch über Migrationspolitik, das von Milton Konvitz von der Cornell University verfasst (und von der Cornell University Press veröffentlicht) wurde, weist die Idee zurück, das nationale Interesse zum Bestandteil der US-Migrationspolitik zu machen, und spiegelt damit einen unterscheidenden Aspekt der jüdischen Sicht auf die Einwanderung wider.

> Wenn wir den technologischen und beruflichen Qualifikationen einen so hohen Stellenwert einräumen, bedeutet das, dass wir jede Spur von Humanität aus unserer Migrationspolitik eliminieren. Wir würden wenig Dank von denjenigen verdienen, die wir hierher holen, wenn wir sie nur aufnehmen, weil ihre Anwesenheit aufgrund ihrer Ausbildung und Erfahrung zufällig dringend erforderlich ist, um unsere nationalen Interessen zu befriedigen. Das ist kaum Einwanderung, es ist der Import von Fähigkeiten, der sich nicht so sehr vom Import von Kaffee oder Kautschuk unterscheidet. Wir erkennen kaum den Geist der amerikanischen Ideale, wenn wir den Charakter und die Versprechungen eines Menschen vernachlässigen und nur auf seine Ausbildung und die beruflichen Fähigkeiten schauen, die er glücklicherweise besitzt. (Konvitz,

Civil Rights in Immigration, S. 26)

Zu den anderen berühmten Sozialwissenschaftlern, die mit ihren Schriften den anti-restriktionistischen Standpunkt veranschaulichten, gehörten auch Richard Hofstadter und Max Lerner. Hofstadter, der so viel dazu beigetragen hat, die Populisten des Westens und Südens als irrationale Antisemiten darzustellen, verurteilte dieselben Populisten auch dafür, dass sie die Absicht hatten, "die Homogenität der Yankee-Zivilisation *zu* erhalten" (*The Age of Reform: From Bryan to FDR*, S. 34). Er verband den Populismus mit der Frage der Einwanderung: Seiner Meinung nach erhielt der Populismus "seine Färbung größtenteils von der Reaktion auf diese Einwanderungsströmung unter den einheimischen Elementen der Bevölkerung" (*ebd.*, S. 11).

In seinem von der Kritik hochgelobten Werk *America as a Civilization* verknüpft Max Lerner den Großteil der intellektuellen Tradition, die wir in den vorangegangenen Kapiteln untersucht haben, ausdrücklich mit der Frage der Einwanderung. Lerner hält die USA für eine tribalistische Nation, die "Fremde leidenschaftlich ablehnt" (S. 502). Er behauptet, dass "mit der Verabschiedung der Quotengesetze [für Einwanderer im Jahr 1924] der Rassismus in Amerika zur vollen Reife gelangt ist". Lerner bedauert, dass diese "rassistischen" Gesetze aufgrund des Volksempfindens immer noch in Kraft sind, "egal, was die Intellektuellen sagen". Er wirft den Amerikanern in der Einwanderungsfrage regelrecht vor, dass sie nicht den Richtlinien der städtischen, jüdisch geprägten intellektuellen Elite folgen, die vom Autor repräsentiert wird. Diese Bemerkung spiegelt das antidemokratische und antipopulistische Element der jüdischen intellektuellen Aktivität wider, das wir im fünften und sechsten Kapitel untersucht haben.

Lerner ist der Ansicht, dass das Werk von Horace Kallen das Modell eines multikulturellen und pluralistischen Amerikas liefert (S. 93), und erklärt beispielsweise, dass er die Idee gutheißt, "dass es innerhalb der breiteren amerikanischen Gemeinschaft ethnische Gemeinschaften gibt, die jeweils bestrebt sind, die Elemente ihrer Gruppenidentität zu bewahren und dadurch das kulturelle Gesamtmuster zu bereichern" (S. 506). Er räumt zwar ein, dass sich die Juden energisch gegen die Exogamie gewehrt haben, erklärt aber, dass Einwanderung und Rassenmischung nur milde Effekte haben: "obwohl einige

Zivilisationshistoriker behaupten, dass die Verwässerung des einheimischen Genpools zu einem zivilisatorischen Verfall führen muss, zeigen die Beispiele der italienischen Stadtstaaten, Spaniens, Hollands, Großbritanniens und heute Russlands und Indiens sowie Amerikas, dass die kräftigste Phase aus der Vermischung verschiedener Genpools hervorgehen kann. Die größte Gefahr besteht darin, die Zugbrücken hochzuziehen" (S. 82).

Lerner zitiert wohlwollend Franz Boas und seine Arbeit über die Plastizität der Schädelgröße, behauptet aber, dass dies ein Paradigma sei, das die immense Tragweite von Umwelteinflüssen aufzeige. Auf dieser Grundlage behauptet er, dass die intellektuellen und biologischen Unterschiede zwischen ethnischen Gruppen vollständig das Produkt von Umweltunterschieden sind. Unter diesen Umständen "kann man die Angst vor den produktiveren Fertilitätsraten von Minderheiten verstehen, aber da sie weitgehend das Produkt eines niedrigen Lebensstandards sind, scheint die Strategie, Minderheiten in eine Kaste einzumauern, kontraproduktiv zu sein" (S. 506). Schließlich nutzt Lerner *Die autoritäre Persönlichkeit*, um ethnische Konflikte und Antisemitismus zu interpretieren (S. 509).

Handlin schrieb, dass das McCarran-Walter-Gesetz nur eine vorübergehende Niederlage war, und er hatte Recht. Dreißig Jahre nach dem Triumph des Restriktionismus hielten nur jüdische Gruppen weiterhin verbissen an der Idee eines multikulturellen Amerikas fest. Einundvierzig Jahre nach dem Triumph des Restriktionismus von 1924 und der Nationalitätenquoten und nur dreizehn Jahre nach seiner Bekräftigung durch das McCarran-Walter-Gesetz von 1952 begrüßten jüdische Organisationen in einem radikal veränderten intellektuellen und politischen Klima das Ende des geografischen und nationalen Kriteriums in der Migrationsgesetzgebung, das dazu bestimmt war, den ethnischen *Status quo* aufrechtzuerhalten.

Eine besonders wichtige Bestimmung des Einwanderungsgesetzes von 1965 erhöhte die Zahl der über die Quoten hinausgehenden Einwanderer. Jüdische Sprecher hatten sich seit den Zeugenanhörungen von 1924 an vorderster Front für die Aufnahme von Familienmitgliedern außerhalb der Quoten eingesetzt. Während der Parlamentsdebatte über das McCarran-Walter-Gesetz wies der Abgeordnete Walter darauf hin, dass die jüdischen Organisationen ihr Augenmerk nicht auf die berufliche Eignung, sondern auf die Familienzusammenführung richteten. Als Antwort auf den Abgeordneten Javits, der sich darüber beschwerte, dass der Gesetzesvorschlag beinhaltete, dass 50% der Quoten für Schwarze in den britischen Westindien-Kolonien für Menschen mit bestimmten Fähigkeiten reserviert werden sollten, sagte Walter Folgendes: "Ich möchte den Herrn darauf aufmerksam machen, dass es sich um das Prinzip handelt, dass 50% der Quote für die Menschen verwendet werden, die in den Vereinigten Staaten gebraucht werden. Wenn die erste Kategorie jedoch nicht die 50% erreicht, kann der Rest in die andere Kategorie aufgenommen werden, was den Einwänden der jüdischen Organisationen, dass die Familien getrennt werden, entgegenkommt." (*Cong. Rec.* vom 13. März 1952, S. 2284).

Vor dem Gesetz von 1965 stellte Bennett bei einer Analyse der Familienzusammenführung gemäß dem Gesetz von 1961 fest, dass "Blut- oder Heiratsbande und das Prinzip der Familienvereinigung zum 'Sesam, öffne dich' der Migrationsbarrieren geworden sind" (*American Immigration Policies: A History*, S. 244). Trotz der wiederholten Dementis der Restriktionsgegner, dass ihre Pläne das ethnische Gleichgewicht des Landes nicht beeinträchtigen würden, stellte Bennett in seinem Buch von 1963 fest, dass "die wiederholte und anhaltende Ausweitung des Status von Einwanderern, die ihre Quoten überschritten haben und in diskriminierender Weise [durch das McCarran-Walter-Gesetz] ins Visier genommen wurden, über die Quoten hinausgeht, *in* Verbindung mit administrativen Unzulässigkeitsverzichten, Statusanpassungen und privaten Verträgen trägt dazu bei, eine Veränderung des ethnischen Gesichts der Nation zu beschleunigen und unvermeidlich zu machen. 257). Er bezog sich auf die "Unterminierungsarbeit" gegen das Gesetz von 1952, die Handlins Artikel strategisch empfahl. Tatsächlich lautete eines der Hauptargumente, die während der Debatte über das Gesetz von 1965 vorgebracht wurden, dass das Gesetz von 1952 so sehr geschwächt worden war, dass es insgesamt ungültig geworden war, und dass daher eine Neufassung der Migrationsgesetzgebung erforderlich war, um die De-facto-Situation zu legitimieren.

Bennett wies auch darauf hin, dass "das Beharren auf der

Einwanderungsfrage von denjenigen betrieben wird, die Quoten nicht als Obergrenzen, sondern als Untergrenzen sehen [Gegner der Migrationsbeschränkung sagten oft, dass die Nichterfüllung einiger Quoten "Verschwendung" sei, und dachten dabei an die Aufenthaltstitel, die an Nicht-Europäer hätten vergeben werden können]. Sie wollen Amerika nach dem Vorbild der Länder mit niedrigen Quoten neu gestalten, ihnen gefällt weder der Kern unserer Ideologie noch unsere kulturelle Ausrichtung oder unser Erbe. Sie wiederholen, dass es die Pflicht der USA sei, Einwanderer zu akzeptieren, ohne deren Assimilationsfähigkeit oder unsere ethnisch-demografischen Probleme zu berücksichtigen. Sie wollen um jeden Preis eingebürgerte Amerikaner bleiben" (*a.a.O.*, S. 295) [im Text heißt es "hyphenated Americans", d.h. "Bindestrich-Amerikaner": Afroamerikaner, Italoamerikaner, Judenamerikaner usw.]. Anm. d. Ü.].

Die neuen Quotenregelungen, die durch das Gesetz von 1965 auferlegt wurden, legten den Schwerpunkt auf die Familienzusammenführung: 24% der Quoten in jedem geografischen Gebiet sollten für Geschwister von Personen reserviert werden, die bereits US-Bürger waren. Der Multiplikatoreffekt dieser Bestimmung unterwanderte das Quotensystem schließlich von Grund auf, indem er ein "Kettenphänomen" ermöglichte, bei dem endlose Glieder von nahen Verwandten von nahen Verwandten außerhalb des Quotensystems zugelassen wurden.

> Nehmen wir einen Einwanderer an, sagen wir einen Ingenieurstudenten, der in den 1960er Jahren in den USA studierte. Wenn er nach seinem Abschluss eine Arbeitsstelle finden konnte, konnte er seine Ehefrau [als Ehefrauen eines ausländischen Einwohners] nachkommen lassen und sechs Jahre später, nachdem er eingebürgert worden war, seine Geschwister [als Geschwister eines US-Bürgers] nachkommen lassen. Diese wiederum konnten ihre Ehefrauen, Ehemänner und Kinder nachkommen lassen. Innerhalb von zwölf Jahren konnte ein Einwanderer, der als Facharbeiter eingereist war, problemlos 25 Visa für Schwager, Nichten und Neffen generieren. (Scott McConnell, 'The new battle over immigration', *Fortune* - 1988).

Das Gesetz von 1965 senkte auch das Kriterium der besonderen beruflichen Fähigkeiten. (1986 wurden weniger als 4% der Einwanderer auf der Grundlage der geforderten beruflichen Fähigkeiten zugelassen, während 74% auf der Grundlage der Familienzusammenführung zugelassen wurden). Wie wir gesehen haben, war die Ablehnung von beruflichen Fähigkeiten und anderen Kompetenztests zugunsten von "humanitären Zielen" und Familienzusammenführung Teil der jüdischen Einwanderungspolitik, zumindest seit der Debatte über das McCarran-Walter-Gesetz in den frühen 1950er Jahren und noch früher, seit ihrer ständigen Ablehnung von Alphabetisierungstests seit dem Ende des 19.

Senator Jacob Jarvits spielte bei den parlamentarischen Anhörungen im Zusammenhang mit dem Gesetzesvorschlag von 1965 eine führende Rolle, und Emanuel Celler, der 40 Jahre lang im Repräsentantenhaus gegen Migrationsbeschränkungen gekämpft hatte, setzte dort schließlich eine Gesetzgebung nach seinem Geschmack durch. Jüdische Organisationen (*American Council for Judaism Philanthropic Fund, Council of Jewish Federations & Welfare Funds* und *B'nai B'rith Women*) richteten Kommuniqués an die *Ad-hoc-Unterausschüsse* des Senats, ebenso wie andere Organisationen wie die *ACLU* und *Americans for Democratic Action,* die viele Juden in ihren Reihen hatte.

Es sei hier angemerkt, dass Jarvits 1951, lange vor dem endgültigen Sieg der jüdischen Einwanderungspolitik, einen Bericht mit dem Titel *Let's open the gates* [Lasst uns die Tore *öffnen]* verfasst hatte, in dem er vorschlug, 20 Jahre lang 500.000 Einwanderer pro Jahr ohne Einschränkungen hinsichtlich ihrer nationalen Herkunft ins Land zu lassen. 1961 legte derselbe Jarvits einen Gesetzentwurf vor, der "darauf abzielte, [das Quotensystem nach nationaler Herkunft] durch einen Flankenangriff zu zerstören und die Einwanderungsquoten sowie die Einwanderung außerhalb der Quoten zu erhöhen" (Bennett, a. a. O., S. 250). Dieser Gesetzentwurf enthielt nicht nur Bestimmungen zur Beseitigung von Hindernissen aufgrund von Rasse, Ethnie und nationaler Herkunft, sondern sah auch vor, dass Brüder, Schwestern und verheiratete Töchter und Söhne von US-Bürgern mit ihren Ehepartnern und Kindern, die bereits im Rahmen der Quotenregelungen des Gesetzes von 1957 als einwanderungsberechtigt eingestuft worden waren, als Nicht-Quoten-Immigranten zugelassen werden sollten. Diese Version war noch radikaler als die in das Gesetz von 1965 aufgenommene Bestimmung, die die Einwanderung von Nicht-Europäern in die USA erleichterte. Auch wenn dieser Gesetzesvorschlag von Jarvits damals nicht angenommen wurde, galt dies für einige seiner Vorschläge, wie die Lockerung der Beschränkungen für asiatische und schwarze Einwanderer und die Aufhebung der Rassenklassifizierung von Visa (die die unbegrenzte und quotenfreie Einwanderung von in westlichen Ländern geborenen Asiaten und Schwarzen ermöglichte).

Der größte Erfolg der Restriktionisten im Jahr 1965 bestand darin, dass die westlichen Länder in das neue Quotensystem aufgenommen wurden, wodurch die Möglichkeit der uneingeschränkten Einwanderung aus diesen Ländern beendet wurde. Senator Jarvits wehrte sich in Senatsreden vehement gegen die Ausweitung des Quotensystems und erklärte, dass jede Beschränkung der Einwanderung aus westlichen Ländern fatale Folgen für die amerikanische Diplomatie haben würde. In der aufschlussreichen Senatsdebatte über den Gesetzentwurf sagte Senator Sam Ervin Folgendes: "Diejenigen, die nicht mit mir übereinstimmen, stören sich nicht an der Tatsache, dass Großbritannien uns jährlich 10.000 Immigranten weniger schicken wird als in der Vergangenheit. Ihr einziger Grund zur Beunruhigung ist, dass Britisch-Guayana nicht in der Lage sein wird, uns alle Einwanderer zu schicken, die sich bei uns niederlassen wollen" (*Cong. Rec.* 89th Cong. 1St Sess., 1965, 24446-51). Die Kräfte, die eine Liberalisierung der Einwanderung befürworten, wollten eindeutig eine unbegrenzte Einwanderung in die Vereinigten Staaten bringen.

1965 konnten die Immigrationisten den Arbeitsminister nicht davon abhalten, zwei Bedingungen für die Einwanderung zu stellen: Es musste eine unzureichende Zahl von Amerikanern geben, die fähig und willens waren, die Aufgaben zu übernehmen, zu denen sich die Ausländer bereit erklärten, und die Beschäftigung dieser Ausländer durfte sich nicht auf die Löhne und Arbeitsbedingungen der amerikanischen Arbeitnehmer auswirken. S. Liskovsky wies darauf hin, dass die Einwanderergruppen gegen diese Forderungen waren, sich aber dennoch aus Kalkül dafür entschieden hatten, sie zu akzeptieren, sofern der Gesetzesvorschlag, der die Quoten nach nationaler Herkunft abschaffte, verabschiedet würde. Als jedoch die vom Arbeitsminister vorgeschlagene Bestimmung verabschiedet wurde, "waren sie sehr beunruhigt. Sie äußerten öffentlich ihre Befürchtung, dass das umständliche neue Verfahren den Großteil der

Einwanderung von qualifizierten und unqualifizierten Arbeitskräften sowie von anderen Einwanderern lähmen würde" ('United States immigration policy', *American Jewish Year Book* - 1966).

Es ist nicht unvernünftig anzunehmen, dass das Gesetz von 1965 die Wirkung hatte, die seine jüdischen Befürworter immer angestrebt hatten. Die Prognosen des Census Bureau gehen davon aus, dass Menschen europäischer Abstammung bis zum Jahr 2050 nicht mehr die Mehrheit der Bevölkerung der Vereinigten Staaten bilden werden. Mehr noch, der Multikulturalismus ist bereits zu einer mächtigen ideologischen und politischen Realität geworden. Die Befürworter des Gesetzesvorschlags von 1965 behaupteten zwar bissig, dass er weder das ethnische Gleichgewicht der USA noch ihre Kultur beeinflussen würde.

Die Gegner des Gesetzesvorschlags waren ihrerseits völlig davon überzeugt, dass er das ethnische Gleichgewicht in den Vereinigten Staaten beeinträchtigen würde. Was Organisationen wie das AJCommittee und den AJCongress betrifft, so wäre es unvernünftig anzunehmen, dass sie angesichts ihres militanten Eifers für die kleinsten Details der Einwanderungsgesetze nicht über die Falschheit der Prognosen der Befürworter Bescheid wussten, ihre Feindseligkeit gegenüber der nord- und westeuropäischen Voreingenommenheit, die die Migrationspolitik vor 1965 kennzeichnete, und ihre Abneigung gegen die Idee eines ethnischen *Status quo, die sich beispielsweise* in dem PCIN-Dokument *Whom We Shall Welcome* [Diejenigen, die wir willkommen heißen sollten] manifestierte.

Bedenkt man außerdem ihr Bestreben, den ethnischen *Status quo zu* beenden, das in der Argumentation der Anti-Restriktionisten von 1924 bis 1965 deutlich zum Ausdruck kommt, wäre das Gesetz von 1965 von seinen Befürwortern nicht als Sieg empfunden worden, wenn sie es nicht so verstanden hätten, dass es den ethnischen *Status quo* durchbrechen sollte. Wie wir gesehen haben, waren die Befürworter der Einwanderung unmittelbar nach der Verabschiedung des Gesetzes damit beschäftigt, die begrenzenden Auswirkungen der Verwaltungsverfahren, die die Zahl der Einwanderer regulierten, zu mildern. Es ist daher aufschlussreich, dass die Anti-Restriktionisten das Gesetz von 1965 als einen Sieg betrachteten. Nachdem der *Congress bi-Weekly* die US-Migrationsgesetze regelmäßig verurteilt und sich für die Abschaffung von Nationalitätenquoten ausgesprochen hatte, weil diese einen ethnischen *Status quo* produzierten, stellte er die Veröffentlichung von Artikeln zu diesem Thema ein.

Darüber hinaus zeigt Lawrence Auster, dass die Befürworter des Gesetzes versuchten, die Unterscheidung zwischen quotengebundener und quotenfreier Einwanderung zu verwischen, und nicht über die Auswirkungen des Gesetzes auf die quotenfreie Einwanderung sprachen. Die Antizipationen der Zahl der neuen Einwanderer berücksichtigten nicht die bekannte und viel diskutierte Tatsache, dass die alten Quoten, die westeuropäische Länder bevorzugten, nicht erfüllt wurden. Die Rhetorik der Einwanderer, die einer über vierzigjährigen Tradition folgte, stellte die Gesetze von 1924 und 1952 als auf Theorien der rassischen Überlegenheit basierend dar und nicht als Versuche, den ethnischen *Status quo zu* erhalten.

Bereits 1952 war sich Senator McCarran der Risiken der Migrationspolitik bewusst. In Anlehnung an die oben erwähnten Äußerungen von N. Vaile während der Debatten in den 1920er Jahren erklärte McCarran Folgendes:

> Ich glaube, dass diese Nation die letzte Hoffnung der westlichen Zivilisation ist, und wenn diese Oase überflutet, pervertiert, kontaminiert oder zerstört werden sollte, dann wird die letzte zitternde Flamme der Menschheit ausgelöscht werden. Ich suche keinen Streit mit denjenigen, die die Beiträge loben, die Menschen verschiedener Rassen und Religionen zu unserer Gesellschaft geleistet haben. Amerika ist in der Tat der Zusammenfluss vieler Wasserläufe zu einem reißenden Fluss, den wir den *american way* nennen. Heute sehen wir jedoch, dass sich in den Vereinigten Staaten verschweißte und unverdauliche Blöcke gebildet haben, die sich nicht in den American Way of Life integriert haben, sondern stattdessen seine unversöhnlichen Feinde sind. Wie nie zuvor stürzen sich heute Millionen und Abermillionen von Menschen auf unsere Türen, um eingelassen zu werden, und diese Türen geben dem Druck nach. Die Lösung der Probleme Europas und Asiens wird nicht dadurch erreicht, dass diese Probleme massenhaft in die Vereinigten Staaten verpflanzt werden (...) Ich will nicht prophezeien, aber wenn es den Feinden dieses Gesetzes gelingt, es in Stücke zu hauen oder es bis zur Unkenntlichkeit zu verändern, haben sie mehr zum Untergang dieser Nation beigetragen als jede andere Gruppe, seit wir die Unabhängigkeit unserer Nation erlangt haben. (*Cong. Rec.* vom 2. März 1953, S. 1518)

Teil 9

Anhang: Jüdische Einwanderungsbemühungen in anderen westlichen Ländern

Dieser Anhang soll zeigen, dass jüdische Organisationen in anderen westlichen Gesellschaften eine ähnliche Politik in Bezug auf die Einwanderung verfolgten. In Frankreich hat die offizielle Vertretung der jüdischen Gemeinschaft ausnahmslos das Prinzip der Einwanderung von Nicht-Europäern unterstützt. Vor kurzem sprach sich die französische jüdische Gemeinschaft entschieden gegen eine Bemerkung der Schauspielerin Brigitte Bardot aus, die sagte: "Mein Land, Frankreich, wurde erneut von Ausländern, insbesondere Muslimen, überfallen" (*Forward* vom 3. Mai 1996, S. 4). Haïm Musicant, Generaldirektor des CRIF - einer Dachorganisation der Organisationen des französischen Judentums - antwortete, dass Bardots Aussage "sehr nahe an Rassismus grenzt".

In Deutschland wird die jüdische Einstellung gegenüber der Anti-Immigrations-Stimmung in folgendem Vorfall deutlich. In der allgemeinen und zweifellos von Selbstbetrug geprägten Selbstwahrnehmung des modernen Judentums ist die israelische Gesellschaft aufgrund der umfangreichen Einwanderung von Juden aus verschiedenen Teilen der Welt ethnisch und kulturell so vielfältig, dass das Land als Vorbild für den Rest der Welt gelten sollte, was die Regulierung der Beziehungen zwischen den Ethnien und die Aufnahme von Einwanderern angeht. Vor kurzem erhielt die B'naï B'rith, die auf die Anti-Immigranten-Stimmung und das wahrgenommene Wiederaufleben des Neonazismus reagieren wollte, einen Zuschuss von der UNESCO, um deutsche Abgeordnete nach Israel einzuladen, "weil diese vielfältige und prägende Gesellschaft, die durch Krieg, Terrorismus und einen massiven Zustrom von Armutszuwanderern auf eine harte Probe gestellt wurde, sich dennoch bemüht hat, eine gerechte, demokratische und tolerante Gesellschaft aufzubauen" (*Toleration and Pluralism: A Comparative Study; UNESCO Evaluation Report Request* # 9926). "Wir sind der Meinung, dass die demokratische, multikulturelle, multiethnische, multireligiöse und von vielen Trennlinien durchzogene israelische Gesellschaft (...) einen glaubwürdigen und gültigen Vergleichsmaßstab für andere Menschen bieten könnte, die aus ebenfalls problematischen Gesellschaften kommen".

In England fand, wie in den Vereinigten Staaten, ein ethnischer Kampf statt, der um 1900 im Zusammenhang mit dem Zustrom osteuropäischer Juden begann, die vor dem zaristischen Antisemitismus flohen. Im Jahr 1904 spielte die jüdische Intervention ihre Rolle, um einen Gesetzentwurf der britischen Regierung zu vereiteln, der die Einwanderung beschränken wollte. In diesem Fall nahm das Komitee der britisch-jüdischen Abgeordneten - die institutionellen Autoritäten des britischen Judentums - eine gemäßigte Position ein, wahrscheinlich in der Annahme, dass eine zusätzliche Zahl von jüdischen Einwanderern aus dem Osten die Flamme des Antisemitismus schüren würde. Zu dieser Zeit bestand die Mehrheit der jüdischen Gemeinde in Großbritannien jedoch aus Neueinwanderern, weshalb der *Jewish Chronicle,* das wichtigste Organ der Gemeinde, eine heftige Kampagne gegen den Gesetzentwurf führte. Die Anti-Restriktions-Kräfte gewannen den Sieg, als Nathan Laski, der Vorsitzende der *Manchester Old Hebrew Congregation,* Winston Churchill für sich gewinnen konnte.

> Churchill gab später zu, dass er den Gesetzentwurf während seiner Behandlung im Ausschuss des Unterhauses 'verwüstet' hatte. Die von Churchill angeführten Liberalen hatten 'den Gesetzentwurf in einer Flut von Worten ertränkt, bis die Redezeit erschöpft war' (...) Laski schrieb euphorisch an Churchill: 'Ich habe zwei Jahrzehnte Wahlerfahrung in Manchester, und ohne Ihnen schmeicheln zu wollen, kann ich Ihnen sagen, dass kein anderer Mann das Interesse so wecken konnte, wie Sie es getan haben. Daher bin ich mir sicher, dass Sie in Zukunft erfolgreich sein werden' (G. Alderman, *The Jewish Community in British Politics,* S. 71).

Einen Monat später wurde Churchill zum Abgeordneten von Manchester-West gewählt, einem Wahlkreis mit einer starken jüdischen Wählerschaft.

Alderman zeigt, dass die restriktive Gesetzgebung populär war, außer bei den Neueinwanderern, die in der jüdischen Gemeinschaft schnell zur Mehrheit geworden waren und, wie wir gesehen haben, in der Lage waren, einen entscheidenden Einfluss auf die Migrationsgesetzgebung auszuüben. Als 1905 trotz jüdischer Opposition ein gemäßigterer Gesetzentwurf verabschiedet wurde, drängten die Juden auf Ausnahmeklauseln für potenzielle Einwanderer, die aus religiösen oder politischen Gründen "strafrechtlich verfolgt" wurden; bei den Opfern von "Verfolgung" gelang ihnen dies jedoch nicht. Das Komitee der britischen jüdischen Abgeordneten unternahm nicht viel gegen den Gesetzentwurf, und die jüdischen Parlamentarier, die auch Minister waren, lehnten ihn nicht ab.

Bei den neueren Einwanderern, von denen viele betrügerisch in die Wählerverzeichnisse eingetragen worden waren, ging es jedoch um alles, so dass "bei den Parlamentswahlen im Januar 1906 diese Wählerschaft schreckliche Rache an den Abgeordneten übte, die die Verabschiedung des Gesetzes über die Einwanderung von Ausländern unterstützt hatten" (*ebd.*, S. 74). In ihrer überwältigenden Mehrheit unterstützten die Juden die Kandidaten, die sich gegen das Gesetz ausgesprochen hatten, und in mindestens zwei Wahlkreisen war ihre Stimme entscheidend, darunter auch in West Manchester, wo Churchill wiedergewählt wurde. Die neue liberale Regierung hob das fragliche Gesetz nicht auf, sondern setzte es ohne Eifer um.

Da das Gesetz auf "unerwünschte Personen" abzielte, ist es sehr zweifelhaft, dass es die Einwanderung einer großen Zahl von Juden verhindert hätte, obwohl es einige von ihnen dazu veranlasst haben dürfte, in die Vereinigten Staaten und nicht nach England einzuwandern. Interessanterweise verlor Churchill 1908 seinen Sitz als Abgeordneter für Manchester, nachdem seine jüdischen Anhänger ihn dafür kritisiert hatten, dass er als möglicher Minister nichts unternommen hatte, um das Gesetz abzuschaffen, und dass er sich in der Frage der religiösen Schulen der Position der Konservativen angeschlossen hatte. Dennoch blieb Churchill ein starker Verfechter der jüdischen Interessen, "bis zum Juli 1910, als Churchill, nachdem er wieder unabhängig von der jüdischen Stimme geworden war, das Gesetz von 1905 lobte".

Es gibt Hinweise darauf, dass der jüdische Immigrationismus, ähnlich wie in Amerika, über die bloße Förderung der jüdischen Einwanderung nach England hinausging. In seinem Leitartikel vom 20. Oktober 1961 sprach sich der *Jewish Chronicle beispielsweise gegen* die Beschränkung der Einwanderung aus dem Commonwealth aus. Dass sich die Juden von der Gesetzgebung aus dem Jahr 1905 angesprochen fühlten, wurde wie folgt erläutert: "Alle Migrationsbeschränkungen sind im Prinzip Rückschritte, insbesondere für dieses Land, und ein Grund zum Ärgernis für all jene in der Welt, die die Einschränkungen der Freizügigkeit reduziert und nicht erhöht sehen möchten. Es handelt sich um eine moralische Frage, eine Frage des Prinzips".

In den 1970er Jahren lehnte die Konservative Partei die Einwanderung ab, da Großbritannien, wie Premierministerin Margaret Thatcher sagte, von Menschen "überschwemmt" zu werden drohte, denen "die grundlegenden britischen Eigenschaften" fehlten (zitiert *in* Alderman, *ebd.*, S. 148).

Die Konservativen versuchten, in dieser Frage jüdische Unterstützung zu gewinnen, doch die offiziellen jüdischen Organisationen, darunter das Komitee der britisch-jüdischen Abgeordneten, wiesen diese einwanderungsfeindliche Linie mit folgendem Argument zurück: "Da alle britischen Juden Einwanderer oder Nachkommen von Einwanderern sind, ist es für einen Juden verwerflich und sogar unmoralisch, sich für eine Kontrolle der Einwanderung oder zumindest für eine Verschärfung dieser Kontrolle auszusprechen" (*ebenda* S. 148-149). (In seinem Leitartikel vom 24. Februar 1978 sprach sich der *Jewish Chronicle* für eine nicht-beschränkte Einwanderung aus, hütete sich aber davor, dies zu einer spezifisch jüdischen Richtlinie zu machen, wohl weil Keith Joseph, ein jüdischer Parlamentarier und Minister der Konservativen Partei, um die Unterstützung von Juden als Juden für eine Beschränkung der Einwanderung geworben hatte. Für den *Chronicle* war es vorrangig, die Existenz einer jüdischen Stimme zu leugnen). Die Juden, die die politische Linie der Regierung unterstützten, glaubten, dass eine verstärkte Einwanderung zu einer faschistischen Retourkutsche und damit zu einem Aufschwung des Antisemitismus führen könnte.

In Bezug auf den kanadischen Fall betonte I. Abella die wichtige Rolle der Juden bei der Entstehung des Multikulturalismus in Kanada, insbesondere durch die Aktivitäten bestimmter Lobbygruppen für eine Liberalisierung der Migrationspolitik. Arthur Roebuck, Generalstaatsanwalt von Ontario, erhielt auf der Konferenz der Zionistischen Organisation Kanadas 1935 "donnernden Applaus", als er erklärte, er warte "auf den Moment, *in* dem die wirtschaftlichen

Umstände weniger hart sind als heute und wir die Türen öffnen, die Beschränkungen abschaffen und Kanada zum Mekka für alle unterdrückten Völker der Welt machen können" (*in* M. Brown, *Jew or Jew? Jews, French Canadians, and Anglo-Canadians, 1759-1914*, S. 256).

Im Kanada des frühen 20. Jahrhunderts ähnelten die Einwanderungskonflikte zwischen Juden und Nichtjuden den Konflikten in den USA und in England, einschließlich der antisemitischen Motivation derjenigen, die die Einwanderung beschränken wollten. Wie in den USA widersetzten sich die Juden stark den nationalistischen und ethnozentrischen Bewegungen der weißen Mehrheitsbevölkerung wie der Parti Québécois, ohne dabei aufzuhören, glühende Anhänger des Zionismus zu sein. Bei den Wahlen zum Separatismus in Québec im Jahr 1995, die den Befürwortern einer Union mit Kanada einen sehr mageren Sieg bescherten, setzte sich die überwältigende Mehrheit der Juden und anderer Minderheiten für die Aufrechterhaltung der Verbindungen zu Kanada ein, was der Separatistenführer Jacques Parizeau als Schlüssel zur Niederlage seines Lagers betrachtete.

Zwei Tatsachen sind besonders bemerkenswert: Der Umschwung in der Einwanderungspolitik der westlichen Welt fand ungefähr zur gleichen Zeit statt (1962-1973), und in all diesen Ländern spiegelte dieser Umschwung die Orientierungen der Eliten und nicht die der breiten Masse der Bürger wider. In den USA, Großbritannien, Kanada und Australien zeigten Meinungsumfragen, die die Stimmung der Menschen mit europäischem Hintergrund erfassten, durchweg eine massive Ablehnung der Einwanderung von Menschen mit nicht-europäischem Hintergrund. Sowohl K. Betts in *Ideology and Immigration: Australia 1976 to 1987*, als auch Z. Layton-Henry in *The Politics of Immigration: Immigration, "Race" and "Race Relations" in Post-War Britain* zeigen, dass die Migrationspolitik von den politischen Führern aller Regierungsparteien so betrieben wurde, dass die Angst vor der Einwanderung aus der politischen Debatte ausgeklammert wurde.

In Kanada wurde die Entscheidung, die Idee des "weißen Kanada" zu verwerfen, von staatlichen Würdenträgern und nicht von gewählten Politikern getroffen. Die Politik des weißen Kanada wurde durch die 1962 angekündigten Gesetze getötet, über die F. Hawkins wie folgt schrieb: "Diese so wichtige Veränderung wurde nicht durch parlamentarische oder Volksinitiativen herbeigeführt, sondern weil einige hochrangige Beamte wie Dr. [George] Davidson [Staatssekretär für Staatsangehörigkeit und Einwanderung, später erhielt er einen Sitz bei den Vereinten Nationen] genau gesehen hatten, dass Kanada nicht länger in den Vereinten Nationen oder im multirassischen Commonwealth mit dem Klotz am Bein einer rassistisch diskriminierenden Migrationspolitik operieren konnte. Weder in Australien noch in Kanada gab es in der Bevölkerung eine Sehnsucht nach einem Bruch mit der alten europäischen Einwanderungspräferenz.

> Das erste und in beiden Fällen identische Motiv der kanadischen und australischen Führer, zunächst die Chinesen, dann andere asiatische Einwanderer und schließlich alle potenziellen nicht-weißen Einwanderer auszuschließen, war der Wunsch, auf ihren abgelegenen und mühsam erschlossenen Ländereien Gesellschaften und politische Systeme aufzubauen und zu erhalten, die dem Vereinigten Königreich so nahe wie möglich waren. Sie wollten auch die unbestrittene Autorität ihrer Gründungsvölker europäischer Herkunft etablieren (...) Das unbestrittene Eigentum an diesen kontinentgroßen Gebieten wurde als für immer erworben angesehen, nicht nur aufgrund der bloßen Tatsache, dass sie es besaßen, sondern aufgrund der Arbeit und der Gefahren, die die ersten Entdecker und Siedler auf sich genommen hatten; aufgrund der Jahre harter Arbeit, die zum Aufbau des städtischen und ländlichen Lebens führte (...).) Der Gedanke, dass andere als sie, die an den Anstrengungen der Pioniere nicht beteiligt waren, einfach in großer Zahl dort ankommen könnten, um die großen lokalen Ressourcen auszubeuten oder von den Bemühungen der früheren Siedler zu profitieren, war ihnen völlig unerträglich. (F. Hawkins, *Critical Years of Immigration: Canada and Australia Compared*, S. 23)

Da die Politik zur Förderung der nichteuropäischen Einwanderung in diesem Zeitraum und im gesamten Westen von den Eliten ausging und gegen den Widerstand der Bevölkerung umgesetzt wurde, ist es von größtem Interesse zu bemerken, dass einige der wichtigsten Ereignisse nur sehr wenig Aufmerksamkeit erhielten. In Kanada stellte der *Bericht des Sonderausschusses von* 1975 einen entscheidenden Wendepunkt dar, der den Teil des Einwanderungsgesetzes von 1978 prägen sollte, der sich mit nichteuropäischer Einwanderung befasste, aber "leider muss man zugeben, dass die Presse ebenso wie die elektronischen Medien wenig Aufsehen um diesen Bericht machten, sodass die kanadische

Öffentlichkeit nicht viel davon hörte" (*ebd.*, S. 59-60).

Wenn man die mindestens sechsmonatige nationale Debatte über Einwanderung und die Bevölkerung [Kanadas] im Nachhinein betrachtet, kann man sagen, dass es sich um eine einmalige Konsultation mit der Einwanderungswelt und den kanadischen Institutionen und Organisationen handelte, für die die Einwanderung wichtig ist. Der Grund dafür war, dass der Minister und die Regierung nicht davon ausgingen, dass der Durchschnittskanadier positiv antworten würde, und dass eine solche Frage mehr Verwirrung stiften würde als nötig. Daher hielten sie es für richtig, keine Mittel für große öffentliche Mobilisierungen bereitzustellen, und taten nicht viel, um die Medien in eine nennenswerte nationale Debatte einzubeziehen. Infolgedessen wurde das lang erwartete neue Einwanderungsgesetz nur mit einer winzigen Verzögerung gegenüber den ursprünglichen Plänen von Robert Andreas [Minister für Arbeitskräfte und Einwanderung] und seinen Kollegen vorgelegt [der Autor hebt die Rolle von Staatssekretär Alan Gotlieb, der rechten Hand von Andreas, in dieser Angelegenheit hervor]. Einige bedauern, dass eine goldene Gelegenheit verpasst wurde, die viele Kanadier in der Diskussion über die Zukunft ihres großen, unterbevölkerten Landes hätte zusammenbringen können." (*ebd.*, S. 63).

Erst nachdem das Gesetz von 1978 verabschiedet worden war, begann die kanadische Regierung mit einer Informationskampagne über ihre neue Einwanderungspolitik. F. Hawkins und K. Betts beobachten Ähnliches in Bezug auf die Migrationspolitik Kanadas und Australiens. In Australien ging die Initiative für Veränderungen in diesem Bereich von kleinen Gruppen von Reformern aus, die in den 1960er Jahren an einigen Universitäten auftraten. Betts hebt insbesondere die Idee hervor, dass bestimmte intellektuelle, akademische und mediale Eliten, die "in der Schule der Geistes- und Sozialwissenschaften ausgebildet wurden", die Meinung entwickelten, dass sie Teil einer moralisch und intellektuell überlegenen Endogruppe seien, die gegen die Exogruppe der auf sich selbst bezogenen australischen Nichtintellektuellen kämpfte. Wie in den USA trifft man auch hier auf die Vorstellung, dass eine multikulturelle Gesellschaft ein Bollwerk gegen Antisemitismus ist. Miriam Faine, Mitglied des Redaktionsausschusses des *Australian Jewish Democrat*, behauptete: "Die Stärkung des Multikulturalismus oder der Vielfalt in Australien ist die wirksamste unserer Versicherungspolicen gegen Antisemitismus. An dem Tag, an dem Australien einen chinesischaustralischen Generalgouverneur hat, werde ich mich in meiner Haut wohler fühlen und mehr Vertrauen in meine Freiheit als Judeo-Autorin haben" (zitiert *in* D. McCormack, 'Immigration and multiculturalism', *Censorship, Immigration and Multiculturalism,* S. 11).

Wie in den USA wurde auch in Kanada und Australien die Familienzusammenführung zum Mittelpunkt der Migrationspolitik, was zu den oben erwähnten "Ketteneffekten" führte. Hawkins zeigt, dass in Kanada die Familienzusammenführung die Politik war, die von linksgerichteten Ministern bevorzugt wurde, die die Zahl der Einwanderer aus der Dritten Welt erhöhen wollten. In Australien gewann die Familienzusammenführung in den 1980er Jahren an Bedeutung, zeitgleich mit der abnehmenden Bedeutung des Kriteriums der Entwicklung Australiens für die Zulassung zur Einwanderung. In diesem Zusammenhang verabschiedete der Exekutivrat der australischen Judenschaft auf seiner Sitzung am 1. Dezember 1996 eine Resolution, in der er seine "Unterstützung für die Idee, dass die langfristigen Interessen Australiens am besten durch eine nichtdiskriminierende Migrationspolitik bedient werden, die eine wohlwollende Haltung gegenüber Flüchtlingen und Familienzusammenführung einnimmt und humanitären Erwägungen den Vorrang gibt" zum Ausdruck brachte.

Die wichtigste jüdische Publikation, die *Australia/Israel Review, sprach sich* durchweg für hohe Einwanderungsraten aus allen rassischen und ethnischen Gruppen aus. Die Zeitschrift veröffentlichte belastende Porträts von Restriktionisten und gab zu Einschüchterungs- und Bestrafungszwecken auch eine Liste von 200 Personen heraus, die mit *One Nation, der* einwanderungsfeindlichen Partei von Pauline Hanson, in Verbindung gebracht wurden ("Gotcha! One Nation's Secret Membership List", 8. August 1998).

Es ist nicht unfair, daraus zu schließen, dass jüdische Organisationen einheitlich für hohe Einwanderungsraten jeglicher rassischer und ethnischer Extraktion in die westlichen Gesellschaften eingetreten sind und dort auch ein multikulturelles Modell gefördert haben.

Kapitel VIII

Schlussfolgerung: Wohin gehen das Judentum und der Westen?

Erster Teil

Im Ergebnis dieses Buches können wir festhalten, dass die Juden eine entscheidende Rolle gespielt haben, da sie äußerst einflussreiche intellektuelle und politische Bewegungen entwickelt haben, die ihren Interessen in den heutigen westlichen Gesellschaften dienen. Diese Bewegungen sind jedoch nicht alles. Der jüdische Einfluss und die jüdische Macht haben in den westlichen Gesellschaften im Allgemeinen und in den Vereinigten Staaten im Besonderen ein ungeheures Wachstum erfahren. Ginsberg weist darauf hin, dass der wirtschaftliche Status der Juden und ihr kultureller Einfluss in den USA seit den 1960er Jahren erheblich zugenommen haben. Shapiro zeigt, dass Juden einen Überrepräsentationskoeffizienten von mehr als 9 in Bezug auf Reichtum aufweisen, obwohl dies eine niedrige Schätzung ist, da es sich bei jüdischem Eigentum größtenteils um Immobilien handelt, Besitz, der schwer zu bestimmen und leicht zu verbergen ist. Juden, die etwa 2,4% der Bevölkerung der Vereinigten Staaten ausmachen, stellen die Hälfte der hundert höchsten Manager an der Wall Street und etwa 40% derjenigen, die an den *Ivy-League-Universitäten* zugelassen werden. Lipset und Raab weisen darauf hin, dass Juden zwischen einem Viertel und einem Drittel aller politischen Beiträge leisten, darunter die Hälfte der Beiträge für die Demokratische Partei und ein Viertel der Beiträge für die Republikanische Partei.

J. J. Goldbergs Buch *Jewish Power: Inside the Amercian Jewish Establishment* vertritt die These, dass das amerikanische Judentum stark organisiert und reichlich ausgestattet ist. Es hat starke Machtpositionen erlangt und seine Interessen durchgesetzt. Es gibt einen klaren Konsens, wenn es um jüdische Angelegenheiten im weiteren Sinne geht, insbesondere in Bezug auf Israel und das Wohlergehen der Judenschaften im Ausland, die Einwanderungs- und Flüchtlingsfrage, die Trennung von Kirche und Staat, die Frage des Rechts auf Abtreibung und der bürgerlichen Freiheiten. Die Einmütigkeit in diesen Fragen hat etwas Beunruhigendes, wenn man bedenkt, wie groß die Meinungsverschiedenheiten in anderen Fragen sind, die zwischen den jüdischen militanten Organisationen und den jüdischen intellektuellen Bewegungen, die wir untersucht haben, bestehen. Die großen politischen Umschwünge in all diesen Fragen, beginnend mit der gegenkulturellen Revolution der 1960er Jahre, fallen in die Zeit, in der der jüdische Einfluss und die jüdische Macht in den Vereinigten Staaten zunahmen.

Seit den 1950er Jahren haben empirische Studien über ethnische Hierarchien die Veränderungen verfolgt, die sich auf die Ressourcen der verschiedenen ethnischen Gruppen auswirken, einschließlich ihrer Vertretung in der Elite. Diese Studien haben oft die Überrepräsentation protestantischer Weißer in den obersten Schichten von Unternehmen und Armeen hervorgehoben, aber sie hatten den Fehler, die Unterschiede zwischen den Gruppen in Bezug auf Engagement und Organisation zu vernachlässigen. Auf der Grundlage des Modells von Blalock, das die Macht einer Gruppe durch ihre Ressourcen, multipliziert mit ihrer Mobilisierung, definiert, hat F. Salter 1998 in *Ethnic Infrastructures U.S.A.: An Evolutionary Analysis of Ethnic Hierarchy in a Liberal Democracy* eine theoretische Schätzung des jüdischen Einflusses im Vergleich zu dem der Afroamerikaner und dem der weißen Amerikaner vorgelegt. Juden werden viel stärker mobilisiert als diese beiden anderen ethnischen Bevölkerungsgruppen (bei den weißen Amerikanern zögert man, sie als "Gruppe" zu bezeichnen). Salter weist darauf hin, dass die spezifisch ethnischen Organisationen, die sich der Verteidigung der ethnischen Interessen der weißen Amerikaner widmen, grundsätzlich politische Randgruppen mit geringen Ressourcen sind, die nur einen geringen Einfluss auf den politischen Mainstream haben.

Andererseits weist er darauf hin, dass das *America-Israel Public Affairs Committee* laut einer von Parlamentariern und Vertretern der Lobbygruppen selbst erstellten Rangliste an zweiter Stelle der 120 mächtigsten Lobbygruppen steht; Salter fügt hinzu, dass keine andere ethnische Organisation die ersten 25 Plätze in dieser Rangliste erreicht. Darüber hinaus ist die AIPAC eine der wenigen Lobbygruppen, die Spendenaktionen organisiert, um Verbündete für ihre Sache zu gewinnen. Wir haben gerade gesehen, dass Juden zwischen einem Drittel und der Hälfte aller Finanzmittel für Wahlkampagnen auf Bundesebene aufbringen, wobei die Spenden durch "Israel und die jüdische Agenda im weiteren Sinne" motiviert sind (J. J. Goldberg, a.a.O., S. 275). Man kann also berechnen, dass Juden bei Wahlkampfspenden mit einem Koeffizienten von 13 auf der Grundlage ihres Anteils an der Bevölkerung überrepräsentiert sind, und mit 6,5, wenn man Anpassungen aufgrund des hohen Durchschnittseinkommens der Juden vornimmt. Bei den Geldspenden ins Ausland lagen die Juden klar an der Spitze. In den 1920er Jahren, lange vor dem Boom der jüdischen Hilfe für Israel nach dem Zweiten Weltkrieg, spendeten amerikanische Juden offenbar pro Kopf 24-mal mehr an Juden im Ausland als amerikanische Iren, um Irland bei seinem Kampf um die Unabhängigkeit von Großbritannien zu unterstützen, obwohl dies die Blütezeit der ethnischen Philanthropie in Irland war. Diese Diskrepanz hat sich seit dem Zweiten Weltkrieg noch verschärft. Salter schlägt eine niedrige Schätzung vor, nach der die jüdische ethnische Mobilisierung viermal so hoch ist wie die der nichtjüdischen Weißen, wobei er sich auf einen Vergleich der Pro-Kopf-Geldspenden für nicht-konfessionelle ethnische Zwecke stützt.

Nach Blalocks Modell wird der Einfluss nicht nur am Grad der Mobilisierung gemessen, sondern auch am Grad der Ressourcen, über die die Gruppe verfügt. Salter schätzt, dass die Juden über 26% der "kybernetischen Ressourcen" der USA verfügen (der Autor versteht unter diesem Begriff den Reichtum, der durch die Vertretung in der Regierung, den Medien, der Finanzwelt, den Universitäten, den Unternehmen und der Unterhaltungsindustrie messbar ist). Dieses Niveau der Ressourcenkontrolle ist ein Durchschnittswert, der die Disparität zwischen einigen Bereichen mit hoher jüdischer Repräsentation (> 40%) wie den Massenmedien, der Hochfinanz, den Berufen der Robe, der intellektuellen Elite und der Unterhaltung und anderen Bereichen mit geringer jüdischer Repräsentation (≤ 10%) wie den Gesetzgebern, der Unternehmerelite und der militärischen und religiösen Führung verschleiert. Salters Gesamteinschätzung ist vergleichbar mit der von R. Lerner und Koautoren in *American Elites*, die sich auf Daten stützen, die in den 1970er und 1980er Jahren gesammelt wurden. Sie kamen zu dem Ergebnis, dass Juden 23 Prozent der amerikanischen Eliten bildeten. Diese Ergebnisse verlaufen parallel zu den Niveaus der jüdischen Überrepräsentation in anderen Gesellschaften, wie z. B. in Deutschland zu Beginn des 20. Jahrhunderts, wo die Juden etwa ein Prozent der Bevölkerung stellten, aber über etwa 20 Prozent der Wirtschaft verfügten (nach W. E. Moss *in Jews in the German Economy: The German-Jewish Economic Elite 1820-1935*) und einen dominierenden Einfluss in den Medien und der Kulturproduktion genossen (nach I. Deak, *Weimar's Germany Left-Wing Intellectuals*, S. 28, und W. Laqueur, *Weimar: A Cultural History 1918-1933*, S. 73).

Setzt man die Werte dieser Ressourcen und Mobilisierungsniveaus in die Blalock-Gleichung ein, kann man schätzen, dass der jüdische Einfluss auf die ethnische Politik (Einwanderung, Rassenpolitik, Außenpolitik) dem Dreifachen des Einflusses der weißen nichtjüdischen Amerikaner entspricht. Dieses Ergebnis bleibt unabhängig davon bestehen, wie man die Ressourcen misst, mit Ausnahme der "extrem neomarxistischen" Methode, die nur die Unternehmerelite, den legislativen Arm der Regierung, die militärische Elite, Stiftungen [gemeinnützige Einrichtungen] und das Gesamteinkommen der Gruppen in die Ressourcenabwägung einbezieht. Diese Methode führt zu dem Ergebnis, dass der jüdische Einfluss im Großen und Ganzen dem Einfluss der nichtjüdischen weißen Amerikaner entspricht.

Wie wir gesehen haben, gibt es unter Juden einen klaren Konsens in Bezug auf Israel und das Wohlergehen von Judenhäusern im Ausland, die Einwanderungs- und Flüchtlingsfrage, die Trennung von Kirche und Staat, die Frage des Rechts auf Abtreibung und der bürgerlichen Freiheiten. Dies impliziert, dass der jüdische Einfluss und die jüdischen Interessen in diesen Bereichen vorherrschend sind. Diese Schlussfolgerung passt sehr gut zu unserer Untersuchung des jüdischen Einflusses in der Migrationspolitik im siebten Kapitel und zu der Tatsache, dass es in all diesen Bereichen politische Kehrtwenden gab, die den jüdischen Interessen entsprachen und mit dem Aufschwung des jüdischen Einflusses in den Vereinigten Staaten zusammenfielen.

Salters Einschätzung, dass die jüdische Mobilisierung um ein Vielfaches höher ist als die der nichtjüdischen weißen Amerikaner, lässt sich gut an der Geschichte der jüdischen Beteiligung an der Migrationspolitik veranschaulichen: Alle großen jüdischen Organisationen waren intensiv in den Kampf gegen Migrationsbeschränkungen involviert, und das über einen Zeitraum von einem Jahrhundert und trotz Niederlagen, die verheerend hätten erscheinen können. Diese Bemühungen setzen sich auch in der heutigen Zeit fort. Wie wir im siebten Kapitel gesehen haben, waren der Widerstand der großen Mehrheit der Bevölkerung europäischer Abstammung gegen die Masseneinwanderung von Menschen aus allen ethnischen und rassischen Gruppen und die relative Apathie anderer Gruppen, einschließlich der Italiener und Polnisch-Amerikaner, die die Einwanderung ihrer eigenen Leute hätten unterstützen können, entscheidende Aspekte in der Geschichte der Migrationspolitik.

Der "jüdische Aufschwung", wie Albert Lindemann es nannte, hat unbestreitbar große Auswirkungen auf die heutigen westlichen Gesellschaften gehabt. Das vorangegangene Kapitel hat gezeigt, dass die hohen Einwanderungszahlen in den westlichen Gesellschaften diesem wahrgenommenen jüdischen Interesse entsprechen: die Gesellschaften inhomogen, ethnisch und kulturell pluralistisch zu machen. Es ist nicht unnütz, die möglichen langfristigen Folgen einer solchen politischen Linie zu betrachten.

In den letzten Jahren haben Intellektuelle und Aktivisten aus ethnischen Minderheiten eine wachsende Ablehnung der Idee des *Melting Pot zum* Ausdruck gebracht, die auf der Assimilation zwischen ethnischen Gruppen beruht. In ihren Schriften betonen sie die ethnischen und kulturellen Unterschiede; ethnische Assimilation und Homogenisierung sehen sie in einem negativen Licht. Der Tonfall ihrer Schriften erinnert an die jüdischen Intellektuellen des späten 19. und frühen 20. Jahrhunderts, die das Reformjudentum und seine assimilationistischen Folgen ablehnten und für den Zionismus oder die Rückkehr zum konservativen oder orthodoxen Judentum, einer extremeren Form des kulturellen Separatismus, Partei ergriffen.

Diese Bewegung, die sich dem ethnischen Separatismus zuwendet, ist aus evolutionärer Sicht von großem Interesse. Gruppenwettbewerb und Überwachung von Exogruppen haben die Interaktionen zwischen Juden und Nichtjuden nicht nur im Westen, sondern auch in muslimischen Gesellschaften geprägt, und die Beispiele für Gruppenwettbewerb und -konflikte in anderen Teilen der Welt sind zu zahlreich, um sie zu erwähnen. Ethnischer Separatismus ist historisch gesehen ein Ferment der Spaltung von Gesellschaften, wie die Geschichte des Judentums deutlich zeigt. Er hat immer wieder zu Misstrauen und Hass, ethnisch motivierten Kriegen, Vertreibungen, Pogromen und versuchtem Völkermord geführt. Es gibt wenig Grund zu der Annahme, dass die kommenden Zeiten anders verlaufen werden. Derzeit gibt es auf allen Kontinenten ethnisch motivierte Konflikte, und für Juden, die aus der Diaspora zurückkehren, hat die Gründung des Staates Israel die ethnisch motivierten Konflikte nicht ausgelöscht.

Meine Untersuchung der Studien, die über Kontakte zwischen mehr oder weniger undurchlässigen Gruppen in historischen Gesellschaften durchgeführt wurden, legen nahe, dass der Wettbewerb zwischen Gruppen und die Überwachung der jeweiligen Erfolge der Endogruppe und der Exogruppen, die Norm ist. Diese Ergebnisse unterstützen meine psychologische Untersuchung der Prozesse der sozialen Identität in *SAID* (Kap. 1). Aus evolutionärer Sicht bestätigen diese Ergebnisse die Vorstellung, dass ethnische Interessen etwas sind, das in menschlichen Angelegenheiten zählt; die Ethnie bleibt offensichtlich eine gemeinsame Quelle kollektiver Identität in der heutigen Welt. Offensichtlich sind sich die Menschen ihrer kollektiven Zugehörigkeit bewusst und neigen im Allgemeinen dazu, Exogruppen abzuwerten und mit ihnen in Konkurrenz zu treten. Die Menschen sind sich auch sehr bewusst, welche Position ihre Gruppe gegenüber anderen in Bezug auf die Kontrolle von Ressourcen und den Reproduktionserfolg einnimmt. Außerdem sind sie zu den energischsten Maßnahmen bereit, um im Namen dieser Gruppenimperative wirtschaftliche und politische Macht zu erlangen oder zu behalten.

Angesichts des ethnischen Separatismus ist es sinnvoll, sich zu fragen, welche Umstände aus evolutionärer Sicht das Niveau der Konflikte zwischen Gruppen senken könnten. Theoretiker des kulturellen Pluralismus wie Horace Kallen stellen sich eine Situation vor, in der die verschiedenen ethnischen Gruppen ihre unverwechselbare Identität in einem Kontext vollständiger politischer Gleichheit und wirtschaftlicher Freiheit beibehalten. Die Schwierigkeit, die diesem Szenario aus evolutionärer Sicht (oder auch aus der Sicht des gesunden Menschenverstandes) innewohnt, besteht darin, dass es nichts darüber aussagt, was in einer solchen Gesellschaft mit dem Wettbewerb um Ressourcen und reproduktiven Erfolg geschehen würde. Tatsächlich waren die Folgen des ethnischen Kampfes bereits zu Kallens Zeiten offensichtlich, aber "Kallen, umgeben von einem Strudel von Konflikten, erhob seinen Blick zu jenem idealen Bereich, in dem Vielfalt und Harmonie koexistierten" (Higham, a.a.O., S. 209).

Im besten Fall könnte man sich vorstellen, dass die verschiedenen ethnischen Gruppen absolute Gegenseitigkeit untereinander praktizieren, so dass es keine Unterschiede gibt, die durch die Ausbeutung einer ethnischen Gruppe durch die andere hervorgerufen werden. Es gäbe auch keine erfolgsbezogenen Unterschiede, wie die Zugehörigkeit zu einer sozialen Klasse, die wirtschaftliche Rolle (z. B. Produzent vs. Konsument, Gläubiger vs. Schuldner, Chef vs. Arbeiter) oder Unterschiede zwischen ethnischen Gruppen, die mit der Fertilität zusammenhängen. Alle Gruppen wären in Bezug auf die Mitgliederzahl und die politische Macht ungefähr gleich stark; wenn es Unterschiede in der Mitgliederzahl gäbe, würden Vorkehrungen getroffen, um sicherzustellen, dass Minderheiten bei allen Markern für reproduktiven und sozialen Erfolg angemessen vertreten sind. Solche Bedingungen würden die Feindseligkeit zwischen den Gruppen minimieren, da es schwierig werden würde, den Status einer bestimmten Gruppe auf die Handlungen anderer Gruppen zurückzuführen.

Angesichts der Existenz von ethnischem Separatismus bleibt jedoch festzuhalten, dass es im wohlverstandenen Interesse jeder Gruppe läge, ihren Vorteil auf Kosten anderer Gruppen zu suchen. Bei sonst gleichen Bedingungen wäre eine bestimmte Gruppe immer besser dran, wenn sie dafür sorgen könnte, dass andere Gruppen geringere Ressourcen, einen niedrigeren sozialen Status, eine geringere Fertilität und proportional weniger politische Macht als sie selbst haben. Der hypothetische stabile Zustand der Gleichheit impliziert also ein System antagonistischer Machtverhältnisse, das es jeder Seite ermöglicht, sich ständig zu vergewissern, dass die andere nicht betrügt. Jede Seite sucht ständig nach

Wegen, die andere zu beherrschen und auszubeuten; jede Seite ist nur dann zu Kompromissen bereit, wenn die andere mit Vergeltung droht; jede Seite ist nur dann zur Zusammenarbeit und zu Opfern bereit, wenn sie dazu gezwungen wird, z. B. durch eine drohende Gefahr von außen. Es ist offensichtlich, dass jede Art von Kooperation, die von echtem Altruismus gegenüber der anderen Gruppe geprägt ist, abzulehnen ist.

Unter diesen Umständen würde die ideale Situation der absoluten Gleichheit im Besitz von Ressourcen und im reproduktiven Erfolg zweifellos ein sehr hohes Maß an Überwachung erfordern und ein offensichtliches gegenseitiges Misstrauen mit sich bringen. In der Realität ist es jedoch äußerst unwahrscheinlich, dass sich ein solches, offen gesagt, unheimliches Ideal verwirklichen lässt. In der Realität unterscheiden sich ethnische Gruppen in ihren Talenten und Fähigkeiten; sie unterscheiden sich in ihrer Anzahl, ihrer Fruchtbarkeit und in der Art und Weise, wie sie elterliche Praktiken fördern, die zum Erwerb von Ressourcen führen; sie unterscheiden sich auch in dem Anteil an Ressourcen, den sie zu jedem beliebigen Zeitpunkt besitzen, und in ihrer politischen Macht. Eine proportionale Gleichheit oder Gerechtigkeit wäre äußerst schwierig zu erreichen oder aufrechtzuerhalten ohne ein unerhörtes Maß an Überwachung und außerordentlich intensiver sozialer Kontrolle, um ethnische Quoten beim Erwerb von Reichtum, bei der Zulassung zu Universitäten, beim Zugang zu den prestigeträchtigsten Positionen usw. durchzusetzen.

Da die verschiedenen ethnischen Gruppen unterschiedliche Talente und Fähigkeiten sowie unterschiedliche Arten der Elternschaft haben, müssten je nach ethnischer Zugehörigkeit unterschiedliche Kriterien für die Zulassung zu einem Arbeitsplatz und für dessen Erhalt angenommen werden. Darüber hinaus würde die Gleichstellung von Juden und anderen ethnischen Gruppen ein hohes Maß an Diskriminierung einzelner Juden an den Türen zu Universitäten oder bestimmten Arbeitsplätzen bedeuten und sogar eine hohe Besteuerung nach sich ziehen, um die vorteilhafte Position der Juden beim Besitz von Reichtümern auszugleichen, da Juden unter den Reichen und Mächtigen in den USA derzeit stark überrepräsentiert sind. Dies würde besonders deutlich werden, wenn die Juden als eigene ethnische Gruppe von den Weißen unterschieden würden. Tatsächlich hat die letzte Entwicklung einiger *New Yorker*

Intellektueller, die aus dem Stalinismus hervorgegangen waren, dazu geführt, dass sie sich zu Neokonservativen entwickelten, die sich gegen positive Diskriminierung und Quotenmechanismen bei der Ressourcenverteilung aussprechen. (H. M. Sachar nennt unter den Gegnern der positiven Diskriminierung die folgenden Namen: Daniel Bell, Sidney Hook, Irving Howe, Irving Kristol, Nathan Glazer, Charles Krauthammer, Norman Podhoretz und Earl Raab). Jüdische Organisationen wie die ADL, das AJCommittee und der AJCongress vertraten ähnliche Positionen.

In den 1920er Jahren, als die USA versuchten, etwas gegen die jüdische Konkurrenz an den renommierten Privatuniversitäten zu unternehmen, wurden Pläne vorgelegt, nach denen jede ethnische Gruppe eine bestimmte Quote an Harvard-Plätzen erhalten sollte, die dem Anteil der verschiedenen rassischen und nationalen Gruppen an der amerikanischen Bevölkerung entsprach. Politiken dieser Art - die von jüdischen Organisationen ausnahmslos angeprangert wurden - wurden zur gleichen Zeit in Mitteleuropa verfolgt. Sie spiegeln die Bedeutung der Ethnie in menschlichen Angelegenheiten wider, sorgen aber dafür, dass das Niveau der sozialen Spannungen konstant hoch bleibt. Außerdem ist die Wahrscheinlichkeit eines ethnischen Krieges sehr hoch, selbst wenn eine exakte Parität durch sehr starke soziale Kontrollen erreicht wird: Wie bereits erwähnt, ist es für eine ethnische Gruppe immer vorteilhaft, die Hegemonie über die anderen zu erlangen.

Wenn man ein Modell des kulturellen Pluralismus annimmt, das den freien Wettbewerb um Ressourcen und reproduktiven Erfolg beinhaltet, sind Unterschiede zwischen ethnischen Gruppen unvermeidlich; aus evolutionärer Sicht ist absehbar, dass dies zu Feindseligkeiten seitens der unterlegenen Gruppen führen wird. Nach der Emanzipation der Juden in den westlichen Gesellschaften wurde ihre starke Tendenz zum sozialen Aufstieg registriert, eine starke Überrepräsentation in den freien Berufen und im Handel, in der Politik und in der Kulturproduktion. Gleichzeitig kam es zu Ausbrüchen von Antisemitismus, die oft von Gruppen ausgingen, die sich im Wettbewerb um Ressourcen verdrängt fühlten oder der Meinung waren, dass die Kultur, die gerade geschaffen wurde, nicht ihren Interessen entsprach. Wenn die Geschichte des Judentums eine Lehre enthält, dann die, dass selbst auferlegter ethnischer

Separatismus dazu neigt, den Wettbewerb um Ressourcen auf die Gruppenzugehörigkeit zu stützen, was wiederum zu Hass, Vertreibung und Verfolgung führt. Ausgehend von der Annahme, dass sich Ethnien in Talenten und Fähigkeiten unterscheiden, erfordert die Annahme, dass ethnischer Separatismus zu einer stabilen Situation ohne ethnische Animositäten führen könnte, entweder, dass das Machtgleichgewicht durch strenge soziale Kontrollen aufrechterhalten wird, oder dass zumindest einige ethnische Gruppen sich nicht davon betroffen fühlen, dass sie beim Glücksspiel verlieren.

Ich denke, dass diese letzte Möglichkeit auf lange Sicht unhaltbar ist. Dass eine ethnische Gruppe sich nicht davon betroffen fühlt, dass sie Finsternis und Herrschaft erfährt, ist keine Perspektive, die ein Evolutionist erwarten würde, und natürlich auch nicht ein Befürworter der sozialen Gerechtigkeit, unabhängig von seiner Ideologie. Es ist jedoch die implizite Moral, die einige Historiker aus ihrer Kritik an der Haltung der Spanier gegenüber Juden und Marranen während der Inquisition und Vertreibung ableiten. Benzion Netanyahu zum Beispiel scheint in *The Origins of the Inquisition in the 15th- Century Spain* manchmal offen auf die Unfähigkeit der Spanier herabzusehen, mit den "neuen Christen" zu konkurrieren, ohne auf die Gewalt der Inquisition zurückzugreifen. Aus dieser Sicht hätten sich die Spanier also ihrer Unterlegenheit bewusst werden und akzeptieren müssen, dass sie wirtschaftlich, sozial und politisch von einer anderen ethnischen Gruppe beherrscht werden. Eine solche "Moral" dürfte kaum zu der Gruppe passen, die gerade den Wettbewerb verliert, und aus evolutionärer Sicht ist das auch nicht verwunderlich. Goldwin Smith brachte es vor einem Jahrhundert so auf den Punkt:

> Eine Gemeinschaft hat das Recht, ihr Territorium und ihre nationale Integrität gegen einen Eindringling zu verteidigen, indem sie die Eisen kreuzt oder Beschlagnahmungen durchführt. In den Gebieten der ehemaligen italienischen Republiken hatten die Juden Land gekauft und begonnen, Landwirtschaft zu betreiben. Zuvor hatten sie jedoch Handel betrieben. Im späten Kaiserreich waren sie die großen Sklavenhändler, die den barbarischen Invasoren Sklaven abkauften und wahrscheinlich auch mit Beute handelten. Sie drangen im Gepäck des normannischen Eroberers nach England ein. Zweifellos gab es einen ständigen Kampf zwischen ihrer Kunst und der rohen Kraft der feudalen Bevölkerung. Aber welches

moralische Privileg hätte ihre Kunst gegen die Macht?

Arnold White sagte den Russen, dass, wenn sie der jüdischen Intelligenz freien Lauf ließen, die Juden in kürzester Zeit alle hohen Posten und alle Machtpositionen besetzen würden, ohne die Einheimischen, die sie jetzt innehaben. Manche verlangen von den Russen, dass sie sich fügen, und freuen sich darüber, aber diese Philosophen würden dieses Getränk nicht genießen, wenn es an ihre eigenen Lippen gelangte. Das Gesetz der Evolution, so heißt es, ist das Überleben des Fittesten. Darauf könnte der russische Rüpel antworten, dass, wenn seine Kraft den exquisiten Intellekt des Juden besiegen kann, der Fitteste überleben wird und das Gesetz der Evolution befolgt wird. Es war übrigens die Kraft und nicht der erlesene Intellekt, der auf dem Schlachtfeld von Zama entschied, dass die Lateiner und nicht die Semiten die alten Völker beherrschen und die moderne Welt gestalten würden. (*Essays on Questions of the Day*, S. 261)

Ironischerweise sprechen sich viele Intellektuelle, die das evolutionäre Denken und jede Andeutung, dass genetische Interessen in menschlichen Angelegenheiten irgendeine Bedeutung haben, absolut ablehnen, für politische Linien aus, die eindeutig eigennützig und ethnozentrisch sind. Sie verurteilen häufig das eigennützige und ethnozentrische Verhalten anderer Gruppen, insbesondere jeden Hinweis darauf, dass die europäischstämmige Mehrheit in den USA als Reaktion auf die kollektiven Strategien anderer Gruppen eine Strategie der geschlossenen Gruppe und ein hohes Maß an Ethnozentrismus entwickelt. Die Ideologie des ethnischen Separatismus von Minderheitengruppen, die implizite Legitimation des Wettbewerbs zwischen Gruppen um Ressourcen sowie die modernere Idee, dass die Zugehörigkeit zu einer ethnischen Gruppe ein Kriterium für den Erwerb von Ressourcen ist, müssen als das genommen werden, was sie sind: Pläne für evolutionäre Gruppenstrategien.

Die Bedeutung dieses gruppenbasierten Wettbewerbs um Ressourcen kann nicht hoch genug eingeschätzt werden. Ich halte es für unwahrscheinlich, dass die auf Individualismus und Demokratie basierenden westlichen Gesellschaften lange überleben können, wenn der Wettbewerb zwischen undurchlässigen Gruppen legitimiert wird, in denen die Gruppenzugehörigkeit durch die ethnische Zugehörigkeit bestimmt wird. Die Untersuchung dieser Frage in *SAID* (Kapitel 3 bis 5) überzeugt uns davon, dass letztlich nur eine Gruppenstrategie eine andere

Gruppenstrategie durchkreuzen kann und dass solche Gesellschaften dazu tendieren, sich um zusammengeschweißte und sich gegenseitig ausschließende Gruppen herum zu strukturieren. In der Tat scheint die jüngste multikulturelle Bewegung auf eine zutiefst nicht-westliche Form der sozialen Organisation hinzuarbeiten, die historisch gesehen viel typischer für die kompartimentierten Gesellschaften des Nahen Ostens war, die sich um getrennte und homogene Gruppen zentrierten. Im Gegensatz zum multikulturellen Ideal herrschen in diesen Gesellschaften jedoch sehr ausgeprägte Herrschafts- und Unterordnungsverhältnisse. Während die Demokratie diesen kompartimentierten Gesellschaften völlig fremd zu sein scheint, haben die westlichen Gesellschaften, die in diesem Sinne im Panorama der stratifizierten Gesellschaften einzigartig sind, individualistische, demokratische und republikanische politische Institutionen entwickelt. Außerdem sei daran erinnert, dass die größten Beispiele des westlichen Kollektivismus, zu denen der deutsche Nationalsozialismus und der iberische Katholizismus zur Zeit der Inquisition gehören, von einem intensiven Antisemitismus geprägt waren.

Unter diesen Umständen besteht eine nicht zu vernachlässigende Möglichkeit, dass individualistische Gesellschaften den innergesellschaftlichen und gruppenbasierten Wettbewerb, der in den USA alltäglich und intellektuell respektabel geworden ist, kaum überleben werden. Ich bin der Meinung, dass die USA einem Pfad folgen, der uns in eine explosive Situation führt, die zu ethnischen Kriegen und der Entwicklung von kollektivistischen, autoritären und rassistischen Enklaven führt. Obwohl ethnozentrische Überzeugungen und Verhaltensweisen nur für die ethnischen Minderheiten in den USA als moralisch und intellektuell legitim angesehen werden, deuten die in *SAID* vorgestellte Theorie und die Daten darauf hin, dass die zunehmende Entwicklung des Ethnozentrismus unter Menschen europäischer Abstammung eine wahrscheinliche Folge der heute vorherrschenden Trends ist.

Zweiter Teil

Es ist anzunehmen, dass die Frankfurter Schule und die Psychoanalyse mit einigem Erfolg versucht haben, das zu schaffen, was

Paul Gottfried und Christopher Lasch einen "therapeutischen Staat" genannt haben, der den Ethnozentrismus der Menschen europäischer Abstammung sowie ihr Bestreben, ihre kulturelle und demografische Vorherrschaft zu bewahren, pathologisieren sollte. Die Entstehung von Ethnozentrismus in der europäischstämmigen Mehrheitsbevölkerung der USA scheint jedoch ein wahrscheinliches Ende zu sein, da sich das soziale und politische Panorama der USA zunehmend um Gruppen herum strukturiert. Dies scheint so zu sein, weil die evolutionären Mechanismen bei Menschen so funktionieren, dass die Frage der Zugehörigkeit zu Endogruppen und Exogruppen in Situationen, in denen der Wettbewerb um Ressourcen auf Gruppen beruht, immer dringlicher wird (vgl. *SAID*, Kap. 1).

Um diesen Neigungen entgegenzuwirken, müssen die westlichen Gesellschaften daher einer "therapeutischen" Intervention unterzogen werden, die ethnozentrische Manifestationen der Mehrheit auf mehreren Ebenen bekämpft, aber in erster Linie durch die Einführung der Ideologie, dass solche Manifestationen Symptome einer Psychopathologie und Gründe für Ausgrenzung, Schmähung, psychologische Betreuung und psychiatrische Interventionen sind. Während sich der ethnische Konflikt in den USA weiter verschärft, ist zu erwarten, dass verzweifelte Versuche unternommen werden, die Ideologie des Multikulturalismus zu stärken, und zwar durch ausgefeilte Theorien zur Erklärung der Psychopathologie des Mehrheitsethnozentrismus und durch polizeistaatliche Maßnahmen zur Kontrolle nonkonformer Gedanken und Verhaltensweisen.

Ich vermute, dass die Übernahme des Multikulturalismus durch nichtjüdische rassische und ethnische Gruppen zum großen Teil auf deren Unfähigkeit zurückzuführen ist, sich dem Wettbewerb in einer individualistischen wirtschaftlichen und kulturellen Arena zu stellen. Folglich verschmolz der Multikulturalismus recht schnell mit der Idee, dass jede Gruppe ihren Anteil an wirtschaftlichen und kulturellen Belohnungen erhalten sollte, proportional zu ihrer Größe in der Bevölkerung. Wie wir gesehen haben, würde die daraus resultierende Situation den jüdischen Interessen entgegenwirken. Aufgrund ihrer hohen Intelligenz und ihres Talents bei der Beschaffung von Ressourcen kommen Juden nicht in den Genuss der positiven Diskriminierung und anderer kollektiver Privilegien, die Minderheitengruppen am unteren

Ende der sozialen Skala für sich beanspruchen. (Betrachtet man jedoch den Wettbewerbsvorteil, den Juden innerhalb der weißen, europäischstämmigen Gruppe haben, in die sie jetzt eingegliedert sind, könnten sie davon ausgehen, dass sie von den Maßnahmen und Privilegien profitieren, die die Macht der europäischstämmigen Gruppe auflösen sollen, und davon ausgehen, dass sie die Auswirkungen kaum zu spüren bekommen. Und in der Tat, obwohl jüdische Organisationen offiziell gegen diese Gruppenprivilegien sind, wurde festgestellt, dass die Stimmen der kalifornischen Juden bei der Abstimmung über ein Gesetz, das der positiven Diskriminierung feindlich gegenübersteht, im Verhältnis wesentlich geringer waren als die Stimmen der anderen Gruppen europäischer Abstammung).

Auch wenn die Ideologie des Multikulturalismus von jüdischen Intellektuellen erfunden wurde, um die Fortsetzung des Separatismus und Ethnozentrismus von Minderheitengruppen im Kontext eines modernen westlichen Staates zu rechtfertigen, könnten einige Ausprägungen des Multikulturalismus durchaus ein Monster hervorbringen, das für das Judentum verhängnisvoll ist. Irving Louis Horowitz registrierte, dass der Antisemitismus in der Soziologieausbildung zunahm, da diese Fachbereiche Personen beschäftigten, die in ethnisch-politische Ursachen verwickelt waren und die jüdische Dominanz in der Soziologie negativ betrachteten. Es gibt eine starke antisemitische Strömung, die von einigen multikulturellen Ideologen ausgeht, insbesondere von Anhängern des Afrozentrismus, so dass Cohen sagt: "Der heutige Multikulturalismus identifiziert sich oft mit einer Fraktion der Linken, die, um es brutal auszudrücken, ein Problem mit Juden hat" (*Defence of Shaatnez: A politics for Jews in a multicultural America, Insider/Outsider: American Jews and Multi-Culturalism*, S. 45).

In jüngster Zeit hat die von Louis Farrakhan geführte Nation of Islam eine offen antisemitische Rhetorik an den Tag gelegt. Der Afrozentrismus wird häufig mit rassistischen Ideologien wie der von Molefi Asante in Verbindung gebracht, die besagen, dass die Ethnie die angemessene moralische Grundlage für persönliche Identität und Selbstwertgefühl ist und dass die Kultur eng mit der Ethnie verbunden ist. Die westlichen Ideale der Objektivität, des Universalismus, des Individualismus und der Rationalität und mit ihnen die wissenschaftliche

Methode werden aufgrund der ethnischen Herkunft abgelehnt. Asante vertritt eine naive Rassentheorie, der zufolge Afrikaner (die "Sonnenmenschen") den Europäern (den "Eismenschen") überlegen sind.

Diese Bewegungen sind ein Echo ähnlicher jüdischer Ideologien, die den ethnischen Eifer der Juden rechtfertigen und sich bemühen, innerhalb der Gruppe Gefühle ethnischer Überlegenheit zu erzeugen. Diese Ideologien sind in der jüdischen Geschichte weit verbreitet und konkretisieren sich in dem Thema der göttlichen Auserwählung ihres Volkes und der Vorstellung, dass sie "das Licht der Völker" sind. Im siebten Kapitel von *SAID* haben wir Belege dafür angeführt, dass jüdische Historiker und Intellektuelle seit der Antike häufig zeigen wollten, dass nichtjüdische kulturelle Einflüsse spezifisch jüdische Präzedenzfälle hatten, oder sogar, dass Philosophen und Künstler aus dem Heidentum in Wirklichkeit jüdisch waren. Diese Tradition wurde in jüngster Zeit von Martin Bernal in *Black Athena* (erschienen 1987) und von José Faur in *In the Shadows of History: Jews and Conversos at the Dawn of Modernity* (erschienen 1992) wieder aufgenommen.

Seit der Aufklärung gibt es sicherlich eine allgemeine Tendenz, bei der Juden die Avantgarde nichtreligiöser politischer Bewegungen wie der Bewegung für kulturellen Pluralismus bilden, die jüdischen Interessen dienen und bestimmten Teilen des Judentums gefallen sollen. Es gibt aber auch eine Tendenz, die zur Aufspaltung dieser Bewegungen führt. Diese entsteht durch den aufkommenden Antisemitismus in Teilen der Nichtjudenheit, denen die betreffenden Ideologien gefallen wollten, so dass die Juden diese Bewegungen verlassen und ihren Vorteil auf andere Weise suchen.

In diesem Buch haben wir darauf hingewiesen, dass Juden im zwanzigsten Jahrhundert eine herausragende Rolle in der politischen Linken gespielt haben. Wir haben auch darauf hingewiesen, dass die Juden als Folge des Antisemitismus unter den linken Nichtjuden und in den kommunistischen Regierungen die Linke schließlich entweder verließen oder eigene Varianten des Linksradikalismus entwickelten, die versuchten, den linken Universalismus mit dem Primat der jüdischen Identität und ihrer Interessen in Einklang zu bringen. Gore Vidal, ein typisches Beispiel für einen nichtjüdischen Linksintellektuellen, hatte das Handeln der jüdischen Neokonservativen, die in den 1980er Jahren das Wettrüsten förderten und sich mit konservativen politischen Kräften verbündeten, um Israel zu unterstützen, scharf kritisiert. Diese Anschuldigungen wurden aufgrund der zugrunde liegenden Vorstellung, dass Juden das Interesse Israels über die Interessen der USA stellen, als antisemitisch interpretiert. Vidal deutet auch an, dass der Neokonservatismus auf den jüdischen Wunsch zurückgeht, sich mit den gentilen Eliten zu verbünden, um sich vor möglichen antisemitischen Bewegungen zu schützen, die im Zuge von Wirtschaftskrisen aufkommen würden.

Tatsächlich war die Angst vor einem von links kommenden Antisemitismus ein wichtiger Anreiz für die Gründung der neokonservativen Bewegung, der ideologischen Endstation vieler *New York Intellectuals,* deren intellektuelle und politische Entwicklung wir im sechsten Kapitel nachgezeichnet haben. Wie Gottfried betont, bestand die kumulative Wirkung des Neokonservatismus und seiner derzeitigen Hegemonie in der konservativen politischen Bewegung in den USA (die er sich zum Teil durch seinen starken Einfluss in den Medien und bei den Stiftungen erarbeitet hat) darin, die konservative Bewegung in die Mitte zu lenken und in der Tat die Grenzen der konservativen Legitimität zu ziehen. Zweifellos wird die konservative Legitimität dadurch definiert, dass sie sich nicht gegen die spezifisch jüdischen Interessen einer minimal restriktiven Migrationspolitik, der Unterstützung Israels, der Unterstützung der Demokratie in der ganzen Welt, der Ablehnung von Quoten und positiver Diskriminierung und so weiter stellt.

Wie William F. Buckley *in In Search of Anti-Semitism* schrieb, ist das Bündnis zwischen nichtjüdischen Paläokonservativen und jüdischen Neokonservativen jedoch brüchig, da letztere letztere oft des Antisemitismus beschuldigen. Das Hauptproblem liegt in den Spannungen, die durch die nationalistischen Tendenzen eines großen Teils der US-Konservativen und die Meinung eines Teils der nichtjüdischen Konservativen entstehen, dass der jüdische Neokonservatismus nur ein Instrument für enge und sektiererische jüdische Ziele ist, insbesondere in Bezug auf die Israelfrage, die Trennung von Kirche und Staat und die positive Diskriminierung. Darüber hinaus ist das neokonservative Engagement für viele konservative soziale Anliegen, gelinde gesagt, zaghaft. Noch wichtiger ist, dass die Neokonservativen in Bezug auf die Einwanderung eine grundlegend ethnische Linie verfolgen und sich gleichzeitig den ethnischen Interessen der Paläokonservativen widersetzen, die ihre ethnische Hegemonie bewahren wollen. Die ethnische Leitlinie des Neokonservatismus zeigt sich auch in ihrem Eintreten für die Idee, dass die USA eine sehr interventionistische Außenpolitik betreiben sollten, die die Errichtung der Demokratie in der ganzen Welt und die Interessen Israels im Blick hat und nicht das spezifische nationale Interesse der USA. Schließlich hat der Neokonservatismus seine Rolle in der konservativen Bewegung der USA gespielt, um ein Gegengewicht zu der starken jüdischen Tendenz zu schaffen, linke und extrem linke Kandidaten zu unterstützen. Den jüdischen ethnischen Interessen ist am besten gedient, wenn man Einfluss auf die beiden großen Parteien ausübt, um einen Konsens in Fragen zu erreichen, die den Juden am Herzen liegen, und wie wir gesehen haben, diente der Neokonservatismus dazu, die Grenzen der konservativen Legitimität im Einklang mit den jüdischen Interessen zu ziehen.

In dem Maße, wie sich der Antisemitismus ausbreitet, geben die Juden die Bewegungen auf, denen sie den ursprünglichen intellektuellen Impuls gegeben haben. Dieses Phänomen könnte sich im Falle des Multikulturalismus durchaus wiederholen. Tatsächlich sind die prominentesten Gegner des Multikulturalismus jüdische Neokonservative und Organisationen wie die *National Association of Scholars* (NAS), die viele jüdische Mitglieder hat (die NAS ist ein Zusammenschluss von Lehrern, der die auffälligsten Auswüchse des Feminismus und des Multikulturalismus an den Universitäten bekämpft). Unter diesen Umständen könnten Versuche, Juden mit nichtreligiösen politischen Ideologien zu verbinden, auf lange Sicht zum Scheitern verurteilt sein. B. Ginsberg weist auf diesen Punkt hin, wenn er bemerkt, dass der Antisemitismus sowohl unter linken und konservativen Amerikanern als auch unter populistischen Radikalen immer offensichtlicher wird.

Die Frage des Multikulturalismus ist eine höchst problematische jüdische Strategie. Man könnte sagen, dass die Juden die Butter auf dem Brot wollen": Juden befinden sich oft in der Zwickmühle zwischen der inbrünstigen Verteidigung und der Kritik an der Aufklärung. Viele Juden sind der Ansicht, dass die Ersetzung des universalistischen Ideals der Aufklärung durch eine differenzialistische Politik und eine fragmentierte "Multikultur" ihre gewonnene Position gefährden könnte. Gleichzeitig erkennen sie an, dass eine homogene "Monokultur" die jüdische Besonderheit gefährdet (...) Sie versuchen, die Tugenden der Aufklärung vor den Nachwehen ihres eigenen Untergangs zu schützen und einen inklusiven Horizont fernab des Multikulturalismus freizulegen, in dem Fragmentierung und der Geist der Spaltung herrschen" (Biale, Galchinsky & Heschel, Introduction: The Dialectic of Jewish Enlightment, in *Insider/Outsider : American Jews and Multi-Culturalism*, S. 7). Multikulturelle Gesellschaften, die von ständiger Fragmentierung und ethnischen Spannungen geprägt sind, werden den Bedürfnissen der Juden auf Dauer kaum gerecht, selbst wenn sie die demografische und kulturelle Dominanz der Völker europäischer Herkunft in den Ländern, die sie einst beherrschten, untergraben würden.

Infolgedessen besteht eine grundlegende und unlösbare Reibung zwischen dem Judentum und der prototypischen politischen und sozialen Struktur des Westens. Die sehr lange Geschichte des Antisemitismus in den westlichen Gesellschaften, die durch so viele Wiederkehrer nach Ruhephasen gekennzeichnet ist, bestätigt eine solche Diagnose. Die Unvereinbarkeit zwischen dem Judentum und der westlichen Kultur zeigt sich auch in der Tendenz der individualistischen westlichen Gesellschaften, den Zusammenhalt der jüdischen Gruppe zu brechen. Wie Arthur Ruppin 1934 betonte, sind alle modernen Erscheinungsformen des Judentums, von der Neo-Orthodoxie bis zum Zionismus, Antworten auf die korrosiven Auswirkungen der Aufklärung auf das Judentum, mit anderen Worten, eine Reihe von Abwehrstrukturen, die gegen den "zerstörerischen Einfluss der europäischen Zivilisation" errichtet wurden (*The Jews in the Modern World*, S. 339). Aus theoretischer Sicht gibt es gute Gründe für die Annahme, dass der westliche Individualismus mit dem Prinzip eines gruppenbasierten Konflikts um Ressourcen unvereinbar ist, der die systematische Folge des Aufstiegs des Judentums in den westlichen Gesellschaften war (vgl. *SAID*, Kap. 3-5).

Alan Ryan hat diese Reibung am eigenen Leib erfahren, als er den "latenten Widerspruch" der politischen Linien untersuchte, die von

Richard J. Herrnstein und Charles Murray vertreten werden, den Autoren von *The Bell Curve: Intelligence and Class Structure in American Life*, einem ziemlich umstrittenen Buch. Ryan behauptet: "Herrnstein ist der Apostel einer Welt, in der begabte jüdische Kinder oder deren Äquivalente aus einfachen Verhältnissen es zu etwas bringen und schließlich Goldman Sachs oder die Physikabteilung der Harvard University leiten. Murray wiederum ist ein Apostel des Mittleren Westens, in dem er aufgewachsen ist, einer Welt, in der sich der Garagenbesitzer an der Ecke nie die Frage gestellt hat, ob er mehr oder weniger intelligent ist als der Lehrer. Das Problem ist, dass diese Welt so sehr von dieser Welt unterwandert wurde, dass ihr die bloße Anwesenheit ihrer Nutznießer zuwider ist". (Apocalypse now? *New York Review of Books* # 41 - 1994, S. 11).

Die von Murray favorisierte Gesellschaftsstruktur ist geprägt von einem gemäßigten Individualismus, dem Vorhandensein von Meritokratie und Hierarchie, aber auch von einem gewissen Zusammenhalt und ethnischer und kultureller Homogenität. Es ist eine Gesellschaft, in der es ein gewisses Maß an Harmonie zwischen den sozialen Klassen gibt und die den extremen Individualismus innerhalb der Elite durch soziale Kontrollen abmildert.

Im Westen gibt es eine starke Tendenz zur Entwicklung dieser Art von Gesellschaften, die bereits im Mittelalter einsetzte, aber meiner Meinung nach auch in der klassischen römischen Zivilisation zur Zeit der Republik nicht fehlt. Das Ideal der hierarchischen Harmonie steht im Mittelpunkt der Soziallehre der katholischen Kirche, die am Ende des römischen Reiches entwickelt wurde und ihren Höhepunkt im Hochmittelalter erlebte. Dieses Ideal spiegelt sich in einer großen Strömung der deutschen Geistesgeschichte wider, die mit Herder im achtzehnten Jahrhundert begann. Eines der grundlegendsten Merkmale dieser prototypischen europäischen hierarchischen Harmonie war die soziale Durchsetzung der Monogamie, eine Form der reproduktiven Nivellierung, die die Verbindung zwischen Reichtum und reproduktivem Erfolg lockerte. Aus evolutionärer Sicht können die westlichen Gesellschaften ihren Zusammenhalt erreichen, weil hierarchische soziale Beziehungen relativ frei von reproduktiven Konsequenzen sind.

Eine solche Welt wird von oben durch die Herrschaft einer

individualistischen Elite bedroht, die keine Verpflichtungen gegenüber Menschen mit niedrigerem Status hat, die aufgrund ihrer geringeren intellektuellen Fähigkeiten oder ihres geringeren Vermögens niedriger gestellt werden können. Von innen wird sie durch die Entwicklung einer Gesellschaft bedroht, die aus einer Reihe von ethnisch getrennten, ständig konkurrierenden und sehr undurchlässigen Gruppen besteht; das Judentum ist das historische Beispiel für eine solche Gruppe, und die Anhänger des Multikulturalismus befürworten ein solches Gesellschaftsmodell. Schließlich wird sie von unten durch einen wachsenden Pöbel bedroht, der mit den von Herrnstein und Murray beschriebenen Attributen ausgestattet ist: verantwortungslos und inkompetent als Eltern, anfällig für kriminelles Verhalten, Geisteskrankheiten und Drogenmissbrauch und anfällig für eine schnelle Bevölkerungszunahme. Diese Menschen sind nicht in der Lage, wirtschaftlich, sozial oder kulturell zur Gesellschaft des ausgehenden zwanzigsten Jahrhunderts oder zu einer menschlichen Zivilisation beizutragen, die auf einem wesentlichen Grad an Gegenseitigkeit, Freiwilligkeit und Demokratie beruht.

Da das Fortbestehen des Judentums impliziert, dass die Gesellschaft aus mehr oder weniger undurchlässigen, miteinander konkurrierenden Gruppen bestehen wird, muss man zu dem Schluss kommen, dass die neokonservative Verurteilung des Multikulturalismus intellektuell inkonsequent ist. Die sozialen Befürwortungen der Neokonservativen implizieren eine Form des Multikulturalismus, bei der die Gesellschaft als Ganzes kulturell fraktioniert und sozial atomistisch ist. Diese sozialen Merkmale ermöglichen nicht nur den sozialen Aufstieg von Juden, sondern wirken auch der Entwicklung antisemitischer und stark zusammengeschweißter Gruppen von Nichtjuden entgegen. Darüber hinaus sind sie unvereinbar mit Gruppenprivilegien und Programmen zur positiven Diskriminierung, die zwangsläufig zum Nachteil der Juden wären. Wie Horowitz feststellt:

> Ein hohes Maß an sozialer Fragmentierung, gepaart mit Religionsfreiheit, neigt dazu, milde Formen des Antisemitismus hervorzubringen, gepaart mit einem stabilen jüdischen Status. Der postulierte brillante jüdische Intellekt entsteht leicht unter solchen pluralistischen Bedingungen, während sich der jüdische Intellekt unter politisch monistischen oder totalitären

Bedingungen mit derselben Leichtigkeit auflöst. (*The Decomposition of Sociology*, S. 86)

Jüdische Neokonservative akzeptieren problemlos das Prinzip einer radikal individualistischen Gesellschaft, in der Juden erwarten können, wirtschaftlich, politisch und kulturell dominant zu werden, während sie den unteren sozialen Schichten (die hauptsächlich aus Nichtjuden bestehen) nur eine minimale Loyalität schulden. Diese Art von Gesellschaft neigt dazu, extremen sozialen Druck zu erzeugen, da die ernsthaften und verantwortungsbewussten Mitglieder der arbeitenden Klassen in immer prekärere wirtschaftliche und politische Verhältnisse gebracht werden. Ähnlich wie die intellektuelle Aktivität der Frankfurter Schule steht die jüdische neokonservative Vorgabe für die Gesellschaft als Ganzes im radikalen Gegensatz zu der Strategie, die für die Endogruppe verfolgt wird. Das traditionelle Judentum und in sehr hohem Maße auch das zeitgenössische Judentum bezogen ihre Stärke nicht nur aus ihren intellektuellen und unternehmerischen Eliten, sondern auch aus der unerschütterlichen Loyalität der ernsthaften, verantwortungsbewussten und hart arbeitenden Juden mit geringerem Status und Talent, die ihre Klientel bildeten. Und hier muss betont werden, dass historisch gesehen die Volksbewegungen, die versuchten, diesen typisch westlichen Zustand der hierarchischen Harmonie gegen die Ausbeutung durch individualistische Eliten und den spaltenden Charakter von Gruppenkonflikten wiederherzustellen, oft eine starke antisemitische Färbung aufwiesen.

Mehr noch: Der *fons et origo* der Sozialpolitik und der kulturellen Umwälzungen, die die sich rasch entwickelnde gefährliche Situation in den USA herbeigeführt haben, liegt weitgehend in den von Juden dominierten intellektuellen und politischen Bewegungen, die wir in diesem Band beschrieben haben. Ich habe versucht, die Rolle dieser Bewegungen zu dokumentieren, die die westliche Kultur einer radikalen Kritik unterzogen haben, insbesondere die linksintellektuelle und politische Bewegung der 1960er Jahre. Sie legte den Grundstein für die multikulturelle Bewegung und rechtfertigte die Sozialpolitik, die das Subproletariat aufbläht und die demografische und kulturelle Präsenz von Nicht-Europäern in den westlichen Gesellschaften erhöht.

Aus der Sicht dieser linken Kritiker wird das westliche Ideal der hierarchischen Harmonie und der Assimilation als irrational, romantisch und mystisch wahrgenommen. Die westliche Höflichkeit ist nur noch ein dünner Firnis, der eine Realität der Ausbeutung und des Konflikts verdeckt - "eine große *ecclesia super cloacum* [Kirche, die auf Abwasserkanälen gebaut wurde]" (Cuddihy, *The Ordeal of Civility*, S. 142). In diesem Zusammenhang ist es auffällig, wie sehr sich eine ganze, auf Marx zurückgehende Strömung der Soziologie bemüht hat, den Konflikt zwischen den sozialen Klassen statt der sozialen Harmonie zu betonen. Irving Louis Horowitz weist beispielsweise darauf hin, dass die amerikanische *Soziologie* unter dem Einfluss jüdischer Intellektueller seit den 1930er Jahren "die Bedeutung von Amerika von einer Konsenserfahrung zu einer Reihe von konfliktträchtigen Definitionen" veränderte.

Historisch gesehen ist diese Art, die Sozialstruktur unter dem Prisma des Konflikts zu betrachten, mit der Vorstellung verbunden, dass der unvermeidliche Kampf zwischen den sozialen Klassen nur durch eine vollständige Nivellierung der wirtschaftlichen und sozialen Ergebnisse gelöst werden kann. Das fragliche Ideal kann nur erreicht werden, wenn man einen radikal umweltalistischen Standpunkt zu den Ursprüngen der individuellen Unterschiede in Bezug auf den wirtschaftlichen Erfolg und andere kulturelle Errungenschaften einnimmt und die umweltbedingten Ungleichheiten für jedes individuelle Versagen verantwortlich macht. Da dieser radikale Environmentalismus jedoch wissenschaftlich unbegründet ist, neigt die auf dieser Ideologie basierende Sozialpolitik dazu, ein hohes Maß an sozialen Konflikten zu verursachen und die Verbreitung von intellektueller Inkompetenz und sozialer Pathologie zu verstärken.

Aus evolutionärer Sicht muss man anerkennen, dass die prototypisch westliche Gesellschaftsorganisation, die aus einer Kombination von hierarchischer Harmonie und abgeschwächtem Individualismus besteht, von Natur aus instabil ist. Diese Bedingung hat zweifellos zur besonders dynamischen Natur der westlichen Geschichte beigetragen. Es wurde oft bemerkt, dass sich in der chinesischen Geschichte nichts wirklich verändert hat. Die verschiedenen Dynastien, die von intensiver Polygamie und teils gemäßigtem, teils extremem politischen Despotismus geprägt waren, folgten über einen sehr langen historischen Zeitraum hinweg ohne grundlegende soziale Veränderungen aufeinander. Die von L. Betzig in *Despotism and Differential Reproduction* untersuchten Daten zeigen, dass die gleiche Diagnose auch auf die Geschichte der politischen Organisation anderer geschichteter menschlicher Gesellschaften zutrifft.

Im Westen jedoch leidet der oben beschriebene prototypische Zustand sozialer Harmonie an chronischer Instabilität. Seine einzigartigen Anfangsbedingungen, die ein hohes Maß an reproduktiver Nivellierung beinhalteten, führten zu einer beträchtlichen historischen Dynamik. Was die harmonische Hierarchie am häufigsten gefährdete, war das individualistische Verhalten der Eliten - eine Tendenz, die für einen Evolutionisten nicht verwunderlich ist. Die ersten Schritte der Industrialisierung waren zum Beispiel durch den Zerfall des sozialen Gebäudes, hohe Ausbeutungsgrade und Konflikte zwischen den sozialen Klassen gekennzeichnet. Um ein weiteres Beispiel zu nennen: Die Versklavung der Afrikaner war für die individualistische Elite der Aristokraten im Süden der USA kurzfristig ein gutes Geschäft, für die Gesellschaft als Ganzes jedoch ein Unglück. Wir haben auch beobachtet, dass die westlichen Eliten häufig jüdischen Wirtschaftsinteressen auf Kosten anderer Teile der einheimischen Bevölkerung zu Hilfe kamen und dass Juden zu verschiedenen Zeiten als Vehikel für die individualistische Ausrichtung der nichtjüdischen Eliten fungierten und diese dadurch im Gegenzug begünstigten.

In dieser Hinsicht war die Zusammenarbeit zwischen jüdischen Aktivisten und nichtjüdischen Industriellen, die an der Aussicht auf billige Arbeitskräfte interessiert waren, zumindest bis 1924 von erheblicher Bedeutung für die Geschichte der Einwanderung in die Vereinigten Staaten. In jüngster Zeit haben Autoren wie Peter Brimelow und Paul Gottfried unsere Aufmerksamkeit auf die Entstehung einer "neuen Oberschicht" gelenkt, die aus Internationalisten besteht, die Gegner des auf ethnischen Bindungen beruhenden Nationalstaats und starke Befürworter einer Einwanderung sind, die die Homogenität der traditionellen Gesellschaften schwinden lässt. Das egoistische Interesse der Menschen in dieser Gruppe besteht darin, mit Gleichgesinnten in anderen Ländern zu kooperieren, anstatt sich mit den unteren Ebenen ihrer eigenen Gesellschaft zu identifizieren. Obwohl diese Art von

Internationalismus in höchstem Maße mit dem jüdischen ethnischen Projekt vereinbar ist - und Juden sind in dieser Gruppe zweifellos überrepräsentiert -, muss man bedenken, dass die nichtjüdischen Mitglieder dieser neuen Klasse ihre eigenen, eng individualistischen Ziele verfolgen.

Es war jedoch nicht nur der Individualismus der Eliten, der die westliche hierarchische Harmonie gefährdete. Wie wir in SAID festgestellt haben, wurde dieses Ideal in entscheidenden historischen Epochen durch einen intensiven Gruppenkonflikt zwischen dem Judentum und Teilen der nichtjüdischen Gesellschaft in Stücke gerissen. Heute wird diese hierarchische Harmonie vielleicht zum ersten Mal in der Geschichte durch die Entwicklung eines Pöbels bedroht, dessen Mitglieder zu einem überproportionalen Anteil rassischen und ethnischen Minderheiten angehören, was zu einem intensiven Konflikt zwischen den Gruppen führt. Insbesondere der überproportionale Anteil von Afroamerikanern am amerikanischen Subproletariat macht eine politische Lösung für diese Gefährdung der hierarchischen Harmonie problematisch.

Andere Buchtitel

Die Hauptstadt stellt das Zentrum aller politischen

Wer ist schuldig? Wer begeht das Verbrechen oder wer prangert es an?

www.ingramcontent.com/pod-product-compliance
Lightning Source LLC
Chambersburg PA
CBHW071936220426
43662CB00009B/916